W9-CHB-061

ЧЕКИСТЫ НА СКАМЬЕ ПОДСУДИМЫХ

СБОРНИК СТАТЕЙ

Составители
Марк Юнге, Линн Виола, Джеффри Россман

Москва

2017

Спонсоры проекта:
American Council of Learned Societies
Deutsche Forschungsgemeinschaft
Harry Frank Guggenheim Foundation
Social Science and Humanities Research Council of Canada
University of Toronto
University of Virginia

Чекисты на скамье подсудимых. Сборник статей / Составители Марк Юнге, Линн Виола, Джеффри Россман. – М.: Пробел-2000, 2017. – 680 с. – ISBN 978-5-98604-597-9.

Ключевые вопросы в настоящей книге связаны с изучением «чистки чистильщиков» – феномена, возникшего в зените сталинской власти: каковы были мотивы руководства СССР в проведении арестов и судебных процессов по делам сотрудников НКВД? Каковы были критерии в выборе сотрудников НКВД для увольнения и ареста? Была ли эта чистка поиском «козлов отпущения», позволившим руководству переложить вину за массовые репрессии на кадры низшего уровня? Или она была результатом конфликта между клиентелами в НКВД или других структурах? Мы также стремились изучить механизм судебных процессов и их политический смысл, понять ту настойчивость, с которой руководство настаивало на использовании дискурса «нарушения социалистической законности». Возможно, еще более важно то, что мы старались понять собственные мотивы сотрудников НКВД: действительно ли они верили в то, что творили, или были карьеристами и функционерами, исполнявшими приказы из страха или бюрократической рутины? Были ли они садистами, уголовниками или «обычными людьми» (в том значении, в котором Кристофер Браунинг использует этот термин для обозначения perpetrators в изучении Холокоста)? Наконец, мы стремились предложить богатые деталями микроисторические описания и новые эмпирические данные для обогащения нашего понимания Большого террора, взглянув на них из комнат допросов и расстрельных камер НКВД.

ISBN 978-5-98604-597-9

СОДЕРЖАНИЕ

ВСТУПЛЕНИЕ

Суд, тайно «отправляющий правосудие», сам нарушает все законы.

Андреас Цильке. В тени юстиции. 2013

Линн Виола

Täter, perpetrator, «исполнители», «палачи», «каратели»

Изучение феномена *perpetrator* представляет в значительной степени «неизведанную территорию» в истории Советского Союза. Англоязычный термин происходит от латинского *perpetrare* и означает «лицо, совершившее преступление, хищение или что-либо возмутительное»[1]. В историографии сталинского СССР этот термин, как правило, не использовался. Это произошло отчасти из-за нежелания искать, помимо Сталина, других виновных и ответственных за чудовищные преступления того времени. Сталин, таким образом, становился единственным *perpetrator* с узким кругом преданных приспешников всего лишь в силу неспособности исследователей выйти за рамки традиционного для историографии подхода к изучению советского общества «сверху вниз» и связанных с этим образов советских людей, бюрократии и всего общества, – безликих, пассивных и подавленных террором. Причиной такого видения, в частности, стали долгие десятилетия ограниченного доступа к архивам.

Напротив, историки, исследовавшие нацистскую Германию и Холокост, посвятили бесчисленное количество работ изучению феномена *perpetrator*[2]. Рауль Хилберг (Raul Hilberg) первым использовал ставшую теперь классической триаду «жертва – свидетель – *perpetrator*»[3]. Понимание нацистского *perpetrator* в течение десятилетий варьировалось от «банального бюрократа», «убийцы за

письменным столом» (desk murderer)[4] и «обыкновенного человека» на одном конце сегмента – до «яростного идеолога», «злост-
ного убийцы», на другом, – с разнообразными нюансами между
двумя этими крайностями. Все чаще исследователи признают наличие «серых зон» между категориями *perpetrator* и «свидетель»,
а в некоторых случаях и между категориями *perpetrator* и «жертва»[5]. Необходимо отметить, что «свидетель» в данном случае не
отражает суть англоязычного термина *bystander*, который используется в литературе о Холокосте. Им обозначают тех, кто не был
жертвами или *perpetrator*, но был пассивным очевидцем событий,
зачастую извлекая из них выгоду или молчаливо поддерживая
преступников.

Разгром нацистской Германии и масштабность совершенных
ею преступлений поставили мир, и в первую очередь союзников,
перед необходимостью наказать тех *perpetrators,* высокопоставленных и рядовых, кто пережил войну. Наказание проходило по-
разному (порой цинично и не всегда успешно), но особенно важными были судебные процессы, начавшиеся в Нюрнберге во второй половине 1940-х гг. и продолжавшиеся в 1960-е гг., а также в
более позднее время[6]. Процессы, проводившиеся для того, чтобы
предъявить обвинения подсудимым, одновременно стали попыткой понять, как якобы цивилизованная нация могла опуститься
до таких зверств. Падение Третьего Рейха и дальнейшие исследования историков привели к появлению различных подобий правды
о функционировании нацистского режима – «правды», прикры-
той ложью; секретов, спрятанных за эвфемизмами; выявлению
образов «убийц за письменным столом» с их смертоносными
чертежами, операторов газовых камер и тех, кто расстреливал в
ярах, карьерах и оврагах Восточной Европы.

Все это резко отличается от того, что происходило в Советском Союзе. Там не было ни поражения в войне, ни связанной с
ним послевоенной оккупации, что привело бы к подрыву и деле-
гитимации сталинского режима. Напротив, победа в войне еще
больше возвысила Сталина. Генералиссимус выиграл, создав новую разновидность наследия, альтернативное прошлое, которое
послужило делу легитимации последующих советских руководителей и оказалось крайне полезным для использования сего-
дняшними властными элитами России. СССР, а также Россия как
его преемник не имели опыта, подобного Нюрнбергским процессам, здесь не было ни люстрации (очищения), ни комиссий
«правды и примирения», ни Международного уголовного трибу-

нала, которые позволили бы открыть архивы и воздать должное
за преступления. Это не значит, что не раздавались голоса, главным образом за пределами Советского Союза, которые требовали
привлечь к суду виновных в политических репрессиях. Но в условиях холодной войны эти требования, как представляется, были продиктованы скорее жаждой мести, чем справедливости[7].
Для России ближайшим подобием собственного Нюрнберга, не
считая неудачного суда 1990-х гг. над КПСС, стали драматичные,
хотя и всегда ограниченные откровения, сопровождавшие деста-
линизацию эпохи Хрущева, и более свободные и широкие дискуссии в прессе во время горбачевской гласности и ельцинских
1990-х годов[8]. Общественные организации, подобные «Мемориа-
лу», послужили форумом для исследования и обсуждения травмы
советских репрессий, однако голоса представителей этих организаций с началом нового века стали все более изолированы и редки.

Тем не менее в российской истории был короткий период с 1938
по 1941 гг., когда феномен *perpetrator* обсуждался активно, хотя
и за закрытыми дверями, на секретных судебных процессах над
оперативными сотрудниками НКВД всех уровней региональной
иерархии. Предметом разбирательства были совершенные ими
«нарушения социалистической законности». Эти судебные процессы известны как *purge of the purgers* – «чистка чистильщиков».
Расследования начались в ноябре 1938 г., после прекращения
массовых репрессивных операций. 17 ноября 1938 г. Совнарком
СССР и ЦК ВКП(б) издали постановление «Об арестах, прокурорском надзоре и ведении следствия». Отметив, что очистка
страны от внутренних врагов сыграла положительную роль в
обеспечении будущего успеха социалистического строительства
и что чистки ни в коей мере еще не закончены, авторы постановления в то же время указали на проблемы, недостатки и нарушения в работе НКВД и прокуратуры в центре и на местах. В постановлении говорилось о «массовых и необоснованных арестах»,
нарушении советских законов, пренебрежении агентурно-осведо-
мительной работой и качеством расследований, а также о фальсификации уголовных дел. Выходило, что враги народа работали
в НКВД и прокуратуре. Постановление призывало прекратить
массовые аресты и ликвидировать печально известные «тройки»,
ставшие одним из формальных институтов репрессий на местах[9].

26 ноября 1938 г., через два дня после того, как Н.И. Ежов был
устранен с поста главы НКВД, новоназначенный нарком внутренних дел Л.П. Берия издал приказ № 00762 «О порядке осуще-

ствления постановления СНК СССР и ЦК ВКП(б) от 17 ноября
1938 года». В соответствии с приказом предписывалось немедленно прекратить массовые аресты, индивидуальные аресты допускались лишь с предварительной санкции прокурора. Спустя
месяц, 22 декабря 1938 г., Берия приказал, чтобы все приговоры,
вынесенные «тройками» и не приведенные в исполнение до 17
ноября 1938 г., были отменены, а все дела по этим приговорам
направлены в суды[10]. 28 декабря 1938 г. совместная директива
НКВД и Прокуратуры СССР приказывала принимать к рассмот-
рению все жалобы и петиции населения на решения «троек», а в
случае неправомерности вынесенного «тройкой» приговора закры-
вать дело[11].

Эти изменения в политике привели к восстановлению в партии около 77 тысяч коммунистов[12]. В то же время Политбюро ЦК
ВКП(б) начало широкомасштабную проверку аппарата НКВД как
в центре, так и на местах. В результате проверки 7 372 человека
(22,9 % общего оперативного состава НКВД СССР) в 1939 г. были
уволены из органов госбезопасности. Из них 66,5 % были уволены за должностные преступления, «контрреволюционную» и
другую компрометирующую деятельность. Из числа уволенных
695 работали в центральном аппарате НКВД. В общей сложности
были заменены: четыре из пяти начальников главных управлений
центрального аппарата НКВД СССР, четыре из пяти заместителей и помощников начальников главных управлений, 28 из 31 начальника оперативных отделов, 69 из 72 заместителей и помощников начальников оперативных отделов. Из общего числа 6 174
руководящих оперативных работников были заменены 3 830 человек (62 % общего состава). В Московской области более половины начальников райотделов НКВД были репрессированы. В то
же самое время 14 506 новых работников были приняты на работу
в НКВД в 1939 г., что составило 45,1 % от общего числа оперативных кадров[13].

В итоге были арестованы 973 работника НКВД, некоторые из
них получили длительные сроки заключения и даже смертные
приговоры, но большинство отделались символическими наказаниями[14]. Так, в Украине значительную часть бывших сотрудников
обвинили в должностных преступлениях (статья 206-17, пункт
«а» или «б» Уголовного кодекса УССР)[15].

Михаил Суслов, первый секретарь Орджоникидзевского обкома ВКП(б), выступая на партийной конференции в марте
1940 г., сказал, что в то время как треть общего состава работни-

ков НКВД находилась под следствием, были осуждены только несколько десятков человек. По его словам, проводившие проверку старались подходить к каждому случаю индивидуально, чтобы сохранить тех товарищей, особенно среди нижних чинов и молодежи, кто совершал нарушения социалистической законности под давлением преступных требований, и что из НКВД вычищали только тех, кто действовал по собственной инициативе и злому умыслу, а также имел эгоистические и враждебные намерения[16].

«Инициатива» и «злой умысел» могли подразумевать массовую фальсификацию дел, убийства во время допросов и систематическое воровство, а иногда и перепродажу имущества жертв. Среди арестованных сотрудников НКВД одни были садистами, другие циниками и коррумпированными людьми, третьи – просто «хорошими» чекистами в патологическом контексте того времени. И, разумеется, все они просто «исполняли приказы», одни более «творчески», чем другие.

В декабре 1938 г. Амаяк Захарович Кобулов, «человек Берии», прибыл в Украину, чтобы принять командование республиканским НКВД. Прежний начальник, Александр Иванович Успенский, сбежал, понимая, что падение Ежова означает и его собственную гибель[17]. Кобулов начал «чистку чистильщиков» в Украине, приведшую к закрытым судебным процессам военного трибунала войск НКВД Киевского особого военного округа. Эти процессы касались сотрудников всех уровней – республиканского, областного и районного в иерархии украинского НКВД. История «чистки чистильщиков» долгое время оставалась скрытой от общества. Материалы судов были засекречены в советских архивах и оставались засекреченными после распада СССР в архиве ФСБ России. В Украине, однако, архивы открыли свои двери для исследователей, ищущих информацию об этих исключительно важных событиях советской истории.

Проект, в результате которого появилась эта книга, начался в 2010 г. на конференции, посвященной сталинскому террору, организованной Джеймсом Харрисом в Лидсе (Великобритания)[18]. Линн Виола представила там доклад по общей теме *perpetrators*[19]. Марк Юнге отметил, что доступны материалы о *perpetrators* в украинских архивах. Затем в 2011 г. Виола и Юнге объединились с группой известных историков из Украины, России, Молдовы, Грузии и США, имевших большой опыт работы в архивах органов безопасности бывшего Советского Союза. Среди этих историков: Валерий Васильев, Вадим Золотарёв, Ольга Довбня, Сергей Кокин, Роман Подкур, Джеффри Россман, Андрей Савин и Алексей Тепляков. Позднее к нам присоединились Игорь Кашу и Тимоти Блаувельт, которые провели аналогичные исследования в архивах Молдовы и Грузии.

Нашими главными источниками в этом исследовании были следственные и личные дела арестованных сотрудников НКВД, а также стенографические протоколы партийных собраний в органах госбезопасности. Эти источники стали еще одним «окном» для изучения наиболее засекреченного периода сталинизма – периода массовых репрессий НКВД. Следственные дела содержат стенографические отчеты о закрытых судах над оперативными работниками НКВД республиканского, областного и районного уровней. Они также включают подлинники ордеров на арест, материалы обысков, биографические данные, внесенные в стандартные бланки, автобиографии осужденных, протоколы допросов арестованных и показания свидетелей, апелляции и петиции, документы по вынесению приговоров и разные типы других документов. Личные дела содержат дополнительные биографические и служебные данные, в то время как материалы партсобраний дают богатую информацию об условиях и обстановке в соответствующем подразделении НКВД.

Одной из первых спорных проблем для участников этого проекта стала терминология. Было неясно, как переводить на украинский или русский языки английский термин *perpetrator*[20]. Одни участники предлагали использовать довольно бесцветный, но, возможно, менее «нагруженный» по смыслу термин «исполнители», другие – более жесткий, но и более субъективный термин «каратели» в качестве эквивалента английскому *perpetrator*. В конечном итоге согласия в вопросе терминологии так и не достигли, но всех участников объединили усилия в изучении чистки в НКВД, особенно историй тех сотрудников, которые по результатам проверки были арестованы.

Ключевые вопросы в этом проекте были связаны с изучением обоснования «чистки чистильщиков» – феномена, возникшего в зените сталинской власти: каковы были мотивы руководства страны в проведении арестов и судебных процессов по делам сотрудников НКВД? Каковы были критерии в выборе сотрудников НКВД для увольнения и ареста? Была ли эта чистка просто поиском «козлов отпущения», позволившим руководству переложить вину за массовые репрессии на кадры низшего уровня? Была ли эта чистка результатом конфликта между клиентелами в НКВД или других структурах? Мы также стремились изучить механизм судебных процессов и их политический смысл, понять ту настойчивость, с которой руководство настаивало на использовании дискурса «нарушения социалистической законности». Возможно, еще более важно то, что мы старались понять собственные мотивы сотрудников НКВД: действительно ли они верили в то, что творили, или были карьеристами и функционерами, исполнявшими приказы из страха или бюрократической рутины? Были ли они садистами, уголовниками или «обычными людьми» (в том значении, в котором Кристофер Браунинг использует этот термин для обозначения *perpetrators* в изучении Холокоста). Наконец, мы стремились предложить богатые деталями микроисторические описания и новые эмпирические данные для обогащения нашего понимания массовых репрессий (Большого террора), взглянув на них из комнат допросов и расстрельных камер НКВД.

Перевод с английского Елены Осокиной

Марк Юнге

Историография, методы и источниковая база

Изучение «карателей» – лиц, которые осуществляли массовый террор в Советской России/СССР, – ограничивалось в Советском Союзе вплоть до 1991 г. почти исключительно фигурой Сталина. Именно Сталин считался, если не принимать во внимание тезисы ряда «ревизионистов», the terror's director general[21]. Такая трактовка являлась прямым продолжением основных положений тайной речи Никиты Хрущева, произнесенной на XX съезде КПСС в 1956 г. Новый импульс своего развития историография карательных органов и «карателей» получила благодаря публикации в 1991 г. документов о массовых репрессиях. Речь здесь идет в первую очередь о массовых операциях НКВД 1937–1938 гг.: так называемой «кулацкой» операции против «кулаков», «уголовников» и других «контрреволюционных элементов», «националь-

ных» операциях в отношении немцев, поляков, иранцев и т. п.,
а также операции против «социально опасных элементов» (по-
прошаек, бездомных, проституток, уголовных преступников и т. п.),
жертвами которых в общей сложности стали около 1,6 миллиона
человек. Некоторые российские историки использовали новые
документы как основание для диаметрально противоположной
интерпретации роли Сталина. Под их пером зародилась легенда
об обманутом и слабом диктаторе, действовавшем под диктовку
Н.И. Ежова, собственно главного и единоличного организатора
Большого террора[22]. Однако историография сумела вскоре убедительно опровергнуть такого рода трактовки[23]. Ежов, возглавлявший народный комиссариат внутренних дел СССР, который объ-
единял под своей крышей органы государственной безопасности
и милицию, теперь адекватно описывается как управляемый и
контролируемый послушный исполнитель приказов Сталина, как
его способный и усердный ученик[24].

Систематическое изучение массовых репрессий и параллель-
ное введение в научный оборот соответствующих документальных материалов «архива Кремля» (Архива Президента РФ)
осуществил тандем в составе российского историка спецслужб
Владимира Хаустова и шведского историка Леннарта Самуэльсона.
Они исследовали механизм соучастия представителей высшего
эшелона сталинского режима в репрессиях, а также доказали, что
Сталин по-прежнему должен расцениваться как главный «кабинет-
ный преступник». Одновременно авторы продемонстрировали,
что роль Сталина в Большом терроре необходимо рассматривать
более дифференцированно. Сталин расставлял приоритеты. Персонально он концентрировался в первую очередь на элитах. Его
роль в репрессировании элит сводилась не только к тому, чтобы
завизировать своей подписью списки на арест и осуждение, но и
к рукописным пометкам рядом с некоторыми фамилиями в этих
списках, которые, как правило, имели смертельные последствия
для людей, удостоившихся сталинского внимания. Такими же
пометками Сталин снабжал некоторые протоколы допросов и материалы ряда судебных дел[25].

В то же время сталинское соучастие в реализации массовых
операций, направленных преимущественно против простого, т. е.
лишенного привилегий и далекого от власти советского населения, ограничивалось политической инициативой и общим контролем[26]. Здесь главные полномочия были предоставлены – в
особенности в том, что касалось «кулацкой» операции – партий-

ному руководству и органам госбезопасности на местах. Сталин не вникал в детали массовых репрессий, ограничиваясь общими указаниями об увеличении лимитов и поощряя усердие НКВД[27].

Новые архивные находки в Грузии, тем не менее, указывают на то, что необходимо критически оценивать эффективность такого «последнего контроля». Без сомнения, он осуществлялся Сталиным и другими членами Политбюро ЦК ВКП(б) в отношении репрессий партийно-советских элит. Об этом свидетельствуют так называемые «сталинские списки»[28]. По-прежнему не вполне ясно, действительно ли речь шла о персональном контроле или, напротив, в большинстве случае дело сводилось к механическому подтверждению приговоров, которые предварительно выносились центральным аппаратом госбезопасности? В пользу последнего предположения говорит, например, то обстоятельство, что Сталин вкупе с остальными членами Политбюро оставил свои подписи под объемными списками, включавшими в себя более 40 000 фамилий, но его «пометки на полях» затрагивают лишь некоторых из жертв. У Сталина и членов Политбюро не было ни времени, ни достаточного объема личных сведений (память, личные знакомства), чтобы связать что-нибудь конкретное с каждым из имен, оказавшихся в списках. Поэтому контроль или вмешательство здесь неминуемо ограничивались абсолютным минимумом[29].

Госбезопасность и милиция

С введением в научный оборот новых комплексов документов в центре исследований, наряду с дискуссией о месте Сталина в массовых репрессиях, постепенно оказались целые группы «карателей». Речь, в частности, идет о соучастии партии, Политбюро ЦК ВКП(б) на первом месте, а также республиканских, краевых и областных комитетов ВКП(б). Их роль наиболее зримо выражалась в циничной «торговле» первых секретарей с «центром» вокруг повышения «лимитов» репрессий. И все же историография концентрируется на изучении роли в репрессиях государственных органов, в первую очередь Народного комиссариата внутренних дел СССР, от центральных до низовых подразделений. Постепенно также формируются подходы к изучению участия в репрессиях местных органов государственной власти – сельских и городских советов[30]. Анализ свидетельских показаний и доносов освещает роль в массовых репрессиях неорганизованного населения, обычных людей[31].

Что касается компартии, то установлено, что именно Политбюро ЦК ВКП(б) инициировало и идеологически сопровождало репрессии. Тем не менее преследование широких масс советского населения однозначно было отнесено к компетенции республиканских, краевых и областных органов государственной безопасности и милиции. Под диктовку НКВД к репрессиям также подключились – как правило, добровольно – сельские и городские советы, местные партийные структуры и «простое» население. Констатация факта тесного взаимодействия и сотрудничества этих структур/групп «карателей» стала важнейшим результатом новейшей историографии. Речь идет о запланированном государством и организованном бюрократическим путем массовом убийстве, в ходе которого НКВД удалось задействовать в качестве соучастников как местные городские и сельские элиты, так и часть «простого» населения. Если же говорить о наиболее важных результатах в деталях, то необходимо указать на то, что классическим «кабинетным преступлением» являлась деятельность секретаря тройки НКВД. В ходе бюрократически заданной процедуры именно он на практике выносил «приговоры» еще до внесудебного заседания тройки (начальник управления НКВД, прокурор и секретарь обкома/крайкома партии). Этот орган, формально отвечавший за определение меры наказания, как правило, санкционировал приговоры: ставились подписи под заранее заготовленными секретарем протоколами. Что же касается практик карателей, оформлявших следственные дела, на основе которых докладчиком оформлялся протокол тройки, то удалось установить, что грубая фальсификация показаний и свидетельств имела свои границы[32]. Конечно, образ действий следователей НКВД и, соответственно, материалы следствия отвечали требованиям сверху, как можно скорее нейтрализовать подозрительные или якобы нелояльные «элементы». Документы следствия, выступавшие в роли улик, редко проверялись следователями на предмет достоверности содержавшейся в них информации, зато, как правило, интерпретировались в нужном для следствия ключе, дополнялись и исправлялись на усмотрение сотрудников НКВД, а также в кратчайшие сроки ими обрабатывались.

Под вопрос также следует поставить общепринятое обвинение в адрес «карателей» в поголовном применении пыток. На самом деле здесь соблюдалась определенная иерархия: членов элит пытали и избивали гораздо чаще, поскольку в их делах центральную роль играло именно индивидуальное признание подозреваемого. Что же касается представителей «простого» советского населения, то здесь, как правило, было достаточно нескольких свидетельских показаний и справки государственных органов власти (например, сельсовета), чтобы «юридически» обеспечить вынесение требуемого приговора[33].

Если подводить промежуточные итоги, зафиксированные в историографии, то в первую очередь следует констатировать следующее: именно органы НКВД – госбезопасность и милиция, сыграли главную роль в осуществлении всех карательных акций Большого террора, в особенности массовых операций. Привилегированное положение, которое занимали в механизмах террора «каратели» из числа сотрудников госбезопасности и милиции, стало для них одновременно преимуществом и проклятием. В рамках деятельности внесудебных инстанций юридически малообразованные кадры госбезопасности исполняли роли следователей, судей и палачей. Это означало для них большую свободу, оставлявшую много места для авторитарного мышления, садизма, карьеризма, личного произвола и манипуляций на всех уровнях вне эффективного контроля сверху. Однако это же обстоятельство привело некоторых из них на скамью подсудимых.

Исполнитель, палач или «каратель»?

Современная историография еще не дала удовлетворительного ответа на вопрос о степени ответственности сотрудников госбезопасности и милиции. Это можно утверждать по поводу самооценки чекистов и милиционеров, а также множества вопросов, каким образом и в какой форме осуществлялось их соучастие в репрессиях. В этой связи представляет интерес уже чисто филологическое описание феномена государственного преступления и преступника. В русском языке нет эквивалента немецкого термина Täter. Наиболее распространенные понятия, такие как «исполнители» или «палачи», в первом случае слишком подчеркивают «исполнительный», во втором – эмоционально-моральный аспект. Возможно, наиболее адекватным является термин «каратель», однако этот термин традиционно был сильно идеологизирован и употреблялся в Советском Союзе исключительно для описания служащих царских и нацистских карательных органов.

Его употребление в другой трактовке наталкивается вплоть до сегодняшнего дня на предубеждения, в том числе в государствах – бывших советских республиках. Несомненный недостаток этого термина заключается также в том, что его нельзя без оговорок применять для описания всех категорий лиц, на которых лежит ответственность за репрессии, то есть в отношении Сталина, партии и государственного аппарата. И все же, пока историография не выработает более адекватный термин, я предлагаю использовать понятие «каратель» в значении «преступник», «сотрудник государственных карательных органов, непосредственно участвовавший в репрессиях».

В общем и целом в историографии карательных органов (госбезопасности и милиции) времен Большого террора можно выделить несколько основных направлений. Представителем первого направления (это преимущественно историки, имеющие отношение к ФСБ или к учебным заведениям системы ФСБ), можно считать Олега Мозохина. Он бывший сотрудник Центрального архива ФСБ и член «Общества изучения истории отечественных спецслужб». Мозохин стремится в первую очередь спасти «честь мундира» спецслужб, что вполне закономерно, учитывая очевидную для России тенденцию реабилитации сотрудников НКВД, осужденных в 1937–1941 и 1954–1961 годах[34]. В полном соответствии с названием своей монографии «Право на репрессии» Мозохин выступает против недопустимой, с его точки зрения, криминализации органов государственной безопасности. Он пишет о том, что госбезопасность получила свои «внесудебные полномочия» от верховных законодательных органов государства[35]. Таким образом, Мозохин сводит роль органов государственной безопасности к чисто исполнительной[36]. Он прав, когда ссылается на то, что создание таких внесудебных органов, как Особое совещание, «двойки» и «тройки», в которых НКВД играл доминирующую роль, осуществлялось на основании законодательных актов или решений Политбюро ЦК ВКП(б). То же самое справедливо в отношении многочисленных приказов, директив и инструкций, которые сопровождали и направляли работу «органов». Однако Мозохин слишком уж явно тщится защитить госбезопасность от возможной критики. Осуществление и рост масштабов массовых репрессий, да и сам Большой террор, предстают в его описании прежде всего как, возможно, чересчур резкая, однако легитимная реакция политического руководства на внешнеполитические и внешнеэкономические угрозы. А во вторую очередь –

как следствие борьбы за власть внутри советской политической элиты (речь идет о «левом» и «правом» уклонах в партии)[37].

Для Мозохина фоном и контекстом репрессий является психическая предрасположенность Сталина к насилию, его борьба за единоличную власть, равно как и его стремление установить бюрократическую систему управления[38]. В то же время непосредственно внутриполитические факторы, включая повседневное подавление сопротивления и инакомыслия в обществе, осуществление государственного контроля, упоминаются Мозохиным мимоходом. Инициативы НКВД по борьбе с «врагами народа», равно как стиль и методы деятельности чекистов, практически не находят у Мозохина освещения. Таким образом, он игнорирует собственную заинтересованность органов госбезопасности в репрессиях, замалчивает свободу действий, которую они имели, а также отрицает совокупную ответственность госбезопасности и милиции. Когда же эту щекотливую тему избежать не получается, как в случае с массовыми операциями, то НКВД обеляется: якобы основная масса сотрудников подвергалась давлению со стороны партийного и собственного руководства; их обманывали, натравливали и даже принуждали к «нарушению социалистической законности»[39]. Остальные авторы, принадлежащие к этому направлению в историографии, еще более откровенно стремятся оправдать чекистские органы. Они утверждают, что НКВД выполнял противоправные приказы, поскольку у чекистов не было другого выбора. В случае отказа от проведения массовых репрессий сотрудники НКВД сами бы стали жертвами.

Другой вариант оценки карательной деятельности НКВД предлагал российский историк Виктор Данилов, утверждавший, что в органах НКВД существовало серьезное сопротивление подготовке и проведению массовых репрессий. Из факта ареста в июле 1937 г. ряда высокопоставленных сотрудников НКВД Данилов делает вывод, что причиной этих арестов послужил дух сопротивления, якобы свойственный чекистам, которые не забыли о негативном опыте коллективизации и индустриализации 1928–1933 гг.: «[...] в этой среде было нежелание участия в кровавой расправе с тысячами невинных людей»[40]. Ряд других авторов полагает, что критическое отношение к террору имело место даже на низших ступенях иерархии НКВД, что привело к стремлению дистанцироваться от спущенных сверху приказов. Эта позиция создает впечатление, что сотрудники НКВД низшего звена правильно «расшифровали» преступные намерения руководства, однако ничего не могли поделать против репрессивных приказов, спущенных сверху[41].

Третье течение представляют российский историк Алексей Тепляков (Новосибирск) и украинский историк Вадим Золотарёв (Харьков). Они применяют двоякий метод: с одной стороны, реконструируют биографии ведущих представителей органов госбезопасности Сибири и Украины[42]. С другой – исследуют механизмы террора[43]. Используя аналогичный подход, Александр Ватлин (Москва) опубликовал исследование в жанре микроистории[44]. А. Тепляков, анализируя «психологию, обычаи и нравы» чекистов, пришел к выводу о клановой структуре, свойственной органам госбезопасности. Он описывает не только систему патроната и персональной клиентелы, но и коррумпированность органов, готовность чекистов прибегнуть к издевательствам и пыткам, равно как и к фальсификациям материалов следствия. Лояльность чекистов по отношению к режиму обеспечивали система привилегий в комбинации с боязнью в любой момент самим превратиться в жертву[45]. Золотарёв создает свои работы преимущественно в биографическом ключе, хотя и пытается делать это в рамках институционального подхода.

«Каратели» рассматриваются в историографии в первую очередь как составная часть и обезличенный инструмент государственных и партийных метаструктур. В том числе сам автор настоящей статьи, описывая роль секретаря тройки на примере УНКВД Алтайского края, фактически затушевывает индивидуальные особенности и действия конкретного человека, в результате чего возникает, хотя и непреднамеренно, образ безучастного кабинетного преступника, лишенного каких-либо эмоций. Только в отдельных случаях историкам удавалось нарисовать образ советского «карателя» как индивидуума. Когда же это происходило, то речь шла почти исключительно о чекистах, которые выделялись из общей массы своим особым энтузиазмом в осуществлении репрессий, цинизмом, выдающимся организаторским талантом и т. д. В итоге в историографии доминируют исследования, посвященные этим «исключительным» личностям. Что же касается «среднестатистических карателей», то из-за дефицита источников до сего времени были написаны только два портрета: речь идет об А.Г. Агапове, начальнике РО НКВД Солтонского района Алтайского края, и В.Д. Качуровском, сотруднике КРО УНКВД по Новосибирской области[46].

До настоящего момента в области историографии репрессий сделаны лишь первые осторожные шаги в новом направлении, вне рамок доминирующего подхода изучения «карателей» как составной части карательных институтов. Сегодня историки стали обращать внимание на социологические (социальное происхождение и актуальное социальное положение), ситуативные (модус вивенди в определенной обстановке) и индивидуальные аспекты. В свою очередь, это поставило исследователей перед необходимостью изучать механизмы прекращения массовых операций НКВД. Это обусловлено тем, что важнейшим рычагом, позволившим сначала затормозить репрессии в конце лета 1938 г., а потом и окончательно остановить их, стало обвинение в «нарушении социалистической законности», выдвинутое в адрес активистов и «передовиков» репрессий. Целый ряд постановлений, директив и приказов цинично обвинял органы госбезопасности в «эксцессах» и «перегибах», отведя им роль единственного козла отпущения. Новый народный комиссар внутренних дел Лаврентий Берия выступил от имени НКВД с самокритикой, а также отдал приказ осудить факты «нарушений социалистической законности» на специально созданных собраниях сотрудников НКВД. Органы прокуратуры, в свою очередь, получили поручение провести соответствующие расследования и организовать судебные разбирательства. В попытке обелить себя сотрудники НКВД в массовом порядке писали письма, адресованные партийным организациям, прокуратуре или собственному начальству. Так началось наказание «карателей».

Когда историки получили возможность работать с архивно-следственными делами жертв массовых операций НКВД, они обнаружили, что вместе с материалами следствия зачастую были подшиты дополнительные материалы 1938–1941 гг. (редко) и 1954–1961 гг. (часто). Эти документы, служившие основанием для пересмотра приговоров и реабилитации репрессированных, включали в себя выдержки из материалов следствия и судебных процессов по делам сотрудников госбезопасности и милиции. Речь в них шла о фальсификациях, пытках и других формах «нарушения социалистической законности». В Государственном архиве Новосибирской области было найдено уже упомянутое выше письмо В.Д. Качуровского, датированное 1939 г., в котором тот хотя и критиковал массовые репрессии, тем не менее, пытался оправдать свои действия и действия управления НКВД в целом. В украинских архивах были обнаружены и опубликованы первые материалы партийных собраний управлений НКВД 1938–1940 гг., на которых во главе повестки дня стоял вопрос о «нарушениях социалистической законности». Кроме того, в научный оборот были также введены соответствующие донесения и рапорты прокуратуры[47]. Их ценность в качестве документального источника состоит, в частности, и в том, что они дают возможность анализировать конкретные преступления определенной группы «карателей» из числа сотрудников госбезопасности и милиции, которые предстают в документах как индивидуумы. В результате анонимные карательные институты и структуры обретают свое «персональное лицо». Кроме того, материалы прокуратуры опровергают версию партийно-советского руководства, что в целом репрессии были оправданными и необходимыми, и следовало лишь наказать отдельных чекистов за «эксцессы» и «перегибы».

Отметим, до этого времени только отдельные авторы задавались вопросом о мотивах преследования сотрудников карательных органов в 1938–1941 и 1954–1961 гг. Например, Леонид Наумов выразил мнение, согласно которому первая волна процессов над «карателями» непосредственно после Большого террора послужила тому, чтобы ослабить клановую структуру НКВД и перегруппировать кадры в интересах новой конъюнктуры карательной политики, сводившейся теперь к выборочным репрессиям[48]. Тимоти Блаувельт и Никита Петров интерпретировали наказания чекистов как средство, которое позволило разрушить «ежовский клан» и заполнить освободившиеся места сторонниками Л. Берии[49]. В свою очередь, другой «ученый», Р. Шамсутдинов, с явно выраженной антисемитской ориентацией, приписывает Сталину намерение очистить органы госбезопасности от «еврейских элементов», которые стали вести себя слишком самостоятельно[50]. Автор настоящей статьи высказывал гипотезу о том, что наказание карателей было призвано дисциплинировать сотрудников НКВД и ограничить компетенцию органов госбезопасности прежними правовыми рамками[51].

Что же касается судебных процессов над чекистами 1954–1961 гг., то в историографии они интерпретируются исключительно как политический инструмент, то есть как составная часть кампании по десталинизации и реабилитации. При этом аспект расследования и освещения преступлений не играл для власти большой роли. Согласно Никите Петрову, Хрущев не был заинтересован в действительном освещении и расследовании репрессий, поэтому в годы его правления не было организовано широкое осуждение «нарушителей социалистической законности». Их судили только выборочно, в показательных целях, чтобы вызвать у населения чувство удовлетворения и восстановленной справедливости, а также легитимировать массовые освобождения из лагерей и реабилитацию[52]. Тимоти Блаувельт представляет точку зрения, согласно которой наказание «карателей» в хрущевскую эру прежде всего служило тому, чтобы нейтрализовать сторонников Берии[53].

Канадский историк Линн Виола в своем обзоре историографии вопроса «карателей» и карательных органов в Советском Союзе предлагает, проводя сравнение с нацистскими преступниками, уделить особое внимание «экосистеме террора» (Ecosystem of Violence), в рамках которой действовали «каратели». При этом исследование должно быть организовано двояко: с одной стороны, необходимо анализировать специфические российские/советские условия, то есть особенности административной системы, политическую культуру, паранойю режима в отношении «врагов народа», социальный фон репрессий, а также культуру насилия, зародившуюся в годы Гражданской войны, включая факторы, которые ее усиливали; с другой стороны, внимание должно уделяться общим закономерностям процесса модернизации[54].

Ныне очевидно, что проблемы историографии советских «карателей» во многом сводятся к тому, что историки были вынуждены использовать в качестве основной источниковой базы для реконструкции поведения, мышления и психологии чекистов только лишь выдержки из доступных на сегодня материалов архивно-следственных дел или незначительное число ходатайств, жалоб и заявлений самих сотрудников госбезопасности, оказавшихся на скамье подсудимых по обвинению в «нарушении социалистической законности» в 1938–1941 и 1954–1961 гг. В большинстве случаев выдержки из материалов судебного разбирательства, приобщенные к архивно-следственным делам, не имеют ничего общего с данным конкретным делом. Историография часто основывается на одних и тех же показаниях ограниченного числа чекистов, в которых признается применение пыток, фабрикация улик или следственных дел в целом, а также манипуляция показаниями свидетелей.

Все до сих пор обнаруженные документы такого рода характеризуются высокой степенью селективности. В результате они диктуют совершенно определенную интерпретацию: в первую очередь тенденциозный образ садиста-чекиста, мучителя по натуре, подверженного влиянию алкоголя. Эти документы практиче-

ски вынуждают большинство исследователей выстраивать дис-
танцию между обществом и чекистами за счет криминализации и
демонизации последних. Они едва ли позволяют проследить социальное происхождение, а также мировоззрение сотрудников
госбезопасности[55]. Кроме того, на их основании почти невозможно произвести последовательный демонтаж мифа о чекистах исключительно как о жертвах давления сверху, а потом и репрессий. По тем же самым причинам в историографии фактически
отсутствует описание взаимодействия между карательной машиной и индивидуумом. То же самое можно утверждать в отношении
публикаций Никиты Петрова – видного представителя российской историографии советских карательных органов. Сотрудники
госбезопасности, милиции в его работах лишены индивидуальных характеристик, несмотря на доминирующий биографический
подход. Кроме того, историками уделяется мало внимания ситуа-
тивным аспектам репрессивной повседневности или, соответственно, разнице в поведении «карателей» в различные периоды
советской истории[56]. Следствием этого является деперсонализа-
ция фигур «карателей».

Украина и Грузия

Отправной точкой настоящего исследования является современная историография Большого террора и карательных органов, все
еще фрагментированная и характеризующаяся наличием серьезных лакун. Научный анализ также опирается на существенно
расширенную источниковую базу и структурированные методо-
логические размышления. Наша работа посвящена исследованию
жизни и деятельности сотрудников карательных органов бывшего Советского Союза. В центре внимания находится определенная группа сотрудников карательных органов, а именно тех, кто в
ходе Большого террора 1937–1938 гг. планировал, руководил
и осуществлял массовые репрессии. Речь идет о сотрудниках органов госбезопасности и милиции республиканского, краевого
и областного уровня, которые позднее сами превратились в
«жертв», то есть преследовались в уголовном порядке за «нарушения социалистической законности». Другие группы лиц, принимавших активное участие в массовых репрессиях (партийные
работники, сотрудники органов прокуратуры и т.п.), рассматриваются здесь лишь в тех случаях, когда это помогает более полно

выяснить роль сотрудников тайной полиции и милиции. Концентрируясь только на госбезопасности и милиции, мы поддерживаем и продолжаем уже частично предпринятые в историографии попытки, целью которых является идентификация группы лиц, несущих ответственность за репрессии на среднем и низшем институциональном уровнях. Таким образом, исследование существенно отличается от доминирующей до сего времени фиксации только на ряде руководящих деятелей партии и государства (в первую очередь И.В. Сталин) и тайной полиции (Н.И. Ежов, Л.П. Берия), которая вполне объяснима, принимая во внимание дефицит архивных источников. Особенно благоприятная ситуация для реализации такого исследовательского подхода сложилась в двух бывших республиках СССР – на Украине и в Грузии. Банальная причина такого географического распределения заключается в том, что именно в этих государствах в необходимом объеме доступны соответствующие архивные документы[57]. В особенности архивы Украины, которую можно характеризовать как «Советский Союз в миниатюре»[58], дают основания для выводов, применимых к СССР в целом.

В результате должны быть воссозданы профили групп и отдельных сотрудников госбезопасности и милиции среднего (область и край) и низшего (район и город) уровня. Эти профили/срезы будут использованы, с одной стороны, в интересах проведения анализа структур репрессивного механизма 1937–1938 гг., с другой – для изучения механизмов и мотивов «наказания карателей» в 1938–1941 гг. и 1954–1961 гг. При этом центральную роль играют следующие аспекты:

1. Индивидуальное поведение сотрудников карательных органов различного уровня во время репрессий. Особенный интерес представляет рассмотрение «коэффициента напряжения» взаимоотношений индивидуума и структуры, при этом субъективные измерения позиций и мотивов «карателей» должны быть соотнесены с карательными метаструктурами, а «каратели» включены в институциональный и ситуативный контексты.

2. Реконструкция биографий сотрудников карательных органов (социальное происхождение, образование, партийная карьера, социальное положение). Таким образом, они будут включены в конкретные общественные и политические обстоятельства, что сделает возможным оценку совершенных ими преступлений помимо антропологических констант. В то же время темой исследования станут действия режима в отношении своих собственных кадров.

3. Показания/свидетельства «карателей» о совершенных ими преступлениях, сделанные как непосредственно после завершения Большого террора в ходе следствия и осуждения в 1938–1941 гг., так и в период хрущевской десталинизации в 1954–1961 гг. Речь здесь идет о самовосприятии «карателей» и одновременно – о механизмах самооправдания и стратегиях защиты. Одновременно (в дополнение к пункту 2) этот аспект будет использоваться для включения «карателей» в общественный и политический контексты.

4. Высказывания/заявления о «карателях» и их преступлениях, относящиеся к сентябрю 1938–1941 г., а также ко времени десталинизации 1954–1961 гг., которые прозвучали/были сделаны в рамках собраний НКВД, следствия и судебных процессов. Исходя из стороннего восприятия «карателей» сотрудниками прокуратуры и свидетелями (к последним относились жертвы и бывшие коллеги), будет выявлена роль политической и общественной функции как судебного, так и внутреннего расследования преступлений, официально объявленных «перегибами». Составной частью такого ракурса изучения выступает реакция аппарата тайной полиции и руководства НКВД на «нападки» со стороны прокуратуры.

Одним из главных результатов исследования должно стать устранение той разделительной линии, которая была проведена между «карателями» и обществом в хрущевскую эру и с тех пор латентно присутствует в историографии. Таким образом, будет отдана дань тезису, согласно которому «каратели» являлись неотъемлемой частью и продуктом советского общества, а их представления и образ мыслей отвечал идеологии и мотивам государственной власти.

Цель нашего исследования также состоит в изучении жизни и деятельности «карателей» в СССР в качестве самостоятельного направления историографии, которое с учетом советской специфики будет «вписано» в общую дискуссию о массовом государственном насилии в XX веке, а также о проводниках и исполнителях государственного насилия. Кроме того, нашей задачей является создание базы документальных материалов для государств – бывших республик СССР, которая должна послужить основанием для предстоящей широкой общественной работы по осмыслению ужасов и последствий Большого террора, а также созданию соответствующих «территорий памяти». Таким образом, должны быть поддержаны начинания правозащитной организации «Мемориал» и Музея и общественного центра «Мир, прогресс и права человека» им. Андрея Сахарова.

Постановка вопроса и источниковая база

Официальным обоснованием проведения судебных процессов над рядом сотрудников НКВД начиная с лета 1938 г. по 1941 г. выступало утверждение, согласно которому подсудимые в ходе в целом успешной кампании по борьбе с «врагами народа» систематически нарушали «социалистическую законность» и поэтому дело дошло до «эксцессов» во время арестов, следствия и осуждения. В ходе десталинизации эта интерпретация также в целом не подвергалась сомнению, напротив, она была расширена заявлением о том, что «эксцессы» стали возможны лишь потому, что во главе страны стоял Сталин. Таким образом, партия, государство и советское общество были освобождены от какого-либо обвинения в соучастии в Большом терроре.

Новые источники из архивов Украины и Грузии предлагают сегодня возможность отказаться от этой интерпретации. Впервые исследователям оказались полностью доступны в достаточном количестве материалы судебных процессов, а также многие дополнительные документы. Теперь у них есть возможность ввести в научный оборот также показания самих «карателей», их коллег и свидетелей, содержащие данные о повседневности террора. Помимо этого, архивно-следственные дела включают в себя такие документы, как письма самих «карателей» и их родственников, а также улики.

Однако изменение перспективы исследования возможно не только на основании расширения источниковой базы. Так, теперь больше не рассматривается как недостаток для исследования то, что как в сталинское время, так и в хрущёвскую эру процессы над «карателями» были мотивированы в первую очередь политически и тактически. Напротив, именно основываясь на политической и тактической мотивации, можно исходить из того, что наказывались не столько эксцессы или отдельные садисты, карьеристы, психопаты и «ненадежные» элементы, как это утверждалось официально, сколько представители среднестатистической группы сотрудников карательных органов. Они были примерно наказаны и пострадали за деятельность НКВД в целом. Знакомство с архивными документами только укрепляет это впечатление.

С помощью новых источников можно также противодейство-
вать распространенной в историографии тенденции деперсонали-
зации «карателей». Возможность рассматривать «карателей» как
индивидуумов дают в первую очередь их личные дела и собственноручные автобиографии.

Мы также дискутируем с утверждением, что госбезопасность
и милиция были сугубо исполнительными органами, что освобо-
ждает их от ответственности за содеянное. Встречный тезис гласит, что именно в ходе Большого террора 1937–1938 гг. сотрудники карательных органов располагали существенной как
институциональной, так и индивидуальной свободой действий,
но при этом они также стремились к выполнению директив руководства, которое сделало возможным для них такое поведение[59].

Новую, особенно интересную перспективу открывают показания и заявления «карателей», сделанные в условиях континуума
власти одного центра, но с режимом функционирования, который
изменялся под воздействием политической конъюнктуры. Другими словами: советской спецификой является то, что политика,
обозначенная в источниках как «наказание нарушений социалистической законности», фактически означала, что режим критиковал в 1938–1941 гг. те действия, которые он незадолго до этого
не только допустил, но и ожидал от своих институций и кадров,
хотя никогда не требовал их expressis verbis[60]. «Карателей» сначала подтолкнули к сознательному нарушению действующих законов, а затем за это и осудили.

Что же касается мотивов осуждения «карателей» в 1938–
1941 гг., то исследователи, как правило, исходили из того, что эти
процессы имели исключительно инструментальные цели, а именно – остановить массовые репрессии, произвести смену кадров,
решить проблему кланов в НКВД, вернуть карательные органы в
рамки прежних полномочий и найти «козлов отпущения». В дополнение к этому нами выдвигается тезис, согласно которому
речь шла о типично сталинской рационализации террора (ключе-
вое слово здесь «эксцессы»). Этот недвусмысленный сигнал был
адресован государственному аппарату, в то время как обвинение
в заговоре в НКВД, сыгравшее решающую роль в смещении
Ежова, уже не было больше востребовано. Ключевую роль здесь
сыграла практика строгой конспирации или полузакрытого[61] проведения процессов над «перегибщиками», которая также должна
выступить предметом анализа.

Новым является также намерение рассмотреть роль прокуратуры в ходе расследования дел «нарушителей социалистической законности» не только как рычага в руках политического руководства для проведения мероприятий по обеспечению сохранности власти (подтверждение легитимности коммунистического руководства в условиях имевшего место массового нарушения существующего законодательства). Источники указывают на то, что прокуратура, по меньшей мере в процессе следствия, действительно была заинтересована в эффективном расследовании преступлений и, соответственно, случаев нарушения законности. При этом прокуратура могла демонстрировать определенную объективность, поскольку на пике массового террора она играла только подчиненную роль. Таким образом, речь идет о выстраивании контрапункта в отношении исключительно политической трактовки прокурорского следствия и судебных процессов, царящей в историографии.

Итак, новым в заявленном исследовании следует считать источниковую базу, а инновацией – изменение исследовательской перспективы, нацеленной на создание дифференцированного образа сотрудника карательных органов СССР.

Методы и материалы

Изучение сотрудников карательных органов осуществлялось с помощью специфического вида источников, а именно материалов следствия и судебных процессов в отношении «карателей». Главными среди материалов являются документы следствия и судебных процессов «малой бериевской оттепели»[62] 1938–1941 гг. на Украине. После допросов и следствия многие из чекистов – точное число неизвестно – были выведены в качестве обвиняемых на судебные процессы, которые продолжались в основном до нападения Германии на СССР в 1941 г. Короткий промежуток, разделявший время Большого террора и начало процессов, несомненно, предопределил специфическое качество материалов следствия.

Свое историческое измерение исследование приобретает за счет двойного сравнения. С одной стороны, ключевые материалы «малой бериевской оттепели» сравнивались с материалами «нормальных» процессов времен «большой чистки» 1936 – лета 1938 гг. в отношении сотрудников госбезопасности, обвиненных в заговоре в НКВД, с другой стороны, для сравнения были привлечены материалы процессов над «карателями» времен десталинизации.

Ретроспективный взгляд на 1936 – лето 1938 гг. означает сравнение с кампанией «корчевания троцкистского и бухаринского заговоров в НКВД», в первую очередь – на Украине. Именно потому, что в данном случае обвинение в «нарушении социалистической законности» почти не играло роли, документы этой кампании дают возможность выявить различия и конъюнктуру обращения с органами госбезопасности и милицией при одном и том же политическом режиме и сфокусировать внимание на непосредственном историческом контексте. Такое внезапное, на первый взгляд фундаментальное, изменение «содержания» обвинения до сего момента не являлось объектом исследования.

Но материалы процессов времен «малой бериевской оттепели» не были для нас единственным источником. Они дополнились стенограммами протоколов внутренних собраний сотрудников НКВД 1939–1941 гг., темой которых также выступал вопрос «нарушения социалистической законности». Это же справедливо в отношении материалов 1-го спецотдела государственной прокуратуры Украины, занимавшегося расследованием «нарушений соцзаконности». Что касается личных дел «карателей» (госбезопасность и милиция), то они «закрывают» собой весь временной промежуток 1936–1941 гг.

Когда речь заходит о сравнении «малой бериевской оттепели» с десталинизацией, мы привлекали материалы процессов, которые были проведены в 1954–1961 гг. в Грузинской ССР в отношении сотрудников НКВД, обвиненных в нарушении «социалистической законности» в годы Большого террора. Особенность Грузии заключалась в том, что на фоне смещения и казни Л.П. Берии в республике состоялось большое количество процессов, в том числе в 1955 г. в Тбилиси был организован полузакрытый процесс под председательством генерального прокурора СССР Р.А. Руденко. Методологически на первом месте здесь стоит выявление различия и схожести этих процессов с процессами 1938–1941 гг.

Что касается изучения реакции тайной полиции на проводимые прокуратурой расследования, то в нашем распоряжении имеется обширная переписка и директивы московского руководства НКВД/КГБ. Эти документы позволяют подвергнуть более тщательному исследованию реакцию органов госбезопасности и выявить намерения политического руководства страны.

С исследовательской точки зрения необходимо также «вписать» задокументированные свидетельства «карателей» в исторический контекст времени, как непосредственно после Большого террора, так и хрущевской оттепели. То же верно в отношении редких воспоминаний бывших сотрудников НКВД[63].

Методологический базис

Методологическим базисом исследования выступает историография карательных органов и «карателей» национал-социалистической диктатуры, добившаяся существенных успехов. Конечно, было бы неразумным задаться целью прямого сравнения, этому препятствуют коренные различия исторических процессов. Отличительной чертой Германии является публичный, научно сопровождаемый дискурс о «карателях», который, и это следует отметить особо, зародился и стал развиваться под давлением извне, со стороны союзников, после поражения нацистов, в ходе Нюрнбергского и подобных процессов. В Советском Союзе, напротив, следствие и процессы над «карателями» проходили либо в полной тайне, либо полугласно, да еще и в условиях сохранения политического режима и масштабной личной преемственности. Отсюда следует сделать вывод, что в СССР в ходе наказания «карателей» речь шла о сохранении коммунистической власти, в отличие от послевоенной Германии, для которой на первом месте стояла критика национал-социализма и расследование обстоятельств преступлений.

Взгляд на Нюрнбергский процесс и другие судебные разбирательства, последовавшие вслед за ним в Германии, если только они касались не военных преступлений, а преступлений против человечности, позволяет заметить еще одно существенное различие. «Каратели», осужденные на процессах в Германии, в отличие от подсудимых «советских» процессов, не были вынуждены в свое время совершать то, что теперь им вменялось в вину государством. В случае СССР государство в итоге наказывало их за то, что ранее само приказало им совершить, к чему подталкивало или, по меньшей мере, относилась терпимо. Необходимо также проверить, стали ли советские «каратели» в правовом смысле сами жертвами в результате проведенных после Большого террора судебных процессов (и если да, то в какой степени), то есть отличались ли методы следствия в их отношении от тех, которые им инкриминировались.

Цели исследования сформировались под прямым воздействием и влиянием размышлений Кристофера Браунинга о «карателях» как об обычных людях (ordinary men) и дискуссии вокруг образа «карателей» в публикациях Даниэля Гольдхагена[64]. Также учитывались социально-психологические соображения Гаральда Вельцера и адресованный ему упрек в том, что ему свойственен подчеркнуто антропологический дискурс[65]. Наблюдающийся с начала 1990-х годов поворот в исследованиях национал-социализма к конкретике и эмпиризму[66] повлиял на замысел настоящего исследования в той мере, что в рамках проекта была предпринята попытка в духе Петера Лонгериха рассмотреть соотношение человека и государственной машины, диспозиции и ситуации, центра и периферии, намерения и функции, рациональности и идеологии – как различных аспектов исторической действительности, которые влияют и даже взаимно дополняют друг друга[67]. Однако мы также готовы задействовать традиционный дискурс, если речь пойдет об объяснении феноменов, которые, в конечном итоге, не без основания дают повод к криминализации и демонизации «карателей»[68]. В заключение следует указать на применение компаративного метода: для анализа механизмов и специфики процессов над советскими «карателями» была привлечена соответствующая литература по национал-социалистической проблематике[69].

Постановка вопросов

Исходя из целей и методов настоящего исследования, его проблемных рамок и имеющихся источников, командой историков были поставлены конкретные вопросы для научного анализа.

«Каратели» и механизмы преследования

К какому поколению принадлежали, из какого социального слоя вышли осужденные «каратели»? Каков был их среднестатистический возраст? Национальность?

Почему сотрудники НКВД пошли на «нарушение» социалистической законности? Что способствовало «нарушению»: политический и социальный контекст или скорее «атмосфера» в самих органах НКВД? В какой степени руководство манипулировало кадрами? Что сыграло большую роль – противоправные приказы, подчиненность начальству и социальное давление в самом НКВД или условия репрессивного процесса, основанного на разделении труда между сотрудниками? Имелись ли у них личные мотивы для репрессий и в чем заключался личный вклад «карателей»? Были ли среди них «сомневающиеся» или энтузиасты? Какую роль играли карьерные соображения и материальные аспект, а какую – мировоззренческие установки? Каким образом госбезопасности и милиции было разрешено (практически их подтолкнули к этому) «нарушить социалистическую законность» таким образом, как это произошло в ходе массовых операций? Как это помогает нам решить вопрос о контроле сверху за осуществлением Большого террора?

«Палачи» и жертвы

Каким образом, в каком масштабе милиция и государственная безопасность, объединенные в составе НКВД, нарушили «социалистическую законность»? В какой мере можно получить документально достоверную информацию о страданиях жертв Большого террора? Применяли ли «каратели» систематические пытки? Как этот вопрос выглядел с точки зрения «карателей» и как – в восприятии жертв? В какой мере фальсифицировались следственные дела? Имелись ли, по мнению «карателей», «реальные основания» для осуждения жертв? Имелись ли различия между карательными мерами в отношении элит и т. н. «низовки»[70] или в отношении национальных меньшинств, «инонационалов»? Не является ли термин «нарушение социалистической законности» в целом лишь приукрашенным описанием антиправового поведения сотрудников НКВД в отношении подследственных?

Государственные и политические мотивы

Были ли судебные преследования «карателей» на самом деле политикой поиска и наказания «козлов отпущения», цель которой – оправдание политического режима задним числом? Шла ли речь во время обоих периодов преследования «карателей» об устранении или ослаблении чекистских кланов и группировок или, напротив, об общей ротации кадров? Играл ли свою роль в устранении отдельных кадров НКВД латентный антисемитизм? Могут ли доступные нам источники доказать связь между осуждением «карателей» и десталинизацией 1954–1961 гг. (на что имеются указания в литературе), а также установить взаимную связь интересов и коммуникаций действующих лиц?

Структура и содержание

Какие подразделения системы юстиции отвечали за организацию и проведение процессов над «карателями»? Какой была общая структура ведения следствия и судебных процессов? Что понималось под «нарушением» социалистической законности? Чем задавались «табу» или границы расследования? Можно ли доказать существование различий между следствием и осуждением в отношении руководящих кадров и сотрудников НКВД низшего уровня? Развилась ли в ходе судебных процессов над «карателями» собственная неуправляемая динамика с непредсказуемыми последствиями?

Центр и периферия

Какая роль отводилась судебным органам на местах – в республиках, краях и областях (государственная прокуратура и военная юстиция)? В какой степени органы правового надзора (главная военная прокуратура и прокуратура СССР) вмешивались в процессы на местах?

Тайная полиция и коммунистическая партия/государство

Какие дополнительные рычаги были задействованы наряду с судебной системой, чтобы вернуть НКВД в его «нормальные» рамки? Наблюдалось ли взаимодействие между деятельностью прокуратуры и партии? Какую роль партийные организации играли в центре и на местах в расследовании преступлений? Было ли расследование преступлений истинной целью кампании? В какой мере политические задачи, продиктованные Москвой на различных этапах, являлись заранее заданными результатами судебного расследования, и если да, то насколько их придерживались? Осуществлялась ли для этого манипуляция показаниями свидетелей?

Как карательные органы, их сотрудники реагировали на изменение политической конъюнктуры и выдвинутые против них обвинения (с одной стороны, необходимо установить реакцию на действия юстиции центральных и региональных структур госбезопасности и милиции как организаций, с другой – выявить, какие индивидуальные стратегии защиты от обвинителей и обвинения выработали бывшие «каратели»)? Как различалось самовосприятие «карателей» и восприятие их прокуратурой и жертвами? Каким образом «каратели» могли избежать осуждения или добиться смягчения наказания? Развилось ли у них представление о собственной вине или они, как правило, перекладывали ее на других? Как с увеличением временной дистанции они оценивали свою собственную деятельность в 1937–1938 гг. (психология и специфика мышления)? Насколько на их примере подтверждаются идеи Й. Хеллбека об образовании специфической советской социалистической идентичности?[71] Оставило ли наказание свой след на «карателях»? Как «каратели» реагировали на самое распространенное обвинение, согласно которому они преследовали личные или групповые интересы в ущерб интересам партии и государства?

Нюрнберг и советские судебные процессы над «карателями»

Можно ли установить сходство между масштабным процессом в Тбилиси летом 1955 г. и Нюрнбергским процессом? Имело ли место прямое влияние Нюрнберга? Можно ли в принципе сравнивать стратегии советской юстиции пятидесятых годов в области осуждения «карателей» с ключевыми тенденциями Нюрнбергского процесса?

В статьях, опубликованных ниже, даются не все ответы на поставленные здесь вопросы. Эта публикация является лишь первым шагом на долгом пути изучения советских «карателей».

Перевод с немецкого Андрея Савина

ПРИМЕЧАНИЯ

[1] The Oxford English Reference Dictionary / Eds. Judy Pearsall and Bill Trumble; 2-nd ed. – Oxford: Oxford University Press, 2001. P. 1082.

[2] Хорошее введение в историографию изучения феномена perpetrator см.: *Roseman Mark.* Beyond Conviction? Perpetrators, Ideas, and Actions in the Holocaust in Historiographical Perspective / Conflict, Catastrophe and Continuity: Essays on Modern German History / Eds. Frank Biess, Mark Roseman, and Hanna Schissler. – New York: Berghahn Press, 2007. Двумя ключевыми работами, в которых представлены некоторые наиболее спорные вопросы проблемы, являются: *Browning Christopher R.* Ordinary Men: Reserve Police Battalion 101 and the Final Solution in Poland. – New York: Harper Perennial, 1992; *Goldhagen Daniel Jonah.* Hitler's Willing Executioners: Ordinary Germans and the Holocaust. – New York: Vintage, 1997. См.: *Hilberg Raul.* The Destruction of the European Jews. – New York: Holmes and Meier, 1985; *Browning Christopher R.* The Path to Genocide. – New York and Cambridge: Cambridge University Press, 1992.

[3] См.: *Hilberg Raul.* The Destruction of the European Jews. – New York: Holmes and Meier, 1985; *Browning Christopher R.* The Path to Genocide. – New York and Cambridge: Cambridge University Press, 1992.

[4] Desk murderer – термин, принятый в историографии Холокоста для обозначения высокопоставленных нацистов, которые, возможно, лично и не принимали участия в массовых экзекуциях, но разрабатывали планы и орудия массового убийства в тиши своих кабинетов за письменным столом. Примером «убийцы за письменным столом» может служить Отто Адольф Эйхман, разрабатывавший планы массовых убийств в концентрационных лагерях и газовых камерах. В этом же значении в историографии Холокоста используется и термин desk murders – «убийства, совершенные за письменным столом» (комментарий переводчика).

[5] Термин «серая зона» (gray zone) заимствован из классических мемуаров Примо Леви. См.: *Levy Primo.* The Drowned and the Saved. – New York: Vintage, 1989. Научную разработку термина см. в сборнике статей: Gray Zones: Ambiguity and Compromise in the Holocaust and its Aftermath / Eds. Jonathan Petropoulos and *John K.* Roth. – New York and Oxford: Berghahn Books, 2005.

[6] Диапазон различных мнений о судебных процессах представлен в: *Bloxham Donald.* Genocide on Trial: War Crimes, Trials and the Formation of Holocaust History and Memory. – Oxford: Oxford University Press, 2001; *Earl Hilary.* The Nuremberg SS-Einsatzgruppen Trial, 1945–1958. – Cambridge: Cambridge University Press, 2009. Chapter 1; *Pendas Devin O.* «Seeking Justice, Finding Law: Nazi Trials in Postwar Europe» // Journal of Modern History. June 2009. № 2. Vol. 81. P. 347–368; *Douglas Lawrence.* The Memory of Judgment: Making Law and History in the Trials of the Holocaust. – New Haven: Yale University Press, 2001.

[7] См., например: *Applebaum Anne.* Gulag: A History. – New York: Doubleday, 2003. Эпилог и особенно С. 575, где автор использует фразу Gulag denier («отрицающие существование ГУЛАГа») в отношении ряда определенных, но не названных по имени лиц; а также: The Black Book of Communism / Eds. Courtois Stephane et al.; trans. Jonathan Murphy and Mark Kramer. – Cambridge: Harvard University Press, 1999, особенно статьи Мартина Малии и Стефана Куртуа (Martin Malia and Stephane Courtois), которые видят в коммунизме моральный эквивалент нацизма; и *David-Fox Michael.* On the Primacy of Ideology // Kritika. 2004. № 1. Vol. 5. P. 81–106.

[8] Суд закончился без принятия решения. Информацию об источниках, полученных в результате судебного разбирательства, см.: Архивы Кремля и Старой Площади: Документы по делу КПСС. – Новосибирск: Сибирский хронограф, 1995.

[9] *Юнге М., Бордюгов Г., Биннер Р.* Вертикаль большого террора: история операции по приказу НКВД № 00447. – М.: Новый хронограф, 2008. С. 426–429. Постановление опубликовано в: Трагедия советской деревни. Коллективизация и раскулачивание. Документы и материалы, 1927–1939. В 5 томах / Ред. В.П. Данилов, Р.Т. Маннинг и Л. Виола. – М.: РОССПЭН, 1999–2006. Т. 5. Книга 2. С. 307–311 (далее – ТСД).

[10] *Юнге М., Бордюгов Г., Биннер Р.* Вертикаль большого террора. С. 429–437. Л. Берия был назначен первым заместителем Н. Ежова 22 августа

1938 г. См.: Там же. С. 405. Приказ НКВД СССР от 26 ноября 1938 г. опубликован в: Лубянка: Сталин и Главное управление госбезопасности НКВД. 1937–1938 / Сост. В.Н. Хаустов, В.П. Наумов, Н.С. Плотникова. – М.: Материк, 2004. С. 612–617.

[11] ТСД. Т. 5. Кн. 2. С. 324.

[12] *Khlevniuk O.* Party and NKVD: Power Relationships in the Years of the Great Terror // Stalin's Terror: High Politics and Mass Repression in the Soviet Union / Eds. Barry McLouglin and Kevin McDermott. – New York: Palgrave MacMillan, 2004. P. 26–27.

[13] *Кокурин А., Петров Н.* НКВД: структура, функции, кадры (1938–1941) // Свободная мысль. 1997. № 7. С. 111–112. Данные о Московской области взяты из: *Ватлин А.Ю.* Террор районного масштаба. – М.: РОССПЭН, 2004. С. 109. Автор благодарит Н. Петрова за указание, что на 1 января 1939 г. это были следующие главные управления НКВД СССР: Главное управление пограничной и внутренней охраны, Главное управление рабоче-крестьянской милиции, Главное управление исправительно-трудовых лагерей и трудовых поселений, Главное управление шоссейных дорог, Главное управление пожарной охраны. Начальник не сменился только в последнем управлении. В это число не входят сведения о главках, организованных в конце 1938 г., так как в большинстве из них начальников не назначили на 1 января 1939 г.

[14] *Юнге М., Бордюгов Г., Биннер Р.* Вертикаль большого террора. С. 424.

[15] Ст. 206 п. 17 а)*: Злоупотребление властью, превышение полномочий, бездеятельность в службе лиц начальственного состава Рабоче-Крестьянской Красной Армии, если эти действия осуществлялись систематически, или по корыстным соображениям, или в связи с другой личной заинтересованностью, а также в случае, если они своим последствием имели дезорганизацию порученных им сил или порученного им дела, или разглашение военных тайн, или другие тяжкие последствия, или в случае, если они и не имели указанных последствий, но заведомо могли их иметь, или были осуществлены во время военного времени или в боевой обстановке – наказывается лишением свободы на срок не менее чем на 6 месяцев. [Ст. 206 п. 17] б**: Те же самые действия, но при особо отягчающих обстоятельствах – высшая мера социальной защиты. [Ст. 206 п. 17] в)** […]. *) [и] **) в редакции постановлении ЦК и СНК УССР от 25.01.1928. См: Кримінальний кодекс УРСР. Офіційний текст зі змінами і доповненнями на 1 жовтня 1938 р. – Київ, 1938. С. 132. Перевод с украинского Ольга Довбня.

[16] Процитировано в: *Khlevniuk Oleg.* Party and NKVD. P. 31–32.

[17] *Петров Н.В., Скоркин К.В.* Кто руководил НКВД, 1934–1941: Справочник / Ред. Н.Г. Охотин, А.Б. Рогинский. – М.: Звенья, 1999. С. 76.

[18] Результатом конференции стала публикация книги: The Anatomy of Terror: Political Violence under Stalin / Ed. James Harris. – Oxford: Oxford University Press, 2013.

[19] *Lynne Viola.* The Question of the Perpetrator in Soviet History // Slavic Review. Spring 2013. N. 1. Vol. 72. P. 1–23.

[20] Повторим, что в русско-английских словарях слово perpetrator также переводится как нарушитель, преступник и виновник. См.: Англо-русский словарь: 14-е издание / Ред. В.К. Мюллер. – New York: Dutton, 1973. С. 561;

Oxford Russian Dictionary, 4th ed. / Eds. Marcus Wheeler, Boris Unbegaum, Paul
Falla, and Della Thompson. – Oxford and New York: Oxford University Press,
2007. P. 1019.

[21] *Tucker R.C.* Stalin in Power. The Revolution From Above, 1928–1941. –
New York, 1990. S. 444; *Chlewnjuk O.W.* Das Politbüro. Mechanismen der politischen Macht in der Sowjetunion der dreißiger Jahre. – Hamburg, 1998. S. 14,
294. (Огромное количество публикаций, посвященных личности и политической деятельности Сталина, не упоминается здесь по причинам экономии
места.)

[22] «Ezhov's primary crime, however, consisted in the fact that he had not in-
formed Stalin of his actions». *Starkov B.A.* Narkom Ezhov // Stalinist Terror. New
Perspectives / Сост. J.A. Getty, R.T. Manning. – Cambridge M.A., 1993. P. 38.

[23] *Jansen M., Petrov N.* Stalin's Loyal Executioner. People's Commissar Nikolai Ezhov, 1895–1940. – Standford, 2002; *Хлевнюк О.В.* Хозяин. Сталин и
утверждение сталинской диктатуры. – М., 2010. С. 299; *Baberowski J.* Stalin
und der Große Terror (Vortrag vom 13.07.2011 bei der Vortragsreihe «Stalinistischer Terror in der Sowjetunion und in Osteuropa: Neue Forschungen zu Tätern-
Opfern». См.: http://www.stiftung-aufarbeitung.de/veranstaltungsnachlese-2011–
2493.html?id=1711, дата обращения 07.09.2012.

[24] *Chlewnjuk O.* Das Politbüro. S. 270, 294, 295; *Полянский А.* Ежов. История «железного» сталинского наркома. М., 2001.

[25] *Хаустов В., Самуэльсон Л.* Сталин, НКВД и репрессии 1936–1938 гг. –
М., 2009.

[26] *Юнге М., Бонвеч Б.* Реализация приказа № 00447: сводный итог // Сталинизм в советской провинции: 1937–1938 гг. Массовая операция на основе
приказа № 00447 / Сост. М. Юнге, Б. Бонвеч, Р. Биннер. – М., 2009. С. 43–80;
Хаустов В., Самуэльсон Л. Сталин, НКВД и репрессии 1936–1938 гг. – М.,
2009. С. 6, 273–274, 283.

[27] *Хаустов В., Самуэльсон Л.* Сталин, НКВД и репрессии 1936–1938 гг.
С. 281, 286, 328.

[28] Это списки партийно-советских руководителей, приговоренных в основном к расстрелу, которые визировались Сталиным и другими членами
политбюро ЦК ВКП(б).

[29] *Юнге М., Клдиашвили Г.* Регионализация карательных полномочий //
Большевистский порядок в Грузии. Издание в двух томах. Т. 1. Большой
террор в маленькой кавказской республике / Сост. М. Юнге, Б. Бонвеч. – М.,
2015. С. 117–168.

[30] *Юнге М., Биннер Р.* Справки сельсовета как фактор в осуждении крестьян // Сталинизм в советской провинции: 1937–1938 гг. Массовая операция на основе приказа № 00447 / Сост. М. Юнге, Б. Бонвеч, Р. Биннер. – М.,
2009. С. 613–623.

[31] Там же; *Юнге М., Биннер Р.* От ареста до расстрела. Следственное дело
осужденного // *Юнге М., Бордюгов Г., Биннер Р.* Вертикаль большого террора. История операции по приказу НКВД № 00447. – М., 2008. С. 352–404;
Юнге М. Дело «уголовников» // Массовые репрессии в Алтайском крае
1937–1938 / Сост. Г.Д. Жданова, В.Н. Разгон, М. Юнге, Р. Биннер. – М.,
2010. С. 215–226.

[32] О роли секретаря тройки и докладчика см.: *Юнге М., Бонвеч Б., Биннер Р.* Осуждение // Массовые репрессии в Алтайском крае. С. 328–347.

[33] *Юнге М.* Возможности и проблемы изучения Большого террора с помощью источников 1938–1941 и 1954–1961 годов (допросы карателей) // История сталинизма. Репрессированная Российская провинция. Материалы международной научной конференции. – Смоленск, 9–11 октября 2009. – М., 2011. С. 63–70.

[34] О реабилитации ряда сотрудников НКВД, которые участвовали в массовых репрессиях, см.: *Тепляков А.Г.* Органы НКВД Западной Сибири в «кулацкой операции» 1937–1938 гг. // Сталинизм в советской провинции. Массовая операция на основе приказа № 00447 / Сост. Р. Биннер, Б. Бонвеч, М. Юнге. – М., 2009. С. 536–571. С. 536–571; *Тепляков А.Г.* Парадоксы реабилитации // Российские социалисты и анархисты после октября 1917 г. Исследовательская программа НИПС «Мемориал». «Социалисты и анархисты – участники сопротивления большевистскому режиму (http://socialist.memo.ru/discuss/d01/d0103.htm, дата обращения 07.03.2015).

[35] *Мозохин О.Б.* Право на репрессии. Внесудебные полномочия органов государственной безопасности. 1918–1953. – М., 2006. С. 20–22.

[36] Там же. С. 193–194.

[37] Там же. С. 14–15, 17.

[38] Там же. С. 14.

[39] Там же. С. 146, 158, 161, 171.

[40] *Данилов В.П.* Советская деревня в годы «Большого террора» // Трагедия советской деревни. Коллективизация и раскулачивание. Документы и материалы: В 5 Т. 1927–1939 / Сост. В. Данилов, Р. Маннинг, Н. Охотин и др. – М., 2004. Т. 5: 1937–1939. Кн. 1: 1937. С. 34–35, 43.

[41] *Каманов В.* Чекистская междоусобица // Кузбасс (Кемерово. 1997. 13 ноября; *Овчинников В., Павлов С.* Глас вопиющего в застенках НКВД // Юрга. 2004. 15 декабря. С. 5; *Ватлин А.Ю.* Террор районного масштаба: «массовые операции» НКВД в Кунцевском районе Московской области 1937–1938 гг. – М., 2003. С. 110–112; *Лейбович О.* Сотрудники НКВД в Прикамье в 1937–1938 гг. (неопубликованная рукопись конференции «Les méchanismes de la terreur», 9–11.12.2007, – Париж).

[42] Из многочисленных публикаций А. Теплякова и В. Золотарёва см., например: *Тепляков А.Г.* Опричники Сталина. М., 2009; *Он же:* Персонал и повседневность Новосибирского УНКВД в 1936–1946 гг. // Минувшее. – М.; СПб. 1997. № 21. С. 240–293; *Шаповал Ю., Золотарьов В.* Всеволод Балицький. Особа, час, оточення. Київ, 2002; *Золотарьов В.* Олександр Успенський. Особа, час, оточення. – Київ, 2004; *Золотарьов В.* Випробування совістю. Сторінки біографії комісара держбезпеки 3-го рангу С. Мазо // З архівів ВУЧК-ГПУ-НКВД-КГБ. 2000. № 2–4. С. 374–389; *Золотарьов В.* ЧК-ДПУ-НКВС на Харківщині. Люди та долі. 1919–1941. – Харків, 2003; *Золотарьов В.* Секретно-політичний відді ДПУ УСРР: справи та люди. – Харків, 2007. Большое значение для историографии «карателей», которая все еще находится в зачаточном состоянии, а также для реконструкции биографии сотрудников карательных органов имеет биографический справочник, подготовленный Н.В. Петровым и К.В. Скоркиным. См.: *Петров Н., Скоркин К.* Кто руководил НКВД 1934–1941. Справочник. – М., 1999.

[43] *Тепляков А.Г.* Сибирь. Процедура исполнения смертных приговоров в 1920–1930-х годах // Голоса Сибири. Литературно-художественный альманах. 2006. № 4. С. 213–277. (http://golosasibiri.narod.ru/almanah/vyp_4/027 teplyakov_04.htm, дата обращения 13.12.2015); *Тепляков А.Г.* Машина террора: ОГПУ-НКВД Сибири в 1929–1941 гг. – М., 2008; *Тепляков А.Г.* Органы НКВД Западной Сибири в «кулацкой операции» 1937–1938 гг. // Сталинизм в советской провинции. Массовая операция на основе приказа № 00447 / Сост. Р. Биннер, Б. Бонвеч, М. Юнге. – М., 2009. С. 536–571. Приблизительно так же работает украинский историк Валерий Васильев: *Васильєв В.* Механізми «великого терору»: місцевий зріз (діяльність обласних УНКВС у лютому – листопаді 1938 р.) // З архівів ВУЧК-ГПУ-НКВД-КГБ. 2007. № 1 (28). С. 135–157.

[44] *Ватлин А.Ю.* Террор районного масштаба: «массовые операции» НКВД в Кунцевском районе Московской области 1937–1938 гг. – М., 2003.

[45] *Тепляков А.Г.* Машина террора. С. 346–454; 465–593; *Тепляков А.Г.* Опричники Сталина. – М., 2009. С. 9.

[46] *Юнге М., Жданова Г.Д.* Проведение карательной акции в Солтонском районе Алтайского края // Массовые репрессии в Алтайском крае. С. 432–479; *Юнге М., Бордюгов Г., Биннер Р.* Вертикаль большого террора. С. 419–422.

[47] *Юнге М., Бордюгов Г., Биннер Р.* Вертикаль большого террора. С. 422–425.

[48] *Наумов Л.* Сталин и НКВД. – М., 2007. С. 335, 344–345; *Тумшис М.* ВЧК. Война кланов. – М., 2004.

[49] *Blauvelt T.K.* March of the chekists. Beria's secret police patronage network and Soviet crypto-politics // Communist and Post-Communist Studies. 2011. № 44. P. 73–88; здесь С. 80–82; *Wehner M.* Wer waren Stalins Vollstrecker? Ein russisches Handbuch legt den Grund für eine Täterforschung des Stalinismus // FAZ. 2000. 30. März.

[50] *Šamsutdinov R.* Kišlok fošeasi. Žamoališggiriš, surgun [Трагедия кишлака. Коллективизация, раскулачивание, ссылка в среднеазиатских республиках]. – Taškent, 2003. (http://www.centrasia.ru/newsA.php4?=108206736, дата обращения 11.11.2011). См. также: *Білокінь С.* Соціальний портрет чекістів // Персонал. 2003. № 8. С. 39–46; *Білокінь С.* Двадцять років єврейської державності в Україні, 1918–1938 // Персонал. 2004. № 1. С. 18–20; № 2. С. 18–27. (http://www.ukrcenter.com/library/read.asp, дата обращения: 7.3.2015). Историк и журналист М. Венер на основании статистических выкладок высказывает предположение об антисемитских тенденциях в советском руководстве. См.: *Wehner M.* Wer waren Stalins Vollstrecker? // FAZ. 2000. 30. März.

[51] *Юнге М., Бордюгов Г., Биннер Р.* Вертикаль большого террора. С. 408–414.

[52] См. сообщение Терезы Таммер по докладу Никиты Петрова на учредительном заседании серии «Stalinistischer Terror in der Sowjetunion und in Osteuropa. Neue Forschungen zu Tätern – Opfern – Folgen», 22 июня 2011 г., Bundesstiftung (http://de-de. facebook. com/note. php?note_id=227987700557688, дата обращения 07.03.2015).

[53] *Blauvelt T.K.* March of the chekists. С. 85–87; *Blauvelt T.K.* Patronage and betrayal in the post-Stalin succession. The case of Kruglov and Serov // Commu-

nist and Post-Communist Studies. 2008. Vol. 41. № 1. C. 1–16; *Knight A.W.* Beria. Stalin's first lieutenant. Princeton, 1993; *Соколов Б.* Берия. Судьба всесильного наркома. – М., 2003; *Топтыгин А.* Лаврентий Берия. Неизвестный маршал госбезопасности. – М., 2005.

[54] *Viola L.* The Question of the Perpetrator in Soviet History // Slavic Review. 2013. Vol. 72. № 1. C. 1–23, здесь с. 14.

[55] См.: *Золотарьов В.А., Рущенко И.Р.* Початок і фінал кар'єри першої хвилі чекістської верхівки України: соціально-статистичний аналіз // Наукові записки Харківського економіко-правового університету. 2004. № 1. C. 158–169; *Тепляков А.Г.* Опричники Сталина. C. 52–54. См. всесоюзную статистику, которая подтверждает эту оценку: *Wehner M.* Wer waren Stalins Vollstrecker? // FAZ. 2000. 30. März.

[56] Так, Олег Хлевнюк с удивлением констатировал, что ни в личной, ни в политической биографии Ежова нет предпосылок к тому, чтобы в годы Большого террора он превратился в активного и послушного исполнителя воли Сталина. См.: *Chlewnjuk.* Das Politbüro. S. 282. Биография Ежова до его назначения на пост наркома внутренних дел приводится, в том числе, в: *Getty O.A., Naumov O.V.* Ezhov. The Rise of Stalin's «Iron Fist». – New Haven, 2008. Исключением являются труды А. Теплякова и В. Золотарёва. Из приведенных В. Золотарёвым 50 биографий чекистов видно, как они учились террору в период Гражданской войны и коллективизации. В книге А. Теплякова «Машина террора» в главе о психологии, быте и нравах чекистов они показаны исполнителями партийных и чекистских приказов, часто сомневавшимися в их целесообразности. Приведено много примеров их пассивного и активного сопротивления террору и в годы коллективизации, и в 1937–1938 гг. См.: *Тепляков А.Г.* Машина террора: ОГПУ-НКВД Сибири в 1929–1941 гг. – М., 2008. C. 476–481, 486–490, 494–497, 504–527.

[57] Спецслужбы Российской Федерации систематически препятствуют доступу исследователей к делам сотрудников НКВД. Однако некоторые привилегированные историки, близкие к спецслужбам, имеют возможность ознакомиться с такого рода документами.

[58] Украина, как и Казахстан, располагала разветвленной административно-территориальной системой, включавшей 12 областей.

[59] Первые размышления в этом направлении можно также найти у Дэвида Ширера. См: *Shearer D.* Policing Stalin's Socialism. Repression and Social Order in the Soviet Union, 1924–1953. – Stanford, 2009; *Hagenloh P.* Stalin's Police. Public Order and Mass Repression in the USSR, 1926–1941. – Baltimore, 2009; См. также: *Jansen M., Petrov N.* Stalin's loyal Executioner. – Standford, 2002.

[60] С полной ясностью, совершенно четко, «открытым текстом».

[61] «Полузакрытый» означает, что небольшое количество процессов протекало с участием приглашенной публики из числа партийно-государственных функционеров, а на собраниях сотрудников НКВД присутствовало большое количество чекистов и ведущих представителей партии и государственной прокуратуры.

[62] Обозначение периода между завершением Большого террора и началом Великой Отечественной войны как «малой бериевской оттепели» восходит к историку П. Хински. См. *Chinsky P.* Micro-histoire de la Grande Ter-

reur. La fabrique de culpabilité à l'ère stalinienne. – Paris, 2005. В свою очередь российский историк Борис Старков уже давно открыл «либерального Берию», «либеральность» которого, помимо событий 1953 г., определялась чистками НКВД в 1939–1941 гг.

[63] Самыми известными и информативными являются мемуары М.П. Шрейдера. См.: *Шрейдер М.П.* НКВД изнутри. Записки чекиста. – М., 1995.

[64] *Browning Ch.* R. Ganz normale Männer. Das Reserve-Polizeibataillon 101 und die «Endlösung» in Polen. Hamburg, 1993; *Goldhagen D.J.* Hitlers willige Vollstrecker. Ganz gewöhnliche Deutsche und der Holocaust. – Berlin, 1996; Vernichtungskrieg. Verbrechen der Wehrmacht 1941–1944 / Сост. H. Heer, K. Naumann. – Hamburg, 1995; *Heil J.* Geschichtswissenschaft und Öffentlichkeit: der Streit um *Daniel J.* Goldhagen. – Frankfurt am Main, 2000; Aly G. Biedermann und Schreibtischtäter: Materialien zur deutschen Täter-Biographie. – Berlin, 1987; *Perels J., Freudiger K.* NS-Täter in der deutschen Gesellschaft. – Hannover, 2002.

[65] *Welzer H.* Täter. Wie aus ganz normalen Menschen Massenmörder werden. – Frankfurt am M., 2005; Wahrnehmung, die Realität schafft. Ein Gespräch über die Sozialpsychologie von Tätern // Friedländer. C. Den Holocaust beschreiben. Auf dem Weg zu einer integrierten Geschichte. – Göttingen, 2007. C. 121–160; *Freimüller T., Mitscherlich Alexander.* Gesellschaftsdiagnosen und Psychoanalyse nach Hitler. – Göttingen, 2007; *Milgram St.* Das Milgram Experiment. Zur Gehorsamsbereitschaft gegenüber Autorität. – Reinbek, 1974; *Mitscherlich A.* Gesammelte Schriften / Hrsg. K. Menne, 10 Bde. – Frankfurt a. M., 1983; NS-Täterforschung: Karrieren zwischen Diktatur und Demokratie. – Göttingen, 2011. Thema Mensch und Maschine: *Mallmann K.-M.* Die Gestapo nach 1945: Karrieren, Konflikte, Konstruktionen; Wolfgang Scheffler zum Gedenken. – Darmstadt, 2009; *Jäger H.* Verbrechen unter totalitärer Herrschaft. Studien zur nationalsozialistischen Gewaltkriminalität. – Frankfurt, 1997.

[66] *Paul G.* Die Täter der Shoah. Fanatische Nationalsozialisten oder ganz normale Deutsche? – Göttingen, 2002. C. 13–90; *Bornschein J.* Gestapochef Heinrich Müller. – Leipzig, 2004; *Herbert U.* Best: biographische Studien über Radikalismus, Weltanschauung und Vernunft. 1903–1989. – Bonn, 1996; *Lingen von K.* SS und Secret Service: «Verschwörung des Schweigens». Die Akte Karl Wolff. – Paderborn, 2010; *Mallmann K.-M.* Karrieren der Gewalt: nationalsozialistische Täterbiographien. – Darmstadt, 2004; *Seeger A.* «Gestapo-Müller»: die Karriere eines Schreibtischtäters. – Berlin, 1996.

[67] *Longerich P.* Tendenzen und Perspektiven der Täterforschung // Politik und Zeitgeschichte. 2007. № 14–15. C. 25.

[68] *Bettelheim B.* Aufstand gegen die Masse. Die Chance des Individuums in der modernen Gesellschaft. – München, 1960; *Buchheim H., Broszat M., Jacobsen H.-A., Krausnick H.* Anatomie des SS-Staates. 2 Bde. – München, 1967; *Crankshaw E.* Die Gestapo. – Berlin, 1959; *Friedrich J.* Die kalte Amnestie. NS-Täter in der Bundesrepublik. – Berlin, 2007; *Picard M.* Hitler in uns selbst. Erlenbach/ Zürich, 1946; *Hillberg R.* Täter, Opfer, Zuschauer. Die Vernichtung der Juden 1933–1945. – Frankfurt am M., 1997; *Höhne H.* Der Orden unter dem Totenkopf. Die Geschichte der SS. – München, 1967; *Krause P.* Der Eichmann-Prozeß in der deutschen Presse. – Frankfurt am M., 2002.

[69] *Earl H.* The Nuremberg SS-Einsatzgruppen Trial, 1945–1958: Atrocity, Law, and History. – Cambridge, 2009 (Hier ist eine ausführliche Literaturliste zu finden); *Richter I.* SS-Elite vor Gericht: die Todesurteile gegen Oswald Pohl und Otto Ohlendorf. – Marburg, 2011; *Rückerl A.* NS-Verbrechen vor Gericht. Versuch einer Vergangenheitsbewältigung. – Heidelberg, 1982; *Scheffler W.* NS-Prozesse als Geschichtsquelle. Bedeutung und Grenzen ihrer Auswertbarkeit durch den Historiker // Lerntage des Zentrums für Antisemitismusforschung V. Lerntag über den Holocaust als Thema im Geschichtsunterricht und in der politischen Bildung / Сост. A. Rücker, W. Bergmann. – Berlin, 1988. S. 13–27; *Wamhof G.* Das Gericht als Tribunal oder: wie der NS-Vergangenheit der Prozess gemacht wurde. – Göttingen, 2009; *Zimmermann V.* NS-Täter vor Gericht. Düsseldorf und die Strafprozesse wegen nationalsozialistischer Gewaltverbrechen. – Düsseldorf, 2001.

[70] Сленг чекистов того времени.

[71] *Hellbeck J.* Revolution on My Mind: Writing a Diary Under Stalin. – Cambridge, 2006. Отдельный интерес представляет также рассмотрение «социальной смерти» избегших осуждения, но, тем не менее, изгнанных из органов и разжалованных «карателей». См. *Fitzpatrick Sh., Lüdtke A.* Energizing the Everyday. On the Breaking and Making of Social Bonds in Nazism and Stalinism // Beyond Totalitarianism. Stalinism and Nazism Compared / Ed. Sh. Fitzpatrick, M. Geyer. – Cambridge, 2009. P. 301.

МОСКОВСКИЙ
ЦЕНТР

Выслушав мой доклад, Примаков моей работой остался недоволен и заявил мне: «В краевом управлении НКВД о Вас очень плохого мнения. Имейте в виду, что я часто бываю на докладе у Люшкова (нач. УНКВД Дальневосточного края. – *В.Х.*) и достаточно мне сказать, что у меня есть такой Андреев, и Вас не будет».

П.З. Примаков – УНКВД Дальневосточного края

В последний период пребывания Курского (нач. УНКВД. – *В.Х.*) в Новосибирске он стал явно фальсифицировать дела. Я видел это и однажды спросил его, почему он смотрит сквозь пальцы на фальсификацию следственных дел. Курский заявил мне, что в работе НКВД взята другая линия, что такое мое отношение к его работе является оппортунизмом и что проводимая им линия является не фальсификацией, а высшим достижением в методах чекистской работы.

А.И. Успенский – народный комиссар внутренних дел УССР

Стесняться в арестах не следует, ибо если даже в аресты попадут и непричастные к делу люди, то это обстоятельство не играет существенной роли [...]. Для всех присутствующих было ясно, что на перегибы обращать особого внимания не следует.

В.С. Валик – заместитель начальника УНКВД Орловской области

Мы немало расстреляли, а взяли не всегда тех, кого следовало. Скажите, пожалуйста, кто из Вас, из начальников областных управлений, может сказать, что он в процессе этой операции вскрыл крупную организацию. Этого сказать никто не может... Поступали довольно просто, так же, как и судили просто – никаких протоколов, взяли сволочь, кулака, беглого – расстреляли, но что за ним есть – это не вскрыто.

Н.И. Ежов – нарком НКВД СССР на февральском совещании сотрудников НКВД УССР в Киеве[1]

Владимир Хаустов

Новый заговор в НКВД

После арестов в апреле – мае 1937 года Г.Г. Ягоды и руководителей основных оперативных отделов наркомат НКВД СССР возглавил Н.И. Ежов, который по указанию Политбюро ЦК ВКП(б) являлся исполнителем в проведении массовых репрессий. Однако по мере ослабления репрессивной политики вновь назначенные начальники областных управлений, которые выполняли установки Центра о репрессировании, стали ответственными за нарушения законности. Официальной версией постепенно становилось утверждение о нарушении «социалистической законности», наличии «заговора в НКВД».

Среди реабилитированных сотрудников управлений государственной безопасности НКВД СССР и союзных республик фигурируют главным образом арестованные до начала проведения массовых операций летом – осенью 1937 г.

В реализацию преступного «кулацкого» приказа, приказа по инонациональностям были вовлечены практически не только оперативный состав, но и сотрудники неоперативных подразделений. Поэтому процесс реабилитации лишь в незначительной мере затронул кадры, которые стали послушными исполнителями карательных акций.

Определенные изменения в массовых репрессиях и вакханалии арестов были намечены в решениях январского 1938 г. Пленума ЦК ВКП(б), осудившего необоснованные исключения коммунистов из партии, после которых происходили их многочисленные аресты. Только в январе 1938 г. на оперативном совещании Ежов ставил в пример деятельность начальника УНКВД Орджоникидзевского края П.Ф. Булаха. Однако после январского 1938 г. Пленума ЦК ВКП(б) резко усилился поток жалоб на беззакония, творимые в управлениях НКВД. В ЦК ВКП(б) была прислана даже окровавленная рубашка из Орджоникидзевского края. Вскоре после пленума в феврале 1938 г. был подготовлен проект приказа наркома НКВД «О преступных действиях работников УНКВД Орджоникидзевского края, отстранении от должности нач. УНКВД Булаха и аресте Перервы, Светличного, Писаренко и других». В приказе отмечалась необходимость продолжения последовательных ударов, направленных на «вскрытие всех вражеских гнезд, ликвидации базы и кадров иностранных разведок и их правотроцкистской и иной агентуры». Вместе с тем руководство НКВД вынуждено было признать массовые нарушения уголовно-процессуального законодательства, которые объяснялись «действиями врага, проникшего в наши ряды и сумевшего осуществить свою подлую работу». В ходе расследования были установлены избиения и издевательства над арестованными, аресты по случайным непроверенным данным. В качестве дискредитации органов НКВД указывались факты демонстрации в камерах следов побоев, чтобы сделать более сговорчивыми других арестованных. В приказе давались завуалированные указания о том, как действовать с заключенными, чтобы ослабить поток жалоб. Дискредитацией органов госбезопасности назывались препровождение избитых арестованных в городские амбулатории для лечения, организация их встреч с членами семей.

По результатам расследования, проведенного особоуполномоченным НКВД СССР майором госбезопасности Е.А. Тучковым, были арестованы восемь человек, включая начальника отдела управления госбезопасности, начальников райотделов, оперуполномоченного. Начальник управления, который обвинялся в политической близорукости и беспечности, первоначально в марте был отстранен от должности и до установления степени его вины зачислен в резерв НКВД[2]. При встречах с сотрудниками Булах высказывал недовольство тем, что его деятельность ничем не отличалась от действий других руководителей, но только он подвергся гонениям.

В апреле 1938 г. Булах, проживавший в гостинице «Москва», был арестован. Ордер на арест был подписан заместителем наркома внутренних дел М.П. Фриновским[3].

Во время одной из встреч И.В. Сталин спросил у Н.И. Ежова, на основании каких материалов арестован Булах, бывший начальник УНКВД Орджоникидзевского края. И здесь, возможно, приоткрывается завеса над такой важной проблемой, как информирование Ежовым членов Политбюро о ходе массовых операций. Он заявил Сталину, что Булах арестован по показаниям бывшего начальника УНКВД Ростовской области Я.А. Дейча, обвинявшего Булаха в том, что он являлся немецким шпионом. Однако, приехав в наркомат внутренних дел, Ежов немедленно вызвал начальника секретариата И.И. Шапиро и дал ему задание допросить Дейча и добиться от него показаний на Булаха как на немецкого агента[4]. Указание Ежова было выполнено. Булах признался, что в состав участников заговора он был завербован Дейчем, который также рассказал ему о связях Г.Г. Ягоды с фашистскими кругами Германии[5]. Таким образом, Ежов старался не допустить распространения информации о «перегибах» в деятельности оперативного состава. Руководящие работники наркомата давали также показания о том, что получали от Ежова задания просматривать подозрительные письма, адресованные Сталину.

Но на январском 1938 г. совещании Ежов приободрил начальников управлений для усиления репрессий в ходе проведения массовых операций. Для этого он избрал верную тактику, отметив постоянное внимание Сталина и других членов Политбюро к деятельности НКВД. «Директивы я получаю и согласовываю с Центральным Комитетом, – отмечал Ежов. – А тов. Сталин нами руководит, знаете, вот так, что если бы наши отделы, или нарком ваш сумели так поставить дело, как тов. Сталин, тогда бы было действительное конкретное руководство». Далее Ежов подчеркнул, что все шифротелеграммы, которые не относятся к технике работы органов госбезопасности, он направляет в ЦК. В качестве примеров нарком зачитал резолюции Сталина на телеграмме Д.М. Дмитриева о ходе следствия по немецкой операции, на сообщениях руководителей НКВД, в том числе начальника УНКВД Оренбургской области А.И. Успенского, будущего наркома НКВД Украины. В своем спецсообщении тот докладывал о раскрытом им заговоре «польских шпионов и диверсантов», входивших в мифическую Польскую военную организацию. Ежов уточнил, что получал от Сталина указания вплоть до того, как вести следствие, и по конкретным фактам из протоколов допросов: «Вот этому сталинскому стилю конкретного руководства нам еще надо учиться и учиться, если мы хотим стать подлинным оперативным чекистским аппаратом»[6]. Тревожным сигналом для начальников УНКВД прозвучали в речах Фриновского и Ежова на январском совещании 1938 г. установки на необходимость дальнейшего очищения рядов НКВД от «предателей, скользких, малонадежных элементов». Заместитель наркома отмечал: «у нас есть области, где аппарат УГБ еще совсем не затронут». В заключение своего выступления он рекомендовал: «...Мы должны еще раз просмотреть как следует свои аппараты, очиститься от элементов, которым мы не доверяем, элементов не способных, которые на завтра в лучшем случае окажутся грузом, а в худшем случае в любой момент нас продадут»[7]. Ежов же отметил необходимость

арестов предателей в чекистской среде, поставил задачу «пригля-
деться к самому человеку, достоин ли он быть чекистом, не по-
дорвет ли он авторитета этого великого имени чекиста. Нам надо
к мелочам приглядываться». Как и в других советских ведомствах, Ежов не доверял сотрудникам аппарата из «чуждых людей»,
то есть упомянул категорию «бывшие». Он рекомендовал не обращать внимания на их прошлые заслуги[8].

Атмосферу, царившую на совещании, передал нарком НКВД
Белоруссии Б.Д. Берман. Когда Ежов поставил вопрос о деятельности троек, то все начальники НКВД, за исключением одного,
выступили за продление их действия. Далее он призвал бороться
с вельможами, которые не понимают важности возложенной на
органы госбезопасности задач борьбы с контрреволюцией и
шпионами. При этом он отметил, что ошибки неизбежны, но не
надо смущаться, а необходимо смело продолжать операции[9].

В апреле 1938 г. одновременно с арестами наркомов Народного
комиссариат водного транспорта (НКВТ) и Народного комиссариата путей сообщения (НКПС) был арестован И.М. Леплевский,
отвечавший за деятельность транспортного отдела НКВД СССР.
Чуть ранее по указанию Сталина арестовали его брата
Г.М. Леплевского, помощника Прокурора СССР, который усом-
нился в правдивости показаний в марте 1938 г. обвиняемых по
делу правотроцкистского блока. В том же апреле последовал
арест одного из ближайших соратников наркома Л.М. Заковского,
которого Ежов сумел назначить своим заместителем. Ранее Заковский возглавлял УНКВД по Ленинграду и области, где с огромным рвением выполнял приказы по массовым операциям,
сумел отличиться в операции по эсерам и заслужил одобрение
Сталина. Возглавивший после него УНКВД в Ленинграде М.И. Литвин, которого привел с собой из аппарата ЦК ВКП(б) Ежов,
предполагал, что его назначат заместителем наркома, но этого не
произошло. Ранее нарком обещал назначить Литвина своим заместителем, поскольку Фриновского планировалось назначить
наркомом военно-морского флота. Литвин отомстил Заковскому.
В центр последовала абсолютно объективная информация о
фальсифицированных делах в отношении, например, работников
судостроительной промышленности, что привело к срыву производственной программы. Вскоре Заковского арестовали.

Аресты высокопоставленных сотрудников НКВД в первой половине 1938 г. были связаны с различными причинами, но обви-

нения в нарушении законности, фальсификации дел, применении в отношении арестованных физических мер воздействия носили единичный характер. Например, начальник УНКВД по Свердловской области Дмитриев стал самым известным в центре фальсификатором: он прислал телеграмму о том, что операцию по немцам и полякам завершил и приступает к операции по русским. Однако стало известно об огромном количестве арестованных, которые не подпадали под категории, подлежащие репрессированию. В управлении было подготовлено 18 тысяч трафаретных справок. Заместитель наркома Фриновский в мае 1938 г. потребовал объяснений, поскольку в присланном очередном спецсообщении из Свердловска речь шла о фальсификации при проведении польской операции – большинство арестованных были украинцами, русскими и белорусами. Но, скорее всего, недовольство Фриновского было связано и с тем, что Дмитриев дал указание, чтобы в ходе польской операции арестовывали тех людей, чьи фамилии заканчиваются на «-ский». По этому поводу в центре шутили, что Фриновскому не стоит появляться в Свердловске. После ареста в ходе допроса Фриновский ставил себе в заслугу постановку вопроса перед Сталиным и Ежовым об аресте Дмитриева.

Очень важно остановиться на фигуре наркома НКВД Украины Успенского. Это был один из немногих руководителей госбезопасности, который встречался со Сталиным в период репрессий 1937–1938 годов[10]. В сентябре 1937 г. Ежов вызвал начальника Оренбургского УНКВД Успенского, заслугой которого было раскрытие антисоветской повстанческой казачьей организации в области. Ежов сообщил Успенскому, что в ЦК ВКП(б) недовольны его работой. Вызов был не случаен. В феврале 1935 г. Успенский являлся заместителем коменданта московского Кремля по внутренней охране, куда был назначен по предложению Ягоды. Однако в феврале 1936 г. в результате интриг в отношении коменданта Кремля он был снят с должности и отправлен на периферию заместителем начальника УНКВД Западно-Сибирского края. Искушенный в фальсификации дел, Успенский быстро зарекомендовал себя при подготовке январского процесса 1937 г. по делу о так называемом параллельном троцкистском центре. Двое обвиняемых – А.А. Шестов и М.И. Строилов были подготовлены к процессу при самом непосредственном участии Успенского, который затем доставил их в Москву. После этого последовало его новое продвижение на более высокую должность. Ежов оценил заслуги Успенского, назначив его начальником УНКВД Оренбургской области. И здесь, на новой должности, Успенский проявил себя в борьбе с вымышленными советским руководством врагами народа, антисоветскими элементами.

Однако в это время Ежов регулярно докладывал Сталину о заговоре в НКВД, который состоял из различных заговоров внутри наркомата внутренних дел. В качестве составляющих Ежов выделил якобы заговоры в пограничных и внутренних войсках, в системе ГУЛАГа. Но наибольшую опасность представлял заговор в отделе охраны, на который была возложена задача обеспечения безопасности членов Политбюро ЦК ВКП(б) и СНК СССР. В дальнейшем обвинение в том, что в отделе охраны сидели враги, станет одним из пунктов обвинения Ежова.

Сталин проявлял интерес к расследованию и потому вызвал из Оренбурга Успенского, ранее назначенного и затем снятого Ягодой с должности заместителя коменданта Кремля.

На приеме в Кремле Сталин прямо спросил Успенского, честен ли он и не был ли завербован Ягодой. Далее Сталин потребовал ответа на вопрос, с какой целью он был направлен в Кремль. Ежов, присутствовавший на приеме, заявил, что Успенский регулярно приходил к нему и докладывал обо всех непорядках в охране Кремля. Встреча Успенского прошла удачно, хотя Шапиро, начальник секретариата Ежова, после аудиенции сказал, что по указанию Ежова им был заготовлен ордер на арест Успенского. Нарком был доволен встречей и отметил, что Успенский вел себя правильно, хотя не был уверен, чем закончится этот прием у Сталина[11]. Положительная оценка деятельности Успенского повлияла на его дальнейшую карьеру. В январе 1938 г. он был назначен наркомом НКВД Украины. Назначение было утверждено решением Политбюро ЦК ВКП(б). Переход на новое место был для Успенского поводом не только для радости, но и для раздумий. Он понимал, что продвижение и назначение на новый пост связано с его активной деятельностью по разоблачению «врагов народа» на прежней должности. Он отдавал себе отчет в том, что выполняет заказ партии. Зарекомендовав себя на должности начальника УНКВД Оренбургской области в качестве фальсификатора многочисленных дел о вымышленных повстанческих формированиях казачества, Успенский стал фигурой, востребованной в условиях массовых репрессий 1937–1938 гг. Поэтому он был, по его словам, не в силах отказаться от назначения на должность наркома внутренних дел Украины, понимая, что от него ждет Ежов. В январе 1938 г. он приехал на сессию Верховного Совета СССР в Москву. «Неожиданно, – вспоминал Успенский, – меня вызвал к себе Ежов. Я пришел к нему в служебный кабинет. Ежов был совершенно пьян. На столе у него стояла бутылка коньяка. Ежов сказал мне: "Ну, поедешь на Украину?..." Я понимал, что опыт моей вредительской заговорщической работы по Оренбургской области, который так поощрял Ежов, я должен буду перенести на территорию всей Украины и продолжал упорно отказываться. Но Ежов сказал, что этот вопрос уже решенный и я должен ехать»[12]. Трудно поверить, что Успенский отказывался ехать на Украину, поскольку весь предшествующий карьерный рост свидетельствовал о его стремлении двигаться выше и выше по служебной лестнице, послушно, даже «творчески», выполнять приказы по репрессиям.

Перед поездкой на Украину Ежов 11 февраля 1938 г. провел предварительное совещание. В ходе совещания он дал поручение подготовить справку о сотрудниках НКВД УССР. При этом он указывал, что необходимо убрать евреев, особенно с руководящих должностей, и заменить их украинцами и русскими. 17 февраля нарком рассматривал полученные статистические данные. Один из сотрудников отдела кадров НКВД СССР, присутствовавший на совещании, рассказывал о реакции Ежова при изучении списков. Просматривая материалы, он приговаривал: «Ох, кадры, кадры. У них здесь не Украина, а целый Биробиджан». Тут же он выносил резолюции по большому количеству сотрудников, предлагая кого арестовать, кого уволить, кого отправить в Главное управление лагерей на неоперативную работу[13].

Аналогичные установки Ежов давал и новому наркому внутренних дел Белоруссии А.А. Наседкину, сменившему Б.Д. Бермана. В мае 1938 г. при назначении на новую должность он поручил ему очистить аппарат НКВД от евреев, подчеркнув, что, по его сведениям, в аппарате наркомата только 30 процентов составляют русские и белорусы[14]. Стремительный карьерный рост Наседкина, который за период чуть более полугода продвинулся от начальника отдела областного управления до наркома союзной республики, был связан с его инициативами в репрессивной политике. В Смоленске в ноябре 1937 г. он раскрыл «латышский националистический центр», который с подачи Ежова заинтересовал Сталина, а в НКВД в тот же день направили шифротелеграмму о проведении операции по латышам.

Во время заседаний Верховного Совета СССР первого созыва в Кремле в январе 1938 г. Наседкин встретил Фриновского и рассказал ему об арестах, в том числе и эсеров. В ответ замнаркома дал ему указание арестовать как можно больше: «Бери всех, кто состоит на учете и примыкал в прошлом к эсерам. Пусть работают и в 2–3 дня посадят человек 500». Наседкин знал, что арестован командующий Белорусским военным округом И.П. Белов, которого обвиняют в связях с эсерами. Возможно, Фриновский рассказал ему о записке Сталина Ежову от 17 января об усилении поисков эсеров в армии и гражданских учреждениях в различных регионах СССР. Поэтому на вопрос Фриновского о том, сколько у него арестовано эсеров, он назвал вымышленную цифру 700 человек. Фриновский обрадовался и добавил, что есть повод доложить в ЦК, что ведется серьезная борьба с эсерами. Вряд ли можно верить в раскаяние Наседкина, который показывал, что он вынужден был арестовывать невинных людей[15].

Маховик репрессий продолжал раскручиваться в начале 1938 г. Политбюро ЦК ВКП(б) утвердило 31 января дополнительно 6 тыс. человек для репрессирования в соответствии с приказом № 00447. Формально операция была рассчитана на 4 месяца, но фактически «лимиты» выделялись до сентября 1938 г.

В февральском выступлении Ежова на совещании сотрудников НКВД Украины впервые прозвучала определенная критика в адрес оперсостава по итогам проведения «кулацкой» операции, которая нашла свое отражение в проекте директивы для оперативных подразделений НКВД СССР. Он отмечал, что в управлениях процветала погоня за количественными показателями в ходе массовых операций, и, по его мнению, удар не был нанесен по руководящим националистическим, белогвардейским и шпионским кадрам. Это было указание для активизации проведения оперативных приказов по массовым операциям в связи с назначением нового наркома НКВД Украины. Ежов отметил, что операция слабо проводилась в пограничных районах, областных центрах и городах, в промышленности, на транспорте. Крупнейшим недочетом, по его мнению, являлся крайне низкий процент сознавшихся, что приводило к репрессированию несознавшихся. Это было характерно для всех регионов СССР. Так, в Мордовской АССР 96 % прошедших через тройку советских граждан, не дали показаний о своей «вредительской» деятельности[16]. При анализе дальнейших направлений деятельности управлений НКВД Украины Ежов подверг критике подготовку к репрессированию исключенных из ВКП(б), которых по учетам проходило более 10 тысяч человек[17]. Не являлся основанием для репрессий, по мнению наркома, и факт пребывания в австро-германском плену во время Первой мировой войны. Самым существенным стало упоминание о категориях «к. р. кулацкий элемент» и «сельская контрреволюция», когда Ежов косвенно признал, что под репрессии попадали колхозники, середняки и бедняки. В этой связи в показаниях арестованных в дальнейшем наркома НКВД Украины Успенского, начальника секретариата, а затем 1-го спецотдела НКВД СССР Шапиро содержатся признания о том, что они давали указания исправлять статистические данные о категориях репрессируемых с целью уменьшения количества рабочих и колхозников. Эта фальсификация отчетности создает определенные трудности для объективного анализа социально-классового состава репрессированных.

В проекте директивы, подготовленной по итогам поездки Ежова на Украину, дополнялись категории репрессируемых. В них включались: «а) офицерский и командный состав и добровольцы белой, петлюровской и гетманской армий; б) атаманы, главари, организаторы банд, повстанческих организаций и антисоветских восстаний; в) реэмигранты; г) представители царской, петлюровской, германской и белой администрации; д) бывшие активные участники украинских националистических организаций; е) лица, связанные с зарубежными украинскими националистическими организациями и деятелями, и при отсутствии их агентурного использования; ж) черное и белое духовенство, проникшее в промышленные предприятия, на транспорт, и духовенство, связанное с закордоном; з) сектантские руководители и проповедники; и) бывший руководящий и кадровый состав антисоветских партий (эсеры, кадеты, меньшевики, сионисты, боротьбисты, анархисты) и члены этих партий, боровшиеся против советской власти во время гражданской войны и позже; к) бывшие контрразведчики, полицейские, вартовые, жандармы и каратели; л) бывшие кулаки; м) бывшие фабриканты и помещики; н) бывшие члены "Союза русского народа", "Союза Михаила Архангела" и активные черносотенцы; о) все подучетные элементы, на которых имеются конкретные компрометирующие материалы, если они не охватываются перечисленными выше категориями»[18].

После февральского 1938 г. выезда на Украину Ежов добился резкого увеличения лимитов для этой республики. Политбюро ЦК ВКП(б) 17 февраля добавило для Украины еще 30 тысяч.

Успенский четко выполнял установки центра, прозвучавшие в выступлении Ежова на январском совещании руководящего состава органов госбезопасности, о поисках чуждых элементов, которые могут предать. Прежде всего он начал процесс чистки внутри аппарата НКВД Украинской ССР, обращая особое внимание на евреев. Недолгое время замнаркома НКВД УССР, а затем начальник 3-го отдела управления транспорта и связи НКВД СССР А.П. Радзивиловский показывал, что Успенский устраивал гонения на евреев, разъясняя оперсоставу, что все они являлись английскими или немецкими шпионами[19]. Вместо уволенных, переведенных в другие управления за пределы республики и арестованных сотрудников, включая начальников и замов областных управлений, начальников отделов, он подбирал штат проверенных, верных и зарекомендовавших себя фальсификаторов. Начальник Управления НКВД Житомирской области Г.М. Вяткин вспоминал, что еще в 1936–1937 гг. в управлении НКВД по Западно-Сибирскому краю (ЗСК) были сформированы специальные следственные группы для разработки троцкистов. Наиболее активные фальсификаторы, с которыми Успенский работал в ЗСК, оказались востребованными для него на Украине. В эту группу входил и Вяткин, в то время заместитель начальника Транспортного отдела УГБ в Западно-Сибирском крае, который теперь возглавил управление НКВД по Житомирской области. Его предшественник Л.Т. Якушев был арестован по указанию Успенского, приговорен в дальнейшем к 20 годам лагерей, но был амнистирован и востребован в годы войны. Бывший начальник Секретно-политического отдела УГБ НКВД ЗСК И.А. Жабрев возглавил Каменец-Подольское областное управление НКВД УССР, а начальник Особого отдела УГБ ЗСК Д.Д. Гречухин – УНКВД по Одесской области.

Среди спецсообщений Сталину весной – летом 1938 г. информации Успенского о «заговорах», «контрреволюционных» организациях занимали ведущее место по количеству. Так, за вторую половину июня 1938 г. из 204 спецсообщений о борьбе с «контрреволюционными элементами» более 30 были направлены с Украины. Успенский требовал от начальников управлений «творческого» подхода, раскрывать «заговоры» нестандартные, отличавшиеся от сообщений, направляемых в центр другими начальниками союзных и областных НКВД. По изощренности и разнообразию «выявленных» организаций, Успенский, безусловно, лидировал. Он докладывал о ликвидации резидентур итальянской и английской разведок, шпионско-вредительских организациях в Комитете резервов при СНК УССР, в Наркомсовхозов УССР, Днепропетровском пароходстве, РОВСовской организации в ВУЗ КВО, правотроцкистской организации в НКлесе Украины, эсеровской организации на Юго-Западной железной дороге, националистических организациях практически в каждой области Украины[20]. По так называемой польской операции Успенский арестовал огромное количество украинцев-униатов.

Успенский на оперативных совещаниях указывал на необходимость арестов наиболее видных партийных, советских, хозяйственных и других работников, которые проходили по учетам, независимо от того, имелись ли на них материалы о контрреволюционной деятельности. Он давал установки начальникам управлений не ограничиваться арестами одиночек, а «вскрывать организованное контрреволюционное подполье».

Успенский вызывал начальников управлений и ругал за шаблоны. Конкретно он был недоволен тем, что на Полтавщине было «выявлено» антисоветское партизанское подполье, возглавляемое бывшим командиром партизанского отряда Федорченко, который на момент ареста являлся заведующим оргделом Полтавского облисполкома. Подобные сообщения были типичными для областей, где в годы гражданской войны действовали красные партизанские отряды и, по мнению наркома, не содержали ничего нового. Но в результате «поисков» Успенский сообщил о раскрытии им националистической организации «Молода генерация»[21]. Такое усердие свидетельствовало и о том, что нарком НКВД Украины ликвидировал возможные «молодые ростки контрреволюции».

Отличился Успенский, «вскрыв» так называемый Всеукраинский Главный повстанческий комитет. В одном из домов области были обнаружены несколько десятков старых винтовок. Там размещалась ранее еврейская дружина самообороны, но это оружие было представлено в качестве вооружения повстанческого комитета[22].

Поэтому Ежов характеризовал Успенского перед членами Политбюро как решительного и успешного борца с происками иностранных разведок и антисоветскими элементами.

Аресты руководящего состава НКВД не по воле Ежова, а по указаниям ЦК – например, в июле 1938 г. начальника УНКВД Ростовской области Г.А. Лупекина после письма секретаря обкома Сталину о нарушениях законности в области; бегство в Японию в июне 1938 г. начальника УНКВД Дальневосточного края Люш-

кова, которого напугали аресты сотрудников, – свидетельствовали
о пошатнувшемся авторитете Ежова. Начальник отдела охраны
Главного управления госбезопасности И.Я. Дагин показывал, что
с лета 1938 г. Ежов сильно нервничал, поскольку аресты руководителей были связаны с неизбежными извращениями, на которые
он когда-то давал указания не обращать внимания при проведении массовых операций.

Одним из первых 28 июля на заседании Военной коллегии
Верховного суда СССР был приговорен к высшей мере наказания
начальник Орджоникидзевского УНКВД Булах. В ходе следствия
первоначально он «признавался», что был участником заговора
во главе с Ягодой. Ему припомнили, что он работал в судебных
учреждениях при Петлюре в качестве секретаря окружного суда
(хотя он занимал должность переписчика-машиниста в канцеля-
рии прокурора Харьковской области)[23]. После проявленного Сталиным интереса к причинам ареста Булаха в протоколе появилась
запись о его связи с «правительственными кругами фашистской
Германии». В обвинительном заключении следователи постарались свести все дело к организации в аппарате управления НКВД
антисоветской предательской вредительской группы, куда вошли
сотрудники управления в целях подрыва авторитета партии, ослабления мощи советской власти.

Однако избежать обвинений в конкретных реальных преступлениях было невозможно. Поэтому Булах и его подчиненные не
могли отрицать огульные аресты партийных и советских работников, незаконные методы следствия, что также вошло в обвинительное заключение. Упор был сделан на репрессиях в отношении советской номенклатуры, хотя в справке, приложенной к
делу, о количестве арестованных в крае за период с 1 октября
1936 г. по 1 июля 1938 г. указывается 16 490 человек. За время
руководства Булаха только с августа 1937 г. по апрель 1938 г.
было арестовано 14 727 человек[24].

Таким образом, Булах стал первым руководящим работником
НКВД, осужденным к высшей мере наказания в том числе за незаконные методы следствия, хотя статья 193-17 о воинских преступлениях Уголовного кодекса РСФСР (злоупотребление властью) в приговоре отсутствовала. Он был осужден на основании
статьи 58-7, 8, 11 (диверсия, подготовка террористических актов,
создание контрреволюционной организации). Это было типичное
обвинение для арестованных по указанию Ежова сотрудников органов госбезопасности, обвиненных в качестве участников «загово-

ра Ягоды». Начальники областных управлений являлись составной частью партийно-советской номенклатуры, и аресты первых секретарей крайкомов, обкомов предопределили их аресты. Например, начальник УНКВД Челябинской области И.М. Блат был арестован 13 июля 1937 г. Ранее более пяти лет он работал под началом первого секретаря Западного (Смоленского) обкома партии И.П. Румянцева, о котором как о враге народа шла речь на июньском 1937 г. пленуме ЦК ВКП(б). Он обвинялся в создании антисоветской контрреволюционной террористической организации правых в области. На допросах Блат «признался», что являлся членом этой организации. Он предполагал, что недолго пробудет на свободе, когда узнал об аресте Румянцева. Пытаясь показать свою небольшую роль в организации, он подчеркивал, что связан был только с Румянцевым, был в плохих отношениях с командующим Белорусским военным округом Уборевичем. Тем не менее Блат показал, что плохо боролся и даже скрывал троцкистов, а в заговорщической организации отвечал за подготовку взрывчатых веществ для проведения диверсий и террористических актов[25]. 13 ноября 1937 г. его расстреляли.

Точно так же был арестован 26 июня 1937 г. и начальник УНКВД Татарской АССР П.Г. Рудь, на протяжении нескольких лет возглавлявший управление по Азово-Черноморскому краю. Первый секретарь крайкома партии Б.П. Шеболдаев после ареста назвал Рудя участником контрреволюционной троцкистско-террористической организации. Снова последовали обвинения в подготовке террористического акта уже в отношении Сталина во время его отдыха в Сочи, борьбе с одиночными троцкистами, а не с организованными группами. Приговорен к высшей мере наказания он был в особом порядке, то есть решением наркома внутренних дел и Прокурора СССР[26].

Оба руководителя областных управлений не принимали участия в массовых репрессиях, но не реабилитированы, так как в течение 1936–1937 гг. применяли изощренные методы вплоть до избиений арестованных «троцкистов» в процессе допросов для получения признательных показаний.

Некоторые изменения происходят в обвинительных заключениях на сотрудников после процесса по правотроцкистскому блоку в марте 1938 г. 15 октября 1937 г. Фриновский подписывает ордер на арест начальника 4-го отдела управления госбезопасности НКВД УССР О.О. Абугова. До назначения на эту должность он с 1922-го по 1930 г. работал в ГПУ Украины, затем замначальника УНКВД Горьковской области, начальником УНКВД Кировской области. Менее четырех месяцев Абугов прослужил начальником Секретно-политического отдела, попал под «чистку», проводимую наркомом внутренних дел УСССР Леплевским, был уволен, а затем арестован. Поскольку весь оперативный состав участвовал в массовых репрессиях, то до мая 1938 г. никто им не интересовался. За это время были арестованы первые секретари обкомов партии в Горьковской и Кировской областях. В первом майском протоколе допроса Абугов сознается «в антисоветском заговоре на Украине», куда он был вовлечен начальником Харьковского управления НКВД УССР С.С. Мазо. Покончившие жизнь самоубийством сотрудники рассматривались как заговорщики, ушедшие от расплаты за свою якобы контрреволюционную деятельность. А далее следует новое «признание» об участии в правотроцкистском заговоре в Горьком и Кирове, связях Н.И. Бухарина с антисоветским подпольем на Украине и стандартный набор обвинений в укрывательстве троцкистов, подготовке терактов. Никаких обвинений в незаконных методах следствия выдвинуто не было[27].

Назначение в августе 1938 г. Берии заместителем Ежова без согласования с наркомом вызвало мрачные и обоснованные предчувствия у руководства ГУГБ о возможности раскрытия нового «заговора в НКВД». Фриновский, назначенный наркомом военно-морского флота СССР, мрачно шутил, что лучше быть начальником отдела в ГУГБ, чем наркомом, когда Берия стал замнаркома НКВД.

Берия, знакомясь с делами оперативных отделов, привел в шоковое состояние начальника Особого отдела Н.Г. Николаева-Журида. В духе своего предшественника Ежова Берия высказывал в беседах с сотрудниками предположение о том, что среди них могут быть шпионы. К этому времени продолжалось следствие по делам руководителей областных управлений.

Можно полностью согласиться с точкой зрения, что расстрелы 28 августа 1938 г. Заковского, Миронова и других руководящих работников органов госбезопасности были превентивной мерой со стороны Ежова, когда вопреки его желанию, Сталин назначил Берию заместителем наркома внутренних дел. Ежов понимал, что арестованные могли дать достаточный материал для его компрометации[28]. Об этом давал показания и Фриновский, подчеркивая при этом роль Е.Г. Евдокимова, который в конце августа предлагал побыстрее расстрелять некоторых людей Ягоды и Заковского.

Вместе с тем такие расстрелы свидетельствовали о желании руководителей НКВД показать, что они ведут борьбу с нарушителями законности в органах госбезопасности. После назначения 22 августа 1938 г. замнаркома Берия выехал в Грузию для передачи дел и участия в работе пленума, на котором должны были выбрать нового первого секретаря компартии Грузии. «…По приезде Берия следствие по всем этим делам может быть восстановлено и эти дела повернутся против нас», – предполагал, совершенно справедливо, Евдокимов[29]. Вернувшись из Грузии, Берия развернул активную деятельность. О том, что Сталин дал ему достаточно высокие полномочия, свидетельствовали документы НКВД, под которыми теперь стояли две подписи: Ежова и Берии, а также аресты по его инициативе высокопоставленных сотрудников НКВД, включая бывшего наркома внутренних дел Белоруссии Б.Д. Бермана.

8 октября 1938 г. стало поворотным пунктом для деятельности органов госбезопасности, поскольку у Сталина окончательно созрело решение об изменении курса в карательной политике. В постановлении Политбюро предлагалось комиссии в составе «Ежова (председатель), Берия, Вышинского, Рычкова и Маленкова разработать в 10-дневный срок проект постановления ЦК, СНК и НКВД о новой установке по вопросу об арестах, прокурорском надзоре и ведении следствия»[30]. Информация о работе комиссии стала известной ряду начальников УНКВД, которые поняли, что грядут серьезные изменения.

В период подготовки комиссией будущего постановления Ежов официально являлся ее председателем. Комиссия приступила к работе, а Берия искал новые доказательства, компрометировавшие наркома внутренних дел. Он добился от арестованных Дмитриева и Бермана показаний, разоблачавших деятельность сотрудников из самого ближайшего окружения Ежова. Для того чтобы получить необходимые для разоблачения врагов внутри НКВД показания, применялись избиения. С другой стороны, Берия легко давал обещания оставить в живых арестованных, о чем писал, например, З.М. Ушаков-Ушимирский: «Берия дал мне большевистское слово сохранить меня»[31].

Эти протоколы, которые Сталин внимательно прочитывал, подписаны только Берией, что дает основание достаточно точно утверждать о целенаправленной компрометации наркома внутренних дел. Одновременно Берия закладывал в показания будущие положения об изменениях в карательной политике. Б.Д. Берман длительное время был сотрудником Иностранного отдела, работал в Германии, где якобы был завербован германской разведкой. Следователями была придумана версия о его встрече с «офицером связи» из Германии, который рассказал Берману о совещании представителей иностранных разведок европейских стран и Японии по вопросам борьбы с СССР.

Далее Сталин прочитал «выводы», к которым пришли на этом совещании, о положении в СССР и перспективах дальнейшей работы. Отмечалось, что в СССР произошел разгром различных оппозиционных группировок, и делать ставку на незначительное оставшееся их количество нецелесообразно. При разгроме больших организаций сохранились, однако, хорошо законспирированные резидентуры иностранных разведок, имевшие в своем распоряжении «всякого рода секретные изобретения, поставленные на службу разведки для террора». Сталин в этом месте протокола поставил вопрос для органов госбезопасности: «Техника (имущество) врагов остались незатронутыми?»

Причина такого положения заключалась, «по мнению Бермана», в увлечении следственной работой, в которой были допущены ошибки, в недооценке агентурной деятельности. В результате удар был нанесен не по врагам. Эти положения войдут в будущее постановление партии, где будет даваться оценка репрессивной политике.

Берия разжигал подозрительность Сталина. Когда в показаниях Бермана прозвучали слова о том, что «офицер связи» ничего ему не сказал о сотрудничестве иностранных разведок, то Сталин сделал определенный вывод. «Врешь, – отметил он на полях. – Ты сам присутствовал на совещании»[32].

Берия усвоил старые принципы ведения следствия, заключавшиеся в том, чтобы включить в показания арестованного материалы на людей, которых собирались арестовать или уже арестованных. В связи с этим были упомянуты арестованные Радзивиловский, возглавлявший до ареста отдел НКВД, обслуживавший гражданский воздушный флот, связь и шоссейно-дорожное строительство, а также Дмитриев, который из Свердловского управления был переведен в центр и чуть больше месяца руководил ГУШОСДОРом.

Они представали в качестве «карьеристов-чекистов», помогавших массовыми арестами агентам иностранных разведок оставить нетронутыми «злейших врагов и партии, и советского государства».

Следующий удар Берия нанес 23 октября 1938 г., когда представил Сталину протокол допроса Дмитриева, сотрудничавшего со следствием и давшего необходимые показания. Дмитриев показал прямую взаимосвязь между ягодинскими кадрами и действовавшими сотрудниками во главе с начальником Контрразведывательного отдела Николаевым-Журидом. Сталин изучил протокол, указал на необходимость ареста 11 человек. В дополнение 24 октября он направил отдельную записку: «Т. т. Ежову и Берия. Предлагаю немедля арестовать 1) начальника контрразв. отдела Николаева, 2) Агаса, 3) Дзиова, 4) Деноткина, 5) Кучинского (следователь), 6) Листенгурта (замнач. КРО). Секретарь ЦК ВКП(б) И. Сталин 24. Х-1938. 11 часов вечера»[33].

Новый виток арестов сотрудников НКВД Украины был связан с бегством наркома Успенского. Согласованный с секретарем ЦК КП(б)У Н.С. Хрущевым ордер на арест начальника УНКВД Житомирской области Вяткина, считавшегося одним из приближенных наркома, был выписан 16 ноября 1938 г. Через неделю после бегства Успенского решил проявить бдительность помощник начальника Особого отдела Киевского особого военного округа лейтенант госбезопасности Шевченко. В рапорте он докладывал, что служба наружного наблюдения в начале ноября потеряла из виду машину, в которой ехали польские дипломатические сотрудники. Но бригада, которая вела наблюдение, указала, что в дороге им встретились машины наркома Успенского и начальника управления НКВД Вяткина. 26 ноября на рапорте Шевченко нарком НКВД СССР Л.П. Берия писал: «Тов. Кобулову. А Вяткин, так же как и сам Успенский, без сомнений, польский шпион. Второе, Вяткин в курсе подготовки бегства Успенского, эта поездка которого является одним из элементов этой подготовки. Допросите Вяткина в этой плоскости. Характерно и то, что Шевченко до сих пор молчал об этом факте и никому не сказал. Учесть»[34]. Анализ показаний Вяткина дает достаточно полное представление о том, как разворачивался маховик репрессий в связи с назначением Успенского. Вяткин признавался, что тягчайшим преступлением стали подписанные им протоколы тройки на более чем четыре тысячи человек, обвиненных в принадлежности к Польской военной организации и немецкой фашистской организации. В ходе допроса он убил арестованного, а затем вписал его в протокол заседания тройки по первой категории (ВМН).

Выполняя установки Успенского об изгнании евреев из аппарата органов госбезопасности Украины, он отличился и в сфере культурной жизни. Посетив еврейский драматический театр, Вяткин был возмущен тем, что артисты разговаривали на идише. Впоследствии ему пришлось принести официальные извинения главному режиссеру Пинскеру[35].

Сотрудники НКВД использовали и провокационные методы работы с арестованными. Беседы сводились к тому, что если на заседании выездной сессии Военной коллегии Верховного суда они признают свою вину, то им дадут меньший срок и они будут направлены в лучшие лагеря; в противном случае, если будут отказываться от предъявленного обвинения, им не будет никакого снисхождения.

Начальник УНКВД Донецкой (Сталинской) области П.В. Чистов вежливо здоровался с арестованными, представлялся в качестве депутата Верховного Совета, что соответствовало действительности, и обещал помочь им отправиться в теплые края, чтобы поправить здоровье. Но для этого они не должны отказываться от своих признательных показаний.

Начальник Черниговского управления НКВД А.И. Егоров, назначенный на должность в феврале 1938 г., доложил, что им вскрыто контрреволюционное подполье бывших красных партизан во главе с Крапивянским, работником Главного управления госбезопасности в союзном наркомате и на Украине. Егоров представил дело таким образом, что Крапивянский, работая в Особом отделе НКВД УССР, под предлогом создания диверсионных групп из бывших партизан на самом деле организовал антисоветское подполье. Оружие, заложенное вблизи границы, должны были в момент восстания получить члены этих групп, чтобы использовать для борьбы с советской властью.

Каждый начальник управления стремился показать явные фальсификации других начальников, чтобы попытаться выгородить себя. Вяткин отмечал, что он не верил карьеристу Егорову. Поэтому он вызвал нескольких бывших участников партизанского движения в годы гражданской войны, которые рассказали ему о специальной акции в 1929 г., когда закладывались базы с оружием на границе с Польшей, готовились кадры для организации партизанских действий в случае войны.

Все арестованные Одесским управлением НКВД УССР на Военной коллегии Верховного суда отказались от своих показаний, заявив, что их избивали и таким образом добивались нужных показаний. Но их отказ не влиял на приговор. Типичной для всех управлений картиной был «теплый прием» членов Военной коллегии. Им предоставлялись самые лучшие номера в гостиницах, обильное угощение и постоянные застолья, машины «ЗИС» для поездок, подарки.

Как и в других военных округах, в Киевском военном округе в различных областях Украины (Полтавской, Черниговской, Днепропетровской и др.) репрессии были обрушены на военнослужащих Красной Армии. В 45-м мотомеханизированном корпусе было арестовано более половины командных кадров[36].

Высший командный состав после арестов передавался в Особый отдел ГУГБ НКВД СССР. Комиссия ЦК ВКП(б), проводившая проверку работы НКВД в процессе передачи дел от Ежова к Берии, отмечала атмосферу, царившую в Особом отделе. Шел шумный дележ между сотрудниками за «интересных» арестованных. Все хотели получить такого арестованного, поскольку это сулило славу, награды и т. п. На совещании у начальника Особого отдела Николаева-Журида еще до ареста разрабатывался план проведения допросов, определялось, по какой «линии» арестованный должен дать показания. В дальнейшем главное внимание уделялось составлению сфабрикованных протоколов. Выражение «делать протокол» употреблялось в отделе в официальных докладах. Такие протоколы составляли неделями не только те, кто допрашивал арестованного, но и работники, не имевшие никакого отношения к следствию. Существовала специальная группа, которая редактировала и сопоставляла протоколы, чтобы они выглядели убедительными и правдоподобными. Важное значение имели следующие моменты: каких размеров протокол (небольшие протоколы не принимались), сколько лиц проходит по показаниям, пойдет ли протокол членам Политбюро ЦК ВКП(б). Например, в протоколе допроса дивизионного комиссара Ф.Д. Баузера (допрашивали Николаев-Журид и Ушаков-Ушимирский) было названо 239 человек; в протоколе допроса комдива, командира и военкома корпуса военно-учебных заведений Киевского военного округа И.Д. Капуловского (допрашивал Николаев-Журид) упоминались 110 человек[37]. Никаких конкретных данных о «контрреволюционной» деятельности названных лиц в протоколах допросов не содержалось. В дальнейшем, после ареста по указанию Сталина в конце октября 1938 г., в ходе допросов будут выдвигаться надуманные обвинения, что Николаев-Журид задерживал раскрытие военного заговора[38].

Берия продолжал активно искать новые доказательства для разоблачения деятельности Ежова. И здесь он использовал испытанный прием, который в свое время применял его предшественник Ежов для компрометации Ягоды. Исследователями было высказано предположение о том, что записка начальника УНКВД Куйбышевской области В.П. Журавлева Сталину о слабом развороте борьбы с врагами народа, укрывательстве в аппарате НКВД подозрительных работников, возможно, была инициативой сверху[39]. Это предположение полностью подтвердилось. За два дня до подачи заявления Журавлев встретился с Берией и рассказал ему о нарушениях, выявленных в аппарате НКВД. 14 ноября Берия сообщил Сталину, что Журавлев, по его предложению, на основе устного доклада составил докладную записку, в которой подробно изложил все факты о подозрительных действиях ряда высокопоставленных сотрудников[40]. Сталин немедленно адресовал эту записку членам Политбюро: «Просьба ознакомиться с запиской Журавлева. Записку придется обсудить. И. Сталин»[41].

14 ноября в партийные органы была разослана директива об учете и проверке партийными органами ответственных сотрудников НКВД СССР, подписанная Сталиным. В соответствии с директивой учет, проверка и утверждение ответственных работников НКВД от высших должностей до начальников отделений возлагалась на ЦК ВКП(б). На местах обкомы, крайкомы, ЦК нацкомпартий были обязаны взять на учет всех ответственных работников местных органов НКВД, составить персональные списки, завести на каждого сотрудника личное дело. Помимо изучения документов на работников НКВД, требовалось и личное ознакомление с ними. Партийные руководители должны были начать проверку, не дожидаясь представления этих работников начальникам УНКВД на утверждение. Бюро соответствующего партийного органа решало вопрос о назначении. Исследователи совершенно справедливо считают это решение преддверием чистки в органах НКВД[42]. В директиве прямо указывалась цель проверки, которая заключалась в том, что «органы НКВД должны быть очищены от всех враждебных людей, обманным путем проникших в органы НКВД, от лиц, не заслуживающих политического доверия»[43].

Таким образом, резко усиливалось влияние партийных органов на кадровый состав органов госбезопасности как через значительное увеличение количества штатных сотрудников, утверждаемых в ЦК ВКП(б), так и через контроль за зачислением на службу новых работников.

В директиве от 14 ноября 1938 г. Сталин дал указание, чтобы первые секретари обкомов, крайкомов и ЦК нацкомпартий систематически представляли в отдел руководящих партийных органов (ОРПО) ЦК ВКП(б) докладные записки о ходе работы по учету, проверке и утверждению работников НКВД. Он нацеливал их на выявление недостатков в работе органов НКВД, засоренности их чуждыми и враждебными элементами[44]. Фактически это была установка на массовую чистку среди сотрудников органов госбезопасности, которые допускали массовые нарушения Уголовного и Уголовно-процессуального кодексов.

Данное направление деятельности в отношении сотрудников оперативно-чекистских подразделений было закреплено в Постановлении СНК СССР и ЦК ВКП(б) от 17 ноября 1938 г. «Об арестах, прокурорском надзоре и ведении следствия». Среди исследователей утвердилось мнение, что Сталин в свойственной ему манере переложил свои ошибки на исполнителей преступных приказов[45].

Это постановление стало главным документом для следователей ГУГБ в ходе допросов арестованных сотрудников. В нем содержались основные положения обвинительных заключений. Главную вину за недостатки и извращения в следственной работе Сталин возложил на «врагов народа и шпионов иностранных разведок, пробравшихся в органы НКВД как в центре, так и на местах», проводивших массовые и необоснованные аресты. Одновременно они якобы спасали «от разгрома своих сообщников, в особенности засевших в органах НКВД». В приговорах на руководящий состав появится статья 58-1а УК РСФСР, то есть обвинение в шпионской работе на иностранные государства, и статья 197 (злоупотребление властью при отягчающих обстоятельствах).

В ноябре – декабре Сталин окунулся в лавину шифротелеграмм, записок и анонимных сообщений о многочисленных нарушениях, допущенных органами НКВД. До принятия решений, осуждавших подобные действия сотрудников органов госбезопасности, такого рода информация Сталину не поступала.

Секретари обкомов, крайкомов, ЦК нацкомпартий сообщали Сталину о «неожиданно» вскрывшихся фактах.

Первый секретарь Компартии Белоруссии П.К. Пономаренко неоднократно в декабре 1938 г. сообщал о ходе проверки сотрудников НКВД и выявленных нарушениях в деятельности органов госбезопасности. Он отмечал, что в тюрьмах сидят 2800 арестованных, на которых не собрано никаких доказательств их вины.

Сотрудники НКВД держат их до сих пор под арестом, так как постоянно избивали арестованных, а теперь боятся отпускать. Они выйдут на свободу, расскажут об издевательствах, и возникнет в обществе «трещина в авторитете органов». Пономаренко приводил факты о высокой смертности в тюрьмах Белоруссии. За период с 1 января по 1 октября 1938 г. в Гомельской тюрьме умерло 150 человек, в Витебской – 132, Слуцкой – 46, Бобруйской – 42 человека.

Сталин анализировал сообщения о нарушениях законности и продумывал выход из сложившейся ситуации. Фактически весь оперативный состав чекистских подразделений НКВД принимал участие в массовых репрессиях. Секретари обкомов настаивали на необходимости арестов значительной части сотрудников НКВД. Такой подход означал разрушение органов госбезопасности. Однако формулировка о врагах, якобы пробравшихся в НКВД и творивших беззакония, явилась достаточно удобной и приемлемой.

Прочитав сообщение Пономаренко, Сталин дал указание: «Молотову, Берия <u>лично</u>. Нужно очистить от грязи белорусские органы НКВД, такой грязи немало во всех других республиках и областях». Фактически это была установка на аресты руководящего состава управлений НКВД и наиболее «активных» исполнителей из сотрудников среднего звена[46].

Сталин читал сообщения секретарей обкомов, крайкомов, ЦК нацкомпартий, из которых вырисовывались типичные картины различных преступных действий сотрудников НКВД в ходе проведения репрессивных операций. Сталин давал указания об арестах, направлении комиссий в наиболее «отличившиеся» регионы. Например, в Житомирской области были выявлены факты, когда начальник управления Вяткин приводил приговоры в исполнение по решениям особой тройки на основании никем не подписанных протоколов заседаний, проводил расстрелы, оформляя их задним числом, поскольку решением Политбюро ЦК ВКП(б) работа особых троек приостанавливалась с 16 ноября 1938 г. На момент приостановления работы тройки неподписанными оказались решения на 2178 человек. Однако приговоры не были приведены в исполнение только над 20 осужденными[47]. Такие же факты отмечались во многих регионах.

Берия на этой основе получал разрешения «чистить» чекистов, и только за период с сентября по декабрь 1938 г. было арестовано 332 руководящих работника НКВД (140 человек в центральном аппарате и 192 на периферии), среди которых оказалось 18 наркомов внутренних дел союзных и автономных республик. Аресты продолжались и в течение 1939 г.

В результате применения физических мер воздействия, то есть избиений и пыток, большинство арестованных сотрудничали со следствием, выгораживали себя и «топили» сослуживцев. Так, один из самых одиозных сотрудников Особого отдела Главного управления госбезопасности Ушаков-Ушимирский чутко улавливал направление репрессий в отношении сотрудников НКВД. В июне 1937 г., когда И.М. Леплевский уезжал на Украину, он передал ему список на 30 человек, составлявших так называемые «хвосты» предшествующего наркома В.А. Балицкого. В апреле 1938 г., на аудиенции у замнаркома Фриновского уже по поводу ареста Леплевского, он указывал на других сотрудников, которые, якобы, являлись участниками заговора в НКВД.

После арестов весной – летом 1938 г. высокопоставленных руководителей органов госбезопасности Ушаков-Ушимирский, находясь уже на Дальнем Востоке, стал брать показания на действующих сотрудников центра, чем встревожил руководство НКВД. Ежов дал указание об аресте Ушакова. Для того чтобы заставить его молчать либо изменить показания, Фриновский направил арестованного на Украину к Успенскому, который, по словам замнаркома, «сделает из него котлету»[48]. Ушаков-Ушимирский был арестован 4 сентября и вскоре отправлен на Украину. Но сведения о его показаниях на сотрудников НКВД дошли до Берии, и 21 сентября Успенский сообщал персонально новому замнаркома о том, что арестованный передается в Москву.

Поскольку в качестве врагов фигурировало высшее руководящее звено органов госбезопасности, участь наркома внутренних дел СССР была предрешена. 23 ноября Ежов написал письмо Сталину, в котором каялся, что проглядел врагов, излишне доверял кадрам, назначенным им на важнейшие посты в наркомате внутренних дел.

В период массовых репрессий в ходе разгрома так называемых ягодинских заговорщиков многие сотрудники НКВД были арестованы и затем расстреляны по показаниям представителей высшей партийной номенклатуры. Нарком НКВД Украины Успенский выражал мысли многих руководителей местных органов, когда отмечал, что аресты партийно-советских работников в начале 1938 г. были своеобразным возмездием за погибших товарищей. Теперь Сталин предоставил такое право партийной номенклатуре, которая могла отыграться на руководящих работниках НКВД.

25 ноября 1938 г. Ежов был снят с должности наркома внутренних дел. Берия произвел практически полную смену не только начальников отделов НКВД СССР и их заместителей, но и почти всех руководителей республиканских, краевых и областных НКВД-УНКВД. На основании решения ЦК ВКП(б) от 5 декабря 1938 г. в период с 10 декабря 1938 г. по 10 января 1939 г. проходила передача дел от Ежова новому руководителю НКВД СССР Берии. Одновременно наркомат был подвергнут проверке комиссией, в которую входили секретарь ЦК ВКП(б), председатель Комиссии партийного контроля А.А. Андреев, заведующий ОРПО ЦК ВКП(б) Г.М. Маленков и новый нарком Берия.

В ходе проверки звучали резкие высказывания о вредительской работе как наркома, так и руководящего состава НКВД СССР. «Шпионы, враги, – отмечал Маленков, – сидели буквально на всех участках». Проверяя материалы так называемого «спецархива», в который Ежов откладывал компрометирующие материалы на партийных, советских и военных работников высокого ранга, Берия везде ставил пометки о том, что Ежову было известно о врагах, но он не давал ходу этим материалам. В «спецархиве» скопились доносы от 1937 г., найденные Берией, например на В.К. Блюхера, А.В. Косарева и многих других руководителей, репрессированных к моменту проверки наркомата. Содержались в «спецархиве» компрометирующие материалы и на руководящих работников оперативных отделов ГУГБ, которые Ежов придерживал у себя.

В своих выводах комиссия Политбюро ЦК ВКП(б) руководствовалась положениями постановления от 17 ноября 1938 г. Маленков, Андреев и Берия 9 января 1939 г., представляя Сталину акт приема-сдачи дел по НКВД СССР, сообщали: «1. За время руководства тов. Ежова Наркомвнудел СССР вплоть до момента его освобождения от обязанностей Наркома большинство руководящих должностей в НКВД СССР и в подведомственных ему органах (НКВД союзных и автономных республик, НКВД краев и областей) занимали враги народа, заговорщики, шпионы.

2. Враги народа, пробравшиеся в органы НКВД, сознательно искажали карательную политику Советской власти, производили массовые необоснованные аресты ни в чем не повинных людей, в то же время укрывая действительных врагов народа.

3. Грубейшим образом извращались методы ведения следствия, применялись без разбора массовые избиения заключенных

для вымогательства ложных показаний и "признаний". Заранее определялось количество признаний, которых должен добиться в течение суток каждый следователь от арестованных, причем нормы часто доходили до нескольких десятков "признаний"».

Далее комиссия отмечала массовое использование провокационных методов, например признаний арестованных в шпионской работе в пользу иностранных разведок для дискредитации правительств этих государств и обещаний освобождения после таких показаний[49].

Увидев существенные изменения в карательной политике, приводившие к арестам исполнителей, сотрудники оперативных подразделений НКВД стали направлять письма Сталину. Они пытались доказать, что действовали в соответствии с теми установками, которые получали от своих руководителей. Секретарь парткома УНКВД Орловской области писал в начале декабря 1938 г. о наркоме внутренних дел Ежове, являвшемся секретарем ЦК ВКП(б). Из этого следовало, что все его указания являлись для оперативного состава установками партии, и высшее руководство знало о репрессиях. Тут же предлагалось осудить тех, кто фальсифицировал дела, то есть наиболее рьяных исполнителей: «Но вот я что-то не слышал, чтобы привлекли к ответственности "липачей", сфабриковавших дело». Сталин согласился и на полях оставил помету: «Привлечь»[50].

Одновременно возникала существенная проблема, касающаяся дальнейших действий сотрудников органов НКВД. Секретарь парткома УНКВД по Орловской области отмечал, что работники прокуратуры стали всячески затягивать дела, возвращая их обратно в управление. Сталин явно не одобрил действия прокурора, поскольку написал его фамилию на первой странице и адресовал письмо Берии.

7 января 1939 г. Сталин отметил в письме начальника Бобруйского горотдела НКВД положение об «ослаблении чекистской бдительности». Начальник горотдела прямо писал, во-первых, о том, что в нарушения революционной законности был втянут почти весь оперативно-чекистский коллектив. Во-вторых, он сетовал на то, что на оперативном совещании 27 декабря подводились итоги работы за период после ликвидации чрезвычайных органов (троек), созданных для проведения массовых операций. В итоге за это время было арестовано всего 20 человек. В органах сложилась обстановка, когда сотрудники ожидали арестов. Он приводил примеры, когда начальник ДТО ГУГБ НКВД Белорус-

ской железной дороги Морошек, будучи вызван в наркомат, сразу
покончил жизнь самоубийством. Начальник УНКВД Полесской
области Белоруссии отправил всю семью к родственникам, пред-
чувствуя близкий арест[51].

10 января Сталин направил шифртелеграмму, в которой признал, что физические меры воздействия были официально разре-
шены ЦК ВКП(б) в виде исключения «в отношении лишь таких
явных врагов народа, которые, используя гуманный метод допроса, нагло отказываются выдать заговорщиков, месяцами не дают
показаний, стараются затормозить разоблачение оставшихся на
воле заговорщиков, – следовательно продолжают борьбу с Советской властью, также и в тюрьме». Сталин отметил, что такая установка ЦК ВКП(б) принесла свои результаты, способствовала
«ускорению дела разоблачения врагов народа». Такой метод мог
быть использован в дальнейшем в борьбе с противниками советской власти[52].

Партийные органы на местах, объективно изучив положение
дел, стали требовать привлечения к уголовной ответственности
значительной части оперсостава. Секретарь Смоленского обкома,
например, настаивал на аресте многих работников УНКВД, так
как получал многочисленные жалобы от ранее арестованных и
затем освобожденных жителей города о применении к ним физических методов воздействия. Своей телеграммой Сталин фактически
взял под защиту сотрудников НКВД, не желая дискредитировать
организацию, которая являлась опорой его власти и выполняла
указания Политбюро ЦК ВКП(б) в годы Большого террора.

Сталин также не инициировал массовые открытые процессы
по делам арестованных сотрудников НКВД. На заседаниях Политбюро ЦК ВКП(б) были рассмотрены всего несколько раз
вопросы об осуждении фактов нарушений законности, проведении судов и наказании конкретных виновных. Сталину поступило
сообщение об учителе Садалюке, арестованном за принадлежность к румынской разведке, и вопрос о нарушении законности
рассматривался на заседании Политбюро[53]. Сотрудникам НКВД
понадобился легковой автомобиль, которым был награжден учитель. Автомобиль был конфискован и фигурировал в уголовном
деле в качестве купленного Садалюком на деньги румынской
разведки.

2 января 1939 г. Вышинский направил Сталину записку о нарушениях законности Ленинск-Кузнецким горотделом УНКВД
Новосибирской области и прокуратурой города. Сотрудники гор-

отдела арестовали 17 учителей и учащихся средней школы, в которой процветали воровство и хулиганство. Было создано дело о контрреволюционной организации, а среди арестованных оказались и несовершеннолетние учащиеся. 27 декабря 1938 г. бюро Новосибирского обкома приняло решение о привлечении к суду двух сотрудников горотдела НКВД, вспомнив о постановлении правительства от 7 апреля 1935 г. о запрещении привлекать несовершеннолетних к ответственности за контрреволюционные преступления. Сталин дал указание: «Необходим открытый суд над виновниками»[54].

Помимо указания Сталина об открытом суде, 4 января 1939 г. Политбюро ЦК ВКП(б) приняло решение: «Удовлетворить просьбу Новосибирского обкома о разрешении обсудить постановление обкома о нарушении законности Ленинск-Кузнецким горотделом НКВД и горпрокуратурой в первичных парторганизациях районных, городских и областного отдела НКВД и в первичных парторганизациях районных, городских и областной прокуратуры. Секретарь ЦК». Это был исключительный случай, поскольку в дальнейшем сотрудники осуждались военными трибуналами военных округов или Военной коллегией Верховного суда. Никакой гласности судебного разбирательства Сталин не планировал.

Для разоблачения «вражеской работы» сотрудников органов госбезопасности новый нарком Берия провел серию проверок работы областных управлений НКВД и особых отделов военных округов. Обследованию в январе 1939 г. подверглись, например, особые отделы Белорусского военного округа и Краснознаменного Балтийского флота. Вновь последовали типичные обвинения в физических методах воздействия, в отдельных случаях сопровождавшиеся убийствами арестованных в ходе следствия. По итогам проверки, когда выяснилось, что весь оперативный состав принимал участие в массовых репрессиях, привлечены к уголовной ответственности оказались 14 человек, хотя общая численность оперативных работников составляла более 750 человек.

Важно отметить, что так называемый заговор в НКВД, который «ликвидировал» новый нарком НКВД Берия, отличался от предшествующего заговора Ягоды. Подавляющее большинство арестованных сотрудников НКВД во главе с Ежовым принимали самое активное участие в массовых репрессиях. Они безжалостно расправлялись с невиновными людьми. Среди причин подобной жестокости можно выделить низкий образовательный и культурный уровень, карьеристские соображения (повышение по службе,

звания, награды), страх быть репрессированным в случае невыполнения приказов, предшествующий опыт, начиная с гражданской
войны, расправы с людьми, по разным причинам объявленными
руководством страны врагами. То есть после окончания Гражданской войны в стране господствовала идеология не мира, а мо-
билизационной подготовки к неизбежной войне.

В обвинительных заключениях работников органов госбезопасности до назначения Берии заместителем наркома НКВД фигурировали положения о слабой борьбе с троцкистами, созна-
тельном смазывании дел по правым, отсутствии необходимой
активности в разоблачении «контрреволюционных организаций»
эсеров и меньшевиков. Исключением являлось обвинительное заключение по делу Булаха.

Ситуация резко меняется после принятия определяющих решений ЦК ВКП(б) от 17 ноября 1938 г. «Об арестах, прокурорском надзоре и ведении следствия». Берия контролирует ход
следствия и формулировки обвинений. Важными являлись показания замначальника Управления пограничных и внутренних
войск НКВД СССР В.К. Ульмера, который являлся правой рукой
Фриновского. Он показал, например, что заготовленные им проекты постановлений ЦК ВКП(б) о репрессиях по признаку национальной принадлежности (афганцы, иранцы, греки и др.)
Фриновский не взял, а приказал подготовить директивы. На вопрос
Ульмера о том, будут ли проекты направляться в ЦК, как это было
ранее, Фриновский ответил ему, что у них есть свой секретарь
ЦК Ежов. Такое положение вполне правдоподобно, поскольку
Сталин в некоторых случаях давал право Ежову определять дополнительные лимиты по «кулацкой» операции. Но в данном
случае Берия пытался доказать, что такие распоряжения являлись
инициативой руководства НКВД без согласования с «директив-
ными инстанциями».

И далее Ульмер четко сформулировал «план» Ежова и Фриновского, положения которого будут положены в основу обвинительных заключений. 1. Дискредитация мероприятий партии и
правительства и советской Конституции путем извращения или
невыполнения этих мероприятий, организация извращений карательной политики и допущение полного произвола. 2. Возбуждение в стране массовых недовольств партией и правительством.
3. Сохранение в органах НКВД на руководящих должностях заговорщических кадров и насильственное устранение заговорщиков, ставших неугодными или провалившимися. 4. Овладение ру-

ководящими постами в гражданских наркоматах путем внедрения туда заговорщических кадров. 5. Вредительская подрывная деятельность внутри НКВД, развал работы. 6. Насильственное устранение существующего руководства путем террора[55].

В дальнейшем Ежов, Фриновский и Евдокимов будут названы руководителями заговора в НКВД. На заседаниях Военной коллегии Верховного суда руководящие работники НКВД и прежде всего Главного управления государственной безопасности признают свою вину в фальсификациях, необоснованных арестах, использовании физических мер воздействия и других преступлениях. Многие будут отрицать участие в антисоветском заговоре в НКВД.

Не выдерживает никакой критики обвинение в шпионской работе на иностранные государства. Начальник Контрразведывательного отдела Николаев-Журид якобы был агентом разведок трех государств, как и нарком Ежов. Фриновский станет агентом польской и японской разведок. Правящей верхушке нужно было показать, что чудовищные преступления могли творить только сотрудники, которые запутались «в своих многочисленных связях с разведками враждебных СССР иностранных государств и, следуя их указаниям, взяли на себя руководящую роль в создании заговорщической организации в органах и войсках НКВД...»[56].

Следствие по руководящему составу и сотрудникам НКВД СССР продолжалось в основном на протяжении 1939–1941 гг. На несколько месяцев по указанию Берии следствие было прекращено в отношении наиболее опытных работников Иностраннного и Контрразведывательного отделов для того, чтобы они подготовили пособия для вновь прибывших оперработников. Им были созданы соответствующие более комфортные условия, а Берия, вполне возможно, обещал им, что это учтут при вынесении приговора. Например, начальник КРО ГУГБ НКВД СССР Николаев-Журид за эти месяцы подготовил пособие по борьбе с германской разведкой.

В обвинительных заключениях по среднему составу руководящих работников более четко в полном соответствии с постановлением «Об арестах, прокурорском надзоре и ведении следствия» формулируется состав преступлений. Так, в нескольких приговорах Военного трибунала войск НКВД Киевского военного округа по делу сотрудников УНКВД Житомирской области на протяжении 1939–1941 гг. отмечались систематические нарушения законности в течение 1937–1938 гг.; массовые аресты, незаконные методы следствия; избиения и убийства арестованных; подложные справки о контрреволюционной деятельности; направление на внесудебную тройку незаконченных дел и др. Из 15 человек 4 были приговорены в высшей мере наказания (начальники и заместители начальников отделов), 8 получили различные сроки заключения, а 3 человека отделались условным наказанием[57].

На сегодняшний день отсутствуют точные данные о количестве приговоренных к высшей мере наказания сотрудников органов госбезопасности. Ориентировочно речь может идти о количестве от 500 до 700 человек. Более точные сведения имеются о приговоренных к различным срокам заключения. В конце 1941 г. Берия обратился к Сталину с просьбой о пополнении кадров военной контрразведки находящимися в тюрьмах и лагерях сотрудниками НКВД, осужденными главным образом за нарушения законности в 1937–1938 гг. Часть из них была освобождена и направлена в действующую армию.

Таким образом, репрессии в отношении сотрудников органов госбезопасности, которые возглавляли оперативные подразделения в течение 1937–1938 гг., и официальные утверждения о нарушениях законности, как результате «заговора» пробравшихся в НКВД врагов, являлись не более чем удобной формой обвинения исполнителей преступных приказов подлинными организаторами государственного террора в лице руководства правящей коммунистической партии во главе со Сталиным.

ПРИМЕЧАНИЯ

[1] Показания взяты из следственных дел, хранящихся в архиве ФСБ России, на А.И. Успенского и замначальника УНКВД Дальневосточного края М.А. Кагана, нереабилитированных сотрудников НКВД. Выступление Ежова цитируется по стенограмме ЦА ФСБ Ф. 3. Оп. 5. Д. 13. Л. 26.

[2] Центральный архив ФСБ России (далее ЦА ФСБ России). Ф. 3. Оп. 5. Д. 3. Л. 122.

[3] Архив Президента Российской Федерации (далее АП РФ). Ф. 3. Оп. 58. Д. 24. Л. 128.

[4] ЦА ФСБ России. Ф. 3. Оп. 6 Д. 13. Л. 146.

[5] Там же. Архивное следственное дело (далее АСД). Н-13556. Л. 15.

[6] Там же. Ф. 3. Оп. 5. Д. 13. Л. 358–359.

[7] Там же. Л. 280.

[8] Там же. Л. 375–376.

[9] Там же. АСД Н-13790 Т. 1. Л. 214.

[10] Подробная и объективная характеристика деятельности Успенского содержится в монографии: *Золотарьов В.А.* Олександр Успенський: особа, час, оточення. – Харків, 2004.

[11] ЦА ФСБ России АСД Н-14740. Т. 1. Л. 41–42.

[12] Там же. Ф. 3. Оп. 6. Д. 4. Л. 31–34.

[13] Там же. АСД Н-15301. Т. 10. Л. 102–103.

[14] Там же. Т. 14. Л. 259.

[15] Там же. Л. 247.

[16] Там же. Ф. 3. Оп. 5. Д. 43. Л. 113.

[17] Здесь ошибочна цифра, потому что Ежов говорил, что чекисты Украины всего имеют 8–10 тыс. подучетных элементов – по всем категориям, и, в основном, в деревне. См. *Петров Н., Янсен М.* «Сталинский питомец» - Николай Ежов. - М., 2008. С. 333–334.

[18] ЦА ФСБ России. Ф. 3. ОП. 5. Д. 4. Л. 2–15.

[19] Там же. АСД Н-14980. Т. 1. Л. 105.

[20] Там же. Ф. 3. Оп. 5. Д. 63.

[21] Там же. Ф. 3. Оп. 5. Д. 65. Л. 280.

[22] Там же. АСД Н-14980. Т. 1. Л. 107.

[23] *Петров Н.В., Скоркин К.В.* Кто руководил НКВД, 1934–1941. Справочник. – М., 1999. С. 119.

[24] ЦА ФСБ России АСД Н-13556. Л. 169–184.

[25] Там же. АСД Н-13 220 Т. 1. Л. 41, 120.

[26] Там же. АСД Н-11555. Т. 1. Л. 21–25.

[27] Там же. АСД Н–13574. Т. 1. Л. 16–24, 188.

[28] *Петров Н., Янсен О.* «Сталинский питомец» – Николай Ежов. – М., 2008. С. 164.

[29] ЦА ФСБ России АСД Р- 4406.

[30] Российский государственный архив социально-политической истории (далее РГАСПИ). Ф. 17. Оп. 3. Д. 1002. Л. 37.

[31] ЦА ФСБ России АСД Н–14 981. Т. 2. Л. 11.

[32] Лубянка. Сталин и Главное управление госбезопасности. Архив Сталина. 1937–1938 / Сост. В.Н. Хаустов, В.П. Наумов, Н.С. Плотникова. – М., 2004. С. 568.

[33] АП РФ. Ф. 3. Оп. 58. Д. 406. Л. 1.

[34] ЦА ФСБ АСД Н-13706. Л. 22.

[35] Там же. Л. 87

[36] Там же. Л. 89–97.

[37] Там же. Ф. 3. Оп. 6. Д. 9. Л. 240.

[38] Там же. АСД Н-14741 Т. 3. Л. 65.

[39] *Хлевнюк О.В.* Политбюро. Механизмы политической власти в 30-е годы. – М., 1996. С. 214.

[40] *Петров Н., Янсен М.* «Сталинский питомец» – Николай Ежов. С. 348–349.

[41] АП РФ Ф. 3. Оп. 58. Д. 406. Л. 2.

[42] *Петров Н., Янсен М.* «Сталинский питомец» – Николай Ежов. С. 177.

[43] Лубянка. Сталин и Главное управление госбезопасности НКВД. С. 606.

[44] Там же. С. 605.

[45] *Петров Н.*, *Янсен М.* «Сталинский питомец» – Николай Ежов; *Хлевнюк О.В.* Политбюро. Механизмы политической власти в 30-е годы.

[46] АП РФ. Ф. 3. Оп. 58. Д. 407. Л. 6–9.

[47] ЦА ФСБ России АСД Н-13706. Л. 18.

[48] Там же. АСД Н-14 981. Т. 1. Л. 45; Т. 2. Л. 94.

[49] Там же Ф. 3 Оп. 6. Д. 8. Л. 9.

[50] АП РФ. Ф. 3. Оп. 58. Д. 406. Л. 153–154.

[51] Там же Д. 407. Л. 32–33.

[52] Лубянка. Сталин и НКВД-НКГБ-ГУКР «Смерш», 1939 г. – март 1946. С. 14–15.

[53] *Хлевнюк О.В.* Сталин, НКВД и советское общество.

[54] АП РФ. Ф. 3. Оп. 57. Д. 96. Л. 110. *Тепляков А.Г.* «Детское дело» в Кузбассе: к вопросу о подоплеке открытого процесса 1939 г. над чекистами – «нарушителями законности» // Судебные политические процессы в СССР и коммунистических странах Европы: сборник материалов франко-российского семинара (Париж, 29–30 ноября 2010 г.). – Новосибирск, 2011. С. 141–154.

[55] ЦА ФСБ России АСД Н-15301. Т. 13. Л. 51–54.

[56] Там же. АСД Н-15301. Т. 1. Л. 107.

[57] Там же. АСД Н-13706 Т. 1. Л. 315.

КИЕВ

Если бы я активно выступал против тех методов следствия, которые были в то время, и еще в дополнение, если бы получился у меня какой-нибудь казус, то меня уже давно не было бы в живых.

С.И. Борисов – бывш. нач. Уманского райотдела НКВД УССР

В то время всякое корректное отношение к арестованным считали либеральным.

А.С. Томин – бывш. нач. отделения 4-го отдела УГБ УНКВД по Киевской области

Да, так выходило, что я был следователем с кулаком, а другие были следователи с пером, но, как система, арестованных всех не избивали.

Г.Н. Петров – бывш. помощник следователя Уманского райотдела НКВД УССР, начальник Маньковского райотдела милиции

Был, действительно, случай, когда ко мне прибежал Абрамович, он был испачкан в крови, и сказал: «Сукин сын – меня испачкал». Я ему предложил руки вымыть спиртом или одеколоном, указав ему на его некультурность тем, что он вытирался платком.

С.И. Борисов

Среди этих трупов были случаи убийств, и я писал, что смерть наступила от паралича сердца. Истинную причину смерти писать нельзя было […]. Я вполне сознаю, что это является сделкой с моей совестью.

А.М. Лебедев – врач и судмедэксперт

Почему я знаю, что делалось в 21-й комнате […] мне кажется, что не только я об этом знал, но, по-моему, и половина населения г. Умани тоже знали об этом.

И.А. Мышко – бывш. следователь Уманской межрайонной следственной группы НКВД УССР[1]

Линн Виола

Дело Уманского районного отдела УНКВД по Киевской области

В Умани творился кошмар. Местный районный отдел (РО) НКВД создал специальную «лабораторию» в комнате № 21 для допросов и выбивания признаний. Заключенные умирали от удушья в переполненных камерах. О главном палаче – старшем по приведению в исполнение расстрельных приговоров – говорили, что он стволом револьвера выбивал золотые зубы у расстрелянных. Начальник местной тюрьмы был арестован и осужден на закрытом судебном процессе, в числе прочего, за разграбление имущества расстрелянных. Это следствие оказалось незавершенным. За ним последуют еще два судебных разбирательства, фигурантами которых станут не только начальник тюрьмы, но и высшие чины местного РО НКВД. Обвинения в обоих случаях касались «нарушения революционной законности» и должностных преступлений, совершенных в застенках расстрельных камер.

Уголовное дело Уманского РО НКВД составляет почти две тысячи страниц, объединенных в семь томов пожелтевших от времени документов. Недостатка в свидетельствах нет. В изобилии – ордера на арест и обыск, списки конфискованного имущества, протоколы допросов и очных ставок, а также стенограммы трех судебных процессов. В этих материалах в избытке – ложь, выдуманные показания, самооправдания и мольбы о пощаде. Однако, прочтенные критически, с пониманием их предвзятости и субъективности, эти документы раскрывают кошмарные реалии массового террора в Умани.

В «уманском деле» было три судебных процесса, по которым проходило шесть обвиняемых. Разумеется, ни один из подсудимых не отличался «либерализмом» во время проведения террора, но все они, как один, переложили вину за «искривления» на вышестоящие власти, главным образом областное управление НКВД в Киеве. Наверное, это имело под собой основания, однако именно областное управление НКВД «открыло кран», т. е. инициировало процесс, выявивший всю мерзость коррумпированности работников Уманского РО НКВД, их пьянство и насилие.

Часть 1

Умань была сонным провинциальным городком в центральной Украине, со смешанным населением, состоявшим из украинцев, русских и евреев. Городок, находящийся приблизительно в 180 километрах к югу от Киева, в то время являлся частью Киевской области[2]. Местный РО НКВД располагался в двухэтажном здании из двадцати комнат, часть окон которых выходила во внутренний двор. В том же здании, на первом этаже, находилась и милиция, активно участвовавшая в проведении репрессий. Расстрельные камеры были в подвале под клубной комнатой. Тюрьма, расположенная по соседству, поставляла заключенных на допросы и расстрел. Ее здание, рассчитанное на 400, максимум 450 заключенных, в разгар террора вмещало порядка двух с половиной тысяч человек, а по некоторым свидетельствам, и того больше: камеры забивали до отказа[3].

Здание РО НКВД служило штабом массовых репрессий в Умани. То, что творилось в его застенках, неоднократно было описано обвиняемыми, свидетелями и жертвами. Полезно, однако, начать рассказ с обвинительных заключений, составленных НКВД СССР по итогам проведенных им расследований. «Заключения» были основаны на многомесячных допросах обвиняемых и широкого круга свидетелей. Они представляют собой сжатое сухое изложение событий, которое может послужить предисловием к рассказу о массовых злодеяниях в Умани[4].

Обвинительные заключения НКВД СССР свидетельствуют, что в июле 1937 г., по распоряжению управления НКВД по Киевской области, в Умани, как и в других крупных городах – районных центрах, была создана межрайонная оперативно-следственная группа. Она действовала на территории, по разным сведениям, от 12 до 18 районов. Через месяц руководство областного УНКВД назначило ее начальником Соломона Исаевича Борисова-Лендермана. С осени 1936 г. он был начальником Уманского райотдела НКВД и по совместительству начальником Особого отдела ГУГБ НКВД 99-й стрелковой дивизии. Практически одновременно руководителем следственной работы по линии третьего отдела, ответственного за «польскую операцию», назначили Александра Сократовича Томина. Этот человек впоследствии заменит Борисова, который уедет в Комсомольск-на-Амуре, став начальником одного из лагерей ГУЛАГа. В 1938 г. Томин также покинет Умань, получив назначение начальником 3-го (контрразведывательного) отдела УГБ НКВД АМССР. Позднее он стал врид заместителя наркома внутренних дел Молдавии. Борисов и Томин были среди основных обвиняемых на втором и третьем судебных процессах над руководителями Уманского РО НКВД[5].

Следствие, проведенное сотрудниками НКВД СССР, выявило следующие нарушения «революционной законности» в Умани: необоснованные аресты, массовую фальсификацию следственных дел, в ходе которой для получения признательных показаний использовались избиения и пытки.

Согласно заключениям НКВД СССР, «для того, чтобы от арестованных быстрее получить показания, в помещении РО НКВД в комнате 21 под руководством Борисова и Томина была организована так называемая "лаборатория", работой которой ведал бывш. нач. Маньковского РО милиции Петров Г.Н., на эту так называемую "лабораторию" Борисовым и Томиным было возложено добиваться от арестованных признания о их якобы контрреволюционной деятельности, не останавливаясь ни перед какими жертвами. Несознавшихся арестованных почти не было. По указанию Борисова и Томина все арестованные подвергались первоначальному допросу в комнате 21. На допрос вызывали в комнату одновременно по 20–30 человек. Перед допросом Петров получал от Борисова и Томина списки арестованных, подлежавших допросу, в которых указывалось, какие показания должен дать тот или иной арестованный: кто его завербовал, в какую контрреволюционную организацию и кого он в свою очередь завербовал. Огласив предъявляемые к *(sic)* арестованному обвинения, Петров ставил вопрос: "кто будет писать показания, подними руку". Некоторые арестованные, боясь подвергнуться пыткам и издевательствам, писали собственноручные показания. К арестованным, не желавшим дать требуемых от них показаний, Петров с неоднократным участием Томина применяли физические меры: избивали, заставляли простаивать беспрерывно по 10–15 суток, устраивали так называемые "концерты", принуждали арестованных друг друга избивать, петь и танцевать, применяли метод так называемого "термометра" – вкладывали арестованному палку подмышку и заставляли держать, а затем избивали. Как следствие всех этих извращений, явился результат массовых ложных вымышленных показаний»[6]. Главным «помощником-лаборантом» в комнате № 21 был сотрудник органов госбезопасности Григорий Николаевич Петров, которого с указанными выше лицами судили на втором и третьем судебных процессах.

Далее в своих документах НКВД СССР обращался к еще одному из двух основных обвинений, а именно – нарушениям революционной законности, которые происходили в застенках расстрельных камер. В частности, указывалось, что Самуил Моисеевич Абрамович, начальник тюрьмы в Умани и третий из главных обвиняемых, руководил расстрельной командой: «Кроме грубого извращения в следственной работе, с санкции Борисова и Томина в бригаде по приведению приговоров в исполнение над осужденными, старшим которой являлся бывш. нач. Уманской тюрьмы Абрамович (арестован), имело место мародерство, хищение ценностей осужденных. Денежные суммы, подлежавших *(sic)* расстрелу, перед приведением приговоров в исполнение изымались Абрамовичем, которые присваивались им. Таким образом, было присвоено денег 42.485 руб. Из этих денег, с ведома Борисова и Томина, Абрамович неоднократно выдавал участникам бригады по 30–40 руб. Также неоднократно из этих денег Томин получал от Абрамовича крупные суммы для личного пользования. Ценное имущество осужденных, пальто, костюмы, сапоги и др. присваивались Абрамовичем, Щербиной и др. Особенно в этом отличался Щербина. Абрамович в присутствии Томина стволом револьвера из рта расстрелянных выбивал золотые челюсти, золотые зубы и различные протезы»[7].

Оставшиеся обвинения, по сравнению с названными выше, казались пустяковыми. Леонид Семенович Щербина (бывший оперуполномоченный Особого отдела ГУГБ НКВД 99-й стрелковой дивизии), который упоминался в связи с мародерством в расстрельных камерах, был к тому же обвинен в интимной связи с женой заключенного, а Томин – в нарушении процедуры обыска в тюрьме в Тирасполе. Абрамович в дополнение ко всему обвинялся в нарушении секретности расстрелов, а руководство Уманского РО НКВД – в смерти четырех заключенных от удушья по причине перенаселенности камер[8].

Шестым обвиняемым по «уманскому делу» проходил шофер местного НКВД, Николай Павлович Зудин, который «работал» преимущественно на расстрелах. Он также обвинялся в хищении имущества расстрелянных и, согласно официальному отчету, присвоил «не более 200 руб.», пять пар сапог, кожаный пиджак и три пары нижнего белья[9].

Так вкратце было представлено дело Уманского РО НКВД. В действительности, однако, оно было далеко не столь кратким и сухим, как это следовало из официальных обвинительных заключений. Потребовалось целых три судебных процесса, чтобы вынести окончательные обвинения. Первый процесс состоялся в июле 1939 года[10]. Его единственным обвиняемым был Абрамович, начальник тюрьмы и старший по приведению приговоров в исполнение. Хотя вина Абрамовича, судя по стенограмме судебного заседания, была очевидной, Военный трибунал войск НКВД Киевского особого военного округа отказался вынести приговор, отправив дело в военную прокуратуру для объединения его с делами Томина, Зудина и других[11]. Второй процесс – против Борисова, Томина, Абрамовича, Петрова, Зудина и Щербины – закончился вынесением обвинительных приговоров всем, кроме Зудина. Он был освобожден. Абрамович получил три года исправительно-трудовых лагерей, Томин – три года лишения свободы в «общих местах заключения», Борисов и Петров – два года лишения свободы условно, а Щербину суд приговорил к году принудительного труда по месту работы с отчислением 15 % его заработка[12]. Но вмешалась Военная Коллегия Верховного суда СССР, послав дело на пересмотр. В результате последнего, третьего по счету, судебного процесса все обвиняемые получили более суровое наказание. Борисов был приговорен к наиболее длительному заключению – восемь лет, Абрамович – к шести, Томин и Петров – к пяти, а Щербина и Зудин – к трем годам исправительно-трудовых лагерей[13].

В ходе судебного процесса обвиняемые документировано доказали роль не только руководителей областного, но и республиканского и всесоюзного НКВД в создании целостной системы, которая способствовала «нарушениям революционной законности» в Умани. Вначале Томин, особенно на первых допросах, уклонялся от показаний, но Борисов был откровенным и честным как на допросах, так и в показаниях на суде. Кроме того, свидетели и подсудимые, в том числе и Томин, поддержали Борисова, припомнив визиты руководителей областного управления, республиканского и всесоюзного НКВД в Умань, а также ряд приказов и поворотных моментов в развитии массовых репрессивных операций. Конечно, Борисов преследовал собственные интересы, переложив вину за «нарушения» на областное начальство. Но, делая это, он, похоже, представил правдивую картину массовых операций в Умани, где роль дирижера выполняло областное УНКВД. Эти факты суд проигнорировал.

Часть II

Соломон Борисов имел длительный стаж оперативного работника НКВД. Родился в 1899 г. в Киеве в семье портного-еврея. Проучившись всего несколько лет в школе, до революции 1917 г. работал портным по найму. Проучившись всего несколько лет в школе, работал портным по найму до революции 1917 г. Вступив в 1919 г. в Красную Армию, участвовал в боях, затем получил назначение в ЧК. В 1928 г. вступил в партию большевиков. С осени 1936 г. занимал пост начальника районного отдела НКВД в Умани, где проживал с женой и сыном-подростком. Как уже указывалось, уехал из Умани в феврале 1938 г. в связи с назначением на Дальний Восток начальником Ново-Тамбовского исправительно-трудового лагеря в Комсомольске-на-Амуре. В этом городе его и арестовали в октябре 1939 года[14].

По словам Борисова, все началось в июле 1937 года, когда Москва издала приказ о проведении массовой операции. Тогда же Исай Яковлевич Бабич (1902–1948) прибыл в Умань с заданием создать межрайонную оперативно-следственную группу для борьбы с «контрреволюцией»[15]. До своего приезда в Умань Бабич, сын еврея-сапожника, получивший лишь начальное образование, был высоким чином в УНКВД Киева и Одессы[16]. Прибыв в Умань, он созвал оперативное совещание личного состава для обсуждения предстоящих задач. По словам Бабича, политика бывшего главы НКВД Генриха Ягоды в отношении врагов народа – так называемая «ягодовщина» – «зажимала инициативу чекистского аппарата» и «либерально относилась к арестованным». Времена, однако, изменились. Бабич поведал своим слушателям, что в «предвоенный период», который переживал Советский Союз, необходимо всячески искоренять либерализм. Если потребуется, продолжал он, следователи НКВД должны кричать, оскорблять и делать все возможное для уничтожения контрреволюции[17]. Парторг Уманского РО НКВД Антон Андронович Данилов скажет позже, что «с приездом Бабича тон следователей к арестованным стал хуже, чем было до него»[18].

Бабич запустил маховик массовых репрессивных операций в Умани. Он организовал и в течение двух месяцев направлял деятельность межрайонной оперативно-следственной группы. В состав группы входили в общей сложности 70 человек, включая начальников районных отделений милиции, а также около сорока курсантов киевской межкраевой школы Управления государственной безопасности НКВД. В конце лета 1937 г. Бабича отозвали в Киев. С ним уехал и Борисов. Уже в Киеве Николай Давыдович Шаров, начальник УНКВД по Киевской области, сказал Борисову, что отныне он, Борисов, будет руководить межрайонной группой в Умани[19]. По словам Борисова, Лев Иосифович Рейхман (1901–1940), в то время заместитель начальника областного УНКВД в Киеве, приказал ему усилить нажим и, если необходимо, выбивать признания из арестованных по соглашению с вышестоящими органами[20]. Борисов вспоминал: «Когда я это услышал, я остолбенел и, приехав в Умань, никому ни слова об этом не сказал»[21].

Перед тем как Борисов уехал из Киева обратно в Умань, Шаров приказал ему: «Я оставляю у вас Томина и будете с ним разрешать все необходимые вопросы»[22]. Томин, в то время лейтенант государственной безопасности, родился в 1901 г. в Киеве в украинской семье. Как и Борисов, Томин воевал в Красной Армии и оставался на военной службе до 1924 г. После войны он закончил Коммунистический университет имени Артема в Харькове[23], получив, по его словам, «высшее политическое образование». На работу в НКВД он пришел в 1931 г. Хотя у него была семья, жена и четверо детей, Томин жил отдельно от них. Как и многие другие сотрудники Уманского РО НКВД, по причине частых служебных переводов и местных трудностей с жильем, он проживал в гостинице. Томин находился в Умани примерно с мая 1937 г. и был тесно связан с Бабичем. Хотя впоследствии Томин будет отрицать это, Борисов был уверен, что именно Томин являлся представителем областного УНКВД в Умани. Томин руководил следственной работой важного третьего отдела, который занимался «польской операцией». По словам Борисова, этот отдел «фактически был филиалом» УНКВД Киевской области[24]. С точки зрения Борисова, именно Томин являлся настоящим руководителем операций в Умани. По словам Борисова, «Томин себя вел так, как ему самому захочется. На работу приходил, когда захочет, и уходил, когда он считал для себя удобным. Кроме того, он вмешивался буквально во все дела группы, часто бывал в Киеве». Во время допросов Борисов сказал следователю, что Томин «"подгонял" его, что задание Томина в Умани состояло в том, чтобы форсировать следственную работу»[25].

Борисов также припомнил и другие случаи вмешательства свыше. В один из декабрьских дней 1937 г. в Умань прибыло пять или шесть машин. Он не мог поверить своим глазам, когда из машин вышли высокопоставленные чины НКВД из Москвы и Киева: И.М. Леплевский (1896–1938) и М.П. Фриновский (1898–1940)[26]. По словам Борисова, «в эти два дня, что они здесь были, тут была целая свистопляска». Понаблюдав за работой Уманского РО НКВД, прибывшие высокие чины заключили, «что так работать нельзя». Затем «взяли в работу» одного арестованного, «шпиона», и избили его. «Они его ругали такой руганью, что я подобной ругани в жизни нигде не слышал», – рассказывал Борисов. Ночью, сидя в кабинете Борисова, Фриновский и Леплевский говорили о том, что «нужно нажать» и что, «если в комнате у следователя – шум, то значит он – хороший работник»[27].

Рейхман тоже побывал в Умани[28]. Борисов утверждал, что Рейхман приезжал, потому что он, Борисов, не смог добыть показаний у некоего Доброховского, который, предположительно, был ключевой фигурой в одном из следственных дел. В Умани Рейхман созвал совещание сотрудников местного РО НКВД, где буквально набросился на Борисова и парторга Данилова, угрожая им арестом, если они не будут применять методы давления на заключенных[29].

Борисов назвал приезжавших высокопоставленных сотрудников НКВД «гастролерами». Он утверждал, что если в Умани и были случаи физического воздействия на арестованных, то это был результат пагубного влияния этих самых «гастролеров»[30]. Этот чекист заявил, что всегда запрещал своим сотрудникам использовать физическую силу в работе с заключенными. Это подтвердили другие свидетели на судебном процессе по делу Уманского РО НКВД. Даже Томин и Петров позже отрицали, что Борисов когда-либо приказывал избивать заключенных[31].

Но проведение массовых репрессивных операций делало неизбежным применение физического насилия. В момент пика террора в Умани в «разработке» органов госбезопасности находилось не менее 2 500 заключенных, по каждому из которых требовалось составить определенное количество документов, включая подписанные признательные показания. По одной лишь «польской операции» Шаров требовал провести тысячу арестов. Борисов должен был ежедневно звонить по телефону в Киев и докладывать об «уманских достижениях»[32]. «Телеграммы, звонки из Киева не давали возможности нормально работать», – вспоминал Борисов[33]. В какой-то момент сотрудникам Уманского РО НКВД даже пришлось «позаимствовать» заключенных из другого района, чтобы выполнить свою разнарядку на аресты[34].

Комната № 21, известная среди местных чекистов как «лаборатория», появилась именно для того, чтобы справиться со шквалом арестов. Это был «полигон» массового добывания признательных показаний, просуществовавший примерно с ноября до 5–6 декабря 1937 г. Хотя Борисов утверждал, что он специально не создавал комнату № 21, а Томин доказывал, что комната № 21 возникла «стихийно», факты указывают, что, очевидно, Томин организовал и возглавил «лабораторию» – возможно, под прямым влиянием Шарова. Борисов назначил несколько милицейских начальников в отдел Томина в качестве помощников следователей, потому что милиционеры, будучи малограмотными, не годились для других заданий. Они были не в состоянии справиться с бумажной работой, выполняемой следователями. Томин использовал некоторых из них в качестве «ассистентов-лаборантов»[35].

Главным среди этих милиционеров был Петров. Он родился в 1896 г. недалеко от города Купянска Харьковской области в рабочей украинской семье. Сначала служил солдатом в царской армии, а затем воевал в Красной Армии. Вступил в партию большевиков в 1928 г., когда начал работать в милиции. К 1935 г. он дослужился до начальника милиции Маньковского района, откуда в августе 1937 г. был мобилизован на проведение массовых операций в Умани[36].

Комната № 21 служила для предварительной обработки арестованных, в ходе которой проходил отбор тех, кто сразу или вскоре после применения силы соглашался подписать ложные признательные показания, а также отказавшихся клеветать на себя. В комнате стоял длинный стол, на котором были разбросаны карандаши и бланки документов. Стульев хватало, чтобы посадить лишь часть арестованных. Петров обычно начинал с того, что просил поднять руки тех, кто признавал себя виновным. Тем, кто соглашался «быть виновным», задавали несколько общих вопросов, а затем передавали следователям для индивидуального полномасштабного допроса. Тех, кто не признавал вину, унижали, избивали, наказывали долгим изнурительным стоянием[37].

Петров изворачивался, давая показания на допросах и двух судебных процессах. Он то утверждал, что Борисов и Томин не давали ему указаний избивать заключенных, и отрицал, что он кого-либо избивал, то соглашался – избивал, но не «систематически». В конце концов Петров признался в избиениях, объяснив, что ему «не давали указаний бить арестованных, но говорили, что надо дать 100 признаний в день»[38].

Борисов показал, что единственной целью «лаборатории» было получать признательные показания с применением физической силы, если это было необходимо[39]. Он не отрицал, что знал о том, что происходило в комнате № 21, но утверждал, что был удивлен, когда услышал, что Петров получает так много признательных показаний. Поэтому спросил у Томина, не связано ли это с каким-то «художеством», а тот ответил: «Ведь Вы же знаете, что я – сильный человек, и, если ударил бы, то убил бы человека; мне достаточно только накричать на арестованного»[40]. Это означало, что «нарушений» в следственной работе не происходило. Кроме этого, Борисов заявил, что Томин не допускал его к проведению допросов.

Конечно, Борисов был хорошо осведомлен о расстрелах. По приказу областного УНКВД именно он организовал местную расстрельную команду. Это была группа, состоявшая по крайней мере из семи человек, включая шофера НКВД, фельдъегеря и вахтера, которые помогали милиционерам[41]. Борисов назначил начальника тюрьмы Абрамовича старшим по приведению приговоров в исполнение. Этот человек, как и Борисов, был сыном еврея-портного. Родился в 1903 г. в Харькове, служил в Красной Армии с 1923 г. до назначения в ГПУ УССР в 1926 г. Членом коммунистической партии стал в 1930 г. Он был женат, имел двух детей. Известно, что страстно любил автомобили[42]. По его словам, согласился на эту работу из чувства «партийного долга»[43].

Расстрелы групп, в общей сложности около сорока человек, проходили каждую ночь в трех подвальных комнатах Уманского РО НКВД, располагавшихся под клубом[44]. В первой комнате Борисов проверял фотографии и другие документы, удостоверявшие личность приговоренных к смерти. Во второй комнате Абрамович обыскивал заключенных под предлогом, что они должны идти в баню перед отправкой в исправительно-трудовой лагерь. Ни один из смертников не знал о своей судьбе до самого последнего момента. В третьей комнате их расстреливали[45]. Шофер НКВД Зудин заводил мотор своей машины во дворе, чтобы заглушить звук выстрелов. После экзекуции Зудин и Абрамович вывозили трупы, скрытые под брезентом в кузовах машин, к месту захоронения[46].

Вначале трупы хоронили в одежде. По словам Борисова, не было никаких инструкций о том, что делать с деньгами и другим имуществом расстрелянных. Когда Абрамович предупредил Борисова, что члены расстрельной команды роются в карманах у мертвых, тот приказал Абрамовичу прекратить мародерство. Но через несколько дней, находясь в Киеве, он поинтересовался у Шарова, что делать с имуществом расстрелянных. Шаров дал разрешение членам расстрельной команды «в связи с тяжестью этой работы» делить имущество убитых между собой[47]. После этого осужденных перед расстрелом стали заставлять раздеваться, якобы для бани, а после экзекуции члены расстрельной команды делили деньги и вещи.

Подобные действия продолжались до тех пор, пока жена одного из расстрелянных не сообщила о том, что увидела одежду убитого мужа в продаже на местном базаре. Борисов утверждал, что после этого он немедленно прекратил такую практику. Вскоре приехала комиссия административно-хозяйственного отдела областного УНКВД, возглавляемая неким Мищенко, который приказал Борисову вернуть имущество расстрелянных, а все вещи «порубить и закопать». Краденое было собрано, «уничтожено и предано земле»[48].

Борисов знал, что творилось в Умани, но, по его словам, всем «заправлял Томин». В ходе суда он без конца доказывал, что уважал революционную законность, за исключением нескольких незначительных случаев никого не избивал и на оперативных собраниях неоднократно предупреждал не использовать физическую силу. Однако в конце концов Борисов признал, что в существовавших обстоятельствах смирился с реалиями массовых операций. На суде он сказал: «Если бы я активно выступал против тех методов следствия [...] то меня уже давно не было бы в живых»[49]. Он утверждал, что принимал «все необходимые меры для соблюдения ревзаконности», но не мог отдать под суд ни одного чекиста, нарушавшего закон, так как его самого бы «по обстановке того времени могли предать суду за контрреволюционный саботаж»[50]. Это было правдой.

Его версия событий перекладывала ответственность за создание условий для «нарушения революционной законности» в Умани на вышестоящее руководство и его представителя – Томина. Большинство свидетелей подтвердили его показания. Тем не менее, несмотря на детальность и четкость версии событий в изложении Борисова, она не раскрывает *всей* истории. Вновь необходимо расширить рамки повествования, на сей раз привнеся в него показания ряда ключевых свидетелей. В этом случае станет очевидно, что «местные художества» в сочетании с приказами сверху привели в Умани к созданию ужасных обстоятельств осуществления массовых репрессий.

Часть III

Как во время досудебного разбирательства, так и в своих показаниях на суде свидетели признавали широкое распространение нарушений в работе Уманского РО НКВД. Тем не менее, свидетели из числа следователей НКВД, как правило, отрицали свою собственную причастность к этим нарушениям. Многие представили дополнительные свидетельства в поддержку заявлений Борисова о том, что областное УНКВД создало условия для нарушений. Отдельные чекисты дали свидетельские показания о «художествах», творившихся в комнате № 21. Зато свидетельства по вопросу разграбления имущества во время расстрелов вылились в споры, обвинения в давлении на свидетелей и ложь. Возможно, самые нелицеприятные показания касались разложения расстрельной команды. Именно в этих показаниях можно увидеть, каким образом приказы, поступавшие сверху, соотносились с настроениями сотрудников местного РО НКВД.

Парторг Уманского РО НКВД Данилов (родился в 1906 г.) в 1937 г. работал оперуполномоченным в Умани. Он представил некоторые из наиболее убедительных доказательств ключевой роли сотрудников областного УНКВД в «установлении параметров» террора в Умани. Именно Данилов дал показания о том, как Бабич изменил «тон» в практике Уманского РО НКВД[51]. Данилов также представил важные свидетельства, подтверждавшие показания Борисова о роли Рейхмана. Во время третьего судебного процесса Данилов заявил: «На оперативном совещании Рейхман на меня кричал за то, что я либеральничаю с арестованными [...] тогда же от Рейхмана попало и Борисову тоже. Рейхман меня довел до плача, он меня ругал и угрожал, говоря, что надо будет ко мне присмотреться, и я вынужден был ему пообещать, что изменю методы своей работы»[52].

По словам Данилова, после этого совещания стало ясно, что «Томин начал задавать тон в работе»[53]. Данилов также утверждал, что положение в областном УНКВД было «еще хуже», чем в Умани, и главное, что была «прямая установка» из областного УНКВД бить арестованных[54]. Он припомнил, что сам Борисов не давал указаний применять пытки, «шепотом говорил, что надо позвонить в Киев в УНКВД и получить санкцию»[55]. Наконец, этот сотрудник решительно свидетельствовал, что Борисов был против применения силы в добывании показаний, но находился под сильным давлением Шарова и Рейхмана[56].

Данилов утверждал, что он никогда не был в комнате № 21, но
от других следователей слышал о ее существовании и избиениях
в ней[57]. Периодически он присутствовал на расстрелах. Он припомнил переполох в кабинете Борисова, когда они узнали, что
жена члена расстрельной команды Кравченко продает на базаре
одежду расстрелянных. Позже, когда он говорил об этом с Борисовым, тот сказал, что «якобы имеется какая-то договоренность с
областью», что лучше пусть члены расстрельной команды берут
вещи себе, «чем чтобы все это шло в землю», мотивируя это решение тем, что работа у них «очень адская». Данилов также
вспомнил, что Абрамович и другие исполнители расстрельных
приговоров жаловались на плохое поведение Щербины и его ссоры
с Абрамовичем. В целом, однако, Данилов не мог сказать ничего
отрицательного об Абрамовиче и утверждал, что никогда не видел его пьяным[58].

Другой свидетель, Борис Наумович Нейман, по большей части
подтвердил то, что Данилов сказал о Борисове, но имел совершенно другое мнение об Абрамовиче. Родившийся в 1907 г.,
Нейман работал в Уманском РО НКВД с середины октября до
конца декабря 1937 г., а затем с 13 марта 1938 г. и до конца апреля
1939 г. Ранее он занимал должность следователя транспортной
прокуратуры станции Христиновка. Его работа в Умани состояла
в том, чтобы писать обвинительные заключения и подшивать дела[59].

Нейман заявил суду, что он слышал от других сотрудников
НКВД, что ответственность за организацию комнаты № 21 несет
Шаров. Более того, работники областного УНКВД Роголь, Шар-
бурин и Рейхман посещали «лабораторию» и были хорошо осведомлены о том, что там происходит[60]. Нейман также утверждал,
что ему «приходилось лично слышать категорическое запреще-
ние Борисова бить арестованных»[61]. Показания Неймана о расстрелах были основаны на его личном присутствии в расстрельных камерах, хотя Абрамович утверждал, что он выгнал Неймана
оттуда из-за угрозы рикошета пуль[62]. Нейман, однако, смог описать процедуру расстрела, отметив, что работа Борисова состояла
в том, чтобы проверять удостоверения личности осужденных, сообщать им о том, что их готовят к транспортировке. Затем он
должен был уйти. После ухода Борисова осужденные по одному
шли к Абрамовичу, который забирал у них деньги в обмен на
квитанции. Только после этого заключенных расстреливали[63].

Нейман утверждал, что вначале он думал, что деньги осужденных отдавали государству, а их имущество закапывали. Позже,

однако, он оказался в кабинете Борисова в тот момент, когда тот отчитывал членов расстрельной команды Кравченко и Карпова за то, что они допустили продажу вещей расстрелянных на базаре. Именно тогда Нейман, по его словам, обнаружил, что расстрельная команда делила краденное. Нейман также сказал, что видел, как Абрамович выбил золотые зубы у расстрелянного и утверждал, что якобы написал об этом случае в донесении Н.Н. Федорову – начальнику областного УНКВД с 28 февраля по 28 марта 1938 г. Он добавил, что Абрамович присвоил шинель некоего Соболя, бывшего начальника Монастырищенского районного отделения НКВД, после того, как Соболь был расстрелян, и уже на следующий день после расстрела ее носил[64]. Абрамович в ответ назвал показания Неймана «вымышленными» и утверждал, что Григорий Пименович Сагалаев, занимавший с августа 1938 г. пост начальника Уманского РО НКВД, сговорился с Нейманом, чтобы «угробить» Абрамовича[65]. Позже Абрамович утверждал, что Нейман возненавидел его после того, как он выгнал Неймана из расстрельной камеры[66].

Вопрос о выбивании золотых зубов у расстрелянных не раз возникал во время всех трех судебных процессов. Член расстрельной команды Емельян Федорович Кравченко, он же охранник уманской тюрьмы, чья жена, предположительно, продавала вещи на базаре, на втором судебном процессе показал: «Перед исполнением приговоров у арестованных отбиралась одежда, из коей: плохая одежда уничтожалась, а лучшую одежду брал себе Абрамович, частично раздавал он одежду и сотрудникам – участникам его бригады». Кравченко также подтвердил, что видел, как Абрамович выбивал золотые зубы[67]. В ответ Абрамович вновь обвинил Сагалаева в том, что он заставил Кравченко дать ложное показание[68]. Член расстрельной команды Петр Михайлович Верещук, фельдъегерь Уманского РО НКВД, подтвердил, что Абрамович брал лучшее себе и что он выбивал золотые зубы. Он утверждал, что Сагалаев сказал ему и Кравченко только то, что они должны давать показания, но что именно говорить, он им не указывал[69]. Два других члена расстрельной команды, которые давали показания только на первом судебном процессе, Григорий Константинович Блинкин и Степан Николаевич Пиванов, утверждали, что не видели, как Абрамович выбивал золотые зубы. Блинкин добавил, что расстрелы были подобны конвейеру, и «не было даже минуты свободной, чтобы заниматься извлечением золотых зубов у осужденных», на что Кравченко возразил, что «можно было найти время, несмотря на то, что все очень были заняты»[70].

Шофер Зудин также «работал» на расстрелах. На первом судебном процессе, когда он еще не был обвиняемым, Зудин утверждал, что Абрамович забрал ни много ни мало 200 золотых зубов. Он также обвинил Абрамовича в том, что тот заставлял его возить мешки с одеждой на квартиру Абрамовича[71]. На втором и третьем судебных процессах, где Зудин уже был подсудимым, он изменил свои показания, сказав, что никогда не видел, чтобы Абрамович выбивал золотые зубы[72]. Зудин объяснил, что это Сагалаев заставил его лжесвидетельствовать против Абрамовича[73].

Возможно, еще более показательным для понимания «теневой экономики» преступного мира сотрудников НКВД, чем вопрос о золотых зубах, было отношение к вещам расстрелянных. Сотрудник Тихон Семенович Калачевский, выходец из крестьянской семьи, который был допрошен, вероятно, перед первым судебным процессом, но не давал показаний на суде, сказал: «Необходимо отметить, что в то время в оперследгруппе было создано мнение о том, что приведение в исполнение приговоров – это тяжелая работа, и, если участники этого берут вещи, то нет ничего страшного, что они, мол, заслуживают этого». Калачевский был потрясен, когда увидел Абрамовича в шинели расстрелянного Соболя на второй или третий день после его казни[74]. По словам Калачевского, он осуждал подобное воровство и поднял этот вопрос у Борисова, на что тот ответил, что областное УНКВД дало понять ему и Данилову, который, похоже, тоже был расстроен этими действиями, что это нормальная практика. Похоже, областное УНКВД разделяло мнение уманских сотрудников, считая, что, выполняя «трудную работу», они имели право присваивать имущество расстрелянных[75].

Из показаний Неймана ясно, что расстрелов ждали с нетерпением. На одном из своих ранних допросов Нейман вспомнил случай, произошедший в декабре 1937 г., когда во время расстрелов отключили электричество. Он попросил шофера Зудина немедленно отвезти его на электростанцию, но тот ответил, что отвезет его позже, а то у него «пропадет запал». На вопрос Неймана, что такое «запал»[76], Зудин объяснил, что это полагающаяся ему «при разделении Абрамовичем часть денег, отобранных при расстрелах у осужденных»[77].

Еще один вопрос, который вызвал разногласия на суде, касался роли Томина и «запала». В своих показаниях Томин утверждал, что только трижды участвовал в расстрелах. Он указал, что Роголь, бывший начальник третьего отдела областного УНКВД, запретил ему туда ходить, так как это негативно сказывалось на следовательской работе. Тем не менее, по собственному признанию, он продолжал время от времени на несколько минут заходить в расстрельные камеры[78]. Этот чекист заявил: «Я лично от Абрамовича ни одной вещи и ни одной копейки денег [...] не получил»[79]. Он припомнил, что члены расстрельной команды вели «нездоровые разговоры» о дележе имущества расстрелянных, и смысл разговоров, в особенности слов Зудина, состоял в том, что «они много работают, но не получают» материального поощрения[80]. Томин придерживался этих показаний в ходе двух судебных процессов.

Шофер Зудин сказал следователю, что Томин и Борисов иногда заходили в комнаты для расстрела. Однако в их присутствии Абрамович не заставлял осужденных раздеваться и не забирал их вещи[81]. Нейман показал, что Борисов и Томин приходили на расстрелы и даже видели, как Абрамович выбивал золотые зубы[82]. Абрамович же на первом судебном процессе утверждал, что Томин и Данилов получали свою долю добычи, но изменил свои показания на втором процессе, не сумев вспомнить, получал ли Томин что-то из ворованного[83]. В конце первого процесса Военный трибунал пришел к заключению, что Томин знал о преступлениях Абрамовича, и поэтому постановил расширить следственное дело[84]. К концу второго процесса Военный трибунал заключил, что не было достаточных доказательств грабежа во время расстрелов[85]. Вполне вероятно, что именно это заключение заставило Москву вмешаться и потребовать провести третье судебное разбирательство.

Свидетели обвинили Томина также в перенаселенности тюремных камер, что привело к смерти четырех заключенных. Следователь Уманского РО НКВД Иван Андреевич Мышко свидетельствовал, что ему было «известно со слов сотрудников НКВД» о тюремном режиме, о перегруженности камер и отсутствии воздуха[86]. Вряд ли Томин сознательно создавал эти смертоносные ловушки. Перенаселенность тюрьмы была общеизвестным фактом и достигла кризисного состояния при наличии 2,5 тыс. человек в здании, рассчитанном только на 400–450 заключенных[87]. Томин утверждал на суде, что он не помнит случаев смерти от перенаселенности камер. Борисов согласился с тем, что, возможно, Томин мог и не знать об этом, но утверждал: перенаселенность камер в «коронном владении» Томина, третьем отделе, была связана с тем, что в разработке было слишком много дел. В то же время Борисов подтвердил, что он как начальник Уманского РО НКВД нес за это полную ответственность[88].

Начальник санчасти уманской тюрьмы Соломон Наумович Гольденштейн служил источником самой надежной информации о том, что творилось в тех камерах: «Не помню когда, меня вызвал Абрамович в НКВД. Когда я туда прибыл, я застал следующую картину: 4–5 человек заключенных лежали голые, 2 или 3 из них уже были мертвы, а двух приводили в чувство путем искусственного дыхания. Мне предложили отправиться в КПЗ, где я увидел, что содержавшиеся там арестованные задыхались от перегрева воздуха. Всем потерпевшим мною была оказана медицинская помощь. Один из задохнувшихся арестованных ожил, но впоследствии умер уже от другой болезни». В продолжение Гольденштейн сказал, что у него нет информации о четырех арестованных, умерших от удушья, потому что их не доставили в тюремную санчасть, где обычно оформлялась документация. Далее начальник санчасти показал, что в то время он не рекомендовал проводить вскрытие в тех случаях, когда смерть наступила от удушья[89].

Александр Михайлович Лебедев (47 лет) был врачом в уманской тюрьме. Он проводил вскрытия трупов. Хотя ему нечего было сказать конкретно о случаях удушья, он свидетельствовал, что при трупах, которые доставляли ему, не имелось документальных объяснений обстоятельств их смерти. Когда он спросил Борисова об этом упущении, тот ответил, что это «неважно», и Лебедев понял: об этом расспрашивать не следует[90]. Он знал – некоторые заключенные были убиты, но писать об истинных причинах смерти нельзя. На процессе врач недоумевал, зачем вообще было делать вскрытие, заявляя: «Цель вскрытия этих трупов мне не известна». Он боялся, что будет арестован, если назовет убийство убийством, хотя и вполне сознавал, что такая позиция «является сделкой с совестью»[91]. Лебедев и без приказов из области хорошо понимал, что следует и чего не следует делать.

Показания пострадавших на суде были немногочисленны, за исключением тех, что касались работы Томина в Тирасполе, где он впоследствии служил заместителем наркома молдавского НКВД. Тем не менее среди жертв были те, кто, пройдя комнату № 21, выжил и дал показания или написал жалобы в вышестоящие инстанции. Перед тем как обратиться к ним, полезно отметить, что стало первым сигналом о нарушениях в Умани. Курсант, мобилизованный в Умань из школы НКВД в Киеве, послал заявление прямо в «Правду». Он писал: «В школе, где учили нас вежливому обращению с людьми и арестованными, и чекистской выдержке, и ловкости в следствии *(sic)*. В практике оказалось противоположное, и мы, курсанты, этим были поражены, сочли свою учебу напрасной и лишней [...] Томин сказал, что наши курсовые знания отстали от практики, здесь вам придется изменить их и при допросах применять физические методы воздействия»[92].

Не ясно, был ли этот сигнал напрямую связан с началом судебного разбирательства по делу Уманского РО НКВД, но заявление курсанта оказалось среди документов, и следователи, которые допрашивали бывших уманских начальников, ссылались на конкретные факты, изложенные в этом заявлении[93].

Поступали и другие сигналы. Они шли от пострадавших в Комиссию советского контроля при СНК СССР[94], Политбюро ЦК ВКП(б) и ЦК КП(б)У, НКВД, адресовались уманскому и всесоюзному прокурорам, рассказывая о пережитой несправедливости. В общей сложности в уманском деле сохранилось восемь подобных писем и заявлений. Бывший председатель сельсовета Даниил Алимпиевич Деликатный 24 мая 1939 г. написал в комиссию советского контроля из пермского лагеря. Он утверждал, что два якобы «кулака» превратились из обвиняемых в разоблачителей. Они ложно обвинили Деликатного и все сельское руководство в принадлежности к контрреволюционной повстанческой организации. Его арестовали 15 апреля 1938 г. и на следующий день доставили в Уманский РО НКВД. Оказавшись в комнате № 21, он отрицал все обвинения, за что его заставили стоять пять дней подряд. На шестой день Петров избил его и сказал, что если Деликатный хочет жить, он должен признать обвинения. Этот сотрудник объяснил, что именно нужно написать. После этого Деликатного отправили к следователю, который написал признательные показания и заставил их подписать: «Я, боясь избиений, еще подписал, не зная что». Далее бывший арестованный сообщил: «До этого времени я никогда в жизни не мог себе представить, что при Советской власти могут происходить допросы в таких условиях»[95].

31 января 1939 г. Евгений Филиппович Зайончковский написал Сталину из лагеря в Карелии. Он рассказал, что происходило в печально известной комнате № 21, где практика групповых пыток прикрывалась эвфемизмами: «езда к Гитлеру», «езда в Польшу», «качание керосина», а заключенных заставляли избивать арестованных. Он сообщил Сталину, что в Умани массовые беспочвенные аресты совершались без санкции прокурора. В част-

ности, он упомянул Томина и Петрова. Братья Зайончковского в январе 1939 г. тоже послали жалобы в Политбюро ЦК КП(б)У и прокурору УССР[96].

Иван Григорьевич Кондратко 4 июня 1938 г. написал в НКВД СССР, рассказав о пережитом в Умани. Следователь Белый пытал его «методом парашюта», при котором: «садят на конец высокой скамейки, вытягивают ноги, и руки ложат *(sic)* на колени, после чего у меня выбивают скамейку»[97]. Аврумберг Мошкович Клейтман подал «заявление-жалобу» прокурору Украины. Он писал: «Меня 25 раз вызывали на допрос, и каждый раз меня били до полусмерти». Клейтман отказался подписать ложное признание, потому что считал себя «честным гражданином». Он отмечал, что следователь, Владимир Семенович Крикленко, заставлял «молиться богу по-еврейски, давши мне две свечи в руки и револьвер до рта, он же заставил меня ехать в Польшу и лил мне холодную воду в затылок». Крикленко угрожал семье Клейтмана, в частности его пятнадцатилетней дочери. Когда Клейтман писал письмо, он был уже на свободе, но не смог примириться с клеветой и пытками, которым он подвергался[98].

Заключенный «Федя», учитель математики, в письме жене попросил ее найти в Киеве управу на мучителей. Одним из главных героев его истории был Петров. «Мне приходилось, – писал "Федя", – видеть людей, вышедших с допроса черными от побоев». Он описал условия своего пребывания в камере, где находилось 42 человека: «Это небольшая комната, не больше нашей кухни, без окон, с маленьким отверстием в двери». «Федя» отказывался лжесвидетельствовать против себя, но после того как с 20 до 28 июля 1938 г. его допрашивали каждую ночь до шести часов утра, он подписал признание, хотя потом мучился от того, что ему пришлось врать[99].

Сидор Викторович Когут проходил свидетелем на втором и третьем судебных процессах. Когуту было тридцать лет, он работал в сельской кооперации. 24 апреля 1938 г. после ареста его привезли в Умань и немедленно доставили в «лабораторию». Там он увидел пьяного Петрова и 15–18 заключенных. Петров ударил его в ухо, а когда Когут заявил, что у него нет на это права, Петров избил его и бросил в камеру. В результате избиений Когут оглох. Он объяснил, что «"качать керосин" это значит беспрерывно делать приседания, а "айда до Гитлера в гости" это значит, что заставлял на четвереньках ездить, и я ездил» *(sic)*. Когут также показал, что Петров бил заключенных палкой, в том числе и самого Когута[100].

Когут был единственным уманским потерпевшим, непосредственно свидетельствовавшим на суде, но двое других дали показания на допросах. М.И. Смерчинский заявил, что его силой заставили признаться в принадлежности к контрреволюционной организации. Он описал свои мучения: «Мне приходилось наблюдать так званные *(sic)* "концерты". Заключались они в том, что арестованные друг друга избивали, по предложению следователя – танцевали, пели. Руководил этими концертами Фомин, Петров, Томин, Куратов. Помню, директор уманской школы Козак 16 суток стоял, опух, его жестоко избил Куратов […]. Лично слыхал, как из комнаты, где были арестованные старики-евреи, вызванные на допрос, слышались песни еврейские и пляски. Арестованный старик-еврей Штраус говорил мне, что их заставляли петь и танцевать»[101].

Во время следствия был также допрошен Дмитрий Ефимович Дубиняк, которого в комнате № 21 пытал Петров. Дубиняк описал порядки в «лаборатории». Он вспомнил, что Петров и следователь Чумак по очереди «заправляли там делами», причем Чумак был пьян. Дубиняк отказался подписать признательные показания и в конце концов был освобожден[102].

Среди других потерпевших, давших показания, были женщины, которых в Тирасполе обыскивал Томин, заставляя раздеваться догола. Главным свидетелем была Лидия Иосифовна Павлик, экономист и жена бывшего сотрудника НКВД в Тирасполе. Ее и мужа арестовали. В камере, где содержали Лидию Павлик, находилось еще 25 женщин. 10 ноября 1938 г. туда зашел Томин в сопровождении начальника тюрьмы и других сотрудников НКВД. По слова Павлик, обыск был проведен с нарушением всех правил. Томин заставил женщин полностью раздеться. Когда некоторые из женщин стали протестовать, он заявил: «Не стесняйтесь, ведь вы в кабинете врача раздеваетесь». Другая свидетельница, Любовь Владимировна Стаценко, бухгалтер из Одессы, также запомнила этот обыск. Она говорила, что заключенная А.Н. Варварецкая протестовала, отказавшись раздеться в присутствии мужчин. Томин обматерил Варварецкую и заставил ее снять бюстгальтер и нижнее белье. Софья Моисеевна Пикгольц, врач по профессии, также запомнила протест Варварецкой. Она сама протестовала против действий Томина, который кричал на нее: «Что же ты, б…, не хочешь раздеваться! Снять рубашку!» Также она рассказала: «Я стояла абсолютно голой, а надзиратель Ангелуша ощупывала грудь, тело и половой орган». Когда она отказалась разрешить Ангелуше проверить влагалище, Томин пригрозил бросить ее в карцер. Сама Ангелуша вначале «забыла» об этом обыске, однако затем, на повторных допросах, призналась. Она служила надзирательницей с 1932 г. Вместе с другой более молодой надзирательницей, Натальей Моисеевной Спогушевой, она подтвердила показания пострадавших женщин и призналась, что ранее обыски с раздеванием догола никогда не проходили в присутствии мужчин[103]. Томин позднее высказал сожаление, что «не знал» правила проведения обысков женщин[104].

Действия Томина в Тирасполе были продолжением беззаконий, творившихся в Умани. Там они не ограничились стенами Уманского РО НКВД. Томин проживал в городской гостинице, где он часто развлекал Абрамовича, Щербину и других сотрудников НКВД, которые, по словам заведующей гостиницей Елены Александровны Соболевой (возраст 24 года), там выпивали. Она сказала, что Абрамович был особенно неприятным, все время что-то требовал и придирался. Когда она призвала Абрамовича к ответу за сломанный телефон, тот сильно ударил ее по лицу. Она пожаловалась на это Борисову и лишилась работы. Соболева также показала, что Щербина приходил в гостиницу, чтобы переспать с некоей А., чей муж был арестован[105]. Софья Мефодиевна Морозенко жила в одном доме с А., которая ей призналась, что Щербина «хочет за ней ухаживать» и что он передавал записки ее мужу в тюрьму[106].

Внештатные ночные развлечения сотрудников НКВД, вероятно, стали причиной того, что, как утверждал следователь Мышко, весь город знал, что творится в уманском застенке[107]. Пьяное беспутство в местной гостинице, продажа на базаре вещей расстрелянных, принуждение женщин к сожительству – все это тоже были проявления террора.

Часть IV

Какие доводы в свое оправдание привели сами уманские подсудимые? И какие выводы о мотивах их поведения можно сделать на основании анализа их показаний? На первый вопрос ответить легче, чем на второй. Главным самооправданием действий подсудимых стало то, что историк Холокоста Рауль Хилберг назвал «доктриной приказов свыше» (the doctrine of superior orders)[108]. Подсудимые и многие свидетели доказывали, что вышестоящее областное НКВД, примером и приказом, создало условия для правонарушений и ошибок, совершенных в ходе массовых репрессий в Умани. Однако в Умани были вопросы и другого, второстепенного, значения. Кто руководил, Борисов или Томин? Кому именно и что именно было известно? В какой степени Петров был самоучкой в своих действиях в «лаборатории»? Что касается преступлений в ходе расстрелов, следствие муссировало проявления мародерства, хотя и в этом случае становится ясно, что областное руководство, разрешив расстрельной команде присваивать деньги и имущество расстрелянных, способствовало посмертным злодействам.

История Борисова ясна. Он отрицал свою вину, однако не отказался от ответственности за то, что творилось в подчиненном ему подразделении. В основном он утверждал, что Томин, как представитель области в Умани, оттеснил его от руководства. В частности Борисов заявил: «Я не был в состоянии бороться с Томином *(sic)* потому, что знал, что с этого ничего не получится, ибо руководство области и дальше на это реагировать не будет, только нарвешься на большие неприятности, вплоть до ареста и предания суду за срыв "оперативной" работы»[109]. Он утверждал, что неоднократно предупреждал своих сотрудников о недопустимости применения физического насилия. Все его подельники, как и многие свидетели, подтвердили его слова. Однако эта поддержка вполне могла быть обманчивым результатом круговой поруки, сложившейся под покровительством Борисова в Умани. Борисов заявил суду: «Ни один свидетель не показал, что я давал указания применять физметоды следствия»[110]. В своем последнем слове на втором судебном процессе Борисов сказал: «Я – старый оперативный работник, полжизни я отдал делу революции, анализируя настоящее дело и читая обвинительное заключение, я сам себя не узнаю. Обвинительное заключение не соответствует материалам дела»[111]. «Я сам – рабочий-швейник, – продолжал он, – отец мой тоже портной. С 1914 до 1919 года я работал по найму, и в 1919 году я бежал от мобилизации гетмана, поступил в Красную гвардию, затем был в Красной Армии, впоследствии перешел в органы ЧК и работал по день ареста. Я за все время своей работы ликвидировал очень много различных контрреволюционных группировок и банд. Я нахожусь под стражей уже 8 месяцев и осознал уже все. Прошу трибунал разобраться и возвратить меня в партию и семью трудящихся»[112].

Борисов просил о снисхождении, как и все его подельники. Но, в отличие от других, Борисов с самого начала признал, что так называемые «нарушения революционной законности» действительно были нарушением закона. Он видел все, что происходило. Он не оправдывал своих действий, а *объяснял* их страхом и тем, что Томин оттеснил его от руководства. Возможно, его непротивление действиям Томина объясняется «компрометирующими материалами», которые были на него в НКВД. В обвинительном заключении о преступлениях Борисова упоминалась проведенная в его отношении спецпроверка, в ходе которой выяснилось, что у Борисова имелись родственники в США[113].

Томин представлял совершенно другой случай. Как и Борисов, он на обоих судебных процессах отрицал вину, но отказался признать, что в Умани вообще совершались какие-либо правонарушения. С самого начала допросов он вел себя уклончиво. Томин утверждал, что ему неизвестно, почему его уволили из НКВД. На вопросы о «лаборатории» ответил, что об «искривлениях» не знает. Он также отрицал, что Борисов фактически находился у него в подчинении[114]. На первом судебном процессе Томин сказал: «Я не понимаю своей вины, говорят, что был приказ о назначении меня начальником группы, но я этого сам не знал [...]. В Умань я прибыл с Бабичем в качестве рядового следователя, с Бабичем я был в плохих взаимоотношениях»[115]. Томин считал, что он действовал исключительно в соответствии с приказами, идущими сверху, т. е. от областного начальства[116]. На допросах и на обоих судебных процессах Томин утверждал, что никогда не давал приказов применять к арестованным физическую силу[117]. Более того, он вообще отрицал, что видел что-то противозаконное в комнате № 21, и якобы он предупреждал следователей, чтобы не били арестованных[118]. Вместе с тем, явно противореча себе, он заявлял, что «в то время всякое корректное отношение к арестованным считали либеральным, угрожали, что самому придется за это идти в подвал»[119]. По словам Томина, «Рейхман, приезжая из Киева, продемонстрировал, как надо работать с группой арестованных»[120].

Томин старался свести к минимуму свою ответственность за происходившее на расстрелах. Он утверждал, что всего лишь несколько раз бывал там и ничего не брал из «запала». Он позволял другим присваивать вещи расстрелянных, потому что Шаров дал на это разрешение[121]. По поводу незаконного обыска в Тирасполе, где женщин заставили догола раздеться в присутствии мужчин, Томин сказал: «Моя ошибка заключается в том, что я, не зная инструкции о порядке производства обыска, зашел в женский корпус»[122]. Он также не мог припомнить, что кто-то в тюрьме умер от удушья из-за переполненности камер[123]. Заключительные слова Томина на втором судебном процессе могут в определенной степени дать представление о его менталитете. Он сказал: «Я не преступник, я всегда стремился отдать себя делу партии. Я – доброволец Красной Армии, в 18-летнем возрасте я принял участие в гражданской войне, все годы пребывания в ВКП(б) я не имел взысканий и не стоял в стороне от активной борьбы с врагами партии, никогда не допускал искривлений…»[124].

Вслед за этим довольно стандартным автобиографическим «приукрашиванием» он продолжал: «Я не мог разобраться в обстановке 1937 года и не понимал тогда того преступного, что было, не понимал вражеской сущности. Считал, что все эти мероприятия должны быть направлены только против врага»[125].

Другими словами, Томин, по всей вероятности, верил в правоту того, что он делал. Он поверил в «правду» 1937 г. Это может объяснить слухи, появившиеся во время допросов свидетелей, о том, что Томин пытался покончить с собой[126]. Возможно, поэтому в начале заключительного судебного процесса он говорил о своем сложном физическом и психическом состоянии[127]. В то же время его поведение в тираспольской тюрьме и местной гостинице, где собирались сотрудники НКВД, характеризовалось высокомерием, презрением к людям и пристрастием к излишествам – те же качества проявились и в его работе в «лаборатории». Он настолько был уверен в себе, что несколько раз подавал апелляцию по своему делу. В конце концов его освободили и мобилизовали на фронт[128]. Он пережил войну и в 1977 г. подал прошение прокурору о реабилитации, которое не было удовлетворено[129].

Петров, по сравнению с Борисовым и Томиным, был второстепенным персонажем, милиционером из глубинки. На допросах и в суде он говорил, что являлся рядовым исполнителем, к тому же малограмотным. Заявил следователю, что только «теперь» ему стало понятно, что в «системе следствия были нарушения»[130], а вину за «нарушения» возлагал на Томина. После длительного уклонения от ответа Петров частично признал вину, сказав, что для получения признательных показаний он избивал заключенных в «лаборатории»[131], однако никого не покалечил[132]. На втором суде он заявил: «Мне не давали указаний бить арестованных, но говорили, что надо дать 100 признаний в день. Я все время отчитывался перед Томиным и указания получал только от Томина»[133].

Петров так для себя уяснил суть проблемы 1937–1938 гг.: если получение признаний было формальной целью, а не действительным доказательством вины, то при огромном количестве арестованных не было иного выхода, как избивать, выбивать показания. По крайней мере, в рамках своего понимания проблемы Петров действовал «честно». Он не раскаялся и не признал своей ответственности. Более того, один из его коллег, который не привлекался к суду, показал на процессе, что Петров был «знаменитым колуном», т. е. был известен своим умением «расколоть» арестованного, заставить его давать показания на допросах[134]. У него было рекордное число признательных показаний, и, по его собственным словам, он был «следователем с кулаком»[135]. Петров также свидетельствовал о применении к арестованным специфических видов пыток, скрывавшихся по эвфемизмами «температура», «езда к Гитлеру», «езда в Польшу» и т. д.[136]

В своем последнем слове на суде Петров заявил: «Перед Вами стоит батрак-рабочий-красногвардеец-партизан, я всю жизнь боролся за восстановление нашей страны. Я лично у гроба тов. Ленина давал клятву бороться с врагами Советской Власти. Я член ВКП(б) с 1918 г. Не имел ни одного взыскания. Я пришел работать не с целью наживы и мародерства. Клянусь оправдать себя трудом, прошу, чтобы это было для меня последним уроком»[137]. Как и его подельники, Петров использовал риторику преданности партии, убеждая военный трибунал в своей идеологической и политической преданности.

Также поступил и Абрамович. Он был единственным обвиняемым, которому пришлось пройти все три судебных процесса. В первый раз Абрамовича арестовали 6 апреля 1938 г. по статье 54, пункты 6, 7 и 10 Уголовного кодекса УССР по обвинению «в шпионской деятельности». Его следователь пригрозил Абрамовичу, «что будут либо показания, либо куски мяса». Во время допроса он оскорблял, избивал Абрамовича и якобы даже назвал его «красногвардейской сволочью». По словам Абрамовича, в тот момент ему показалось, что он «попал в руки фашистов». Когда он возразил следователю, что предан «партии Ленина», тот якобы ответил: «О том, что ты предан партии Ленина, мы знаем, а вот партии Сталина ты изменил»[138].

Абрамович объявил голодовку, и его делом стал заниматься заместитель начальника областного УНКВД. Видимо, было достигнуто следующее соглашение: Абрамович прекратил голодовку и подписал признательные показания, и вскоре после этого его дело переквалифицировали на статью 206 пункт 107. 2 января 1939 г. он вернулся в Умань. «Я считал, что драма моей жизни закончена, – вспоминал Абрамович, – но, прибыв домой в Умань, началась новая история». Его преемник на посту начальника тюрьмы, некто Стахурский, выгнал жену и детей Абрамовича из их квартиры, поселив в маленькой десятиметровой комнате. НКВД конфисковал его имущество, включая любимую машину. Абрамович обратился к новому начальнику Уманского РО НКВД Сагалаеву, который также занимался допросами уманских подозреваемых. По словам Абрамовича, Сагалаев был пьян. Абрамович пригрозил Сагалаеву, что напишет официальную жалобу, если его имущество не будет возвращено. На что Сагалаев ответил: «Пиши, что хочешь и куда хочешь». Жалобы Абрамовича не принесли никаких результатов, наоборот, 29 марта 1939 г. уманский следователь Огородник вызвал его на допрос по поводу выбивания золотых зубов у расстрелянных. «Я ему заявил, что это неверно, что зубы – это из моего рта, это можно проверить путем экспертизы». 21 мая Абрамовича повторно арестовали. Он утверждал, что этот арест был результатом «провокации» шофера Зудина, а также Кравченко и Неймана[139].

Абрамович утверждал, что Сагалаев заставил Зудина, и членов расстрельной команды Верещука и Кравченко свидетельствовать против него. Он также считал, что Нейман и Сагалаев были друзьями, и якобы Сагалаев сказал Щербине, что «сегодня угробит Абрамовича». Зудин, который вначале показал, что Абрамович присвоил двести золотых зубов, на втором судебном процессе отказался от своих показаний, сказав, что он никогда не видел, чтобы Абрамович брал золотые зубы, и что Сагалаев заставил его лжесвидетельствовать. Сагалаев, конечно, отрицал факт своего давления на кого-либо. Абрамович обвинил обоих, Зудина и Сагалаева, в том, что они завидовали, что у него есть машина. Машину конфисковали на том основании, что Абрамович получил ее незаконно. Однако в одной из жалоб Абрамович утверждал, что с 1933 г. копил деньги на машину. Он пояснил, что одни мужчины любят женщин, а он любит машины. Он обвинил Зудина, Сагалаева и одного из начальников Уманской межрайонной оперативной следственной группы Василия Корнеевича Козаченко в присвоении его машины[140].

Абрамович сознался в мародерстве, но только в некоторой степени. Как и Борисов, он рассказал историю о том, что разрешение присваивать вещи расстрелянных пришло сверху. Он также настаивал, вопреки показаниям других членов расстрельной команды, что поровну делил деньги и другое имущество. Абрамович утверждал, что ни он, ни другие члены расстрельной команды не выпивали до или после расстрелов, и категорически отрицал, что выбивал золотые зубы у расстрелянных[141].

По словам Петрова, после ареста Абрамовича Томин распорядился тайно вывезти все ценности из квартиры Абрамовича[142]. Таким образом, невозможно точно разобраться в деле с золотыми зубами. Стоит обратить внимание и на то, что военный трибунал на втором судебном процессе не обвинял Уманский РО НКВД в мародерстве[143]. Тем не менее в мародерстве Абрамовича не приходится сомневаться. В ходе следствия и на процессе было высказано достаточно обвинений в том, что Абрамович брал имущество расстрелянных – шинель для себя, пальто для своей жены. О том, как Абрамович относился к своей работе, свидетельствует одна из его встреч с Борисовым. Увидев, что его шинель замарана кровью, Абрамович в присутствии начальника сказал: «Сукин сын меня испачкал»[144]. «Сукиным сыном» был человек, которого он только что расстрелял. Кроме того, как и в случае с Томиным, на репутации Абрамовича сказались его ночные застолья в гостинице; в частности, если верить словам заведующей гостиницей, он ударил женщину по лицу[145].

Абрамовича также обвинили в разглашении государственной тайны. Он утверждал, что не выносил секретов за стены тюрьмы[146]. Косвенно подобное нарушение свидетельствует об определенной степени уверенности Абрамовича в своих действиях в 1938 г. и потере осторожности. Наконец, уместно отметить, что особый доклад НКВД, посвященный Абрамовичу, ссылается на материалы спецпроверки НКВД 1935 г., в которых говорится, что Абрамович мог быть сыном торговца и вел антисоветские разговоры[147]. Неизвестно, сыграл ли этот компромат какую-либо роль при предъявлении обвинений и повлиял ли он на характер ответов Абрамовича. В конечном итоге, Абрамович в основном «выполнял приказы», но совершенно очевидно, что он сыграл важную роль в процветании безнравственности, коррумпированности и зверствах, творившихся в Умани.

Двумя последними подсудимыми были шофер Зудин и следователь Щербина, который по совместительству иногда выполнял функции могильщика. Николай Павлович Зудин родился в Москве в 1912 г. в рабочей семье. Образование получил лишь начальное. В юности Зудин служил в Красной Армии. С 1934 г. работал шофером в Уманском РО НКВД. Комсомолец. Был женат, также содержал мать и двух сестер[148]. Зудин был неутомимым работником: в течение двух месяцев он присутствовал на расстрелах почти каждую ночь[149]. На допросах и первом судебном процессе он дал показания против Абрамовича: тот выбивал золотые зубы у расстрелянных. Но позже Зудин отказался от такого свидетельства[150]. Несколько свидетелей вспомнили, как Зудин спорил по поводу своей доли из имущества расстрелянных[151]. Он был обвинен в присвоении двухсот рублей, пяти пар сапог, кожанки и трех пар нижнего белья из «запала»[152]. Зудин утверждал, что Абрамович брал лучшее себе[153]. По большому счету, роль Зудина в «нарушениях» была незначительной. Военный трибунал по результатам второго процесса оставил его без наказания, чего не повторилось на заключительном судебном разбирательстве[154].

Леонид Семенович Щербина родился в 1901 г. в крестьянской семье. Он был коммунистом с 1925 г., в 1930 г. стал сотрудником органов госбезопасности. На работу в Умань его назначили в 1937 г.[155] Как и Зудин, Щербина выступал ключевым свидетелем по вопросу о мародерстве во время расстрелов. Его также уличили в том, что он ссорился из-за «запала». По словам Борисова, Щербина был «жадный»[156]. Этот чекист склонил к сожительству жену одного из заключенных[157], хотя он и отрицал эти обвинения на том основании, что был женат[158]. Признавал, что брал деньги расстрелянных, но только с одной целью и только с санкции Абрамовича: чтобы купить еду на завтрак для расстрельной команды. Щербина утверждал, что его оклеветали, и на обоих процессах настаивал на своей невиновности[159].

Уманские преступники оправдывали свои действия главным образом приказами сверху, имея в виду в большинстве случаев областное руководство НКВД в Киеве. Борисов и Томин также ссылались на последствия неподчинения приказам. Хотя неясно, значило ли это, что они действительно боялись, или, осознавая в 1937 г. откуда ветер дует, знали, что именно следует говорить в данной ситуации. Областное УНКВД было главным виновником преступлений в Умани, однако этот факт Военный трибунал предпочел проигнорировать. Действительные мотивы преступников вряд ли когда-либо смогут быть установлены со всей определенностью. Более чем вероятно, что некоторые или все уманские обвиняемые верили в то, что делали – безоговорочно, за исключением Борисова, выполняя приказы. Одобрение и, в своей среде, публичные похвалы «художествам», которые Петров творил в «лаборатории», могли способствовать тому, что пытки становились еще более жестокими. Абрамович, Зудин и Щербина, без всякого сомнения, были корыстными людьми. Они ждали от расстрелов добычи как справедливой компенсации за то, что считали тяжелой работой. Ожидание вознаграждения было частью (а)моральной экономики расстрелов. Алкоголь, возможно, облегчал совершение противоправных действий, но свидетельства на этот счет слишком скудны, чтобы делать определенные выводы. Завершая исследование, будет справедливо сказать, что Уманский РО НКВД работал в атмосфере безнравственности, высокомерия и неограниченности власти.

Заключение

Обвиняемые по «уманскому делу» ни в коей мере не были особенными людьми. Все они происходили из простых семей и считались «хорошими семьянинами». Связав свою судьбу с революцией, большинство из них воевали в гражданскую войну в Красной Армии, а потом поступили на работу в органы госбезопасности. То, что их биографии не были особенными, не значит, что они были «обычными людьми» в том смысле, в каком этот термин – ordinary men – употребляет Кристофер Браунинг в отношении членов нацистских айнзацгруп[160]. Долгие годы, проведенные этими людьми в замкнутой обособленной атмосфере НКВД с ее культурой насилия, цинизма и коррупции, не позволяют принять трактовку Браунинга. Более того, маловероятно, что сами жертвы репрессий классифицировали бы этих преступников как «обычных людей».

Уманские подсудимые были порождением революции, гражданской войны и, особенно, ЧК. Они работали в чрезвычайных обстоятельствах, но тем не менее многое из того, что они совершали в 1937 и 1938 гг., превратилось для них в повседневную рутину. Практика террора стала их работой, и в коридорах НКВД каждый из них открыто обсуждал то, что, как убеждают нас документы, было «строго секретно». Насилие являлось их общей системой координат, а массовые репрессии – конкретным полем деятельности[161]. Хотя террор был санкционирован свыше, и его организация задавалась областным начальством, работники Уманского РО НКВД были не только хорошими рядовыми исполнителями. В (а)моральной экономике расстрелов, в сочетании с «лабораторией» пыток, судьбы людей вершили ложь, эвфемизмы и разнарядки на убийство. Вдобавок ко всему, перегруженность работой, текучесть кадров и разношерстный состав мобилизованных сотрудников, включавший шоферов, тюремных надзирателей и милиционеров, создавали нестабильную ситуацию, чреватую насилием. Насилие перекинулось в город вместе с ночными дебошами сотрудников НКВД в местной гостинице и появлением имущества расстрелянных на местном базаре или на плечах палачей. Ян Томаш Гросс и Ирена Грудзинска Гросс (Jan Tomasz Gross and Irena Grudzinska Gross) в книге «Золотой урожай», «рискуя сказать очевидное», утверждают относительно Холокоста в Польше, что «конкретные люди были убиты в этой рукотворной трагедии, и конкретные люди исполняли расстрельные приговоры [...] исполнители не были простыми винтиками в машине, которая функционировала в соответствии с предопределенными правилами»[162]. Исполнители преступных приказов в Умани также не были «просто винтиками». Они работали в рамках более обширной культуры насилия НКВД, сформированной революцией, гражданской войной и террором, которая не только облегчила и сделала возможным нарушения закона, но и санкционировала, по крайней мере на время, широкий спектр преступных действий, исполнителями которых стал столь же широкий круг конкретных людей.

Перевод с английского Елены Осокиной.

ПРИМЕЧАНИЯ

[1] В качестве эпиграфа использованы материалы из протокола судебного заседания от 5–10 мая 1940 г. и протокола судебного заседания от 31 января – 6 февраля 1941 г. Галузевий державний архів Служби безпеки України (ГДА СБУ. Ф. 5. Д. 38195. Т. 6. Л. 143, 147, 319, 321 об., 328–329 об., 315–315 об. Все последующие архивные ссылки относятся только к этому архиву, этому фонду и этому делу и будут обозначены лишь номерами томов и страниц. Ссылки на протокол судебного заседания далее будут приведены как «ПСЗ» с указанием даты заседания.

[2] В настоящее время Умань входит в состав Черкасской области.

[3] ПСЗ (5–10 мая 1940 г.). Т. 6. Л. 148; ПСЗ (31 января – 6 февраля 1941 г.). Л. 312, 337 об., 340 об. См.: ПСЗ (31 января – 6 февраля 1941 г.). Л. 331, в котором начальник тюремной санчасти Гольденштейн утверждал, что число заключенных в Умани составляло 4 тыс. человек.

[4] Эта часть статьи основана на компиляции двух документов: Заключение (Т. 5. Л. 1–8) и Обвинительное заключение (Т. 5. Л. 277–302).

[5] Заключение. Т. 5. Л. 1–2; Обвинительное заключение. Т. 5. Л. 277–278. В протоколе заседания от 31 января – 6 февраля 1941 г. (Т. 6. Л. 339 об., 340 об.). Борисов говорил, что группе подчинялось 18 районов. Изначально был еще один подследственный, некто Василий Корнеевич Козаченко или Казаченко, который являлся начальником Уманского НКВД после Томина. Однако его имя после первого упоминания, которое предшествовало второму судебному процессу, исчезло из документов.

[6] Заключение. Т. 5. Л. 1–4.

[7] Заключение. Т. 5. Л. 4–5.

[8] Об обвинении Абрамовича в нарушении секретности см.: Обвинительное заключение. Т. 5. Л. 300. О других обвинениях см. приговор от 5–10 мая 1940 г., вынесенный по итогам второго судебного процесса. Приговор. Т. 6. Л. 172–176.

[9] Обвинительное заключение. Т. 5. Л. 292.

[10] ПСЗ (26–27 июля 1939 г.). Т. 1. Л. 180–216.

[11] Определение. Т. 1. Л. 219; Постановление. Т. 1. Л. 231, 233.

[12] ПСЗ (5–10 мая 1940 г.). Т. 6. Л. 96–16; Приговор (5–10 мая 1940 г.). Т. 6. Л. 172–176; Определение. Т. 6. Л. 225.

[13] Заключение. Т. 6. Л. 476.

[14] Заключение. Т. 5. Л. 1–8; ПСЗ (5–10 мая 1940 г.). Т. 6. Л. 96, 141–144; ПСЗ (31 января – 6 февраля 1941 г.). Т. 6. Л. 308–308 об.

[15] Биографию Бабича см.: Кто руководил НКВД, 1934–1941: Справочник / сост. Н.В. Петров, К.В. Скоркин. – М.: Звенья, 1999. С. 95–96.

[16] Бабич был начальником 4-го (секретно-политического) отдела УГБ УНКВД по Киевской области.

[17] ПСЗ (5–10 мая 1940 г.). Т. 6. Л. 141–144.

[18] ПСЗ (31 января – 6 февраля 1941 г.). Т. 6. Л. 313–313 об.

[19] Биографию Шарова см.: Кто руководил НКВД, 1934–1941. С. 444–445.

[20] Биографию Рейхмана см.: Кто руководил НКВД, 1934–1941. С. 358–359.

[21] ПСЗ (5–10 мая 1940 г.). Т. 6. Л. 96, 141–144; ПСЗ (31 января – 6 февраля 1941. Л. 308–308 об., 320–320 об. Показания Неймана о курсантах см.: Л. 320–320 об.

[22] ПСЗ (5–10 мая 1940 г.). Т. 6. Л. 141–144.

[23] Коммунистический университет им. Артема – учебное заведение в УССР. Создан в Харькове 1 апреля 1922 г., назван в честь советского партийного деятеля Ф.А. Сергеева, известного под псевдонимом Артем. Размещался в здании нынешнего Харьковского национального технического университета сельского хозяйства им. Петра Василенко. Университет готовил кадры для партийных, профсоюзных и советских органов. 7 октября 1932 г. университет был реорганизован в Высшую коммунистическую сельскохозяйственную школу.

[24] Протокол допроса Борисова. Т. 4. Л. 6–11; ПСЗ (5–10 мая 1940 г.). Т. 6. Л. 97, 141–144, 146; ПСЗ (31 января – 6 февраля 1941. Л. 308–308 об.

[25] Протокол допроса Борисова. Т. 4. Л. 6–11, 27–31; Протокол допроса на очной ставке между Томиным и Борисовым. Т. 5. Л. 170; ПСЗ (5–10 мая 1940 г.). Т. 6. Л. 146.

[26] Леплевский в то время был наркомом внутренних дел УССР, а Фриновский – первым заместителем наркома внутренникх дел СССР. Биографии Леплевского и Фриновского см.: Кто руководил НКВД, 1934–1941. С. 270–271, 425–426. Приказ НКВД от 7 июня 1937 г. о назначении Фриновского и Леплевского, а также Дерибаса, на Украину, см.: Лубянка. Органы ВЧК-ОГПУ-НКВД-НКГБ-МГБ-МВД-КГБ, 1917–1991. Справочник / Под ред. А.И. Кокурина, Н.В. Петрова. – М.: Материк, 2003. С. 586.

[27] ПСЗ (31 января – 6 февраля 1941 г.). Т. 6. Л. 339 об. 340 об.

[28] С 6 августа 1937 г. Рейхман руководил УНКВД по Харьковской области. Поэтому его приезды в Умань относятся к июлю – первым числам августа 1937 г.

[29] ПСЗ (31 января – 6 февраля 1941 г.). Т. 6. Л. 340; также см. показания Данилова в том же томе. Л. 311.

[30] ПСЗ (31 января – 6 февраля 1941 г.). Т. 6. Л. 339–340 об.

[31] ПСЗ (5–10 мая 1940 г.). Т. 6. Л. 113–114, 116, 118, 145–151; ПСЗ (31 января – 6 февраля 1941 г.). Т. 6. Л. 334 об., 348; Протокол допроса Томина. Т. 4. Л. 51–57.

[32] ПСЗ (31 января – 6 февраля 1941 г.). Т. 6. Л. 340.

[33] Протокол допроса Борисова. Т. 4. Л. 27–31.

[34] Рапорт начальника Кировского ГОРРО НКВД УССР г. Киева лейтенанта Госбезопасности т. Устинова В. П.Т. Кобулову. Т. 3. Л. 142–145.

[35] ПСЗ (5–10 мая 1940 г.). Т. 6. Л. 142–144, 145, 147–148; Протокол допроса на очной ставке между Томиным и Борисовым. Т. 5. Л. 170.

[36] ПСЗ (5–10 мая 1940 г.). Т. 6. Л. 97; ПСЗ (31 января – 6 февраля 1941 г.). Т. 6. Л. 308 об.

[37] ПСЗ (5–10 мая 1940 г.). Т. 6. Л. 141–144; ПСЗ (31 января – 6 февраля 1941 г.). Т. 6. Л. 340–340 об.

[38] ПСЗ (5–10 мая 1940 г.). Т. 6. Л. 145, 150.

[39] Протокол допроса Борисова. Т. 4. Л. 27–31.

[40] ПСЗ (5–10 мая 1940 г.). Т. 6. Л. 141–142.

[41] Протокол допроса Неймана. Т. 1. Л. 45–53; ПСЗ (26–27 июля 1939 г.). Т. 1. Л. 180–216; Протокол допроса Борисова. Т. 4. Л. 6–11.

[42] ПСЗ (5–10 мая 1940 г.). Т. 6. Л. 97, 151–153; ПСЗ (31 января – 6 февраля 1941 г.). Т. 6. Л. 308 об., 336 об.

[43] ПСЗ (5–10 мая 1940 г.). Т. 6. Л. 151–153.

[44] Показания Неймана см.: ПСЗ (31 января – 6 февраля 1941 г.). Т. 6. Л. 320–320 об.

[45] Протокол допроса Томина. Т. 4. Л. 39–47; ПСЗ (31 января – 6 февраля 1941 г.). Т. 6. Л. 320–320 об., показания Неймана.

[46] Показания Зудина см.: ПСЗ (31 января – 6 февраля 1941 г.). Т. 6. Л. 332.

[47] ПСЗ (5–10 мая 1940 г.). Т. 6. Л. 143.

[48] Протокол допроса Борисова. Т. 4. Л. 6–11; ПСЗ (5–10 мая 1940 г.). Т. 6. Л. 143.

[49] ПСЗ (5–10 мая 1940 г.). Т. 6. Л. 143.

[50] ПСЗ (5–10 мая 1940 г.). Т. 6. Л. 144.

[51] ПСЗ (31 января – 6 февраля 1941 г.). Т. 6. Л. 313–313 об.

[52] ПСЗ (31 января – 6 февраля 1941 г.). Т. 6. Л. 311.

[53] ПСЗ (31 января – 6 февраля 1941 г.). Т. 6. Л. 311. Следователь М.И. Белов показал на суде, что существовало общее мнение о том, что Томин не подчинялся Борисову и что при разногласии их мнений все следовали указаниям Томина. См. ПСЗ (5–10 мая 1940 г.). Т. 6. Л. 116–117.

[54] ПСЗ (31 января – 6 февраля 1941 г.). Т. 6. Л. 312.

[55] ПСЗ (31 января – 6 февраля 1941 г.). Т. 6. Л. 312.

[56] ПСЗ (31 января – 6 февраля 1941 г.). Т. 6. Л. 311–312.

[57] ПСЗ (31 января – 6 февраля 1941 г.). Т. 6. Л. 311.

[58] ПСЗ (5–10 мая 1940 г.). Т. 6. Л. 113–115.

[59] ПСЗ (5–10 мая 1940 г.). Т. 6. Л. 124–128.

[60] Биографию Марка Павловича Роголя (1905–1941) см.: Кто руководил НКВД, 1934–1941. С. 363–364. Роголь в августе 1937 г. – апреле 1938 г. – начальник 3-го отдела УГБ УНКВД по Киевской области. Шарабурин в 1937 г. – апреле 1938 г. – помощник начальник 3-го отдела УГБ УНКВД по Киевской области.

[61] ПСЗ (5–10 мая 1940 г.). Т. 6. Л. 124–126.

[62] ПСЗ (31 января – 6 февраля 1941 г.). Т. 6. Л. 322.

[63] ПСЗ (5–10 мая 1940 г.). Т. 6. Л. 124–125.

[64] Потокол допроса Неймана от 8 апреля 1939 г. Т. 1. Л. 42–45; Протокол допроса Неймана от 21 мая 1939 г. Т. 1. Л. 45–53; Протокол очной ставки между Абрамовичем и Нейманом. Т. 1. Л. 106–111; ПСЗ (5–10 мая 1940 г.). Т. 6. Л. 124–128; ПСЗ (31 января – 6 февраля 1941 г.). Т. 6. Л. 320–323.

[65] ПСЗ (26–27 июля 1939 г.). Т. 1. Л. 180–216; ПСЗ (5–10 мая 1940 г.). Т. 6. Л. 128; ПСЗ (31 января – 6 февраля 1941 г.). Т. 6. Л. 326–7, 337–337 об.

[66] ПСЗ (31 января – 6 февраля 1941 г.). Т. 6. Л. 322–322 об.

[67] ПСЗ (5–10 мая 1940 г.). Т. 6. Л. 104. См. также: Т. 1. Л. 106а–110а, где Кравченко утверждает, что его жена продавала только его личные вещи. Кравченко также сказал, что он получил от Абрамовича две пары сапог, костюм, три рубашки, два пиджака и несколько пар нижнего белья.

[68] ПСЗ (31 января – 6 февраля 1941 г.). Т. 6. Л. 337–337 об.

[69] ПСЗ (5–10 мая 1940 г.). Т. 6. Л. 129–131.

[70] ПСЗ (26–27 июля 1939 г.). Т. 1. Л. 180–216.

[71] Протокол допроса Зудина. Т. 1. Л. 54–61.

[72] ПСЗ (5–10 мая 1940 г.). Т. 6. Л. 155; ПСЗ (31 января – 6 февраля 1941 г.). Т. 6. Л. 332.

[73] ПСЗ (31 января – 6 февраля 1941 г.). Т. 6. Л. 333.

[74] Протокол допроса свидетеля Калачевского Тихона Семеновича. 1 июля 1939 г. Т. 3. Л. 129–131. Младший лейтенант государственной безопасности Сабель Василий Спиридонович 3 апреля 1937 г. уволен в запас с должности начальника Монастырского РО НКВД Киевской области. Расстрелян в Умани 4 или 5 ноября 1937 г.

[75] О практике расстрелов см.: *Тепляков А.Г.* Процедура: Исполнение смертных приговоров в 1920–1930-х годах. – М.: Возвращение, 2007. С. 33–59.

[76] На блатном жаргоне ворованное называют «паленым». Использование мародерами однокоренного с «паленым» слова «запал» – симптоматично.

Оно на уровне языка и мышления связывает членов расстрельной команды с криминальным воровским миром (комментарий переводчика).

[77] Протокол допроса Неймана. Т. 1. Л. 45–53. По вопросу о присвоении денег, в отличие от присвоения имущества заключенных, тюремный бухгалтер и кассир являлись свидетелями и предоставили «экспертные» показания о том, как деньги заключенных возвращались им перед отправкой в лагеря или, в данном конкретном случае, перед расстрелом. Бухгалтер Виктор Григорьевич Гольдгубер вел очень детальные записи и смог рассказать суду, сколько карманных денег заключенным позволялось взять с собой на этап, а также о приказе Абрамовича разрешить им брать с собой больше положенных по правилам 100 руб. ПСЗ (5–10 мая 1940 г.). Т. 6. Л. 131–132 (Протокол судебного заседания от 5 мая 1940 г.); ПСЗ (31 января – 6 февраля 1941 г.). Т. 6. Л. 331–331 об.

[78] Протокол допроса Томина. Т. 4. Л. 41–42.

[79] Протокол допроса Томина. Т. 4. Л. 47.

[80] Протокол допроса Томина. Т. 4. Л. 43–44.

[81] Протокол допроса Зудина. Т. 1. Л. 54–56.

[82] Протокол очной ставки между Абрамовичем и Нейманом. Т. 1. Л. 106–111.

[83] Протокол очной ставки между Абрамовичем и Зудиным. Т. 1. Л. 128–131.

[84] Постановление. Т. 1. Л. 154; Определение. Т. 1. Л. 219; Постановление. Т. 1. Л. 231, 233.

[85] Приговор. Т. 6. Л. 172–176.

[86] ПСЗ (5–10 мая 1940 г.). Т. 6. Л. 99.

[87] См. прим. 3.

[88] ПСЗ (5–10 мая 1940 г.). Т. 6. Л. 103, 109, 144.

[89] ПСЗ (5–10 мая 1940 г.). Т. 6. Л. 112–113.

[90] ПСЗ (5–10 мая 1940 г.). Т. 6. Л. 110–112.

[91] ПСЗ (31 января – 6 февраля 1941 г.). Т. 6. Л. 328–329 об.

[92] Заявление. Т. 3. Л. 227–228.

[93] В частности, курсант сделал несколько заявлений о сексуальных домогательствах в расстрельных камерах. Следователи неоднократно спрашивали об этом свидетелей, но безрезультатно.

[94] Орган государственного контроля в СССР. Создан 11. 02. 1934 г. вместо наркомата рабоче-крестьянской инспекции СССР. Реорганизован 6. 09. 1940 г. в союзно-республиканский наркомат государственного контроля.

[95] Письмо. Т. 3. Л. 231–235.

[96] Заявление. Т. 3. Л. 237–239, 243–244, 247.

[97] Письмо. Т. 3. Л. 251–255.

[98] Письмо. Т. 3. Л. 256.

[99] Письмо. Т. 3. Л. 263–270.

[100] ПСЗ (5–10 мая 1940 г.). Т. 6. Л. 128–129; ПСЗ (31 января – 6 февраля 1941 г.). Т. 6. Л. 323–323 об.

[101] Протокол допроса М.И. Смерчинского. Т. 3. Л. 57–58.

[102] Выписка из протокола судебного заседания Военного трибунала Пограничных внутренних войск Киевского округа в г. Киеве от 9 февраля 1939 г.

Т. 3. Л. 1–8; Протокол допроса свидетеля Дубиняка Дмитрия Ефимовича. Т. 3. Л. 45–48.

[103] Протокол их допроса в: Т. 3. Л. 188–209, за которым следует Протокол допроса очной ставки между Томиным и Стаценко. Т. 3. Л. 210–214. Их показания см. ПСЗ (5–10 мая 1940 г.). Т. 6. Л. 118–122; ПСЗ (31 января – 6 февраля 1941 г.). Т. 6. Л. 324–325.

[104] Т. 6. Л. 149 (Протокол судебного заседания от 5–10 мая 1940 г.).

[105] Т. 6. Л. 132–133 (Протокол судебного заседания от 5–10 мая 1940 г.); Л. 325 (Протокол судебного заседания от 31 января – 6 февраля 1941 г.).

[106] ПСЗ (5–10 мая 1940 г.). Т. 6. Л. 133; ПСЗ (31 января – 6 февраля 1941 г.). Т. 6. Л. 325.

[107] ПСЗ (31 января – 6 февраля 1941 г.). Т. 6. Л. 315–315 об.

[108] Hilberg Raul. The Destruction of the European Jews. – New York: Holmes and Meier, 1985. P. 288.

[109] Протокол допроса Борисова от 4 января 1940 г. Т. 4. Л. 27–31.

[110] ПСЗ (31 января – 6 февраля 1941 г.). Т. 6. Л. 349 об.

[111] ПСЗ (5–10 мая 1940 г.). Т. 6. Л. 158–159.

[112] ПСЗ (5–10 мая 1940 г.). Т. 6. Л. 158–159.

[113] Справка на начальника Уманского райотделения НКВД Борисова-Лендермана Соломона Исаевича. Т. 5. Л. 32–33.

[114] Протоколы допроса Томина. Т. 4. Л. 36–37, 39–47, 48–50, 62–64, 76, 110–116.

[115] ПСЗ (5–10 мая 1940 г.). Т. 6. Л. 146.

[116] ПСЗ (5–10 мая 1940 г.). Т. 6. Л. 147; ПСЗ (31 января – 6 февраля 1941 г.). Т. 6. Л. 346.

[117] ПСЗ (5–10 мая 1940 г.). Т. 6. Л. 148; ПСЗ (31 января – 6 февраля 1941 г.). Т. 6. Л. 343 об.

[118] ПСЗ (31 января – 6 февраля 1941 г.). Т. 6. Л. 343–344 об.

[119] ПСЗ (5–10 мая 1940 г.). Т. 6. Л. 146–147; ПСЗ (31 января – 6 февраля 1941 г.). Т. 6. Л. 346.

[120] ПСЗ (5–10 мая 1940 г.). Т. 6. Л. 147.

[121] ПСЗ (5–10 мая 1940 г.). Т. 6. Л. 149.

[122] ПСЗ (5–10 мая 1940 г.). Т. 6. Л. 149.

[123] ПСЗ (5–10 мая 1940 г.). Т. 6. Л. 103.

[124] ПСЗ (5–10 мая 1940 г.). Т. 6. Л. 159.

[125] ПСЗ (5–10 мая 1940 г.). Т. 6. Л. 159.

[126] Рапорт начальника Кировского городского РО НКВД УССР г. Киева – лейтенанта Госбезопасности т. Устинова В.П. т. Кобулову. Т. 3. Л. 145; Объяснительная записка. Т. 3. Л. 155–157.

[127] ПСЗ (31 января – 6 февраля 1941 г.). Т. 6. Л. 309 об.

[128] Постановление об отказе в персмотре дела. Т. 6. Л. 476; Жалоба. Т. 6. Л. 488.

[129] Жалоба «об установлении алиби». Т. 6. Л. 488–491.

[130] Протокол допроса Петрова. 25 февраля 1939 г. Т. 4. Л. 122.

[131] Протокол допроса Петрова. 19 июня 1939 г. Т. 4. Л. 131.

[132] ПСЗ (5–10 мая 1940 г.). Т. 6. Л. 99.

[133] ПСЗ (5–10 мая 1940 г.). Т. 6. Л. 145.

[134] Объяснение тов. Полищику. Т. 3. Л. 165–166.

[135] ПСЗ (31 января – 6 февраля 1941 г.). Т. 6. Л. 319.

[136] Протокол допроса Петрова. 19 июня 1939 г. Т. 4. Л. 130–133.

[137] ПСЗ (5–10 мая 1940 г.). Т. 6. Л. 160.

[138] ПСЗ (31 января – 6 февраля 1941 г.). Т. 6. Л. 335–335 об.

[139] ПСЗ (31 января – 6 февраля 1941 г.). Т. 6. Л. 335–336.

[140] ПСЗ (5–10 мая 1940 г.). Т. 6. Л. 137, 160; ПСЗ (31 января – 6 февраля 1941 г.). Т. 6. Л. 335–337 об.; Завление. Т. 7. Л. 10 об.

[141] Постановление. Т. 1. Л. 2–3; ПСЗ (26–27 июля 1939 г.). Т. 1. Л. 180–216; ПСЗ (5–10 мая 1940 г.). Т. 6. Л. 110, 130, 151–153, 160; ПСЗ (31 января – 6 февраля 1941 г.). Т. 6. Л. 335–337 об.

[142] Протокол допроса Петрова. 19 июня 1939. Т. 4. Л. 131. Опись имущества Абрамовича (Т. 1. Л. 7) перечисляет лишь скудные шесть наименований, в основном документы.

[143] Приговор, 5–10 мая 1940 г. Т. 6. Л. 172–176.

[144] ПСЗ (31 января – 6 февраля 1941 г.). Т. 6. Л. 321 об.

[145] ПСЗ (5–10 мая 1940 г.). Т. 6. Л. 132–3; ПСЗ (31 января – 6 февраля 1941 г.). Т. 6. Л. 325–325 об.

[146] ПСЗ (5–10 мая 1940 г.). Т. 6. Л. 154.

[147] Справка на начальника тюрьмы г. Умани Абрамовича Самуила Моисеевича. Т. 6. Л. 49–50.

[148] ПСЗ (5–10 мая 1940 г.). Т. 6. Л. 97; ПСЗ (31 января – 6 февраля 1941 г.). Т. 6. Л. 308 об.

[149] ПСЗ (31 января – 6 февраля 1941 г.). Т. 6. Л. 332.

[150] ПСЗ (5–10 мая 1940 г.). Т. 6. Л. 137–138, 155–156; ПСЗ (31 января – 6 февраля 1941 г.). Т. 6. Л. 332.

[151] Протокол допроса свидетеля Калачевского. 1 июля 1939. Т. 1. Л. 129–131; Протокол допроса Томина. Т. 4. Л. 41–43.

[152] Обвинительное заключение. 20 февраля 1940. Т. 5. Л. 292.

[153] ПСЗ (5–10 мая 1940 г.). Т. 6. Л. 156.

[154] Приговор, 5–10 мая 1940 г. Т. 6. Л. 172–176.

[155] ПСЗ (5–10 мая 1940 г.). Т. 6. Л. 97; ПСЗ (31 января – 6 февраля 1941 г.). Т. 6. Л. 308 об.

[156] Протокол допроса Борисова. Т. 4. Л. 12–22.

[157] ПСЗ (5–10 мая 1940 г.). Т. 6. Л. 132–133; ПСЗ (31 января – 6 февраля 1941 г.). Т. 6. Л. 325.

[158] ПСЗ (31 января – 6 февраля 1941 г.). Т. 6. Л. 338–339.

[159] ПСЗ (5–10 мая 1940 г.). Т. 6. Л. 156; ПСЗ (31 января – 6 февраля 1941 г.). Т. 6. Л. 350.

[160] Einsatsgruppen (айнзацгруппа) – нацистские подразделения служащих полиции безопасности СД, полиции порядка и войск СС. Осуществили массовые убийства евреев в Польше, Украине и России в годы Второй мировой войны. Называя этих карателей «обычными людьми», Браунинг подчеркивает, что в них не было ничего особенного, ничего, что ранее позволило бы идентифицировать их как убийц. В гражданской жизни они были обыкно-

венными людьми. *Browning Christopher R.* Ordinary Men: Reserve Police Battalion 101 and the Final Solution in Poland. – New York: Harper Perennial, 1992.

[161] См. интересную работу: *Neitzel Sonke and Welzer Harald.* Soldaten: On Fighting, Killing, and Dying. The Secret World War II Transcripts of German POWs. – Toronto: McClelland and Stewart, 2011. P. 8–10. С целью «понять предпосылки, при которых психически нормальные люди делают то, что в противном случае они никогда бы не сделали», авторы книги обсуждают, как немецкие солдаты говорили о совершении преступлений как об обыденном событии, норме поведения.

[162] *Gross Jan Tomasz with Grudzinska Gross Irena.* Golden Harvest. – New York: Oxford University Press, 2012. P. 65, 67.

ЖИТОМИР

Когда область организовалась, начались массовые расстрелы. Сначала 100–120 ч[ел]., потом – по 150–200, 250 и по 300 чел. мы расстреливали за одну ночь.

Леонид Кондрацкий – бывш. сотрудник УНКВД по Житомирской области

Количеством проведенных арестов Гришин был недоволен, указав, что следствие преступно долго затягивается, арестам необходимо подвергнуть буквально всех жен поляков и немцев, осужденных в соответствии [с] приказом № 00485, и отдал мне такое распоряжение: каждому следователю оформлять на Особое совещание минимум тридцать дел жен изменников родины в сутки.

Алексей Томин – бывш. сотрудник УНКВД по Житомирской области

Систематически занимался избиением приговоренных к ВМН перед приведением приговора в исполнение […]. На протяжении всей операции в целях личной наживы расхищал и присваивал вещи осужденных […]. Ввел в систему растаскивания и перепродажу вещей участниками бригады. В декабре месяце 1937 г. и январе 1938 г. совместно с Тимошенко – бывшим комендантом УНКВД – продал тюрьме от имени другой организации 6 грузовиков одежды расстрелянных. Вырученная сумма 37 000 рублей тратилась на ремонт квартир и распределялась между членами бригады.

Из постановления УНКВД по Житомирской области о выделении материалов на бывш. нач. 5-го отдела УГБ УНКВД Василия Лебедева

Было много случаев, когда перед расстрелом женщин, особенно помоложе, раздевали догола в целях издевательства.

Феликс Игнатенко – бывш. нач. внутренней тюрьмы УНКВД по Житомирской области

Вяткин приехал работать на Украину после вскрытия предыдущего вражеского руководства в Наркомате […]. Я в нем видел тогда крепкого, стойкого большевика, лично проверенного тов. Ежовым и ЦК партии. Вяткин же внедрял нам, что ЦК партии и тов. Ежов, как нарком НКВД СССР, дали прямую установку восполнить тот пробел, что предшествующее вражеское руководство – Балицкий и Леплевский – упустило, не вскрыли подполья […], а сейчас стоит задача восполнить это, и для этой цели ЦК партии разрешил упрощенный способ расправы с врагами […]. Я, как и большинство других лиц в аппарате, это воспринял и слепо ему доверял.

Матвей Леснов-Израилев – нач. 4-го отдела УГБ УНКВД по Житомирской области

Я доложил Вяткину, что арестованные в камерах не спят, т. к. следователи в кабинетах бьют допрашиваемых, и крики слышны в камерах. Вяткин ответил: «Ну их к черту, пусть не спят». Я подал рапорт об этом в Киев на имя Успенского. Через несколько дней меня вызывает Вяткин и говорит, что нужно выгнать из тюрьмы врача – жену прокурора Черкеза, т. к. ему не нужны осведомы прокурора. По его приказанию я и должен был уволить прекрасного врача.

Михаил Глузман – бывш. нач. тюрьмы г. Житомира

Действовавшая Особая тройка при УНКВД под председательством Вяткина выносила решения по неподсудным ей делам на командиров РККА, инженеров, агрономов, учителей и т. п., рассматривала ряд дел без всякого материала следствия и дела давно умерших и убитых при допросах обвиняемых.

Тимофей Голубчиков – оперуполномоченный 3-го отдела УГБ НКВД УССР

Когда прибыл Вяткин, стали арестовывать то одного, то другого, и я стал уже думать: «Сегодня ты стреляешь, а завтра – тебя».

Леонид Кондрацкий – бывш. сотрудник УНКВД по Житомирской области

В отношении избиения арестованных перед приведением над приговоренными приговора в исполнение с самого начала и до последних дней особенно принимал участие быв[ший] комендант Люльков, который бил арестованных без какого-либо повода, иногда задавая тот или иной вопрос и доводя это избиение до прямого убийства.

Феликс Игнатенко

Когда началась массовая операция, я все время работал на исполнении приговоров. Я […] перестрелял тысячи людей. Это стало отражаться на здоровье. Дошло до того, что два раза я пытался стрелять в себя. Ходишь по улице и вдруг начинаешь бежать, кажется, за тобою гонятся расстрелянные. Придешь на работу, а работать не можешь, пойдешь, убьешь птичку или кошку, и потом работаешь.

Феликс Игнатенко[1]

Сергей Кокин

Расплата.
Сотрудники УНКВД по Житомирской области – исполнители Большого террора

Предметом данной статьи является расследование органами НКВД и военной прокуратуры преступлений, совершенных сотрудниками Управления НКВД по Житомирской области во время проведения массовых репрессий 1937–1938 гг., а также результаты судебного рассмотрения материалов соответствующих уголовных дел в 1939–1940 гг. Опираясь на архивные документы, автор стремился максимально достоверно реконструировать исторические факты, обращая внимание на конкретные лица и детали. Это может способствовать решению таких актуальных задач в изучении советской истории, как определение типичных черт и особенностей деятельности сотрудников и органов НКВД в период Большого террора в различных регионах Украинской ССР, а также выяснение конкретно-исторической сущности явления, получившего название бериевской чистки органов НКВД.

Специфика Житомирской области заключалась в том, что до 22 сентября 1937 г. ее территория входила в состав Киевской и Винницкой областей УССР[2]. В связи с этим структура органов НКВД и расстановка чекистских кадров[3] – организаторов, проводников и исполнителей массового террора в регионе – претерпели значительные изменения в 1937–1938 гг., что усложняет исторический анализ их деятельности. Для облегчения своей задачи автор условно разделил это время на два периода – киевско-винницкий (до октября 1937 г.) и житомирский (октябрь 1937 – декабрь 1938 гг.). В киевско-винницкий период на большей части территории будущей Житомирской области репрессивную деятельность осуществляло УНКВД по Киевской области[4]. Но основным объектом служебных расследований, уголовных производств и судебных процессов в отношении житомирских чекистов стали события второго периода, поэтому автор сосредоточил внимание на нем.

1 октября 1937 г., через два дня после создания УНКВД по Житомирской области, и. о. начальника УНКВД был назначен капитан госбезопасности Лаврентий Трофимович Якушев (Бабкин) (1903–1986)[5]. Спустя месяц его заместителем стал старший лейтенант госбезопасности Григорий Иосифович Гришин-Шенкман (1903 г. р.), переведенный с должности начальника 3-го отдела УНКВД по Одесской области. Этот тандем создал нарком внутренних дел УССР комиссар госбезопасности 2-го ранга Израиль Моисеевич Леплевский (1896–1938). Он считал, что «Якушев в оперативном отношении слабее Гришина, но имеет другие преимущества», и что «Гришин, безусловно, обеспечит оперативное руководство Облуправления»[6].

Одновременно с Л. Якушевым приступили к исполнению своих обязанностей начальники трех ключевых отделов: 3-го – старший лейтенант госбезопасности Абрам Григорьевич Масловский (1900/1901) (бывший начальник Новоград-Волынского окружного отдела НКВД), 4-го – лейтенант госбезопасности Андрей Андреевич Лукьянов (1904 г. р.) (работал вместе с Якушевым в Харькове начальником отделения 4-го отдела УНКВД) и 5-го – старший лейтенант госбезопасности Василий Евгеньевич Лебедев (1900 г. р.), переведенный с должности начальника ОО 9-й кавалерийской дивизии[7].

12 октября 1937 г. в 3-м отделе должности начальников отделений заняли: 1-го – лейтенант госбезопасности Владимир Яковлевич Вольский (Кицис) (1899 г. р.); 2-го – младший лейтенант госбезопасности Александр Анатольевич Вадис (1906–1968); 3-го – сержант госбезопасности Борис Иванович Ювженко (1907 г. р.); 4-го – сержант госбезопасности Даниил Иванович Манько (1909–1940)[8]; 5-го – сержант госбезопасности Григорий Моисеевич Басай (1912–1941).

Тогда же заместителем начальника 4-го отдела стал бывший начальник отделения 4-го отдела УНКВД по Киевской области лейтенант госбезопасности Матвей Эммануилович Леснов (Израилев) (1905–1940). Начальниками отделений 4-го отдела были назначены: 1-го – старший лейтенант госбезопасности Самуил Аронович Зеленер (1902 г. р.), 2-го – лейтенант госбезопасности Анатолий Павлович Стукановский (1903 г. р.), 3-го – лейтенант госбезопасности Даниил Иосифович Малука (1903–1940), 4-го – младший лейтенант госбезопасности Севастьян Иванович Полищук (1905 г. р.).

28 ноября 1937 г. врид помощника начальника 5-го отдела УНКВД был назначен лейтенант госбезопасности Наум Анатольевич Ремов-Поберезкин (1902–1939), занимавший до этого аналогичную должность в УНКВД по Киевской области[9].

Руководителями нижнего звена в 3-м, 4-м и отчасти в 5-м отделах УНКВД были местные чекистские кадры, знавшие все нюансы предыдущей репрессивной деятельности органов НКВД в регионе, что на языке чекистов называлось знанием оперативной обстановки. Этим компенсировалась недостаточная осведомленность прибывших из других регионов руководителей более высокого ранга.

В декабре 1937 г. из УНКВД по Ленинградской области в распоряжение отдела кадров НКВД УССР прибыл сержант госбезопасности Сергей Алексеевич Голубев (1908 г. р.). В Киеве решили отправить его на работу в УНКВД по Житомирской области, где 20 декабря 1937 г. он был назначен на должность оперуполномоченного аппарата особоуполномоченного УНКВД, фактически приступив к исполнению обязанностей последнего. 1 апреля 1938 г. он был «узаконен» как врид особоуполномоченного и вскоре избран секретарем партийного комитета УГБ УНКВД[10]. Видимо, это произошло по инициативе тогдашнего начальника УНКВД Г. Вяткина. Совмещая эти две важные в служебной и партийной иерархии УНКВД должности, С. Голубев напрямую подчинялся начальнику УНКВД и, как будет показано далее, хорошо сработался с ним.

После создания Житомирской области окружные отделы НКВД делегировали часть своих кадров на работу в областной центр, а сами были преобразованы в городские. Начальником Бердичевского горотдела стал старший лейтенант госбезопасности Всеволод Саввович Мартынюк (1900–1938), Коростенского – сержант госбезопасности Моисей Ирмович Гилис (1909 г. р.), а Новоград-Волынского – младший лейтенант госбезопасности Григорий Дмитриевич Артемьев (1906–1944)[11].

Перечисленные выше и некоторые другие лица стали главными проводниками и исполнителями массового террора на Житомирщине в октябре 1937 – январе 1938 гг.

После назначения 25 января 1938 г. наркомом внутренних дел УССР комиссара госбезопасности 3-го ранга Александра Ивановича Успенского (1902–1940) произошли кадровые изменения. 26 февраля 1938 г. Л. Якушев был снят с должности и 15 марта откомандирован в НКВД СССР. На его место назначен капитан госбезопасности Григорий Матвеевич Вяткин (1900–1939), переведенный из Москвы с должности начальника 6-го отделения 6-го отдела ГУГБ НКВД СССР. Еще раньше, в январе, был откомандирован в распоряжение НКВД УССР В. Лебедев. Вместо него врид начальника 5-го отдела 26 февраля 1938 г. был назначен Н. Ремов-Поберезкин[12], который, в свою очередь, в августе 1938 г. был откомандирован в распоряжение отдела кадров НКВД СССР[13].

29 марта 1938 г. был откомандирован в НКВД СССР и бывший начальник 3-го отдела А. Масловский[14]. С 15 марта обязанности начальника отдела исполнял бывший сотрудник аппарата особоуполномоченного НКВД УССР старший лейтенант госбезопасности Михаил Ермолаевич Федоров (1900–1940)[15]. Его появление в Житомире произошло при неоднозначных обстоятельствах. 11 марта 1938 г. он подписал на имя Г. Вяткина сопроводительное письмо, в котором сообщал, что направляет материал по делу бывшего работника Житомирского областного управления милиции Бориса Владимировича Давидовича (1912 г. р.), предлагает срочно расследовать и не позднее 15 марта 1938 г. материал с заключением возвратить ему[16]. Однако через несколько дней М. Федоров уже сам последовал к адресату, чтобы под его началом приступить к исполнению своих новых должностных обязанностей. А история с письмом имела продолжение, о котором речь будет идти далее.

В апреле 1938 г. Г. Гришин-Шенкман был переведен в НКВД УССР. Исполнять обязанности заместителя начальника УНКВД стал А. Лукьянов, а должность начальника 4-го отдела занял М. Леснов. 9 сентября 1938 г. А. Лукьянова назначили начальником ОО Одесской армейской группы КОВО[17].

16 ноября 1938 г., на второй день после бегства из Киева наркома А. Успенского, Г. Вяткин – один из ближайших его соратников – был арестован и этапирован в НКВД СССР. Обязанности начальника УНКВД стал исполнять начальник ОО Житомирской армейской группы КОВО, старший лейтенант госбезопасности Иван Андреевич Дараган (1901 г. р.)[18]. 8 января 1939 г. начальником УНКВД был назначен бывший секретарь Приазовского райкома КП(б)У Днепропетровской области Сергей Егорович Машков (1903–1977). В июле 1939 г. его сменил бывший начальник отделения ОО КОВО, лейтенант госбезопасности Александр Ни-

колаевич Мартынов (1908–1964). 7 августа 1940 г. начальником УНКВД был назначен бывший нарком внутренних дел Молдавской АССР, старший лейтенант госбезопасности Владимир Матвеевич Трубников (1907–1979). Все они стали свидетелями расследования злодеяний своих предшественников Л. Якушева и Г. Вяткина, а также других сотрудников УНКВД.

Начало расследования преступлений
(апрель – октябрь 1938 г.)

Первым тревожным звонком для житомирских чекистов стал материал, прилагавшийся к упомянутому выше письму М. Федорова Г. Вяткину. Однако ситуация сложилась таким образом, что М. Федоров из представителя НКВД УССР, требующего быстрого ответа, стал подчиненным своего адресата. И сроки исполнения документа несколько затянулись. Что же такого было в деле бывшего милиционера, что им интересовались наверху? Оказалось, произошла утечка информации о методах следствия и некоторых обстоятельствах расстрелов узников, производившихся в УНКВД. Эта информация содержалась в протоколе судебного заседания выездной сессии отдела Военного трибунала пограничной и внутренней охраны по Киевской области, состоявшегося в Житомире 21 января 1938 г.

Во время заседания подсудимый Б. Давидович заявил, что после вывоза тел людей, расстрелянных в УНКВД, он видел кровь на земле во дворе, а «протекающая из двора на улицу вода от крови была красной». Далее он рассказал о мародерстве в УНКВД: «Я видел, что оперативные работники после исполнения приговора с расстрелянных одежду забирали себе и относили домой» Третий неприятный для чекистов момент заключался в раскрытии методов следствия: «Сменившись с дежурства у ворот, я зашел в помещение обл[астного] [управления] НКВД и, проходя мимо комнаты № 1, я услышал, что кого то допрашивают. Я зашел и узнал, что допрашиваемый является шпионом и на допросе притворился немым, но, как его начали избивать, то он заговорил»[19].

Вызванные в судебное заседание свидетели – помощник коменданта УНКВД Михаил Иосифович Лазоркин (1909 г.р.) и надзиратель тюрьмы Менаша Аронович (Мошкович) Соснов (1905 г.р.) подтвердили показания Б. Давидовича о наличии следов крови во дворе здания УНКВД и на прилегающей улице, но дали противоречивые показания по другим эпизодам.

М. Лазоркин показал: «Были случаи, что пятна крови проходили на улицу, т. к. кровь с автомашины смывали во дворе, и красная от крови вода по канаве вытекала на улицу […]. Теперь мы приспособились, и весь двор обсыпаем опилками, а машины обкладываем сперва разным барахлом с убитых же – пиджаки, кожухи – и теперь кровь не протекает». На уточняющий вопрос суда помощник коменданта УНКВД ответил: «Я не знаю и не замечал того, чтобы кто-либо из работников НКВД выносил одежду расстрелянных»[20]. М. Лазоркин в данном случае откровенно лгал, и М. Соснов поправил его показания: «Одежда расстрелянных закапывалась в землю, но не вся, часть увозилась в тюрьму […] Себе я взял брюки, сапоги, гимнастерку, т. к. свою одежду я испачкал […]. Я не мог подумать того, что Давидович смог нас предать и раскрыть гос[ударственный] секрет. Лазоркину одежду расстрелянных я не давал, но он, конечно, ее брал и приодел себя. Были случаи, что я нес домой сапоги. Я мало получаю жалованья и за него одеться я не могу». Отвечая на дополнительный вопрос суда, М. Соснов пояснил: «Ту одежду, которая идет на подстилку в автомашины, мы не учитываем, т.к. нужно побыстрей отвезти расстрелянных, а те вещи, которые остаются и не расходуются на подстилку машины, мы им ведем учет»[21].

В этой бюрократической неувязке – отсутствии надлежащего учета личных вещей арестованных и контроля за ними после совершения расстрелов – и заключалась лазейка для работников УНКВД – мародеров. И это был далеко не предел моральной нечистоплотности лиц, имевших отношение к массовым расстрелам людей в УНКВД и последующей вывозке тел жертв для тайного захоронения.

Таков был круг вопросов, затронутых в ходе судебного заседания. И хотя отвечать в НКВД УССР надо было не за свои действия, а за «грехи» предшественника, новый начальник УНКВД Г. Вяткин почувствовал опасность этого дела и 4 апреля 1938 г. направил краткое донесение наркому внутренних дел УССР А. Успенскому. Он обратил внимание на неправильный, с его точки зрения, интерес суда к упомянутым вопросам: «Докладываю о странном ведении судебного заседания председательствующего военюриста I ранга т. Тарновского, занимавшегося выяснением фактов, не относящихся к делу […] связанных с приведением приговоров в исполнение»[22]. Очевидно, что Г. Вяткин сигнализировал наркому о том, что военные юристы «лезут» в темные дела чекистов, и поэтому их желательно приструнить. Оба они – и Успенский, и Вяткин – с головой были вовлечены в кровавый круговорот и прекрасно понимали, что могут означать для них обвинения в адрес органов НКВД в неправильных действиях. К тому времени уже были объявлены врагами народа и расстреляны два бывших наркома внутренних дел УССР (В.А. Балицкий и И.М. Леплевский) и десятки других руководящих работников. Поэтому чекисты старались себя защитить, пытаясь остановить хождение опасной для них информации в других инстанциях.

Возможно, Успенский и Вяткин договорились «похоронить» служебную переписку по этому делу в недрах обезглавленного аппарата особоуполномоченного НКВД УССР. 9 апреля 1938 г. врид особоуполномоченного сержант госбезопасности Михаил Павлович Кудрявцев (1904 г. р.) направил письмо Г. Вяткину с просьбой прислать материалы расследования с заключением по делу[23]. Спустя неделю ему ответил С. Голубев: «Были отдельные случаи, когда около ворот двора утром, после операции, работники комендатуры замечали небольшие кровавые пятна, которые быстро ликвидировались [...]. В отношении растаскивания вещей арестованных проводится следствие: устанавливается, что отдельные лица, принимавшие участие в проводимых операциях по линии комендатуры УНКВД, брали некоторые вещи арестованных. Результаты расследования сообщу дополнительно»[24].

С. Голубев действительно проводил расследование по фактам мародерства. В апреле 1938 г. им были допрошены упомянутые М. Лазоркин и М. Соснов, линейный монтер отдела связи УНКВД Василий Федорович Агапов (1911 г. р.), инспектор отдела мест заключения (ОМЗ) УНКВД Михаил Кивович Лейфман (1909 г. р.), начальник тюрьмы УГБ УНКВД Феликс Гаврилович Игнатенко (1906 г. р.)[25], дежурный помощник коменданта УНКВД Григорий Антонович Тимошенко (1905 г. р.), заведующий гаражом УНКВД Иван Михайлович Паншин (1905 г. р.), шофер УНКВД Иван Онуфриевич Островский (1896 г. р.), начальник отдела связи УНКВД Аркадий Абрамович Стругачев (1901 г. р.), старший инспектор ОМЗ УНКВД Рафаил Леонтьевич Портнов (1901 г. р.), надзиратель тюрьмы УГБ УНКВД Андрей Трофимович Терещук (1910 г. р.), полковой оперуполномоченный ОО 44-й стрелковой дивизии[26] Леонид Устинович Кондрацкий (1909 г. р.), полковой оперуполномоченный ОО 8-го стрелкового корпуса[27] Василий Михайлович Вишневский (1904 г. р.). Письменные объяснения также дали комендант УНКВД Митрофан Семенович Люльков (1905 г. р.), врид. начальника 1-го спецотделения УНКВД Николай Андреевич Зуб (1902 г. р.), фельдъегерь отдела связи УНКВД Яков Дмитриевич Лавринец (1903 г. р.).

Бывший секретарь УНКВД М. Лейфман показал: «Мне известно, что все лица, принимавшие участие в проводимых комендатурой УНКВД операциях […] после проведения каждой операции брали себе те или иные вещи – кожаные сапоги, полушубки […]»[28]. Ф. Игнатенко подтвердил показания М. Лейфмана, расширив круг мародеров и ассортимент их «трофеев», а также сделав важную для мародеров оговорку: о растаскивании вещей знал начальник 5-го отдела В. Лебедев[29]. Н. Зуб, давая объяснения, пошел в этом отношении еще дальше: «Вещи, вернее, предметы эти, в которых нуждались работники, забирали (со слов коменданта [Г. Тимошенко] и руководителя операциями тов. Лебедева) с разрешения нач[альника] обл[астного] Упр[авления] НКВД [Л. Якушева]»[30]. В. Вишневский, в свою очередь, назвал наиболее полный список мародеров, перечислив в общей сложности фамилии 19 человек[31]. Таким образом, с ведома руководства УНКВД в мародерстве принимали участие минимум два десятка работников УНКВД.

Все это не вызывало желания у Г. Вяткина сообщать в НКВД УССР о результатах расследования. Ведь участие в «операциях по линии комендатуры» по-прежнему рассматривалось как дело «доблести и геройства». Так, в наградном листе на того же С. Голубева говорилось: «[…] В настоящее время т. Голубев принимает активное личное участие в боевых операциях, проводимых по линии комендатуры […]. За активную борьбу с контрреволюцией т. Голубев представляется к награждению "боевым оружием"»[32]. Никаких других его достижений, кроме участия в «боевых операциях», не называлось.

С информированием о результатах расследования затягивали, по нормам чекистского делопроизводства, очень долго, пока из Киева не пришло напоминание. Новый (с 4 июня 1938 г.) особоуполномоченный НКВД УССР старший лейтенант госбезопасности Андрей Григорьевич Назаренко (1903 г. р.), уже 29 августа 1938 г. ставший бывшим и. о. особоуполномоченного, подбирая свои «хвосты», обратился к Г. Вяткину с предложением сообщить о результатах расследования по делу мародеров[33].

Получив письмо, Г. Вяткин решил сначала переговорить с С. Голубевым. Говорить им было о чем. В деле имеется справка

С. Голубева о том, что проект заключения по результатам расследования им был написан 11 мая и с того времени находился у Г. Вяткина[34]. Согласно заключению, Г. Тимошенко, Л. Кондрацкий, В. Вишневский, Ф. Игнатенко, И. Островский, И. Паншин, М. Лейфман, А. Стругачев, В. Агапов, А. Терещук, М. Лазоркин, Р. Портнов, Я. Лавринец, М. Бланк[35], Ф. Костенко[36], Андропов и Федотов брали вещи арестованных себе[37]. Все эти вещи, за исключением двух пар сапог, якобы были возвращены в УНКВД и уничтожены по акту от 11 мая 1938 г.[38]

В документе отсутствовали фамилии коменданта УНКВД М. Люлькова и шофера ОО 12-й механизированной бригады[39] Владимира Ивановича Гирича (1911 г. р.). К тому же М. Люльков вместе с С. Голубевым подписал акт об уничтожении вещей. Это говорило о нежелании Г. Вяткина указывать в числе фигурантов дела коменданта УНКВД, на котором лежала грязная работа по умерщвлению узников и вывозу их тел в места тайного захоронения. А о В. Гириче мы скажем чуть позже.

В заключении было указано, что «растаскиванию вещей арестованных способствовало бывшее руководство УНКВД», мародеры заявили: «Вещи арестованных мы брали с ведома бывшего начальника УНКВД капитана государственной безопасности тов. Якушева, который на совещаниях, проводимых с лицами, кои принимали участие в операциях, проводимых комендатурой УНКВД, неоднократно говорил: "Если Вам нужны какие-либо вещи, то берите только с разрешения тов. Лебедева (бывш[его] нач[альника] 5-го отдела УНКВД, ответственного за проведение операций) или коменданта. При выносе их хорошо завертывайте в газеты, так, чтобы никто не видел, что Вы несете"»[40].

Учитывая это, а также то, что «ими проведена большая работа по линии комендатуры УНКВД», и большинство вещей якобы было уже изъято у мародеров, Г. Вяткин посчитал возможным ограничиться дисциплинарными взысканиями в отношении семи человек: Л. Кондрацкого и М. Лейфмана арестовать на 15 суток, Г. Тимошенко – на 10, В. Вишневского – на пять, Ф. Игнатенко и В. Агапова – на трое суток, а А. Стругачеву объявить выговор[41].

7 сентября 1938 г. Г. Вяткин направил ответ А. Назаренко (уже не исполнявшему обязанности особоуполномоченного НКВД УССР), в котором постарался затушевать истинную ситуацию: «[…] Произведенным расследованием отдельные факты присвоения вещей подтвердились. Некоторые работники УНКВД […] после проведения операции свои сапоги и другие вещи обменивали,

так как в своих вещах прийти в квартиру не имели возможности в силу специфических условий работы. На лиц, кои присваивали вещи, мною наложено дисциплинарное взыскание»[42]. Использованные в письме бюрократические штампы («отдельные», «некоторые»), хитрый глагол «обменивали» вместо «забирали» и ссылка на специфические условия работы должны были, по мнению авторов, вызвать понимание у коллег. Но, как оказалось, не вызвали. Был и другой взгляд на эти вопросы.

Так, в Новоград-Волынском горотделе НКВД начали собирать компромат на шофера В. Гирича. Первые материалы поступили весной 1938 г., после ареста его шурина – военнослужащего 14-й кавалерийской дивизии (г. Новоград-Волынский), капитана РККА и «заговорщика» Мокроусова. Но это была лишь «связь», которая запятнала репутацию Гирича. Из письма начальника горотдела Г. Артемьева в УНКВД видно, что В. Гирич привлек к себе внимание коллег другим: «Начиная с осени 1937 г., а также весной и летом [19]38 г., Гирич под разными предлогами напрашивался ездить автомашиной в Житомир […]. На обратном пути, по-видимому, с помощью работников комендатуры УНКВД, привозил в мешках вещи расстрелянных, которые, вместе со своей женой, по спекулятивным ценам распродавали на рынке в г. Новоград-Волынский. Таким порядком Гирич 3–4 раза по 1–2 мешка каждый раз привозил из Житомира вещи расстрелянных: кожаные пальто, тужурки, сапоги, суконные пальто, костюмы, военные рубашки, шинели, а иногда и портупеи». В условиях характерного для советской действительности тотального дефицита одежды и обуви, а также отсутствия у многих людей средств на их приобретение, человек, получавший доступ к таким ресурсам, по тогдашним меркам быстро обогащался. О том, как это было в случае с В. Гиричем, будет сказано далее.

Г. Артемьев обратил внимание еще на один момент: «Гирич техническим работникам ГО НКВД Масликову[43], Добровольскому[44] рассказывает о том, что он осенью 1937 года был вызван в комендатуру УНКВД и там приводил приговоры в исполнение, причем говорит, что ему "за каждый расстрел платили по 50 рублей". Действительно, Гирич осенью 1937 года в УНКВД работал одну неделю в комендатуре, но не следует ему среди технических работников разглашать наши государственные секреты».

Именно с разглашения подобных «государственных секретов» и начались неприятности у житомирских чекистов. Знал об этом Г. Артемьев или нет, но он внес руководству УНКВД радикальное предложение: «Считаю, что Гирича [...] за злоупотребления, сделки, спекуляцию и разглашение государственной тайны из органов НКВД целесообразно уволить, арестовать и судить»[45]. Г. Артемьев хорошо понимал, какую «бомбу» он имел под собой в лице В. Гирича. Своим письмом он подстраховывался, ответственность теперь лежала на начальнике УНКВД – как тот решит поступить с В. Гиричем, так и будет.

Г. Вяткин отреагировал резолюцией С. Голубеву от 14 октября 1938 г.: «Лично расследовать». Утаивание информации о В. Гириче вернулось к ним бумерангом. Однако Г. Вяткин и С. Голубев никаких уроков из этого для себя не извлекли. 31 октября 1938 г. Г. Вяткин утвердил заключение по результатам нового расследования С. Голубева, в соответствии с которым, учитывая, что «присвоению вещей осужденных способствовала существовавшая в то время обстановка – разрешение бывшего руководства УНКВД», В. Гирича надлежало арестовать на 15 суток без исполнения служебных обязанностей[46]. Причем В. Гирич даже не знал о наложении на него взыскания. Это свидетельствовало о том, что Г. Вяткин упорно придерживался *избранной линии поведения*. Однако акцент на пособничестве мародерам прежнего руководства УНКВД был неосмотрительным, потому что Г. Вяткин ограничился лишь незначительными наказаниями виновных, тем самым поставив себя практически рядом с Л. Якушевым, т. е. став соучастником сокрытия преступлений.

Уже после ареста Г. Вяткина очередной и. о. особоуполномоченного НКВД УССР (с 29 августа 1938 г.) лейтенант госбезопасности Алексей Михайлович Твердохлебенко (1905 г. р.) затребовал материалы расследования. Рассмотрев их, он пришел к выводу, что «вынесенное админвзыскание за совершенные преступления недостаточно и является прямым смазыванием преступлений, предусмотренных ст. 207-6 п. "б" УК УССР». Он считал необходимым «предложить начальнику УНКВД по Житомирской области произвести самое тщательное расследование, виновных арестовать и предать суду Военного трибунала». С ним согласился и. о. наркома внутренних дел УССР комдив Василий Васильевич Осокин (1894–1960), давший указание внести это предложение в приказ НКВД УССР[47].

Оснований для расследования становилось все больше. Так, в ходе обыска квартиры Ф. Игнатенко было обнаружено 37 «различных золотых коронок, причем часть из них вынута вместе с зубами»[48]. О том, каким образом золотые коронки попали к

Ф. Игнатенко, можно узнать из постановления об избрании меры пресечения в отношении М. Соснова: «В декабре месяце 1937 г. совместно с бывшим комендантом Тимошенко, бывшим нач[альником] внутренней тюрьмы Игнатенко выбивал кирками и вырывал клещами из ртов расстрелянных золотые зубы и коронки в целях наживы»[49].

21 декабря 1938 г. помощник начальника 3-го отделения ОО в/с № 5698 сержант госбезопасности Исаак Михайлович Кутер (1908 г. р.) вынес постановление о начале предварительного следствия по делу Г. Тимошенко, Л. Кондрацкого, В. Гирича, А. Стругачева, Ф. Игнатенко и других лиц, обвинявшихся в мародерстве[50]. В частности, В. Гиричу следствием были предъявлены такие обвинения: «Систематически занимался хищением вещей и одежды расстрелянных. Все эти вещи он распродавал на рынках гор. гор. Новоград-Волынска и Проскурова[51]. Часть вещей, как-то: портупеи, сапоги, он продал милиционерам и сотрудникам Эйсмонту, Косинскому[52], Дмитренко[53] и другим. Портупеи – по 55 рублей, сапоги – 300 рублей. За вырученные деньги от продажи вещей Гирич построил дом, приобрел дорогостоящую обстановку, одежду, отрезы шелка, сукна и проч. Постоянно пьянствует и живет не по средствам»[54].

Таким образом, содержание документов следствия было совершенно другим, чем в материалах расследования С. Голубева. И это неудивительно. К тому времени резко изменилась социально-психологическая обстановка в чекистской среде. В ходе закрытого партсобрания парторганизации УГБ УНКВД, состоявшегося 16 декабря 1938 г. коллеги предъявили целый «букет» обвинений С. Голубеву. В результате «за защиту и восхваление врага народа Вяткина даже после его разоблачения и ареста», «за проведение в работе парткомитета вражеской линии врага Вяткина и тесную связь с ним», за «бытовое разложение и пьянство», «за систематическое укрывательство уголовно-политических преступников и преступлений» и многое другое собрание постановило исключить С. Голубева из партии[55]. Это стало началом конца его чекистской карьеры[56].

В это время практически повсеместно проводились служебные расследования по фактам «нарушений социалистической законности» во время Большого террора. Часть расследований быстро завершалась арестами и проведением предварительного следствия. Ход расследований контролировало руководство НКВД УССР. В Житомире с этой целью с 15 декабря 1938 г. находился специальный представитель – оперуполномоченный (вскоре – заместитель начальника 2-го отделения) 3-го отдела НКВД УССР сержант госбезопасности Тимофей Александрович Голубчиков (1904 г. р.). Он знакомился с материалами расследований и следствия, докладывал об их результатах руководству НКВД УССР и получал новые указания. Таким образом, следствие по делам житомирских чекистов в декабре 1938 г. вступило в новую фазу.

Дело Г. Гришина-Шенкмана
(30 мая – октябрь 1938 г.)

Вторым тревожным сигналом для житомирских чекистов был арест 30 мая 1938 г. по подозрению «в проведении шпионской работы» (ст. 54–1 УК УССР)[57] бывшего заместителя начальника УНКВД Г. Гришина-Шенкмана, который с апреля 1938 г. исполнял обязанности заместителя начальника 3-го отдела НКВД УССР. Следствие велось в Киеве, в 4-м отделе НКВД УССР. Если судить по документам, имеющимся в архивном уголовном деле, следствие началось ни шатко ни валко. 14 июня 1938 г. арестованному было предъявлено обвинение в том, что он, «состоя агентом иностранных разведок, проводил шпионскую работу»[58].

Следующим по хронологии документом, приобщенным к делу, является выписка из показаний арестованного мародера – бывшего оперуполномоченного тюрьмы НКВД г. Бердичев Александра Константиновича Фадеева (1906 г. р.). Но, видимо, эта выписка появилась в деле позже, когда произошла переквалификация обвинения Г. Гришина-Шенкмана. В документе рассказывалось о чекистском «самоснабжении» и о том, как бердичевские мародеры делали подарки житомирским начальникам[59]. Но показания А. Фадеева не сыграли какой-либо заметной роли в ходе предварительного следствия, а суд вообще посчитал этот эпизод малозначительным.

Никаких других документов, относящихся к начальному этапу следствия, в деле Г. Гришина-Шенкмана нет. Тем не менее следствие полагало, что он «является агентом иностранной разведки и участником антисоветской троцкистской организации», и по делу необходимо провести еще ряд следственных действий. В связи с этим возбуждалось ходатайство о продлении срока содержания его под стражей до 31 августа 1938 г.[60]

Чем было вызвано появление пункта обвинения об участии в антисоветской троцкистской организации, из материалов следствия неясно. В показаниях Г. Гришина-Шенкмана об этом нет ни слова, хотя начинались они так: «На поставленные мне следствием вопросы даю следующие показания»[61]. Если он полно ответил на вопросы следствия, то выходит, что об участии в троцкистской организации у него ничего и не спрашивали. Позже оперуполномоченный 3-го отдела НКВД УССР младший лейтенант госбезопасности Михаил Васильеич Лабузов (1907–1944) спрашивал об этом у арестованного старшего лейтенанта госбезопасности Н. Смелянского[62]. Тот «признался», что ему было известно о принадлежности к троцкистской организации Гришина еще тогда, когда последний был заместителем начальника УНКВД по Киевской области. Только речь в данном случае шла о другом человеке – о Г. Гришине-Клювганте[63].

Отвечая на вопрос, кого из других участников «троцкистской заговорщической организации» называл ему старший лейтенант госбезопасности М. Детинко[64], Н. Смелянский указал на Г. Гришина-Шенкмана, но оговорился, что «после ареста Детинко в феврале м[еся]це с. г. с Гришиным установить связь мне не удалось. Вскоре он был переведен на работу в НКВД УССР, и я до своего ареста с ним не встречался»[65].

В том же духе изложены показания Н. Смелянского и в другом протоколе его допроса с той лишь разницей, что в тексте произошла довольно неуклюжая подмена Г. Гришина-Клювганта Г. Гришиным-Шенкманом: «Детинко […] сообщил мне о существовании в органах НКВД УССР троцкистской заговорщической организации, куда входит ряд руководящих работников Наркомата, в том числе Гришин и Блюман»[66].

Поскольку Г. Гришин-Клювгант никогда не работал в центральном аппарате НКВД УССР, то теперь имелся в виду Г. Гришин-Шенкман, который с 10 апреля 1938 г. стал «руководящим работником Наркомата» – врид заместителя начальника 3-го отдела. Однако начальник 5-го отдела НКВД УССР Виктор Михайлович Блюман (1899–1938) еще до этого, 17 февраля 1938 г., был откомандирован в распоряжение отдела кадров НКВД СССР[67]. Г. Гришин-Шенкман и В. Блюман не работали одновременно в центральном аппарате НКВД УССР. Эта хронологическая нестыковка не смутила М. Лабузова. Хотя на аналогичной по содержанию выписке из заявления Н. Смелянского на имя наркома внутренних дел УССР, в которой также упоминались Гришин и Блюман, читавший документ не выдержал и карандашом написал: «О каком Гришине идет речь? Иосифовиче или Аркадьевиче?»[68].

В протоколе допроса Н. Смелянского содержались также подробности о деятельности «заговорщиков» в Житомирской области: «Детинко тогда же дал мне следующее задание: а) сократить аресты по польско-немецким фашистским формированиям, б) увеличить аресты – за счет снижения репрессий к-р фашистских формирований – по местному украинскому населению. При этом Детинко указал мне, что для зашифровки отсутствия борьбы с польско-немецкой агентурой необходимо представить сведения об арестах украинцев как об операции по польско-немецкой агентуре. Это указание Детинко о предоставлении очковтирательских данных по оперативной работе я принял к исполнению»[69].

В данном случае констатировался тот факт, что в ходе польской и немецкой операций арестовывались не только бывшие граждане иностранных государств, не только этнические поляки и немцы, но и украинцы. Это могли быть, к примеру, украинцы римско-католического вероисповедания, которых чекисты превращали в поляков по религиозному признаку. Знали об этом все, кто был причастен к проведению операций, и при желании всегда можно было обвинить исполнителей в злом умысле.

Троцкистскую составляющую обвинения Г. Гришина-Шенкмана подтвердил на следствии и М. Детинко. В ноябре или декабре 1937 г. М. Детинко приезжал в Житомир в служебную командировку и виделся с Г. Гришиным-Шенкманом, который якобы подтвердил ему свою принадлежность к антисоветской троцкистской организации[70].

Таким образом, умозрительный организационный треугольник М. Детинко – Н. Смелянский – Г. Гришин-Шенкман следствием был начертан, и житомирские чекисты были представлены в нем двумя персонами. Но на очных ставках между М. Детинко и Н. Смелянским, с одной стороны, и Г. Гришиным-Шенкманом, с другой, последний отрицал и факт разговора о «вербовке» Н. Смелянского, и наличие с ним организационной связи[71]. Поэтому указанные построения следствия (дело М. Детинко вел заместитель начальника 5-го отделения 4-го отдела НКВД УССР младший лейтенант госбезопасности Владимир Васильевич Волошин (1905 г. р.)) вызывают скепсис.

Однако о второй части показаний М. Детинко, в которых охарактеризована деятельность Г. Гришина-Шенкмана, такого не скажешь: «Гришин, как зам[еститель] нач[альника] Облуправления, давал вредительские установки райотделениям в части ведения следствия. Прикрываясь внешне большим количеством арестованных, Гришин требовал добиваться от арестованных показаний об их личной контрреволюционной работе и заканчивать на них дела, не вскрывая всей деятельности контрреволюционного подполья и разоблачения и репрессирования фашистской агентуры. В связи с этим было много случаев, когда Гришин направлял в Москву дела на арестованных (справки) через 5–10 дней после их ареста с одним небольшим признанием только о себе». Когда М. Детинко предложил создать межрайонные следственные группы, «Гришин […] на это ответил, что он не делает этого умышленно, так как придется пропускать меньше арестованных, чем при существующем положении, и больше над ними работать»[72].

Конечно, Г. Гришин-Шенкман не из вредительских побуждений ограничивался репрессированием одиночек, «не вскрывая» и «не разоблачая» их как кадры неких антисоветских структур. Скорее всего, он не видел необходимости в том, чтобы возиться с конструированием «подпольных формирований», так как количество арестованных само по себе говорило о тяжести наносимого «оперативного удара по врагу». Этим же желанием не сбавлять темпы в арестах объяснялось его пренебрежение нормами УПК.

Из всего этого можно сделать двоякий вывод: в июне – июле 1938 г., несмотря на аресты нескольких житомирских чекистов по обвинению в участии в троцкистской организации, у следствия в Киеве (в 3-м и 4-м отделах НКВД УССР) либо не стояла задача доказать наличие таковой в УНКВД по Житомирской области, либо оно не в состоянии было это сделать. В этот период следствие по делу Г. Гришина-Шенкмана не несло еще явной угрозы для руководства и сотрудников УНКВД. Первой ласточкой в этом отношении мог стать допрос в качестве свидетеля заместителя начальника 3-го отдела УНКВД Д. Манько 31 июля 1938 г. Допросы арестованных Н. Смелянского и М. Детинко состоялись позже – 15 августа 1938 г.

Форма допроса Д. Манько была другой – в виде собственноручных показаний о «контрреволюционной вражеской деятельности» бывшего заместителя начальника УНКВД. Главное внимание обращалось на эту деятельность в ходе проведения польской операции – одной из самых массовых репрессивных акций во время Большого террора. Д. Манько написал, что с приездом Г. Гришина-Шенкмана в Житомир «он фактически возглавил оперативную работу областного Управления. Издаваемые приказы оперативного характера, хотя и подписывались начальником Управления Якушевым, но, по сути таковые отражали установки Гришина». Таким образом, приведенные нами ранее соображения наркома внутренних дел УССР И. Леплевского о том, что Г. Гришин-Шенкман «обеспечит оперативное руководство Облуправления», подтвердились.

Далее Д. Манько конкретизирует свои показания: «Гришин во вражеских целях дал указание райотделениям НКВД и оперативному составу областного управления НКВД, вопреки указаниям народного комиссара внутренних дел СССР генерального комиссара государственной безопасности тов. Ежова о репрессиях жен изменников родины Военной коллегией и Военным трибуналом, производить массовые аресты жен репрессированных в порядке приказа № 00485. При этом Гришиным была дана установка немедленно продавать имущество жен репрессированных, а детей распределять по местным детдомам. В результате нажима со стороны Гришина было арестовано по области свыше 800 человек жен и родственников осужденных в соответствии с приказом № 00485. В этом вопросе Гришин занял явно вражескую линию, систематически терроризировал как областной аппарат, так и периферии, о чем могут подтвердить б[ывший] оперуполномоченный III отдела УГБ Томин, нач[альник] Словечанского РО НКВД Васильев и другие, которых Гришин заставлял, не разбираясь [ни] с возрастным составом (арестовывались дети 17 лет), ни с родственными связями (арестовывались дальние родственники), производить массовые аресты».

Д. Манько написал, что после смены руководства УНКВД, с приездом в Житомир Г. Вяткина, «аресты жен осужденных в порядке приказа № 00485 были прекращены, и было предложено немедленно разобраться с арестованными, в результате чего свыше 350 человек было освобождено как незаконно арестованных. Освобожденные жены систематически ходят в областное управление НКВД, прокуратуру и другие областные организации с требованием возврата незаконно изъятого имущества и детей, и, естественно, вокруг проведенного мероприятия Гришин[ым], что является явной вылазкой классового врага, имеется много нездоровых явлений со стороны населения»[73].

Это было первое из обвинений, выдвинутых Д. Манько в адрес своего бывшего начальника. Оно наглядно показывает, как раскручивался маховик репрессивной машины во время Большого террора. Полученный из центра репрессивный импульс (приказ о начале проведения очередной «операции») под влиянием субъективного фактора (проводников и непосредственных исполнителей репрессий) перерастал в брутальный, еще более массовый террор. Если отбросить партийную риторику («явная вылазка классового врага»), то эта часть обвинения была справедлива, поскольку Г. Гришин-Шенкман проявил излишнюю рьяность.

Специфика времени заключалась в том, что, вскрывая отдельные ошибки, нельзя было усомниться в правильности чекистской деятельности в целом. Поэтому вторая часть обвинения в адрес Г. Гришина-Шенкмана парадоксально, с точки зрения сегодняшнего дня, но вполне логично тогда, имела абсолютно противоположную направленность. Он обвинялся в недостаточном усердии в проведении репрессий. Д. Манько писал, что с приездом в Украину наркома внутренних дел СССР Н. Ежова «было предложено подготовить материалы по вопросу засоренности Житомирской области польским националистическим к-р повиацким[74] элементом». И, «несмотря на то, что в Житомире имелась и имеется колоссальная база польского националистического повиацкого элемента», в написанной Г. Гришиным-Шенкманом докладной записке на имя Н. Ежова «было указано, что в Житомирской области кадры и учеты к-р националистического и пеовяцкого элементов по своему количеству незначительны, и только со сменой областного руководства в Житомирской области была вскрыта большая организация "ПОВ", насчитывающая свыше 3000 человек. Этот факт, бесспорно, свидетельствует о том, что Гришин во вражеских целях пытался сохранить пеовяцкие кадры»[75].

Обвинения, выдвинутые Д. Манько, давали следствию возможность маневрировать в построении дела Г. Гришина-Шенкмана – его можно было обвинить как в чрезмерном усердии («нарушение социалистической законности»), так и в отсутствии твердости в борьбе с врагом (а это была уже, как минимум, вредительская деятельность). В этой связи отметим, что выбор следствием свидетеля был не случаен. Начальник 3-го отдела УНКВД М. Федоров не успел поработать под руководством Г. Гришина-Шенкмана[76], а его заместитель Д. Манько не только поработал, но и в дальнейшем оставался в УНКВД на острие «борьбы с врагами». Обращает на себя внимание то, что, хотя Д. Манько и назвал деятельность обвиняемого вражеской, он не дополнил ее шпионской или троцкистской окраской. А ведь это была главная рабочая версия следствия. Второй важный момент заключался

Житомир

133

в том, что следствию нужны были новые свидетели, и оно их получило.

Из названных Д. Манько свидетелей первым был допрошен врид начальника ОО 68-й авиабригады (г. Житомир) Алексей Сократович Томин (1910 г. р.)[77]. Протокол его допроса от 14 августа 1938 г. имел вид собственноручных показаний[78]. Второй свидетель – к тому времени начальник 1-го отделения 3-го отдела УНКВД по Житомирской области – Георгий Николаевич Васильев (1903 г. р.) был допрошен гораздо позже[79].

А. Томин показал: «Вскоре по прибытии на должность зам[естителя] нач[альника] УНКВД Гришин вызвал меня для доклада о ходе операции по репрессированию жен изменников родины по районам Житомирской об[лас]ти и непосредственно в г. Житомире. В тот период я возглавлял оперативно-следственную группу. Количеством проведенных арестов Гришин был недоволен, указав, что следствие преступно долго затягивается, арестам необходимо подвергнуть буквально всех жен поляков и немцев, осужденных в соответствии [с] приказом № 00485, и отдал мне такое распоряжение: каждому следователю оформлять на особое совещание минимум тридцать дел жен изменников родины в сутки. Практиковавшийся допрос свидетелей об антисоветской деятельности жен репрессированных Гришин приказал прекратить. На последовавшие с моей стороны возражения о том, что следствие будет в таком случае проводиться с нарушением УПК, Гришин доподлинно мне заявил: "Смешно говорить о том, что эти дела будут рассматриваться на особом совещании, из этих дел будут взяты только фамилии, а вообще есть приказ наркома Украины об очистке погранполосы от жен поляков и немцев, осужденных в порядке приказа № 00485, и вы обязаны всех до единой арестовать, тем более, что вы должны только проследить за ходом арестов, представляя мне сведения, так как директива об аресте жен поляков и немцев спущена всем районам области". Несмотря на то, что специальные приемники для содержания детей репрессированных были переполнены, было отдано распоряжение Гришиным арестовывать матерей – жен изменников родины, оставляя детей на попечение колхозов»[80].

Приведенные А. Томиным факты очень красноречивы. Г. Гришин-Шенкман был хорошо осведомлен об упрощенном порядке рассмотрения дел лиц, подлежавших репрессированию согласно приказу НКВД СССР № 00485 (польская операция) и другим аналогичным приказам и директивам. Даже если попытаться отыскать в этом приказе рациональное зерно (ради, так сказать, исторической объективности), то, оно все равно нивелируется упрощенным порядком рассмотрения дел по альбомным справкам, утверждавшимся так называемой высшей двойкой в составе наркома внутренних дел СССР и прокурора СССР. В этом состояло колоссальное разлагающее влияние центра на проводников и исполнителей репрессий. Создавался прецедент, когда можно было без особых усилий выдавать на-гора дела, обрекая на гибель и страдания тысячи ни в чем не повинных людей. На этом фоне возникало желание, как у Г. Гришина-Шенкмана, применить эти же «стахановские» методы и в отношении других контингентов лиц, подлежавших репрессированию согласно директивам центра.

Запустив репрессивный конвейер, трудно было рассчитывать на ощутимые успехи в классической контрразведывательной деятельности. О каких контрразведывательных операциях, мероприятиях и т. п. могла идти речь, когда личному составу третьих отделов только и надо было успевать заполнять спущенные центром смертоносные лимиты. Проводники и исполнители репрессий сознательно старались компенсировать низкое качество и неэффективность своей работы максимальным количеством репрессированных.

В этой связи подчеркнем, что в ходе Большого террора наиболее ярко проявились истинные ценностные ориентации многих чекистов. В той обстановке гораздо легче было показать служебное рвение, то, что высокопарно называли чекистской бдительностью, партийной стойкостью, непримиримостью к врагам советской власти и т. п. Первым таким рьяным исполнителем-«показушником» в Украине был нарком внутренних дел УССР И. Леплевский. Хорошо зная или чувствуя это, выдвиженец наркома Г. Гришин-Шенкман и сам «развернулся» на новом участке работы. В данном случае можно проследить причинно-следственную связь совершавшихся преступлений через построение короткой персональной цепочки: И. Леплевский – Г. Гришин-Шенкман – А. Томин – оперативный работник (следователь) «Х». Человеконенавистническая воля наркома всего-навсего через три рукопожатия достигала того, кто работал, говоря языком спецслужб, «на земле».

Слова Д. Манько и А. Томина подтвердил преемник Г. Гришина-Шенкмана на должности заместителя начальника УНКВД А. Лукьянов[81]. Он обвинил предшественника в «активной вражеской деятельности»: «В контрреволюционных целях извратил приказ НКВД СССР по вопросу репрессий жен изменников родины [...]. Таким образом было арестовано 820 чел. жен репрессированных в порядке приказа № 00485. [...] Впоследствии пришлось в массовом порядке освобождать жен как незаконно арестованных, что вызвало ряд нездоровых проявлений со стороны населения»[82]. Подтекст был таков: вот какую кашу заварил этот враг с целью дискредитации мероприятий, проводимых органами НКВД. Для подкрепления вины обвиняемого А. Лукьянов привел еще и два примера сдерживания Г. Гришиным-Шенкманом репрессивного рвения своих подчиненных, о которых нами будет сказано немного позже.

Еще одним арестованным важным житомирским чекистом был бывший начальник Бердичевского горотдела НКВД В. Мартынюк[83]. Следствие по его делу велось в 3-м отделе НКВД УССР. К делу Г. Гришина-Шенкмана приобщены два протокола его допросов. В первый раз его допрашивали следователи Луговой[84] и Франц[85]. Описывая вражескую деятельность Г. Гришина-Шенкмана, они дошли до абсурда. Согласно протоколу, В. Мартынюк показал: «Гришин дал мне установку подвергнуть аресту начальствующий состав контрреволюционных армий и руководителей контрреволюционного националистического подполья, а других участников банд еврейских погромов, петлюровской и др. антисоветских армий Гришин дал мне указания аресту не подвергать, вследствие чего по Бердичевскому району, который насыщен участниками петлюровской и др. антисоветских армий, а также участниками националистических подпольных формирований, [они] оставались не арестованными»[86].

Семантика и стилистика документа передает инспирированные центром умонастроения руководителей и оперативных работников НКВД УССР. «Рука Москвы» в данном случае заключалась в решении Политбюро ЦК ВКП(б) от 31 января 1938 г. о проведении дополнительных репрессий в Украине, а также в установках наркома внутренних дел СССР Н. Ежова, данных им в середине февраля 1938 г., во время посещения Киева. Именно из Москвы были привезены в НКВД УССР утверждения о «целых антисоветских националистических дивизиях», «гуляющих в подполье» в Украине.

У проводников репрессий «целые дивизии», видимо, на подсознательном уровне трансформировались в «начальствующий состав и участников контрреволюционных армий», «руководителей и участников националистических подпольных формирований». Имелись в виду прежде всего Армия УНР и Польская военная организация периода 1919–1921 гг. Создавалась иллюзия наличия организованных и многочисленных их остатков, что давало основания говорить о «целых дивизиях, гуляющих в подполье». Таковы были в понимании сотрудников НКВД особенности оперативной обстановки. Почти весь 1938 г. прошел под знаком усиленного вскрытия органами НКВД УССР украинского, польского и прочего «антисоветского националистического подполья».

Вторая часть показаний В. Мартынюка касалась освещенных ранее незаконных арестов жен «врагов народа». В. Мартынюк стал четвертым свидетелем (после Д. Манько, А. Томина и А. Лукьянова), давшим показания по данному вопросу. Признав, что он выполнял вражеские установки Г. Гришина-Шенкмана, потому что был у него в подчинении, В. Мартынюк, тем не менее, отрицал наличие организационной связи между ними в проведении совместной «вражеской деятельности»[87].

Дополнил картину этой деятельности начальник 4-го отдела УНКВД М. Леснов: «В период массовых операций, до 10 января 1938 г., мне пришлось работать в оперативном штабе. Гришин неоднократно от меня требовал, чтобы я нажимал на периферийный аппарат, чтобы скорее заканчивали следственные дела. Эти требования, по существу, не давали возможности выявить и вскрыть в свое время существовавшее к[онтр]-рев[олюционное] подполье в Житомирской области»[88].

С этими словами никак не вязался следующий факт, приведенный ранее и А. Лукьяновым: «Был нами арестован активный троцкист в Коростене Ткачук[89]. Последний дал показания о своем активном участии в к[онтр]-рев[олюционном] подполье. Вместо того, чтобы закончить по этому делу следствие и судить врага, Гришин послал специального работника IV отдела т. Стукановского "перепроверить" материалы следствия, делая упор на то, что арестованный якобы сознался под нажимом и его надо освободить. Когда же т. Стукановский все же нашел, что Ткачук является несомненным (sic!) врагом и допрошен правильно, Гришина все же долго пришлось убеждать в необходимости Ткачука судить»[90].

Так как же было на самом деле: торопил заканчивать дела и одновременно заставил перепроверить материалы следствия? Да, именно так и было. Массовые аресты и псевдоследствия по делам сотен людей практиковались Г. Гришиным-Шенкманом как система, а в данном случае имела место вынужденная перестраховка. По его словам, он послал в Коростень работника, «имея на это указания НКВД УССР, возвратившего это дело для доследования»[91]. Но, по свидетельству М. Леснова, «Гришин неоднократно сотрудникам давал установки "поосторожнее" допрашивать арестованных, не нажимать на них в требовании сознаний, пугая ответственностью, чем фактически деморализовал весь аппарат областного Управления»[92].

Следовательно, заместитель начальника УНКВД вполне осознавал, что за совершаемое его могут привлечь к ответственности. С этим был связан определенный психологический надлом, прежде всего у проводников репрессий. Многие из них знали и чувствовали, что творят зло, какими бы идеологемами оно не обосновывалось. Впрочем, даже обсуждая между собой происходящее, они понимали, что не в силах что-либо изменить. Выхода из этого они уже не видели. Хотя – возможно, в поисках самоуспокоения – они призывали подчиненных к осторожности, или же попросту фарисействовали, предупреждая об ответственности и в то же время возлагая на них поиски приемлемых решений. Бывший подчиненный Г. Гришина-Шенкмана истолковал это как деморализующее влияние.

В этой связи интересные показания дал другой его бывший подчиненный – начальник 3-го отделения 3-го отдела УНКВД Б. Ювженко: «…В его тоне чувствовалась враждебность к нашим органам, он брезгливо относился к отдельным сотрудникам, мог наносить всякие оскорбления, выражаясь нецензурными словами, называя: вы, мол, еще незрелые в политике и т. п., и когда требовалось немедленное разрешение в части репрессии того или иного врага, то Гришин буквально издевался над работником, возбуждавшим этот вопрос […].Гришин безосновательно придирался к работникам Управления, вызывал возбужденность, травил их, запугивал…»[93].

Заместитель начальника УНКВД чувствовал свое превосходство над подчиненными. Указание на их политическую незрелость было типичным проявлением комчванства, характерного для руководящих номенклатурных работников того времени. С другой стороны, он был не далек от истины. Многие рядовые чекисты и руководители нижнего и среднего звена были людьми малограмотными, усвоившими лишь некоторые общеобразовательные штампы, идеологические постулаты и поведенческие стереотипы. Психологическое давление на подчиненных было защитной реакцией руководителей, не уважавших своих сотрудников, на которых нельзя было положиться в серьезном деле, и считавших, что они способны лишь на грубую работу.

Подчиненные, когда у них появлялась такая возможность, не оставались в долгу. Так, М. Леснов предоставил следствию еще один эпизод для обвинения бывшего руководителя: «Считаю, что Гришин в большой мере виноват в совершившемся в феврале [с. г.] массовом побеге арестованных из внутренней тюрьмы НКВД. Вина его в том, что он плохо организовал охрану внутреннего тюрьпода, не выработал соответствующую инструкцию для охраны, ответ[ственным] дежурным (коим запрещалось проверять тюрьпод) и т. п. В результате 11 осужденных к ВМН путем пролома решетки бежали из тюрьпода»[94]. Это была очень серьезная информация, но изложенная в сокращенном виде. История имела продолжение, которое в материалах следствия появилось позже.

Второй этап следствия по делу Г. Гришина-Шенкмана завершился в конце августа 1938 г. написанием им заявления на имя наркома внутренних дел УССР А. Успенского, оформлением двух протоколов его допросов, вынесением постановления о продлении срока содержания его под стражей, составлением протокола о завершении следствия по делу и протокола его дополнительного допроса представителем военной прокуратуры, а также приобщением к его делу протокола допроса В. Мартынюка от 5 сентября 1938 г. Согласно показаниям Г. Гришина-Шенкмана во время судебного заседания, в этот период его избивали, и он подписал все, что от него требовали.

В заявлении он написал, что в конце 1932 г. Г.А. Гришин-Клювгант вовлек его в «антисоветскую троцкистскую вредительскую организацию» (наконец-то следствию удалось связать двух Гришиных в одно организационное целое), по заданиям которой он осуществлял вредительскую линию в агентурно-оперативной работе. Признав свою вину в арестах жен репрессированных, Г. Гришин-Шенкман закончил свое обращение к наркому просьбой личного характера: «Я прошу Вас, гражданин Народный комиссар, пощадить лично мою ни в чем не повинную семью [...] – жену и дочь, которым я причинил так много горя и страданий»[95]. Конечно, горе и страдание, причиненные им сотням других людей, например женам репрессированных, потерявших мужей, детей и имущество, были несоизмеримы с лишениями его семьи. Он знал об этом и боялся худшей участи для своих родных, прося, чтобы нарком лично пощадил их.

В этой связи для составления социально-психологического портрета обвиняемого интерес представляет уточнение его биографических данных в ходе следствия. На вопрос, почему он стремился попасть на работу в органы ЧК-ГПУ, Г. Гришин-Шенкман ответил: «Мне хотелось хорошо пожить, быть у власти, командовать, и я считал, что этого добьюсь в органах ЧК-ГПУ»[96]. С этой же целью Г. Гришин-Шенкман в анкетах «приписывал себе разные революционные заслуги» («при деникинцах подвергался преследованиям и аресту»), которых в действительности не имел[97]. Даже если учесть, что он находился под сильным давлением следователей, ответ в целом отражал истинные ценностные ориентации и мотивацию Г. Гришина-Шенкмана и многих других его коллег, стремившихся попасть в «органы». Изгнание из них и арест означали крах всей жизни. В протоколах допросов излагались обстоятельства вовлечения в «антисоветскую троцкистско-заговорщическую организацию», сведения об ее кадрах и задачах, которые якобы поставил Г. Гришин-Клювгант перед Г. Гришиным-Шенкманом еще в 1932 г.[98] Далее приводились факты из его служебной деятельности, приправленные «вредительским соусом»[99]. «Организационные связи» между М. Детинко, Н. Смелянским и Г. Гришиным-Шенкманом по-прежнему не выходили за рамки этой троицы. На требование сказать, кого Г. Гришин-Шенкман завербовал в «организацию», он отвечал, что никого не вербовал, и заданий таких ему никто не давал. Также отрицал он связь с иностранной разведкой и шпионскую деятельность, признав свою вину по другим пунктам[100].

Таким образом, Г. Гришин-Шенкман «сознался в принадлежности к антисоветской троцкистской заговорщической организации». Однако, поскольку снова необходимо было произвести ряд дополнительных следственных действий, возбуждалось ходатайство о продлении срока содержания его под стражей до 1 октября 1938 г.[101] При этом обвиняемому было объявлено, что следствие по его делу закончено, и следственное дело направляется по подсудности[102].

Тем временем В. Мартынюк признался, что был завербован в «троцкистскую организацию» Г. Гришиным-Шенкманом. Интересны обстоятельства вербовки: «Гришин, работая заместителем начальника областного Управления НКВД по Житомирской области, часто приезжал ко мне в Бердичев, останавливался у меня. В наших беседах Гришин высказывал свое неудовольствие массовыми арестами, которые проводились, подкрепляя это фактом того, что политика коммунистической партии неправильна, вследствие чего возникают массовые недовольства трудящихся, а отсюда – аресты и репрессии без разбора, кого и как. Я взгляды Гришина полностью разделял и одобрял»[103]. Советская традиция кухонных разговоров о политике жила и среди руководителей разных рангов. Не были исключением и чекисты. То, что они друг другу доверительно говорили, высказывая подчас свое возмущение, под нажимом следствия превращалось в преступление.

Похоже, что от В. Мартынюка следствие больше ничего не добилось. 30 сентября 1938 г. выездная сессия Военной коллегии Верховного суда СССР приговорила его к ВМН[104]. Произошло это во время паузы в следствии по делу Г. Гришина-Шенкмана. Ни одного документа, объясняющего паузу, длившуюся почти полтора месяца, в деле нет. 13 октября 1938 г. обвиняемого ознакомили с показаниями В. Мартынюка о «вербовке» его в «организацию». Нужно отдать должное Г. Гришину-Шенкману – этот пункт обвинения он отрицал стойко[105], что так и не позволило следствию расширить круг житомирских чекистов – «участников троцкистской организации». В следствии снова наступила пауза, которая длилась еще дольше, чем первая – до конца декабря 1938 г.

Расширение следствия
(конец ноября 1938 г. – январь 1939 г.)

В декабре 1938 г. расследование по делам житомирских чекистов вступило в новую фазу. В связи с этим обратимся к документам, опубликованным в совместном польско-украинском научно-документальном издании, посвященном проведению органами НКВД УССР польской операции. В нем содержится раздел из 26 документов, основная часть которых относится к Житомирской области[106]. Составители указали, что эти документы рассказывают о следствии по делам бывших работников НКВД, которые были признаны виновными в применении незаконных следственных методов, и обратили особое внимание на три документа: протокол допроса свидетеля – главного врача Житомирской тюрьмы Наума Моисеевича Мордушенко (1895 г. р.), объяснение упоминавшегося Д. Манько и письмо[107] военного прокурора пограничных и внутренних войск НКВД УССР военного юриста 1-го ранга Морозова прокурору СССР А.Я. Вышинскому (1883–1954).

Главврач рассказал о случаях составления актов о смерти замученных узников тюрьмы без предварительного вскрытия тел или даже их осмотра, о вписывании в документы фальшивых причин смертей, об обнаружении на телах многих жертв следов от побоев на допросах, а также о запрещении со стороны тогдашнего начальника тюрьмы УНКВД Михаила Захаровича Глузмана (1904 г. р.) фиксировать жалобы жертв избиений на действия следователей УНКВД[108]. Все это имело место в период с конца 1937 по сентябрь 1938 гг.

Основной докладчик на заседаниях особой тройки при УНКВД Д. Манько, пребывавший на тот момент еще на свободе (арестован 8 января 1939 г.), дал пояснения о порядке слушания следственных дел на заседаниях тройки в период с 20 сентября по 3 ноября 1938 г. Среди многочисленных «извращений» в деятельности особой тройки он привел факты отсутствия на заседаниях тройки одного из ее членов[109].

Военный прокурор сообщал о том, что «расследованием по делу о вражеской деятельности» бывшего начальника УНКВД Г. Вяткина установлены двукратные осуждения одних и тех же лиц, осуждение уже расстрелянных узников, многочисленные расхождения фамилий в документах, нарушение процедур работы тройки, осуждение к высшей мере наказания людей без ознакомления с их делами и даже без формального окончания следствия, массовый характер применения пыток во время следствия[110].

Даже краткого изложения содержания этих трех документов достаточно для того, чтобы составить общую картину преступной вакханалии, творившейся в УНКВД. Выделим три основных вида правонарушений. Первый – преступления (вплоть до убийств арестованных), совершавшиеся работниками УНКВД во время следствия. Второй – нарушения в порядке деятельности особой тройки, допускавшиеся со стороны членов тройки – начальника УНКВД, секретаря обкома КП(б)У и областного прокурора (легитимность тройки как внесудебного органа не подвергалась сомнению). Третий – фальсификации в служебном делопроизводстве УНКВД («липачество») со стороны следователей, руководящего состава, технического аппарата, медицинского персонала.

Теперь дополним картину информацией из этих и других документов, взяв за основу обозначенные три вида правонарушений.

Итак, 16 ноября 1938 г. был арестован начальник УНКВД Г. Вяткин. В рамках возбужденного против него уголовного дела были допрошены и дали объяснения многие работники УНКВД. Одним из них был Н. Зуб, также арестованный позднее (8 января 1939 г.). 24 ноября 1938 г. в рапорте на имя врид начальника УНКВД И. Дарагана он доложил, что после получения 16–17 сентября 1938 г. из НКВД УССР шифртелеграммы о необходимости организации особой тройки при УНКВД для упрощенного слушания следственных дел арестованных, Г. Вяткин возложил на него обязанности секретаря тройки. В круг его обязанностей входили: организация рассмотрения и оформления следственных дел в 1-м спецотделе для слушания на заседании особой тройки, подготовка протоколов заседаний тройки и последующее их оформление (предоставление на подпись членам тройки), составление отчетности о результатах работы тройки для НКВД УССР.

Однако уже с первого заседания тройки 20 сентября 1938 г. Вяткин внес коррективы в функции исполнителей репрессий. Следственные дела представлялись на заседание тройки непосредственно докладчиками, в основном Д. Манько, без предварительного рассмотрения их в 1-м спецотделе. Н. Зуб ни на одном заседании тройки не присутствовал. После первого заседания его вызвал Вяткин и приказал по своим пометкам на альбомных справках на лиц, подвергшихся внесудебным репрессиям, составить шифртелеграмму в НКВД УССР с цифровыми данными о лицах, в отношении которых было принято решение о расстреле.

Начальник УНКВД также приказал не ждать окончания оформления протокола (первый и последующие протоколы были большими по объему – на 350–500 человек, и машинистки не успевали их печатать до заседаний тройки), а выписать предписание (по пометкам Вяткина) коменданту УНКВД М. Люлькову для немедленного исполнения расстрельных решений особой тройки. Г. Вяткин приказал Н. Зубу в дальнейшем передать руководство подготовкой протоколов тройки начальнику 3-го отдела М. Федорову.

Обязанностями Н. Зуба стало получение предписаний на приведение решений особой тройки в исполнение у оперуполномоченного (через некоторое время – врид начальника отделения) 3-го отдела сержанта госбезопасности Адама Антоновича Грицика (1903 г. р.). Затем он должен был производить отбор лиц, в отношении которых были вынесены решения тройки, в местах их заключения в Житомире и Бердичеве, осуществляя при этом сверку установочных данных узников с данными, указанными в предписаниях. Ему поручалось присутствовать и следить за приведением в исполнение решений тройки, а также составлять акты о приведении в исполнение этих решений.

По мнению Н. Зуба, изменения, внесенные Вяткиным в механизм работы тройки, привели к тому, что на день ареста начальника УНКВД из 13 протоколов заседаний особой тройки оставалось еще 6 протоколов, не подписанных членами тройки, по которым проходило 2178 человек. При этом не были приведены в исполнение решения тройки только в отношении 20 человек, которых в момент отбора просто не оказалось в местной тюрьме[111]. Данная информация существенно дополняла картину «извращений» в деятельности руководителя и личного состава УНКВД по Житомирской области в части работы особой тройки при УНКВД осенью 1938 г.

Показательной была и вторая часть рапорта, в которой говорилось о деле бывшего начальника Коростенской городской милиции Василия Мефодьевича Скрыпника (1898–1938). Это дело впоследствии фигурировало во многих документах, разоблачавших преступную деятельность местных чекистов. В. Скрыпник был арестован 27 апреля 1938 г. Коростенским горотделом НКВД как «активный участник контр-революционной повстанческой организации». Дело на него вел в 4-м отделе УНКВД Д. Малука, который до октября 1937 г. работал в Коростенском окротделе НКВД и знал Скрыпника.

В ночь на 26 июня 1938 г. Д. Малука вызвал В. Скрыпника на допрос и избил его. Вернувшись в камеру, Скрыпник умер. Спустя некоторое время начальник внутренней тюрьмы УГБ УНКВД Ф. Игнатенко, старший надзиратель тюрьмы Даниил Власович Левченко (1911 г. р.) и фельдшер внутренней тюрьмы Матрена Сергеевна Гненная (1917 г. р.) составили фиктивный акт о том, что Скрыпник скончался от паралича сердца[112]. 16 декабря 1938 г., по результатам расследования убийства В. Скрыпника, военный прокурор пограничных и внутренних войск НКВД УССР Морозов постановил заключить под стражу Д. Малуку, Ф. Игнатенко и Д. Левченко[113]. Но это было позже, а 21–22 сентября Д. Малука заявил Н. Зубу, что Г. Вяткин распорядился включить дело В. Скрыпника в последний протокол заседания тройки, существовавшей при УНКВД ранее (за май 1938 г.). Затем оформить акт о приведении в исполнение решения тройки. С этой целью из протокола заседания тройки был вырван подписанный последний лист и заново перепечатан с добавлением в него дела на В. Скрыпника. После этого по требованию Г. Вяткина

Н. Зуб составил предписание коменданту УНКВД М. Люлькову о выполнении якобы майского решения тройки в отношении В. Скрыпника. Однако, по словам Зуба, акт о приведении приговора в исполнение им не составлялся, так как он не видел арестованного и не знал, куда он делся. Только позднее Д. Малука ему сообщил, что Скрыпник умер.

Сам факт существования внесудебного органа проведения массовых репрессий – тройки при УНКВД – давал возможность их исполнителям скрывать совершавшиеся преступления. Заслуживают внимания и пояснения по этому поводу Д. Манько. Он детально описал процедуру рассмотрения документов, выносившихся на заседание тройки, и оформления решений по ним. На первом заседании особой тройки 20 сентября 1938 г. присутствовали Г. Вяткин (председатель), второй секретарь Житомирского обкома КП(б)У Михаил Сергеевич Гречуха (1902–1976), заменивший отсутствовавшего первого секретаря обкома, и областной прокурор Василий Дмитриевич Распутько (1898 г. р.). Вяткин решил взять «большевистские темпы» в «работе» тройки и предложил Манько доложить на заседании 400 дел, но в результате было доложено 350.

Снижение темпа можно пояснить следующим. Сначала Д. Манько зачитал членам тройки обвинительное заключение по групповому делу, а затем приступил к докладу индивидуальных следственных дел. Видимо, такая процедура заняла немало времени, а информация, которая озвучивалась, не отличалась разнообразием. После того как Манько доложил справки примерно на 40–50 человек, Вяткин предложил прекратить докладывать дела. Члены тройки стали просто просматривать альбомные справки и принимать на этом основании решения. Секретарь обкома и областной прокурор при этом никаких отметок на документах не делали. Из 350 дел В. Распутько и М. Гречуха останавливались примерно на 6–9, высказывая свое сомнение, после чего по предложению Г. Вяткина Д. Манько зачитывал выдержки из протоколов допросов обвиняемых, и решение, которое предлагали чекисты, принималось. Начальник УНКВД, демонстрируя решительность, лично проставлял карандашом на справках отметки о мере наказания – букву «Р», что означало «расстрелять»[114].

М. Гречуха принимал участие в заседании особой тройки еще один раз и снова никаких пометок на документах не делал[115]. Так поступал и областной прокурор В. Распутько. Напротив, первый секретарь Житомирского обкома КП(б)У Максим Авксентьевич

Диденко (1904 г. р.), принимавший участие во всех остальных заседаниях особой тройки, в тандеме с Вяткиным проставлял на альбомных справках и обвинительных заключениях отметки о принятом решении.

Д. Манько конкретизировал информацию о процедуре оформления протоколов заседаний тройки и предписаний на приведение ее решений в исполнение: «После заседания Тройки дела передавались в штаб, который был специально организован, где выписывались карточки и проверялись дела (техническое оформление). Альбомы же с отметками, сразу же после решения Тройки, сдавались в группу, которая писала по справкам протоколы»[116]. Далее мы еще вернемся к этому сюжету.

Выделенные три основных вида преступлений – 1) преступления, совершавшиеся работниками УНКВД по Житомирской области во время следствия в период с июня по ноябрь 1938 г., 2) нарушения в порядке деятельности особой тройки и 3) фальсификации в служебном делопроизводстве – стали катализаторами первоначального расследования со стороны военной прокуратуры, а затем и подключения к расследованию представителя НКВД УССР Т. Голубчикова. Прибыв в Житомир, он приступил к ознакомлению с материалами, имевшимися у военного прокурора Морозова. Через два дня Т. Голубчиков направил заместителю наркома внутренних дел УССР старшему лейтенанту госбезопасности Амаяку Захаровичу Кобулову (1909–1955) рапорт, в котором доложил, что при ознакомлении с указанными материалами «выяснил наличие нарушений и грубейших извращений революционной законности в практике следственной работы аппарата УНКВД Житомирской области (убийства арестованных при допросе, мародерство, липачество и т. п.)». Далее в рапорте речь шла о тройке: «Действовавшая Особая Тройка при УНКВД под председательством Вяткина выносила решения по неподсудным ей делам на командиров РККА, инженеров, агрономов, учителей и т. п., рассматривала ряд дел без всякого материала следствия и дела давно умерших и убитых при допросах обвиняемых»[117].

Из рапорта Т. Голубчикова видно, что обвинения в адрес начальника и работников УНКВД был гораздо шире, чем те, по поводу которых они давали пояснения. Особенно серьезным было обвинение в превышении полномочий особой тройки. Это не было особенностью Житомирской области, такие обвинения звучали и в других местах. Обращает на себя внимание жесткий характер выдвигавшихся обвинений: «Приступив к следствию, я выяснил ряд фактов, когда отдельные работники, сознательно выполняя волю врага народа Вяткина, убивали при допросах арестованных, фабриковали дела для Тройки, затем всячески старались замести следы (Дело Скрыпника, Парчевского и друг.»[118]. Был определен Т. Голубчиковым и круг главных виновников: М. Федоров, Д. Манько, Н. Зуб, Д. Малука, Ф. Игнатенко, Д. Левченко и ряд других. Он доложил, что дело на арестованных военным прокурором Д. Малуку, Ф. Игнатенко и Д. Левченко принял к своему производству и о ходе следствия будет информировать, попросив у заместителя наркома соответствующих указаний[119].

Забегая вперед, скажем, что, получив поддержку, Т. Голубчиков 30 декабря 1938 г. вынес постановление о предъявлении обвинения Д. Малуке, Ф. Игнатенко и Д. Левченко. В нем, в частности, говорилось: «Игнатенко, будучи начальником внутренней тюрьмы УНКВД, не имея никакого отношения к допросам обвиняемых, принимал участие в избиении арестованных. В целях сокрытия преступлений Малуки и других лиц закопал во дворе УНКВД трупы убитых при допросах арестованных Скрыпника, Пастушенко и других, составив фиктивные акты о смерти этих лиц»[120].

В этом свете неоправданным выглядит последовавшее затем разделение материалов следствия. 10 января 1939 г. военный прокурор Морозов, рассмотрев следственный материал в отношении М. Леснова, М. Федорова, М. Люлькова, Н. Зуба, Д. Манько, Д. Малуки, Ф. Игнатенко и Д. Левченко, принял решение материалы следствия в отношении двух последних выделить в особое производство и передать для дальнейшего следствия начальнику УНКВД по Житомирской области. Основание для этого военный прокурор сформулировал следующим образом: преступление, совершенное Ф. Игнатенко и Д. Левченко, «выразившееся в присвоении вещей арестованных и мародерстве, связи с преступной деятельностью Леснова, Федорова и других никакой не имеет»[121]. Тем самым игнорировалось, например, участие Ф. Игнатенко в избиениях арестованных и соучастие в сокрытии убийства В. Скрыпника и др.

Одновременно с рапортом Т. Голубчикова заместителю наркома была направлена копия упомянутого донесения военного прокурора Морозова. Среди деталей «работы» особой тройки, описанных в донесении и имевших трагические последствия для многих людей – жертв репрессий, отметим некоторые. Как сообщал военный прокурор, никто из членов тройки следственными делами обвиняемых не интересовался, в них заглядывали лишь в единичных случаях[122]. Учитывая, как умело развеяли Г. Вяткин и Д. Манько сомнения М. Гречухи и В. Распутько по поводу 6–9 дел на первом заседании тройки, логично будет предположить, что в дальнейшем «заглядывание» в дела для секретаря обкома и областного прокурора было бесперспективным занятием, только затягивающим процедуру принятия решений.

Видимо, среди прочего, с этим обстоятельством была связана огромная диспропорция в степени тяжести «приговоров» – решений, выносимых особой тройкой. Обратимся к цифрам. Протокол № 8 от 27 сентября 1938 г.: 1-я категория – 374 человека, 2-я – 1 чел.; протокол № 9 от 28 сентября: 1-я категория – 442 чел., 2-я – 9 чел.; протокол № 10 от 3 октября: 1-я категория – 338 чел., 2-я – 1 чел.; протокол № 11 от 4 октября: 1-я категория – 352 чел., 2-я – 7 чел.; протокол № 12 от 7 октября: 1-я категория – 329 чел., 2-я – 3 чел.; протокол № 13 от 3 ноября 1938 г.: 1-я категория – 299 чел., 2-я – 21 человек[123]. Если бы члены тройки вникали в суть каждого дела, соотношение между решениями, которые они принимали, возможно, было бы другим.

Конкретизировано в донесении прокурора и превышение полномочий особой тройки: «Очевидно для того, чтобы скрыть факт принятия Тройкой к своему производству явно неподсудных ей дел об аттестованных военнослужащих, в протоколе заседания [№ 13 от 3 ноября 1938 г.] и в других документах вместо указания о работе, которую обвиняемые выполняли до дня ареста, пишется: "житель гор. Житомира" […].Таких записей, которые не дают возможность определить род занятия осужденных до дня ареста, только в одном протоколе № 13 имеется свыше пятидесяти»[124].

Военный прокурор негодовал по этому поводу: «Нужно признать, что в ряде случаев даже не скрывались явные беззакония, и с циничной наглостью это беззаконие выпирает из самих записей в протоколах. В протоколе № 13 имеется ряд записей об осуждении к ВМН аттестованных лиц начсостава (заведомо неподсудных Тройке). Привожу наиболее яркие факты: Туровский Антон Павлович, командир 132 стрелкового полка; Коваль Иван Афанасьевич, командир роты 131 стрелкового полка; Горчинский Феликс Эдуардович, пилот, и ряд других лиц начсостава осуждены к расстрелу и расстреляны. Не могу не привести и следующие факты: только по протоколу № 13 осуждены: учителей – 10 чел., техников – 5, агрономов – 3, врачей – 3, инженеров – 3, друг[их] специал[истов] – 4 (землеустроитель, лесничий, плановик, экономист)»[125].

Военный прокурор сделал вывод, в целом характерный для расследований, проводившихся тогда в областях: к руководству УНКВД «пробралась шайка врагов». Но этим он не ограничился. Кроме арестованного Г. Вяткина он считал необходимым предать суду бывшего первого секретаря обкома КП(б)У М. Диденко и областного прокурора В. Распутько, а также М. Федорова, Д. Манько, Н. Зуба, М. Люлькова и А. Грицика. Военный прокурор запрашивал у прокурора СССР санкции на арест этих лиц[126]. Его список отличался от списка Т. Голубчикова: в нем присутствовали М. Люльков и А. Грицик, которых не было в списке представителя НКВД УССР. Возможно, последний видел не все материалы расследования.

Таким образом, следствие установило общую картину преступлений в Житомирской области и продолжило свою работу, дополняя материалы новыми подробностями и фигурантами. Находившийся еще на свободе М. Федоров 23 декабря 1938 г. дал свои объяснения ситуации, которая возникла в УНКВД в 1938 г. Он сообщил, что Г. Вяткин организовал оперативно-следственную работу УНКВД по так называемому кустовому принципу. Были созданы четыре оперативно-следственные группы. Житомирскую возглавил Федоров. Бердичевской группой в течение месяца руководил бывший заместитель Федорова старший лейтенант госбезопасности Борис Юльевич Кругляк (1905 г. р.), а после него – начальник Бердичевского горотдела НКВД лейтенант госбезопасности Иван Митрофанович Белоцерковский (1907–1941). Новоград-Волынскую группу возглавлял помощник начальника 5-го отдела (названый М. Федоровым начальником 6-го отдела) Н. Ремов-Поберезкин, затем – начальник 1-го отделения 3-го отдела В. Вольский. Коростенской группой руководил начальник 4-го отдела А. Лукьянов.

Нужно отметить, что упомянутые четыре межрайонные оперативно-следственные группы существовали на Житомирщине еще с киевско-винницкого периода[127], позднее они были реанимированы, но не Г. Вяткиным, а его предшественником Л. Якушевым – приказом от 3 февраля 1938 г.[128]

Начальники групп проводили оперативно-следственную работу самостоятельно и были подчинены непосредственно начальнику УНКВД. В конце июня 1938 г. Коростенская и Новоград-Волынская группы были ликвидированы и все дела этих групп вместе с арестованными были переданы для окончания следствия в УГБ УНКВД. Бердичевская группа продолжала существовать до окончания всех следственных дел.

Согласно показаниям М. Федорова, на основании следственных материалов сотрудники 3-го отдела УНКВД составляли на каждого проходящего по делу человека справку. Затем справки и следственные дела, по которым они были составлены, просматривали работники областной прокуратуры во главе с заместителем областного прокурора по спецделам Яковом Абрамовичем Черкезом (1892 г. р.), а также военный прокурор Курдиновский. Содержание справок сличалось с материалами следствия. По словам М. Федорова, при возникновении сомнений вызывались отдельные арестованные для проверки[129]. Заметим, что начальник 4-го отдела М. Леснов подтвердил слова М. Федорова об осуществлении прокурорского надзора: «...До отправки след[ственных] дел в Москву все дела просматривались и пропускались группой прокуроров под руководством [заместителя] областного прокурора по спецделам Черкеза»[130].

По завершении просмотра справок и дел прокурорами законченные следственные дела Житомирской, Коростенской и Новоград-Волынской групп были подготовлены для отсылки в НКВД СССР для негласного рассмотрения по альбомным справкам. Но перед этим к 1 августа 1938 г., все дела были представлены в НКВД УССР для проверки, после чего возвращены обратно в Житомир, а альбомы направлены в Москву. Следственные дела Бердичевской оперативно-следственной группы рассматривались в Бердичеве, оттуда в УНКВД присылались на подпись только справки. Сами дела ездил докладывать в НКВД УССР начальник группы И. Белоцерковский. Через некоторое время НКВД СССР возвратил альбомы в УНКВД с предложением рассмотреть их на созданной при УНКВД особой тройке[131].

В объяснениях М. Федорова и М. Леснова видно стремление к перекладыванию ответственности за совершенные преступления на руководителей и работников оперативно-следственных групп, областной и военной прокуратуры, центральных аппаратов НКВД УССР и НКВД СССР. По большому счету, следственные дела и составленные на их основании документы видели все, кому это полагалось. И именно из Москвы и Киева шли указания исполнителям о дальнейших действиях, которые и делали возможным все то, что происходило в области.

Возможно, у М. Федорова еще были иллюзии по поводу того, что ему удастся избежать ареста. У арестованного Д. Малуки их уже не было, и он откровенно раскрыл механизм фабрикации следственных дел в УНКВД, существенно дополнив материалы следствия. Он показал, что многие арестованные содержалось под стражей по году без допросов, и, следовательно, никаких протоколов допросов и других документов в делах не было и в помине. Он рассказал о бюрократическом конвейере фальсификации процессуальных документов в более чем одной тысяче следственных дел. Допрошенные в связи с этим сотрудники УНКВД подтвердили его слова. Так, во многие дела вкладывали от 5 до 17–18 трафаретных постановлений о продлении срока содержания под стражей арестованных[132], а молодые сотрудники подписывали документы, датированные еще до их поступления на работу в органы НКВД[133].

В работе группы по допросам обвиняемых определяющим стало то, что, по словам Д. Малуки, на оперативном совещании М. Леснов установил для каждого следователя норму – 5–8 «расколов», т. е. признаний обвиняемых, в день. «Естественно, чтобы выполнить эти нормы, следователи прибегали к массовому избиению арестованных, добиваясь от них этими методами признаний»[134].

М. Леснов, со своей стороны, оправдывался тем, что после ликвидации Коростенской и Новоград-Волынской оперативно-следственных групп в 4-м отделе «оказалось около 800 арестованных, следователей было вместе с командированными от 15 до 20 человек, исключительно молодые товарищи, недавно пришедшие в органы. С такой большой нагрузкой, понятно, справиться мы никак не могли»[135]. Рассказывая о фактах «извращений в нарушении революционной законности и злоупотреблений», М. Леснов подчеркнул, что «нельзя выделять обособленно 4-й отдел, а нужно его брать в общей системе вражеской работы в областном управлении»[136]. Использование партийно-чекистского сленга («вражеская работа») не мешает признать сделанный им акцент правильным. Речь действительно идет об общей системе преступной деятельности органов НКВД во время Большого террора.

В начале 1938 г. эта система приобрела новые черты. Если изложить в хронологической последовательности информацию, предоставленную следствию М. Лесновым, то вырисовывается следующая картина. После назначения 25 января 1938 г. наркомом внутренних дел УССР А. Успенского, последний сразу же по прибытии в Киев созвал для инструктажа начальников областных управлений. В их числе был и начальник УНКВД по Житомирской области Л. Якушев. Вернувшись из Киева, Якушев созвал совещание всего оперативного состава органов НКВД области и довел до него установки нового наркома. По словам Якушева, в пересказе Леснова, Успенский заявил о существовании на территории Украины не вскрытого подполья, которое необходимо как можно быстрее ликвидировать. Какой окраски было подполье, Леснов точно не помнил, но вроде бы речь шла об «украинском военно-повстанческом подполье».

Для начала предлагалось поехать по селам, раздобыть нужную информацию и взять на оперативный учет бывших «политбандитов», петлюровцев, участников «ВПА»[137] и других лиц с «темным» прошлым. Затем составить оперативные листы, привести их в Житомир для получения санкции на арест лиц, указанных в листах. Выполняя указания, работники районных органов разъехались по местам, поверхностно взяли на учет подходящий контингент, составили оперативные листы и поехали за санкцией в областной центр. В Житомире Л. Якушев, Г. Гришин-Шенкман, начальник 3-го отдела А. Масловский, начальник 4-го отдела А. Лукьянов, начальник 1-го отделения 3-го отдела В. Вольский, начальник 3-го отделения 4-го отдела А. Стукановский, начальник 4-го отделения 4-го отдела Д. Манько и другие руководящие работники, в том числе и М. Леснов, получили материалы из нескольких районов каждый и на основании одной лишь характеристики, которую давал человеку начальник райотделения, санкционировали арест. «Бесспорно, – признал Леснов, – что тут было допущено много ошибок»[138].

Так возникла система арестов, производившихся по спискам, без наличия каких-либо компрометирующих материалов на людей. Одним из творцов этой системы был Л. Якушев, который, напомним, 3 февраля 1938 г. с целью интенсификации репрессий реанимировал четыре межрайонные оперативно-следственные группы. Вскоре он был снят с должности и отозван в Москву, а его деятельность продолжил Г. Вяткин.

О том, какие это имело последствия, можно судить из показаний одного из руководителей Новоград-Волынской группы Н. Ремова-Поберезкина. Он показал, что по состоянию на апрель 1938 г. группа существовала уже 7–8 месяцев, охватывала своей деятельностью 7 районов, а руководили ею поочередно А. Масловский, Н. Смелянский, Г. Артемьев, В. Вольский и он, Н. Ремов-Поберезкин. Пробыв начальником группы две недели, он «произвел массовый арест лиц, примерно 120 человек, без наличия материалов об их к[онтр]-р[еволюционной] деятельности и причастности к к-р организации, имея на это указания Вяткина и Успенского», «давал указания подчиненным мне лицам, чтобы к арестованным […] применять меры физического воздействия…», «сам лично принимал участие в избиениях на допросах арестованных…»[139]. Тем не менее в начале мая 1938 г. он был отозван в Житомир, по его словам, «как не справившийся с возложенными на меня задачами», и продолжил руководить 5-м отделом УНКВД[140].

Как видим, М. Федоров и М. Леснов имели все основания считать, что свою часть ответственности за совершенные в области преступления несут руководители и работники оперативно-следственных групп. Так, по мнению М. Леснова, «за всю работу Бердичевской оперативно-следственной группы ответственность должны нести т. Белоцерковский и бывш[ий] зам[еститель] нач[альника] УНКВД тов. Лукьянов. Тов. Лукьянов был туда прикреплен, там руководил следствием, утверждал дела, и готовые дела были привезены в канун отъезда в Москву для доклада. Сейчас, при проверке этих дел, устанавливается, что именно в тех делах имеется очень много ошибок, нарушений и т. п.»[141].

В мае 1938 г. Г. Вяткин вернулся с оперативного совещания начальников областных управлений, проводившегося наркомом А. Успенским, и сообщил работникам УНКВД о том, что в Украине «вскрыт центр контрреволюционного подполья среди бывш[их] партизан с большими филиалами по ряду областей». Для вскрытия этого подполья в Житомирской области Вяткин создал специальную группу следователей, в которую вошли Д. Малука (возглавил группу), В. Вольский, Ф. Гольцман[142] и работник Особого отдела из Коростеня. Кроме того, Вяткин созвал оперативное совещание отдельных начальников райотделений НКВД, которых он также проинструктировал по вопросам «вскрытия подполья среди красных партизан». Не вдаваясь в детали этого дела – одновременно и типичного для времен Большого террора, и довольно незаурядного в той конкретно-исторической обстановке, – отметим лишь объективные и субъективные факторы, которые являются предметом нашего исследования.

Итак, Г. Вяткин получил новое репрессивное задание в Киеве, ретранслировал его своим подчиненным, определил круг исполнителей, очертил пути и способы выполнения этого задания. Технологически все выглядело несколько усовершенствованной копией того, что делалось его предшественником Л. Якушевым в случае с «украинским военно-повстанческим подпольем». Следовало восстановить все учеты бывших партизан, выявить, какие имеются на них компрометирующие материалы, и в зависимости от полученных материалов произвести аресты. При этом Вяткин требовал, чтобы аресты производились только с его ведома и санкции. Одновременно он приказал пересмотреть следственные дела всех арестованных по всем отделам УНКВД и выявить, кто из арестованных являлся в прошлом партизаном, и их допросить «в плоскости выявления возможной их причастности к контрреволюционному партизанскому подполью»[143].

Вскоре из районов стали присылать докладные записки со списками бывших красных партизан и компрометирующими данными на них. М. Леснов и Д. Малука просматривали эти списки и делали на них пометки, кого следует арестовать, для доклада Г. Вяткину. После проведения санкционированных Вяткиным арестов по спискам за дело принималась выделенная группа следователей. В ее распоряжении были довольно «куцые», по определению М. Леснова, ориентировки НКВД УССР в форме копий докладных записок, направленных в НКВД СССР, и протоколов допросов «руководителей центра». Из НКВД УССР были присланы также персональные указания на арест ряда лиц из числа бывших партизан, проходивших по показаниям «руководителей центра». На основании этих указаний были арестованы несколько человек.

Трагедия не только в данном конкретном случае, но и в целом состояла в том, что изначально производились безосновательные аресты, которые потом разрастались как снежный ком. Сказав об «искривлениях», допущенных оперативно-следственными группами, М. Леснов на вопрос: «Были ли в 4 отделе такие же ошибки?», ответил: «Бесспорно, были. Так, вначале по распоряжению Вяткина аресты производились по недостаточно обоснованным материалам, маленьким агентурным сообщениям, старым учетам и т. д. Затем уже аресты производились по показаниям сознавшихся в участии в организациях арестованных. Наряду с арестами в большинстве случаев действительных врагов, активных врагов по вскрытым нами право-троцкистскому подполью, эсеровскому подполью, сионистскому [подполью], Украинской военно-повстанческой организации и друг[им], бесспорно, были случаи необоснованных арестов, имевших место благодаря некритическому отношению к показаниям обвиняемых следователями, н[ачальни]ками отделений и, в первую очередь, мною. Моя вина, что я лично не перепроверял показания путем передопроса арестованных, а положился на следователей и начальников отделений»[144].

Таким образом, М. Леснов разделял аресты на две категории. Более ранние он считал недостаточно обоснованными, более поздние, по показаниям «сознавшихся в участии в организациях» – обоснованными арестами преимущественно «действительных врагов». Так ли это? Как мы увидим, далеко не так. Возможно, в глубине души это понимал и сам М. Леснов. Признавая свою вину, он оправдывался тем, что старался избегать «халтуры»: «Я лично на совещаниях отдела неоднократно предупреждал, чтобы критически подходили к показаниям, чтобы до ареста проверяли, что это за человек, который подлежит аресту, его работу, является ли она вражеской и т. д. Как доказательство этому, задолго до ареста врага Вяткина были мною разосланы райотделениям примерно 200 выписок из протоколов допроса на проходящих лиц как участников организации, которые вызывали у меня сомнение. Эти выписки разосланы большинству райотделений с подробными указаниями, как эти материалы проверить, как агентурно разработать проходящих лиц, которые подлежали аресту»[145].

Большинство чекистов отдавало себе отчет в происходящем, но продолжало играть по правилам, не ими установленным, но ими неукоснительно соблюдавшимися. О причинах этого откровенно высказался 14 декабря 1938 г. один из участников закрытого партсобрания парторганизации УГБ УНКВД по Киевской области младший лейтенант госбезопасности Василий Иванович Вараков (1901–1943): «Установка Успенского – дать организации – через 10 дней нами ведь всеми осуществлена. Посылались организации, целые соединения, которых, по сути, не было […]. Почему это так, почему молчали? Этому было причина, сколько выслали из Украины чекистских кадров, ведь своих же товарищей по резолюции Успенского без оснований арестовывали и “мотали”, так писал Успенский: “Арестовать и размотать”, ну, и, боясь, как бы самого не размотали, не за даром ходили и спрашивали: “Ты еще здесь? Тебя не отправили куда-либо?”»[146]. Такова была социально-психологическая обстановка в чекистской среде до начала кампании по разоблачению допущенных «искривлений».

В этой атмосфере создавали и дело бывших красных партизан. В условиях отсутствия нормального, с точки зрения юриспруденции, следственного материала из центра и наличия липовых компрометирующих материалов с мест у следователей была вынужденная, но ничем не ограниченная, свобода для «творчества» при ведении следствия. Отвечая на вопрос о том, как проводилось следствие по этому делу, М. Леснов заверил, что он «лично непосредственно следствием не занимался. Арестованных допрашивали Малука, Вольский, Гольцман и указанный выше особист». Одним из основных нарушений при ведении дела М. Леснов назвал применение незаконных методов следствия, т. е. избиения арестованных. Он пояснил, что Г. Вяткин «в отношении методов допроса ввел такой порядок, что каждый следователь должен был ему лично докладывать следственные дела, а он давал указания, как допрашивать, т. е. к кому применять незаконные методы допроса…»[147].

М. Леснов без обиняков признавал, что в целом следствие в УНКВД проводилось с нарушением норм УПК. На вопрос, почему это имело место, он ответил: «Потому что Вяткин все время вводил всех, в том числе и меня, в заблуждение. Он, Вяткин, инструктировал в такой форме, что ЦК партии и тов. Ежов для быстрейшей расправы с врагами разрешили упрощенный метод следствия, только чтобы было установлено, что он [арестованный] враг». Объяснение стандартное в ходе проводившихся тогда расследований. Уточняя, Леснов добавил: «Избиения арестованных при допросах: такие факты были во всем областном управлении […]. Культивировалось это Вяткиным […]. В массовом и извращенном виде это производилось в третьем отделе». Отдав сомнительную пальму первенства своим коллегам – начальнику 3-го отдела М. Федорову и его подчиненным, М. Леснов признал и свое личное участие в избиениях арестованных. При этом он оправдывался тем, что применял насилие «в единичных случаях и то, только по распоряжению Вяткина и в отношении явных установленных врагов»[148]. Кем же были эти «явные установленные враги»?

Первым, кого назвал М. Леснов, был Павел Григорьевич Постоев (1875–1938). До революции этот человек был директором Житомирской учительской семинарии и заведующим губернским отделом народного образования, а на момент ареста (согласно ордеру – 29 ноября 1937 г.) возглавлял кафедру физической и экономической географии Украины Института народного образования в Житомире. По отзывам современников, был эрудированным специалистом, талантливым педагогом и краеведом, блестящим лектором, пылким пропагандистом украинской культуры. В феврале 1921 г. П. Постоев был избран делегатом V Всеукраинского съезда советов и получил депутатский билет № 729.

В УНКВД П. Постоеву было предъявлено обвинение в том, что он являлся одним из руководителей и активных участников

«Украинской контрреволюционной националистической военно-повстанческой организации». На первом же допросе 30 ноября 1937 г. П. Постоев «сознался», что «участие в организованной борьбе против советской власти принимал еще со времен гражданской войны». На допросе 17 февраля 1938 г. он «показал» о своем участии в 1922–1923 гг. в контрреволюционной повстанческой организации – упомянутой ВПА. После ее разгрома органами ГПУ в 1926 г. он якобы был привлечен в Украинскую военную организацию (УВО), которая вела работу за выход Украины из СССР. Ну а в 1936 г., по версии следствия, Постоев получил от одного из руководителей Наркомата просвещения УССР Андрея Ананьевича Хвыли (Олинтера) (1898–1938)[149] задание создать военно-повстанческую организацию с целью формирования повстанческих отрядов для совершения диверсий на железной дороге[150].

По словам М. Леснова, он «применял физические методы в допросе с обвиняемым Постоевым […] для того, чтобы добиться наличия оружия, о чем утверждали другие обвиняемые, проходящие по одному делу»[151]. Всего по делу было арестовано 35 человек: 4 преподавателя вузов, 13 учителей, 5 бухгалтеров, 4 работника лесничеств, фельдшер, работник музея и другие. 10 мая 1938 г. тройка при УНКВД приняла решение о расстреле П. Постоева и других участников сфабрикованной организации. Через месяц решение было исполнено. В 1956 г. вдова П. Постоева обратилась к прокурору Житомирской области с заявлением о пересмотре дела. В ходе дополнительного расследования было установлено, что обвинение П. Постоева построено на непроверенных и противоречивых материалах, с нарушением норм УПК. Решением Военного трибунала Прикарпатского военного округа от 5 июня 1957 г. дело в отношении П. Постоева было прекращено за отсутствием состава преступления[152].

Второй жертвой своих побоев М. Леснов назвал Виктора Станиславовича Войтеру (1904 г. р.), бывшего второго секретаря Чудновского райкома КП(б)У, который им был охарактеризован как «активный участник троцкистской и повяцкой организации». По не названной Лесновым причине он избивал обвиняемого как уже «достаточно до того разоблаченного, осужденного Военной коллегией»[153].

Методы физического воздействия М. Леснов применял также к «руководителю эсеровского подполья» Владимиру Григорьевичу Юрьеву-Быку (1883–1938). Весомой причиной для своих действий М. Леснов считал то, что обвиняемый скрыл «факт наличия контрреволюционной литературы, полученной для эсеровского подполья из Киевского центра»[154]. В обвинительном заключении по делу, подписанном начальником 3-го отделения 4-го отдела сержантом госбезопасности Алексеем Ильичем Назарко (1909 г. р.) и М. Лесновым, указано, что «действовавшая на Волыни в годы гражданской войны эсеровская организация, руководившая[ся] губкомитетом в составе ныне арестованных Юрьева-Быка, Гивенталь-Зорина, Помышаева, Либермана, в 1919–[19]20 годы формально отказавшись от эсеровских взглядов, перешла в глубокое подполье»[155].

Руководитель этого «подполья» до ареста работал заведующим историческим архивом в Житомире. И вот спустя 18 лет «карающий меч революции» в виде тройки при УНКВД настиг окопавшегося в архиве «врага народа». В протоколе № 50 заседания тройки от 10 мая 1938 г. его вина была сформулирована следующим образом: «По заданию ЦК эсеров образовал несколько эсеровских ячеек по районам Житомирской обл., которых подготовлял к вооруженному восстанию против соввласти. Был организатором Житомирского комитета левых эсеров, который возглавлял до ареста. Лично занимался обработкой и вербовкой новых участников организации, распространял а[нти]-с[оветскую] эсеровскую литературу». Решение тройки – расстрел[156]. Спустя годы В.Г. Юрьев-Бык был реабилитирован.

Все три факта избиения М. Лесновым арестованных имели место в марте–апреле 1938 г. В отношении других обвиняемых, которых он лично допрашивал, физические методы воздействия, по его словам, он не применял. Это было необходимое уточнение, поскольку следствие особенно интересовали обстоятельства убийств допрашиваемых. М. Леснов вспомнил, что в 4-м отделе было два случая убийств арестованных. Один случай имел место у Д. Малуки с арестованным В. Скрыпником, а второй – у оперуполномоченного В. Камраза[157]. Фамилию второй жертвы М. Леснов не помнил.

Отвечая на вопрос, как это получилось, М. Леснов ответил: «Только в результате той системы, которая существовала в областном управлении, установленная врагом народа Вяткиным. Как Малука, так и Камраз, допрашивали данных арестованных по разрешению Вяткина, били данных арестованных, вследствие чего последние скончались»[158]. По словам Леснова, он докладывал Вяткину о чрезвычайном происшествии в отделе, но не помнил даже фамилии одного из убитых. Из этого можно сделать вывод, что либо убийство арестованного во время допросов не было чемто из ряда вон выходящим в ситуации практически ежедневно совершаемых в УНКВД «легитимных» убийств, либо память у М. Леснова была избирательной.

Для подтверждения своего алиби М. Леснов заявил: «...Я, как в личных указаниях, так и на оперативных совещаниях, запрещал применять физические методы при допросах. Я указывал на необходимость настойчивого допроса, но не с применением физических методов»[159]. Начальник 4-го отдела не замечает противоречия в своих словах, согласно которым начальник УНКВД Г. Вяткин определял, к кому из арестованных применять избиение, а М. Леснов запрещал. Возможно, у исполнителей репрессий имело место некое раздвоение сознания, что психологически объяснялось, с одной стороны, будничностью массового террора, а с другой, – подспудным желанием избежать кровавых подробностей.

М. Леснов вывел некую универсальную формулу, объяснявшую все произошедшее с ним и другими чекистами: «Почему я так слепо доверился Вяткину и не смог ранее вскрыть вражескую работу Вяткина? Потому что Вяткин приехал работать на Украину после вскрытия предыдущего вражеского руководства в Наркомате [...]. Я в нем видел тогда крепкого, стойкого большевика, лично проверенного тов. Ежовым и ЦК партии. Вяткин же внедрял нам, что ЦК партии и тов. Ежов, как нарком НКВД СССР, дали прямую установку восполнить тот пробел, что предшествующее вражеское руководство – Балицкий и Леплевский – упустило, не вскрыли подполья [...] а сейчас стоит задача восполнить это, и для этой цели ЦК партии разрешило упрощенный способ расправы с врагами [...]. Я, как и большинство других лиц в аппарате, это воспринял и слепо ему доверял. Это является основой моих ошибок в работе»[160].

Нашло следствие ответ и на вопрос о том, кто был организатором самых страшных злодеяний в УНКВД. Оказалось, что с момента создания УНКВД таковым был начальник 5-го отдела В. Лебедев. Как считал бывший заместитель начальника УНКВД Г. Гришин-Шенкман, когда нужно было организовать массовое приведение приговоров в исполнение, Л. Якушев «правильно поставил вопрос. Ни я, ни он, не знали хорошо эту работу, и нужен был специалист. Назначили руководителем Лебедева...»; «Лебедев – старый чекист, краснознаменец, путиловский рабочий, и его знают как серьезного работника»[161].

Однако с января 1938 г. «специалиста» уже не было в Житомире, он продолжил службу начальником 3-го отдела УНКВД по Красноярскому краю. В 1939 г. Лебедева почему-то не арестовали, не этапировали в Киев и не сделали одним из главных фигурантов следствия по делам житомирских чекистов, хотя обвинения в его адрес были очень серьезные: «...Систематически занимался избиением приговоренных к ВМН перед приведением приговора в исполнение [...]. Одновременно связывал по 200–250 человек, которых выстраивал в очередь в ожидании расстрела [...]. В январе месяце 1938 г. совместно с бывшим нач[альником] УНКВД Якушевым, бывшим комендантом УГБ УНКВД Тимошенко и Гришиным взамен расстрела 11 человек приговоренных, задержанных после побега из тюрьпода, последних подвергали пыткам и в результате сожгли [...]. В конце 1937 г. и в начале 1938 г. Лебедев совместно с Тимошенко, бывшим нач[альником] 2-го отдела Гершковичем[162] избивал медной трубой 72-х летнюю старуху в гараже среди большого количества трупов расстрелянных, требуя от нее выдачи места хранения золотой валюты царской чеканки [...][163]. На протяжении всей операции в целях личной наживы расхищал и присваивал вещи осужденных: кожаное пальто, фетровые валенки и другие. Ввел в систему растаскивание и перепродажу вещей участниками бригады. В декабре месяце 1937 г. и январе 1938 г. совместно с Тимошенко – бывшим комендантом УНКВД продал тюрьме от имени другой организации 6 грузовиков одежды расстрелянных. Вырученная сумма 37.000 рублей тратилась на ремонт квартир и распределялась между членами бригады. Приказал отбирать квитанции у приговоренных на сданные ими на хранение деньги и ценности с последующей передачей ему таковых для получения денег [...]»[164].

Исходя из того, что В. Лебедев был откомандирован в распоряжение НКВД УССР, было решено материалы о совершенных им преступлениях из следственного дела № 143955 выделить в отдельное производство и направить в распоряжение наркома внутренних дел УССР. Какова была их дальнейшая судьба, документально установить пока не удалось[165].

Приобщение к «коллекции»
(декабрь 1938 г. – май 1939 г.)

В ходе производившихся в конце декабря 1938 г. допросов сотрудников УНКВД прозвучала и фамилия бывшего заместителя начальника УНКВД. В деле Г. Гришина-Шенкмана появились протоколы допросов И. Паншина, А. Стругачева, М. Лейфмана, М. Люлькова и бывшего помощника начальника тюрьмы УНКВД Иосифа Викторовича Шемпера.

А. Стругачев подтвердил, что мародерство в УНКВД процветало с ведома Л. Якушева и В. Лебедева, указав при этом и на заслугу Г. Гришина-Шенкмана: «В конце ноября 1937 г. по распоряжению бывшего зам[естителя] нач[альника] УНКВД Гришина всем шоферам была выдана одежда и обувь – полушубки, тулупы, валенные и кожаные сапоги»[166].

По свидетельству И. Паншина, участие в «операциях, проводимых комендатурой УНКВД», «принимал почти весь оперативный состав, нач[альник] УНКВД Якушев предложил испытать на этом стойкость сотрудников. Постоянными были две бригады: одна – из оперсостава, вторая – техсостава. Руководил этой работой Лебедев, бывш[ий] нач[альник] 5 отдела, Тимошенко, комендант, Игнатенко, нач[альник] тюрьподa. Помимо этого, постоянно посещали […] нач[альник] УНКВД Якушев, его помощник Гришин»[167].

Видимо, наблюдение за расстрелами узников, а подчас и участие в этом, должны были закалить психику присутствующих. М. Лейфман сообщал следствию: «Мне известно, что осужденных, примерно, в декабре 1937 г. по распоряжению нач[альника УНКВД] Якушева и его заместителя Гришина расстреливали целыми партиями по 50–100 человек. Связанных выстраивали в очередь и передних расстреливали на глазах у всех остальных. Люди ждали своей очереди, слышали выстрелы и видели трупы убитых. Был случай, когда один осужденный, стоящий в очереди, что-то сказал, тогда Гришин ударил его по голове палкой, и он упал у всех на глазах»[168].

Один из фрагментов показаний И. Паншина также касался чекистской закалки Г. Гришина-Шенкмана, который, как мы знаем, признал свою вину в выделении недостаточной охраны для присмотра за «смертниками», в результате чего в ночь с 11 на 12 февраля 1938 г. они осуществили побег[169]. И. Паншин дополнил рассказ М. Леснова об этом случае: «Все были задержаны спустя дней 15, и их доставили в гараж для приведения приговора в исполнение. Этой операцией руководили только Якушев, Лебедев, Тимошенко и Гришин. […] Мне, как шоферу, пришлось вывозить трупы спустя час или более после того, что указанные 4 человека – Лебедев и другие – взялись привести приговор в исполнение, то на этих трупах нигде не было видно следов пуль, тела были голые, опалены, шеи обгорели и обуглены»[170]. Групповой побег из тюрьмы УНКВД нес в себе огромную опасность для руководства и работников Управления. Если бы хоть один человек не был задержан, полетела бы не одна голова. Этим объяснялась такая ярость и жестокость экзекуторов в отношении беглецов.

Подтвердил рассказ И. Паншина и комендант УНКВД М. Люльков, причем приведенные им обстоятельства времени и места не оставляют сомнений в реальности происходившего: «Приведение в исполнение приговора над ними происходило так: ночью, примерно, в час или два, эти 11 человек были взяты из камеры № 6 (тюрьпод УНКВД), им связали руки и отвели в гараж, куда зашли Якушев, его зам[еститель] Гришин, Лебедев и Тимошенко. Как они приводили приговор в исполнение, мне и работникам бригады не было известно, т. к. нас туда не допустили, но, впоследствии мы видели, что они были обгорелые […]»[171]. Внешний вид жертв запомнился И. Паншину и М. Люлькову своей необычностью.

Казалось, в ходе следствия открылись новые обстоятельства, и самое время было переквалифицировать обвинение Г. Гришина-Шенкмана. И в январе 1939 г. в Киеве он услышал фразу одного из следователей: «Приобщим его к коллекции». Под «коллекцией» имелись в виду мародеры из Житомира[172]. Но переквалификации обвинения не произошло. В указаниях военной прокуратуры начальнику 2-го отдела НКВД УССР старшему лейтенанту госбезопасности Леониду Михайловичу Павлычеву (1908–1942) речь шла о сборе дополнительного материала о вредительской работе обвиняемого в контексте его членства в антисоветской организации, а дело надлежало закончить к 10 января 1939 г.[173] Однако этого не произошло. Следствие опять забуксовало. За первые три месяца 1939 г. в деле появилось лишь пять новых документов, но новые акценты в обвинении Г. Гришина-Шенкмана становились все сильнее.

Бывший начальник тюрьмы УНКВД Ф. Игнатенко показал: «Перед приведением приговоров в исполнение бывш[ий] зам[еститель] нач[альника] УНКВД Гришин, Лебедев и Тимошенко жестоко избивали осужденных, нанося им удары деревянными "булавами", железными ломами. Особенно активничал при этом Гришин...»[174].

Бывший комендант УНКВД Г. Тимошенко также подтвердил его активную роль в избиениях людей, ожидавших расстрела: «Было отдано Гришиным распоряжение при осуществлении операций многим членам бригады вооружиться деревянными и железными палками и наносить удары ими приговоренным в случае побегов и возникновении шума и криков. Лично видел, как Гришин и Лебедев подобными палками избивали приговоренных к расстрелу»[175].

Экзекуцию над 11 беглецами Ф. Игнатенко охарактеризовал как «случай варварского истребления людей»: «[...] После задержания этих 11 арестованных Якушев, Лебедев и Гришин, и многие начальники отделений производили им допрос сначала в помещении, затем, приведя их в комнату, избивали деревянными "булавами", железными ломами»[176]. Описанное Ф. Игнатенко истязание беглецов происходило еще до их убийства в гараже, что только усугубляло вину экзекуторов.

То же можно сказать и об издевательствах над узниками на сексуальной почве. По свидетельству Ф. Игнатенко, «было много случаев, когда перед расстрелом женщин, особенно помоложе, раздевали догола в целях издевательства, полюбоваться фигурой и другое, делали это якобы для производства медосвидетельствования и купания в "бане", больше всего это проделывали Гришин и Лебедев»[177]. Слово «другое» в документе подчеркнуто карандашом как намек на что-то большее, чем «любование» женской фигурой[178].

Г. Тимошенко подтвердил факты раздевания и припомнил другой случай: «Помню, зимой 1938 г. я – Тимошенко совместно с Лебедевым, Гришиным, Игнатенко, в присутствии Люлькова, Вишневского и других участников операции, заставили одного старика-инвалида иметь половое сношение с расстрелянной женщиной, обещая его освободить, заставив его лечь на лежавшую среди груды расстрелянных. В момент выполнения этого требования старик был застрелен на трупе этой женщины»[179].

Новый толчок следствию по делу Г. Гришина-Шенкмана дали указания помощника военного прокурора П.В. Лехова от 21 марта 1939 г. В них не было ни слова об участии обвиняемого в антисоветской организации, внимание обращалось на доработку имевшихся материалов и дополнительные следственные действия –

допросить свидетелей, в основном из числа бывших сотрудников УНКВД, обвинявшихся в мародерстве, провести очные ставки, получить ранее затребованные материалы[180]. Приобщение Г. Гришина-Шенкмана к «коллекции» стало свершившимся фактом.

Допросы и очные ставки состоялись в период с 29 марта по 13 апреля 1939 г., после чего был допрошен и обвиняемый. Следствие завершилось подготовкой обвинительного заключения от 4 мая и вынесением постановления о предании Г. Гришина-Шенкмана суду от 31 мая 1939 г.

Допросы свидетелей были результативными. М. Люльков показал, что «Гришин, как зам[еститель] нач[альника] Управления НКВД систематически присутствовал при исполнении приговоров и лично сам избивал осужденных к ВМН железной палкой […]. Подобного рода издевательство над осужденными к ВМН было введено как система»[181]. Ф. Игнатенко еще больше персонифицировал это преступление: «С прибытием Гришина в Житомир особенно участились случаи бесчеловечного издевательства над арестованными, которые быстро укоренились в УНКВД по Житомирской области и вошли в систему»[182]. Эти показания означали, что Г. Гришин-Шенкман – второй по иерархии руководитель УНКВД – был одним из главных творцов преступной системы варварского истязания и истребления людей в Житомирской области.

Издевательства над узницами на сексуальной почве тоже не были спонтанными. Согласно показаниям Ф. Игнатенко, Г. Гришин-Шенкман «предупреждал комендатуру, чтобы в его отсутствии не приводили приговора в исполнении, так как он должен зайти совместно с Якушевым и посмотреть на женщин. Так это и было. Гришин всегда совместно с Якушевым присутствовали во время издевательства над женщинами, приговоренными к ВМН […]»[183].

А. Стругачев раскрыл следствию новые садистские детали процедуры массовых расстрелов: «Имели место неоднократные случаи, когда в присутствии Гришина из числа арестованных, приговоренных к ВМН, выделялись счетчики. Эти счетчики стояли в комнате, где приводились приговора в исполнение, и считали количество расстрелянных […]. Последними расстреливались счетчики. Я лично помню, когда были выделены два таких счетчика из бывших работников пограничной охраны и двух бывших работников "Заготхмель"»[184].

Начальник отдела исправительно-трудовых колоний УНКВД Николай Васильевич Климов (1895 г. р.) рассказал, в чем заключалось «испытание на стойкость» лично для него: «В последних числах декабря 1937 г., или же это было в начале января месяца 1938 года, точно я сейчас не помню, меня ночью вызвал в гараж Люльков, заявив мне, что этот вызов сделан по распоряжению зам[естителя] нач[альника] УНКВД Гришина. Когда я зашел в гараж, я увидел, что на полу сидело 50–60 человек, приговоренных к ВМН, когда я зашел в следующую комнату, там был Гришин, и в этой же комнате были связанные арестованные около 30–40 человек, которые были подготовлены для расстрела. Мне предложили раздеться, и в это же время в следующую комнату завели 8 человек. Оперуполномоченный Бланк дал мне мелкокалиберную винтовку, которой я и привел в исполнение приговор. Когда я уходил после выполнения приговора, Бланк сказал, что "я экзамен выдержал" [...]. Участие в приведении приговоров в исполнение принимал почти весь оперативный состав, быв[ший] нач[альник] УНКВД Якушев и его помощник Гришин испытывали на этом стойкость сотрудников УНКВД»[185].

Можно предположить, что испытание на стойкость отражало также стремление руководства УНКВД связать сотрудников кровавой круговой порукой. Такими были особенности кадровой работы Л. Якушева и Г. Гришина-Шенкмана.

Серия очных ставок, проведенных следствием между Г. Гришиным-Шенкманом и лицами, давшими показания на него, напоминала игру в пинг-понг. Бывший заместитель начальника УНКВД пытался парировать почти все выпады-обвинения в свой адрес бывших подчиненных Ф. Игнатенко, И. Паншина, В. Агапова, М. Лейфмана, М. Соснова, Н. Климова, А. Стругачева, М. Люлькова[186]. Чувствовалось, что, проведя под следствием 10 месяцев, Г. Гришин-Шенкман поднаторел в таких играх. Возможно, у него появилась надежда на более-менее благополучный исход его дела. Далее мы увидим, что Г. Гришин-Шенкман во время допроса упомянул о своих разговорах с анонимными руководителями НКВД УССР. И хотя документальных подтверждений в деле нет, это наводит на мысль, что кто-то его проконсультировал в отношении дальнейшей линии поведения во время следствия: нужно было ни в чем не признаваться. Формально перед следствием возник вопрос: кому верить?

Ответ на него должны были дать заключительные допросы обвиняемого. На первом же допросе он сразу пошел в атаку, заявив, что не состоял участником антисоветской троцкистской организации «и поэтому никакой вражеской работы никогда и, в частности, в Житомирском облуправлении НКВД, не проводил». Следователи напомнили ему о собственноручных показаниях, написанных в августе 1938 г., на что получили ответ: «Да, я действительно писал такие показания собственноручно, в которых указал, что являюсь участником антисоветской троцкистской организации с 1932 года, – но, продолжал Г. Гришин-Шенкман, – эти показания являются вымышленными, я их не подтверждаю»[187].

Следователи требовали объяснений. Обвиняемый ответил: «На последующих допросах я продолжал обманывать следствие, подтверждая ранее данные мною ложные показания, так как не видел выхода из создавшегося положения. Из разговоров с рядом руководящих работников Наркомата НКВД УССР я видел, что мне не верят, и потому продолжал подтверждать свои показания об участии в антисоветской организации»[188]. Отверг Г. Гришин-Шенкман и свидетельские показания М. Детинко, Н. Смелянского, В. Мартынюка и других свидетелей.

Следующий допрос превратился в опровержение обвинения Г. Гришина-Шенкмана в шпионаже. Все свои предыдущие показания по этому вопросу он дезавуировал, и следствие это приняло к сведению[189]. В тот же день был оформлен протокол предъявления материалов следствия обвиняемому, в котором он сообщил, что «дополнить следствие имеет чем, о чем изложит в специальном заявлении, где укажет, что к антисоветской шпионской деятельности не причастен»[190]. В материалах дела такого заявления нет. Версия о причастности Г. Гришина-Шенкмана к «антисоветской троцкистской организации» также потускнела после приобщения к делу справки о том, что проходящий по показаниям в деле бывший начальник 3-го отдела НКВД УССР Аркадий Маркович Ратынский (Футер) (1902–1939) осужден в Москве и показаний на Г. Гришина-Шенкмана не дал[191].

26 апреля 1939 г. сотрудники, которые вели следствие, а также начальник 2-го отдела НКВД УССР капитан госбезопасности Л. Павлычев подписали обвинительное заключение по делу № 148119, в соответствии с которым Г. Гришин-Шенкман обвинялся в том, что: «а) являлся активным участником антисоветской троцкистской террористической организации; б) проводил шпионскую работу в пользу румынской разведки; в) проводил вражескую подрывную работу в органах НКВД; г) лично завербовал в организацию Мартынюка, т. е. в преступлениях, предусмотренных ст. ст. 54-1 п. "б" и 54-11 УК УССР»[192]. 4 мая 1939 г. обвинительное заключение утвердил заместитель наркома внут-

ренних дел УССР майор госбезопасности А. Кобулов. Содержание заключения, с учетом результатов двух последних допросов обвиняемого, нельзя назвать адекватным материалам следствия. Дело заведомо не имело судебной перспективы и наводит на мысль, что у Г. Гришина-Шенкмана были в НКВД УССР либо высокие покровители, либо сильно ему сочувствующие следователи, хотя он потом утверждал, что все было иначе.

Дело М. Глузмана
(16 июля 1938 г. – 8 февраля 1940 г.)

Несколько особняком в следственных материалах на житомирских чекистов стоит дело упоминавшегося выше бывшего начальника тюрьмы, а затем врид начальника ОМЗ УГБ УНКВД по Житомирской области М. Глузмана. Он был арестован 16 июля 1938 г. по обвинению в преступлениях, предусмотренных ст. 54-1 п. «а», 54-8, 54-11 УК УССР, выразившихся в участии в троцкистской организации и вербовке в нее других людей[193]. Истинной причиной ареста М. Глузмана было то, что для руководства УНКВД он был очень неудобным сотрудником, хотя имел ничем не примечательную биографию.

Согласно анкете арестованного, он родился 7 мая 1904 г. До революции 1917 г. находился на иждивении отца, получил низшее образование. С 1919 по 1921 гг. служил в РККА, в 1922–1926 гг. работал в органах ГПУ и милиции. В 1927–1931 гг. был рабочим-слесарем. «Правильный» социальный статус помог ему в 1930 г. стать членом ВКП(б). С 1932 г. снова стал работать в органах ГПУ-НКВД. Имел жену, 28 лет, сына, 14 лет и полуторагодовалую дочь. На его иждивении также находились 72-летний отец, парализованная 69-летняя мать и сестра[194].

В УНКВД по Житомирской области М. Глузман отвечал за широкий круг вопросов, связанных с функционированием тюрьмы – от соблюдения правил внутреннего режима до финансово-хозяйственного обеспечения ее потребностей и ремонта административных зданий УНКВД. Это было довольно хлопотным делом, требующем внимания ко множеству деталей, предполагавшим известную инициативу, настойчивость, самостоятельность в принятии решений. Многие руководящие работники НКВД мало что знали о механизме функционирования тюрем, пока сами туда не попадали. Не были в этом плане исключением и руководители

УНКВД по Житомирской области, тем не менее многие вопросы они хотели решать по-своему.

М. Глузман быстро понял, что руководство УНКВД в своей деятельности способно не просто нарушать законы и ведомственные нормы, но и переходить границы здравого смысла. Ему не хотелось быть соучастником различных преступлений, совершавшихся в УНКВД, и он стремился обезопасить себя хотя бы в тех вопросах, где это было возможно. В декабре 1937 г., не желая идти на нарушения в финансово-хозяйственной сфере и не найдя понимания у начальника УНКВД Л. Якушева, М. Глузман обратился по этому поводу с идентичными рапортами к наркому внутренних дел УССР И. Леплевскому и начальнику Управления мест заключения (УМЗ) НКВД УССР капитану госбезопасности Нисону Шлемовичу Новаковскому (1894–1938)[195].

Н. Новаковский вызвал М. Глузмана в Киев, где тот дал дополнительные пояснения[196]. Но это не помогло. М. Глузман «получил установку продолжать выполнять указания начальника управления Якушева»[197]. Спустя короткое время его вызвал начальник секретариата НКВД УССР капитан госбезопасности Эммануил Александрович Инсаров (Поляк) (1902–1938), который объявил И. Глузману, что его заявление направлено особоуполномоченному НКВД УССР[198], исполняющим обязанности которого в то время был будущий житомирский чекист М. Федоров.

Позже М. Глузман изложил этот сюжет так: «Все же вскоре после этого прибыла в тюрьму финансовая ревизия, которая обследовала финансовое состояние тюрьмы и в своем акте никаких указаний не дала. По отправленному в финотдел УМЗ'а годовому отчету за 1937 г., в котором были указаны произведенные финансовые операции по закупке за наличные деньги одежды расстрелянных, также никаких замечаний не поступило»[199].

М. Глузман понял бессмысленность ожидания реакции киевского руководства на его обращения и после очередной конфликтной ситуации подал рапорты начальнику УНКВД Л. Якушеву и руководству УМЗ НКВД УСССР о своем несогласии работать в должности начальника ОМЗ УНКВД. По версии М. Глузмана, именно поэтому НКВД УССР не утвердил его в этой должности[200], и он остался исполняющим обязанности. Вероятно, в тот момент его побоялись трогать, потому что следующим его шагом вполне могло стать обращение в НКВД СССР. В этом случае предсказать, какой будет реакция наверху, было сложно.

После смены в конце февраля 1938 г. руководства УНКВД
М. Глузман стал свидетелем, а порой и соучастником новых преступлений, совершавшихся его коллегами. Когда в этой связи он
начинал выражать несогласие по каким-либо вопросам, то его
быстро одергивал Г. Вяткин. Тем не менее М. Глузман не сдавался
и в тех вопросах, где он мог доказать свою правоту, продолжал
настаивать на своем, прибегая к крайним мерам. В апреле 1938 г.,
будучи в командировке в Киеве, он подал рапорт на имя наркома
А. Успенского, в котором «писал о лимитах для тюрьмы, о поме-
щениях для ОМЗ'а и о том, что тюрьму уплотнили, забрав два
этажа в 2-х корпусах под следствие, и что методы следствия нарушают режим тюрьмы».

Что подразумевал М. Глузман под словами «методы следствия» и «со стороны кого имеются нарушения, и какие», он не написал. Не побоявшись того, что его действия могут расценить как
шантаж руководства, М. Глузман также подал рапорт наркому и в
копии – начальнику УНКВД – с просьбой уволить его[201]. Ответ-
ная реакция на первый рапорт была, по всей видимости, усилена
фактором второго и состояла, по словам М. Глузмана, в следующем: «Через 5–6 дней после подачи упомянутого рапорта меня
вызвал Вяткин и предоставил помещение для ОМЗ'а и добавил
3-х сотрудников в штат ОМЗ'а»[202].

Видимо, рапорт с просьбой об увольнении не был попыткой
шантажа. М. Глузман, просигнализировав наркому среди прочего
и о методах следствия, нарушающих режим тюрьмы, перешел некую черту и хотел уйти без последствий. Он прекрасно знал, что
может ожидать его большую семью. Во время следствия он так
пояснил ту ситуацию: «…Видя все ненормальности и то, что меня заставляют совершать преступления, я довольствовался тем,
что подал рапорт с просьбой меня уволить. Естественную причину, побудившую меня подать рапорт об увольнении, я не писал,
а указал, что не справляюсь с работой»[203].

Г. Вяткину не нравилось упрямство его подчиненного. Видимо, последней каплей, переполнившей чашу терпения начальника
УНКВД, стал случай с тюрьмой НКВД в г. Бердичеве. Во время
посещения тюрьмы М. Глузману поступили жалобы арестованных на то, что у них отбирали деньги, а квитанции на отобранные
деньги не выдавали. Проверив эту информацию, М. Глузман узнал, что деньги отбирал упоминавшийся выше оперуполномоченный тюрьмы А. Фадеев, у которого, как потом оказалось, на
М. Глузмана был припасен свой компромат. Вызванная М. Глуз-

маном из Киева комиссия установила, что А. Фадеев присвоил 6 тысяч рублей.

М. Глузману также стало известно от арестованных, что А. Фадеев присваивал и ценные золотые вещи – часы, монеты и т. п. М. Глузман доложил об этом Г. Вяткину, но, по словам Глузмана, «последний меня выругал и сказал не вмешиваться не в свои дела». И тогда Глузман сделал вещь, обыденную в то время, но для чекистской среды очень опасную: «Мною была написана и послана анонимка на имя наркома внутренних дел Украины с изложением выше приведенного. Через несколько дней я встретился в кабинете особоуполномоченного [с] Голубевым, который мне показал двадцать с лишним пар золотых часов, отобранных у Фадеева, а через некоторое время я был арестован, и на меня Фадеев давал показания как свидетель по моему делу»[204].

М. Глузман неоднократно нарушал корпоративную псевдоэтику и был за это наказан. Очевидно, что ему хотели не просто заткнуть рот, а избавиться от него. Для этого лучше всего подходили какие-нибудь «шпионские делишки» или политические статьи УК. Слабым местом Глузмана рьяные чекисты-партийцы считали то, что он не чурался поддерживать отношения с арестованными. Он даже ходатайствовал перед Киевским областным судом об освобождении одного из них, немца, осужденного за «шпионаж и диверсии» на 10 лет лишения свободы и заболевшего в тюрьме туберкулезом. Бывшая коллега М. Глузмана, Рива Давидовна Любарская (1902 г. р.), старательно дававшая на него показания, трактовала усилия М. Глузмана как непартийные действия[205].

Мы же можем квалифицировать такое поведение М. Глузмана как проявление гуманности, поскольку из материалов следствия видно, что никаких меркантильных интересов он не преследовал. Более того, еврей пытался спасти от верной смерти немца, несмотря на навязываемый обществу советской пропагандой стереотип: «Раз немец – значит фашист». Ясно, что М. Глузман был непростым человеком, и у него были свои недостатки, о которых рассказали на следствии его бывшие коллеги, многие из которых его откровенно недолюбливали и побаивались. Но он был одним из немногих, кто не боялся порой идти против течения.

Между тем следствие завершилось ничем. Не помог и компромат А. Фадеева, также пытавшегося изобразить М. Глузмана пособником «крупной польской шпионки», находившейся в заключении в Винницкой промколонии (так тогда называлась местная тюрьма), помощником начальника которой в свое время был М. Глузман[206]. Лейтенант госбезопасности Н. Ремов-Поберезкин, особо усердствовавший при допросах М. Глузмана, 15 августа 1938 г. был откомандирован в распоряжение НКВД СССР, а вернулся в Житомир в феврале 1939 г. уже в статусе арестованного.

По датам допросов бывших сотрудников УНКВД, обвиненных в участии в троцкистской организации, в том числе и М. Глузмана, можно определить, что последний всплеск активности следствия в этом направлении произошел в октябре 1938 г. Добившись очередных признаний обвиняемых, следствие не сдвинулось с мертвой точки. Следствие по делу Г. Гришина-Шенкмана велось в НКВД УССР, а по делу М. Глузмана – в УНКВД, но ни здесь, ни там, по каким-то причинам не отрабатывалась версия о «вербовке» в «антисоветскую троцкистскую организацию» бывшим заместителем начальника УНКВД своего подчиненного. Некоторое время бывшие коллеги М. Глузмана пребывали в растерянности, решая, что же делать дальше, пока в декабре 1938 г. не стали появляться новые компрометирующие материалы на сотрудников УНКВД.

Исходя из этого, начальник 6-го отдела сержант госбезопасности Евгений Гаврилович Анфилов (1910 г. р.) и и. о. начальника УНКВД И. Дараган подписали 8 января 1939 г. постановление, в котором констатировали, что «следственное производство в отношении Глузмана М.З. в инкриминируемом ему обвинении по ст. ст. 54-1 п. "а", 54-8, 54-11 УК УССР в принадлежности его к антисоветской троцкистской организации в порядке ст. 197 ч. 2 УПК УССР прекращено». Однако возникли новые обстоятельства («в деле имеются материалы, свидетельствующие о фактах должностных преступлений Глузмана в бытность его начальником тюрьмы гор. Житомир»), поэтому было решено материалы из первого следственного дела № 143636 выделить и передать для дальнейшего расследования следователю И. Кутеру, как «имеющие прямое отношение к следственному делу № 143955»[207]. Таким образом, материалы на М. Глузмана были приобщены к следственному делу на мародеров Ф. Игнатенко и В. Гирича. 20 января 1939 г. новый начальник УНКВД С. Машков утвердил постановление о привлечении его в качестве обвиняемого в преступлениях, предусмотренных ст. 206-17 п. «а» УК УССР, в рамках указанного дела[208].

В дальнейшем М. Глузман давал показания, исходя из специфики дела, по которому он теперь проходил – об известных ему «фактах мародерства со стороны отдельных сотрудников УНКВД», а также о финансовых злоупотреблениях. К февралю 1939 г. следствие располагало большим количеством материалов по этим вопросам. Так, в постановлении об избрании меры пресечения в отношении начальника финансовой части ОМЗ УГБ УНКВД Шимона Вениаминовича Винокурова (1890 г. р.) говорилось: «В период операций, проводимых комендатурой УГБ УНКВД по Житомирской области, совместно с бывшим начальником ОМЗ'а [М. Глузманом] отбирал у приговоренных к ВМН расписки в получении личных денег и ценностей, фактически не выдавая таковые; деньги и ценности сдавались бывшему коменданту УНКВД Тимошенко и начальнику УНКВД Якушеву, которыми эти деньги распределялись среди членов бригады и тратились на бытовые нужды руководящего состава Облуправления»[209].

В другом документе сообщалось, что заведующий гаражом УНКВД И. Паншин «от бывшего руководства Облуправления – Якушева и Вяткина – семь раз получил деньги по 350–500 рублей за участие в операциях. Эти деньги, в основном, поступали из сумм заключенных, незаконно отобранных во время операций, и за проданные в тюрьме вещи и одежду расстрелянных»[210].

Таким образом, оба руководителя УНКВД финансово поощряли подчиненных за участие в работе расстрельной бригады. Другие сотрудники УНКВД, такие как М. Глузман, по версии следствия, были их пособниками.

В обвинительном акте Военного трибунала войск НКВД Киевского округа от 19 июня 1939 г., об обстоятельствах появления которого будет сказано ниже, говорилось, что расследование в отношении М. Глузмана установило, в частности, следующее: «Глузман с ведома нач[альника] финчасти тюрьмы Винокурова в мае мес[яце] 1938 г. с целью злоупотреблений, принимая в тюрьму этапы заключенных в количестве 700–800 чел. (прибывших из тюрем), отбирал у последних верхнюю одежду и личные вещи, не выдавая квитанций заключенным на отобранное, и всю отобранную одежду смешал вместе [...]

На отбираемые у заключенных чемоданы с вещами в большинстве случаев квитанции не выдавались, или же выдавались квитанции без указания содержимого в чемоданах, в результате чего вещи расхищались безнаказанно [...] Глузман, Винокуров в январе 1938 г. неоднократно составляли фиктивные ведомости, отбирая подписи у заключенных, осужденных к в. м. н. в получении якобы ими личных денег и ценностей без фактической выдачи таковых. Наряду с этим, Глузманом практиковалась выдача личных денег и ценностей приговоренным к в. м. н., которые впоследствии отбирались Люльковым, Игнатенко, Тимошенко [...]. Деньги за проданные вещи тюрьме в сумме 27.594 р[убля] наличными были лично вручены быв[шему] коменданту Тимошенко. По согласованию с Глузманом Винокуров незаконно перевел 341.274 р[убля] из сумм заключенных со счета тюрьмы на счет ОМЗ'а [...]

Глузман, Игнатенко, надзиратель тюрьмы Левченко совместно с врачами тюрьмы Мордушенко, Фельдман[211] составляли фиктивные акты на умерших [...]. По распоряжению Глузмана медицинский персонал тюрьмы Мордушенко, Фельдман и другие не фиксировали в историях болезни заключенных, находившихся на излечении в больнице тюрьмы, травматических повреждений. Глузманом также запрещалось вскрытие трупов умерших следственных заключенных»[212].

Таким образом, спектр обвинений М. Глузмана был довольно широким. 27 июня 1939 г., в первый день закрытого заседания выездной сессии Военного трибунала войск НКВД Киевского округа, после оглашения обвинительного акта и определения подготовительного заседания Военного трибунала М. Глузман заявил, что признает себя виновным в том, что «слепо выполнял указания Гришина, Якушева и Вяткина»[213]. Хотя из приведенных выше примеров его служебной деятельности и поведения назвать его слепым, безропотным исполнителем чужой воли нельзя.

Об этом свидетельствует и его рассказ об обстоятельствах исполнения им своих служебных обязанностей: «Я прибыл в Житомир в феврале 1937 г. и до октября работал нач[альником] тюрьмы. В ноябре 1937 г. мне предложили должность нач[альника] ОМЗ'а, но я отказался, т. к. боялся не справиться, кроме того, мне поручили еще ремонт и оборудование зданий УНКВД. Несмотря на то, что я отказывался, мне поручили организацию ОМЗ'а, одновременно меня оставили начальником тюрьмы [...]. В декабре [1937 г.] я заявил: либо помогите в организации ОМЗ'а, либо увольте меня. Тогда с меня сняли ремонт, но в то время у меня возник конфликт с Гришиным и Якушевым. Ремонт делали осужденные, нужно было их работу оплатить, но Якушев отказался платить.

2 января 1938 г. Якушев вызвал меня и сказал, что я могу купить у них одежду расстрелянных. Я этому обрадовался, т. к. должен

был 10.000 чел. осужденных направить на север, а одежды у них не было. У нас была директива, разрешающая покупку вещей на рынке, тогда я подал рапорт в УМЗ [НКВД УССР] и сообщил, что покупаю вещи в УНКВД. Создал я комиссию, которая оценивала вещи, затем эти вещи мы покрасили и отправили в них осужденных. Так я купил здесь несколько машин вещей. Якушев потребовал оплаты наличными деньгами, я отказался […]. Я 27.000 руб. перевел через Госбанк. […]

Должен сказать, что вещи осужденных закупались всеми тюрьмами, что говорилось и на совещании в Москве. Я все же считал, что если УНКВД не платит нам за работу, а мы им платим 27.000 руб. за вещи, это несправедливо, и я подал рапорт, прося разрешить покрыть из этой суммы их нам задолженность за ремонт»[214].

Такими были в описании М. Глузмана причины, побудившие его искать поддержку в Киеве. Поскольку тюрьма УГБ УНКВД была во многом самостоятельным субъектом финансово-хозяйственной деятельности, пренебрегать ведомственными нормами М. Глузман не хотел. Об этом свидетельствуют и его дальнейшие показания на судебном заседании: «Тюрьма рассчитана на 800 чел., а количество заключенных доходило до 20 тыс. При сдаче мною тюрьмы там было 18 тыс. чел. из-за массовых операций. Один раз меня Якушев вызвал и спросил, как мы отправляем этапы, я ему рассказал. Тогда он велел при отправке этапов в Облуправление отправлять их по ведомостям с личными делами и деньгами».

Поскольку никаких директив из Москвы и Киева в вопросе, как поступать с деньгами заключенных при отправке этапов, не было, М. Глузман и Ш. Винокуров попробовали два разных варианта решения этого вопроса, но это ничего, кроме злоупотреблений со стороны их коллег, не дало. По словам М. Глузмана, «я тогда отказался так действовать и, кроме этих двух этапов, я так людей не выдавал. Послал я сразу Винокурова в УМЗ узнать, как поступать с этими деньгами, он вернулся и говорит, что нет никаких установок, и в УМЗ'е ему никаких указаний не дали»[215].

Не побоялся проявить свое упрямство М. Глузман и перед вышестоящей инстанцией: «Через пару дней у меня взяли сразу 400 чел. в НКВД УССР, и я их оправил всех в Киев без денег. Забрал их Наркомат, а через пару дней мне присылают 400 квитанций, и комендант НКВД УССР требует по ним деньги. Я решил деньги не выдавать, а взял и перевел их через банк на счет УГБ НКВД УССР. Прошла неделя, а затем меня вызвал Якушев и стал ругать, зачем я деньги переводил, а не выдал наличными. До моего ареста так и не было указаний, что делать с деньгами осужденных к расстрелу»[216].

Показания М. Глузмана вскрыли наличие объективных предпосылок для различных служебных злоупотреблений, в том числе и мародерства, создавшихся в обстановке Большого террора. Продумав многие детали проведения массовых репрессивных акций, некоторые из них их организаторы упустили из вида, что создало благоприятную почву для совершения дополнительных преступлений руководителями и исполнителями репрессий.

Пояснил М. Глузман и ситуацию с подачей им в апреле 1938 г. рапорта наркому внутренних дел УССР А. Успенскому, в котором сообщал о том, что «методы следствия нарушают режим тюрьмы»: «Через некоторое время я доложил Вяткину, что арестованные в камерах не спят, т. к. следователи в кабинетах бьют допрашиваемых, и крики слышны в камерах. Вяткин ответил: "Ну, их к черту, пусть не спят". Я подал рапорт об этом в Киев на имя Успенского. Через несколько дней меня вызывает Вяткин и говорит, что нужно выгнать из тюрьмы врача – жену прокурора Черкеса[217], т. к. ему не нужны осведомы прокурора. По его приказанию я и должен был уволить прекрасного врача»[218]. Видимо, Г. Вяткин не знал точно, кем был подан рапорт наркому, и подозрение пало на жену заместителя областного прокурора, а М. Глузман решил не выдавать себя и пожертвовал «прекрасным врачом»[219].

По поводу принуждения главного врача тюрьмы Н. Мордушенко к подписанию фиктивных актов о смерти арестованных и других подобных обвинений М. Глузман в свою защиту привел такие аргументы: «Потом он [Вяткин] заявил, чтобы я понудил врача Мордушенко дать справку о смерти умерших арестованных, и в числе их назвал Скрыпника, Крука[220] и др. Я ему сказал, что врач этих людей не смотрел и справку не даст. Он меня отправил, а через пару дней пришел Игнатенко и говорит: "Вот акт, Вяткин велел Мордушенко подписать о смерти Крука от разрыва сердца". Я Мордушенко вызвал, сказал ему об этом, он акт подписывать не хотел, и я ему сказал: "Я Вас не заставляю". После этого я акт вернул Лукьянову […]. Дальше я дал Мордушенко распоряжение не вскрывать трупы следственных заключенных. Почему я это сделал? Потому что и Якушев, и Гришин дали мне такое приказание. Мало этого, мне не разрешили даже этих арестованных класть в больницу, и я вынужден был в самом спецкорпусе организовать несколько палат, в которых и держал больных»[221].

Вероятно, не только исполнение служебных обязанностей, но и наблюдения за страданиями арестованных вызывали у М. Глузмана желание хоть как-то облегчить их участь. В нечеловеческих условиях содержания под стражей и ведения следствия в УНКВД усилий одного человека было, конечно, мало, однако и бесплодными их нельзя назвать. Возможно, у М. Глузмана было какое-то предчувствие, ведь ведение следствия по его делу не отличалось от тысяч других: «С 14 до 28 июля [1938 г.] я никаких показаний не давал. Потом Ремов завел меня к Лукьянову и говорит: "Давайте показания, а то мы с Вами будем говорить известным Вам методом". После этого меня вывели, увидел меня Вяткин, спросил, дал ли я показания, и Ремов ответил, что нет. Здесь Вяткин ударил меня по щеке. Я упал, тогда он ударил меня ногой в живот и говорит: "Через полчаса показания чтобы были у меня". Вяткин ушел, зашел Люльков и стал избивать меня нагайкой, а в это время из соседней комнаты смотрели на меня Голубев, Бережной[222], его жена[223], и все они хохочут. Избил меня Люльков, потом поднял и говорит: "Пиши"»[224].

Показательна реакция коллег на побои, наносимые бывшему начальнику тюрьмы, который в силу занимаемой должности и особенностей характера представлял для них опасность.

Методы следствия, не дававшие в свое время покоя М. Глузману, сделали свое дело, и он начал давать требуемые от него показания: «Я потом уже терпеть не мог и подписал, дав показания и на Шемпера, и на Мордушенко, который честнейший человек. Так я на 6 человек дал показания». Когда М. Глузман снова начинал упрямиться, дело доходило до инсценировки расстрела и новых физических и моральных издевательств: «Анфилов завел меня к себе, туда же зашел Игнатенко. Игнатенко мне велел встать, схватил за руку и повел во двор. Во дворе он стал тянуть меня в гараж, где расстреливают, я стал кричать, просить отвести меня к Вяткину, и тогда меня отвели туда. Я зашел, а от спазма в горле ничего сказать не могу. Потом я стал плакать, говорить, что я не враг, а Вяткин кричит: "Расстрелять его". Анфилов повел меня к себе, оттуда завел в кабину, в которой можно только стоять, и 10 суток я простоял на ногах. Потом я услышал голоса, дверь открыли, Люльков и стал говорить мне, что завтра меня расстреляют, а сегодня он был у моей жены и жил с нею. После того он дверь снова запер […]. Такой же случай был с Ремовым. Он мне стал говорить, что вызовет жену мою, и в моем присутствии ее будут насиловать»[225].

Думается, М. Глузман, который и до того отнюдь не переоценивал своих коллег, узнал много нового о степени их моральной деградации. Во второй половине 1937 г. – 1938 г., когда жизненные обстоятельства резко менялись не в пользу тех или иных чекистов, со стороны части бывших коллег даже в отношении их были утрачены последние признаки человечности. Морально-нравственное разложение проводников и исполнителей репрессий достигло самых низменных глубин человеческой натуры. Горькое осознание этого для многих чекистов было запоздалым.

Между тем следствие по делу М. Глузмана шло своим чередом: «Через некоторое время мне предъявляют обвинение по ст. 54-1, 54-6, 54-11. Я отказался подписать, тут же написал заявление Ежову, Вяткину и прокурору Морозову, что объявляю голодовку. Голодал я, ничего не ел, и тогда меня вызвал новый нач[альни]к [У]НКВД. Он мне сказал, что к[онтр]-р[еволюцию] с меня снимут, но за другое я должен буду отвечать. Я согласился и отказался от голодовки. Тогда мне предъявили ст. 206-17, приехал и прокурор Рогинец[226], допросил меня, и я все ему рассказал. После отъезда Рогинца меня вызвали на допрос и стали говорить, будто я оклеветал Вяткина тем, что дал о нем показания, что он избил железнодорожника и убил его»[227].

Видимо, решающим фактором в изменении ситуации стала не голодовка М. Глузмана, а арест Г. Вяткина. Обвинявшие М. Глузмана в клевете не представляли, насколько серьезные последствия для сотрудников УНКВД будет иметь дальнейшее развитие событий. Вскоре избежание ареста и увольнение из органов НКВД станет для многих удачей. По состоянию на 20 апреля 1939 г. только по материалам следственного дела на М. Федорова, Д. Манько, М. Леснова и др. попали под подозрение в совершении преступлений 34 сотрудника УНКВД[228], а в целом число таковых по областному УНКВД, по подсчетам автора, превышало полсотни.

По результатам судебного заседания Военного трибунала войск НКВД Киевского округа 4 июля 1939 г. М. Глузман был признан виновным в том, что «под нажимом преступного руководства УНКВД злоупотребил своим служебным положением и допустил незаконную выдачу денег для АХУ УНКВД в сумме 25 тысяч руб. из сумм, подлежавших сдаче в доход государства, хотя и без личной корыстной заинтересованности, принудил к незаконной выдаче денег нач[альника] финчасти Винокурова и, кроме того, добивался по требованию Вяткина подписи врача тюрьмы Мордушенко на фиктивных актах о смерти заключенных, т. е. в преступлениях, предусмотрен[ных] ст. 206-17 п. "а" УК УССР»[229].

Таким образом, количество обвинений М. Глузмана заметно уменьшилось по сравнению с перечисленными в обвинительном акте Военного трибунала. Смягчающими его вину обстоятельствами были «нажим преступного руководства УНКВД» и доказанное в ходе судебного заседания отсутствие личной заинтересованности в допущенных финансовых нарушениях. Отсюда был и сравнительно мягкий приговор: «Лишить свободы на два года в общих местах заключения без поражения в правах. Учитывая, однако, степень социальной опасности [...] Глузмана, не требующую обязательной изоляции от общества, на основании 48 ст. УК УССР наказание [...] Глузману считать условным с испытательным сроком на три года [...]. При этом, если [...] в дальнейшей своей работе и общественной жизни проявит признаки исправления, до истечения указанного испытательного срока он может рассчитывать на досрочное освобождение и от условного наказания»[230].

Сразу после оглашения приговора М. Глузман был освобожден из-под стражи, дав подписку о невыезде до вступления приговора в законную силу[231]. В последующие дни он получил изъятые у него паспорт, военный и профсоюзный билеты и подал заявление в УНКВД по Житомирской области о восстановлении в партии. Руководство УМЗ НКВД УССР не забыло своего активного сотрудника и послало его на медицинскую комиссию, которая признала его больным и определила на лечение в г. Кисловодск. 25 июля 1939 г. он должен был получить путевку, в связи с чем обратился к председателю Военного трибунала с просьбой разрешить выезд. Видимо, его просьба была удовлетворена. Потеряв год жизни из-за работы, которая раньше кормила его семью, он стремился как можно быстрее восстановить утраченный социальный статус и насладиться свободой.

9 октября 1939 г. Военная коллегия Верховного суда СССР вынесла определение, согласно которому приговор в отношении М. Глузмана был оставлен в силе и без изменений[232]. На тот момент М. Глузман уже уехал из Житомира. С 21 октября 1939 г. он работал заместителем начальника отдела кадров на одном из заводов Николаева. В ноябре 1939 г. он принял участие как свиде-

тель во втором судебном заседании по делу своего бывшего начальника и подельника Г. Гришина-Шенкмана, а в апреле 1940 г. – в судебном заседании по делу М. Диденко, В. Распутько, М. Федорова, Д. Манько, М. Леснова, Д. Малуки, Н. Зуба и М. Люлькова. Глузман активно добивался своей полной реабилитации, и это удалось ему сравнительно быстро. 8 февраля 1940 г. определением Военного трибунала войск НКВД Киевского особого военного округа условный приговор в его отношении стал считаться «утратившим силу досрочно» и судимость по делу с него была снята[233].

Финал дела Г. Гришина-Шенкмана
(июнь 1939 г. – апрель 1940 г.)

Получив следственные дела на Г. Гришина-Шенкмана и мародеров, в Военном трибунале войск НКВД Киевского округа сделали то, чего не сделали в НКВД УССР. Дела объединили в одно, и 19 июня 1939 г. был заново составлен обвинительный акт. В него в качестве обвиняемых были включены все девять членов «коллекции» во главе с бывшим заместителем начальника УНКВД. Обвинение в адрес Г. Гришина-Шенкмана было расширено, исходя из специфики «коллекции»: «С к[онтр]-р[еволюционной] целью культивировал среди работников УНКВД мародерство и издевательства над осужденными, принимая сам участие в этих издевательствах»[234].

27 июня 1939 г. в помещении УНКВД по Житомирской области началось закрытое заседание выездной сессии Военного трибунала войск НКВД Киевского округа по делу Г. Гришина-Шенкмана и восьми его подельников. Обвиняемый прежде всего рассказал суду о своей активной служебной деятельности, представив себя как политически развитого и опытного профессионала на фоне творившейся вокруг безалаберщины. При этом он нарисовал неприглядный портрет наркома внутренних дел УССР А. Успенского[235]: «Я написал докладную записку в ЦК, ее показали наркому, а он сказал, что так лишь враг мог написать. Я ее переписал, ее снова отнесли Успенскому, а он тогда порвал ее. Я понял, что здесь я погибну, т. к. знал, что от наркома несет антисемитизмом»[236].

Из слов Г. Гришина-Шенкмана невозможно понять содержание докладной записки, вызвавшей столь бурную реакцию у наркома. Возможно, некоторый свет проливает второй подобный случай, описанный обвиняемым: «Я составил ее [докладную записку в НКВД СССР. – *С.К.*] и занес наркому, а он, прочтя, сказал, что, судя по докладной записке, в Наркомате [внутренних дел УССР] снизу доверху враги. Велел он мне сдать все материалы зам[естителю] наркома, я их сдал, и тот написал докладную записку, а я потом читал и удивлялся, т. к. он писал то, чего в делах не было»[237]. Здесь становится понятным, что речь шла о материалах по делам арестованных сотрудников НКВД УССР, следствие по которым велось в 3-м отделе. Вероятно, размах, с которым Г. Гришин-Шенкман описывал их «к-р работу», в результате чего получалось, что в наркомате «снизу доверху враги», и вынудил наркома остудить пыл заместителя начальника 3-го отдела.

Обвиняемый невольно показал себя и со слабой стороны – как трусливого и заискивающего подчиненного: «Я Успенского избегал, не ходил к нему с докладами, но, на беду, я его встретил на лестнице. Он со злостью посмотрел на меня и спросил, чего я не поехал в Валки, а я и не знал, что это такое за Валки, и спросил у Писарева[238]. Писарев сказал, что это дом отдыха, куда нарком ездит, и он не любит, если начсостав туда не приезжает. В ближайший выходной день я, будучи напуган, поехал в Валки, но Успенского там не было. Был я так напуган, что просил потом товарищей передать ему, что я там был»[239].

Ситуацию в УНКВД после своего приезда в Житомир он описал так: «В 4-м отделе работа не ладилась. Я увидел, что нач[альник] отдела Лукьянов работу плохо знает, что он собирается вербовать агентов в обкоме партии, и я его обругал за это»; «считал я его просто недалеким человеком»[240].

Г. Гришин-Шенкман рассказал и о том, как проводилось предварительное следствие по его делу. Ничего нового для обвиняемого в этом не было, хотя он и пытался изобразить «невинность». Только теперь, в отличие от предыдущих лет его борьбы с «врагами народа», под следствием оказался он сам со всеми вытекавшими из этого последствиями: «Назаренко меня несколько раз бил, но я не хотел клеветать[241]. Передали меня Волошину, и он уже стал бить меня по "большому плану", как они говорили. Я не вытерпел. Мне дали тезисы и велели по ним писать [...]. Признаюсь, что со мной Волошину тяжело было, т. к. если меня не били, я отказывался от показаний, бьют – опять даю показания [...]. Тем более, что мне передали слова Успенского о том, что меня нужно убить, и все равно меня убьют. Я тогда знал, что убит на допросе зав[едующий] жилотделом АХУ[242] [...] и я писал то, что от меня требовали»[243].

Стойкой была позиция Г. Гришина-Шенкмана во время судебного заседания в вопросе о проверке материалов дела упоминавшегося «троцкиста» Ефима Ткачука из Коростеня. Справедливо возлагая вину за его расстрел прежде всего на Д. Малуку, обвиняемый заявил: «Я утверждаю, что расстреляли совершенно невинного человека»[244]. По всем остальным эпизодам обвинения Г. Гришин-Шенкман отрицал либо свое участие в преступлениях, либо сам факт их совершения.

Заседание выездной сессии завершилось 4 июля 1939 г. вынесением приговора, согласно которому было установлено, что «в Житомирском Облуправлении НКВД в период деятельности и руководства б[ывшего] нач[альника] Упр[авления] НКВД Якушева и его заместителя Гришина-Шенкмана, а затем б[ывшего] нач[альника] УНКВД Вяткина и его заместителя Лукьянова, в 1937–1938 гг. имели место систематические злоупотребления, сопряженные с превышением власти при выполнении возложенных на Обл[управление] задач по борьбе с контр-революц[ионными] элементами»[245]. В отношении Г. Гришина-Шенкмана были полностью опровергнуты пункты его обвинения об участии в антисоветской троцкистской организации и вербовки в нее В. Мартынюка, о проведении вредительской деятельности в органах НКВД и шпионской работы. Абсурдность сюжета об участии в «организации» была очевидна, и доводы Военного трибунала тут излишни, но аргументация в отношении других пунктов требует внимания.

Итак, обвиняемый свои первоначальные показания и признания «объяснил обстановкой, созданной против него на следствии вражеским руководством НКВД в лице Успенского, и фиктивной справкой, представленной по делу Гришина Лукьяновым в НКВД УССР». Военный трибунал считал, что обвинение было построено «на основании ложных показаний против Гришина ныне арестованных б[ывших] сотрудников Житомирского УНКВД Манько и Леснова». Кроме того, обвиняемый «отказался от данных ранее показаний о своей принадлежности к к-р организации и отрицает также шпионскую деятельность [...] вредительская деятельность Гришина в органах НКВД никакими документальными данными не подтверждена, обвинение Гришина в этой части не доказано»[246].

Выводы из этого можно сделать следующие. Первое. Неудавшийся побег А. Успенского сыграл на руку чекистам, которые были при нем арестованы. Они могли указывать на происки бывшего «вражеского руководства НКВД». Второе. Показания Д. Манько и справка А. Лукьянова об арестах жен репрессированных полностью соответствовали действительности, как и показания М. Леснова об указаниях Г. Гришина-Шенкмана скорее заканчивать следственные дела, чтобы не снижать темпы репрессий. Но факт ареста этих свидетелей за собственные преступления[247] превалировал над изложенными ими ранее фактами преступной деятельности бывшего начальника. Данные ими во время предварительного следствия показания теперь трактовали не просто как противоречивые, на что мы также обращали внимание, но и как лживые: они оговаривали других людей. Третье. Обвинение в шпионаже требовало серьезной контрразведывательной проверки. Во время предварительного следствия этого не было сделано, и члены Военного трибунала оказались в глухом углу – признание или непризнание обвиняемым своего участия в шпионаже стало решающим аргументом. Это было яркой иллюстрацией полного упадка контрразведывательной работы в НКВД УССР во время Большого террора. В ходе судебного заседания это, по сути, подтвердил и сам обвиняемый.

Военный трибунал признал Г. Гришина-Шенкмана виновным лишь в том, что он «принимал участие в истязаниях приговоренных к ВМН, а также допустил систему злоупотреблений работниками УНКВД при выполнении оперативных заданий при комендатуре, как-то мародерство и издевательство над осужденными к ВМН, т. е. в преступлениях, предусм[отренных] ст. 206-17 п. "а" УК УССР»[248]. Военный трибунал проигнорировал данные предварительного следствия о том, что бывшие руководители УНКВД Л. Якушев и Г. Гришин-Шенкман не «допустили», а создали преступную систему злоупотреблений, которая выходила далеко за рамки «выполнения оперативных заданий при комендатуре», начиная с безосновательных арестов людей и пыток во время следствия и заканчивая надругательствами над трупами жертв.

Такое признание вины обусловило и вынесение Военным трибуналом приговора: «1. Гришина-Шенкмана Григория Иосифовича на основании ст. 206-17 п. "а" УК УССР лишить свободы на 10 (десять) лет ИТЛ без поражения в правах, но с лишением его звания капитана госбезопасности. По ст. ст. 54-1 п. "б" и 54-11 УК УССР за недоказанностью обвинения оправдать. Срок наказания исчислять с 30 мая 1938 г.»[249]. С учетом нахождения под стражей во время предварительного следствия Г. Гришину-Шенкману оставалось меньше 9 лет лишения свободы. Однако приговор еще должен был вступить в законную силу, и еще можно было подать кассационную жалобу, чем он и воспользовался. 22 июля 1939 г. Военный трибунал направил дело и кассационные жалобы осужденных в Военную коллегию Верховного суда СССР на рассмотрение.

9 октября 1939 г. Военная коллегия рассмотрела кассационные жалобы и протест заместителя председателя Верховного суда СССР армвоенюриста Василия Васильевича Ульриха (1889–1951) на приговор Военного трибунала и в части, касающейся Г. Гришина-Шенкмана, определила: «Соглашаясь с протестом зам[естителя] председателя Верховного суда СССР и учитывая, что показания, имеющиеся в деле в отношении Гришина-Шенкмана, никаким материалами не опровергнуты, а из материалов судебного следствия устанавливается, что творившееся в отделе мародерство, избиение подследственных и осужденных производилось с его ведома и санкции, что с его ведома и санкции производились издевательства над осужденными женщинами, и что даже с ведома и санкции Гришина-Шенкмана поджигали осужденных, приговор о нем – Гришине-Шенкмане – отменить и дело передать на новое судебное рассмотрение в тот же Трибунал, но в ином составе судей»[250].

В. Ульриха и членов Военной коллегии могли задеть за живое наиболее жестокие эпизоды дела, но указание в тексте определения на «избиение подследственных» подтверждает наши предположения о фактическом игнорировании Военным трибуналом материалов о нарушениях процессуальных норм во время ведения следствия в УНКВД.

19 октября 1939 г. Г. Гришин-Шенкман ознакомился с определением Военной коллегии и стал готовиться к новому судебному заседанию, специально посвященному его делу. Подготовка включала в себя написание заявления на имя председателя Военного трибунала войск НКВД Киевского округа. Г. Гришин-Шенкман правильно понял главную опасность в определении Военной коллегии и с первых строк заявления стал расставлять нужные акценты: «Поскольку в определении ВК указывается, что с моего ведома и санкции в комендатуре Житомирского УНКВД происходили мародерство и издевательства над осужденными и даже над подследственными арестованными […] я обращаюсь к Трибуналу со следующим ходатайством […]». Далее он, не говоря ни

слова об издевательствах над подследственными, излагал свою версию о мародерстве, основанную на разговорах с помещенными после суда вместе с ним в одну камеру Ф. Игнатенко, Г. Тимошенко и Д. Левченко, прося вызвать их в суд для дачи показаний. Он также ходатайствовал о вызове финансовых и хозяйственных работников УНКВД, создавая видимость важности их показаний для объективного рассмотрения дела. Постарался он разыграть и карту беглого наркома: «Полтора года я невыразимо страдаю от того, что носил маску врага, присвоенную мне фашистом Успенским […]. Я нахожусь на грани безумия от мысли, что я вновь должен одеть такую маску»[251].

Как показали дальнейшие события, Г. Гришин-Шенкман знал, что делает. 16–18 ноября 1939 г. в помещении УНКВД по Житомирской области состоялось второе закрытое судебное заседание Военного трибунала войск НКВД Киевского округа в новом составе. Новый состав судей вынес тот же приговор[252].

2 декабря 1939 г. Военный трибунал вновь направил дело, кассационный протест Военного прокурора войск НКВД Киевского округа бригвоенюриста Морозова и кассационную жалобу осужденного в Москву. На этот раз изучение там присланных материалов длилось дольше и закончилось 22 апреля 1940 г. подтверждением правильности приговора и отклонением прокурорского протеста и кассационной жалобы осужденного[253]. Пока Г. Гришин-Шенкман ждал решения Военной коллегии по своему делу, он принял участие в роли свидетеля в еще одном закрытом судебном заседании Военного трибунала войск НКВД Киевского округа, проходившем в Житомире – по делу М. Диденко, В. Распутько, М. Федорова, Д. Манько, М. Леснова, Д. Малуки, Н. Зуба и М. Люлькова. 17–19 апреля он дал показания по двум эпизодам обвинения в адрес Д. Малуки и М. Леснова – по делам убитого на допросе В. Скрыпника и расстрелянного по решению тройки Е. Ткачука[254], а также по некоторым другим эпизодам.

Думается, что, узнав о приговоре, вынесенном трибуналом по данному делу, он испытал двоякое чувство: с одной стороны, – два расстрела и два десятилетних срока лишения свободы, как и в его случае, а с другой – явно снисходительный вердикт в отношении бывшего коменданта УНКВД М. Люлькова (3 года ИТЛ), в то время как его предшественник на этой должности Г. Тимошенко – одноделец Г. Гришина-Шенкмана – получил 8 лет ИТЛ. Получалось, что маятник правосудия мог качнуться в любую сторону.

4 мая 1940 г. Г. Гришину-Шенкману было объявлено решение Военной коллегии Верховного суда СССР по его делу, а 15 мая направлено соответствующее сообщение его жене, проживавшей в г. Запорожье. Затем осужденный ходатайствовал о том, чтобы была выдана неполученная им зарплата за май 1938 г. Учитывая, что он был осужден без конфискации имущества, финотдел НКВД УССР выслал деньги в сумме 1275 руб. в финотдел УНКВД по Запорожской области для вручения его жене. 9 июля 1940 г. заключенный Г. Гришин-Шенкман убыл из Житомира для отбытия наказания в Северный железнодорожный исправительно-трудовой лагерь (Севжелдорлаг) НКВД СССР[255].

Эпилог

Если посмотреть на степень тяжести наказаний, выносившихся четырем бывшим руководителям УНКВД по Житомирской области в течение одного года – с февраля 1939 по февраль 1940, – то можно увидеть тенденцию к ее смягчению. Так, Григорий Вяткин 22 февраля 1939 г. Военной коллегией Верховного суда СССР был осужден к ВМН и расстрелян. Через четыре месяца, 20 июня 1939 г., Лаврентий Якушев той же Военной коллегией был приговорен к 20 годам ИТЛ[256]. Бывший его заместитель Григорий Гришин-Шенкман дважды, 4 июля и 18 ноября 1939 г., был осужден Военным трибуналом войск НКВД Киевского округа к 10 годам лишения свободы, причем Военная коллегия Верховного суда СССР после первого вынесения приговора посчитала его неадекватным тяжести преступлений, совершенных осужденным. Заместитель Г. Вяткина Андрей Лукьянов, арестованный последним из этой четверки, Военным трибуналом КОВО 1 февраля 1940 г. также был осужден к 10 годам лишения свободы в ИТЛ. Таким образом, правосудие начало с расстрела одного из руководителей, затем смягчило наказание до 20 лет заключения для другого и, наконец, остановилось на 10 годах лишения свободы для двоих их заместителей.

Иная картина наблюдалась среди бывших руководителей УНКВД среднего звена. Осужденные вместе с Г. Гришиным-Шенкманом 1 июля 1939 г. начальник внутренней тюрьмы УНКВД Феликс Игнатенко получил 10 лет лишения свободы в ИТЛ, комендант УНКВД Григорий Тимошенко – 8 лет, а еще один бывший начальник внутренней тюрьмы – Михаил Глузман, в силу вышеизложенных обстоятельств, получил условный срок.

В результате заседания Военного трибунала войск НКВД Киевского округа 19–22 августа 1939 г. бывший начальник 5-го отдела Наум Ремов-Поберезкин[257] первым среди руководителей среднего звена был приговорен к ВМН и 29 ноября 1939 г. расстрелян[258]. Его подельники были осуждены менее сурово: Владимир Вольский (Кицис)[259] – к 8 годам, Антон Гостинцев – к 10 годам лишения свободы в ИТЛ, а Григорий Артемьев – к 3 годам лишения свободы условно[260]. Согласно определению Военной коллегии Верховного суда СССР от 29 октября 1939 г. мера наказания для В. Вольского была снижена до 5 лет ИТЛ[261]. 1 февраля 1940 г. бывший и. о. начальника 6-го отдела Евгений Анфилов был приговорен Военным трибуналом КОВО к 7 годам, а вр. и. д. начальника 4-го отдела Василий Резниченко – к 5 годам лишения свободы. Затем, 23 апреля 1940 г., Военный трибунал войск НКВД Киевского округа приговорил Даниила Манько и Даниила Малуку к расстрелу[262], Михаила Федорова и Матвея Леснова – к 10 годам, Николая Зуба – к 5 годам, а Митрофана Люлькова – к 3 годам лишения свободы в ИТЛ[263]. Однако в отношении М. Федорова и М. Леснова-Израилева Военная коллегия Верховного суда СССР приговор отменила из-за недооценки Военным трибуналом тяжести совершенных ими преступлений[264]. По результатам повторного судебного заседания Военного трибунала 27–29 сентября 1940 г. оба они были приговорены к расстрелу[265]. 18 октября 1940 г. Военная коллегия Верховного суда СССР приговор оставила в силе, и 4 ноября 1940 г. они были расстреляны[266].

Из этого следует, что Военная коллегия и Военный трибунал войск НКВД Киевского округа в феврале 1939 – сентябре 1940 гг. в случаях с Г. Вяткиным, Н. Ремовым-Поберезкиным, Д. Манько, Д. Малукой, М. Федоровым и М. Лесновым-Израилевым проявили бескомпромиссность, хотя и с оговорками. В то же время в отношении Л. Якушева, Г. Гришина-Шенкмана, А. Лукьянова такого не произошло. Это не было свидетельством объективного судебного следствия, скорее – наоборот. Сыграли роль какие-то другие факторы, которые историкам еще необходимо выявить. Возможно, разница в судьбе двух начальников УНКВД отражала скрытую борьбу двух тенденций и их носителей во всех властных структурах – за «обуздание» органов НКВД УССР и отчаянное сопротивление этому. Могло иметь место и влияние главного субъективного фактора – воли вождя – И. Сталина, который был ознакомлен не только с материалами на Г. Вяткина, но и на УНКВД по Житомирской области в целом[267].

Последнее вряд ли касается заместителей начальника УНКВД. Здесь явно просматривается противостояние по линии «республика – союзный центр» между Военным трибуналом войск НКВД Киевского округа и Военной коллегией Верховного суда СССР. Возможно, результат этого противостояния по делу Г. Гришина-Шенкмана, закончившегося в пользу трибунала, имел определенное влияние на рассмотрение других дел. Не будь такого мягкого приговора в отношении Г. Гришина-Шенкмана, еще неизвестно, чем бы закончился суд для А. Лукьянова. Все-таки он не только работал под руководством Л. Якушева и Г. Гришина-Шенкмана, осужденных на 20 и 10 лет лишения свободы, но был еще и заместителем расстрелянного Г. Вяткина. Под таким руководством, которое, напомним, суд квалифицировал преступным, он по совокупности, «наработал» как минимум на 20 лет лагерей.

Указанное противостояние имело место также по делу М. Федорова и М. Леснова с той лишь разницей, что Военный трибунал войск НКВД Киевского округа уже не стал еще раз перечить мнению членов Военной коллегии. В результате наиболее жесткий удар правосудия пришелся по руководителям УНКВД среднего звена – пять расстрельных приговоров по делам руководителей трех основных отделов УГБ (3-го, 4-го и 5-го). Получилось так, что именно они в наибольшей степени олицетворяли карателей-палачей, поскольку на областном уровне выступали в роли как организаторов, так и исполнителей массовых репрессий.

Но мы оцениваем их как субъектов репрессивной деятельности органов НКВД с высоты сегодняшнего дня, в то время как в 1939–1941 гг. в ходе кампании разоблачения допущенных «нарушений социалистической законности» еще никем не ставился вопрос о проведенных в 1937–1938 гг. репрессивных операциях как составных частях одного из тягчайших преступлений XX века. Поэтому руководители УНКВД среднего звена, такие как М. Леснов, до конца были убеждены в том, что в большинстве случаев они подвергали репрессиям «действительных врагов».

Доказать обратное не входило в задачу служебных расследований и советского правосудия конца 1938–1941 гг. Непоследовательность и бессистемность в разоблачении преступлений, совершенных в 1937–1938 гг. сотрудниками НКВД, и не только ими, свели фундаментальную проблему отказа сталинским режимом от применения массового террора как способа государственного управления к ситуативной кампании разоблачения отдельных «врагов, пробравшихся в ряды партии и органов НКВД»[268].

В связи с этим довольно показательной была судьба одного из осужденных сотрудников УНКВД – бывшего коменданта УНКВД М. Люлькова. Он получил один из самых мягких приговоров и в феврале 1941 г. был этапирован в Карагандинский ИТТ (Карлаг) НКВД СССР (Казахстан). Отбывая, по его мнению, «незаслуженный срок наказания», он безуспешно обращался в различные инстанции с ходатайствами о реабилитации. Отбыв наказание, 20 января 1942 г. был освобожден. В июне 1942 г. был мобилизован в Красную Армию. Война дала ему шанс, который он использовал. 25 ноября 1942 г. Президиум Верховного совета СССР удовлетворил очередное его ходатайство, и судимость с него снял. В декабре 1942 г. в составе 21-й механизированной бригады М. Люльков оказался в действующей армии на советско-германском фронте. Там он вскоре был восстановлен и в партии. Будучи старшиной роты, прошел всю войну, награжден двумя медалями «За боевые заслуги», медалями «За освобождение Варшавы», «За взятие Берлина», «За победу над Германией»[269]. В августе 1945 г. был демобилизован из армии. Война превратила его в заслуженного ветерана. Жизнь и трудовая биография начинались как бы заново.

Однако он не сменил даже места жительства, как это сделало большинство его коллег. До 25 июня 1956 г. работал юрисконсультом в Житомирском отделении смешанной торговли (Смешторг), откуда был уволен за появление на работе в нетрезвом виде. Когда в 1960 г. Управление КГБ по Житомирской области запросило у отдела кадров Житомирского горпищеторга (один из преемников реорганизованного Смешторга) характеристику на М. Люлькова, оно получило ответ: «нет ни единого руководителя торга, который совместно с ним работал бы»[270].

Директору Житомирского грузового автопарка № 1 некуда было деваться, и он подписал характеристику М. Люлькова, где говорилось, что он работает «экспедитором по вывозке хлебопродуктов в торговую сеть города Житомир с 7-го июля 1956 г. и на этой работе проявил себя принципиальным, дисциплинированным и исполнительным работником [...]. В 1959 г. избран членом комиссии партийного контроля за действием администрации»[271]. Новые времена, на дворе стояла «хрущевская оттепель».

Ностальгия по прошлому не давала покоя бывшему коменданту. 8 августа 1957 г. он обратился к председателю КГБ СССР Ивану Александровичу Серову (1905–1990) с просьбой вернуть конфискованный у него «знак почетного чекиста» № 3198, который ему был вручен 9 ноября 1938 г., или выдать взамен другой[272]. Правда, он не написал, что получил этот знак за «успешное выполнение операций по линии комендатуры УНКВД»[273]. Ему отказали, ссылаясь на то, что такие знаки больше не изготавливаются.

М. Люльков не успокаивался. В сентябре 1958 г. бывший рабочий московского завода «Серп и молот», как он себя представил, обратился в Президиум Верховного совета СССР с просьбой принять дополнительное решение о его реабилитации и восстановлении звания лейтенанта госбезопасности, которого он был лишен по приговору Военного трибунала[274]. В этом ему также было отказано, как и при второй попытке осенью 1959 г. получить упомянутый знак.

Представители нового поколения чекистов сначала не имели ни малейшего понятия о «заслугах» Люлькова. После ознакомления с сутью дела следователи КГБ нашли свидетеля, который дал исчерпывающую характеристику активному ветерану. Этим свидетелем был Михаил Глузман, который на допросе 5 июля 1960 г. сообщил: «Люлькова я могу охарактеризовать как пьяницу, садиста и мародера [...]. Свои показания в отношении Люлькова, данные мною на допросе в январе 1939 г. и в судебном заседании в апреле 1940 г., я подтверждаю полностью»[275].

В обществе звучала тема «преодоления культа личности и его последствий», возвращения из небытия жертв сталинского террора и восстановления в правах выживших. Бывшие палачи не стеснялись воспользоваться ситуацией и повысить свой социальный статус. Нужно отдать должное людям, занимавшимся в тот период вопросами реабилитации. Практически всем изуверам-карателям, их вдовам, писавшим о своих «оклеветанных» мужьях, и прочим гражданам, не безразличным к судьбам данной категории людей, в просьбах о реабилитации было отказано. Но власть не продвинулась вперед в переосмыслении истории и самой себя. Не произошло этого и во времена перестройки и «гласности», хотя период сталинского террора фактически был расширен от конца 1920-х до начала 1950-х гг. и были приняты дополнительные меры по восстановлению исторической и правовой справедливости в отношении жертв репрессий.

С начала 1990-х гг., с открытием недоступных ранее архивов и развертыванием широкого международного гуманитарного сотрудничества, появилась возможность для объективного исследования истории СССР. Достижения международной научной общественности в изучении советской истории сегодня огромны. Одним из них является то, что активно и разнопланово формируется направление по изучению реальной истории советских органов госбезопасности. Однако наряду с появлением глубоких исследований стали все явственнее давать о себе знать и укореняться новые мифологемы, оправдывающие теории и практики неоимперского большевизма, а отсюда – и Сталина, и чекистов, и даже массового террора. Агрессивность и коварство, с которыми создаются эти мифологемы, способны вытеснить на периферию общественного сознания научное познание исторической действительности. Мы наблюдаем губительную инерцию тоталитарного прошлого, которая представляет опасность для новых поколений. В основе этой опасности лежат тягчайшие преступления против человечности, совершенные в прошлом, но так и оставшиеся без надлежащей правовой оценки.

ПРИМЕЧАНИЯ

[1] В качестве эпиграфа использованы материалы из архивного уголовного дела на группу бывших сотрудников УНКВД по Житомирской области за 1938–1939 гг., хранящегося в Отраслевом государственном архиве Службы безопасности Украины (Галузевий державний архів Служби безпеки України).

[2] В 1935–1936 гг. в составе Киевской области были образованы Коростенский, Новоград-Волынский и Житомирский округа. 22 сентября 1937 г. в состав новообразованной Житомирской области вошли все районы и горсоветы названных округов, восемь других районов Киевской области, четыре района и Бердичевский горсовет Винницкой области. См.: Реабілітовані історією. Житомирська область. Кн. 1-ша. – Житомир: Полісся, 2006. С. 655–656.

[3] См.: Україна в добу «Великого терору»: 1936–1938 роки / Ред. колегія: Ю. Шаповал, Г. Куромія та ін. Автори-упорядники: С. Богунов, В. Золотарьов, Т. Рафальська, О. Радзивілл, Ю. Шаповал. К.: Либідь, 2009. С. 143–145; Золотарьов В. А., Бажан О. Г., Тіміряєв Є. Р. ЧК-ГПУ-НКВД Житомирщини у 1919–1941 роках: структура та керівний склад // Реабілітовані історією. Житомирська область. Кн. 3-тя. – Житомир: Полісся, 2010. С. 9–23.

[4] В исторической литературе достаточно полно описаны деятельность органов НКВД и ее результаты в ходе проведения массовых репрессий на Житомирщине в киевско-винницкий период. Основное внимание уделено освещению основных направлений террора и жертвам репрессий. В рамках программы по изданию в Украине научно-документальной серии книг «Реабилитированные историей» вышло семь книг тома «Житомирская область».

На основе изучения архивных уголовных дел репрессированных и других исторических источников члены научно-редакционной группы опубликовали многочисленные документы, биографические и статистические данные, позволяющие увидеть Большой террор на Житомирщине во всех его измерениях. Рассказали они и о некоторых исполнителях репрессий, что облегчает задачу автора статьи.

[5] С 1920 г. он служил в периферийных органах ЧК-ГПУ, в частности, в 1930–1937 гг. в Харькове, его последняя должность – заместитель начальника 4-го отдела УНКВД по Харьковской области. (Этот и другие оперативные отделы входили в состав Управления государственной безопасности УНКВД. Автор называет эти отделы без обозначения их как структурных единиц УГБ. С 16 августа 1937 г. Л. Якушев являлся заместителем начальника УНКВД по Киевской области).

[6] ОГА СБУ. Ф. 5. Д. 67841. Т. 3. Л. 149–150. Выписка из показаний М.С. Северина. 22 августа 1938 г.

[7] 9-я кавалерийская дивизия 1-го кавалерийского корпуса Червоного казачества КВО дислоцировалась в г. Гайсине Винницкой области.

[8] С 15 июля 1938 г. врид заместителя начальника 3-го отдела УНКВД. ОГА СБУ. Ф. 5. Д. 67839. Т. 4. Л. 48. (Выписка из приказа по УНКВД по Житомирской области № 293 от 31 июля 1938 г.)

[9] См.: *Золотарьов В.А., Бажан О.Г., Тіміряєв Є.Р.* ЧК-ГПУ-НКВД Житомирщини у 1919–1941 роках: структура та керівний склад // Реабілітовані історією. Житомирська область. Кн. 3-тя. С. 14–17.

[10] См.: ОГА СБУ. Ф. 12. Д. 31601. Л. 3–4. Автобиография С.А. Голубева. 23 октября 1938 г.; Л. 35 об. Послужной список С.А. Голубева. Без даты.

[11] См.: Україна в добу «Великого терору»: 1936–1938 роки. С. 145.

[12] ОГА СБУ. Ф. 12. Д. 31602. Т. 1. Л. 16. Послужной список Н.А. Ремова-Поберезкина. Без даты.

[13] См.: Там же. Ф. 5. Д. 67841. Т. 1. Л. 4.

[14] См.: Україна в добу «Великого терору»: 1936–1938 роки. С. 144. В соответствии с приказом НКВД СССР № 741 от 8 апреля 1939 г. А.Г. Масловский был уволен из органов НКВД согласно ст. 38 п. «в» по служебному несоответствию. См.: ОГА СБУ. Ф. 6. Д. 73290-фп. Л. 260.

[15] В бытность А. Успенского начальником УНКВД по Оренбургской области М. Федоров был начальником 2-го отделения 3-го отдела УНКВД. 30 октября 1937 г. он был откомандирован в УНКВД по Киевской области, а в марте 1938 г. назначен начальником отделения аппарата особоуполномоченного НКВД УССР. ОГА СБУ. Ф. 5. Д. 67839. Т. 1. Л. 253.

[16] См.: ОГА СБУ. Ф. 5. Д. 67841. Т. 1. Л. 129. Письмо врио заместителя особоуполномоченного НКВД УССР М.Е. Федорова начальнику УНКВД по Житомирской области Г.М. Вяткину. 11 марта 1938 г.

[17] См.: *Золотарьов В.А., Бажан О.Г., Тіміряєв Є.Р.* ЧК-ГПУ-НКВД Житомирщини у 1919–1941 роках: структура та керівний склад // Реабілітовані історією. Житомирська область. Кн. 3-тя. С. 18–19.

[18] 19 апреля 1939 г. И.А. Дараган был арестован НКВД УССР по обвинению в незаконных арестах, создании искусственных контрреволюционных организаций и большого количества шпионов в период его работы в органах

НКВД в Днепропетровской области. См.: ОГА СБУ. Ф. 5. Д. 64858. Т. 1. Л. 1–8.

[19] ОГА СБУ. Ф. 5. Д. 67841. Т. 1. Л. 130–132. Протокол судебного заседания выездной сессии отдела Военного трибунала пограничной и внутренней охраны по Киевской области. 21 января 1938 г.

[20] Там же. Л. 133.

[21] Там же. Л. 133–134.

[22] Там же. Л. 146. Донесение начальника УНКВД по Житомирской области Г.М. Вяткина наркому внутренних дел УССР А.И. Успенскому. 4 апреля 1938 г.

[23] См.: Там же. Л. 147. Письмо врид особоуполномоченного НКВД УССР М.П. Кудрявцева начальнику УНКВД по Житомирской области Г.М. Вяткину. 9 апреля 1938 г.

[24] Там же. Л. 148. Письмо врид особоуполномоченного УНКВД по Житомирской области С.А. Голубева врид особоуполномоченного НКВД УССР М.П. Кудрявцеву. 16 апреля 1938 г.

[25] Помощник начальника тюрьмы Ф. Игнатенко с начала апреля 1938 г. исполнял обязанности начальника тюрьмы. После утверждения в этой должности в августе 1938 г. он оставался на ней до декабря 1938 г., когда его сменил Петр Дмитриевич Малахов (1902 г. р.). См.: ОГА СБУ. Ф. 5. Д. 67839. Т. 2. Л. 408.

[26] 44-я стрелковая дивизия 8-го стрелкового корпуса КВО дислоцировалась в г. Житомире.

[27] Управление 8-го стрелкового корпуса КВО находилось в г. Житомире, там же находился и ОО корпуса. Должности сотрудников особых отделов стали называться несколько иначе после переведения частей и соединений РККА на цифровые обозначения, например, в случае с В. Вишневским – оперуполномоченный ОО войскового соединения (в/с) № 4342. См.: ОГА СБУ. Ф. 5. Д. 67839. Т. 2. Л. 487.

[28] Там же. Л. 153–153 об. Протокол допроса М.К. Лейфмана. 8 апреля 1938 г.

[29] См.: Там же. Л. 159. Протокол допроса Ф.Г. Игнатенко. 9 апреля 1938 г.

[30] Там же. Л. 165. Объяснение начальника 1-го спецотдела УНКВД по Житомирской области Н.А. Зуба. 11 апреля 1938 г.

[31] См.: Там же. Л. 163. Протокол допроса В.М. Вишневского. 13 апреля 1938 г.

[32] Там же. Ф. 12. Д. 31601. Т. 1. Л. 46 (конверт). Наградной лист на С.А. Голубева. 7 июня 1938 г.

[33] См.: Там же. Ф. 5. Д. 67839. Т. 1. Л. 181. Письмо и. о. особоуполномоченного НКВД УССР А.Г. Назаренко начальнику УНКВД по Житомирской области Г.М. Вяткину. 29 августа 1938 г.

[34] Там же. Л. 183. Справка С.А. Голубева. 25 мая 1938 г. Видимо, С. Голубев ошибся в датах: заключение было подписано им 8 мая и на следующий день утверждено Г. Вяткиным.

[35] Бланк Мирон Ильич – оперуполномоченный ОО 5-й кавалерийской дивизии 2-го кавалерийского корпуса КВО (г. Житомир).

[36] Костенко Федор Павлович – полковой оперуполномоченный ОО 5-й кавалерийской дивизии.

[37] Там же. Л. 176–178. Заключение особоуполномоченного УНКВД по Житомирской области С.А. Голубева о результатах расследования нарушений, допущенных сотрудниками УНКВД. 8 мая 1938 г.

[38] Там же. Л. 173. Акт комиссии УНКВД об уничтожении вещей арестованных. 11 мая 1938 г.

[39] 12-я механизированная бригада КВО дислоцировалась в г. Новограде-Волынском.

[40] Там же. Л. 177–178. Заключение особоуполномоченного УНКВД по Житомирской области С.А. Голубева о результатах расследования нарушений, допущенных сотрудниками УНКВД. 8 мая 1938 г.

[41] См.: Там же. Л. 178.

[42] Там же. Л. 180. Письмо начальника УНКВД по Житомирской области Г.М. Вяткина и. о. особоуполномоченного НКВД УССР А.Г. Назаренко. 7 сентября 1938 г.

[43] Масликов Андрей Кузьмич (1911 г. р.) – шофер Новоград-Волынского горотдела НКВД.

[44] Добровольский Дмитрий Федотович (1912 г. р.) – секретарь особого отдела в/с № 5698.

[45] ОГА СБУ. Ф. 5. Д. 67841. Т. 1. Л. 169–171. Письмо начальника Новоград-Волынского горотдела НКВД Г.Д. Артемьева руководству УНКВД по Житомирской области. 13 октября 1938 г. Письмо было адресовано Г.М. Вяткину и начальнику отдела кадров УГБ УНКВД Платону Николаевичу Коротченко (1902 г. р.).

[46] Там же. Л. 172. Заключение особоуполномоченного УНКВД по Житомирской области С.А. Голубева по результатам расследования в отношении В.И. Гирича. 31 октября 1938 г.

[47] Там же. Л. 184–188. Заключение особоуполномоченного НКВД УССР А.М. Твердохлебенко. 4 декабря 1938 г.

[48] Там же. Л. 43. Акт о результатах обыска квартиры бывшего начальника внутренней тюрьмы УНКВД по Житомирской области Ф.Г. Игнатенко. 20 декабря 1938 г.

[49] Там же. Л. 73. Постановление УНКВД по Житомирской области об избрании меры пресечения в отношении М.М. Соснова. 28 января 1939 г.

[50] Там же. Л. 3. Постановление УНКВД по Житомирской области о начале производства предварительного следствия по делу Г.А. Тимошенко и других. 21 декабря 1938 г.

[51] С 1954 г. – г. Хмельницкий.

[52] Косинский Остап Игнатьевич (1905 г. р.) – дежурный уполномоченный станции Новоград-Волынский.

[53] Дмитренко Даниил Терентьевич (1915 г. р.) в марте 1938 г. принят на службу в органы НКВД и направлен в Новоград-Волынский горотдел НКВД. См.: ОГА СБУ. Ф. 5. Д. 67839. Т. 5. Л. 225 об.

[54] ОГА СБУ. Ф. 5. Д. 67841. Т. 1. Л. 61. Постановление УНКВД по Житомирской области об избрании меры пресечения в отношении В.И. Гирича. 3 января 1939 г.

⁵⁵ Там же. Ф. 12. Д. 31601. Л. 46 (конверт). Выписка из резолюции общего закрытого партийного собрания парторганизации УГБ УНКВД по Житомирской области. 16 декабря 1938 г.

⁵⁶ Согласно приказу НКВД СССР от 13 июня 1939 г. № 1379 С. Голубев был уволен из органов НКВД без выдачи выходного пособия за выслугу лет. См.: Там же. Л. 47, 64, 65.

⁵⁷ См.: Там же. Ф. 5. Д. 67841. Т. 3. Л. 2–3. Постановления 4-го отдела НКВД УССР о начале предварительного следствия по делу Г.И. Гришина-Шенкмана и об избрании меры пресечения. 10 июня 1938 г.

⁵⁸ Там же. Л. 31. Постановление о предъявлении обвинения Г.И. Гришину-Шенкману. 14 июня 1938 г.

⁵⁹ Там же. Л. 198. Выписка из собственноручных показаний арестованного А.К. Фадеева. 10 июля 1938 г.

⁶⁰ См.: ОГА СБУ. Ф. 5. Д. 67841. Т. 3. Л. 15. Постановление НКВД УССР о возбуждении ходатайства о продлении срока содержания под стражей обвиняемого Г.И. Гришина-Шенкмана. 23 июля 1938 г.

⁶¹ ОГА СБУ. Ф. 5. Д. 67841. Т. 3. Л. 32–40, 41–48. Собственноручные показания арестованного Г.И. Гришина-Шенкмана. 23 июля 1938 г.

⁶² Смелянский Николай Григорьевич (Николаев Натан Гершевич) (1897–1938), с 1 мая 1936 г. заместитель начальника ОО 14-й кавалерийской дивизии КВО (г. Новоград-Волынский), с 1 июня 1937 г. начальник ОО 46-й стрелковой дивизии КВО (г. Коростень). 11 июня 1938 г. арестован в Киеве, 23 сентября 1938 г. выездной сессией Военной коллегии Верховного суда СССР приговорен к ВМН и в тот же день расстрелян. ОГА СБУ. Ф. 6. Д. 73290-фп. Л. 119.

⁶³ Гришин-Клювгант Григорий Аркадьевич (Аронович) (1903–1939), с 16 сентября 1935 г. заместитель начальника УНКВД по Киевской области. С 27 марта 1937 г. заместитель начальника УНКВД по Харьковской области, с 30 июня 1937 г. врид начальника УНКВД по Одесской области, с 20 июля 1937 г. начальник УНКВД по Винницкой области. 20 августа 1937 г. арестован. Обвинялся в участии в «контрреволюционной заговорщицкой правотроцкистской террористической организации в системе органов НКВД». 1 июня 1939 г. Военным трибуналом войск НКВД Московского округа по ст. 58-1а, 58-8, 58-11 УК РСФСР приговорен к ВМН. 2 сентября 1939 г. расстрелян. См.: Петров Н. В., Скоркин К.В. Кто руководил НКВД, 1934–1941: Справочник / Общество «Мемориал», РГАСПИ, ГАРФ; под ред. Н.Г. Охотина и А.Б. Рогинского. – М.: Звенья, 1999. С. 156–157; ОГА СБУ. Ф. 6. Д. 49732-фп. Л. 54, 55, 212, 219. В книге ошибочно указано, что приговор вынес ВТ войск НКВД Киевского округа.

⁶⁴ Детинко Моисей Яковлевич (1902–1938) возглавлял 3-е отделение 3-го отдела НКВД УССР. Постановление на арест М. Детинко от 23 февраля 1938 г. подписал как заместитель особоуполномоченного НКВД УССР М. Федоров. 22 сентября 1938 г. выездной сессией Военной коллегии Верховного суда СССР М. Детинко был приговорен к ВМН и в тот же день расстрелян. ОГА СБУ. Ф. 5. Д. 59465. Л. 91–94.

⁶⁵ ОГА СБУ. Ф. 5. Д. 67841. Т. 3. Л. 141. Выписка из протокола допроса Н.Г. Смелянского. 26 июля 1938 г.

[66] Там же. Л. 143, 146. Протокол допроса Н.Г. Смелянского. 15 августа 1938 г.

[67] 27 апреля 1938 г. В. Блюман был арестован и помещен в спецкорпус Киевской тюрьмы. 22 сентября 1938 г. выездной сессией Военной коллегии Верховного суда СССР приговорен к ВМН и в тот же день расстрелян. ОГА СБУ. Ф. 5. Д. 64890. Т. 1. Л. 1 об. 205–206; Т. 2. Л. 156.

[68] ОГА СБУ. Ф. 5. Д. 67841. Т. 3. Л. 139. Выписка из заявления Н.Г. Смелянского наркому внутренних дел УССР. Без даты.

[69] Там же. Л. 143, 146. Протокол допроса Н.Г. Смелянского. 15 августа 1938 г.

[70] См.: ОГА СБУ. Ф. 5. Д. 67841. Т. 3. Л. 135–136. Протокол допроса М.Я. Детинко. 15 августа 1938 г.

[71] Там же. Л. 278, 281; 283, 286. Протоколы очных ставок между М.Я. Детинко и Г.И. Гришиным-Шенкманом и между Н.Г. Смелянским и Г.И. Гришиным-Шенкманом. 15 августа 1938 г.

[72] Там же. Л. 137–138. Протокол допроса М.Я. Детинко. 15 августа 1938 г.

[73] ОГА СБУ. Ф. 5. Д. 67841. Т. 3. Л. 245–246. Протокол допроса Д.И. Манько. 31 июля 1938 г.

[74] Имеются в виду люди, подозревавшиеся в участии в Польской организации войсковой, реально существовавшей на территории УССР в начале 1920-х гг., но к 1938 г. ставшей одним из фантомов, на борьбу с которым были сориентированы органы НКВД. Соответственно членов этой организации в чекистском делопроизводстве называли «повяцким», как в данном случае, а также «пеовяцким элементом» или «пеовяками». См.: Справа «Польської організації військової» в Україні. 1920–1938 рр. Збірник документів та матеріалів / Упоряд.: С.А. Кокін, Р.Ю. Подкур, О.С. Рубльов. К.: Головна редколегія науково-документальної серії книг «Реабілітовані історією», 2011. 472 с.

[75] ОГА СБУ. Ф. 5. Д. 67841. Т. 3. Л. 246–246 об. Протокол допроса Д.И. Манько. 31 июля 1938 г.

[76] В деле имеется справка от 9 апреля 1939 г., согласно которой Г. Гришин-Шенкман с 10 марта 1938 г. находился в служебной командировке в Киеве, прибывшим из которой он считался с 8 апреля 1938 г. См.: ОГА СБУ. Ф. 5. Д. 67841. Т. 3. Л. 25. Скорее всего, командировка была связана с предстоящим переводом его на новое место работы, а вернулся он в Житомир лишь для того, чтобы дождаться подписания приказа НКВД УССР о своем назначении и официально сдать дела в УНКВД.

[77] У него был родной брат Александр Сократович Томин, также служивший на руководящих должностях в органах НКВД. См. о нем в статье Л. Виолы в данном издании.

[78] См.: ОГА СБУ. Ф. 5. Д. 67841. Т. 3. Л. 252–253 об. Протокол допроса А.С. Томина. 14 августа 1938 г.

[79] См.: Там же. Т. 2. Л. 133–136. Протокол допроса Г.Н. Васильева. 3 февраля 1939 г.

[80] Там же. Л. 253–253 об. Протокол допроса А.С. Томина. 14 августа 1938 г.

[81] Там же. Л. 258–259 об. Протокол допроса А.А. Лукьянова. 15 августа 1938 г.

[82] Там же. Л. 19–21. Справка УНКВД по Житомирской области о вражеской деятельности бывшего заместителя начальника УНКВД Г.И. Гришина-Шенкмана. 24 августа 1938 г.

[83] В. Мартынюк был одним из немногих коллег в Житомирской области, с которыми Г. Гришин-Шенкман поддерживал дружеские отношения. 16 февраля 1938 г. он был арестован. Следствие пыталось использовать их личные отношения для вскрытия «контрреволюционой организационной связи» между ними.

[84] Вероятно, временно прикомандированный к 3-му отделу НКВД УССР сержант госбезопасности Луговой, который летом 1938 г. был заместителем начальника 2-го отделения 3-го отдела УНКВД по Житомирской области, а после повышения Д. Манько до должности заместителя начальника 3-го отдела стал врид начальника 2-го отделения 3-го отдела УНКВД.

[85] Вероятно, временно прикомандированный к 3-му отделу НКВД УССР сержант госбезопасности Исаак Наумович Франц (1908 г. р.). С февраля 1938 г. он был оперуполномоченным 3-го отдела УНКВД по Житомирской области и практически все время пребывал в служебных командировках, в том числе и в августе 1938 г. Вернувшись из командировки в сентябре 1938 г., стал врид. начальника 3-го отделения 3-го отдела УНКВД. См.: ОГА СБУ. Ф. 5. Д. 67839. Т. 2. Л. 45; Т. 5. Л. 200. В апреле и сентябре 1940 г. свидетель на судебных заседаниях Военного трибунала войск НКВД Киевского округа по делам М. Диденко, В. Распутько, М. Федорова, Д. Манько, М. Леснова, Д. Малуки, Н. Зуба, М. Люлькова, а затем М. Федорова и М. Леснова-Израилева. Занимал тогда должность заместителя начальника 3-го отдела УНКВД по Дрогобычской области. См.: Там же. Д. 67839. Т. 5. Л. 200–204 об., 207–208, 210, 221 об., 223 об., 224, 229, 233 об., 239, 464 об., 466 об.

[86] ОГА СБУ. Ф. 5. Д. 67841. Т. 3. Л. 153–154, 157–158. Протокол допроса В.С. Мартынюка. 24 августа 1938 г.

[87] Там же. Л. 154–155.

[88] Там же. Л. 248. Протокол допроса М.Э. Леснова-Израилева. 25 августа 1938 г.

[89] В материалах следствия имеется справка УНКВД по Житомирской области от 2 июля 1939 г. о том, что Ткачук Ефим Пантелеймонович 3 ноября 1937 г. тройкой УНКВД был «осужден к ВМН». ОГА СБУ. Ф. 5. Д. 67841. Т. 5. Л. 169. См. о нем: Реабілітовані історією. Житомирська область. Кн. 6-та. С. 543.

[90] ОГА СБУ. Ф. 5. Д. 67841. Т. 3. Л. 248–248 об. Протокол допроса М.Э. Леснова-Израилева. 25 августа 1938 г.

[91] Там же. Л. 102. Протокол допроса Г.И. Гришина-Шенкмана. 29 августа 1938 г.

[92] Там же. Л. 248 об. Протокол допроса М.Э. Леснова-Израилева. 25 августа 1938 г.

[93] Там же. Л. 242 об., 243. Протокол допроса Б.И. Ювженко. 25 августа 1938 г.

[94] Там же. Л. 248 об. Протокол допроса М.Э. Леснова-Израилева. 25 августа 1938 г.

[95] ОГА СБУ. Ф. 5. Д. 67841. Т. 3. Л. 65–66. Заявление арестованного Г.И. Гришина-Шенкмана наркому внутренних дел УССР А.И. Успенскому. 26 августа 1938 г.

[96] Там же. Л. 69. Протокол допроса Г.И. Гришина-Шенкмана. 27 августа 1938 г.

[97] Там же. Л. 70; 103. Протокол допроса Г.И. Гришина-Шенкмана. 27 августа 1938 г.; Протокол дополнительного допроса Г.И. Гришина-Шенкмана. 1 сентября 1938 г.

[98] Там же. Л. 80. Протокол допроса Г.И. Гришина-Шенкмана. 27 августа 1938 г.

[99] ОГА СБУ. Ф. 5. Д. 67841. Т. 3. Л. 82–96. Протокол допроса Г.И. Гришина-Шенкмана. 27 августа 1938 г.

[100] Там же. Л. 98–101. Протокол допроса Г.И. Гришина-Шенкмана. 29 августа 1938 г.

[101] Там же. Л. 16. Постановление 4-го отдела 1-го Управления НКВД УССР о возбуждении ходатайства о продлении срока содержания под стражей Г.И. Гришина-Шенкмана. 29 августа 1938 г.

[102] Там же. Л. 349. Протокол о завершении следствия по делу Г.И. Гришина-Шенкмана. 31 августа 1938 г.

[103] Там же. Л. 160–167. Протокол допроса В.С. Мартынюка. 5 сентября 1938 г.

[104] Там же. Л. 29. Справка об осуждении В.С. Мартынюка к ВМН. 4 апреля 1939 г.

[105] ОГА СБУ. Ф. 5. Д. 67841. Т. 3. Л. 106. Протокол допроса Г.И. Гришина-Шенкмана. 13 октября 1938 г.

[106] См.: Польща та Україна у тридцятих – сорокових роках ХХ століття. Невідомі документи з архівів спеціальних служб. Т. 8. Великий терор: Польська операція 1937–1938. У 2 ч. Варшава-Київ, 2010 / Ред. колегія: Є. Беднарек та ін. Ч. 2-га. Розділ V. Зловживання у репресивному апараті. С. 1625–1861.

[107] Морозов в тексте называет письмо донесением.

[108] См.: Там же. Ч. 1-ша. С. 86; Ч. 2-га. С. 1650–1656. Протокол допроса Н.М. Мордушенко. 13 декабря 1938 г.

[109] См.: Там же. Ч. 1-ша. С. 86; Ч. 2-га. С. 1700–1706. Объяснение заместителя начальника 3-го отдела УГБ УНКВД по Житомирской области Д.И. Манько. 15 декабря 1938 г.

[110] См.: Там же. Ч. 1-ша. С. 88; Ч. 2-га. С. 1716–1726. Письмо военного прокурора пограничных и внутренних войск НКВД УССР Морозова прокурору СССР А.Я. Вышинскому. 17 декабря 1938 г.

[111] См.: Там же. Ч. 2-га. С. 1626–1632. Рапорт врид начальника 1-го спецотдела УГБ УНКВД по Житомирской области Н.А. Зуба врид начальника УНКВД И.А. Дарагану. 24 ноября 1938 г.

[112] См.: Там же. С. 1708. Постановление военного прокурора пограничных и внутренних войск УССР Морозова об избрании меры пресечения в отношении Д.И. Малуки. Ф.Г. Игнатенко и Д.В. Левченко. 16 декабря 1938 г.

[113] См.: Там же.

[114] См.: Там же. С. 1718. Письмо военного прокурора пограничных и внутренних войск НКВД УССР Морозова прокурору СССР А.Я. Вышинскому. 17 декабря 1938 г.

[115] После отстранения М. Диденко от обязанностей первого секретаря Житомирского обкома КП(б)У и последовавшего за тем ареста (30 декабря

1938 г.) его место 16 декабря 1938 г. занял М. Гречуха. 10 августа 1939 г. он был избран Председателем Президиума Верховного Совета УССР. В 1954–1961 гг. М. Гречуха был заместителем Председателя Совета Министров УССР.

[116] Там же. С. 1704. Объяснение заместителя начальника 3-го отдела УГБ УНКВД по Житомирской области Д.И. Манько. 15 декабря 1938 г.

[117] Там же. С. 1712. Рапорт оперуполномоченного 3-го отдела УГБ НКВД УССР Т.А. Голубчикова заместителю наркома внутренних дел УССР А.З. Кобулову. 17 декабря 1938 г.

[118] Там же.

[119] См.: Там же. С. 1712–1714.

[120] См.: ОГА СБУ. Ф. 5. Д. 67841. Т. 1. Л. 58–59. Постановление заместителя начальника 2-го отделения 3-го отдела УГБ НКВД УССР Т.А. Голубчикова о предъявлении обвинения Д.И. Малуке. Ф.Г. Игнатенко, Д.В. Левченко. 30 декабря 1938 г.

[121] См.: Там же. Л. 60. Постановление военного прокурора пограничных и внутренних войск НКВД УССР Морозова о выделении материалов следствия в отношении Ф.Г. Игнатенко и Д.В. Левченко в отдельное производство. 10 января 1939 г.

[122] Польща та Україна у тридцятих – сорокових роках XX століття. Т. 8. Ч. 2-га. С. 1718. Письмо военного прокурора пограничных и внутренних войск НКВД УССР Морозова прокурору СССР А.Я. Вышинскому. 17 декабря 1938 г.

[123] Там же. С. 1716.

[124] Там же. С. 1722.

[125] Там же.

[126] Там же. С. 1724–1726.

[127] Летом 1937 г., в ходе подготовки к проведению «кулацкой операции», в УРСР было создано 45 межрайонных оперативных групп, в том числе и те четыре, о которых идет речь. См.: Великий терор в Україні. «Куркульська операція» 1937–1938 рр. У 2 част. / Ред. колегія: О. Довбня, М. Юнге та ін. Упоряд.: С. Кокін, М. Юнге. К.: ВД «Києво-Могилянська академія», 2010. Ч. 1. С. 51–58.

[128] Согласно приказу начальником Новоград-Волынской группы был назначен начальник горотдела Г. Артемьев. См.: Архив УМВД Украины в Житомирской области. Ф. 2. Оп. 1. Д. 6751. Т. 1. Л. 393.

[129] Польща та Україна у тридцятих – сорокових роках XX століття. Т. 8. Ч. 2-га. С. 1728. Объяснение начальника 3-го отдела УНКВД по Житомирской области М.Е. Федорова. 23 декабря 1938 г.

[130] Там же. С. 1752. Информация М.Э. Леснова-Израилева помощнику прокурора РККА о работе 4-го отдела УНКВД по Житомирской области. 1938 г.

[131] Там же. С. 1728–1730. Объяснение начальника 3-го отдела УНКВД по Житомирской области М.Е. Федорова. 23 декабря 1938 г.

[132] См.: ОГА СБУ. Ф. 5. Д. 67839. Т. 2. Л. 351. Протокол допроса С.А. Астахова. 19 января 1939 г. Астахов Алексей Степанович – секретарь; затем оперуполномоченный Лугинского райотделения НКВД.

[133] См.: Там же. Л. 288 об. Протокол допроса В.Х. Резниченко. 29 декабря 1938 г. Резниченко Василий Харитонович – заместитель начальника 4-го отдела УНКВД по Житомирской области.

[134] Польща та Україна у тридцятих – сорокових роках ХХ століття. Т. 8. Ч. 2-га. С. 1736. Протокол допроса Д.И. Малуки. 30 декабря 1938 г.

[135] Там же. С. 1750. Информация М.Э. Леснова-Израилева помощнику прокурора РККА о работе 4-го отдела УНКВД по Житомирской области. 1938 г. Ранее этот документ был опубликован в книге: Україна в добу «Великого терору»: 1936–1938 роки. С. 316–322.

[136] Там же. С. 1746.

[137] В 8-м томе польско-украинского издания ошибочно напечатано «УПА» (ч. 2-га. С. 1746). Автором произведена сверка с оригиналом документа ОГА СБУ. Ф. 5. Д. 67839. Т. 1. Л. 428. Речь идет о Волынской повстанческой армии (ВПА), руководство которой осенью 1922 г. готовило вооруженное выступление против большевиков с целью восстановления украинской государственности. За два дня до намеченной даты выступления чекисты нанесли превентивный удар, арестовав большинство командного состава организации, только штабу с отрядом прикрытия удалось прорваться через границу и уйти в Польшу.

[138] Польща та Україна у тридцятих – сорокових роках ХХ століття. Т. 8. Ч. 2-га. С. 1748. Информация М.Э. Леснова-Израилева помощнику прокурора РККА. 1938 г.

[139] Архив УМВД Украины в Житомирской области. Ф. 2. Оп. 1. Д. 6751. Т. 1. Л. 85–86, 90–91. Протокол допроса Н.А. Ремова-Поберезкина. 22 февраля 1939 г.

[140] См.: Там же. Л. 55, 58; 63, 68. Личные показания подследственного Н.А. Ремова-Поберезкина. 20 февраля 1939 г. Согласно приказу по УНКВД № 23 от 21 мая 1938 г. Н. Ремов-Поберезкин пребывал в служебной командировке в г. Новограде-Волынском с 19 апреля по 6 мая 1938 г. См.: Там же. Л. 330.

[141] Польща та Україна у тридцятих – сорокових роках ХХ століття. Т. 8. Ч. 2-га. С. 1752. Информация М.Э. Леснова-Израилева помощнику прокурора РККА. 1938 г.

[142] Сержант госбезопасности Фавель Мордкович Гольцман – бывший начальник Лугинского райотделения НКВД. 15 августа 1938 г. откомандирован в НКВД СССР.

[143] См.: Польща та Україна у тридцятих – сорокових роках ХХ століття. Т. 8. Ч. 2-га. С. 1740. Информация М.Э. Леснова-Израилева помощнику прокурора РККА. 1938 г.

[144] Там же. С. 1748.

[145] Там же. С. 1748–1750. Информация М.Э. Леснова-Израилева помощнику Прокурора РККА. 1938 г.

[146] Там же. С. 1662. Выписка из протокола закрытого партийного собрания парторганизации УГБ УНКВД по Киевской области. 14 декабря 1938 г.

[147] Там же. С. 1744. Информация М.Э. Леснова-Израилева помощнику ПРОКУРОРА РККА. 1938 г.

[148] Там же.

[149] А. Хвыля с 1933 г. являлся первым заместителем наркома просвещения УССР, а с 1936 г. начальником Управления по делам искусств при СНК УССР и одновременно директором Института украинского фольклора АН УССР. В 1937 г. арестован, в 1938 г. расстрелян.

[150] См.: *Костриця М.Ю.* Географ, краєзнавець, педагог (Постоєв П. Г.) // Реабілітовані історією. Житомирська область. Кн. 1-ша. С. 190–192.

[151] Польща та Україна у тридцятих – сорокових роках ХХ століття. Т. 8. Ч. 2-га. С. 1750–1752. Информация М.Э. Леснова-Израилева помощнику прокурора РККА. 1938 г.

[152] См.: *Костриця М.Ю.* Географ, краєзнавець, педагог (Постоєв П. Г.) // Реабілітовані історією. Житомирська область. Кн. 1-ша. С. 193.

[153] Польща та Україна у тридцятих – сорокових роках ХХ століття. Т. 8. Ч. 2-га. С. 1752. Информация М.Э. Леснова-Израилева помощнику прокурора РККА. 1938 г.

[154] Там же.

[155] Из обвинительного заключения в уголовном деле ликвидированной в Житомирской области эсеро-повстанческой организации от 10 мая 1938 г. // Реабілітовані історією. Житомирська область. Кн. 3-тя. С. 57.

[156] См.: Выписка из протокола заседания тройки при УНКВД по Житомирской области об осуждении к высшей мере наказания В.Г. Юрьева-Бык от 10 мая 1938 г. // Реабілітовані історією. Житомирська область. Кн. 3-тя. С. 60.

[157] Камраз Владимир Михайлович (1904 г. р.) работал в УНКВД по Житомирской области до 7 мая 1938 г. По состоянию на апрель 1940 г. лейтенант госбезопасности, начальник 2-го отделения 2-го отдела УНКВД по Киевской области. В апреле 1940 г. выступал свидетелем на судебном заседании Военного трибунала войск НКВД Киевского округа по делу М. Диденко, В. Распутько, М. Федорова, Д. Манько, М. Леснова, Д. Малуки, Н. Зуба, М. Люлькова. ОГА СБУ. Ф. 5. Д. 67839. Т. 5. Л. 233 об. 235, 240.

[158] Польща та Україна у тридцятих – сорокових роках ХХ століття. Т. 8. Ч. 2-га. С. 1746. Информация М.Э. Леснова-Израилева помощнику прокурора РККА. 1938 г.

[159] Там же. С. 1752.

[160] Там же. С. 1754–1756.

[161] ОГА СБУ. Ф. 5. Д. 67841. Т. 5. Л. 84 об. 85. Протокол судебного заседания Военного трибунала войск НКВД Киевского округа по делу Г.И. Гришина-Шенкмана и др. от 27 июня – 4 июля 1939 г.

[162] Младший лейтенант госбезопасности Исай Исаевич Гершкович (1906 г. р.), с 19 октября 1937 г. начальник 2-го отдела УНКВД, в начале 1938 г. откомандирован на работу в системе ГУЛАГ НКВД СССР.

[163] Согласно справке финансового отдела УГБ УНКВД по Житомирской области от февраля 1939 г., золотая валюта царской чеканки на общую сумму 6312 руб. 50 коп., буквально выбитая у Елизаветы Марковны Фельденкрайз-Бронштейн, 31 января 1938 г. была сдана в финотдел УГБ УНКВД и в тот же день отправлена в финотдел УГБ НКВД УССР. См.: ОГА СБУ. Ф. 5. Д. 67841. Т. 1. Л. 128. Хотя некоторые сотрудники считали, что руководство УНКВД присвоило эти ценности. См.: ОГА СБУ. Ф. 5. Д. 67841. Т. 1. Л. 208.

[164] ОГА СБУ. Ф. 5. Д. 67841. Т. 1. Л. 83–84. Постановление УНКВД по Житомирской области о выделении материалов на В.Е. Лебедева в отдельное производство. 3 января 1939 г.

[165] Согласно информации, имеющейся в книге А.Г. Теплякова «Процедура: исполнение смертных приговоров в 1920 - 1930-х годах» (М.: Возвраще-

ние, 2007. С. 72) и в распоряжении исследователя В.А. Золотарёва, 14 мая 1940 г. В.Е. Лебедев был исключен из ВКП(б) «за применение извращенных методов при исполнении смертных приговоров и незаконные аресты в Житомире». Он был арестован и осужден к пяти годам лишения свободы. В 1941 г. приговор был отменен, а он освобожден из-под стражи и 25 августа 1941 г. восстановлен в партии. В годы войны использовался в зафронтовой деятельности органов НКГБ и был награжден двумя орденами Красного знамени (20.09.1943, 19.01.1945), орденом Отечественной войны 2-й степени (05.11.1944), орденом Ленина (21.02.1945). В 1945 г. начальник отделения одного из подразделений центрального аппарата НКГБ СССР. Имел спецзвание «полковник госбезопасности».

[166] ОГА СБУ. Ф. 5. Д. 67841. Т. 3. Л. 224. Выписка из протокола допроса А.А. Стругачева. 25 декабря 1938 г.

[167] ОГА СБУ. Ф. 5. Д. 67841. Т. 3. Л. 208. Протокол допроса И.М. Паншина. 25 декабря 1938 г.

[168] Там же. Л. 235. Выписка из протокола допроса М.К. Лейфмана. 26 декабря 1938 г.

[169] См.: Там же. Л. 27. Справка секретариата УНКВД по Житомирской области о побеге из внутренней тюрьмы УГБ УНКВД 11 арестованных. Без даты.

[170] Там же. Л. 209. Протокол допроса И.М. Паншина. 25 декабря 1938 г.

[171] Там же. Л. 170. Протокол допроса М.С. Люлькова. 26 декабря 1938 г.

[172] См.: Там же. Т. 5. Л. 317 об. Протокол судебного заседания Военного трибунала войск НКВД Киевского округа по делу Г.И. Гришина-Шенкмана. 16–18 ноября 1939 г.

[173] См.: Там же. Т. 3. Л. 351. Указания помощника военного прокурора погранвойск Браславского начальнику 2-го отдела УГБ НКВД УССР Л.М. Павлычеву по делу Г.И. Гришина-Шенкмана. Без даты.

[174] Там же. Л. 177. Выписка из протокола допроса Ф.Г. Игнатенко. 7 января 1939 г.

[175] Там же. Л. 189–190. Протокол допроса Г.А. Тимошенко. 10 февраля 1939 г.

[176] Там же. Л. 177. Выписка из протокола допроса Ф.Г. Игнатенко. 7 января 1939 г.

[177] Там же. Л. 178.

[178] Лица, принимавшие участие в издевательствах над женщинами, «рассматривали половые женские органы и др. части тела». Там же. Л. 187. Протокол допроса М.М. Соснова. 2 апреля 1939 г.

[179] Там же. Л. 195. Протокол допроса Г.А. Тимошенко. 10 февраля 1939 г.

[180] Там же. Л. 352. Указания помощника военного прокурора П.В. Лехова по делу Г.И. Гришина-Шенкмана. 21 марта 1939 г.

[181] Там же. Л. 173. Протокол допроса М.С. Люлькова. 29 марта 1939 г.

[182] Там же. Л. 180. Протокол допроса Ф.Г. Игнатенко. 1 апреля 1939 г.

[183] Там же. Л. 183–184.

[184] Там же. Л. 227–228. Протокол допроса А.А. Стругачева. 2 апреля 1939 г.

[185] Там же. Л. 200–201. Протокол допроса Н.В. Климова. 3 апреля 1939 г.

[186] См.: Там же. Л. 293–300, 301–309, 318–321, 322–327, 328–330, 331–338, 339–343, 344–348.

[187] Там же. Л. 109–110, 118–119. Протокол допроса Г.И. Гришина-Шенкмана. 22 апреля 1939 г. В протоколе и некоторых других последующих документах фамилия ошибочно написана с буквой «й» – «Шейкман».

[188] Там же. Л. 111–112, 121.

[189] См.: Там же. Л. 128–130, 131–134. Протокол допроса Г.И. Гришина-Шенкмана. 23 апреля 1939 г.

[190] Там же. Л. 350. Протокол предъявления следствия обвиняемому Г.И. Гришину-Шенкману. 23 апреля 1939 г.

[191] См.: Там же. Л. 353. Справка следчасти 2-го отдела НКВД УССР по делу А.М. Ратынского. 27 апреля 1939 г.

[192] Там же. Л. 358. Обвинительное заключение НКВД УССР по делу Г.И. Гришина-Шенкмана. 26 апреля – 4 мая 1939 г.

[193] ОГА СБУ. Ф. 5. Д. 67841. Т. 1. Л. 4. Постановление УНКВД по Житомирской области об избрании меры пресечения в отношении М.З. Глузмана. 11 июля 1938 г.; Там же. Л. 5. Постановление военного прокурора в/ч № 4366 Курдиновского об аресте М.З. Глузмана. 11 июля 1938 г.; Там же. Л. 13. Постановление УНКВД по Житомирской области о начале предварительного следствия по делу М.З. Глузмана. 11 июля 1938 г.

[194] Там же. Т. 1. Л. 12–12 об. Анкета арестованного М.З. Глузмана. Анкету оформил, видимо, в январе 1939 г. оперуполномоченный ОО в/с № 4817 Яркин, который поставил дату «10 июля 1938 г.».

[195] Там же. Л. 191. Выписка из собственноручных показаний М.З. Глузмана. Без даты. Н. Новаковский до 22 июля 1937 г. возглавлял Коростенский окротдел НКВД, затем некоторое время находился в действующем резерве НКВД УССР, а с 9 ноября 1937 г. приступил к исполнению обязанностей начальника УМЗ НКВД УССР (см.: Україна в добу «Великого терору»: 1936–1938 роки. С. 125, 151.

[196] Там же. Л. 199. Объяснение следственного заключенного М.З. Глузмана. 1 декабря 1938 г.

[197] Там же. Л. 195. Выписка из собственноручных показаний М.З. Глузмана. Без даты.

[198] Там же. Л. 199. Объяснение следственного заключенного М.З. Глузмана. 1 декабря 1938 г.

[199] Там же. Л. 278–279. Протокол допроса М.З. Глузмана. 15 января 1939 г.

[200] Там же. Л. 199. Объяснение следственного заключенного М.З. Глузмана. 1 декабря 1938 г.

[201] Там же. Л. 280. Протокол допроса М.З. Глузмана. 15 января 1939 г.

[202] Там же. Л. 279.

[203] Там же. Л. 282.

[204] Там же. Л. 209. Протокол допроса М.З. Глузмана. 12 декабря 1938 г.

[205] Там же. Л. 213–214. Протокол допроса Р.Д. Любарской. 4 июля 1938 г.

[206] Там же. Л. 218–220. Протокол допроса А.К. Фадеева. 8 июля 1938 г.

[207] ОГА СБУ. Ф. 5. Д. 67841. Т. 1. Л. 14. Постановление УНКВД по Житомирской области о выделении следственных материалов в отношении М.З. Глузмана из следственного дела № 143636 и приобщении их к следственному делу № 143955. 8 января 1939 г.

[208] Там же. Л. 17. Постановление УНКВД по Житомирской области о привлечении в качестве обвиняемого М.З. Глузмана. 20 января 1939 г.

[209] Там же. Л. 76. Постановление об избрании меры пресечения в отношении Ш.В. Винокурова. 4 февраля 1939 г.

[210] Там же. Л. 80. Заключение УНКВД по Житомирской области о выделении материалов в отношении В.М. Вишневского, А.А. Стругачева, И.О. Островского, И.М. Паншина, М.И. Лазоркина, М.К. Лейфмана, Р.Л. Портнова, В.Ф. Агапова, А.Т. Терещука и Р.С. Сенкевича в отдельное производство и наложении на перечисленных лиц административных взысканий. 1 февраля 1939 г. Новое лицо в этом списке – надзиратель внутренней тюрьмы УНКВД Роман Степанович Сенкевич (1909 г. р.).

[211] Фельдман София Захаровна (1905 г. р.) – заместитель главного врача Житомирской тюрьмы.

[212] ОГА СБУ. Ф. 5. Д. 67841. Т. 5. Л. 2–3. Обвинительный акт по обвинению Г.И. Гришина-Шенкмана, Г.А. Тимошенко. Ф.Г. Игнатенко, М.З. Глузмана, В.И. Гирича, Ш.В. Винокурова. Л.У. Кондрацкого, М.М. Соснова, Д.В. Левченко. 19 июня 1939 г.

[213] Там же. Л. 77. Протокол судебного заседания Военного трибунала войск НКВД Киевского округа по делу Г.И. Гришина-Шенкмана, Г.А. Тимошенко. Ф.Г. Игнатенко, М.З. Глузмана. Л.У. Кондрацкого, М.М. Соснова, В.И. Гирича, Д.В. Левченко и Ш.В. Винокурова. 27 июня – 4 июля 1939 г.

[214] Там же. Л. 85 об., 86.

[215] Там же. Л. 86.

[216] Там же.

[217] Так в документе, правильно – Черкез Яков Абрамович, заместитель областного прокурора по спецделам.

[218] ОГА СБУ. Ф. 5. Д. 67841. Т. 5. Л. 86 об. Протокол судебного заседания Военного трибунала войск НКВД Киевского округа по делу Г.И. Гришина-Шенкмана и др. 27 июня – 4 июля 1939 г.

[219] В протоколе допроса М. Глузмана от 9 января 1939 г. этот случай описан так: «В больнице тюрьмы работала врачом жена Прокурора – Ланцберг на протяжении 8–10 лет, она не имела ни одного взыскания по работе. Вяткин счел неудобным, что жена Прокурора осматривает заключенных, поступающих в больницу избитыми после допроса, то он мне предложил ее уволить. Я, в свою очередь, предложил Шемперу подыскать специальную причину к ее увольнению. Он за опоздание ее на 10 минут наложил на нее взыскание – строгий выговор с предупреждением. Я в то время работал уже нач[альником] ОМЗ'а. Она обратилась ко мне с жалобой на действия нач[альника] тюрьмы Шемпера. Я воспользовался случаем и заявил, что, если ей не нравятся наши порядки, то могу ей предложить, предложив подать ей заявление об увольнении». ОГА СБУ. Ф. 5. Д. 67839. Т. 2. Л. 482–483.

[220] Крук Михаил Семенович (1891 г. р.) был арестован 5 апреля 1938 г. по обвинению в принадлежности к «украинской к[онтр]-р[еволюционной] националистической повстанческой организации». Как установило следствие в январе 1939 г., после его убийства сотрудниками УНКВД следственное дело на него № 105245 задним числом было оформлено как рассмотренное 17 апреля 1938 г. тройкой при УНКВД (протокол № 47), но по актам о приведении решений тройки в исполнение он расстрелянным не значился. ОГА СБУ. Ф. 5. Д. 67839. Т. 3. Л. 313; см. о нем также: Реабілітовані історією. Житомирська область. Кн. 4-та. С. 151.

[221] Там же. Л. 86 об. 87. Протокол судебного заседания Военного трибунала войск НКВД Киевского округа по делу Г.И. Гришина-Шенкмана и др. 27 июня – 4 июля 1939 г.

[222] Бережной Михаил Тимофеевич (1906 г. р.) – бывший начальник 1-го спецотделения УГБ УНКВД, в марте 1938 г. оперсекретарь УНКВД по Житомирской области. Позднее откомандирован в НКВД УССР. ОГА СБУ. Ф. 5. Д. 67839. Т. 2. Л. 61, 490). По состоянию на 11 июня 1939 г. начальник отделения 3-го отдела Транспортного управления НКВД УССР. См.: Архив УМВД Украины в Житомирской области. Ф. 2. Оп. 1. Д. 6751. Т. 1. Л. 311.

[223] Жена М. Бережного – И.П. Рейнова – также была сотрудником НКВД. См.: Архив УМВД Украины в Житомирской области. Ф. 2. Оп. 1. Д. 6751. Т. 1. Л. 311.

[224] Там же. Л. 87 об. Протокол судебного заседания Военного трибунала войск НКВД Киевского округа по делу Г.И. Гришина-Шенкмана и др. 27 июня – 4 июля 1939 г.

[225] Там же. Л. 87 об., 88. Протокол судебного заседания Военного трибунала войск НКВД Киевского округа по делу Г.И. Гришина-Шенкмана и др. 27 июня – 4 июля 1939 г.

[226] М. Глузмана допрашивал военный прокурор Военной прокуратуры пограничных и внутренних войск по Киевской области военный юрист 1-го ранга Рогинец.

[227] ОГА СБУ. Ф. 5. Д. 67841. Т. 5. Л. 88. Протокол судебного заседания Военного трибунала войск НКВД Киевского округа по делу Г.И. Гришина-Шенкмана и др. 27 июня – 4 июля 1939 г.

[228] См.: Там же. Д. 67839. Т. 4. Л. 108–109. Постановление заместителя особоуполномоченного НКВД УССР М.Н. Пронина о выделении из следственного дела № 147523 материалов на группу сотрудников УНКВД по Житомирской области. 20 апреля 1939 г.

[229] Там же. Л. 202, 209–210. Приговор выездной сессии Военного трибунала войск НКВД Киевского округа по делу Г.И. Гришина-Шенкмана, Г.А. Тимошенко. Ф.Г. Игнатенко, М.З. Глузмана. Л.У. Кондрацкого, М.М. Соснова, В.И. Гирича, Д.В. Левченко и Ш.В. Винокурова. 27 июня – 4 июля 1939 г.

[230] Там же. Л. 202 об. 203, 211. Приговор выездной сессии Военного трибунала войск НКВД Киевского округа по делу обвиняемых Г.И. Гришина-Шенкмана и др. 27 июня – 4 июля 1939 г.

[231] Там же. Л. 222. Подписка о невыезде М.З. Глузмана. 4 июля 1939 г.

[232] Там же. Л. 279 об. Определение Военной коллегии Верховного суда СССР № 003637 по делу Г.И. Гришина-Шенкмана и др. 9 октября 1939 г.

[233] Там же. Л. 384–384 об. Определение Военного трибунала войск НКВД Киевского округа по делу М.З. Глузмана. 8 февраля 1940 г.

[234] ОГА СБУ. Ф. 5. Д. 67841. Т. 5. Л. 4. Обвинительный акт по обвинению Г.И. Гришина-Шенкмана и др. 19 июня 1939 г.

[235] Свой перевод в центральный аппарат НКВД УССР Г. Гришин-Шенкман пояснял тем, что, по словам Г. Вяткина, А. Успенский хотел выдвинуть его «на большую работу». Но, скорее всего, это было заслугой Г. Вяткина, постаравшегося избавиться от выдвиженца И. Леплевского. См.: Там же. Л. 78, 315 об.

[236] Там же. Л. 78. Протокол судебного заседания Военного трибунала войск НКВД Киевского округа по делу Г.И. Гришина-Шенкмана и др. 27 июня – 4 июля 1939 г.

[237] Там же. Л. 78 об.

[238] Капитан госбезопасности Писарев (Фукс) Владимир Львович (1900–1938), с 29 марта 1938 г. врио начальника 3-го отдела НКВД УССР. 22 апреля 1938 г. арестован, 22 сентября 1938 г. осужден к ВМН, расстрелян.

[239] ОГА СБУ. Ф. 5. Д. 67841. Т. 5. Л. 78 об. Протокол судебного заседания Военного трибунала войск НКВД Киевского округа по делу Г.И. Гришина-Шенкмана и др. 27 июня – 4 июля 1939 г.

[240] Там же. Л. 79.

[241] А. Назаренко был арестован 26 февраля 1939 г. и длительное время находился под следствием. В своем заявлении на имя наркома внутренних дел УССР И. Серова от 26 января 1940 г. он просил наркома лично вызвать его: «Я хочу сообщить о том, как меня, честного работника, сделали врагом, как ошибки и недостатки в работе следствие возводит в кошмарные преступления». ОГА СБУ. Ф. 12, ОИ. Д. 163. Л. 179. В утвержденном наркомом через три дня обвинительном заключении по делу А. Назаренко говорилось: «Руководя следствием по делам сотрудников, Назаренко допускал применение незаконных методов следствия, в силу чего отдельные обвиняемые оговаривали себя и других». Там же. Л. 198.

[242] Управляющий домами (в служебном обиходе – начальник квартирного отдела) АХУ НКВД УССР Михаил Вениаминович Френкель (1888–1938), арестованный 28 февраля 1938 г. по подозрению в шпионаже, в результате жестоких побоев, нанесенных ему во время допроса 8 марта 1938 г., после возвращения в тюремную камеру умер. См.: Україна в добу «Великого терору» 1936–1938 роки. С. 48, 49, 52, 443–444.

[243] ОГА СБУ. Ф. 5. Д. 67841. Т. 5. Л. 79, 80. Протокол судебного заседания Военного трибунала войск НКВД Киевского округа по делу Г.И. Гришина-Шенкмана и др. 27 июня – 4 июля 1939 г.

[244] Там же. Л. 81.

[245] ОГА СБУ. Ф. 5. Д. 67841. Т. 5. Л. 198, 205. Приговор выездной сессии Военного трибунала войск НКВД Киевского округа по делу обвиняемых Г.И. Гришина-Шенкмана и др. 27 июня – 4 июля 1939 г.

[246] Там же. Л. 199 об. 200, 207.

[247] В ходе судебного заседания, 1 июля 1939 г., А. Лукьянов был также взят под стражу. Там же. Л. 131 об. Протокол судебного заседания Военного трибунала войск НКВД Киевского округа по делу Г.И. Гришина-Шенкмана и др. 27 июня – 4 июля 1939 г.

[248] ОГА СБУ. Ф. 5. Д. 67841. Т. 5. Л. 201, 208. Приговор выездной сессии Военного трибунала войск НКВД Киевского округа по делу Г.И. Гришина-Шенкмана и др. 27 июня – 4 июля 1939 г.

[249] Там же. Л. 202–202 об., 210.

[250] Там же. Л. 279–279 об. Определение Военной коллегии Верховного суда СССР № 003637 по делу Г.И. Гришина-Шенкмана и др. 9 октября 1939 г.

[251] Там же. Л. 305–305 об. Заявление заключенного Г.И. Гришина-Шенкмана председателю Военного трибунала войск НКВД Киевского округа. 22 октября 1939 г.

[252] См.: Там же. Л. 336–337 об., 338–340. Приговор Военного трибунала войск НКВД Киевского округа по делу Г.И. Гришина-Шенкмана. 16–18 ноября 1939 г.

[253] См.: Там же. Л. 390–390 об. Определение Военной коллегии Верховного суда СССР № 003637 по делу Г.И. Гришина-Шенкмана. 22 апреля 1940 г.

[254] См.: Там же. Д. 67839. Т. 5. Л. 193–194, 217 об. Протокол судебного заседания Военного трибунала войск НКВД Киевского округа по делу М.А. Диденко, В. Распутько, М.Е. Федорова и др. 13–23 апреля 1940 г.

[255] См.: Там же. Д. 67839. Т. 5. Л. 485. Справка тюрьмы УНКВД по Житомирской области. 26 сентября 1940 г.

[256] После снятия с должности начальника УНКВД по Житомирской области. Л. Якушев находился в резерве отдела кадров НКВД СССР. 3 мая 1938 г. он был назначен заместителем наркома, а 4 августа того же года – наркомом внутренних дел Крымской АССР. 18 декабря 1938 г. он был арестован и находился под следствием в НКВД СССР. 20 июня 1939 г. Военная коллегия Верховного суда СССР приговорила его по ст. 58-17 УК РСФСР к 20 годам ИТЛ. Наказание отбывал в Северо-Восточном ИТЛ до октября 1941 г., когда его досрочно освободили. Пройдя в октябре 1941 г. – июне 1942 г. спецподготовку в мотострелковой бригаде НКВД, в дальнейшем занимал руководящие должности в составе оперативных групп НКВД-НКГБ. В марте 1944 г. – январе 1945 г. был заместителем командира специального партизанского отряда Иванова по разведке, действовавшего на территории Западной Украины. С февраля 1945 г. продолжил службу в Москве начальником 2-го отделения 10-го отдела ХОЗУ НКО СССР, а в дальнейшем – на других ответственных должностях. Несмотря на то, что по приговору от 20 июня 1939 г. он не был реабилитирован, имел звания подполковника госбезопасности (присвоено 11 февраля 1943 г.), а затем – полковника Советской армии. См.: Петров Н. В., Скоркин К.В. Кто руководил НКВД, 1934–1941. С. 462–463. Таким образом, тяжкие преступления, совершенные Л. Якушевым в должности начальника УНКВД по Житомирской области в период с октября 1937 г. по февраль 1938 г., по сути, остались безнаказанными.

[257] Н. Ремов-Поберезкин на момент ареста был заместителем начальника 3-го отдела УГБ НКВД Туркменской ССР. 16 января 1939 г. он был арестован и в феврале 1939 г. вместе со следственным делом № 14982 этапирован в НКВД УССР. См.: ОГА СБУ. Ф. 12, ОИ. Д. 135. Т. 2. Л. 75. Сопроводительное письмо 8-го отделения УГБ НКВД Туркменской ССР начальнику 1-го спецотдела НКВД УССР. 3 февраля 1939 г.; Л. 85. Справка 1-го спецотдела НКВД УССР. 15 марта 1939 г.

[258] См.: Архив УМВД Украины в Житомирской области. Ф. 2. Оп. 1. Д. 6751. Т. 1. Л. 646. Справка на выписке из протокола заседания Президиума Верховного Совета СССР от 25 ноября 1939 г.

[259] Парторганизация УНКВД 20 декабря 1938 г. исключила В. Вольского из партии, но, он еще некоторое время оставался врид особоуполномоченного УНКВД. См.: ОГА СБУ. Ф. 5. Д. 67839. Т. 5. Л. 400–401.

[260] См.: Архив УМВД Украины в Житомирской области. Ф. 2. Оп. 1. Д. 6751. Т. 1. Л. 551–551 об. Приговор Военного трибунала войск НКВД Ки-

евского округа по делу Н.А. Ремова-Поберезкина, В.Я. Вольского, А.А. Гостинцева и Г.Д. Артемьева. 19–22 августа 1939 г.

[261] См.: Там же. Л. 645 об. Определение Военной коллегии Верховного суда СССР № 004338-р по делу Н.А. Ремова-Поберезкина, В.Я. Вольского, А.А. Гостинцева и Г.Д. Артемьева. 29 октября 1939 г.

[262] 28 августа 1940 г. Д. Манько и Д. Малука были расстреляны. См.: ОГА СБУ. Ф. 5. Д. 67839. Т. 5. Л. 429а, 429б. Справки Военного трибунала войск НКВД Киевского округа о приведении приговора в отношении Д.И. Манько и Д.И. Малуки в исполнение. Без даты.

[263] См.: ОГА СБУ. Ф. 5. Д. 67839. Т. 5. Л. 329–330, 337–338. Приговор Военного трибунала войск НКВД Киевского округа по делу М.Е. Федорова, Д.И. Манько, М.Э. Леснова-Израилева, Д.И. Малуки, Н.А. Зуба и М.С. Люлькова. 13–23 апреля 1940 г.

[264] См.: Там же. Л. 427–428. Определение Военной коллегии Верховного суда СССР № 1–1496-р по делу Д.И. Манько, Д.И. Малуки, М.Е. Федорова, М.Э. Леснова-Израилева, Н.А. Зуба и М.С. Люлькова. 26 июля 1940 г.

[265] Там же. Л. 512–516, 518–521. Приговор Военного трибунала войск НКВД УССР Киевского округа по делу М.Е. Федорова и М.Э. Леснова-Израилева. 27–29 сентября 1940 г.

[266] См.: Там же. Л. 537–537 об. Определение Военной коллегии Верховного суда СССР № 1–1496-р по делу М.Е. Федорова и М.Э. Леснова-Израилева. 18 октября 1940 г.

[267] Прокурор СССР А. Вышинский информировал генерального секретаря ЦК ВКП(б) И. Сталина и председателя СНК СССР В. Молотова о результатах расследования преступлений, совершенных сотрудниками УНКВД. См.: Государственный архив Российской Федерации. Ф. Р-8131. Оп. 37. Д. 118. Л. 19–20. Докладная записка прокурора СССР А.Я. Вышинского И.В. Сталину и В.М. Молотову о массовых расстрелах и убийствах подследственных работниками УНКВД по Житомирской области. 16 декабря 1938 г.

[268] Материалы следствия в достаточной степени вскрыли технологию массового террора и пригодились позднее, когда в 1954–1956 гг. руководство СССР во главе с Н.С. Хрущевым назвало произошедшее в 1937–1938 гг. «последствиями культа личности И.В. Сталина» и дало старт первой волне массовой реабилитации жертв сталинского террора.

[269] Там же. Т. 9. Л. 30. Письмо Житомирского горвоенкомата начальнику УКГБ по Житомирской области о М.С. Люлькове. 5 июля 1960 г.

[270] Там же. Т. 9. Л. 29. Письмо отдела кадров Житомирского горпищеторга УКГБ по Житомирской области о М.С. Люлькове. 30 июля 1960 г.

[271] Там же. Т. 9. Л. 31. Служебно-производственная характеристика М.С. Люлькова. Без даты.

[272] См.: Там же. Т. 5. Л. 584–585. Заявление М.С. Люлькова председателю КГБ при СМ СССР И.А. Серову. 8 августа 1957 г. М. Люльков был награжден знаком «Почетный работник ВЧК-ГПУ» в соответствии с приказом НКВД СССР № 486 от 14 августа 1938 г. См.: ОГА СБУ. Ф. 5. Д. 67839. Т. 5. Л. 588.

[273] В завершение освещения личного вклада М. Люлькова в «успешность операций» приведем еще одну цитату: «В отношении избиения арестован-

ных перед приведением над приговоренными приговора в исполнение с самого начала и до последних дней особенно принимал участие быв[ший] комендант Люльков, который бил арестованных без какого-либо повода, иногда задавая тот или иной вопрос и доводя это избиение до прямого убийства. Особенно такой характер избиения Люльковым приговоренных имел место, когда Люльков был пьяным, что бывало почти всегда». ОГА СБУ. Ф. 12. Д. 135. Л. 116. Протокол допроса Ф.Г. Игнатенко. 29 января 1939 г.

[274] См.: Там же. Ф. 5. Д. 67839. Т. 5. Л. 573–573 об. Заявление М.С. Люлькова в Президиум Верховного совета СССР. 28 сентября 1958 г.

[275] Там же. Т. 9. Л. 203 об. 204. Протокол допроса М.З. Глузмана. 5 июля 1960 г.

ХАРЬКОВ

Лучше хорошо побить врага и отвечать за то, что бил, чем не трогать и за это нести ответственность перед партией.

А.В. Осипов – первый секретарь Харьковского обкома КП(б)У

Вас прислали работать, а не хныкать, и, если вы будете либеральничать с врагами, то вам не место не только в НКВД, но и в партии»

Г.Г. Телешев – нач. УНКВД по Харьковской области

Ты знаешь, что Сталин дал указание убивать всех, кто был на руководящей работе в 1-й пятилетке, все оказались врагами народа, лучше пиши на Любченко, что он тебя завербовал, а ты это скрыл от органов, и ты останешься живой и будешь работать в лагерях, а то все равно убьем.

А.А. Грозный-Левчинский – нач. отделения 4-го отдела УГБ НКВД УССР

Свою вину в убийстве Подольского я также признаю, и это преступление мною было допущено в силу обстановки, существовавшей тогда в управлении НКВД. Как система тогда заставляла избивать арестованных.

Д.Е. Цырлин – оперуполномоченный ОО ГУГБ НКВД Харьковского военного округа

Пишите показания. Все равно Вас расстреляют, под стенкой Вас будут рвать на куски, а показания дадите.

Д.А. Перцов – зам. нач. УНКВД по Харьковской области

Пишите – мы сами разберемся, где правда, а где ложь, ложь выбросим – оставим правду.

А.А. Авсеевич – следователь особой следственной группы НКВД УССР

Вадим Золотарёв

Страницы биографии «нарушителя социалистической законности». Давид Аронович Перцов

Среди уголовных дел сотрудников НКВД СССР, осужденных «за нарушение социалистической законности», выделяются дела бывших сотрудников УНКВД по Харьковской области. Это Давид Аронович Перцов, Иван Иванович Крюков, Яков Петрович Середа и Алексей Павлович Копаев, лишенные свободы исключительно за преступные методы следствия против своих бывших коллег – чекистов. На сегодняшний день это единственный известный автору случай подобного рода обвинения. Конечно же, «уничтожение честных чекистских кадров» вменялось в вину многим руководящим сотрудникам НКВД СССР, но шло оно, как правило, вместе с обвинениями в заговорщической, шпионской или вредительской деятельности. По логике обвинения получается, что против простых советских граждан вышеназванные чекисты действовали исключительно в рамках «социалистической законности» и только своих коллег допрашивали с особым пристрастием. Так ли это было в действительности? Справедливы ли были выдвинутые обвинения и судебный приговор? Ответ на эти вопросы не возможен без тщательного изучения служебной карьеры осужденных сотрудников. Сначала познакомимся с главным обвиняемым.

Давид Аронович Перцов родился 30 мая 1909 г. в г. Александрии – уездном центре бывшей Херсонской губернии в еврейской семье сапожника[1]. Имел двух братьев – Савелия (1905–?) и Рувима (Роберта), служивших в середине 1930-х гг. в УНКВД по Днепропетровской области, и сестру Ольгу, которая была замужем за известным чекистом Исааком Ананьевичем Шапиро (1898–?)[2].

Свою трудовую карьеру Давид, которого родственники называли Додик, начал 15 февраля 1925 г. в Днепропетровске на «Укрмясоморозбойне», где на протяжении четырех лет работал учеником рубщика мяса, помощником рубщика и рубщиком. Тяжелая работа по забою и разделке скота не только закалила юношу физически, но и выработала жестокость и привычку к крови. Параллельно с работой Давид учился в конторско-торговом училище, дававшем образование в рамках трехклассной общеобразовательной школы, которое закончил в 1928 г. В марте 1929 г. он перешел на работу в Днепропетровскую окружную ревизионную комиссию, где в течение девяти месяцев работал инспектором, старшим инспектором и заместителем коммерческого доверенного[3]. Сотрудники ревизионной комиссии работали в тесном контакте с сотрудниками ГПУ. Чекистам понравился бойкий паренек, и они пригласили его к себе на работу.

С 15 декабря 1929 г. Перцов стал работать сверхштатным уполномоченным Информационного отделения Днепропетровского окружного отдела ГПУ[4]. Информационное отделение (ИНФО) было ключевым в окружных отделах ГПУ, считалось «глазами и ушами режима» и вело работу как по информационной и оперативной линии, так и по так называемой подсобной работе.

В ИНФО Днепропетровского окружного отдела ГПУ Перцов приобрел первые навыки агентурной работы и смог лично оценить настоящее отношение населения к советской власти – ведь чекистская информация, в отличие от газетной, довольно объективно освещала политические процессы и настроения в обществе. Символично, что негласные сотрудники ГПУ УССР в личных делах и в документах именовались не иначе как «разведчики», будто действовали не на родной земле, а на оккупированной территории. Но суровая проза жизни не повлияла на желание Давида продолжить работу в органах госбезопасности. Следует отметить, что одним из коллег Перцова был старший уполномоченный ИНФО Матвей Михайлович Герзон (1906–1938), который через 7 лет сыграет в судьбе нашего героя довольно большую роль.

После ликвидации в сентябре 1930 г. в УССР округов были ликвидированы и соответствующие им отделы ГПУ. На их месте были образованы 9 оперативных секторов, в том числе и Днепропетровский. Реорганизация коснулась и Перцова – пришлось ему покинуть ставший родным Днепропетровск и перебраться в Запорожье, где 15 сентября он был назначен помощником уполномоченного Секретного отделения (СО) Запорожского городского отдела (ГО) ГПУ[5]. В отличие от ИНФО, занимавшегося в основном сбором информации, СО занимался разработкой и следствием по делам так называемых антисоветских элементов – членов оппозиции в ВКП(б), «украинских буржуазных националистов», кулацких элементов на селе, церковников и сектантов. Тут уже основной упор делался на следственную работу.

Переход Перцова на следствие как раз совпал с началом громкой всесоюзной массовой операции под кодовым названием «Весна» против бывших царских офицеров, служивших в Рабоче-крестьянской Красной Армии. Началась операция как раз в СО ГПУ УССР, и первые разработки и аресты подозреваемых проводили именно сотрудники этого подразделения под руководством начальника отдела Генриха Самойловича Люшкова (1900–1945)[6]. Когда же следствие стало набирать обороты, к делу присоединились органы военной контрразведки – сотрудники Особого отдела (ОО) Украинского Военного Округа, ОО оперативных секторов ГПУ и армейских подразделений, которые усиливались опытными и перспективными работниками. Именно в свете этих событий и стоит рассматривать назначение Перцова 20 ноября 1930 г. уполномоченным особого отделения Запорожского ГО ГПУ[7], где он сразу же окунулся в следствие по делу «Весна»[8].

Главным погромщиком бывших офицеров на Днепропетровщине был начальник ОО Днепропетровского оперсектора ГПУ и по совместительству начальник ОО 7-го стрелкового корпуса Григорий Аркадьевич Гришин-Клювгант (1903–1939), который позднее писал: «Ведь знает и Украина, и Москва мою личную работу и моего аппарата в деле раскрытия военно-офицерской организации в частях 7 стр. корпуса и 30 дивизии. Я ведь был основным докладчиком в Москве. Сколько неприятностей перенес от Мессинга[9], Ольского[10], которые не верили в дело»[11]. Личное участие Перцова в следствии по делу «Весна» подлежит дальнейшему изучению. Пока же мы можем констатировать одно: уже с первых лет своей работы в органах госбезопасности он был причастным к фальсификации следственных дел, по которым были осуждены десятки военнослужащих и гражданских лиц.

Помощник уполномоченного секретно-политического отделения Запорожского горотдела ГПУ Перцов был причастен и к фабрикации дела местной ячейки «Трудовой крестьянской партии»[12], по которому были осуждены 12 человек. В ходе следствия к арестованным чекисты широко применяли меры психологического и физического воздействия: избивали, заставляли длительное время стоять на ногах, держали несколько суток перед глазами электрическую лампочку большой мощности, проводили беспрерывные многодневные допросы[13].

1 марта 1932 г. Давид Аронович назначается оперуполномоченным ОО 23-й Запорожской авиационной бригады, 23 августа 1932 г. его переводят в Харьков на должность уполномоченного

2-го отделения ОО ГПУ УССР и Украинского военного округа[14]. Переезд Перцова в столицу Советской Украины связан с изменениями в руководстве ОО ГПУ УССР, который в июне 1932 г. по совместительству возглавил заместитель председателя ГПУ УССР Фома Акимович Леонюк (1892–1967), возглавлявший в мае 1928 г. – сентябре 1930 г. Днепропетровский окружной отдел, а позднее оперативный сектор ГПУ. Именно он фактически принял Перцова на работу в органы ГПУ и был в курсе всех его «производственных успехов» в Днепропетровске и Запорожье.

Моральный климат, царивший в то время в ОО ГПУ УССР, сослуживец Перцова Захарий Бенедиктович Зинько-Флейшман (1903–?) позднее характеризовал как обстановку «семейственности, круговой поруки, подхалимства и бытового разложения. Комплектование аппарата и выдвижение проходило по принципу землячества, взаимной поддержки друг друга, сокрытия преступлений и подчинения оперативной работы своим групповым интересам. Не имея связей и, следственно, поддержки этих людей, я долгое время находился на низовой работе»[15].

17 августа 1933 г. Перцов был назначен уполномоченным 3-го отделения Иностранного отдела (ИНО) ГПУ УССР, а 1 декабря 1935 г. стал помощником начальника 3-го отделения ИНО УГБ НКВД УССР[16]. 9 января 1936 г. ему было присвоено звание младшего лейтенанта государственной безопасности (ГБ)[17].

Работая в отделении, которое под руководством старшего лейтенанта ГБ Павла Петровича Киселева (1903–1939) «занималось разработкой украинской контрреволюционной эмиграции и галицких националистических организаций»[18], Перцов, как отмечалось в его аттестации, «ликвидировал ряд чешских шпионско-диверсионных организаций (дела "Шиф-резидент" и "Артистка"), подготовил 7 вербовок по Праге и Парижу. Через курьера-вербовщика лично принимал участие в четырех вербовках в Польше, для чего выезжал на границу, перебрасывал и принимал агентуру. Принимал участие в операции «Ставка» против ОУН-УВО. После успешно проведенных мероприятий по внедрению нашей агентуры в закордонный центр украинских националистов, выявлена оперативная боевая диверсионная работа ОУН-УВО против СССР. Провел специальную работу по выявлению переправ и явок на польско-советской границе, в результате чего учтена 21 переправа террористической организации ОУН-УВО на польской границе»[19].

Сам же Перцов, вспоминая свою чекистскую карьеру, писал: «Около 8 лет я проработал на рядовой работе, в основном по линии иностранного и контрразведывательного отдела по обслуживанию советско-польской границы...Чудесно и бодро шла моя жизнь. Я отдавал все свои силы и всю свою молодую энергию партии, не на словах, а на деле защищал святость и неприкосновенность советской границы»[20].

Крокист

Приказом НКВД СССР от 28 ноября 1936 г. Экономический отдел ГУГБ был расформирован, а на его базе был создан Контрразведывательный отдел (КРО), на работу в который были переведены также некоторые сотрудники Особого отдела. В НКВД УССР соответствующий отдел был создан в конце 1936 г., в отличие от союзного наркомата сюда вошли также сотрудники расформированного ИНО. 2 января 1937 г. приказом НКВД УССР № 001 в соответствии с приказом НКВД СССР № 00411 от 25 декабря 1936 г. отделам УГБ НКВД УССР была присвоена следующая нумерация: отдел охраны – 1-й; оперативный отдел – 2-й; контрразведывательный отдел – 3-й; секретно-политический отдел – 4-й; особый отдел – 5-й; отдел транспорта и связи – 6-й; учетно-регистрационный отдел – 8-й; специальный отдел – 9-й[21]. Следует отметить, что вопреки утверждению официальных историков украинской внешней разведки 3-й отдел УГБ НКВД УССР никогда не назывался разведывательным[22], а всегда был контрразведывательным, а его сотрудников коллеги называли «крокистами»

Перцов был назначен на должность помощника начальника 4-го отделения 3-го отдела УГБ НКВД УССР. Начальником этого подразделения был лейтенант ГБ Николай Петрович Бондаренко-Гольдман (1901–?), возглавлявший перед этим 10-е отделение Особого отдела НКВД УССР; заместителем начальника отделения работал лейтенант ГБ Яков Владимирович Краевский (1910–?), переброшенный на чекистскую работу в июле 1936 г. с должности секретаря Николаевского горкома ЛКСМУ. И если Краевский мог научить подчиненных только преданности делу Ленина–Сталина, то Бондаренко-Гольдман имел довольно специфические знания, поскольку в 1925–1928 гг. работал начальником агентуры и активной части Киевского уголовного розыска, а в 1928–1929 гг. возглавлял это учреждение.

С самого начала работы сотрудники вновь созданного подразделения столкнулись не только с новыми оперативными задачами, но и с начальственной чехардой: только за семь первых месяцев работы сменилось четыре начальника 3-го отдела УГБ НКВД УССР (старший майор ГБ Михаил Константинович Александровский (1898–1937), старший майор ГБ Давид Моисеевич Соколинский (1902–1940), майор ГБ Моисей Григорьевич Чердак (1902–1978), комиссар ГБ 3-го ранга Владимир Андреевич Стырне (1897–1937)[23].

Выяснить функциональные обязанности сотрудников 4-го отделения 3-го отдела УГБ и конкретные результаты их работы нам пока не удалось. Зато есть красноречивые сведения о деятельности «крокистов» НКВД УССР за 1-й квартал 1937 г. За этот период они завели 556 уголовных дел на 1257 граждан, 1187 из которых арестовали[24].

Деятельность 3-го отдела проходила под знаком серьезных кадровых изменений в руководстве НКВД УССР. 11 мая 1937 г. нарком внутренних дел УССР комиссар ГБ 1-го ранга Всеволод Аполлонович Балицкий[25] (1892–1937) был назначен «для усиления чекистской работы на Дальнем Востоке» начальником УНКВД по Дальне-Восточному краю[26]. Через шесть дней Балицкий сдал дела врид наркомвнудела комиссару ГБ 3-го ранга Василию Тимофеевичу Иванову[27] (1894–1938), работавшего перед этим заместителем наркома внутренних дел УССР, и специальным приказом простился с личным составом, которому пожелал «дальнейших успехов в борьбе с врагами народа»[28].

Но добиваться «новых успехов» украинским чекистам предстояло под новым руководством. 14 июня 1937 г. наркомом внутренних дел УССР был назначен бывший начальник 5-го (особого) отдела ГУГБ НКВД СССР комиссар госбезопасности 2-го ранга Израиль Моисеевич Леплевский (1894/1896–1938)[29], который уже на следующий день приступил к исполнению обязанностей наркома[30]. По свидетельству М.М. Герзона, кандидатуру И.М. Леплевского на пост наркома выдвинул первый секретарь ЦК КП(б)У С.В. Косиор[31].

Под руководством Леплевского начался первый разгром НКВД УССР – только за время с 15 июня по 25 августа 1937 г. в НКВД УССР было арестовано 158 человек, из них: сотрудников УГБ – 92; служащих погранохраны и внутренних войск – 31; сотрудников милиции – 6; сотрудников неоперативных отделов НКВД – 29. За это же время из органов УГБ НКВД УССР по различным компрометирующим материалам было уволено 133 человека, 33 чекиста, потерявших политическое доверие, откомандированы для работы в систему ГУЛАГ[32].

Среди арестованных были и сотрудники 3-го отдела УГБ НКВД УССР: начальник отделения старший лейтенант ГБ Владимир Максимович Пескер-Пискарев (1902–1937)[33]; заместитель начальника отделения лейтенант ГБ Сафрон Павлович Литовченко (1904–1937); помощник начальника отделения старший лейтенант ГБ Станислав Иосифович Пиотровский (1899–1937); оперуполномоченный Георгий Николаевич Бордон (1905–1937); помощник оперуполномоченного Вячеслав Яковлевич Орлов-Лясковец (1888–?); прикомандированный сотрудник старший лейтенант ГБ Александр Самойлович Лавров-Шнайдер (1900–1937)[34]. Был уволен из органов и Я.В. Краевский «за сокрытие связей с врагами народа»[35]. О том, что переживал в эти дни Перцов, мы можем только догадываться.

27 июля 1937 г. новым начальником 3-го отдела УГБ НКВД УССР стал В.А. Стырне, возглавлявший перед этим УНКВД по Ивановской области[36]. Опытному контрразведчику, награжденному орденом Красного Знамени за участие в операции «Трест», Перцов наглядно показал, что в число «украинских националистов» попадают не только этнические украинцы. Так, уже на первом допросе 2 августа члена ЦК КП(б)У, директора партиздата ЦК КП(б)У Ивана Юлиановича Кулика (1897–1937) Перцов вместе со Стырне сумели добиться от арестованного таких показаний: «Я настолько сросся с украинскими националистами, что когда Кость Котко[37] и Яловой[38] предложили мне, еврею, вступить в украинскую националистическую организацию, я расценил это как выдвижение меня на роль "спасателя" украинского народа. Это импонировало моим амбициям. Не задумываясь, я согласился принимать участие в организации»[39].

Допрос члена ЦК КП(Б)У свидетельствовал о доверии к Перцову со стороны руководства. И он, судя по всему, не подвел.

Помощник начальника 4-го отдела УГБ НКВД УССР

8 августа 1937 г. помощник начальника отделения 3-го отдела УГБ НКВД УССР младший лейтенант ГБ Д.А. Перцов был назначен помощником начальника 4-го (секретно-политического) отдела УГБ НКВД УССР. Любопытно, что в приказе НКВД УССР по личному составу № 308, в котором сообщается о назначениях на новые должности 36 чекистов, это назначение идет под № 1[40].

По штатному расписанию в отделах УГБ НКВД УССР предусматривалась только одна должность заместителя начальника отдела и одна должность помощника начальника отдела. Поскольку еще 21 июня 1937 г. заместитель начальника 4-го отдела УГБ НКВД УССР капитан ГБ Марк Ильич Говлич (1902–1938) был отстранен от занимаемой должности и арестован на 30 суток[41], а на его место никто не назначался, то Перцов становился, по сути, вторым человеком в секретно-политическом отделе.

Секретно-политический отдел (СПО) был образован 5 марта 1931 г. согласно приказу ОГПУ СССР № 95/54 «О реорганизации информационного и секретного отделов ОГПУ и им соответствующих аппаратов местных органов» «в целях усиления агентурно-оперативной работы по активизирующим к.-р. элементам города и деревни, а также улучшения постановки дела политинформации путем использования данных не только Инфсети города и деревни, но и данных, получаемых в результате оперативной деятельности»[42]. Соответствующее подразделение в составе ГПУ УССР было создано 4 апреля 1931 г. приказом В.А. Балицкого № 92[43].

На вновь созданный отдел возлагались задачи агентурно-оперативной разработки бывших членов так называемых антисоветских партий, партийной оппозиции, творческой интеллигенции, церкви, так называемых «буржуазных националистов», крестьянства. СПО внедрял в жизнь один из ключевых принципов советской внутренней политики – выявление и уничтожение инакомыслящих. Несмотря на постоянные заявления партийного руководства о том, что большевистские карательные органы не имеют ничего общего с царской охранкой, коммунисты, на самом деле, переняли и усовершенствовали опыт своих «бывших угнетателей», создав эффективный орган тотального контроля за населением.

Разгром элиты СПО УГБ НКВД УССР заставил наркома Леплевского формировать руководящий костяк отдела заново. 27 июля 1937 г. его начальником вместо отозванного в распоряжение НКВД СССР старшего майора ГБ Ошера Осиповича Абугова (1899–1938) стал старший лейтенант ГБ Матвей Михайлович Герзон (назначен с должности начальника 4-го отдела УГБ УНКВД по Одесской области)[44]. По словам последнего, перед этим назначением он был принят Леплевским, заявившим: «Мне нужны свои, верные люди. Я всегда привык работать с теми, которые преданы только мне»[45].

«Свои люди» нужны были и Герзону, признавшему позднее, что «подбор новых кадров на руководящие посты проводился нами по принципу [...] личной преданности Леплевскому»[46]. Скорее всего, новый начальник 4-го отдела УГБ НКВД УССР и посодействовал назначению старинного днепропетровского знакомого на должность своего помощника. Выдвижению Перцова способствовала и его оторванность от «элитных сотрудников Балицкого», и «оперативные успехи» в контрразведывательном отделе. О грандиозных переменах в руководстве секретно-политического отдела свидетельствует и тот факт, что в тот же день начальниками отделений были назначены 5 человек[47]. Вряд ли приход Перцова в отдел был воспринят кадровыми сотрудниками с пониманием, и на нового помощника начальника отдела наверняка смотрели как на выскочку.

20 августа 1937 г. в Киев приехал заместитель наркома внутренних дел СССР комиссар ГБ 2-го ранга Лев Николаевич Бельский (1889–1941) и сразу провел оперативное совещание с сотрудниками НКВД УССР, устроив им настоящий разнос из-за «недостатков в следствии и использовании методов провокации»[48]. По словам тогдашнего начальника отделения 5-го отдела УГБ НКВД УССР младшего лейтенанта ГБ Александра Романовича Долгушева[49] (1902–1973), «Бельский же всем дал ясную установку [...] "шпик или участник организации, все равно он будет расстрелян. Так, чтобы взять от него – дайте ему в морду"»[50].

По воспоминаниям особоуполномоченного НКВД УССР капитана ГБ Виктора Михайловича Блюмана (1899–1938), возглавлявшего следственную группу по делам арестованных чекистов, он во время приезда Бельского в Киев докладывал последнему о наличии компромата на сотрудников НКВД УССР, и тот «давал направление этим материалам. По этим материалам часть людей была арестована, часть подлежала откомандированию, а остальные подлежали проверке»[51]. Заместитель Ежова хорошо ориентировался в украинских делах, поскольку лично допрашивал Балицкого[52], к тому же его визит имел еще одну «тайную миссию».

Перед своей поездкой в столицу Украины Бельский, который всегда очень скептически относился к Леплевскому, вызвал к себе группу сотрудников 4-го отдела ГУГБ НКВД СССР и заявил, что нарком внутренних дел УССР «шьет дело» бывшему 2-му секретарю ЦК КП(б)У Павлу Петровичу Постышеву (1887–1939), который к тому времени возглавлял Куйбышевскую областную парторганизацию, и что ЦК ВКП(б) в это не верит и предлагает разобраться. В Киеве Бельский, капитан ГБ Лазарь Вениаминович Коган (1902–1939) и лейтенант ГБ Наум Моисеевич Лернер (1905/1906–1983) лично передопросили «правых троцкистов», давших показания против Постышева, и вынудили их отказаться от своих слов. Капитаны ГБ Арон Меерович Хатаневер (1905–1940) и Эдуард Михайлович Бартошевич (1908–?), а так же старший лейтенант ГБ Андрей Иванович Егоров (1904–1941) перепроверяли показания «украинских националистов». Восстановив на время «доброе имя Постышева», бригада вернулась в Москву, а для того, чтобы украинские товарищи больше «не занимались самодеятельностью», в Киеве с особыми полномочиями остался Хатаневер[53].

27 августа 1937 г. Бельский подписал докладную записку Ежову, в которой указал в качестве одного из недостатков в работе украинского НКВД то, что работа по вскрытию и разгрому «антисоветского националистического подполья» находится только в стадии разворачивания, и что репрессии практически не задели бывших боротьбистов[54]. Вскрывать «националистическое подполье» должны были именно сотрудники СПО. И вот уже через день С.В. Косиор сообщил участникам пленума ЦК КП(б)У о вскрытии «буржуазно-националистической антисоветской организации бывших боротьбистов» и о связи с этой организацией председателя совнаркома УССР Панаса Петровича Любченко (1897–1937), которую только «теперь работой органов НКВД под руководством тов. Леплевского […] раскрыли, вытащили»[55]. Поначалу председатель совнаркома отвергал все обвинения, а во время перерыва пленума вернулся домой, застрелил свою жену Марию Николаевну Крупенник и покончил жизнь самоубийством.

НКВД тут же начал разоблачать сообщников премьера-самоубийцы. Активное участие в этом принимал и Перцов. В два часа ночи 1 сентября 1937 г. личный порученец Любченко – оперуполномоченный 1-го отдела (охраны) УГБ НКВД УССР Дмитрий Васильевич Коновалов (1904–?) был вызван в приемную наркома внутренних дел, обезоружен, арестован без предъявления обвинения и поставлен до утра на конвейер в фанерный ящик, устроенный в коридоре внутренней тюрьмы республиканского наркомата. Потом арестованным занялись сотрудники 4-го одела УГБ НКВД УССР, требовавшие от него показаний о подпольной украинской националистической организации. Поздно ночью он был доставлен в специально оборудованную в помещении отдела кадров комнату, где уже находился Перцов вместе с начальниками отделений старшими лейтенантами ГБ Борисом Израилевичем Борисовым-Коганом (1904–?), Яковом Лазаревичем Грозным-Левчинским (1900–?), Романом Николаевичем Сараевым (1903–?) и начальником отделения 5-го отдела УГБ НКВД УССР старшим лейтенантом ГБ Семеном Львовичем Прыговым (1903–?). Позднее Коновалов вспоминал, что после отказа давать нужные показания, чекисты «все как звери набросились на меня, сбили с ног, стали крутить руки, задрали на голову гимнастерку и, сорвав с меня брюки и кальсоны, свалили меня на специальный стол, на котором били линейками и бутылками, пока я начал терять сознание. После этой пытки меня бросили в угол и стали лить мне в рот воду с плевательницы, смывая кровь, от которой я задыхался. Не добившись от меня признаний, я на носилках был занесен во внутреннюю тюрьму НКВД УССР и брошен на голый цементный пол…»[56].

Следователи сменяли друг друга, Коновалову прикалывали к рукаву фашистскую свастику и всячески принуждали к даче показаний, нужных Перцову и Сараеву[57], но порученец председателя совнаркома держался стойко, и тогда ему снова устроили коллективный допрос: «Сараев позвонил начальнику отдела Перцову и спустя некоторое время я снова был заведен в ту же специально оборудованную комнату для очередной пытки. Здесь, как и первый раз, были: Перцов, Сараев, Борисов, Грозный, Прыгов и другие, более 10 человек. Перцов потребовал от меня дачи немедленно показания на Любченко П.П. о том, что он завербовал меня, и, когда я заявил Перцову, что никаких показаний на Любченко П.П. я давать не буду […]. Грозный бросился на меня и стал бить меня носками между ног, заявляя: "Ты долго будешь покрывать Любченко, ты знаешь, что Сталин дал указание убивать всех, кто был на руководящей работе в 1-й пятилетке, все оказались врагами народа, лучше пиши на Любченко, что он тебя завербовал, а ты это скрыл от органов, и ты останешься живой и будешь работать в лагерях, а то все равно убьем". Обороняясь от ударов в области живота, я, не выдержав издевательства, бросил с силой Грозного в угол, и в этот момент все присутствующие […] взвалили меня на длинный стол, и насевши мне на голову и ноги, били меня до тех пор, пока я лишился сознания[58] […]. Начали избивать, приговаривая: "Вот тебе ездить на правительственных машинах, вот тебе пропуск на демонстрации" и т.д. Во время этих зверских побоев следователь Сараев докладывал наркому Леплевскому о состоянии допроса, что уже состояние допроса

3-й степени, и все-таки я показания не даю, поэтому нарком распорядился "избивать до смерти и получить показания о терроре"»[59].

Перцов принимал участие в следствии по делу арестованного 1 сентября 1937 г. бывшего первого секретаря Винницкого обкома КП(б)У Владимира Ильича Чернявского (1893–1937). По свидетельству Герзона, Косиор долго не давал санкции на его арест, и Чернявский был арестован без ходатайства НКВД Украины, по непосредственному распоряжению НКВД СССР[60]. Уже 22 декабря 1937 г. Чернявский был расстрелян[61].

Ударная работа Перцова по уничтожению «правых, троцкистов, украинских националистов» понравилась Леплевскому, и, когда Герзон 25 октября 1937 г. был отозван в Москву и вскоре назначен начальником 5-го отделения 4-го отдела ГУГБ НКВД СССР (в личном деле есть две даты этого назначения – 27 октября и 10 ноября 1937 г.)[62], то нарком поручил Давиду Ароновичу временно руководить этим важнейшим отделом.

17 ноября 1937 г. Перцову было присвоено внеочередное воинское звание – старшего лейтенанта ГБ[63], причем присвоено, минуя звание лейтенанта ГБ, которое следовало за званием младшего лейтенанта ГБ.

17 декабря 1937 г. начальником 4-го отдела УГБ НКВД УССР был назначен прибывший из НКВД майор ГБ Хатаневер А.М.[64]. Последний, как мы помним, был «лубянским смотрящим» и проработал в Киеве до 10 октября 1937 г., а затем из-за тяжелой болезни сына был вынужден вернуться в Москву. Позднее он вспоминал, что был принят Ежовым и Фриновским, которым сообщил и про абсолютно неправильную линию Леплевского в работе, и про то, что украинский нарком подбирает явно сомнительных людей, и про то, что он окружил себя родственниками сомнительной репутации (начальник секретариата НКВД УССР капитан ГБ Эммануил Александрович Инсаров-Поляк (1902–1938), начальник 2-го отдела УГБ НКВД УССР старший лейтенант ГБ Давид Израилевич Джирин (1904–1938), начальник 5-го отдела УГБ НКВД УССР майор ГБ Виктор Михайлович Блюман (1899–1938): «Я рассказал и про то, что Леплевский свою работу строит в расчете на показ цифр – количества арестованных, что разгром контрреволюционного подполья проходит неорганизованно и непродуманно»[65].

19 декабря 1937 г. в жизни Перцова произошло еще одно знаменательное событие – «за образцовое и самоотверженное выпол-

нение правительственных заданий» он был награжден орденом Красной Звезды[66]. Через день все республиканские газеты сообщат своим читателям: «Вчера, 20 декабря, секретарь ЦК КП(б)У тов. С.В. Косиор и народный комиссар внутренних дел УССР тов. И.М. Леплевский приняли группу сотрудников НКВД УССР, награжденных орденами Союза. В кабинете народного комиссара внутренних дел УССР тов. И.М. Леплевского собрались работники наркомата тт. Блюман, Самойлов[67], Долгушев, Перцов, Лифарь[68], Джирин, Коркунов[69], Борисов, Прыгов, Боряченко[70], награжденные правительством орденами Союза за образцовое и самоотверженное выполнение самых важных заданий. Тепло встреченный тов. С.В. Косиор дружески поздравил каждого с высокой наградой и радостным праздником всех трудящихся – ХХ годовщиной славных органов ВЧК-ОГПУ-НКВД. Тов. Косиор пожелал дальнейших успехов в самоотверженной работе на пользу социалистической родины, в борьбе против всех мерзких врагов советского народа – троцкистско-бухаринских, буржуазно-националистических – японско-немецких и других шпионов, диверсантов и убийц. Присутствующие чекисты-орденоносцы сердечно приветствовали верного соратника великого Сталина, руководителя украинского народа тов. С.В. Косиора и обещали ему и народному комиссару тов. И.М. Леплевскому с честью оправдать высокую награду большевистской партии и советского правительства»[71]. Газеты опубликовали и фотографии «встречи на высшем уровне», на которых на фоне низкорослых Косиора и Леплевского Перцов выглядит настоящим богатырем.

Работа 4-го отдела УГБ НКВД УССР была под особым контролем Леплевского, который лично допрашивал арестованных (иногда вместе с Косиором) и корректировал протоколы их допросов[72]. Интересно, что когда на августовском (1937 г.) пленуме ЦК КП(б)У П.П. Любченко высказал сомнения в подлинности показаний арестованного председателя Винницкого облсовета Алексея Лукича Триллиского (1892–1937), то украинский нарком внутренних дел раздраженно парировал: «Написано так, как он сказал. Как сказал, так и записали»[73].

О повсеместной практике подделки протоколов позднее свидетельствовал бывший начальник отделения 4-го отдела УГБ НКВД УССР старший лейтенант ГБ Лазарь Наумович Ширин (1901–?): «В Киеве мне приходилось несколько раз переписывать подобные протоколы, прежде чем печатать, так как тогдашнее руководство 4-го отдела – Хатаневер, Перцов не пропускали эти протоколы, сами вписывали туда факты, о которых обвиняемый не говорил»[74].

В начале года у Перцова появился еще один начальник – 4 января 1938 г. зам. начальника 4-го отдела УГБ НКВД УССР с должности заместителя начальника 5-го отделения 4-го отдела ГУГБ НКВД СССР был назначен капитан ГБ Михаил Дмитриевич Яхонтов (1895–1939)[75]. Опытнейший чекист, награжденный еще в 1930 г. знаком почетного работника ВЧК-ГПУ (V), он и во времена «ежовщины» уже успел заработать две награды – знак почетного работника ВЧК-ГПУ (XV)[76] и орден Красной Звезды[77]. Работал Яхонтов не только за совесть, но и за страх, поскольку в 1915–1917 гг. был членом партии эсеров, к тому же он был в обиде на начальство – ведь это именно он сумел первым расколоть «самого» Григория Евсеевича Зиновьева (1883–1936), после чего того передали другим следователям.

Новый нарком

27 января 1938 г. к выполнению обязанностей наркома внутренних дел УССР приступил комиссар ГБ 3-го ранга Александр Иванович Успенский[78] (1902–1940) (назначенный на эту должность приказом НКВД СССР № 138 двумя днями ранее с должности начальника УНКВД по Оренбургской области)[79]. В тот же день в руководстве республики произошло еще одно изменение – пленум ЦК КП(б)У освободил С.В. Косиора от обязанностей первого секретаря ЦК КП(б)У «в связи с назначением заместителем председателя Совета народных комиссаров СССР и председателем комиссии советского контроля» и избрал на его место Никиту Сергеевича Хрущева (1894–1971) – бывшего первого секретаря Московского городского и областного комитета ВКП(б)[80] и утвердил в должности нового главу НКВД УССР[81].

Успенский сразу же провел несколько кадровых перестановок в наркомате, среди которых следует выделить назначение начальника 4-го отдела УГБ НКВД УССР Хатаневера врид заместителя наркома внутренних дел по совместительству[82], а также освобождение Яхонтова от обязанностей заместителя начальника 4-го отдела УГБ НКВД УССР и назначение его врид начальника секретариата НКВД УССР[83] и по совместительству особоуполномоченным НКВД УССР[84]. Таким образом, на плечи Перцова легла основная нагрузка по руководству отделом. Вскоре он будет числиться как врид замначальника 4-го отдела УГБ НКВД УССР[85], но найти соответствующий приказ НКВД СССР или УССР об этом назначении нам пока не удалось, нет сведений об этом и в его личном деле.

Новым направлением работы секретно-политических отделов НКВД в Советском Союзе стала борьба с «антисоветским сионистским подпольем». Если по состоянию на 22 февраля 1938 г. в УССР было арестовано 437 «активных участников сионистской организации», то на начало марта подчиненными Хатаневера и Перцова было ликвидировано 15 местных сионистских комитетов и взято под стражу 607 человек[86].

Одним из главных направлений работы Успенского была очередная чистка НКВД УССР, проводимая по прямому указанию Ежова, о чем украинский нарком открытым текстом сообщил 13 июня 1938 г. делегатам XIV съезда КП(б)У[87].

Новый начальник отдела кадров НКВД УССР старший лейтенант ГБ Григорий Михайлович Кобызев (1902–1941), прибывший в Киев вместе с наркомом внутренних дел СССР, позднее вспоминал: «17 февраля я подал Ежову материалы, характеризующие кадры: персональный список всех сотрудников оперативных отделов, на которых были компрометирующие материалы (человек 600–800)[88] [...]. Ежов сказал: "Ох кадры, кадры, у них здесь не Украина, а целый Биробиджан". Рассматривая дальше материал, он наложил резолюции чуть ли не по каждому сотруднику – кого нужно арестовать, кого уволить, кого перевести на неоперативную работу, в ГУЛАГ»[89].

Вероятно, здесь идет речь о резолюциях Ежова на поданных Успенским в тот же день, 17 февраля, пяти альбомах с компроматом на сотрудников НКВД УССР, а именно:

1. Список сотрудников УГБ НКВД УССР, арест которых уже санкционирован НКВД СССР.

2. Список сотрудников УГБ НКВД УССР, подлежащих аресту.

3. Список руководящих сотрудников неоперативных отделов НКВД УССР, подлежащих аресту.

4. Список сотрудников на увольнение из органов НКВД.

5. Список сотрудников, подлежащих откомандированию в распоряжение отдела кадров НКВД СССР.

По второму и третьему альбомам А.И. Успенский просил у руководства разрешения на арест[90]. После получения такого разрешения только на конец февраля 1938 г. количество арестованных сотрудников УГБ НКВД УССР составило 79 человек – 11 в центральном аппарате и 68 в областях[91]. Известно также, что за период с 15 февраля по 5 апреля 1938 г. из аппарата УГБ НКВД УССР уволили 554 человека, 154 из которых были арестованы[92]. По состоянию на 1 апреля 1938 г. было арестовано 105 сотрудников Управления рабоче-крестьянской милиции (УРКМ), в том числе начальник и заместитель начальника УРКМ НКВД УССР; четыре начальника отделов УРКМ НКВД УССР, четыре начальника УРКМ УНКВД областей; 2 заместителя начальника УРКМ УНКВД областей; 15 начальников районных отделений милиции, 10 городских начальников милиции. Уволено на тот момент было 700 человек[93]. 3 марта 1938 г. Успенский рапортовал в Москву о 203 арестованных среди командно-политического состава Управления внутренней и пограничной охраны (УПВО) НКВД УССР[94].

Кроме того, согласно приказам НКВД УССР по личному составу, в феврале – марте 1938 г. из республики было откомандировано 188 чекистов. Большинство их, как утратившие «политическое доверие», направлялись на работу в систему ГУЛАГ НКВД СССР. Только с 17 марта по 4 апреля 1938 г. приказами замнаркома внутренних дел СССР старшего майора ГБ Семена Борисовича Жуковского (1896–1940) такое назначение получили 94 бывших сотрудника НКВД УССР[95]. Среди откомандированных были и подчиненные Перцова по 4-му отделу УГБ НКВД УССР: начальник отделения капитан ГБ Б.И. Борисов-Коган[96]; начальник отделения капитан ГБ Я.Л. Грозный-Левчинский[97]; начальник отделения лейтенант ГБ Владимир Георгиевич Черкалов (1903–?)[98]; помощник начальника отделения старший лейтенант ГБ Борис Яковлевич Аглицкий (1907–?)[99]; помощник начальника отделения лейтенант ГБ Соломон Маркович Левин (1903–?)[100]; оперуполномоченный лейтенант ГБ Зусь Самойлович Гольдфарб (1905–?)[101]; оперуполномоченный лейтенант ГБ Самуил Исаакович Линшиц (1898–?)[102]; оперуполномоченный младший лейтенант ГБ Владимир Павлович Левченко[103].

Позднее многие бывшие сотрудники НКВД пытались представить причиной своего увольнения приверженность «социалистической законности». Так, например, подполковник ГБ Б.И. Борисов-Коган, будучи допрошенным в качестве свидетеля в 1956 г., заявил, что «за отказ от применения незаконных методов следствия был [...] Успенским снят с оперативной работы и откомандирован в систему ГУЛАГ»[104]. Наверное, именно за свою приверженность букве закона Борис Израилевич был во второй половине 1937 г. повышен в должности, звании и награжден орденом Красной Звезды[105].

По традиции в органах ОГПУ–НКВД следствие по делам проштрафившихся сотрудников возлагалось на аппарат особоуполномоченного, но во времена Большого террора, когда количество арестованных сотрудников возросло в десятки раз, для следствия по делам бывших коллег создавались специальные группы, куда входили чекисты из разных отделов. Так было и летом 1937 г., когда «участников антисоветского заговора Балицкого» допрашивала особая следственная группа под руководством особоуполномоченного НКВД УССР В.М. Блюмана.

По идее вновь созданную группу должен был бы возглавить нынешний особоуполномоченный НКВД УССР М.Д. Яхонтов, но Успенский видел его начальником 2-го (оперативного) отдела УГБ НКВД УССР, что вскоре и осуществил своим приказом[106]. Впрочем, нарком привлекал Яхонтова к допросам важных чекистов – например, арестованного 21 февраля 1938 г. помощника начальника 3-го отдела УГБ НКВД УССР капитана ГБ Абрама Владимировича Сапира (1900–1957). Последний позднее заявил, что с первого же дня следствия был «подвергнут тяжелым физическим испытаниям» Яхонтовым и его ассистентом – начальником отделения 5-го отдела УГБ НКВД УССР Николаем Петровичем Дальским-Белоусом (1903–1939)[107].

После ухода Яхонтова с должности особоуполномоченного НКВД УССР этим подразделением руководил начальник отделения аппарата особоуполномоченного старший лейтенант ГБ Михаил Ермолаевич Федоров (1900–1940), работавший у Успенского в Оренбурге инспектором при начальнике УНКВД и заместителем начальника 4-го отдела УГБ и заработавший знак почетного работника ВЧК-ГПУ(XV)[108]. 30 октября 1937 г. он прибыл в Киев для усиления работы НКВД УССР. Здесь ему долго не могли найти места, пока не назначили начальником отделения 4-го отдела УГБ УНКВД по Киевской области[109]. Этим назначением Михаил Ермолаевич был очень недоволен и жаловался Леплевскому, но получил ответ: «Мы вас не знаем». Зато Федорова знал Успенский, и, через несколько дней после прибытия в Киев, отправил на подмогу Яхонтову в аппарат особоуполномоченного искать компромат на украинских чекистов.

Между тем и Яхонтов, и Федоров недостаточно знали «украинскую кухню», в частности, взаимоотношения между отдельными сотрудниками НКВД УССР и их связи. Для координации работы следствия нужен был кадровый украинский сотрудник, не понаслышке знающий обстановку в центре и на местах и доказавший свою преданность новому наркому. Такого человека Успенский нашел в лице Перцова. Сейчас трудно сказать, принял ли это решение украинский наркомвнудел самостоятельно, или советовался с Хатаневером и Яхонтовым, но в любом случае последнее слово было за ним. В пользу назначения Давида Ароновича говорила и его общественная работа: в 1937–1938 гг. он был заместителем секретаря парткома НКВД УССР и находился в курсе громадного количества «сигналов», которые бдительные коммунисты-чекисты направляли на своих коллег. Правда, в своем выступлении 11 марта 1938 г. на общем закрытом партийном собрании парторганизации УГБ НКВД УССР Перцов переложил всю ответственность за недостаточную борьбу с врагами народа на секретаря парткома Блюмана и Леплевского: «Думаю, что Блюман много знал. Остальные члены парткома не знали […]. Как особоуполномоченный Блюман не мог не знать ряда фактов, но от парткомитета и от всей партогранизации они были скрыты.

Как выглядим сейчас мы, члены парткомитета? Если с большевистской прямотой говорить, мы оказались шляпами. Произошло это потому, что забыли один незыблемый закон – доверять и проверять.

Приехал Леплевский, впервые за все годы была разгромлена банда Балицкого: Рубинштейн, Письменный, Александровский и др. Все они немало натворили, и от них достаточно коллектив натерпелся. Однако врагами партии являются не только бандиты из окружения Балицкого. Этого-то и не понял Леплевский. Удар в основном был закончен на разгроме вражеской своры Балицкого. Коренная ошибка Леплевского состоит в том, что он не развил дальнейшего удара, не довел дело до конца. Борьба с вражескими элементами в наших органах на Украине была, как мы это сейчас видим, свернута. А партийный комитет, не зная материалов и доверяя без оглядки прежнему руководству, не мог мобилизовать парторганизацию на дальнейшую борьбу с врагами в наших рядах. Эта наша большая ошибка, и мы, члены парткомитета (без Блюмана, с ним мы не говорили), ее признаем […]. Скажу прямо: я верил Блюману и не думал, что он подведет»[110].

Начальник особой следственной группы

Официально особая следственная группа начала свою работу 21 февраля 1938 г. О ее организации рассказал позднее Сергей Петрович Смирнов: «Через несколько дней после совещания с участием Ежова я был вызван по телефону в кабинет Перцова [...]. Когда я тогда пришел, там уже было несколько человек сотрудников. Перцов нам заявил, что по распоряжению Успенского создана специальная следственная группа по ведению следствия по делам сотрудников НКВД. Тут же он выделил старших в лице Рыжова, Михайлова, меня – Смирнова, Болдина, Соколова и др., фамилий не помню. Болдин работал со мной в группе, но к нему прикреплялись персональные арестованные. В мою группу входили Дмитриев и Лабузов. К каждому из старших было прикреплено 2–3 следователя. Тут же Перцов предложил утром на следующий день приходить на работу не в Наркомат, а в специально отведенное помещение для этой группы в новом доме наркомата, ныне занимаемом Совнаркомом УССР»[111].

Итак, среди прочих, членами следственной группы стали: младший лейтенант ГБ Борис Павлович Болдин (1906–1942), с февраля 1938 г. – начальник 1-го отделения 4-го отдела УГБ НКВД УССР, назначен с должности начальника отделения 4-го отдела УГБ УНКВД по Воронежской области; лейтенант ГБ Николай Иванович Михайлов (1904–1942), с января 1938 г. – начальник отделения 11-го (водного) отдела УГБ НКВД УССР, прибыл из УНКВД по Ивановской области[112]; младший лейтенант ГБ Анатолий Михайлович Рыжов (1903–?), с 1937 г. – оперуполномоченный НКВД УССР, прибыл из УНКВД Азово-Черноморского края; лейтенант ГБ Николай Герасимович Соколов (1905–1942), с августа 1937 г. – помощник начальника отделения 4-го отдела УГБ НКВД УССР, назначен с должности оперуполномоченного 4-го отдела ГУГБ НКВД СССР[113]; младший лейтенант ГБ Сергей Петрович Смирнов (1898–?), с января 1938 г. – начальник отделения 3-го отдела УГБ НКВД УССР, переведен из УНКВД Воронежской области[114]; сержант ГБ Георгий Николаевич Дмитриев (1904–?), с февраля 1938 г. – оперуполномоченный аппарата особоуполномоченного НКВД УССР, работал в УНКВД по Кировской области; младший лейтенант ГБ Михаил Васильевич Лабузов (1907–1944), служивший до 1937 г. в УНКВД по Сталинградской области. Еще одним членом следственной группы был также младший лейтенант госбезопасности Ефим Кириллович Горобец[115] – бывший сотрудник УНКВД по Горьковской области[116].

Как видим, все следователи были переброшены в Киев из России в течение последнего полугода и не успели «обрасти» друзьями и связями в НКВД УССР.

Такой подход к формированию группы подтверждают и показания Ивана Ивановича Крюкова (1903–?), назначенного в декабре 1937 г. начальником отделения 4-го отдела УГБ УНКВД по Харьковской области с должности начальника Хоперского райотдела НКВД Сталинградской области. В феврале 1938 г. лейтенант ГБ И.И. Крюков был вызван телеграммой в НКВД УССР. Заместитель начальника Отдела кадров НКВД УССР старший лейтенант ГБ Григорий Самуилович Григорьев (1898–1938) направил его в распоряжение начальника особой следственной группы Перцова. Крюков позднее показал: «Григорьев мне сказал, что при наркомате создана группа, которая ведет следствие по делам арестованных бывших сотрудников НКВД. Направляюсь я в эту группу потому, что на Украине работаю недавно и никого из бывших сотрудников НКВД не знаю, а поэтому никаких личных счетов ни с кем из арестованных у меня не может быть, но при отборе исходили и из личных качеств»[117].

Перцов заявил И.И. Крюкову, что нужно вскрыть контрреволюционное подполье в системе НКВД УССР и отправил в распоряжение Н.Г. Соколова. Это был опытный следователь, четыре года проработавший в СПО ГУГБ НКВД СССР[118] и заработавший там знак почетного работника ВЧК-ГПУ (XV)[119]. Н.Г. Соколов проинструктировал Крюкова о том, что арестованные бывшие сотрудники НКВД «являются наиболее прожженными врагами народа», знавшими все методы чекистской работы, и поэтому «в применении к ним физических мер воздействия не стесняться»[120]. И Перцов, и Соколов уверяли Крюкова в том, что установка на вскрытие вражеского формирования внутри органов НКВД и применение мер физического воздействия «без стеснений» была дана лично Ежовым. Правдивость этих слов подтвердил и М.В. Лабузов – давний сослуживец по УНКВД Сталинградской области[121].

По свидетельству начальника внутренней тюрьмы УГБ НКВД УССР лейтенанта ГБ Ивана Григорьевича Нагорного (1902–1941), к моменту создания оперативно-следственной группы арестованных сотрудников НКВД, содержащихся в тюрьме, было сравнительно немного, примерно человек 30–35. После создания группы для нее было отведено специальное помещение в новом здании НКВД по Садовой улице (ныне здание Кабинета министров Украины. – *Авт.*), и закончено оборудование внутренней тюрьмы, куда были помещены ранее арестованные сотрудники НКВД. Причем вход в это помещение, где работала оперативно-следственная группа, разрешался лишь членам этой группы. Другие сотрудники в кабинеты группы не допускались. Все вновь арестованные сотрудники НКВД, причем не только из Киева, но и из областей, поступили в новую внутреннюю тюрьму УГБ НКВД УССР[122].

Говоря о работе Перцова во главе следственной группы, следует выяснить его полномочия. По нашему мнению, они сводились в основном к производству арестов сотрудников по указанию свыше и следственной работе, о чем свидетельствует следующий документ.

«Сов. секретно. Лично.

Начальнику 2 отдела УГБ НКВД УССР

капитану госбезопасности

тов. Яхонтову.

По распоряжению Наркома Внутренних Дел – Комиссара ГБ 3-го Ранга тов. Успенского прошу немедленно арестовать, произведя самый тщательный обыск, как у него самого, так и его родственников – Стадницкого Исаака Григорьевича, 1898 года рождения – Зам. Начальника Отдела Трудовых Колоний НКВД УССР.

Арестованного Стадницкого и материалы обыска направьте в мое распоряжение.

Начальник оперследгруппы НКВД УССР

Старший лейтенант госбезопасности (Перцов)

"9" марта 1938 г.

№ 3536001»[123].

Сбором же компрометирующих материалов на сотрудников занимались инспекторы отдела кадров НКВД УССР, обслуживающие соответствующее чекистское подразделение. Затем руководство отдела докладывало компромат наркому, который решал судьбу «подозрительного сотрудника»[124]. На некоторых материалах Успенский писал «арестовать и размотать»[125].

По свидетельству С.П. Смирнова, Д.А. Перцов и М.Е. Федоров давали следователям указания, в каком именно направлении следовало допрашивать арестованных чекистов, исходя из компрометирующих материалов. Если, например, из справки или других материалов было видно, что арестованный имел родственников, проживавших за границей, предлагалось его допрашивать в разрезе шпионажа. Если же из собранных материалов прослеживалась связь арестованного с троцкистами – предлагалось его допрашивать в разрезе его троцкистской деятельности и т. д. С самого начала и до конца работы группы Перцов и Федоров систематически ходили по кабинетам следователей и принимали участие в допросах. Примерно на второй день работы группы при допросах стали применять физические меры воздействия. Санкции на применение физических методов воздействия давались только Перцовым, всегда со ссылками на распоряжения наркома внутренних дел УССР или его заместителя – старшего майора ГБ Александра Павловича Радзивиловского (1904–1940)[126].

Про личное участие Давида Ароновича в допросах арестованных чекистов и их избиение позднее свидетельствовали его жертвы, которым посчастливилось выжить. Так, в своем заявлении от 25 февраля 1940 г. капитан милиции Андриан Александрович Петерс-Здебский (1899–?), занимавший перед арестом 27 февраля 1938 г. должность начальника УНКВД по Полтавской области, писал, что заходивший неоднократно в комнату его следователя Г.Н. Дмитриева Перцов требовал показаний: «Все равно Вас расстреляют, под стенкой Вас будут рвать на куски, а показания дадите». Перцов отказал Петерсу дать лист бумаги «для заявления в адрес ЦК ВКП(б) и дал мне срок 7 марта для показаний»[127].

Бывший оперуполномоченный 4-го отдела УГБ УНКВД по Харьковской области младший лейтенант ГБ Зиновий Владимирович Бабушкин (1907–?) вспоминал, что когда его 1 марта 1938 г. привезли в Киев и бросили в камеру № 4, то там уже находились арестованные сотрудники НКВД УССР пограничник Василий Дергачев, оперуполномоченный 3-го отдела УГБ НКВД УССР младший лейтенант ГБ Гельмут Густавович Миллер (1895–?); начальник квартирного отдела Административно-хозяйственного отдела НКВД УССР Михаил Вениаминович Френкель (1888–1938). Миллер находился в тяжелейшем состоянии: на его теле и ягодицах были рваные гнойные раны. Френкель приходил с допросов «черным от побоев с головы до пят». На первом же допросе следователь Рыжов предупредил Бабушкина, что если тот не сознается в принадлежности к сионистскому подполью, его будут бить. Зиновий Владимирович поначалу все отрицал, и тогда Лабузов избил его ногами и отбил почку. «После избиения следователями я лежал на полу. В это время в кабинет зашел Перцов, к которому я обратился с просьбой выслушать меня. Он вместо этого приказал поднять меня с пола. Поскольку я не мог ни стоять, ни сидеть, эти так называемые следователи пристроили меня стоять возле стула, а Перцов взял палицу и со словами "сейчас я тебя выслушаю" начал меня бить […]. Через несколько дней, не выдержав избиений, я был вынужден дать на себя показания»[128]. Бабушкин вспоминал: «...под руководством Перцова [...] надо мною издевались и жестоко били»[129].

Обстановка в здании на Садовой улице внушала ужас не только жертвам (тот же Петерс-Здебский свидетельствовал, что «все допросы меня проводились на Садовой улице, причем когда я в первый раз проходил по коридорам, я был свидетелем неслыханных душераздирающих криков мужчин и женщин, которые неслись со всех комнат, со всех сторон [...] отчетливо удары палок. Эта ужасная обстановка какого-то кошмара продолжалась весь период нахождения меня под следствием на Садовой улице. Нач. следчасти был Перцов – это он ставленник и особо доверенный человек Успенского организовал эту бойню»)[130], но и их видавшим виды охранникам. Вот что сообщил позднее И.Г. Нагорный: «Я, как начальник тюрьмы, обходя камеры, видел арестованных, доставленных с допроса из этой оперативно-следственной группы, в тяжелом состоянии от избиений. Больше того, проходя по коридору, где допрашивались арестованные, я неоднократно слышал крики арестованных в кабинетах следователей. Однако сказать, кто и кого избивал, не могу, т. к. в кабинеты я не заходил. О том, что арестованных сильно избивали в этой следственной группе, могут свидетельствовать факты, когда арестованные, возвратясь с допроса, буквально через несколько часов умирали, не говоря уже о том, что некоторые арестованные не могли сами идти с допроса»[131].

28 февраля 1938 г. по справке, составленной М.Е. Федоровым, согласованной с Д.А. Перцовым и утвержденной М.Д. Яхонтовым, без санкции прокурора по обвинению в шпионаже в пользу Польши был арестован управляющий домами административно-хозяйственного управления НКВД УССР М.В. Френкель. Вести его дело было поручено Б.П. Болдину[132], но все протоколы допросов Френкеля подписаны следователем М.В. Лабузовым. По словам Лабузова и Смирнова, Френкеля жестоко избивали железной палкой Перцов и Болдин, требуя от него признаний об участии в заговоре в НКВД УССР[133]. Известно также, что в избиениях Френкеля активное участие принимал помощник оперуполномоченного 4-го отдела УГБ НКВД УССР Иван Степанович Друшляк (1913–?)[134].

Сокамерник Френкеля Бабушкин позднее показал, что бывший начальник квартирного отдела рассказывал о требовании от него данных про участие в бундовской организации, ибо в одной из анкет оказалось неграмотно написано, что Френкель в дни революции принимал участие не в бунте, как это происходило на самом деле, а в «бунде». Так же от него требовал Перцов признание про участие в польском шпионаже и про связи с Балицким[135]. Френкеля первый раз привели с допроса избитым до такой степени, что тот бессильно упал на кровать. Придя в себя, несчастный рассказал, что на допросах его избивал Перцов, который палкой перебил ему кисти рук, когда он руками защищал от ударов ноги выше колен. Второй раз Френкель был внесен в камеру 8 марта 1938 г. в 17 часов 45 минут в таком состоянии, что он тяжело дышал, еле разговаривал и после непродолжительного времени начал терять сознание, издавая крики, мучаясь в предсмертной агонии и со слабыми признаками жизни был впоследствии вынесен из камеры и больше в камеру не возвращался[136].

8 марта 1938 г. дежурный по внутренней тюрьме на Садовой, 4, Попов сообщил по телефону Нагорному о тяжелом состоянии Френкеля. Начальник тюрьмы сказал, что немедленно приедет и вызовет врача, на что дежурный ответил, что уже по этому вопросу звонил по телефону Перцову, но последний категорически запретил оказывать Френкелю какую бы то ни было медицинскую помощь. Когда Нагорный прибыл в тюрьму, то арестованный был мертв, причем, по словам очевидцев, смерть случилась в 19 часов 15 минут, т. е. через полтора-два часа после возвращения его с допроса. Начальник тюрьмы тут же доложил по телефону о случившемся Перцову и Радзивиловскому. В тот же вечер по приказу последнего был составлен акт о смерти без вызова врача, и труп Френкеля был предан земле[137].

Не вынес побоев подручных Перцова и бывший начальник Лохвицкого райотдела НКВД Полтавской области лейтенант ГБ Иван Герасимович Таруц (1898–1938), согласно официальной версии тюремного врача, умерший в 5 часов утра 15 марта 1938 г. «от паралича сердечной деятельности». В его уголовном деле нет ни одного протокола допроса обвиняемого или свидетелей. Но не следует думать, что допросов Таруца не было, просто нужных следователям сведений он не давал. С последнего допроса его принесли на носилках, с выбитыми всеми передними зубами[138]. Не выдержал пыток и умер в тюрьме начальник административно-хозяйственного отдела УРКМ НКВД УССР старший лейтенант милиции Владимир Иванович Антонович; в тюремной больнице скончались сотрудник НКВД УССР Шлапаков и начальник переселенческого отдела НКВД УССР Михаил Ефимович Шор (1900–1938)[139].

Следует отметить, что работа в особой следственной группе стала карьерным трамплином для многих ее участников, выдвинутых на руководящие должности: М.Е. Федоров был назначен начальником 3-го отдела УГБ УНКВД по Житомирской области[140]; Н.И. Михайлов – начальником 4-го отдела УГБ УНКВД по Днепропетровской области[141]; Н.Г. Соколов – начальником 4-го отдела УГБ УНКВД по Ворошиловградской области[142]; Б.П. Болдин – начальником Запорожского горотдела НКВД[143]; А.М. Рыжов – начальником 3-го спецотдела НКВД УССР[144].

Заместитель начальника УНКВД по Харьковской области

4 апреля 1938 г. А.И. Успенский подписал приказ о назначении «врид заместителя начальника 4-го отдела УГБ НКВД УССР старшего лейтенанта ГБ Д.А. Перцова временно исполняющим должность заместителя начальника управления НКВД по Харьковской области»[145].

Перевод Перцова в Харьков, по нашему мнению, можно объяснить двумя причинами. Первая причина – грандиозные перестановки в руководстве НКВД УССР, затеянные Успенским, поменявшим в течение недели всех руководителей на местах. Назначенный 3 марта 1938 г. начальником УНКВД по Харьковской области капитан ГБ Григорий Галактионович Телешев (1902–1978), прибывший с должности начальника УНКВД по Тамбовской области[146], на Украине никогда не работал и местной специфики не знал.

Второй причиной перевода может быть то, что Перцов, будучи одним из руководителей СПО при Леплевском, не обеспечил нужную линию в разворачивании следственных дел. Арестованный В.М. Блюман на допросе 31 мая 1938 г. заявил, что под руководством М.М. Герзона «право-троцкистское подполье не вскрывать, громилось рывками. В следствии, по его указаниям, брался упор на голое сознание, не добиваясь выявления у арестованных связей вверх и широкой низовки […]. Мне рассказывал Герзон, что […] Леплевский прямо приказывал "добивайтесь голого сознания, готовьте дело и заканчивайте немедленно. А то, кто его знает, о чем арестованный еще захочет давать показания. Там мы сможем и о себе кое-что узнать"»[147].

Как бы там ни было, но уже 5 апреля 1938 г. Перцов упоминается в документах УНКВД по Харьковской области как заместитель начальника управления.

Знакомя Перцова с оперативной работой управления, Телешев[148] указал, что его аппарат в значительной мере засорен троцкистами, сионистами и другими подозрительными элементами, что он уже арестовал ряд сотрудников, подозреваемых в троцкистской деятельности, и что в Харькове необходимо вскрывать троцкистскую группу среди сотрудников. Для этого им была создана специальная следственная группа, возглавляемая работником, которому он доверяет и лично знает по работе до Харькова[149]. Комментируя это решение начальника УНКВД, Перцов абсолютно правильно заметил, что следственные дела сотрудников велись только аппаратом особоуполномоченного НКВД, возглавляемым сержантом ГБ Григорием Абрамовичем Мордуховичем (1903–?), «но Телешев не счел возможным доверить ему это следствие и создал следственную группу[150] […] Телешев заявил, что в эту группу им специально подобраны заслуживающие доверия работники. Я верил Телешеву в том, что им подобраны действительно опытные, заслуживающие доверия работники, которые были на особом положении как у него, так и у Кобызева»[151].

В 1937 г. по УНКВД Харьковской области уже прокатилась первая волна репрессий, жертвами которой в апреле – августе стали: начальник 2-го отдела УГБ старший лейтенант ГБ Семен Абрамович Ольшанский (1900–1937); заместитель начальника 5-го отдела УГБ старший лейтенант ГБ Александр Яковлевич Санин (1903–?); инспектор при начальнике УНКВД старший лейтенант ГБ Илларион Григорьевич Южный-Ветлицын (1897–?); начальник санитарного отдела Георг Кондратьевич Герекке (1894–1937); начальник Отдела шоссейных дорог Абрам Иосифович Кардаш (1897–?). 4 июля 1937 г., узнав о своем исключении из кандидатов в члены ЦК КП(б)У[152], застрелился начальник УНКВД комиссар ГБ 3-го ранга Соломон Самуилович Мазо (1900–1937)[153]. Следует отметить, что майор ГБ Лев Иосифович Рейхман (1901–1940)[154], возглавлявший в августе 1937 г. – марте 1938 г. УНКВД по Харьковской области, арестов среди руководящих сотрудников практически не проводил. В указанный период за решетку попал только начальник 5-го отделения 3-го отдела УГБ младший лейтенант ГБ Ефим Викторович Олевич-Олиевич (1903–?) и уже упомянутый З.В. Бабушкин.

Арест последнего состоялся уже при Успенском. В первом квартале 1938 г. были арестованы несколько бывших руководящих харьковских чекистов: начальник Томск-Асиновского лагеря НКВД комиссар ГБ 2-го ранга Карл Мартынович Карлсон[155] (1888–1938) – начальник УНКВД по Харьковской области в июне 1934 г. – октябре 1936 г.; майор ГБ Ян Кришьянович Крауклис[156] (1895–1938) – начальник Харьковского облотдела ГПУ в январе – июне 1934 г.; заместитель начальника УРКМ НКВД УССР майор ГБ Яков Зельманович Каминский[157] (1891–?) – заместитель начальника УНКВД по Харьковской области в августе 1934 г. – марте 1937 г. Поэтому новому руководству УНКВД по Харьковской области еще предстояло выяснить «преступные связи» своих бывших коллег.

Следственную группу по делам бывших сотрудников возглавил упоминавшийся выше лейтенант ГБ Иван Иванович Крюков. Он родился в семье крестьянина-середняка Саратовской губернии. Член ВКП(б) с декабря 1930 г. В 1926 г. окончил Ленинградский университет советского права. В 1932–1937 гг. работал в полномочном представительстве ОГПУ и УНКВД по Сталинградскому краю. До июня 1937 г. был начальником 6-го отделения 4-го отдела УНКВД по Сталинградской области. С июня 1937 г. – начальник Хоперского райотдела УНКВД по Сталинградской области. С 14 декабря 1937 г. начальник отделения 4-го отдела УГБ УНКВД по Харьковской области. В феврале – марте 1938 г. был прикомандирован к особой следственной группе НКВД УССР по делам арестованных сотрудников, а затем вернулся в Харьков, где Телешев поручил ему вести следствие по делам арестованных чекистов[158].

Получив приказ, Крюков направился в кабинет к особоуполномоченному УНКВД Мордуховичу и предложил все имеющиеся в производстве следственные дела сдать ему. Мордухович, «…возмутившись этим, пошел к Телешеву и потребовал объяснить мне, что это за недоверие. Телешев объяснил мне, что создается особая следственная группа во главе с Крюковым Иваном, которая будет вести дела по арестованным сотрудникам […] и что я непосредственно подчиняюсь Крюкову»[159].

Когда накопилось до 10 дел арестованных, Крюков поставил перед начальником УНКВД вопрос: «…работа тяжелая, и […] я сам физически не в состоянии с ней справиться», после чего Телешев дал ему в подчинение бывшего начальника Миропольского райотдела НКВД младшего лейтенанта ГБ Середу, работавшего

несколько месяцев в Харькове на следствии в УНКВД, и мобили-
зованного всего несколько дней назад на работу в органы госбезопасности Копаева[160].

Яков Петрович Середа родился в 1903 г. в местечке Борки
Борковской волости Зиньковского уезда Полтавской губернии в
семье украинского крестьянина. С детства батрачил у кулаков
и немецких колонистов, а в 1915 г., по окончании начальной сельской школы в Борках перебрался на Северный Кавказ, где три года
работал ремонтником на Владикавказской железной дороге в Ростове-на-Дону и Екатеринодаре. Осенью 1918 г. вернулся на родину,
работал секретарем Борковского волостного комитета незаможных крестьян, с приходом войск А.И. Деникина партизанил в Гадячском и Зиньковском уездах Полтавской губернии, после занятия Полтавщины большевиками работал секретарем земельного
отдела в Борковском волисполкоме. В июле 1921 г. – феврале
1922 г. Середа был стрелком специальной группы по борьбе с
бандитизмом в Гадячском и Зиньковском уездах. В феврале
1922 г. – июне 1930 г. был уполномоченным по распределению
национализированных земель Борковского волисполкома, кур-
сантом Пирятинской совпартшколы, секретарем комсомольской
ячейки в селе Ковалевка Ковалевского района Полтавского округа,
председателем Борковского сельсовета, красноармейцем 3-й Бес-
сарабской кавалерийской дивизии в Бердичеве; политинспекто-
ром Зеньковского районного исполкома, председателем Зеньковского районного комитета незаможных крестьян, инструктором
оргтдела Полтавского окружного потребсоюза. Члена ВКП(б) с
мая 1926 г., Я.П. Середу в июне 1930 г. мобилизовали на работу
в органы госбезопасности. Был на оперативной работе в Карлов-
ском, Сахновщанском и Хорольском районах, а в апреле 1933 г.
назначен начальником Миропольского районного отдела ГПУ–
НКВД[161], который и возглавлял до 1938 г.

Приведенная биография, на наш взгляд, во многом объясняет
выбор Телешева – Середа не только имел безупречную репутацию, но и всю свою чекистскую карьеру проработал на периферии – и связями в УНКВД не оброс. Начальник УНКВД вызвал
Середу к себе и сказал, что в органах НКВД вскрыта крупная
контрреволюционная организация, в связи с чем созданы особые
оперативно-следственные группы, и приказал идти работать в
группу под начало Ивана Крюкова. При этом Телешев предупредил, что «враг, пробравшийся в органы – враг в квадрате, поэтому надо работать активно и держать все в тайне»[162].

Кристально чистую биографию имел и Алексей Павлович Копаев, 1907 г. рождения, уроженец села Верблюжка Верблюжской волости Александрийского уезда Херсонской губернии, украинец, из крестьян-бедняков, член ВКП(б) с 1932 г. С 12 лет работал по найму, с 22 лет начал свою трудовую деятельность. До 1938 г. – парторг цеха А-7 харьковского завода имени Сталина. В НКВД начал работать с 31 марта 1938 г. по партийной мобилизации. Позднее он заявил, что сразу был ошарашен оскорблениями и избиением арестованных на допросах. Копаев высказал свое недовольство увиденным одному из коллег, а тот моментально доложил начальнику УНКВД. Телешев вызвал новобранца к себе и заявил: «"Вас прислали работать, а не хныкать, и если вы будете либеральничать с врагами, то вам не место не только в НКВД, но и в партии". После такой нахлобучки мне пришлось смириться с окружающей обстановкой», – вспоминал А.П. Копаев[163].

Для кабинетов работников особой следственной группы было отведено три комнаты в конце коридора четвертого этажа здания УНКВД, по предложению Крюкова отделенные от других комнат специальной перегородкой, вход за которую остальным сотрудникам был категорически запрещен[164]. В работе группы «сразу же была установлена особая конспирация, и меня, – рассказывал Мордухович, – даже не пускали за эту перегородку, и если я один-два раза зашел туда, то лежавшие на столе дела моментально переворачивались, и я […] не был в курсе работы следгруппы»[165].

Дела арестованных чекистов были на особом контроле у Телешева, и он иногда подключал к их допросам особо доверенных лиц. 31 марта был арестован бывший начальник Чугуевского райотдела НКВД старший лейтенант ГБ Евдоким Данилович Глебов (1895–?), прикомандированный в июне 1937 г. для ведения следствия к 5-му отделу УГБ УНКВД по Харьковской области. Его первые допросы провел инспектор при начальнике УНКВД младший лейтенант ГБ Сергей Филиппович Москалев[166], приехавший вместе с Телешевым из Тамбова[167] и заявивший: «Телешев имеет приказ Ежова таких, как ты, врагов народа, если не разоружаются, то в УНКВД создана спецтройка, которую возглавил Телешев, и эта тройка уже действует и ты будешь расстрелян. Это все зависит от нас!»[168].

9 апреля 1938 г. Г.Г. Телешев своим приказом уволил Е.Д. Глебова, З.В. Бабушкина; начальника ОО ГУГБ НКВД смешанной авиабригады лейтенанта ГБ Иосифа Абрамовича Крульфельда (1893–?); врид начальника отделения ОО ГУГБ НКВД танковой

бригады БТ-7 старшего лейтенанта ГБ Ивана Никифоровича Пташинского (1893–?); врид начальника отделения 5-го отдела УГБ УНКВД лейтенанта ГБ Александра Александровича Пандорина (1898–?); начальника отделения 5-го отдела УГБ УНКВД старшего лейтенанта ГБ Зиновия Исаевича Щеголевского (1901–?); полкового оперуполномоченного 5-го отдела УГБ УНКВД сержанта ГБ Бориса Эльевича Сандлера (1906–?); оперуполномоченного 4-го отдела УГБ УНКВД лейтенанта ГБ Стефана Михайловича Бурлакова (1905–?) «как находящихся под следствием»[169]

Через несколько дней после приезда в Харьков Перцов провел ряд оперативных совещаний по отделам, на которых, в частности, он резко говорил об оперуполномоченном 5-го отдела УГБ сержанте ГБ Петре Александровиче Большунове (1907–?), вставившем в протокол допроса неудачную фразу. Парторг парторганизации УГБ лейтенант ГБ Григорий Моисеевич Дрешер (1905–?) решил поговорить с заместителем начальника УНКВД о Большунове[170], который, по словам сослуживцев, «довольно широко применял методы физического воздействия к арестованным»[171]. Дрешер сказал, что Большунов не заслуживает такого шельмования. Перцов резко оборвал Дрешера: «Вы что пришли мне нравоучения читать, если это все, то идите». Тот заметил, что такого отношения к себе, преисполненному лучших намерений, он не ожидал, на что Перцов заявил: «А я вот постараюсь присмотреться к вам, не придется ли мне кой чему поучить вас»[172].

Случай проучить парторга выдался Перцову через несколько дней на оперативном совещании в 3-м отделе, на котором он заявил, что в Харькове, после отъезда в Германию официального представительства, наверняка остался нелегальный немецкий консул[173]. Он также информировал присутствующих, что по ряду областей вскрыты фашистские штурмовые отряды, насажденные немецкой разведкой, и что аналогичные штурмовые отряды, безусловно, существуют в г. Харькове и в районах, в которых сконцентрировано большое количество немцев, но местные чекисты их еще не вскрыли. На что начальник 1-го (немецкого) отделения Дрешер заявил, что информационной базы для вскрытия подобных формирований на Харьковщине нет, поскольку никто из арестованных по немецкой линии о штурмовых отрядах ничего не говорил. Возмущенный начальник отдела старший лейтенант ГБ Петр Иосифович Барбаров (1905–?) начал перебивать подчиненного, но Перцов все время молчал, что-то записывал и просил не мешать докладчику[174]. Дрешер напомнил, что массовые операции продолжаются уже девять месяцев, и за это время все оперативно-учетные данные исчерпаны, а по немецкой операции арестовано около 1560 человек[175].

В своих выступлениях Перцов и Барбаров отметили, что дело не в том, что немцы разгромлены, а в том, что они опираются на контрреволюционные элементы из числа других национальностей, в частности на украинцев, из среды которых можно создать штурмовые отряды; указывали на наличие в Харьковской области немецких колоний[176]. Но Дрешер отстаивал свою точку зрения: «Пока нет достаточных перспектив, особенно по области, для вскрытия штурмовых отрядов и подпольных». Началась дискуссия, во время которой Перцов буквально вытягивал ответы у начальника немецкого отделения. В конце совещания замначальника УНКВД и начальник контрразведки поставил подчиненным задачу вскрывать подпольные комендатуры, штурмовые отряды и негласные консульства в области[177].

Неуступчивость подчиненного разозлила Перцова, который вызвал оперуполномоченного Вульфа Ноевича Скраливецкого (1898–?) и попросил дать компромат на Дрешера, но тот отказался, после чего замначальника УНКВД перестал с ним здороваться и вскоре добился его увольнения из УГБ[178]. Справедливости ради отметим, что Скраливецкий еще в 1935 г., будучи начальником 2-го отделения экономического отдела УГБ УНКВД по Харьковской области, подлежал увольнению из органов госбезопасности или, как тогда говорили, «из оперативных отделов» как беспартийный. Но тогдашнее руководство УНКВД оставило Вульфа Ноевича «как особо ценный» кадр на прежней работе, хотя он формально числился в неоперативных отделах и спецзвания не имел[179]. Он отличался особой жестокостью и садизмом во время допросов, выбивая у арестованных признательные показания и подводя десятки невинных людей под расстрел[180].

Более сговорчивым оказался Барбаров, с которым Перцов вместе служил в ИНО ГПУ УССР. В Харькове они подружились и даже ходили друг к другу в гости[181]. К дискредитации Дрешера подключился и помощник начальника 3-го отдела УГБ УНКВД младший лейтенант ГБ Виктор Яковлевич Рыбалкин (1910–?) – доверенный человек Телешева, работавший с ним в Сталинграде и Тамбове. Барбаров и Рыбалкин 16 апреля подали рапорт начальнику УНКВД о «политическом недоверии Дрешеру», тот обратился к Успенскому за санкцией на арест[182], и 21 апреля начальник немецкого отделения 3-го отдела был арестован.

По словам Перцова, в конце апреля к нему зашел Телешев и сказал, что он собирался лично допросить и «всыпать Щеголевскому» за отказ от дачи правдивых показаний, но у не было на это времени. Перцов сообщил впоследствии: «Он просит меня, чтобы я вызвал Щеголевского и допросил его с применением мер физического воздействия, т. к. Щеголевский скрывает наличие в УНКВД троцкистско-сионистской организации. Помню, Телешев сказал так: "Иван Иванович (Крюков – *авт.*) с ним говорил, и что от Щеголевского по-хорошему нельзя ничего добиться". Крюков... относился ко мне с некоторым пренебрежением, и я о ходе следствия по делу Щеголевского ничего не знаю, т. к. он мне не докладывал. В соответствии с установкой Телешева я вызвал Щеголевского, который пришел с Крюковым, и предложил ему дать показания. К Щеголевскому мною и Крюковым были применены меры физического воздействия. Допрос длился минут 30, после чего Крюков ушел с ним. Я доложил Телешеву о безрезультатности этого допроса»[183].

О подробностях этого допроса рассказал позднее Зиновий Исаевич Щеголевский: «В 1 час ночи 14 апреля на 5-м этаже меня привели в кабинет Перцова (комната отдыха). Минут через 10 вошел Перцов. Перцов, обращаясь ко мне, сказал, что я являюсь чуть ли не руководителем украинского сионистского центра, а в Харькове – областного сионистского центра, и что в этом меня изобличают целый ряд показаний, по этому вопросу я должен дать показания. Я ответил Перцову, что я не виновен, что он меня знает по совместной работе с 1932 г. как порядочного человека. Перцов тут же ударом опрокинул меня со стула на пол и стал меня избивать ногами, а Крюков взял с подоконника принесенную им дубинку и ею меня избивал[184] [...] Перцов меня бил ногами сапог по всему телу, и когда меня стошнило от побоев, то Перцов схватил меня за голову и начал тыкать лицом во рвоту»[185].

После этого допроса Перцов еще несколько раз допрашивал Щеголевского, о чем последний вспоминал так: «8 июня вместо начальника УНКВД пришел Перцов. Я заявил, что не подпишу протокол. Перцов плюнул мне в лицо, заявив, что меня доведут до такого состояния, что я подпишу все то, что мне дадут, и ушел»[186]. До «нужного состояния» Щеголевского доводили Иван Крюков с Копаевым. На закрытом партсобрании в конце января 1939 г. Копаев божился: «Честно заявляю, что за все время я бил только Щеголевского, и то по указанию Крюкова Ивана, который сказал: "Дай ему, с ним не чванься"»[187].

30 апреля 1938 г. Телешев уехал в Киев и был назначен 1-м секретарем Одесского обкома КП(б)У, вскоре перешли на партийную работу в Одессу и его особо доверенные люди – Рыбалкин и Москалев. Перцов же фактически возглавил УНКВД, оставаясь в должности заместителя начальника управления.

В этот период продолжался разгром так называемой ПОВ – Польской военной организации. По свидетельству начальника 2-го (польского) отделения 3-го отдела УГБ УНКВД по Харьковской области лейтенанта ГБ Рафаила Наумовича Айзенберга (1904–?), Перцов требовал арестовывать по этой операции только этнических поляков, и санкционировал арест представителей других национальностей лишь тогда, когда те «очень крепко» проходили по показаниям как участники польских шпионских или контрреволюционных групп. По материалам так называемых объективных (анкетных) данных аресты категорически запрещались[188].

О том, как проходила польская операция в Харькове, позднее рассказал Дрешер. В апреле 1938 г. Айзенберг с группой работников днем разъезжал по городу, арестовывал людей на улицах, в учреждениях и домах без всяких оснований, в тот же день подвергал их избиениям, получал «признание» и буквально на следующий день их осуждали: «Это видел я сам и об этом мне рассказывал Айзенберг»[189].

Возможно, поэтому Перцов и пытался навести относительный порядок в проведении польской операции, но недолго. В середине мая 1938 г., узнав из телефонных разговоров об аресте в Киеве 700 человек по польской операции, он приказал Барбарову «немедленно начать широкую операцию по полякам». Начальник 3-го отдела хорошо знал, что достаточных материалов для ареста большого количества людей у него нет, но заявил подчиненным: «Нужно арестовать несколько сотен человек! Будем арестовывать по объективным данным!» Для составления справок на арест в 3-м отделе был выделен малоопытный помощник оперуполномоченного Я.К. Каган, который за несколько дней подал новому начальнику польского отделения младшему лейтенанту ГБ Николаю Павловичу Погребному (1906–?) справки на 200–250 человек[190]. Что касается Айзенберга, то 26 мая 1938 г. он был откомандирован в НКВД СССР, а через три дня арестован, освобожден из-под стражи только 11 января 1940 г.[191]

Следующий этап польской операции начался уже при новом руководстве – 20 мая 1938 г. начальником УНКВД по Харьковской области был назначен бывший начальник отдела кадров НКВД УССР[192] капитан ГБ Григорий Михайлович Кобызев[193], который до 1937 г. возглавлял отдел партийных кадров Сокольнического райкома ВКП(б) г. Москвы и во всех своих личных документах на вопрос «основная профессия» отвечал «партработник»[194]. Начальники украинских УНКВД отмечали его «особую близость к Успенскому»[195], а харьковские чекисты «карьеристскую линию, требующую "показать товар лицом"»[196].

О том, как «показывали товар лицом» в харьковском УНКВД, свидетельствовал бывший помощник начальника 3-го отдела старший лейтенант ГБ Борис Александрович Полищук (1899–?): «Весь май, июнь и часть июля ночами во внутренней тюрьме УНКВД были слышны из здания УНКВД постоянные крики, было слышно, как идет "бой". Вся обстановка психически настраивала так, что ты ждал и желал тогда одного – скорейшей смерти и делал все, что от тебя хотели, ждал обещанного тебе расстрела»![197]

На одном из партсобраний помощник начальника отделения 3-го отдела УГБ УНКВД Григорий Дмитриевич Переволочанский (1908–?), мобилизованный в марте 1938 г. ЦК КП(б)У в органы госбезопасности, сообщил, что когда он обратился по одному вопросу к своему непосредственному начальнику Дрешеру, то получил ответ: «Вам нужно говорить палкой по голове, тогда поймете». На что начальник УНКВД Кобызев бросил реплику, что «за это следовало дать в морду Дрешеру», затем переговорил с Крюковым и позвонил Перцову. Последний вспоминал: «Кобызев мне позвонил по телефону и предложил вместе с ним допросить Дрешера. Я с ним пошел в кабинет к Крюкову, где и мы и допросили Дрешера, применяя к нему меры физического воздействия»[198].

Обстоятельства этого допроса в изложении Дрешера: «Примерно с 10 часов вечера до 5 часов утра Иван Крюков, лежа на диване, ругал меня, предлагая наслаждаться нечеловеческими криками, избиваемых сотрудников, доносившихся из 2-х противоположных комнат, где допрашивали Середа и Копаев. Часам к 6 утра, когда сотрудники управления уже разошлись, в кабинет Крюкова пришли Перцов и Кобызев. В кабинете также находился Середа, оставшийся по предложению Крюкова. Кобызев сел на диван. Перцов подошел ко мне и спросил, буду ли я сейчас давать показания о предательской работе в УНКВД, я ему заявил, что ни сейчас, ни впоследствии не дам. Вслед за этим Перцов начал меня истязать. Вначале он бил меня руками по лицу, шее, груди и ногами, вернее сапогами, в живот. Я оперся о стену не давая себя свалить. Перцов крикнул Середе, чтобы он принес дубину. Середа быстро из своего кабинета принес круглосточенную толстую дубину. Перцов продолжал меня избивать дубиной по голове, лицу и туловищу. Желая [помочь] Перцову меня свалить, Середа схватил меня за волосы головы и свалил. Вслед за этим меня, уже лежащего на полу, продолжали топтать сапогами Перцов, Середа, Крюков Иван и Кобызев – когда я подкатывался к дивану. Я начал терять сознание, уходя Перцов и Кобызев распорядились: "Бить его смертным боем, пока не даст показаний, вниз не спускать, кушать и пить не давать"»[199].

Перцов был не доволен показаниями арестованного Сандлера, заявив последнему, что ему «мало дали, нужно дать так, чтобы ребра торчали наружу», и потребовал «увязать» свидетельства про связь бывшего начальника 3-го отдела УГБ УНКВД по Харьковской области капитана ГБ Лазаря Соломоновича Аррова (1904–1940) с С.С. Мазо, а также с диверсионно-террористической работой по заданию польской, немецкой и английской разведок. Для получения этих показаний Крюков велел Середе избить Сандлера дубовой палкой, которую члены следственной группы любовно называли «Ванька-встанька» или «дубовый вопросник»[200].

В июне обострились отношения между начальником УНКВД и его заместителем, о чем последний вспоминал так: «С Кобызевым у меня вскоре начались расхождения по ряду вопросов в оперативной работе, в том числе и по делам сотрудников. Я считал необходимым более тщательно проводить операции, Кобызев же считал, что ошибки могут исправляться в процессе следствия. Предварительную проверку материалов он заменил т. о. следствием [...]. Мое несогласие с Кобызевым по делам сотрудников выразилось в следующем: считая возможным, так же как и он, существование троцкистской группы или организации среди работников УНКВД [...] я в тоже время считал и заявлял ему, что к их показаниям о причастности к троцкистской организации сотрудников, в отношении которых нет компрометирующих материалов, следует подходить критически и не спешить с арестом без достаточной проверки. Кобызев заподозрил в этом с моей стороны попытку взять под защиту таких людей. Он, как всегда, ссылался при этом на практику вскрытия им дел по Москве»[201].

По словам Перцова, Середа предлагал ему арестовать помощника начальника отделения 3-го отдела младшего лейтенанта ГБ Соломона Семеновича Резникова (1902–?), оперуполномоченного того же подразделения УГБ младшего лейтенанта ГБ Анатолия Наумовича Бурксера, оперуполномоченного 5-го отдела сержанта ГБ Михаила Бенционовича Лившица (1912–?)[202]. Последний, по воспоминаниям сослуживцев, «слыл в особом отделе, как один из следователей, который применял методы принуждения к большинству своих арестованных»[203]. Перцов перепроверил материалы и решил, что оснований для взятия под стражу нет. Середа не угомонился и доложил материалы начальнику УНКВД, который переговорил со своим заместителем и в резкой форме выразил несогласие с его защитой подозреваемых[204].

Как бы там ни было, но никто из вышеназванной троицы арестован не был. Кстати, по словам Лившица, Середа «был груб и дерзок с сотрудниками», поэтому он дал ему отвод при выборах членов парткома. Перцов выступил в защиту подчиненного и обругал Лившица, но все равно Середа в партийный орган не прошел[205].

У Перцова вызывала сомнение виновность арестованного 16 апреля 1938 г. начальника отделения 3-го отдела УГБ УНКВД старшего лейтенанта ГБ Ивана Павловича Авдеева (1896–?). Давид Аронович сам говорил с сотрудниками Отдела кадров НКВД УССР об Авдееве, и, не получив подтверждения компромата, лично его допросил и пришел к выводу о необходимости его освобождения. С этим мнением он зашел к Кобызеву, который, не выслушав его до конца, в резкой форме заявил, что нужно вскрывать контрреволюционное подполье среди сотрудников, а не спешить с освобождением. Перцов настоял на своем мнении, тогда начальник УНКВД заявил, что сам займется этим делом, и вскоре Авдеев был освобожден и назначен инспектором при начальнике УНКВД[206].

По словам Перцова: «В результате такой постановки вопроса Кобызевым и моего несогласия с ним, я им и был снят с работы в Харькове. Правильность моих утверждений против Кобызева была подтверждена впоследствии»[207].

Начальник Черноморского морского отдела НКВД

Отъезд Перцова из Харькова состоялся в июле 1938 г., но доверия Успенского он, судя по всему, не потерял. К тому же его зять – капитан ГБ И.А. Шапиро работал в то время заместителем наркома внутренних дел УССР по неоперативным отделам[208]. Вскоре

Давид Аронович был назначен начальником морского отдела НКВД в Одессу. Следует отметить, что отъезд Перцова из Харькова и его новое назначение не нашло отображения в приказах по личному составу НКВД СССР, НКВД УССР и УНКВД по Харьковской области. Не упоминается оно и в его личном деле.

Надо полагать, что в Одессе Перцов чувствовал себя довольно комфортно, ведь начальником областного УНКВД работал капитан ГБ Павел Петрович Киселев – его бывший начальник в 3-м отделении ИНО УГБ НКВД УССР, создавший в управлении такую обстановку, что «говорить боялись»[209], а первым секретарем Одесского обкома КП(б)У был Телешев. Вполне возможно, что именно они способствовали переезду Давида Ароновича Перцова в южную Пальмиру.

Работать Перцов начал в присущей ему жесткой манере, о которой его бывший подчиненный Гиршман позднее говорил следующее: в «отделе пахнет гнилью, ставленник Успенского – Перцов, вызывал молодых парней и доводил их до слез»; а начальник отделения и парторг сержант ГБ Стефан Иванович Миненко «ведет нехорошую холуйскую политику, зажимая критику и самокритику»[210]. Начальник 11-го (водного) отдела УГБ УНКВД по Одесской области старший лейтенант ГБ Семен Абрамович Каруцкий (1904–?) свидетельствовал о том, что, как правило, арестованные сидели сверх установленного законом сроков, а ходатайства о продлении сроков следствия и содержания арестованных под стражей не возбуждались, обвинения вовремя никогда не предъявлялись, и делалось все это к моменту окончания следствия[211].

Уже работая в Одессе, Перцов пытался за бесценок купить в Харькове конфискованное имущество стоимостью в 15–18 тысяч рублей за 1200–1300 рублей, но вмешательство помощника начальника УНКВД по Харьковской области старшего лейтенанта ГБ Владимира Алексеевича Демина (1899–1941) и инспектора при начальнике УНКВД сержанта ГБ Николая Нестеровича Крюкова (1905–?) сорвало эту авантюру. Последний позднее говорил, что Перцов «показал себя как барахольщик, старавшийся как можно больше урвать для себя из бытовых фондов сотрудников, что вызвало возмущение не только с моей стороны, но и со стороны Демина и секретаря[212] Чепыженко»[213].

Отметим, что у Давида Ароновича не сложились отношения с Николаем Нестеровичем Крюковым, которого он в мае 1938 г. перевел с должности оперуполномоченного 4-го отдела на должность инспектора при руководстве УНКВД. Дело в том, что кроме прямых обязанностей Перцов поручал Николаю Нестеровичу ходить в буфет за продуктами, что вызвало бурный протест последнего, поставившего «в категорической форме вопрос перед Перцовым об освобождении от столь заслуженной миссии, так как это противоречило тем обязанностям, которые возлагались на инспектора при руководстве». Пришлось Перцову подыскивать себе нового инспектора, выбор пал на Большунова[214], который после устроенных ранее разносов был послушным и сговорчивым.

Арест и первый суд

Вечером 14 ноября 1938 г. Успенский оставил на столе в рабочем кабинете записку: «Прощайте все хорошие товарищи! Труп мой ищите, если он нужен, в Днепре. Так вернее застрелиться и в воду... без осечки. Люшковым[215] не был никогда!»[216] – и исчез.

В самоубийство украинского наркомвнудела «хорошие товарищи» не поверили и сразу начали искать беглеца, а людей из его ближайшего окружения арестовывали за «пособничество» в побеге. 16 ноября 1938 г. был арестован и Д.А. Перцов[217], которого как «участника контрреволюционной право-троцкистской организации и антисоветского заговора в НКВД УССР»[218] сразу отправили в Москву, где, по семейным преданиям, в его допросах принимал участие «сам» нарком внутренних дел СССР Л.П. Берия[219].

Следует отметить, что после ареста Перцова из УНКВД по Харьковской области в Киев на имя заместителя наркома внутренних дел УССР поступило несколько интересных сигналов о его деятельности. Во-первых, начальник 4-го отдела УГБ УНКВД по Харьковской области старший лейтенант ГБ Самуил Абрамович Гинесин (1904–?) сообщал, что Кобызев и Перцов, узнав о том, что арестованные директор треста природных хозяйств А.В. Полонский и заведующий партийными органами обкома КП(б)У Я.А. Черных дали компромат на участников «право-троцкистской организации» – и. о. председателя облисполкома Прокопенко и 2-го секретаря Харьковского обкома КП(б)У Шмалько, отстранили от допроса следователей и руководство 4-го отдела УГБ и лично передопросили обвиняемых, склонив их к отказу от части показаний. В результате передопросов арестованных Кобызевым и Перцовым был оставлен компромат только на Прокопенко[220].

Во-вторых, начальник 1-го спецотдела УНКВД по Харьковской области младший лейтенант ГБ Георгий Михайлович Николашкин (1898–?) сообщал, что однажды Перцов вызвал к себе в кабинет двух работников этого подразделения – младшего лейтенанта ГБ Григория Альбертовича Блиока и Амзеля – и «поднял на них крик», что они неправильно составили таблицы об осужденных, и тут же дал распоряжение об отстранении их от работы по статистической отчетности. Дело в том, что, согласно статистике, в социальном составе осужденных львиная доля приходилась на рабочих, что абсолютно не вписывалось в официальную доктрину советской власти. Тогда по предложению Кобызева рабочих, бывших в белогвардейском плену или осужденных за уголовные элементы, стали переводить в разряд «деклассированных элементов»[221].

Подробности лубянского следствия по делу Перцова установить не удалось, поскольку его уголовное дело находится в архиве ФСБ Российской Федерации и недоступно для исследователей, но о его перипетиях мы можем судить по заявлению Давида Ароновича прокурору М. Панкратьеву. В нем он писал, что обвинялся в том, что, «используя свои знания и возможности по морской и сухопутной границе, организовал отправку за границу Успенского».

Арестант негодовал: «Нашлось два негодяя в лице первого замнаркома внутренних дел УССР Яралянца[222] и начальника секретариата Успенского Тушева[223], давших об этом показания против меня на очной ставке со мной. Яралянц и Тушев показали, что Успенский меня именно потому и выдвинул, затем перевел в Одессу – т.к. я знаю границу – чтобы я проложил ему путь за границу, что я, как они заявляли на очной ставке со мной, и выполнил […]. Поверили им, а не мне. После очных ставок от меня потребовали, чтобы я назвал страну и каким пароходом: советским или иностранным я отправил Успенского нелегально за границу. Меня жестоко истязали. Били резиновой дубинкой по пяткам, по икрам. Я кровью мочился, потерял частично зрение, но этой наглой провокации не подтвердил. Когда Успенского поймали[224], протоколы очных ставок из дела исчезли, но меня из-под стражи не освободили»[225].

Арестованные Кобызев и Малышев[226] на очной ставке обвиняли Перцова в участии в заговорщической деятельности, но, по словам последнего: «показания их были настолько лживы, что ни один из них не мог ответить ни на один поставленный мною вопрос. Кобызев был мною настолько изобличен во лжи, что от очной ставки со мной на суде Военной Коллегии отказался»[227].

Судила Перцова и Кобызева в один день – 15 августа 1939 г.[228] Военная коллегия Верховного суда СССР в таком составе: бригадвоенюрист Г.А. Алексеев (председатель); члены – бригадвоенюрист Л.Д. Дмитриев, военный юрист 2-го ранга А.А. Чепцов; секретарь – военный юрист 3-го ранга Бычков. Перцов обвинялся в том, что он, «являясь заместителем начальника УНКВД по Харьковской области, направлял работников аппарата УНКВД на репрессии ни в чем не повинных перед советской властью граждан, преимущественно из числа руководящих работников партийных, советских и хозяйственных организаций. Под видом борьбы с контрреволюционным элементом применял извращенные методы следствия, создавал фиктивные контрреволюционные формирования и скрывал от разоблачения действительных врагов народа»[229]. Он был осужден по статье 206-17 «а» уголовного кодекса УССР к четырем годам лишения свободы[230] без поражения в правах, без возбуждения ходатайства о лишении ордена Красной Звезды и специального звания старший лейтенант ГБ[231].

Кобзев же был признан виновным в том, что с февраля 1938 г. был активным участником антисоветской заговорщической организации, действующей в НКВД УССР, проводил подрывную вражескую работу, направленную на разгон честных, преданных советской власти сотрудников НКВД, проявляя при этом антисемитские тенденции и выходки. В оперативно-следственной работе УНКВД по Харьковской области проводил подрывную деятельность, направленную на дискредитацию органов НКВД, путем осуществления незаконных арестов граждан, применяя к арестованным вражеские методы следствия, потворствовал подчиненному ему аппарату в применении незаконных методов следствия. Г.М. Кобызев был осужден к лишению свободы сроком на 15 лет с поражением в правах сроком на пять лет[232].

Суд установил, что Перцов не был причастен к вражеской работе Кобызева[233], а вот наказание они отбывали в одном месте – в Северо-Восточном исправительно-трудовом лагере НКВД в г. Магадане Хабаровского края.

Второй суд

Пока в Москве разбирались с Перцовым, в Харькове выискивали его связи. Впервые вопрос о работе следственной группы рассматривался на закрытом партийном собрании 26–27 января

1939 г. Но тогда И.И. Крюков заявил: «...если уж говорить об особо сильных воздействиях на отдельных арестованных, так они были не в особой следственной группе, а, например: в 3-м отделе и в особом отделе, которым руководил Тышковский. Я имею в виду известные исходы физического воздействия, исходы безусловно нежелательные, которых не было в особой следственной группе»[234].

Но жалобы освобожденных чекистов сделали свое дело, и уже 22 марта 1939 г. был арестован начальник 1-го отдела Особого отдела НКВД Харьковского военного округа Я.П. Середа.

2 апреля 1939 г. общее собрание первичной парторганизации УГБ УНКВД по Харьковской области объявило П.И. Барбарову строгий выговор с занесением в личное дело за то, что «тот в угоду врагу народа Перцову написал рапорт, послуживший основанием для ареста Дрешера, чем помог расправиться Перцову с Дрешером, за то, что он, слепо доверившись Перцову, выполнял его вражеские установки». Через три дня бюро Кагановического райкома КП(б)У г. Харькова утвердило это решение, наказав Барбарова «за притупление большевистской бдительности, выразившееся в угодничестве перед Перцовым (впоследствии репрессированным органами НКВД)»[235]. 19 апреля 1939 г. Барбаров был снят с должности, а 5 июня того же года отправлен на пенсию[236]. Он устроился работать заместителем директора по охране харьковского завода № 183.

17 ноября 1939 г. был арестован Иван Иванович Крюков. После отъезда Перцова он был буквально засыпан поощрениями: получил звание старшего лейтенанта ГБ и знак почетного работника ВЧК-ГПУ (XV), был назначен начальником только что образованного 8-го (промышленного) отдела УНКВД Харьковской области. В конце октября 1938 г. был откомандирован в Одессу, где вскоре по протекции первого секретаря обкома КП(б)У Телешева был назначен исполняющим обязанности прокурора области.

26 декабря 1939 г. был арестован начальник Груньского районного отдела НКВД Копаев. Узник харьковского УНКВД в 1938–1940 гг. писатель Иван Багряный (Иван Павлович Лозовягин) некоторое время был его соседом по тюремной камере и вывел последнего в своем романе «Сад гефсиманский» под настоящим именем, отчеством, фамилией и должностью. Литературный Копаев – низкорослый, русый, искренний, сентиментальный, чуткий человек, лет тридцати, не зарезавший за свою жизнь ни одной

курицы. Вместе с тем он был вынужден замарать свои руки, поскольку был связан «круговой порукой кровью», которая означала, что каждый сотрудник НКВД должен был хотя бы присутствовать при расстрелах, ну и «при экзекуциях само собой разумеется»[237].

Найти документальное подтверждение словам Багряного о том, что все сотрудники харьковского УНКВД во времена «ежовщины» должны были присутствовать при расстрелах, нам пока не удалось. Но в своем письме на имя первого секретаря ЦК КП(б)У Хрущева Копаев писал, что «бывший секретарь обкома КП(б)У Осипов[238] на оперативном совещании заявил: "Лучше хорошо побить врага и отвечать за то, что бил, чем не трогать и за это нести ответственность перед партией". Так меня учили с первых дней моей работы. Я бил тех, на кого была санкция. Я бил в присутствии начальника 4 отдела Гинесина, начальников отделений и других»[239].

Во время следствия по делу Середы и Копаева вскрылись новые обстоятельства, и было принято решение о необходимости продолжения допросов Перцова. В апреле 1940 г. Давида Ароновича доставили в Харьков, где ему были предъявлены обвинения в основном в избиении чекистских кадров. Сам же Перцов на допросе заявил следователю – заместителю начальника следственной части УНКВД по Харьковской области лейтенанту ГБ Михаилу Ульяновичу Кузнецову (1898–?): «...по делу Дрешера я был согласен с мнением Телешева и Кобызева, считая его подозрительным на основании докладов Барбарова и Рыбалкина, как агента немецкой разведки (ходатайство Дрешера, т. е. постановление Дрешера об освобождении двух немецких агентов). Моя вина здесь в том, что я поверил Барбарову и Рыбалкину, не проверив лично материалов, о чем давал показания на Военной коллегии Верховного суда СССР»[240]. Версию о том, что не Давид Аронович был инициатором ареста Дрешера, подтвердил и Середа: «Материал на Дрешера составлялся под руководством Телешева и работников 3 отдела УГБ Рыбалкина и якобы Барбарова»[241].

Интересно, что во время второго следствия вопросов о «нарушении социалистической законности» по отношению не к сотрудникам НКВД, а к рядовым советским гражданам Перцову практически не задавали. Правда, однажды он сказал: «Я знал о массовых арестах без оснований: по одним показаниям арестованных, по делу радиокомитета, по партизанскому делу, знал, что применялись меры физического воздействия, но мер к прекращению не принимал, за что и был осужден Военной Коллегией. Да, чтоб судить о правильности арестов и избиений следовало самому изучить материалы на арестованных. И я, и Кобызев ограничивались информацией следователя и санкционировали их мнения на окраску преступления как контрреволюционных, как врагов народа, а отсюда и все последствия. Не отрицаю, сам бил 4 человек как врагов народа, били группой, применяли и дубинку»[242].

Военный трибунал войск НКВД Харьковского военного округа на своем заседании 27–30 сентября 1940 г. осудил Крюкова Ивана Ивановича и Середу Якова Петровича к 10, а Копаева Алексея Павловича к четырем годам лишения свободы, а вот следствие по делу Перцова продолжалось. Постановлением Верховного суда СССР от 12 декабря 1940 г. приговор по делу Д.А. Перцова был отменен, и дело было направлено на доследование со стадии предварительного следствия[243].

5–6 июня 1941 г. в г. Киеве Военный трибунал войск НКВД Киевского военного округа в составе: председательствующий Фельдман, члены – младший лейтенант ГБ Щербаков и сержант ГБ Рябов, секретарь Тверской в закрытом судебном заседании без участия обвинения и защиты «рассмотрел дело по обвинению бывшего заместителя начальника УНКВД по Харьковской области Перцова Давида Ароновича, 1909 года рождения, уроженца г. Александрия, Днепропетровской области, по национальности еврея, по соцположению служащего, женатого, члена ВКП(б) с 1931 года, исключен в связи с настоящим делом, в Красной Армии не служившего, в органах НКВД с 1929 года, с незаконченным средним образованием, несудимого, по ст. ст. 54-1 “а”, 54-11 и 54-7 УК УССР»[244].

Обратим внимание на тот факт, что уже в самом начале приговора содержится две ошибки: неверно указана должность перед арестом и сведения о судимости. Далее в приговоре указывалось, что «предварительным и судебным следствием установлено, что ПЕРЦОВ, работая в органах НКВД, был тесно связан с ранее разоблаченным врагом народа УСПЕНСКИМ и последним продвигался по службе.

Разоблаченный и осужденный враг народа УСПЕНСКИЙ, зная приближенность ПЕРЦОВА к ЛЕПЛЕВСКОМУ, решил использовать ПЕРЦОВА для проведения своей вражеской деятельности. С этой целью УСПЕНСКИЙ вначале продвинул ПЕРЦОВА по должности, а затем поручил ему возгласить созданную им – УСПЕНСКИМ следственную группу, в задачу которой входило путем массовых и необоснованных арестов с последующим осуждением сотрудников НКВД перебить лучшие чекистские кадры, мешавшие УСПЕНСКОМУ проводить свои вражеские действия.

Возглавляя особую оперативно-следственную группу, ПЕРЦОВ допустил грубейшие искривления социалистической законности. Непосредственно сам ПЕРЦОВ, а также подчиненные ему следователи допускали извращенные методы следствия в отношении арестованных сотрудников НКВД, на которых не было никаких компрометирующих материалов, и провокационным путем с применением физических мер воздействия понуждали их давать на себя заведомо ложные показания о причастности к к. р. формированиям.

За период существования этой группы, т. е. с 21 февраля по 30 апреля 1938 г., было арестовано 241 чел. сотрудников, и в результате применения физических мер воздействия следователями следгруппы, возглавляемой ПЕРЦОВЫМ, и непосредственно им самим некоторые арестованные не выносили пыток и умирали на допросах (ФРЕНКЕЛЬ, ШОР, ТАРУЦ и др.)»[245].

Прервем цитирование приговора и попытаемся прокомментировать некоторые его положения.

Начнем с избиения «лучших чекистских кадров, мешавших Успенскому проводить свои вражеские действия». В чем заключались помехи арестованных массовым репрессиям нового руководства НКВД УССР, ведь пострадавшие активно проводили их при старом? Тот же начальник УНКВД по Полтавской области А.А. Петерс-Здебский как участник «контрреволюционной военно-повстанческой организации», якобы спасал от разгрома «контрреволюционное подполье». В одном из пунктов обвинения указывалось, что он из представленного списка на арест 75 человек по Градижскому району санкционировал лишь 15. Возможно, Петерс-Здебский и пытался уменьшить число жертв репрессий, но за два последних месяца 1937 г. только тройкой УНКВД под его руководством было осуждено 4087 человек, из них 1279 к высшей мере наказания[246]. Причем было зафиксировано 74 случая искажения фамилий, имен и отчеств среди лиц, осужденных по первой категории. В области широко культивировалась практика, когда альбомные справки составлялись не по материалам следствия, а по сведениям, переданным из районов по телефону[247].

23 февраля 1938 г. был арестован начальник польского отделения 3-го отдела УГБ НКВД УССР старший лейтенант ГБ Моисей Яковлевич Детинко (1902–1938). Только за период с 1 июня 1937 г. по 10 января 1938 г. НКВД УССР арестовало «по польской контрреволюции и шпионажу» 43 201 человека, 551 из которых был арестован непосредственно центральным аппаратом[248].

Тем не менее арестованные В.М. Блюман и А.М. Сапир обвинили М.Я. Детинко в передаче в Москву фальсифицированных данных о разгроме польской контрреволюции, в то время как работа по полякам была ослаблена, а арестованный бывший начальник Новоград-Волынского районного отдела НКВД Житомирской области старший лейтенант ГБ Николай Григорьевич Смелянский (1897–1938) «признался», что по заданию Детинко не принимал должных мер для разгрома польского подполья в районе[249]. Бывший помощник начальника отделения 3-го отдела УГБ НКВД УССР старший лейтенант ГБ Александр Васильевич Вебрас (1898–?) свидетельствовал: «Детинко бил арестованных. Я лично видел, как из его кабинета выносили и выводили избитых арестованных. Из его кабинета слышались крики и стоны»[250]. При Леплевском Детинко был членом особой следственной группы по делам арестованных сотрудников и подвел под расстрел начальника 6-го (транспортного) отдела УГБ НКВД УССР майора ГБ Якова Вульфовича Письменного (1902–1937); заместителя начальника УПВО НКВД УССР комбрига Петра Васильевича Семенова (1898–1937); начальника 2-го (немецкого) отделения 3-го отдела УГБ НКВД УССР Владимира Максимовича Пескер-Пискарева[251]; начальника санитарного отдела УНКВД по Харьковской области Георга Кондратовича Герекке (1894–1937)[252].

К тому же работа в особой следственной группе никак не сказалась на служебной карьере некоторых ее членов. Например, на карьере Александра Александровича Авсеевича (1899–?), о методах работы которого писал в своем заявлении от 25 февраля 1940 г. А.А. Петерс-Здебский: «Авсеевич ежедневно зверски избивал, сбрасывал ударами ногой меня со стула, топтал ногами, избивал дубовой палкой, я падал на пол в обморок, он отливал меня из графина водой, затем обессиленного садил на стул и часами наносил удары по шее, ставя ладони перпендикулярно к моему туловищу […]. "Пишите – мы сами разберемся, где правда, а где ложь, ложь выбросим – оставим правду"»[253]. Старший лейтенант ГБ Авсеевич в 1936–1937 гг. возглавлял 2-е отделение (оперативное обслуживание военно-воздушные силы) 5-го (Особого) отдела ГУГБ НКВД СССР, в июле 1937 г. был награжден орденом «Знак Почета». В Киев Авсеевич прибыл в составе бригады Ежова, и маловероятно, чтобы такой ас-фальсификатор был отправлен в подчинение «провинциалу» Перцову. Участие Авсеевича в допросах Петерса, ровно как и допросы Сапира Яхонтовым и Дальским, по нашему мнению, свидетельствуют скорее о том, что дела особо важных арестованных чекистов не были отданы Успенским на откуп подчиненным Перцова.

14 мая 1938 г. был арестован заместитель начальника 3-го отдела УГБ УНКВД по Житомирской области старший лейтенант ГБ Борис Юльевич Кругляк (1905 г. р.) – бывший член особой следственной группы. Его обвиняли в том, что, будучи «участником право-троцкистской организации, он по ее заданию смазывал следственные дела на врагов народа». На допросах Кругляк подтвердил свое участие в право-троцкистской организации в НКВД и в «смазывании» дел на начальника отдела кадров УНКВД по Донецкой области старшего лейтенанта ГБ Израиля Михайловича Бутовского (1898–1938); начальника Спартаковского райотдела НКВД Одесской области лейтенанта ГБ Роберта Даниловича Вольфовича (1898–1938); оперуполномоченного 25-го Молдавского пограничного отряда НКВД Данилу Николаевича Зотова-Задова (1898–1938) и других. Позднее Кругляк от этих показаний отказался, виновным себя не признал, а в собственноручных указаниях от 19 февраля 1938 г. написал, что «не смазывал следственных дел, а наоборот старался разоблачать арестованных», и признал, что «вместе с другими следователями НКВД использовал незаконные методы следствия (физическое насилие и т. д.)». Особым совещанием НКВД СССР Кругляк был осужден к пяти годам лишения свободы, а в 1955 г. реабилитирован[254].

Продолжим цитирование приговора:

«Будучи выдвинутым в апреле 1938 г. на должность зам. нач. УНКВД по Харьковской области, ПЕРЦОВ по прибытии в Харьков также возглавил особую оперативно-следственную группу, которая была организована по примеру Киева.

Этой группой было арестовано 18 человек сотрудников НКВД, ранее работающих по 15–18 лет в органах, и под непосредственным руководством ПЕРЦОВА также применялись извращенные методы следствия, давались показания о причастности их к к.р. организациям, в то время как следственная группа не располагала никакими компрометирующими материалами на этих сотрудников.

Все эти 18 человек после длительного нахождения их под стражей освобождены с прекращением их дел за отсутствием состава преступления.

Таким образом, под видом борьбы с контрреволюцией, применяя извращенные методы следствия, следственная группа, возглавляемая ПЕРЦОВЫМ, искусственно создавала несуществующие контрреволюционные формирования»[255].

Но и эта часть приговора грешит неточностями.

Во-первых, следственная группа по делам арестованных сотрудников была создана Г.Г. Телешевым и работала под его непосредственным руководством. Об этом свидетельствовал не только Д.А. Перцов[256], но и И.И. Крюков[257], Я.П. Середа[258], Г.А. Мордухович[259]. Сам же Телешев, работавший в то время начальником Главсоли Наркомата пищевой промышленности СССР, по этому вопросу даже не допрашивался.

Во-вторых, часть харьковских чекистов арестовали еще до приезда Перцова: Бабушкина – 28 февраля[260]; Круфельда – 5 марта[261], Бурлакова – 27 марта[262]; Глебова – 31 марта[263], Сандлера – 3 апреля[264].

В-третьих, не совсем отвечает действительности и утверждение обвинения о руководстве Перцовым этой следственной группой. Середа показал, что «начальником следгруппы Крюков был назначен еще до приезда в Харьков Перцова, который прибыл на должность зам. нач. УНКВД и включился частично в руководство группой, а затем после отъезда Телешева следгруппой руководил только Перцов, а впоследствии – Перцов и Кобызев»[265].

В-четвертых, освобождены были не все арестованные весной 1938 г. харьковские чекисты. Были расстреляны начальник Боровского райотдела НКВД младший лейтенант ГБ Владислав Брониславович Бурый (арестован в апреле 1938 г., казнен 28 октября); начальник административной части Харьковской школы НКВД Фридрих Янович Маурин[266] (арестован 28 апреля 1938 г., казнен 29 сентября 1938 г.). Но поскольку казненные чекисты были подозрительны по национальности – латыш и поляк, вопрос об их аресте во время следствия вообще не рассматривался. 16 января 1939 г. был осужден к 3,5 годам лишения свободы С.М. Бурлаков, присвоивший деньги одного из арестованных[267]. 8 февраля 1940 г. к 2,5 годам лишения свободы был осужден Б.Э. Сандлер.

7–8 апреля 1940 г. Военным трибуналом войск НКВД Харьковского военного округа по ст. 206-17 п. «а» УК УССР к 6 годам лишения свободы без поражения в правах был осужден А.А. Пандорин[268]. После освобождения из-под ареста он был 25 сентября 1939 г. решением Кагановического бюро райкома КП(б)У г. Харькова восстановлен в рядах коммунистической партии[269], а 4 декабря 1939 г. вновь привлечен к уголовной ответственности за избиение и убийство харьковского военкома Г.А. Подольского, совершенное 22 октября 1937 г. В избиении последнего принима-

ли участие несколько сотрудников, но козлом отпущения сделали
одного Пандорина. По делу убийства Г.А. Подольского военным
следователем военной прокуратуры войск НКВД Харьковского
округа военным юристом 2-го ранга Османовым 2 марта 1940 г.
было составлено заключение, утвержденное затем прокурором
Палкиным, по которому дело в отношении бывшего и. о. начальника 5-го отдела УГБ УНКВД по Харьковской области старшего
лейтенанта ГБ Александра Давидовича Тышковского (1898–?) и
сотрудников: старшего лейтенанта ГБ Александра Иосифовича
Степановского, лейтенанта ГБ Александра Ивановича Псарева
(1903–?), младшего лейтенанта ГБ Давида Евсеевича Цырлина,
сержантов ГБ Петра Александровича Большунова и Михаила
Бенционовича Лившица, Василия Петровича Папахно, Матвея Григорьевича Гудименко, Павла Григорьевича Мухина и Александра
Ивановича Шеломкова в уголовном порядке в силу ст. 5 УПК
УССР было прекращено с возбуждением вопроса об ответственности лиц, работавших в органах НКВД, в дисциплинарном порядке через НКВД СССР. И это при том, что некоторые из выше-
указанных чекистов признали свою вину. Так, Цырлин на
допросе от 7 января 1940 г. показал: «Свою вину в убийстве Подольского я также признаю, и это преступление мною было допущено в силу обстановки, существовавшей тогда в управлении
НКВД. Как система тогда заставляла избивать арестованных.
Примером для меня и других были факты, когда начальник особого отдела Писарев[270] избивал сам арестованных»[271].

В-пятых, несколько арестованных харьковских чекистов имели «свои скелеты в шкафу», за которые по всем канонам должны
были быть как минимум изгнаны из НКВД. Старший инспектор
отдела кадров УНКВД по Харьковской области сержант ГБ украинец Сергей Павлович Воронцов (1897–?) на самом деле оказался евреем Черняком Марком Леонтьевичем. В 1919 г., будучи
красноармейцем караульной роты в Кривом Роге, он дезертиро-
вал из Красной Армии при наступлении белых. В 1920 г., когда
победа большевиков уже ни у кого не вызывала сомнений, Черняк,
для сокрытия дезертирства, превратился в Воронцова и получил
партбилет[272]. Отметим, что в обязанности сотрудников отдела
кадров входила проверка личного состава и сбор компромата
на них.

Тот же Щеголевский на закрытом собрании парторганизации
УГБ УНКВД по Харьковской области, проходившем 26–27 января 1939 г., вынужден был признать, что в своей автобиографии

приписал себе: ранение в ногу, арест в 1918 г. немцами и побег из немецкой тюрьмы путем ее поджога, службу в Красной Гвардии[273].

Причиной исключения Бабушкина из партии был не только арест органами НКВД, но и сокрытие связи с сестрой – сионисткой, проживающей в Палестине, и своей принадлежности в прошлом к сионизму, а также использование служебного положения в корыстных целях[274]. Во время же партийной чистки в 1934 г. Бабушкин пытался скрыть прошлое своего отца, который арестовывался милицией как «золотовалютчик»[275].

В-шестых, все «незаконно арестованные сотрудники» сами применяли незаконные методы следствия и были причастны к массовым репрессиям. Так, Щеголевский, доказывая свою преданность делу Ленина – Сталина, рапортовал, что, возглавляя с 1 апреля 1937 г. 2-е отделение (оперативное обслуживание мотомеханизированных и специальных частей) Особого отдела УГБ УНКВД по Харьковской области, провел 110–120 дел включительно по статьям об измене родине, вскрыл ряд диверсионно-вредительских групп по складам Харьковского военного округа, за что в конце 1937 г. представлялся к награждению знаком почетного работника ВЧК-ГПУ (XV) и присвоению очередного специального звания[276]. Бабушкин не только систематически избивал арестованных, но и приклеивал им на грудь фашистскую свастику или вручал черное знамя[277].

Поэтому часть вышедших на свободу чекистов, например, Бабушкин, Щеголевский, сотрудник 5-го отдела УГБ УНКВД по Харьковской области младший лейтенант ГБ Иван Михайлович Кодин (1896–?), после освобождения из-под стражи не смогли вернуть себе ни партийный билет, ни работу в органах госбезопасности.

В-седьмых, далеко не все харьковские чекисты, избивавшие своих коллег, были привлечены к ответственности. По показаниям Полищука, его избивали палкой и кулаками не только Иван Крюков, обещавший: «Мы тебе устроим, как говорит Перцов, "танцульку"», но и Николай Нестерович Крюков[278].

На партийном собрании УГБ УНКВД по Харьковской области парторг лейтенант ГБ Леонид Алексеевич Тищенко (1899–1943) требовал призвать к ответу особоуполномоченного Григория Абрамовича Мордуховича и бывшего полкового оперуполномоченного Зусмана Эльевича Боднича, применявших «средневековые пытки» к сотруднику Особого отдела НКВД Харьковской области Волкинштейну, освобожденному из-под стражи в конце 1938 г.[279]

Продолжим цитирование обвинительного приговора: «В силу изложенного, Военный трибунал считает, что обвинения ПЕРЦОВУ по ст. 54-17 УК УССР материалами судебного следствия вполне доказаны.

ПЕРЦОВУ также предъявлено обвинение по ст. ст. 54-1 "а" и 54-11 УК УССР, т. е. что он состоял в к. р. заговоре, возглавляемом на Украине врагом народа УСПЕНСКИМ, и что в ноябре месяце 1938 г. подготавливал побег УСПЕНСКОМУ.

Эти обвинения основываются на показаниях заговорщиков КОБЫЗЕВА, ТУШЕВА, МАЛЫШЕВА и др., которые указывают, что ПЕРЦОВ был близким человеком УСПЕНСКОГО и по заданию последнего выполнял вражескую работу.

Анализируя показания членов к. р. заговора, в том числе и показания УСПЕНСКОГО, военный трибунал считает недоказанным факт причастности ПЕРЦОВА к этому заговору.

Сам УСПЕНСКИЙ в своих показаниях подтверждает факт выполнения ПЕРЦОВЫМ вредительской работы по делам сотрудников, в то же время не подтверждает факта вербовки ПЕРЦОВА в к. р. заговор.

Этого также не подтверждают и другие участники заговора[280].

Вредительская деятельность ПЕРЦОВА вытекала исключительно из карьеристских и угоднических побуждений, что подтверждается всеми материалами дела»[281].

По мнению специалистов в области советской юриспруденции, вредительством признаются деяния, направленные на подрыв промышленности, транспорта, сельского хозяйства, а также деятельности государственных органов, совершающиеся с целью ослабления Советского государства. Следовательно, виновный в этих случаях действует из антисоветских побуждений и руководствуется контрреволюционным умыслом. Поскольку же последних в действиях осужденного нет, то налицо факт злоупотребления своим служебным положением, которое выразилось в фальсификации уголовных дел на невиновных лиц[282].

«На основании изложенного, Военный трибунал признал виновным ПЕРЦОВА в том, что, будучи на ответственной оперативной работе в органах НКВД, из карьеристских и угоднических побуждений проводил вредительскую работу, направленную на избиение ничем не опороченных сотрудников НКВД, т. е. в преступлениях, предусмотренных ст. 54-7 УК УССР.

Руководствуясь ст. 302 п. 1 и 2 УПК УССР 27-1 УССР, –
ПРИГОВОРИЛ:

ПЕРЦОВА Давида Ароновича на основании ст. 54-7 и 27-1 УК УРСР лишить свободы в ИТЛ сроком на пятнадцать лет с поражением в правах по п. п. "а", "б", "в", ст. 29 УК УССР сроком на три года, а также лишить его звания старшего лейтенанта ГБ.

По ст. ст. 54-1 "а" и 54-11 УК УССР ПЕРЦОВА считать оправданным.

Срок отбытия наказания исключить с зачетом предварительного заключения с 16 ноября 1938 года.

Возбудить ходатайство перед Президиумом Верховного Совета СССР о лишении ПЕРЦОВА Давида Ароновича ордена "Красной Звезды"»[283].

Ходатайство военного трибунала о лишении Перцова ордена не имело смысла, поскольку постановлением Верховного Совета СССР от 7 декабря 1939 г. Давид Аронович этой награды был лишен[284].

Осуждение Перцова не помешало его родному брату, Савелию Аркадьевичу Перцову, служившему в 1938 г. начальником отделения 11-го (водного) отдела УГБ УНКВД по Днепропетровской области[285], продолжать работать в органах коммунистической госбезопасности, откуда он был уволен лишь 8 января 1951 г. с должности начальника отделения 4-го отдела УМГБ по Днепропетровской области за невозможностью дальнейшего использования[286]. В это время в СССР, ставшем на рельсы государственного антисемитизма, массово изгоняли с руководящих постов «безродных космополитов». Скорее всего, пресловутая «пятая графа» и стала причиной увольнения Савелия Аркадьевича.

Наказание Перцов отбывал в Южно-уральском лагере НКВД. 21 июля 1945 г. за высокие производственные показатели и отличное поведение в быту срок наказания ему был снижен на 6 месяцев[287], но выйти на волю ему было не суждено – 28 апреля 1948 г. он умер в местах лишения свободы. По версии родственников, Давид Аронович погиб на лесоповале[288].

ПРИМЕЧАНИЯ

[1] Российский государственный архив социально-политической истории (РГАСПИ). Регистрационный бланк члена ВКП(б) № 2323823.

[2] Отраслевой государственный архив Службы безопасности Украины (ОГА СБУ), Харьков. Личное дело № 9918. Л. 49.

[3] РГАСПИ. Регистрационный бланк члена ВКП(б) № 2323823.

[4] ОГА СБУ. Харьков. Личное дело № 9918. Л. 63.

[5] Там же.

[6] *Золотарьов В.А.* Секретно-політичний відділ ДПУ УСРР: справи та люди. – Харків: Фоліо, 2007. С. 34–38.

[7] ОГА СБУ. Харьков. Личное дело № 9918. Л. 63.

[8] Там же. Л. 17.

[9] Мессинг Станислав Адамович (1890–1937) – в 1929–1931 гг. 2-й заместитель председателя ОГПУ СССР.

[10] Ольский Ян Каликстович (1898–1937) – в 1930–1931 гг. начальник Особого отдела ОГПУ СССР.

[11] ОГА СБУ. Киев. Ф. 6. Д. 49732-фп. Л. 107–108 об.

[12] Справа «Української філії Трудової селянської партії» / Упоряд.: Т.Ф. Григор'єва, В. І. Очеретянко. К.: Головна редколегія «Реабілітовані історією», 2010. С. 20

[13] Там же. С. 280–281.

[14] ОГА СБУ. Харьков. Личное дело № 9918. Л. 63.

[15] ОГА СБУ. Киев. Ф. 6. Д. 5988-фп. Л. 124.

[16] ОГА СБУ. Харьков. Личное дело № 9918. Л. 63.

[17] А ГУВД У ХО. Коллекция документов. Приказ по личному составу НКВД СССР (К. д. пр. по л/с. № 18 от 09.01.1936 г.).

[18] ОГА СБУ. Одесса. Личное дело № 3531. Л. 85.

[19] ОГА СБУ. Харьков. Личное дело № 9918. Л. 17.

[20] ОГА СБУ. Киев. Ф. 5. Д. 67378. Т. 10. Л. 24.

[21] ОГА СБУ. Киев. Ф. 9. Д. 7. Л. 2–3.

[22] Керівники української зовнішньої розвідки / Авт.-упоряд. Хоменко В.Д., Скрипник О.В., Шиденко І.М., Білоконь І.В. Романюк В.О. – К.: Ярославів Вал, 2010. С. 52.

[23] Україна в добу «Великого терору»: 1936–1938 роки / Авт.-упоряд. С. Богунов, В. Золотарьов, Т. Рафальська, О. Радзивілл, Ю. Шаповал. – К.: Либідь, 2009. С. 108–109.

[24] ОГА СБУ. Киев. Ф. 13. Д. 408. Т. 1. Л. 92.

[25] Подробней о В.А. Балицком см.: *Золотарьов В.А., Шаповал Ю.І.* В.А. Балицький. На шляху правди про нього // Український історичний журнал. 1993. № 4–6. С. 50–63; 1993. № 7–8. С. 53–69; *Шаповал Ю.І., Пристайко В.І., Золотарьов В.А.* ЧК–ГПУ–НКВД в Україні: особи, факти, документи. – К.: Абрис, 1997. С. 21–78; *Шаповал Ю.І., Золотарьов В.А.* Всеволод Балицький: особа, час, оточення. – К.: Стилос, 2002. *Золотарьов В.А.* Особливоуповноважений ОДПУ на Україні // Матеріали науково-практичного круглого столу «Голодомор 1932–1933 рр.: пам'ять поколінь (листопад 2008 р. – Х.: Студентське наукове товариство ХНУ ім. В. Каразіна, 2009. С. 16–20; *Шаповал Ю.* Всеволод Балицький: доля спецслужби крізь долю її керівника // Радянські органи державної безпеки в Україні (1918–1919 рр.): історія,структура, функції. Матеріали круглого столу 19 грудня 2013 р., м. Київ. Інститут історії України НАН України, 2014. С. 378–423.

[26] А ГУВДУ ХО. К. д. пр. по л/с НКВД СССР № 688 от 11.05. К. д. пр. по л/с 1937 г.

[27] Подробней о В.Т. Иванове см.: *Золотарьов В.* Комісар державної безпеки 3-го рангу: сторінки біографії Василя Іванова // З архівів ВУЧК–ГПУ–

НКВД–КГБ. 1999. № 1/2. С. 367–387. *Золотарьов В.А.* ЧК–ДПУ–НКВС на Харківщині: люди та долі (1919–1941). – Харків: Фоліо, 2003. С. 66–88.

[28] А ГУВДУ ХО. К. д. Пр. по л/с НКВД УССР № 688 от 17.05.1937.

[29] Подробней о И.М. Леплевском см.: *Шаповал Ю.I., Пристайко В.I., Золотарьов В.А.* ЧК–ГПУ–НКВД в Україні С. 143–186.

[30] ОГА СБУ. Киев. Ф. 9 Д. 9. Л. 4.

[31] ОГА СБУ. Киев. Ф. 6. Д. 701117-ФП. Т. 1. Л. 68.

[32] Великий терор в Україні. «Куркульська операція» 1937–1938 р. / Упоряд. С. Кокін, М. Юнге. Т. 1. К.: ВД «Києво-Могилянська академія», 2010. С. 127.

[33] А ГУВДУ ХО. К. д. пр. по л/с НКВД УССР № 336 от 31.08.1937.

[34] Там же. Пр. по л/с НКВД УССР № 318 от 19.08.1937.

[35] Там же. Пр. по л/с НКВД СССР № 1569 от 02.09.1937.

[36] Там же. Пр. по л/с НКВД УССР № 299 от 27.07.1937.

[37] Кость Котко – литературный псевдоним украинского прозаика и журналиста Николая Петровича Любченко (1896–1937).

[38] Яловой Михаил Емельянович (1895–1937) – украинский поэт, прозаик и драматург.

[39] З порогу смерті: Письменники України – жертви сталінських репресій. – К.: Радянський письменник, 1991. С. 291–293.

[40] А ГУВДУ ХО. К. д. пр. по л/с НКВД УССР № 308 от 08.08.1937.

[41] Там же. Пр. НКВД СССР № 248 от 21.06. 1937 г.

[42] Лубянка: Органы ВЧК–ОГПУ–НКВД–НКГБ–МГБ–КГБ. 1917–1991. Справочник. – М.: МФД, 2003. С. 229–230.

[43] А ГУВДУ ХО. К. д. приказ ГПУ УССР № 92 от 04.04.1931.

[44] А ГУВДУ ХО. К. д. по л/с НКВД УССР № 299 от 27.07.1937.

[45] ОГА СБУ. Киев. Ф. 6. Д. 701117-ФП. Т. 1. Л. 61.

[46] Там же. Л. 64.

[47] А ГУВДУ ХО. К. д. Пр. по л/с НКВД УССР № 308 от 08.08.1937.

[48] *Шаповал Ю.I., Пристайко В.I., Золотарьов В.А.* ЧК–ГПУ–НКВД в Україні. С. 162.

[49] Подробней о А.Р. Долгушеве см.: *Бажан О., Золотарьов В.* Висуванець Миколи Єжова, або Траєкторія злету та падіння капітана державної безпеки Олексія Долгушева // Краєзнавство. 2013. № 4. С. 233–246.

[50] ОГА СБУ. Киев. Ф. 16. Оп. 31. Д. 95. Л. 205–206.

[51] *Шаповал Ю.I., Пристайко В.I., Золотарьов В.А.* ЧК–ГПУ–НКВД в Україні. С. 162.

[52] *Шаповал Ю.I., Золотарьов В.А.* Всеволод Балицький. С. 346.

[53] *Шаповал Ю.I., Пристайко В.I., Золотарьов В.А.* ЧК–ГПУ–НКВД в Україні. С. 161–162.

[54] Великий терор в Україні. «Куркульська операція» 1937–1938 р. Т. 1. С. 124–126.

[55] ЦГАООУ. Ф. 1. Оп. 1. Д. 535. Л. 3–5.

[56] Протокол допиту Дмитра Васильовича Коновалова, 1956 VII. 6 // Наше минуле. № 1 (6). К., 1993. С. 61–62.

[57] Реабілітовані історією. Київська область. Книга третя. – К.: Основа, 2011. С. 394.

[58] Там же. С. 62–63.

[59] Реабілітовані історією. Київська область. Книга третя. – К.: Основа, 2011. С. 395–396.

[60] ОГА СБУ. Киев. Ф. 6. Д. 701117-фп. Т. 1.. Л. 72.

[61] Васильєв В. Причини та механізми здійснення масових політичних репресій на території Вінницької області в 20–30-ті роки // Політичні репресії на Поділлі (20–30-ті рр. ХХ ст.) – Вінниця,1999. С. 16.

[62] *Шаповал Ю.І., Пристайко В.І., Золотарьов В.А.* ЧК–ГПУ–НКВД в Україні. С. 451.

[63] А ГУВДУ ХО. К. д. Пр. по л/с НКВД СССР. № 2226 от 17.11.1937.

[64] А ГУВДУ ХО. К. д. Пр. по л/с НКВД УССР. № 494 от 17 декабря 1937 г.

[65] *Шаповал Ю.І., Пристайко В.І., Золотарьов В.А.* ЧК–ГПУ–НКВД в Україні. С. 161–162.

[66] Правда. 1937. 20 декабря.

[67] Самойлов (Бесидский) Самуил Исаакович (1900–1938) – майор ГБ, врид начальника 3-го отдела УГБ НКВД УССР.

[68] Лифарь Даниил Григорьевич (1901–1943) – старший лейтенант ГБ, начальник отделения 4-го отдела УГБ НКВД УССР.

[69] Коркунов Григорий Иванович (1904–1940) – старший лейтенант ГБ, начальник отделения 4-го отдела УГБ НКВД УССР. Подробнее о Г.И. Коркунове см. *Бажан О., Золотарьов В.* Луганський прокуратор (штрихи біографії капітана державної безпеки Григорія Коркунова) // Краєзнавство. 2015. № ¾. С. 257–267.

[70] Боряченко Михаил Петрович (1905–?) – помощник начальника тюрьмы УГБ НКВД УССР.

[71] Комуніст. Київ. 1937. 21 грудня.

[72] ОГА СБУ. Киев. Ф. 6. Д. 701117-фп. Т. 1. Л. 48–49.

[73] ЦГАООУ. Ф. 1. Оп. 1. Д. 535. Л. 53.

[74] Лошицький О. «Лабораторія» // З архівів ВУЧК–ГПУ–НКВД–КГБ. 1998. № 1/2. С. 215.

[75] А ГУВДУ ХО. К. д. Пр. НКВД УССР № 4 по л/с 04.01.1938.

[76] Там же. Приказ НКВД СССР № 520 от 25.12.1936.

[77] Правда. 1937. 23 июля.

[78] Подробнее про А.И. Успенского см: *Федосеев С.* Фаворит Ежова // Совершенно секретно. 1996. № 9; *Золотарьов В.А.* Олександр Успенський: особа, час, оточення. – Харків: Фоліо, 2004. 366 с.; *Хинштейн А.Е.* Подземелья Лубянки. – М.: ОЛМА-ПРЕСС Образование, 2005. С 224–251; *Золотарьов В.* Фаворит Єжова: сторінки біографії наркома внутрішніх справ УРСР О.І. Успенського // Політичні репресії в Укранській РСР: дослідницькі рефлекси та інтерпретації. До 75-річчя «Великого терору» в СРСР. Матеріали Всеукраїнської наукової конференції. М. Київ. 15 березня 2012 р. – К.: Інститут історії України НАН України, 2013. С. 164–187; *Бажан О., Золотарьов В.* Олександр Успенський: «Я вважаю себе учнем Миколи Івановича Єжова» // З архівів ВУЧК-ГПУ-НКВД-КГБ. 2014. № 1. С. 344–398.

[79] А ГУВДУ ХО. К. д. Пр. НКВД УССР по л/с № 36 от 27.01.1938.

[80] О Станиславе Косиоре: Воспоминания, очерки, статьи. – М.: Политиздат, 1989. С. 248.

[81] ЦГАООУ. Ф. 1. Оп. 6. Д. 462. Л. 7.

[82] А ГУВДУ ХО. К. д. Пр. НКВД УССР по л/с № 43 от 03.02.1938.

[83] Там же. Пр. НКВД УССР по л/с № 37 от 27.01.1938.

[84] Там же. Пр. НКВД УССР по л/с № 40 от 28.01.1938.

[85] Там же. Пр. НКВД УССР по л/с № 117 от 04.04.1938.

[86] ОГА СБУ. Ф. 16. Оп. 31. Д. 81. Л. 91.

[87] ЦГАООУ. Ф. 1. Оп. 1. Д. 544. Л. 476

[88] *Золотарьов В.А.* ЧК–ДПУ–НКВС на Харківщині: люди та долі. С. 327.

[89] *Петров Н., Янсен М.* «Сталинский питомец» – Николай Ежов. – М.: РОССПЭН; Фонд Первого Президента России Б.Н. Ельцина, 2008. С. 365.

[90] *Богунов С.М.* Чистки чекістських кадрів в Україні в період «єжовщини» // Україна в добу «Великого терору»: 1936–1938 роки. – К.: Либідь, 2009. С. 48–49.

[91] ОГА СБУ. Ф. 16. Оп. 32. Д. 71. Л. 3.

[92] *Ченцов В.В.* Трагические судьбы. Политические репрессии против немецкого населения Украины в 1920–1930-е годы. – М.: Готика, 1998. С. 107.

[93] *Богунов С.М.* Чистки чекістських кадрів в Україні в період «єжовщини». С. 47

[94] ОГА СБУ. Ф. 16. Оп. 31. Д. 6. Л. 44–45.

[95] *Золотарьов В.* Колишні співробітники НКВС УРСР на керівній роботі в системі ГУТАБ (1936–1939) // З архівів ВУЧК–ГПУ–НКВД–КГБ. 2013. № 1/2. С. 64.

[96] А ГУВДУ ХО. К. д. Пр. НКВД УССР по л/с № 46 от 19.02.1938 г.

[97] Там же.

[98] Там же. Пр. НКВД УССР по л/с № 68 от 14.03.1938.

[99] Там же.

[100] Там же.

[101] Там же.

[102] Там же.

[103] Там же. Пр. НКВД УССР по л/с № 50 от 26.02.1938.

[104] Протокол допиту Бориса Ізраїльовича Борисова (Когана). 1956. II. 2–3 // Наше минуле. № 1. К.: Видавництво М. Коця,1993. С. 129

[105] *Шаповал Ю.І., Пристайко В.І., Золотарьов В.А.* ЧК–ГПУ–НКВД в Україні. С. 441–442.

[106] А ГУВДУ ХО. К. д. Пр. НКВД УССР по л/с № 48 от 24.02.1938.

[107] ОГА СБУ. Ф. 6. Д. 67032-ФП. Л. 340.

[108] А ГУВДУ ХО. К. д. Пр. НКВД СССР № 339 от 23.08.1936.

[109] Там же. Пр. НКВД УССР по л/с № 454 от 22.11.1937.

[110] Витяг із протоколу № 8 загальних партійних зборів парторганізації УДБ НКВС УРСР 10–11 березня 1938 р. // Україна в добу «Великого терору»: 1936–1938 роки. – К., Либідь, 2009. С. 257–258.

[111] ОГА СБУ. Киев. Ф. 6. Д. 49855-ФП. Т. 1. Л. 65.

[112] А ГУВДУ ХО. К. д. Пр. НКВД УССР по л/с № 13 от 15.01.1938.

[113] Там же. Пр. НКВД УССР по л/с № 308 от 08.08.1937.

[114] Там же. Пр. НКВД УССР по л/с № 35 от 26.01.1938.

[115] ОГА СБУ. Киев. Ф. 6. Д. 49855-ФП. Т. 1. Л. 67.

[116] А ГУВД ХО. К. д. Пр. по л/с НКВД СССР № 186 от 23.03.1936 г.

[117] ОГА СБУ. Киев. Ф. 5. Д. 67398. Т. 3. Л. 35.

[118] ЦГАООУ. Ф. 1. Оп. 6. Д. 630. Л. 55

[119] А ГУВДУ ХО. К. д. Пр. НКВД СССР № 520 от 25.12.1936.

[120] ОГА СБУ. Киев. Ф. 5. Д. 67398. Т. 3. Л. 35.

[121] Там же. Л. 37.

[122] ОГА СБУ. Киев. Ф. 6. Д. 49855-ФП. Т. 1. Л. 67.

[123] *Білоконь С.* Масовий терор як засіб державного управління в СРСР (1917–1941 рр.). Джерелознавче дослідження. Т. 1. К., 1999. С. 312.

[124] Стенограма виступів по звітній доповіді партійного комітету НКВС УРСР 10 грудня 1938 р. // Україна в добу «Великого терору»: 1936–1938 роки. – К., Либідь, 2009. С. 299.

[125] ОГА СБУ. Киев. Ф. 16. Оп. 3. Д. 95. Л. 5.

[126] Там же. Ф. 6. Д. 49855-ФП. Т. 1. Л. 65–66.

[127] Там же. Ф. 5. Д. 51645. Т. 1. Л 68.

[128] *Богунов С.М.* Чистки чекістських кадрів в Україні в період «єжовщини». С. 52.

[129] ОГА СБУ. Киев. Ф. 5. Д. 67398. Т. 10. Л. 188.

[130] Там же. Д. 51645. Т. 1. Л. 68.

[131] ОГА СБУ. Киев. Ф. 6. Д. 49855-ФП. Т. 1. Л. 67.

[132] Там же. Л. 65–66.

[133] Там же. Т. 2. Л. 226.

[134] ОГА СБУ. Киев. Ф. 5. Д. 45704. Т. 2. Л. 456.

[135] *Шаповал Ю.* «Великий терор» в Україні: етапи, особливості, наслідки // Україна в добу «Великого терору»: 1936–1938 роки. – К.: Либідь, 2009. С. 32.

[136] ОГА СБУ. Киев. Ф. 6. Д. 49855-ФП. Т. 2. Л. 226.

[137] ОГА СБУ. Киев. Ф. 6. Д. 49855-ФП. Т. 1. Л. 67–67 об.

[138] *Христенко О.Б.* «Справ, що заслуговують на увагу, не мав» // Реабілітовані історією. – Київ–Полтава: Рідний край, 1992. С. 367–368.

[139] ОГА СБУ. Киев. Ф. 6. Д. 49855-ФП. Т. 1. Л. 67 об.

[140] А ГУВДУ ХО. Коллекция документов. Приказ НКВД УССР № 67 по личному составу от 14.03.1938 г.

[141] Там же. Пр. НКВД УССР по л/с № 78 от 15.03.1938.

[142] Там же. Пр. НКВД УССР по л/с № 339 от 04.06.1938.

[143] Там же. Пр. НКВД УССР по л/с № 490 от 23.07.1938.

[144] Там же. Пр. НКВД УССР по л/с № 571 от 01.09.1938.

[145] Там же. Пр. НКВД УССР по л/с № 117 от 04.04.1938.

[146] Там же. Пр. НКВД СССР по л/с № 501 от 03.03.1938.

[147] ОГА СБУ. Киев. Ф. 6. Д. 701117-ФП. Т. 1. Л. 121.

[148] Подробней о Г.Г. Телешеве см.: *Золотарьов В.А.* ЧК–ДПУ–НКВС на Харківщині: люди та долі (1919–1941). – Харків: Фоліо, 2003. С 292–304.

[149] ОГА СБУ. Киев. Ф. 5. Д. 67398. Т. 6. Л. 8.

[150] ОГА СБУ. Киев. Ф. 5. Д. 67398. Т. 10. Л. 29 об.

[151] ОГА СБУ. Киев. Ф. 5. Д. 67398. Т. 6. Л. 28.

[152] ЦГАООУУ. Ф. 1. Оп. 1. Д. 533. Л. 3.

[153] Подробней о С.С. Мазо см.: *Золотарьов В.* Випробування совістю. Сторінки біографії комісара держбезпеки 3-го рангу С. Мазо // З архівів ВУЧК–ГПУ–НКВД–КГБ. 2000. № 2/4. С. 374–389; *Золотарьов В.А.* ЧК–

ДПУ–НКВС на Харківщині: люди та долі (1919–1941). – Харків: Фоліо, 2003. С. 208–235.

[154] Подробней о Л.И. Рейхмане см: *Золотарьов В.А.* ЧК–ДПУ–НКВС на Харківщині: люди та долі (1919–1941). – Харків: Фоліо, 2003. С. 250–282; *Бажан О., Золотарьов В.* Біографія майора державної безпеки Льва Рейхмана в динаміці репресивної політики радянської влади в 1920–1930-ті роки // Південний Захід. Одесика. Історико-краєзнавчий науковий альманах. Вип. 17. – Одеса: Друкарський дім, 2014. С. 220–238.

[155] Подробней о К.М. Карлсоне см: *Золотарьов В.А., Шаповал Ю.І.* «Коливань у проведенні лінії партії не було» (Сторінки біографії К.М. Карлсона – заступника наркома внутрішніх справ УРСР) // Український історичний журнал. 1996. № 1. С. 91–105; *Шаповал Ю.І., Пристайко В.І., Золотарьов В.А.* ЧК–ГПУ–НКВД в Україні. С. 117–142; *Золотарьов В.А.* ЧК–ДПУ–НКВС на Харківщині: люди та долі (1919–1941). – Харків: Фоліо, 2003. С. 159–208.

[156] Подробней о Я.К. Крауклисе см.: *Золотарьов В.А.* ЧК–ДПУ–НКВС на Харківщині. С. 97–104.

[157] Подробней о Я.З. Каминском см.: *Золотарьов В.* Заручник системи Я. Камінський // З архівів ВУЧК–ГПУ–НКВД–КГБ. 1998. № 1/2. С. 286–304.

[158] ОГА СБУ. Киев. Ф. 5. Д. 67398. Т. 10. Л. 165.

[159] Там же. Л. 363.

[160] Там же. Л. 165.

[161] РГАСПИ, регистрационный бланк члена ВКП(б) № 0425595.

[162] ОГА СБУ. Киев. Ф. 5. Д. 67398. Т. 9. Л. 30–31.

[163] Там же. Т. 10. Л. 113.

[164] Там же. Л. 401.

[165] Там же. Л. 362.

[166] Там же. Л. 185.

[167] Там же. Л. 36.

[168] Там же. Т. 2. Л. 226.

[169] А ГУВДУ ХО. К. д. Пр. УНКВД по Харьковской области № 213 от 09.04.1938.

[170] ОГА СБУ. Харьков. Д. 023528. Л. 129.

[171] Там же. Л. 188.

[172] Там же. Л. 129–130.

[173] Там же. Л. 68.

[174] Там же. Л. 45.

[175] Там же. Л. 41–42 об.

[176] Там же. Л. 68.

[177] ОГА СБУ. Харьков. Д. 023528. Л. 53.

[178] Там же. Л. 53

[179] ОГА СБУ. Киев. Ф. 5. Д. 67398. Т. 2. Л. 153.

[180] *Лебедева В.П., Узбек Е.А., Дзюбенко Н.А.* «Мы есть. Мы были. Будем Мы». «Греческая операция» НКВД в Харькове. – Харьков: Тимченко А.Н., 2009. С. 225

[181] ОГА СБУ. Харьков. Д. 023528. Л. 113.

[182] Там же. Л. 116.

[183] ОГА СБУ. Киев. Ф. 5. Д. 67398. Т. 6. Л. 16–17.

[184] Там же. Т. 8. Л. 144.

[185] Там же. Т. 10. Л. 173.

[186] Там же. Т. 8. Л. 145.

[187] Там же. Т. 10. Л. 365.

[188] ОГА СБУ. Харьков. Д. 01893. Л. 6.

[189] ОГА СБУ. Харьков. Д. 023528. Л. 41 об.

[190] ОГА СБУ. Харьков. Д. 01893. Л. 6.

[191] *Золотарьов В.* ЧК–ДПУ–НКВС на Харківщині. С. 390.

[192] А ГУВДУ ХО. К. д. Пр. НКВД СССР по л/с № 1188 от 20.05.1938 г.

[193] Подробней о Г.М. Кобызеве см.: *Золотарьов В.* ЧК-ДПУ-НКВС на Харківщині. С. 312–329.

[194] Центральный государственный архив общественных организаций Украины. Ф. 1. Оп. 1. Д. 559. Л. 117; РГАСПИ. Регистрационный бланк № 1256370; ОГА СБУ. Харьков. Д. 8201. Л. 37.

[195] ОГА СБУ. Полтава. Д. 19533. Т. 1. Л. 114.

[196] ОГА СБУ. Харьков. Д. 106796. Л. 22.

[197] ОГА СБУ. Киев. Ф. 5. Д. 67398. Т. 8. Л. 160.

[198] Там же. Т. 6. Л. 17.

[199] Там же. Т. 4. Л. 6.

[200] Там же. Т. 2. Л. 90–91.

[201] Там же. Т. 6. Л. 9.

[202] ОГА СБУ. Киев. Ф. 5. Д. 67378. Т. 6. Л. 9.

[203] ОГА СБУ. Харьков. Д. 014567. Л. 188.

[204] ОГА СБУ. Киев. Ф. 5. Д. 67378. Т. 6. Л. 9.

[205] Там же. Т. 1. Л. 264.

[206] Там же. Т. 6. Л. 9–10.

[207] ОГА СБУ. Киев. Ф. 5. Д. 67378. Т. 6. Л. 9.

[208] Подробней о И.А. Шапиро см. *Бажан О., Золотарьов В.* «Несу моральну відповідальність за викривлення в органах МВС», або Історія покарання екзекутора «масового террору» І.А. Шапіро у часи «хрущовської відлиги» // Краєзнавство. 2013. № 3. С. 165–175.

[209] ОГА СБУ. Киев. Ф. 16. Оп. 31. Д. 94. Л. 135

[210] ОГА СБУ. Киев. Ф. 16. Оп. 31. Д. 93. Л. 152.

[211] Там же. Д. 94. Л. 95.

[212] Чепыженко Иван Михайлович (1904–?), сержант ГБ, в 1937–1939 гг. – секретарь УНКВД по Харьковской области.

[213] ОГА СБУ. Киев. Ф. 5. Д. 67398. Т. 8. Л. 339.

[214] Там же. Л. 338.

[215] Начальник УНКВД по Дальне-Восточному краю Г.С. Люшков 13 июня 1938 г. сбежал в Японию.

[216] ОГА СБУ. Киев. Ф. 16. Оп. 1. Д. 80. Л. 1.

[217] ОГА СБУ. Киев. Ф. 5. Д. 67378. Т. 10. Л. 24.

[218] ОГА СБУ. Киев. Ф. 6. Д. 701117-фп. Т. 3. Л. 151.

[219] ОГА СБУ. Киев. Ф. 5. Д. 67378. Т. 10. Л. 25.

[220] ОГА СБУ. Киев. Ф. 16. Оп. 31. Д. 93. Л. 51–52.

[221] Там же. Л. 99–100.

[222] Яралянц Александр Александрович (1903–1939), капитан ГБ.

[223] Тушев Михаил Сергеевич (1906–1939), младший лейтенант ГБ.

[224] Пребывавший на нелегальном положении А.И. Успенский был арестован 15 апреля 1939 г. в г. Миассе Челябинской области.

[225] ОГА СБУ. Киев. Ф. 5. Д. 67378. Т. 10. Л. 25.

[226] Малышев Николай Павлович (1907–?), старший лейтенант ГБ, в 1938 г. – замнаркома НКВД Молдавской АССР.

[227] ОГА СБУ. Киев. Ф. 5. Д. 67378. Т. 10. Л. 25 об.

[228] Там же. Л. 42 об.

[229] ЦГАООУ. Ф. 263. Оп. 1. Д. 51894-ФП. Т. 45. Л. 187.

[230] ОГА СБУ. Киев. Ф. 5. Д. 67378. Т. 1. Л. 310.

[231] Там же. Т. 10. Л. 24.

[232] *Золотарьов В.* ЧК–ДПУ–НКВС на Харківщині. С. 328–329.

[233] ОГА СБУ. Киев. Ф. 5. Д. 67378. Т. 10. Л. 42 об.

[234] Там же. Т. 8. Л. 373.

[235] Государственный архив Харьковской области. Ф. 23. Оп. 1. Д. 114. Л. 57.

[236] А ГУВДУ ХО. К. д. Пр. НКВД СССР по л/с № 1350 от 05.06.1939.

[237] *Багряний І.* Сад гетсиманський. – К.: Час, 1991. С. 479–482.

[238] Осипов Александр Васильевич (1899–?).

[239] ОГА СБУ. Киев. Ф. 5. Д. 67378. Т. 10. Л. 204.

[240] Там же. Т. 6. Л. 10.

[241] ОГА СБУ. Киев. Ф. 5. Д. 67378. Т. 8. Л. 80.

[242] Там же. Т. 10. Л. 170.

[243] ЦГАООУ. Ф. 263. Оп. 1. Д. 51894-ФП. Т. 45. Л. 187–187 об.

[244] ОГА СБУ. Киев. Ф. 6. Д. 36991-ФП. Л. 123.

[245] Там же. Л. 124.

[246] Органи державної безпеки на Полтавщині (1919–1991) / Упоряд. Бабенко Л.Л., Бабенко С.С., Євдокимова І.В., Петренко М.М. – Полтава: АСМІ, 2005. С. 70

[247] *Ковтун Г.К., Войналович В.А., Данилюк Ю.З.* Масові незаконні репресії 20-х - початку 50-х років на Полтавщині // Реабілітовані історією. – Київ–Полтава: Рідний край, 1992. С. 25–26.

[248] 10 січня 1938. [Київ]. Цифрові зведення 8-го відділу УДБ НКВС УРСР про оперативно-слідчу роботу НКВС УРСР з 1 червня 1937 р. по 10 січня 1938 р. // Польща та Україна у тридцятих – сорокових роках ХХ століття. Невідомі документи з архівів спеціальних служб. Т. 9 Великий терор: польська операція 1937–1938. Ч. 2. – Варшава–Київ, 2010. С. 1006.

[249] ОГА СБУ. Киев. Ф. 6. Д. 701117-ФП. Т. 3. Л. 69–72.

[250] ОГА СБУ. Киев. Ф. 6. Д. 47838-ФП. Л. 363.

[251] ОГА СБУ. Киев. Ф. 6. Д. 47838-ФП. Л. 359–363.

[252] ОГА СБУ. Харьков. Д. 031106. Л. 32

[253] ОГА СБУ. Киев. Ф. 5. Д. 51645. Т. 1. Л. 69.

[254] *Бурносов В.Ф., Нікольський В.М.* Відлуння внутрішніх чисток // Правда через роки. Вип. 1. – Донецьк,1995. С. 90.

[255] ОГА СБУ. Киев. Ф. 6. Д. 36991-ФП. Л. 124.

[256] ОГА СБУ. Киев. Ф. 5. Д. 67398. Т. 6. Л. 8, 28.

[257] Там же. Т. 6. Л. 165.

[258] Там же. Т. 9. Л. 30.

[259] Там же. Т. 6. Л. 362.

[260] Там же. Т. 10. Л. 180.

[261] Там же. Т. 10. Л. 439.

[262] *Золотарьов В.* ЧК–ДПУ–НКВС на Харківщині. С. 397.

[263] ОГА СБУ. Киев. Ф. 5. Д. 67398. Т. 10. Л. 185.

[264] Там же. Т. 2. Л. 153.

[265] Там же. Т. 3. Л. 248.

[266] Государственный архив Харьковской области. Ф. 23. Оп. 1. Д. 18. Л. 11.

[267] *Золотарьов В.* ЧК–ДПУ–НКВС на Харківщині. С. 334.

[268] ОГА СБУ. Харьков. Д. 014567. Л. 187.

[269] РГАСПИ, регистрационный бланк члена ВКП(б) № 2373497.

[270] Владимир Федорович Писарев-Фукс (1900–1938), старший лейтенант ГБ.

[271] ОГА СБУ. Харьков. Д. 014567. Л. 188–189.

[272] ОГА СБУ. Киев. Ф. 5. Д. 67398. Т. 2. Л. 156.

[273] Там же. Л. 77–78.

[274] Государственный архив Харьковской области. Ф. 23. Оп. 1. Д. 16. Л. 31–32.

[275] Государственный архив Харьковской области. Ф. 99. Оп. 3. Д. 364. Л. 335.

[276] ОГА СБУ. Киев. Ф. 5. Д. 67398. Т. 2. Л. 77–78.

[277] ОГА СБУ. Харьков. Д. 08839. Л. 87.

[278] ОГА СБУ. Киев. Ф. 5. Д. 67398. Т. 8. Л. 157.

[279] Там же. Т. 2. Л. 270–271.

[280] ОГА СБУ. Киев. Ф. 6. Д. 36991-ФП. Л. 124.

[281] Там же. Л. 125.

[282] *Смирнов Н.Г.* Рапава, Багиров и другие. Антисталинские процессы 1950-х гг. – М.: АИРО ХХI, 2014. С. 298–299.

[283] ОГА СБУ. Киев. Ф. 6. Д. 36991-фп. Л. 125.

[284] Государственный архив Российской Федерации (ГАРФ). Ф. 7523. Оп. 44. Д. 141. Л. 86–92.

[285] А ГУВДУ ХО. Коллекция документов. Приказ НКВД УССР по личному составу № 413 от 26 июня 1938 г.

[286] ЦГАООУ. Ф. 263. Оп. 1. Д. 51894-ФП. Т. 44. Л. 303

[287] ОГА СБУ. Киев. Ф. 5. Д. 67398. Т. 1. Л. 308 об.

[288] Там же. Л. 313.

ОДЕССА

> Партия может ошибаться, а НКВД никогда.
>
> *Я.И. Берензон – сотрудник УНКВД по Одесской области*
>
> Мы не ошибаемся, у нас брака в работе не имеется, ты, гитлеровская сволочь, лучше сразу же признавайся в своей к.-р. деятельности.
>
> *Е.И. Абрамович – сотрудник УНКВД по Одесской области*
>
> Учтите, если человек честный, но битый, то его освобождать нельзя, и мы его освобождать не будем, потому что он будет дискредитировать органы и партию.
>
> *Е.И. Абрамович*

Андрей Савин, Алексей Тепляков

«Чистка чистильщиков» как инструмент дисциплинирования НКВД. Сотрудники УНКВД по Одесской области на скамье подсудимых, 1939–1943 гг.

10 января 1939 г. из Киева в Москву за подписью Н.С. Хрущева была отправлена шифротелеграмма, в которой первый секретарь ЦК КП(б)У просил Л.П. Берию и Г.М. Маленкова утвердить в должности восемь новых начальников семи областных и одного республиканского управлений НКВД. В пяти из восьми случаев высокопоставленные чекистские посты предстояло занять партийным работникам районного уровня, до этого ни дня не проработавшим в «органах»[1] и далеким от специфики работы тайной полиции. Первый секретарь Андре-Ивановского РК КП(б)У А.И. Старовойт назначался начальником УНКВД по Одесской области,

1-й секретарь Барвенковского РК КП(б)У М.Ф. Вещеникин – начальником УНКВД по Сумской области, начальник политотдела Саливонковского свеклоколхоза Гребенковского района Киевской области Н.Д. Романчук – начальником УНКВД по Киевской области; 1-й секретарь Краснобаварского РК Харьковского ГК КП(б)У П.С. Сафонов – начальником НКВД Молдавской АССР, 1-й секретарь Базарского райкома КП(б)У И.Т. Юрченко – начальником УНКВД по Николаевской области.

Но и в оставшихся трех случаях, когда, как казалось, на смену одним чекистам должны были прийти другие, на самом деле речь шла о людях, лишь совсем недавно надевших форму НКВД. Г.П. Небораков, которого Хрущев прочил на пост начальника УНКВД по Кировоградской области, до мая 1938 г. был ответственным инструктором Константиновского горкома КП(б)У, Ф.Г. Горбань, будущий начальник УНКВД по Запорожской области, до марта 1938 г. работал главным энергетиком трубного завода в г. Макеевке, Н.И. Кувшинов, будущий начальник УНКВД по Харьковской области, занимал должность начальника смены на паровозном заводе в Луганске. Все хрущевские протеже были одобрены не только Берией и Маленковым. На телеграмме свой автограф под подписью «за» оставили И.В. Сталин, В.М. Молотов, Л.М. Каганович, А.И. Микоян, М.И. Калинин, А.А. Жданов и А.А. Андреев.

Легко читаемый посыл хрущевской телеграммы был несомненным – партия заменяла своими проверенными кадрами практически все «проштрафившееся» руководство НКВД Украины. Согласно пункту «б» шифровки от 10 января 1939 г., «освобождаемых настоящим решением работников НКВД» предлагалось «отозвать в распоряжение НКВД СССР». За этой бюрократической формулировкой для многих из них, как и для некоторых их подчиненных, скрывались арест, следствие и суд по стандартному обвинению в «нарушении социалистической законности».

Эту чистку сотрудников НКВД СССР, начатую Берией поздней осенью 1938 г., Н.В. Петров охарактеризовал как «первую кадровую революцию в органах государственной безопасности, направленную на радикальное обновление их личного состава»[2]. Главным методом бериевской чистки, по утверждению Петрова, было увольнение из НКВД. Всего за 1939 г. из органов государственной безопасности было уволено 7372, то есть почти четверть (22,9 %), всех оперативных сотрудников. Из них арестовано было 973 человека. Если же учитывать аресты конца 1938 г., осуществленные в рамках бериевской чистки, то число оперативных сотрудников, арестованных в 1939 г. по обвинению в «нарушении социалистической законности», увеличится до 1364 человек[3]. На скамье подсудимых главным образом оказался руководящий состав органов госбезопасности – начальники краевых и областных управлений, оперативных отделов и отделений[4].

В настоящем исследовании, опираясь на материалы архивно-следственных и личных дел ряда сотрудников УНКВД по Одесской области, арестованных в 1939–1941 гг., а также на документы судебных процессов над ними, предполагается сформулировать и обосновать научную гипотезу о том, что же послужило главной причиной широкой чистки чекистских кадров сразу же после завершения массовых операций НКВД 1937–1938 гг. и какую роль сыграла эта чистка в контексте взаимоотношений между коммунистической партией и тайной полицией, а также между властью и обществом в целом.

Город Одесса и Одесская область

Специфика проведения массовых операций НКВД СССР 1937–1938 гг. задавалась, в первую очередь, как географическо-хозяйственными особенностями регионов СССР, так и наличием на территории этих регионов различных социальных и этнических групп населения, являвшихся объектами карательных действий органов тайной полиции. Интенсивность репрессий, как правило, была выше в промышленных регионах, чем в сельскохозяйственных, в приграничных областях – чем во внутренних районах страны, в городах, в которых располагались «режимные» объекты военной промышленности, – чем в местах расположения «обыкновенных» предприятий. Усилению репрессий также способствовало наличие «спецконтингентов» и «враждебных» этнических групп, которым отводилась роль потенциальной пятой колонны. В случае наложения этих факторов друг на друга карательный эффект неизбежно мультиплицировался[5]. Наглядным «негативным» примером в этом отношении выступает Якутская АССР – единственное крупное административно-территориальное образование в составе Советского Союза, где не было создано тройки для проведения массовых операций.

В свою очередь Одесса была крупнейшим портом на Черном море и пятым по величине городом Советского Союза: согласно данным переписи 1926 г., в Одессе проживало около 420 тыс., в 1937 г. – около 525 тыс., по данным переписи 1939 г. – уже около 604 тыс. человек[6]. Кроме того, Одесса была узловым центром Юго-Западной железной дороги, что оставляло широкое поле деятельности для органов государственной безопасности на транспорте. Наличие морской границы протяженностью около 500 км и сухопутной границы с «буржуазной» Румынией также только усугубляли ситуацию.

В Одессе к концу 1930-х годов функционировало около трехсот предприятий металлообрабатывающей, машиностроительной, легкой и пищевой промышленности, в т. ч. около 110 крупных заводов и фабрик. Костяк индустрии Одессы составляли следующие заводы: судоремонтный № 1 им. Марти, сельскохозяйственного машиностроения им. Октябрьской революции, станкостроительный им. Ленина, подъемно-транспортных механизмов им. Январского восстания, сталепрокатный им. Дзержинского, «Красный Профинтерн», канатный, линолеумный «Большевик», по производству киноаппаратуры «Кинап», посудный им. Петровского. Ряд из них, такие как заводы «Красный профинтерн» и «Октябрьской революции», выполняли задания на выпуск оборонной продукции[7].

Одесская область, образованная 27 февраля 1932 г., первоначально включала в себя 48 районов и по территории почти вдвое превышала бывшую губернию. Она была настолько крупным образованием, что во время Большого террора, в сентябре 1937 г., из Одесской области были выделена Николаевская область, а в январе 1939 г. еще часть районов была передана в состав новообразованной Кировоградской области. По данным переписи 1937 г., численность населения Одесской области (вместе с Одессой) составляла около 2 млн 877 тыс., по данным переписи 1939 г., население «урезанной» Одесской области равнялось (вместе с Одессой) около 1 млн 643 тыс. человек. Что же касается национального состава населения Одессы и области, то он был весьма пестрым: кроме превалирующих групп украинцев и русских имелись крупные еврейская, немецкая, молдавская, болгарская, польская и другие диаспоры. Самой многочисленной диаспорой в Одесской области (без Одессы), по данным переписи 1939 г., являлись евреи – 233,1 тыс. человек, за ними следовали немцы – 91,4 тыс. человек, молдаване – 26,7 тыс., болгары – 24,5 тыс. и поляки – 11,4 тыс. человек. Три района области – Зельц-

ский (Фридрих-Энгельсовский) Спартаковский (Гросс-Либен-
тальский) и Карл-Либкнехтский (Ландауский) были созданы в
1924–1926 гг. как национальные немецкие районы и существовали в таком качестве до своей ликвидации в 1938 г.[8] Еще один
район области – Благоевский – был болгарским. Непосредственно
в самой Одессе, по данным переписи 1939 г., проживало около
201 тыс. евреев, 8,8 тыс. поляков, 8,4 тыс. немцев, 4,9 тыс. болгар,
2,6 тыс. молдаван и 2,3 тыс. армян. Всего по области в 1937 г., по
данным УНКВД, поляки и немцы составляли 95 тыс. человек[9].
Такое этническое многообразие обусловливало также наличие
различных конфессиональных групп – от православных и иудеев
до меннонитов-протестантов. В том числе, по данным чекистов, в
области на июль 1937 г. имелось 35 католических общин, 26 лю-
теранских, 12 баптистских и 10 – «реформаторско-евангельских»[10].

Не стоит также забывать, что юг Украины, в частности территория будущей Одесской области, был территорией ожесточен-
ного противостояния сторон в годы гражданской войны. Сама
Одесса была в 1918 г. оккупирована сначала немецкими, а потом
французскими войсками и вплоть до февраля 1920 г. неоднократно переходила из рук в руки. Таким образом, можно предположить, что среди населения Одессы и Одесской области была
сравнительно высока доля тех, кто принимал участие в гражданской войне в рядах Красной и Белой армий, а также являлся участником разного рода «зеленых» повстанческих формирований.
Как утверждало в июле 1937 г. руководство УНКВД по Одесской
области, «специфической особенностью г. Одессы является наличие значительного количества "бывших" людей и деклассирован-
ного элемента. Научно-культурные учреждения области засорены
контрреволюционным националистическим элементом»[11].

Кроме того, юг Украины, начиная уже с 1870-х гг., был очагом
рабочего социалистического движения: в 1875 г. в Одессе был
создан «Южно-Российский союз рабочих» и в 1879 г. – «Южно-
русский рабочий союз», с начала 1890-х годов здесь функциони-
ровали первые социал-демократические организации[12]. Это означало, что среди населения Одессы к 1937 г. все еще имелась за-
метная прослойка бывших членов социалистических партий –
идеологических противников большевиков. Часть бывших эсеров, меньшевиков, сионистов и членов Бунда состояла к началу
Большого террора в ВКП(б). Особенностью Одессы также было
наличие анархистов, чьи нелегальные кружки существовали в ней
в течение всех 1920-х гг.

Таким образом, г. Одесса и Одесская область обладали практически всем набором факторов, обусловливавших интенсивные и масштабные репрессии, что и подтвердилось на практике.

Статистический анализ

Несмотря на такое сочетание факторов, благоприятствовавших развязыванию масштабных репрессий в Одесской области в рамках всех трех основных массовых акций НКВД периода Большого террора, то есть операции по приказу № 00447, операции «по национальным линиям» и чистки партийно-советской элиты, УНКВД по Одесской области в период планирования массовых операций отнюдь не занимало ведущее место среди «передовиков» репрессий. Согласно оперативным планам НКВД УССР по изъятию кулаков и уголовников по первой и второй категориям, составленным в середине июля 1937 г., Одесской области отводилась только пятая строка среди семи областей Украины и Молдавской АССР: по имевшимся ориентировочным данным, по «первой категории» здесь подлежали аресту и расстрелу 310 кулаков и 90 уголовников, а по второй должно было быть осуждено 1000 кулаков и 400 уголовников[13].

Спустя неделю, в соответствии с общей тенденцией, планируемые цифры репрессий незначительно увеличились: согласно шифротелеграмме, отправленной 21 июля 1937 г. первым секретарем Одесского обкома ВКП(б) Д.М. Евтушенко в ЦК ВКП(б), теперь репрессиям по 1-й категории подлежало 886 чел., по второй – 1069. Таким образом, численность второй категории была сокращена на 331 чел., а численность первой соответственно увеличена на 486 чел. В результате по численности жертв, отнесенных к первой категории, Одесская область стала занимать четвертое место на Украине, но по общей численности репрессируемых опустилась на шестое место из восьми. Показательно, что в телеграмме, помимо взятых на учет «просто» кулаков и уголовников, назывались группы населения, которые продолжали активно «разрабатываться» чекистами и, по мнению одесских властей, должны были являться специфическими целевыми группами «кулацкой» операции в Одесской области: 1) «кулаки, уклонившиеся от высылки», 2) «участники повстанческого движения против советской власти» и 3) «эсеры и участники других контрреволюционных политических групп»[14].

В соответствии с приказом НКВД СССР № 00447 от 30 июля 1937 г. для Одесской области были установлены следующие лимиты репрессий: 1000 человек по первой категории и 3500 чел. – по второй категории. Таким образом, налицо было существенное увеличение, почти в три раза, лиц, подлежавших заключению в лагеря. По общему количеству выделенных лимитов (4,5 тыс. чел.) Одесская область стала занимать на Украине третье место, сразу вслед за «столичными» Харьковской (5,5 тыс.) и Киевской (5,5 тыс.) областями. При этом по численности населения Одесская область серьезно уступала не только пятимиллионным Харьковской и Киевской областям, но также Донецкой, Винницкой и Днепропетровской областям, которые она, в свою очередь, опередила по численности выделенных лимитов[15]. Очевидно, руководство НКВД в лице Н.И. Ежова и М.П. Фриновского, занимавшихся корректировкой предварительных цифр репрессируемых, таким образом учло специфику Одесской области.

Спустя месяц после начала операции УНКВД по Одесской области исчерпало и даже превысило лимит по первой категории – тройка при УНКВД осудила к 7 сентября 1937 г. к ВМН 1192 чел. Лимит по 2-й категории одесские чекисты «использовали» к 20 сентября 1937 г., и начальник УНКВД по Одесской области Н.Н. Федоров просил наркома внутренних дел УССР И.М. Леплевского ходатайствовать перед центром об увеличении лимита по 2-й категории на 1500 чел.[16] После исчерпания первоначальных лимитов, в результате циничного торга между периферией и центром, Москва несколько раз в течение второй половины 1937 г. шла на повышение лимитов, в т. ч. и в отношении Одесской области. Так, к концу сентября 1937 г. лимит по первой категории был увеличен для нее на 900 человек. Чуть позже, 21 октября 1937 г., Федоров был проинформирован наркомом НКВД УССР об увеличении «расстрельного» лимита еще на 900 чел. (всего 2800), лимита по 2-й категории – на 1500 чел. (всего 5000 чел.)[17]. А 1 декабря 1937 г., в преддверии планировавшегося завершения операции по приказу № 00447, Одесской области вновь был выделен дополнительный лимит – 200 чел. по 1-й категории и 400 – по второй[18]. К 9 декабря 1937 г. лимиты были увеличены еще раз – на 300 чел. по 1-й категории (до 3300) и на 600 – по второй (до 6000 чел.). Поскольку Москва приняла 10 декабря 1937 г. решение о пролонгации «кулацкой» операции до 1 января 1938 г., для всех УНКВД были увеличены лимиты по первой категории, в т. ч. для Одессы – на 350 (до 3650 чел.).

Завершение первого этапа операции по приказу № 00447 одесские чекисты встретили на четвертом месте (9650 чел.) по Украине – вслед за Донецкой (12537), Киевской (11800) и Харьковской (9850) областями, опережая по совокупному количеству репрессированных остальные семь областей и Молдавскую АССР[19]. Приблизительно равное соотношение осужденного городского (4194 чел.) и сельского (5456 чел.) населения показывает, что сотрудники областного управления НКВД приняли самое активное непосредственное участие в массовой операции[20]. Не стоит также забывать о «национальных» операциях, развернувшихся на территории Одесщины. По данным 8-го отдела УГБ НКВД УССР, на 4 января 1938 г. одесские чекисты арестовали по линии «польской», «немецкой», «румынской», «японской», «греческой», «латвийской» и «болгарской» контрреволюции и шпионажу 5089 чел. Очевидно, что подавляющее большинство из них было осуждено двойками[21].

В 1938 г. массовые операции были продолжены, хотя операция по приказу № 00447 постепенно сворачивалась, уступая место операциям по национальным «линиям». УНКВД по Одесской области использовало относительную передышку, наступившую в январе 1938 г., пока сталинское руководство решало, в каком объеме возобновить проведение Большого террора, чтобы подготовиться к дальнейшим акциям по изъятию «врагов народа». Всего на 1 февраля 1938 г. на оперативном учете в УНКВД по Одесской области состояло 5277 чел. – первые кандидаты на арест. В начале февраля 1938 г. новый нарком внутренних дел УССР А.И. Успенский проинформировал Н.Н. Федорова о том, что операция по приказу № 00447 продлится до 15 марта 1938 г., и области выделен лимит по первой категории в размере 400 чел[22].

Федоров был явно разочарован таким лимитом. Еще 1 февраля 1938 г. в своем докладе Успенскому он просил выделить дополнительные лимиты в размере тысячи человек по первой категории и тысячи – по второй, мотивируя свою просьбу наличием в г. Одессе и Одесской области «значительных кадров бывших активных участников банд, восстаний, контрреволюционных и шпионских организаций, бывших белых, эсеров, меньшевиков», неразгромленного «петлюровского, националистического, немецко-фашистского и церковно-сектантского контрреволюционного подполья», а также «особенную засоренность» этими элементами «Одесской дороги, Одесского порта, органов связи и других промышленных предприятий города Одессы»[23]. Вскоре, 15 февраля

1938 г., Федоров ходатайствовал уже непосредственно перед Ежовым об увеличении лимита по первой категории до 3000 (с учетом уже выделенного лимита в размере 400 чел.) и выделении лимита по второй категории в размере 2 500 чел., а также о продлении операции до 15 апреля 1938 г.[24] Политбюро ЦК ВКП(б) 17 февраля 1938 г. предоставило НКВД Украины дополнительный лимит в размере 30 тысяч человек, в результате новый лимит по Одесской области составил 3400 чел. по первой категории[25]. В 1938 г. чекисты «использовали» предоставленные лимиты уже гораздо медленней по сравнению с 1937 г. Так, по состоянию на 19 апреля тройка УНКВД по Одесской области осудила 1313 чел., еще 2087 ей предстояло осудить[26].

По данным 1-го спецотдела УНКВД УГБ НКВД УССР от 5 августа 1938 г., за время с 1 января 1938 г. по 1 августа 1938 г. в рамках всех массовых операций по Одесской области было осуждено 4868 чел., из них 4080 – по первой категории; в том числе по приказу № 00447 – 3400 чел., из них 3394 к смертной казни; Военная коллегия Верховного Суда СССР осудила 45 человек, из них 43 – к ВМН; двойками в рамках «национальных» операций было осуждено 1244 чел., из них 641 – к ВМН, судами – 89 чел., из них двух – к расстрелу; 110 чел. к разным срокам заключения осудило Особое совещание[27]. Историками установлено, что в Одесской области, равно как и в Киевской, Сталинской и Ворошиловградской, операция по приказу № 00447 продолжалась осуществляться вплоть до сентября 1938 г. На своем последнем заседании от 22 августа 1938 г. тройка УНКВД по Одесской области осудила четырех человек по 2-й категории. Общее число жертв, осужденных в рамках операции № 00447, составило по Одесской области 13 054 чел., из них 7 044 было осуждено к расстрелу[28].

Но массовые операции не закончились в Одессе в августе 1938 г., с завершением операции по приказу № 00447. С середины сентября по середину ноября 1938 г. особые тройки активно осуждали лиц, ранее арестованных в рамках «национальных» операций. Так, одесские чекисты арестовали с 1 января 1938 г. по 1 августа 1938 г. 7192 человека, и на этом аресты не прекратились. Итог массовых операций по Одесской области составлял, очевидно, не менее 20 тысяч человек, расстрелянных или отправленных в лагеря.

Все приведенные выше данные убедительно свидетельствуют – главный удар органов безопасности в Одесской области был, как и в целом по Советскому Союзу, нанесен по рядовому населению, лишенному привилегий и не входившему в число советских элит. Тем не менее численность пострадавших коммунистов, членов партийной организации Одесской области, также была достаточно высокой. В справке, представленной 7 января 1938 г. в НКВД СССР, Н.Н. Федоров писал: «Подводя итоги удара по право-троцкистскому подполью, у меня возникла мысль проанализировать прошлое социально-политическое лицо этого наиболее опасного врага, врага, который носил в кармане партийный билет. Мысль эту я реализовал: прилагаю справку». Из справки следовало, что по Одесской области с июня по декабрь 1937 г. было арестовано 562 члена ВКП(б) из «право-троцкистского подполья», в том числе первый секретарь обкома Е.И. Вегер, второй секретарь обкома Ф.Я. Голуб, председатель облисполкома П.Д. Бойко, секретарь горкома С.Ф. Самойленко, председатель горсовета А.Ф. Довбыш, а также 20 секретарей горкомов и райкомов партии, 12 заведующих отделами обкома партии, областной прокурор и его заместитель по спецделам, редакторы газет, ряд директоров МТС и других руководящих работников[29]. В 1938 г. разгром Одесской партийной организации продолжился. С 1 января 1938 г. по 1 августа 1938 г. УНКВД по Одесской области арестовало 213 троцкистов и правых, 27 участников военно-фашистского заговора, 44 меньшевика, 15 бундовцев, 96 эсеров, 29 анархистов и 119 сионистов[30]. Подавляющее большинство из этих 545 людей были к моменту ареста членами ВКП(б), партийными и государственными функционерами. Части из них было суждено пережить Большой террор, выйти на свободу уже в 1939 г. и сыграть значительную роль в кампании по восстановлению «социалистической законности».

В преддверии и в годы Большого террора

Структура аппарата УНКВД по Одесской области была типичной для областных управлений НКВД Украины второй половины 1930-х годов, он обладал полным набором оперативных отделов: от оперативного, охранного, оперативной техники, тюремного до контрразведывательного (КРО), секретно-политического (СПО), особого, транспортного и иностранного. В 1938 г. ряд отделов был разукрупнен и появились структуры, отвечавшие за агентурно-оперативное «обслуживание» промышленности, сельской местности и военизированных организаций.

Среди руководителей преобладали опытные оперативные работники с большим стажем. Аппарат Одесского УНКВД к началу Большого террора состоял из креатур многолетнего руководителя ОГПУ-НКВД УССР В.А. Балицкого, воспитывавшего подчиненных в духе безраздельной личной преданности. На одном из оперативных совещаний начала 1930-х гг. Балицкий заявил следующее: «Вы знаете, что аппарат ГПУ этот тот орган, который должен безоговорочно выполнять волю Центрального Комитета партии, которая передается через его Председателя. Если я прикажу стрелять в толпу независимо от того, кто бы там ни был – откажетесь – расстреляю всех – нужно безоговорочно выполнять мою волю»[31]. Чувствовавший доверие к себе со стороны правящей союзной верхушки, главный украинский чекист ощущал себя крупной политической фигурой и регулярно, за спиной руководства УССР, сообщал в Москву о ситуации в руководстве республики. Так, в первой половине и середине 1930-х гг. по приказанию В.А. Балицкого осуществлялся плотный чекистский контроль за высшей партийно-советской номенклатурой. Работа чекистов из отдела охраны заключалась, прежде всего, в пристальном наблюдении как за первыми лицами регионов, так и за всеми партийно-советскими лидерами Украины, включая С.В. Косиора и П.П. Постышева. Работники НКВД постоянно сообщали Балицкому негласную информацию о встречах и телефонных переговорах Косиора, Постышева и других членов Политбюро ЦК КП(б)У, в том числе с московским руководством, а также сведения об их личной жизни.

Огромный аппарат ОГПУ-НКВД Украины был в числе самых активных в стране, но колоссальное количество разоблаченных и уничтоженных «врагов» не спасло Балицкого: близкие отношения с арестованным командующим Киевским особым военным округом И.Э. Якиром обрекли его на быстрый арест и гибель. Неожиданное падение Балицкого означало переход от относительной кадровой стабильности к двум годам беспрерывных перетрясок, затронувших не только все руководящие кадры республиканского наркомата, но и многих рядовых работников. Новые наркомы внутренних дел Украины И.М. Леплевский и А.И. Успенский относились к активистам террора и подвергали широким репрессиям также и аппарат самого НКВД УССР, оказавшийся неблагонадежным после ареста Балицкого. Начальник УНКВД по Каменец-Подольской области И.А. Жабрев показал на допросе, что деятельность Успенского была показной: «Успенский в прак-

тической работе требовал вскрытия всеукраинских контрреволюционных формирований с целью шумных кампаний и демонстрации
проведенной работы»[32]. Работники учетно-статистических отделов по приказу своего начальства фальсифицировали отчетность,
резко занижая среди репрессированных долю рабочих и крестьян.
Так, в феврале 1939 г. из партии был исключен заместитель начальника 1-го спецотдела НКВД УССР А.Д. Славин, который,
подчиняясь директиве Успенского, составил в 1938 г. фальсифи-
цированный полуторагодичный отчет о социальном положении
арестованных и осужденных, «которым прикрыли вражескую практику избиения социально-близких людей»[33].

В годы Большого террора Одесским областным управлением
НКВД руководил целый ряд опытных чекистов (выдвиженцами с
менее ответственных должностей были только два последних начальника – П.П. Киселев и С.И. Гапонов), быстро сменявших
друг друга. Кадровая чехарда была связана с массовыми чистками в аппарате НКВД СССР после следовавших примерно с рав-
ными промежутками арестов наркомов внутренних дел республики В.А. Балицкого (июль 1937 г.) и И.М. Леплевского (апрель
1938 г.) и бегства А.И. Успенского (ноябрь 1938 г.). В связи с
этим за два года в аппарате НКВД УССР сменилось, включая ис-
полняющих обязанности, 11 заместителей наркома внутренних
дел и столько же начальников наиболее крупного в то время оперативного отдела – контрразведывательного. В этом смысле областные начальники НКВД Украины менялись менее быстро, хотя чехарда среди них, а также руководителей подразделений
УНКВД, была высокой. При Леплевском было арестовано более
200 сотрудников госбезопасности, а Успенский только с 15 февраля по 5 апреля 1938 г. организовал увольнение из системы УГБ
НКВД УССР 558 чел., из которых 154 были арестованы. Допрашивая помощника начальника КРО НКВД УССР А.В. Сапира,
Успенский потребовал от него «дать» организацию чекистов-«заговорщиков» не менее чем на 200 человек[34].

В Одесском УНКВД за полтора года, начиная с лета 1937 г.,
сменились следующие начальники управления: А.Б. Розанов,
Г.А. Гришин-Клювгант (врид), Н.Н. Федоров, Д.Д. Гречухин,
П.П. Киселев и С.И. Гапонов (врид). Старый украинский чекист
А.Б. Розанов (Розенбардт) после двух лет работы в УНКВД по
Одесской области был в июне 1937 г. освобожден от должности и
направлен в Воронеж, но не успел выехать к новому месту службы,
будучи арестован в Одессе 11 июля 1937 г. как принадлежавший
к окружению Балицкого и вскоре расстрелян.

С июля 1937 г. по февраль 1938 г. УНКВД по Одесской области возглавлял бывший начальник пограничного отряда в Ленинградской области, полковник, потом комбриг Н.Н. Федоров, назначенный по инициативе бывшего командующего пограничными войсками ОГПУ-НКВД СССР М.П. Фриновского, ближайшего помощника Ежова. Несмотря на скромный карательный опыт, новый начальник Одесского УНКВД зарекомендовал себя как инициативный чекист[35]. Федоров оказался настолько активным проводником террора, что с приездом Успенского смог сразу получить более высокую должность руководителя Киевского УНКВД, а еще через несколько недель был взят Ежовым на работу в центральный аппарат НКВД. В Москве Федоров снова рос по службе, но уже 20 ноября 1938 г. был арестован и в феврале 1940 г. расстрелян. Из 100 руководящих чекистов Украины при Успенском ни один не остался к моменту бегства наркома из Киева в прежней должности, и только 21 из них сохранил за собой руководящие посты в НКВД УССР. Среди арестованных и расстрелянных по обвинению в заговорщицкой деятельности можно назвать и начальника (в феврале – августе 1937 г.) КРО УНКВД по Одесской области В.Л. Писарева-Фукса[36].

К моменту замены Федорова (на конец февраля 1938 г.) его заместителем в УНКВД был М.Б. Спектор, помощником – Е.Г. Сквирский, начальником КРО – А.Г. Шнайдер (и.о.), начальником СПО – В.Ф. Калюжный, начальником Особого отдела – Б.С. Глузберг, начальником Оперативного отдела – П.М. Житомирский. Из всей верхушки Одесского управления с карьерой повезло только Спектору – несмотря на то, что Успенский его выдвинул сначала в КРО НКВД УССР, а затем сделал заместителем начальника УНКВД по Киевской области, Берия сохранил Спектора в системе особых отделов, и он, выйдя на пенсию в 1946 г., дожил до 1985 г. Сквирский был вскоре понижен в должности, но избежал репрессий, выслужил чин полковника и дожил до 1971 г. Зато Глузберга арестовали уже в марте 1938 г. как одного из доверенных людей прежнего наркома Леплевского и в сентябре расстреляли как участника «террористической шпионско-диверсионной организации». Житомирский был арестован в феврале 1938 г., но в марте следующего года освобожден. Недавний рядовой оперативный работник А.Г. Шнайдер в августе 1938 г. был взят Н.Н. Федоровым в систему Особого отдела Центра, но уже 27 сентября 1938 г. оказался арестован и в апреле 1941 г. военным трибуналом войск НКВД Киевского округа осужден на 6 лет заключения[37].

На место Федорова в Одессе был назначен работавший с Успенским в Сибири начальником КРО УНКВД по Западно-Сибирскому краю, опытный чекист Д.Д. Гречухин, который полностью воспринял установки Ежова, данные в начале 1938 г. новому руководству НКВД Украины: до 80 % украинцев являются буржуазными националистами, а все местные немцы и поляки – шпионами и диверсантами[38]. Продолжая раскручивать маховик террора, Гречухин заслужил благосклонность Успенского и уже в мае 1938 г. был выдвинут в заместители наркома. На его место в Одессе был назначен типичный для того времени выдвиженец П.П. Киселев, обязанный своей карьерой сначала Балицкому и Леплевскому, а затем Успенскому, который с момента приезда в Киев смело выдвигал активных работников на высокие посты. Бывший начальник Отдела оперативной техники НКВД УССР, Киселев с 28 мая 1938 г. возглавил Одесское УНКВД и оказался в числе деятельных проводников и организаторов террора. О методах его работы красноречиво говорит цитата из показаний видного чекиста А.Н. Троицкого, начальника КРО НКВД УССР: «При передаче дел на участников организации в судебные инстанции […] дела на отказавшихся от показаний направлялись на Особое совещание, хотя бы они являлись главными фигурами по делу. Также на Особое совещание были посланы все дела, по которым проходят не арестованные участники организации, без арестов которых Военная коллегия разобрать дело не может. Дела же тех обвиняемых, которые не отказались от показаний, направлялись в военные трибуналы и на военную коллегию. Начальник Житомирского УНКВД Вяткин и нач. Одесского УНКВД Киселев значительное количество этих дел закончили на особое совещание»[39]. Таким образом, в нарушение всех ведомственных инструкций, одесские чекисты во главе с П.П. Киселевым, даже при наличии троек, широко использовали возможность прикрывать «прорехи» следствия массовой отправкой дел видных фигурантов на заочное осуждение Особым совещанием НКВД СССР.

При Успенском должностное положение одесских руководителей НКВД было относительно устойчивым благодаря их карательной активности и деятельного исполнения указаний наркома. Согласно показаниям начальника УНКВД по Киевской области А.Р. Долгушева в июне 1939 г., нарком А.И. Успенский всегда положительно отзывался о бывшем начальнике СПО УНКВД по Одесской области В.Ф. Калюжном (повышенным до поста начальника СПО УГБ НКВД УССР), «который был привезен из

Одессы Гречухиным, с которым был в очень близких отношениях. Успенский Калюжного всегда восхвалял, как хорошего работника [...] Кобызева, Чистова и Киселева Успенский всегда ставил в пример другим областям»[40].

Сразу после бегства Успенского, уже 15 ноября 1938 г., П.П. Киселев был арестован и вскоре расстрелян. С ноября 1938 г. по январь 1939 г. обязанности начальника управления исполнял С.И. Гапонов. Репрессированные за участие в «заговоре в НКВД» и «перегибы» в ходе массового террора Розанов, Гречухин, Федоров, Киселев, Гапонов не были никогда реабилитированы. Из всей плеяды начальников УНКВД по Одесской области периода Большого террора только С.И. Гапонов смог избежать расстрела и выйти на свободу[41].

Селекция и наказание

Вопрос о том, каким образом производилась селекция сотрудников государственной безопасности, оказавшихся на скамье подсудимых по обвинению в «нарушении социалистической законности», является во многом ключевым для адекватной интерпретации бериевской чистки. Несомненно, часть из них обратила на себя внимание собственного руководства и прокуратуры, нарушая прямые приказы Москвы, например, существенно превысив заданные лимиты или продолжив приводить в исполнение приговоры троек уже после завершения массовых операций. Некоторые, особенно в союзных республиках, зарекомендовали себя как доверенные лица уже арестованных вышестоящих начальников, чьи «преступные» приказы они исполняли. Кто-то выделялся на общем фоне «применения методов физического воздействия» крайним садизмом, вплоть до собственноручного убийства подследственных. Но основная масса осужденных сотрудников НКВД все же попала под суд другим путем – в результате жалоб выживших и освобожденных жертв. Таких было мало среди лиц, осужденных заочными решениями троек и двоек, кроме того, как сами жертвы «кулацкой» и «национальных» операций, так и их родственники мало что знали о материалах следствия и предъявленных обвинениях, а жалобы из лагерей заключенных, избежавших «первой категории», равно как и их близких, как правило, оставались без ответа. Тем более что, согласно циркуляру прокурора СССР А.Я. Вышинского от 17 апреля

1938 г., прокурорам приказывалось проводить проверку правильности осуждения лиц на основании приказов НКВД № 00447, 00485 и т. п. лишь «в исключительных случаях». Обычно же жалобщикам следовало отвечать, что решение окончательное и дела пересматриваться не будут[42].

Таким образом, оставалась лишь одна небольшая группа жертв, обладавших в советском государстве и обществе положением, связями, весом и сплоченных корпоративными интересами. Как правило, эти жертвы провели под арестом не один месяц, были хорошо осведомлены о нюансах следствия, а массовое освобождение из-под стражи в конце 1938–1939 гг. позволило им добиваться справедливости и требовать осуждения истязавших их чекистов. Речь идет, главным образом, о членах коммунистической партии, представителях советских функциональных элит. Именно их жалобы, их стремление к реабилитации определили главный круг обвиняемых на судебных процессах против чекистов в рамках бериевской чистки НКВД.

Сразу же следует отметить, что факт применения пресловутых «мер физического воздействия» мог являться и являлся на деле одним из основных пунктов обвинения по отношению к арестованным чекистам, но не мог быть главным критерием для отбора «козлов отпущения», поскольку в той или иной степени издевательства и пытки в отношении подследственных практиковал весь аппарат органов госбезопасности[43]. В этом отношении весьма показательны аргументы заместителя наркома внутренних дел Украины А.З. Кобулова, которые он привел в своей докладной записке на имя Л.П. Берии от 18[44] декабря 1938 г. Понимая, что движется по очень «тонкому льду», Кобулов в частности писал: «В отношении существовавшей ранее "практики" применения физических мер воздействия при допросах арестованных я полагаю, что следователей, считавших побои основным "методом" следствия и калечивших арестованных, на которых не имелось достаточно данных, изобличавших их в антисоветской деятельности, нужно сурово наказывать. Но это не значит, что надо судить абсолютно всех работников НКВД, допускавших физические методы воздействия при допросах, учитывая, что эти "методы" следствия культивировались и поощрялись существовавшим на Украине вражеским руководством НКВД»[45]. Как известно, точка зрения Кобулова была созвучна точке зрения Сталина, в результате чего появилась печально знаменитая сталинская телеграмма от 10 января 1939 г. Кроме того, многочисленные показания сотрудников госбезопасности, и не только Украины, свидетельствуют, что постановление СНК и ЦК ВКП(б) от 17 ноября 1938 г. не положило конец истязаниям подследственных.

В результате мы снова возвращаемся к жалобам партийных и советских работников, а также членов советских технических, научных и культурных элит, освобожденных в конце 1938 – начале 1939 г. Согласно данным внутренней статистики НКВД, по состоянию на 17 ноября 1938 г. в следственном производстве органов УНКВД Украины находились дела на 15143 арестованных. Кроме того, в соответствии с приказом НКВД СССР № 00762 от 26 ноября 1938 г. «О порядке осуществления постановления СНК и ЦК ВКП(б) от 17 ноября 1938 года»[46], на доследование были возвращены дела на 10808 чел., переданных на осуждение тройкам и Особому совещанию при НКВД СССР. Таким образом, чекистам предстояло доследовать дела почти на 26 тыс. человек. К 11 февраля 1939 г. по Украине были рассмотрены дела на 10 130 чел., из них на предмет освобождения прокуратуре были переданы дела на 3441 чел. По Одесской области к 11 февраля 1939 г. соответственно были рассмотрены дела на 1106 чел., из них прокуратуре на предмет освобождения чекисты передали дела на 178 чел. Кроме того, Одесскому УНКВД предстояло доследовать дела в отношении еще 1030 чел[47]. Эти цифры, возможно не совсем точны, тем не менее, скорее всего, они адекватно показывают порядок явления – в конце 1938–1939 гг. на Украине было освобождено около 20 %, возможно, даже 30 % жертв массовых операций, которых от приговоров внесудебных инстанций спасло постановление СНК и ЦК ВКП(б) от 17 ноября 1938 г.

Рискнем предположить, что среди лиц, выпущенных на свободу, была сравнительно высока доля бывших членов ВКП(б) – как партийно-советских работников, так и представителей советских функциональных элит. Именно жалобы этих людей и стали основным инструментом отбора основной массы сотрудников НКВД, наказанных за нарушение «социалистической законности», именно их дела, а не дела рядовых граждан, главных жертв массовых операций НКВД, стали предметом следствия и судебных процессов над «проштрафившимися» чекистами и в конечном итоге определили всю ущербность кампании по наведению порядка в органах госбезопасности. В длительной, методичной работе не был заинтересован никто: ни руководство партии и государства, ни прокуратура, ни сами органы госбезопасности.

В нашем распоряжении имелись материалы трех архивно-следственных дел в отношении восьми сотрудников УНКВД по Одесской области, осужденных в 1939-м и в 1943 гг. по обвинениям в «нарушении соцзаконности». По этим делам проходили два начальника Секретно-политического отдела (СПО) областного управления – В.Ф. Калюжный и С.И. Гапонов (причем Гапонов достаточно длительное время исполнял обязанности начальника Одесского УНКВД), а также шестеро их подчиненных – Д.Б. Кордун, Е.А. Абрамович, Я.И. Берензон, Н.М. Тягин, В.А. Машковский и А.Е. Гнесин. В отношении Калюжного и Тягина были заведены индивидуальные дела, Кордун, Абрамович, Берензон, Машковский и Гнесин проходили в качестве обвиняемых по делу Гапонова. Помимо следственных дел мы также располагали личными делами Машковского и Гнесина. Эти восемь человек были не единственными сотрудниками УНКВД по Одесской области, изгнанными из УГБ или осужденными в ходе бериевской чистки[48]. Однако мы полагаем, что материалы их дел тем не менее являются репрезентативным источником для изучения кампании по дисциплинированию НКВД, поскольку СПО был одним из главных оперативных отделов органов госбезопасности, на который, наряду с Контрразведывательным отделом, легла основная тяжесть осуществления массовых операций 1937–1938 гг.

В полном соответствии с нашей рабочей гипотезой о том, что на скамье подсудимых оказались преимущественно чекисты, имевшие дело с репрессиями в отношении членов ВКП(б), четверо из восьми осужденных одесских чекистов (Кордун, Абрамович, Берензон и Гнесин) были сотрудниками 1-го отделения 2-го отдела (СПО), в задачу которого входило оперативное «обслуживание» лиц, связанных с коммунистической партией – «троцкистов», «зиновьевцев», «левых» и «правых» уклонистов, «мясниковцев», «шляпниковцев», лиц, вычищенных из ВКП(б). Исключение среди чекистов, проходивших по делам Калюжного и Гапонова, составляли младший лейтенант ГБ, помощник начальника 6-го («церковного») отделения Секретно-политического отдела УНКВД по Одесской области В.А. Машковский и начальник 2-го отделения СПО Н.М. Тягин, чье отделение занималось преимущественно борьбой с эсерами, меньшевиками, анархистами, бундовцами и сионистами.

Случайный выбор или целенаправленная селекция?

Каким же образом эти два чекиста оказались в компании своих коллег из первого («партийного») отделения СПО? Не противоречат ли материалы их дел сформулированной нами рабочей гипотезе? Документы свидетельствуют, что Машковский и Тягин скорее относились к тем чекистам, благодаря которым, если пользоваться формулировками постановления СНК СССР и ЦК ВКП(б) от 17 ноября 1938 г., органам НКВД удалось «проделать большую работу» по «разгрому и выкорчевыванию вражеских элементов» и обеспечить тем самым «дальнейшие успехи социалистического строительства». Аттестационные листы и наградные представления рисуют в их случае картину передовиков и заправил массового террора.

Владимиру Антоновичу Машковскому в 1937 г. исполнилось 26 лет, он происходил из семьи украинских крестьян, вступил в комсомол в 1930 г., с 1933 по 1936 г. служил в РККА, с 27 ноября 1937 г. стал сотрудником 4-го (СПО) отдела УГБ УНКВД по Одесской области. Согласно материалам досрочной аттестации от 30 мая 1938 г., Машковский быстро освоил специфику чекистской работы. Если учесть, что он сделал это в нервной, весьма непростой для сотрудников НКВД атмосфере массовых операций, то Машковского ждало большое будущее в «органах». Первые четыре месяца он проработал в качестве практиканта, а потом сразу же выдвинулся на пост помощника начальника 6-го («церковного») отделения. Как утверждалось в аттестационном листе, подписанном Д.Д. Гречухиным и В.Ф. Калюжным, Машковский фактически «руководил отделением по церковникам», лично «вскрыл и ликвидировал контрреволюционную церковно-фашистскую организацию с областным центром, имеющим связь с РОВС», по этому делу «кулацкой» тройкой было осуждено 56 человек (из них Машковский лично получил показания от 40 чел.). Кроме этого, он «вскрыл и ликвидировал контрреволюционную группу еврейских клерикалов, поддерживающих связь с Палестиной» (по делу было осуждено 8 чел. к ВМН), а также принимал участие в следствии по делу контрреволюционной военно-повстанческой организации. Молодой чекист также «достаточно умело руководил агентурой», завел четыре агентурные разработки по «церковникам» и 11 дел-формуляров. С точки зрения начальства, Машковский заслуживал присвоения специального звания – младший лейтенант госбезопасности[49].

Дальнейшие успехи Машковского в течение 1938 г. также впечатляли. Летом 1938 г. Гапонов выдвинул его на должность начальника отделения, так как «инициативный и энергичный» Машковский вскрыл «областной совет» контрреволюционной сектантской организации, при этом лично провел следствие на 17 «сектантов». Всего за период с 1 января 1938 г. он провел самостоятельное следствие в отношении 138 человек, к октябрю эта цифра достигла 180, все они были осуждены. В октябре 1938 г. начальник Одесского УНКВД Киселев особо отмечал, что Машковский хорошо работал с агентурой, «получил ряд ценных донесений по церковно-монархическому и сектантскому подполью» от агентов «Светловидова», «Нового» и «Нагорного», завербовал двух агентов и пятерых осведомителей, имел на связи шесть агентов и семь осведомителей, в результате работы с которыми было заведено 16 дел-формуляров и три перспективные агентурные разработки. В результате в октябре 1938 г. Киселев подписал наградной лист, в котором ходатайствовал о награждении кандидата в члены ВКП(б) Машковского знаком «Почетный работник ВЧК-ГПУ»[50]. Согласно еще одной характеристике от 27 октября 1938 г., Машковский служил примером «[…] всему составу 4-го отдела как по дисциплине, так и по производственным показателям. Тов. Машковский является одним из растущих и перспективных работников»[51].

Николай Михайлович Тягин, в отличие от своего молодого коллеги, был матерым чекистом, работавшим в органах ГПУ-НКВД с 1923 г. «все время на оперативной работе». К началу его чекистской карьеры ему исполнилось 18 лет, он происходил из семьи зажиточного крестьянина-середняка, имел низшее образование. В 1922 г. был под следствием за неосторожное убийство, в 1923–1930 гг. – помощник уполномоченного ИНФО и КРО в Вологде, Полтаве, Ромнах и Луганске, в 1930–1932 гг. – уполномоченный КРО в Луганске, Горловке и Мелитополе. С 1932 г. Тягин служил в Одессе: в 1932–1934 гг. – инспектором отдела кадров УНКВД, в 1935–1936 гг. – оперуполномоченным СПО, в 1936–1937 гг. – помощником начальника отделения 4-го отдела (СПО), в 1937–1938 гг. – врид начальника отделения 4-го отдела. С 1937 г. являлся кандидатом в члены ВКП(б). Во время Большого террора Тягин также, как и Машковский, добился впечатляющих результатов. В 1937 г. он «вел работу по борьбе с немецкой контрреволюцией и руководил работой периферийных органов по этой линии». Лично «агентурно вскрыл и ликвидировал три контрреволюционные, широко разветвленные организации», действовавшие под руководством «агентов германского консульства». По этим делам Тягин самостоятельно закончил следствие, в итоге тройкой было осуждено 98 чел., из них 68 – по первой категории. Кроме этого, «в результате ликвидации ряда агентурных дел на протяжении 2-й половины 1937 г.» Тягиным было «вскрыто и ликвидировано 12 широко разветвленных, повстанческо-диверсионных и шпионских организаций, руководимых агентами германского консульства. В порядке руководства периферией ликвидировано 13 контрреволюционных немецких фашистских организаций и группировок». Всего по делам «немецких организаций» под непосредственным руководством Тягина было арестовано 545 человек, все они были осуждены тройкой, из них 374 человека – по 1-й категории. В 1937 г. Тягин также принимал участие в следствии по правотроцкистскому подполью, получил «сознание» от 12 участников, а также по украинско-социалистическому подполью – от четырех участников. Все 16 человек были осуждены Военной коллегией Верховного суда СССР к расстрелу. Еще Тягин лично провел следствие по «контрреволюционной террористической группе, осуществлявшей террористический акт над активистом-колхозником, установив следствием инициаторов террористического акта». По этому делу было осуждено семь человек, из них четверо расстреляны[52].

В 1938 г., будучи начальником 2-го отделения, Тягин «лично вскрыл подпольные контрреволюционные комитеты сионистско-шпионской, меньшевистско-террористическо-шпионской и дашнакской террористической шпионской организаций». По «сионистам» был осужден 71 чел., по меньшевикам – 21, по дашнакам – 34 чел. Кроме этого, им была «вскрыта и ликвидирована анархистская организация» в составе 13 чел., причем все они были осуждены. Особо отмечало руководство умение Тягина работать с агентурой: в 1937 г. он лично завербовал двух «ценных агентов по немецкой контрреволюции» «Миллера» и «Орлова», на основании материалов которых «были вскрыты серьезные организации (дело «Ожидающие» и «Подпольщики»)». В 1938 г. по «немецкой линии» Тягин завербовал агента «Лисюка». Умелое руководство агентурой позволило ему арестовать руководителя анархистской организации Рабиновича, проживавшего на нелегальном положении. В мае 1938 г. начальник УНКВД по Одесской области Гречухин ходатайствовал о награждении Тягина знаком «Почетного работника ВЧК-ГПУ»[53].

Если бы деятельность Машковского и Тягина ограничилась в 1937–1938 гг. только «церковниками» и «сектантами», а также «немецкими контрреволюционерами», дашнаками и анархистами, то они, скорее всего, счастливо бы избежали бериевской чистки и продолжили свою карьеру в органах государственной безопасности. К несчастью для обоих, в числе их подследственных оказались бывшие коммунисты, вышедшие в 1939 г. на свободу. Машковского, в соответствии с распространенной тогда практикой, привлекли к допросам по так называемому «делу КПК», по которому были арестованы и в большинстве расстреляны члены Комиссии партийного контроля ЦК ВКП(б) по Одесской области[54]. В частности, Машковский допрашивал члена КПК Ф.Ф. Васюренко, который 10 октября 1938 г. был осужден Военной коллегией Верховного суда СССР к 15 годам лишения свободы. Так как «политическое недоверие» по отношению к Васюренко было выражено лично секретарем Одесского обкома ВКП(б) Г.Г. Телешевым, бывшим высокопоставленным кадровым чекистом (Телешев на городской партийной конференции отобрал у Васюренко мандат делегата конференции, а затем последовало исключение из партии), Машковский не миндальничал на допросах. Поскольку «дело КПК» стало важнейшей составляющей обвинения в отношении одесских чекистов-«перегибщиков», участие в нем Машковского даже в качестве временного следователя оказалось для него роковым. Не дали об этом забыть также коммунисты – друзья и коллеги репрессированных контролеров и следователей КПК, – арестованные по другим делам и встречавшиеся с ними в камерах следственной тюрьмы.

Причины того, почему на скамье подсудимых оказался Тягин, причем в числе первых одесских чекистов, не столь однозначны, как у Машковского. Он был арестован 19 апреля 1939 г. по обвинению в разглашении методов работы НКВД, создании и фабрикации искусственных контрреволюционных организаций и следственных материалов. Без сомнения, свою роль сыграла его близость к В.Ф. Калюжному: Тягин, по версии следствия, был исполнителем его преступных приказов.

Кроме этого, Тягин лично провел и закончил следствие «на существовавшую в облуправлении НКВД контрреволюционную троцкистско-террористическую группу в составе семи человек». За этой формулировкой скрывались репрессии против чекистов-евреев, сверхпропорционально представленных в НКВД Украины, особенно среди руководящего состава[55]. С 1938 г. еврейское происхождение рассматривалось руководством союзного НКВД как компрометирующий фактор, что стало поводом для массового увольнения евреев из НКВД, арестов либо перевода на неоперативную работу в систему ГУЛАГ. Например, начальник (с июля 1937 г.) отдела кадров и помощник начальника УНКВД по Одесской области Е.Г. Сквирский в апреле 1938 г. был назначен начальником оперативно-чекистского отдела Сиблага НКВД. Тягин, в частности, допрашивал бывшего оперсекретаря УНВД по Одесской области М.Ю. Радоева и бывших сотрудников УНКВД А.М. Серебрякова-Ступницкого, М.З. Закгейма и Б.Е. Борисова (Н.Х. Мерецкого). Все они были освобождены в апреле 1939 г. и дали пространные показания о применении к ним Тягиным многочасовых выстоек, намеренном содержании в камере в невыносимых условиях, запугиваниях и избиениях[56].

Тем не менее, в случае с Тягиным, пусть не так четко, также прослеживается и «партийный» след. В 1938 г. на Украине произошло смещение центра тяжести репрессий с карательных акций в отношении кулаков и уголовников на репрессии в отношении «других антисоветских элементов», в частности – членов антисоветских партий эсеров, меньшевиков, анархистов, бундовцев, сионистов. Во многом это произошло в результате директив НКВД СССР № 17089 от 18 января 1938 г. и № 17231 от 14 февраля 1938 г. Дополнительный импульс репрессиям в отношении членов антисоветских партий придало уже непосредственно руководство НКВД Украины. В.Ф. Калюжный так рассказал об этом на очной ставке с Тягиным 14 сентября 1939 г.: «В июне месяце [1938 г.] во время прохождения XIV съезда КП(б)У Успенский собрал работников НКВД, делегатов съезда, где начальники отделов НКВД сделали доклады о своей работе. На этом совещании Успенский сообщил о том, что за последнее время работа по антисоветским партиям была прекращена и что надо эту работу усилить. Также он указал примерно так: "До каких пор эти меньшевики, эсеры, сионисты и др. участники антисоветских политических партий будут ходить по советской земле", причем он подчеркивал об активе этих партий. При этом Успенский указал, что они проводят антисоветскую работу и сейчас»[57]. Вернувшись со съезда в Одессу, Калюжный отдал распоряжение подготовить справки на арест эсеров, меньшевиков, бундовцев, сионистов и дашнаков. В своих показаниях сотрудники СПО называли цифру 1 500–2 000 справок; Калюжный на следствии называл эту цифру абсурдной, заявляя, что речь шла не об арестах, а о «количестве формулярного учета УСО, главным образом по антисоветским политическим партиям, которые необходимо было взять из УСО в отделение [СПО]»[58].

Тягин, в свою очередь, утверждал, что аресты по антисоветским политическим партиям проводились в два приема: если с декабря 1937 г. по апрель 1938 г. аресты «проводились на основе крепких агентурных материалов и в процессе следствия были вскрыты […] эсеровская, сионистская, анархистская, дашнакская, меньшевистская [и] бундовская» организации, то с апреля 1938 г. аресты проводились уже на основе устаревшего формулярного учета 1920-х гг., «причем на некоторых лиц не было данных об участии в подпольных организациях, но в справках на арест об этом писалось»[59].

На самом деле даже с привлечением собственных архивных материалов у чекистов было явно недостаточно кандидатов для ареста, и сотрудники 2-го отделения задействовали в этой ситуации данные партийных организаций Одессы, которые вели учет коммунистов – «выходцев из других политических партий». Так, оперуполномоченный СПО УНКВД по Одесской области Бутович в своем рапорте особоуполномоченному НКВД УССР от 11 марта 1939 г. сообщал, что работал «около 10 дней во 2-м отделении 2-го отдела УГБ под руководством начальника отделения Тягина», где выполнял полученное от Тягина задание – «выписать до 100 справок на арест эсеров, причем установка была такова, что при наличии материалов, что то или иное лицо когда-либо состояло в партии эсеров, подлежало аресту как участник контрреволюционной организации». Собственных данных у Бутовича хватило только на 10 справок, и Тягин, согласно рапорту Бутовича, стал выявлять бывших эсеров по архивам районных партийных комитетов[60]. Калюжный на допросе 15 мая 1939 г. дал показания о том, что действительно посылал сотрудников «для пополнения учета […] в парторганизацию Одессы, взять список выходцев из других политических партий, в том числе бундовцев»[61].

В результате аресты в июне–июле 1938 г. эсеров, сионистов и бундовцев вылились в очередные репрессии против одесских коммунистов. Часть обвиняемых по сфабрикованным делам эсеровской, бундовской и сионистских организаций в Одессе была освобождена в 1939 г. и выступила с обвинениями в адрес сотрудников УНКВД по Одесской области, в частности, в адрес Тягина. Так, из 11 членов подпольной бундовской организации в Одессе во главе с Борухом Меер-Срулевичем Кушниром, 5 марта 1939 г. были освобождены шестеро: Б.М. Кушнир, И.И. Лидовский, Х.С. Небескин, И.С. Цитрин, М.М. Бирман и Б.Я. Детинко[62].

И Машковский, и Тягин были теми сотрудниками НКВД, благодаря которым сталинскому руководству удалось реализовать свои планы и осуществить массовые репрессивные кампании НКВД 1937–1938 гг. Они лично эффективно способствовали тому, чтобы были расстреляны или заключены в лагеря десятки и даже сотни людей. Но судьба жертв из числа верующих или советских немцев не интересовала государство. Машковскому и Тягину не повезло: они оказались на скамье подсудимых главным образом потому, что против них были выдвинуты обвинения в нарушении социалистической законности в отношении представителей советских партийно-государственных элит.

Чекисты «под огнем» партийных функционеров

19 декабря 1939 г. бывший секретарь партийной организации УНКВД по Одесской области М.М. Мазур в своем заявлении особоуполномоченному НКВД по Одесской области Баранюку рассказал о том, как было сфабриковано так называемое «дело КПК», сыгравшее роковую роль в судьбе одесских чекистов-«перегибщиков». События развивались следующим образом. В конце января 1938 г. областное управление НКВД посетил секретарь КПК по Одесской области Г.И. Самарин. Целью его визита была проверка дел партийной организации управления, он потребовал отчета от секретаря партийной организации УНКВД и начальника СПО Калюжного[63]. Интерес Самарина был отнюдь не праздным: с конца 1937 г. в областную комиссию партийного контроля стали поступать «сигналы» о грубых нарушениях чекистами революционной законности, в том числе от начальника 5-го отделения Дорожно-транспортного отдела НКВД Одесской железной дороги лейтенанта ГБ И.А. Зеликова[64]. Зеликов в частности заявил, что, как чекист, не может сказать всего, но как коммунист «считает своим долгом поставить в известность КПК о неблагополучии в Одесском УНКВД, с тем, чтобы Вы заглянули туда». Заявление Зеликова было отправлено в партколлегию компартии Украины, но чекисты, узнав о попытке контроля над ними, приняли свои меры. «Предатель» Зеликов не позднее мая 1938 г. был арестован, только к апрелю 1939 г. освобожден, уволен в запас

и переехал в Запорожье[65]. Как позднее показал еще один фигурант по делу КПК, «бывший секретарь парткодлегии Самарин неоднократно разговаривал по этому делу с Федоровым, облуправление НКВД знало, таким образом, о всех сигналах, поступавших в КПК, и о мероприятиях, намечавшихся и предпринимавшихся в направлении проверки их». В том числе материалы на чекистов-«перегибщиков» были направлены уполномоченными КПК Н.И. Ежову и А.И. Успенскому[66].

Реакция чекистов на потенциальную угрозу была молниеносной и убийственной. Я.И. Берензоном 4 февраля 1938 г. было заведено на Г.И. Самарина агентурное дело «Нетронутые», вслед за чем Калюжный получил от начальника УНКВД Федорова санкцию на арест Самарина, а также еще ряда уполномоченных КПК. По делу «Нетронутые», кроме Самарина, были также арестованы Д.М. Канфер-Беркович, Г.А. Александров, А.М. Агранский, В.Ф. Сороковик, А.А. Иванов, Ф.Ф. Васюренко. Аресты работников КПК были проведены в феврале 1938 г., после чего «никого из работников КПК даже не пускали в Обл[астное] УНКВД, мотивируя тем, что в КПК засилье врагов народа»[67]. После продолжительного следствия все они были осуждены Военной Коллегией Верховного Суда СССР как члены троцкистской группы: Самарин был приговорен 23 сентября 1938 г. к расстрелу, такая же судьба постигла 10 октября 1938 г. Александрова, Агранского, Канфер-Берковича и Сороковика. Иванов и Васюренко были приговорены к 15 годам лагерей.

Если бы «дело КПК» ограничилось только арестом и осуждением этих людей, то чекистам очевидно не пришлось бы впоследствии отвечать перед судом на самые неприятные вопросы, поскольку обвиняемые были своевременно осуждены, расстреляны или находились в лагерях. Но 29 мая 1938 г. по требованию секретаря обкома партии Г.Г. Телешова был арестован еще один следователь КПК – С.Я. Шпак. Шпак оказался «твердым орешком», выдержал 14-месячное следствие, сумел выжить и был освобожден в сентябре 1939 г. Если, даже находясь под следствием, он смог написать десять заявлений Н.И. Ежову, в которых, по его словам, самым «подробным образом описывал ужасы и беззакония, творящиеся в Одесском облуправлении НКВД», то после своего освобождения Шпак развил активную деятельность, направленную на изобличение «шайки врагов, которая методами "гестапо" фабрикует "липовые" к-р организации и превращает честных большевиков во "врагов"»[68].

Шпак стал настоящим кошмаром для одесских чекистов и находкой для следствия, которое на тот момент уже велось в отношении бывшего начальника СПО УНКВД по Одесской области Калюжного. Во-первых, Шпак в силу своей деятельности в качестве следователя КПК оказался весьма квалифицированным свидетелем, заслуживавшим доверия. Во-вторых, в процессе длительного нахождения под стражей он имел возможность общаться фактически со всеми высокопоставленными партийными функционерами, находившимися в тот момент под арестом, и мог свидетельствовать от их имени против следователей НКВД. В-третьих, Шпак после освобождения использовал все свои связи в партии, чтобы первоначально добиться если не осуждения, то хотя бы увольнения и исключения из партии наиболее одиозных сотрудников Одесского УНКВД, с которыми он «столкнулся» во время следствия и которые «делали все в стремлении во что бы то ни стало угробить меня»[69]. Еще одним важным моментом для следствия была коммунистическая «правоверность» Шпака – его критика ограничивалась «гнилыми» фальсификаторами из НКВД, не затрагивала систему и не ставила под сомнение необходимость репрессий в целом в отношении врагов советской власти.

В этом С.Я. Шпак был далеко не одинок. В производстве 1-го отделения 4-го отдела УНКВД по Одесской области к ноябрю 1938 г. находилось несколько дел, сфабрикованных в отношении ряда высокопоставленных партийных функционеров Одессы, следствие по которым еще не было закончено. В итоге обвиняемые были освобождены в конце 1938–1939 гг. и выступили с обвинениями в адрес НКВД. Речь идет о деле работников областного финансового отдела во главе с его бывшим начальником И.Ф. Сенкевичем[70], деле работников газет «Черноморская коммуна» и «Большевистское знамя» во главе с бывшим заведующим отдела культуры «Черноморской коммуны» М.С. Эйдельманом[71], а также о делах бывшего заведующего оргколхозным сектором Одесского областного земельного отдела М.Б. Баргера[72], бывшего председателя Одесского горсовета и депутата Верховного Совета СССР И.И. Черницы, бывшего уполномоченного комитета по делам мер и измерительных приборов Одесской области И.Ф. Якубица[73], бывшего инструктора руководящих органов Одесского обкома КП(б)У А.А. Киценко, бывшего заместителя заведующего Одесского областного собеса Я.Д. Бранта[74], директора пединститута А.О. Луненко[75] и еще целого ряда коммунистов среднего и высшего областного звена.

В первую очередь эти коммунисты в своих письмах, заявлениях и показаниях предоставили следствию массу подробных сведений о нарушении сотрудниками НКВД «социалистической законности», которые те, в свою очередь, не могли игнорировать и были вынуждены всячески оправдываться. К подследственным в Одессе применялся практически весь арсенал методов следствия массовых операций – многочасовые «выстойки» и «высидки», «конвейерные» допросы, избиения, матерная ругань, им постоянно плевали в лицо, кричали в уши, тушили о тело сигареты, стряхивали за шиворот горячий табачный пепел, лишали еды и воды, запугивали, применяли провокации, шантажировали, угрожали родным и близким, использовали показания штатных свидетелей, в том числе агентов и осведомителей, симулировали расстрелы и т. д.

Вот лишь один типичный пример описания арсенала методов «физического воздействия» одесских чекистов, который содержится в заявлении на имя секретаря Одесского обкома КП(б)У А.Г. Колыбанова от 27 ноября 1939 г. от члена ВКП(б), директора совхоза им. Луначарского Суслова. Последний был арестован 17 июля 1938 г. Вознесенским РО НКВД по делу областного финотдела и находился под следствием в УНКВД до 4 ноября 1939 г. В частности, Суслов писал: «Арест меня и проводившиеся методы следствия мне до 16/I–39 г. рассматривать иначе, как прямое действие людей, в лучшем случае случайно попавших в органы НКВД – нельзя. Допросы до вышеуказанного времени проводились мне следователем облуправления Берензоном, это наглая фашистская пытка, сопровождавшаяся физическими издевательствами, как-то: беспрерывная классическая матерщина, постоянное бесчисленное плевание в лицо, бесчисленное кричание в уши через бумажную трубку, оттаптывание каблуками пальцев на ногах, содержание в камере тюрьмы 21–24 человек (площадь примерно 8 метров), бесчисленное количество отправок на допрос в кабинке автомашины по 2 человека, насильно туда всаженных, так как размер этой кабины является минимальным для одного человека. Обращение тюремной администрации и надзоров тюрьмы в 1938 г. возможно только в фашистских застенках. О питании говорить нечего. На следствие "нет" вообще не существовало, а существовало только "да"»[76].

Но гораздо важнее на этом обыденном «пыточном» фоне выглядят те места из заявлений освобожденных партийцев, которые описывают сотрудников НКВД как лиц, утративших всякие представления о своем реальном месте в иерархии коммунистической власти, уверовавших в свою непогрешимость, фактически возомнивших себя стоящими не только выше формальной законности в лице конституции и прокуратуры, но и партийных органов, и старавшихся всячески дискредитировать «подмять» партию, фактически поставив себя – вне всяческого контроля – над системой. Бывший подследственный Н.А. Мосалев показал о следователе Берензоне: «При ссылках на сталинскую конституцию он заявил: "Мы ежовцы, нам все дозволено". При моих ссылках на решения февральско-мартовского пленума ЦК ВКП(б) Берензон ответил "подотрись"»[77]. Машковский 26 апреля 1940 г. рассказал о своем первом опыте чекистской работы, когда начальник отделения 4-го отдела Майский предложил ему «подежурить» вместе со стоявшим на «выстойке» латышом. На вопрос Машковского о том, что такая форма допроса противоречит уголовному кодексу, Майский ответил: «Мы работаем не по УПК, а по приказам НКВД»[78]. Эйдельман в своих показаниях помощнику Военного прокурора Одесского военного округа Компанцеву вспоминал, как по дороге из дома в НКВД на вопрос к Абрамовичу, скоро ли его отпустят, так как его арест – «злая ошибка», от Абрамовича последовал следующий ответ: «Мы не ошибаемся, у нас брака в работе не имеется, ты гитлеровская сволочь, лучше сразу же признавайся в своей к-р деятельности»[79]. Арестованному «газетчику» Теплицкому на просьбу о свидании с прокурором Абрамович показал на свой половой орган и заявил: «вот тебе прокурор», а потом добавил: «имей ввиду, мы не прокуратура и в зубы не смотрим»[80]. Баргеру следователи неоднократно говорили: «Что ты сидишь как поц, это тебе не обком», «Фашист, это тебе не обком», «НКВД не богадельня»[81], а Сенкевич утверждал, что следователь Абрамович, когда говорил о партии, слово «секретарь» иначе как «сракатарь» не произносил[82]. Ему вторил Кордун: «Ты сволочь, фашистская морда, ты без всякой пощады пройдешь все методы пыток», «не удивляйся слову пытка, нам партия разрешила применять все методы пыток»[83].

Весь этот «словесный» арсенал использовался не только для бравады, с целью запугать и сломить арестованных, но и отражал фактическое восприятие чекистами новой ситуации, сложившейся в результате Большого террора, а также своего нового места в системе власти. В результате чекисты весьма болезненно отреагировали на шаги, предпринятые партией для восстановления традиционного положения. Один из «честных» сотрудников УНКВД по Одесской области, оперуполномоченный П.С. Конончук, сделавший много для разоблачения и изгнания из чекистских рядов нарушителей «социалистической законности», в своем заявлении особоуполномоченному НКВД Баранюку от 17 октября 1939 г. красочно описывал реакцию ряда сотрудников 1-го отделения 2-го отдела УНКВД на действия Одесского обкома КП(б)У по усилению контроля за органами госбезопасности: «Эти люди, творившие безобразия, они немало усилий прилагали к тому, чтобы партийные органы не вникали в работу НКВД даже в том случае, когда обкому или КПК необходимо было выяснить какой-либо вопрос. Так, например, Берензон однажды в кабинете у [Н.И.] Буркина заявил по адресу обкома и КПК: "Приучили всякое говно суда ходить и требовать дела". Я об этом факте говорил на открытом собрании УНКВД, выступал. Не нравилось им то, что обком начал кое о чем спрашивать, может и обязывал отвечать, так, например, Берензон, оставшись недовольным проведенными с ним беседами при назначении и утверждении [его] на должность нач. РО НКВД в отделе кадров [...] сказал: "Что они [...] мать, со мной так разговаривают, – Вы били арестованных, – кто им дал такое право, они же меня все знают, я два состава обкома пересажал, это неверно так со мной разговаривать"»[84].

Это нарушенное равновесие отразилось также в таком щепетильном вопросе, как сбор чекистами компрометирующих материалов на партийных функционеров с целью дальнейшей вербовки. Можно предположить, что в период массовых операций чекисты с удвоенной энергией собирали компромат на партийцев. Машковский во время допроса от 5 апреля 1940 г. проговорился: «С учетами первого отделения даже запрещалось знакомиться, там проходили ответственные партийные и советские работники»[85]. Ставки в этой игре были высоки, а инерция Большого террора велика, поэтому, несмотря на приказ НКВД СССР № 00827 «О запрещении вербовки некоторых категорий работников партийных, советских, хозяйственных, профессиональных и общественных организаций» от 27 декабря 1938 г., одесские чекисты продолжали заниматься оперативной разработкой партийно-советских элит. В архивно-следственных документах содержатся всего два, но весьма показательных свидетельства этого. Уже неоднократно упоминавшийся здесь П.С. Конончук писал в собственноручных показаниях 20 декабря 1939 г.: «Я же считал, что это все умышленное сопротивление партии в проводимой работе и, как факт, несмотря на приказы наркома т. Берия [предпринимались] попытки разрабатывать нашу партию. Эти выводы для меня подтверждало и то, что Абрамович и Берензон высказывали недовольство тем, что приказом наркома запрещено насаждать агентуру в партийных органах. Берензон однажды в первом отделении так и высказался – "Я считаю это неверным"»[86]. Не только рядовые сотрудники не собирались отказываться от привычных методов работы, гарантировавших новые, весьма привлекательные для чекистов, отношения между органами госбезопасности и партийными организациями. Гапонов на следствии признался в феврале 1940 г., что у него имелись данные о морально-бытовом разложении нового начальника УНКВД А.И. Старовойта в бытность его инструктором обкома КП(б)У и секретарем Андре-Ивановского РК КП(б)У. Себе лично в заслугу Гапонов ставил то, что отказался проверять «сигнал» о том, что у нового секретаря Одесского обкома КП(б)У А.Г. Колыбанова отец был «попом», поскольку «лиц, утвержденных ЦК ВКП(б), местные органы проверять не могут»[87].

Объективно именно освобожденные представители партийно-советских элит повсеместно сыграли роль главных свидетелей на судебных процессах над чекистами – «козлами отпущения». Практически невозможно представить себе на их месте в качестве свидетелей обвинения репрессированных священников или осужденных тройкой «националов». Такая весомая роль вышедших на свободу «партийцев» в бериевской чистке органов НКВД была неслучайна – они, не ставя под сомнение главные цели массовых операций, сумели донести до центра серьезную тревогу с мест по поводу систематического нарушенного баланса иерархии власти и необходимости кампании по дисциплинированию органов государственной безопасности на всех уровнях. Фактически только партийно-советские функционеры, выжившие в жерновах репрессий, с успехом действовали в унисон дуальным, манихейским положениям постановления ЦК ВКП(б) и СНК СССР от 17 ноября 1938 г., не испытывая серьезного внутреннего конфликта. Именно они и только они олицетворяли собой восстановленный «советский» порядок и восторжествовавшую справедливость.

Оборонительные тактики на свободе

В ходе кампании по восстановлению социалистической законности сотрудники НКВД, предполагавшие, что они могут быть изгнанными из органов или очутиться на скамье подсудимых, вырабо-

тали и применяли три главных тактики защиты. Первая заключалась в том, чтобы как можно больше подследственных, равно как
и лиц, уже осужденных тройками и другими внесудебными инстанциями, дела которых были возвращены на доследование,
признали свою вину. В рамках этой же тактики чекисты могли
попытаться опорочить и скомпрометировать людей, уже вышедших на свободу, чтобы минимизировать ущерб от их потенциальных обвинений. Вторая заключалась в том, чтобы блокировать
попытки сотрудников прокуратуры, проявлявших особое рвение
и стремившихся уличить чекистов-«перегибщиков». Третья тактика сводилась к тому, чтобы самим выступить в роли «передовиков» акции по «наведению порядка», способствовать освобождению жертв репрессий, а также изобличать наиболее одиозных
коллег. В той или иной степени одесские чекисты использовали
все эти тактики.

После того, как подследственным в тюрьмах стало известно в
ноябре 1938 г. о «новых ветрах», задувших на советском политическом олимпе, они стали в массовом порядке отказываться от
своих показаний и заявлять работникам прокуратуры и судьям о
том, что оговорили себя и «подельников» под моральным и физическим воздействием со стороны следователей НКВД. Это не
могло не вызвать ответной реакции со стороны чекистов, которые
стремились довести до суда как можно больше дел, тем самым
доказав свою правоту и гарантировав себя от потенциальных судебных преследований. Телеграмма Сталина от 11 января 1939 г.,
официально разрешавшая пытать упорствующих «врагов», развя-
зывала им руки. В результате можно предположить, что давление на
подследственных, в том числе и физическое, в течение ближайших недель и месяцев не только не уменьшилось, но и возросло.

Этому имеется масса свидетельств в материалах архивно-
следственных дел осужденных чекистов. Так, директор совхоза
им. Луначарского Суслов сообщил в своем заявлении секретарю
Одесского обкома КП(б)У Колыбанову от 27 ноября 1939 г. о
том, как 16 января 1939 г. заместитель начальника УНКВД
С.И. Гапонов «категорически» потребовал от него подтверждения протоколов, подписанных в 1938 г. После отказа Суслова Гапонов собственноручно избил подследственного до потери сознания, через 30 минут после отливания холодной водой он был
избит начальником отделения Абрамовичем, после этого еще раз –
Абрамовичем и Берензоном[88]. Тремя днями ранее, 13 января
1939 г., Гапонов до такой степени избил главного обвиняемого по

делу облфинотдела – бывшего начальника облфинотдела И.Ф. Сенкевича, что был вынужден впоследствии забрать у него окровавленный пиджак[89]. Как показал сам Сенкевич 27 апреля 1940 г., «Гапонов возглавлял и поощрял обстановку исключительных условий. Приблизительно до мая месяца 1939 г. в стенах областного управления стоял сплошной вопль, беспросветная, грязная ругань. Во взаимоотношениях и разговорах самих этих "работников" между собой господствовал какой-то противный, грязный жаргон, сопровождающийся матом. Словом бл... была отравлена вся атмосфера. Душа болела от одного сознания, какие мерзкие люди порочат орган диктатуры пролетариата»[90].

Но поскольку волна освобождений ширилась, и часть подследственных тем или иным путем стала выходить на свободу, сотрудниками СПО была изобретена еще одна защитная тактика. Оперуполномоченный СПО УНКВД по Одесской области П.С. Конончук так описал ее в своем заявлении особоуполномоченному НКВД УССР Баранюку от 17 октября 1939 г.: «Берензон и Абрамович при освобождении из-под ареста обвиняемого, для того лишь, только чтобы предостеречь его от писанины на них жалоб или заявлений [говорили]: "а то, что с Вами так поступали, на это были указания ЦК ВКП(б)"»[91]. При этом немногим ранее сослуживцы недвусмысленно выразили Конончуку свое отношение к освобождению подследственных: «На совещании 2 отдела [...] меня начал ругать Абрамович за то, что я в протоколах [допросов] наряду с отрицательными фактами записывал положительные, и сказал мне: учтите, если человек честный, но битый, то его освобождать нельзя, и мы его освобождать не будем, потому что он будет дискредитировать органы и партию [...] несмотря на мои возражения и старания доказать, ссылаясь на 109 ст. УПК [...] Об этом я рассказывал Гапонову, он как будто со мной частично согласился, но сказал, что нас все же положительное не интересует, а Абрамович и Берензон просто мне ответили "что до пи[...]ы то, что написано в УПК"»[92].

Безнаказанность, маниакальная уверенность в своей непогрешимости, соображения корпоративности, а также страх перед возможным наказанием приводили к тому, что сотрудники НКВД, как правило, дружно блокировали любые попытки «опорочить» их со стороны жалобщиков и прокуратуры; при этом чекисты использовали привычные для себя методы. И жалобщики, и прокурорские работники серьезно рисковали, поскольку от запугивания сотрудники НКВД могли быстро перейти к делу.

Трудно определить, чего в действиях чекистов было больше – страха перед наказанием или уверенности в том, что они являются единственными в своем роде настоящими, образцовыми советскими людьми, которые своей борьбой с врагами народа всех мастей доказали, что находятся вне критики и подозрений.

Необходимо также отметить, что презрительное отношение к прокуратуре и прокурорским работникам как бессильным представителям «формальной» законности формировалось у сотрудников НКВД всем их личным опытом Большого террора. Это презрение они не считали нужным скрывать от своих подследственных[93]. Так, подследственный Теплицкий, арестованный по делу сотрудников одесской газеты «Большевистское знамя», дал 31 января 1939 г. показания военному прокурору Я.Т. Новикову о том, что его постоянно запугивали словами о том, что НКВД – это-де «не прокуратура»[94].

О том, насколько опасным для сотрудников прокуратуры было противостояние с чекистами даже в рамках кампании по восстановлению социалистической законности и как далеко они были готовы зайти в этом противостоянии, свидетельствует история с помощником военного прокурора 434-й Военной прокуратуры, полковым комиссаром Я.Т. Новиковым, проводившим опросы подследственных в УНКВД по Одесской области в конце 1938-го – начале 1939 г. В конце декабря 1938 г. и 2 января 1939 г. Я.Т. Новиков присутствовал на допросах С.Я. Шпака, арестованного 28 мая 1938 г.[95] Допросы проводил сержант ГБ Абрамович. Как развивались дальнейшие события, Новиков изложил в своем рапорте начальству: Шпак, узнав что перед ним прокурор, заявил жалобу на незаконные методы следствия. Новиков пошел ему навстречу и выслушал жалобу, при этом «несколько раз обрывал и предупреждал обвиняемого Шпака о том, что он несет серьезную ответственность за свое заявление, если оно содержит клевету. НКВД обвиняемый не ругал и не дискредитировал, он говорил, что работники УНКВД по Одесской области […] применяют вражеские методы ведения следствия, методы фашистской Германии и что он несет за правильность своих слов ответственность […] Во время разговора с обвиняемым я допустил ошибку, я назвал [его] товарищ Шпак, а не обвиняемый. Все остальные мои действия я считаю правильными»[96].

Уже на следующий день, 4 января 1939 г., врио заместителя начальника УНКВД Гапонов заступился за своих подчиненных, заявив, что все следствие проходило в рамках закона, «жалобщик» изобличен показаниями других «врагов народа», а поведение прокурора было неверным. «Полагаю, – писал Гапонов, – что допущенную ошибку он должен исправить сам, т. к. прежде чем называть арестованного товарищем и давать ему распоясываться в клевете на следствие, он должен был ознакомиться с материалами следствия и поговорить со следователем»[97]. В свою очередь Абрамович заявил 5 января 1939 г., что все показания Шпака об избиениях подследственных сотрудниками СПО и длительных «выстойках» являются «самой наглой ложью»[98].

По-видимому, Гапонов незамедлительно проинформировал о «происках» прокурора свое республиканское начальство, поскольку попытка дискредитировать действия Новикова была предпринята уже на уровне НКВД УССР. В частности, Новиков негативно характеризовался в информационной справке о следственной работе органов УНКВД Украины от 14 февраля 1939 г. за подписью заместителя начальника 1-го спецотдела НКВД УССР, младшего лейтенанта госбезопасности Смирнова. Весь пафос документа сводился к тому, что прокуроры на местах «не только не оказывают помощи местным органам НКВД в следственной работе, но зачастую […] вносят дезорганизацию в следственную работу». Указав вначале на неправомерное освобождение прокуратурой Одессы перебежчика-шпиона Ржанишевского и сына осужденного кулака Нищенко, автор документа перешел к более серьезным обвинениям: «Пом. военного прокурора Новиков при допросе арестованного Шпака дал возможность последнему клеветать на работников НКВД. В ответ на соответствующее замечание следователя Новиков предложил [ему] из комнаты выйти и при дальнейшем допросе зафиксировал в протокол о якобы поголовном избиении всех арестованных. При окончании допроса Новиков обещал арестованного из-под стражи освободить. Аналогичный факт имел место и с арестованным Теплицким (участник право-троцкистской организации). Новиков специально занимается сбором компрометирующих материалов на сотрудников НКВД путем допроса арестованных»[99].

Однако одних только жалоб на действия прокурора чекистам было явно недостаточно. В результате сотрудники СПО решили в мае 1939 г., когда за нарушения законности было арестовано уже много чекистов, завести на строптивого прокурора дело-формуляр (досье), что означало взятие в агентурную разработку с перспективой ареста. В изложении уже упоминавшегося выше бывшего оперуполномоченного СПО Конончука, события развивались следующим образом: «После того как т. Новиков по заявлениям допросил арестованных Теплицкого и Шпака и записал безусловно в протокол все ответы, полученные у них на вопросы, Абрамович, Берензон, Машковский и Гнесин подняли форменным образом вой, что он дискредитирует органы и оперативных работников своими допросами, а посему он сам враг, его, Новикова, нельзя пускать в УНКВД. Все указанные работники написали с преувеличением рапорта на имя Гапонова, исполнявшего в то время обязанности начальника УНКВД, с просьбой о принятии мер и недопуска его обслуживать 2-й отдел». После этого Берензон завел на Новикова «с целью мести» дело-формуляр и «настаивал, что это сделано верно, он [Новиков], мол, заслуживает этого»[100]. Когда Конончук написал о «деле-формуляре», заведенном на Новикова, военному прокурору войск НКВД П.В. Лехову, прокуратура этот формуляр нашла и установила, что он «действительно был заведен без всяких оснований»[101]. Показательно, что даже на суде в 1943 г. Гапонов упорно отрицал, что его подчиненные завели досье на прокурора.

История с Новиковым, кроме всего прочего, хорошо показывает изменившееся в 1939 г. соотношение сил между НКВД и прокуратурой. Еще в октябре 1938 г. дело обстояло совершенно иначе. Как следует из заявления помощника военного прокурора, военюриста 2-го ранга В.И. Лукашевича, адресованного 27 марта 1941 г. Главному военному прокурору РККА, Лукашевич в сентябре 1938 г. прибыл в Одесскую армейскую группу и был назначен прокурором по надзору за следствием в органах НКВД. В октябре 1938 г. в Одессу прибыла Военная коллегия Верховного суда СССР. Начальник Лукашевича, военный прокурор А. Лапкин заявил ему, что в связи с предстоящими заседаниями Военной коллегии им придется «передопрашивать очень многих обвиняемых, дела на которых следствием закончены […] 240 или 280 дел». Передопросы 5 октября 1938 г. вызвали у прокуроров вопросы, и на следующий день, 6 октября, Лапкин и Лукашевич стали допрашивать обвиняемых уже без участия сотрудников НКВД. В результате первые же допрошенные отказались от своих показаний и дали показания об избиениях. «Узнав о том, что обвиняемые отказываются, – писал Лукашевич, – нач. отдела Гапонов приказал сотрудникам больше к прокурорам людей на допрос не водить и вызвал тов. Лапкина и меня к себе в кабинет […] Заявил следующее: "Что ж, работников моих начали подозревать, дела на них начали заводить, ну заводите, мы на вас тоже завели, пусть вам это будет известно"». После этого, насколько было известно Лукашевичу, военный прокурор Лапкин обвиняемых в 4-м отделе (СПО) больше не допрашивал[102].

Агрессивные «оборонительные» тактики, к которым прибегали сотрудники органов государственной безопасности в конце 1938–1939 гг., являлись следствием серьезного дисбаланса сил, возникшего в результате трансфера власти от партийно-советских органов к органам НКВД в ходе Большого террора, причем презрительное и враждебное отношение к прокуратуре было во многом прямым следствием утраты сотрудниками НКВД страха и уважения перед областными и районными партийными организациями, которые ранее, дирижируя карательной политики, исполняли в т. ч. роль арбитра, находившегося над схваткой.

Оборонительные тактики под следствием и судом

Только для двух из восьми героев нашей статьи кампания по восстановлению социалистической законности, стартовавшая в ноябре 1938 г., обернулась скорым арестом и осуждением. В.Ф. Калюжный был арестован 19 апреля 1939 г. К моменту ареста бывший начальник СПО УНКВД по Одесской области поднялся по служебной лестнице еще выше, став и. о. начальника 9-го отдела НКВД УССР. В вину ему вменялись необоснованные аресты, создание несуществующих контрреволюционных организаций, в особенности по бывшим антисоветским партиям, доведение до подчиненных контрольных цифр арестов. 23–26 декабря 1940 г. Военный трибунал войск НКВД Киевского военного округа в выездной сессии, состоявшейся в здании УНКВД по Одесской области, приговорил Калюжного к ВМН, но впоследствии расстрел был заменен 10 годами лагерей[103]. Н.М. Тягин, как ближайшее доверенное лицо Калюжного, был арестован с ним в один день, 19 апреля 1939 г., по обвинению в разглашении методов работы НКВД, создании и фабрикации искусственных контрреволюционных организаций и фальсификации следственных материалов. 24–25 августа 1939 г. он был осужден Военным трибуналом войск НКВД Одесского военного округа в закрытом заседании, проходившем в клубе УГБ УНКВД по Одесской области, по ст. 206-17 «а» УК к 7 годам ИТЛ без поражения в правах[104].

Для остальных шестерых «перегибщиков» ситуация обстояла изначально не так плохо. Все они были вынуждены покинуть стены Одесского УНКВД, но оставались на свободе, причем большая часть даже продолжила службу в НКВД. А.Е. Гнесин успешно прошел две специальные проверки в августе 1938 г. и феврале 1939 г., причем каждый раз комиссия принимала решение о том, что он «может быть оставлен на службе в УНКВД». Гнесин продолжил службу в 1939–1940 гг. в должности начальника 5-го отделения Особого отдела НКВД Одесской армейской группы и и. о. зам. начальника 5-го отделения ОО НКВД Одесского военного округа. Лишь 4 апреля 1940 г. постановлением бюро Одесского обкома КП(б)У он был уволен из органов НКВД «за применение извращенных методов ведения следствия к арестованным, впоследствии реабилитированным, а также фальсификацию следственных дел», после чего работал заведующим типографией штаба Одесского военного округа[105]. 27 декабря 1940 г. решением бюро Одесского горкома КП(б)У Гнесин также был исключен из кандидатов в члены ВКП(б). Следует сразу отметить, что в увольнении Гнесина из НКВД главную роль сыграл инструктор Одесского обкома КП(б)У Лайок, который, по выражению Гнесина, целый год буквально «травил» чекиста после получения обкомом жалоб партийцев из числа бывших подследственных[106].

С.И. Гапонова уволили из органов НКВД согласно распоряжению заместителя наркома внутренних дел УССР А.З. Кобулова от 19 апреля 1939 г. Показательно, что в заключении оперативного уполномоченного аппарата Особоуполномоченного НКВД УССР мл. лейтенанта госбезопасности Помазова от 27 апреля 1939 г., которое содержало формальное решение – «уволить из органов», – главное обвинение в адрес Гапонова сводилось к необоснованному освобождению члена «троцкистской организации» Бугаенко, бывшего инструктора Одесского обкома партии, которого Гапонов завербовал как агента[107]. Возможно, такая формулировка причин увольнения была призвана облегчить Гапонову возвращение на службу в органы госбезопасности. После увольнения Гапонов работал начальником телефонной станции г. Одессы. То, что Гапонов остался в Одессе, стало его стратегическим просчетом – 24 июля 1940 г. решением бюро Сталинского РК КП(б)У он был исключен из партии, причем главную скрипку со стороны обвинения сыграл все тот же Шпак, гневно клеймивший «гапоновщину» и «берензонщину» и характеризовавший секретно-политический отдел не иначе как «филиал гестапо»[108].

Если Гапонова в Одессе исключили из ВКП(б), то Абрамовича, переведенного на службу в систему ГУЛАГа НКВД СССР и оказавшегося, таким образом, вдалеке от репрессированных одесских коммунистов, в 1940 г., наоборот, приняли в партию. Причем его карьера стала выправляться: сначала он работал во второй половине 1939 – начале 1940 г. начальником отделения 3-го отдела Амурского ИТЛ НКВД, потом, с мая 1940 г. – начальником 2-го отделения УГБ УНКВД по Еврейской автономной области. Кордун являлся сотрудником УНКВД по Одесской области до ноября 1939 г., после чего в декабре 1938 г. был переведен на должность начальника лагучастка Ягринлага, с 1 января 1940 г. – зам. начальника отдела режима лагеря, с 1 марта 1940 г. – начальника кирпичного завода строительства НКВД № 203, располагавшегося в г. Молотовске (Северодвинске) Архангельской области, где и проработал вплоть до января 1941 г. Берензона уволили из органов НКВД также в июле 1939 г., после чего в 1940 г. он стал политруком 15-го автотранспортного батальона, дислоцировавшегося тогда в г. Станиславе (Ивано-Франковске)[109]. В.А. Машковский был также уволен со службы 2 июля 1939 г. «за невозможностью дальнейшего использования в органах НКВД». Возможно, на тот момент свою роль сыграли также польское происхождение и католическое вероисповедание его родителей.

Между тем летом 1940 г. в судьбе бывших сотрудников СПО Одесского УНКВД произошел крутой поворот, о котором они еще не знали. 7 июня 1940 г., согласно постановлению помощника военного прокурора войск НКВД Украинского округа военного юриста 3-го ранга Баринова, прокуратура, опираясь на показания освобожденных из тюрьмы коммунистов, выделила из дела Калюжного материалы на Гапонова и группу его подчиненных в составе начальников отделений Е.И. Абрамовича, В.А. Машковского, М.М. Цирульницкого, Д.Б. Кордуна и Я.И. Берензона, бывших оперуполномоченных 4-го отдела А.Е. Гнесина, Х.К. Зарайского и М.М. Мазура, а также бывшего и. о. заместителя начальника УНКВД по Одесской области С.И. Гапонова[110].

Однако новое следствие развивалось медленно. Лишь в августе 1940 г. нарком внутренних дел УССР И.А. Серов распорядился выделить для расследования материалов в отношении Гапонова и компании «одного из работников Следчасти НКВД УССР и одного из аппарата Особоуполномоченного НКВД УССР»[111]. При этом перед следователями стала дополнительная задача – найти места нахождения ряда потенциальных обвиняемых, в частности, Берензона и Кордуна. Что касается Гапонова, то в декабре 1940 г. заместитель НКВД СССР И.А. Серов согласился с мнением следователей НКВД в том, что Гапонов не имеет отношения к делу КПК и поэтому достаточно считать его уволенным из органов[112]. Однако непримиримая позиция прокуратуры в тот момент перевесила мнение бериевского зама. В результате Гапонов был арестован 16 января 1941 г. в Таганроге, Гнесин – 25 января 1941 г. в Одессе, Кордун – 28 января 1941 г. в Молотовске, Абрамович – 5 февраля 1941 г. в Биробиджане, Берензон – 3 марта 1941 г. в Станиславе и Машковский – в начале 1941 г. В дальнейшее развитие событий внесла свои существенные коррективы война – все подследственные были этапированы в Сибирь, в тюрьму № 3 Томска, где и находились, за исключением Гапонова, до марта 1943 г., а потом были этапированы в Новосибирск, в тюрьму № 1, где дожидались суда, состоявшегося только 21–26 апреля 1943 г.

Материалы судебных разбирательств в отношении Калюжного и Тягина в меньшей степени характеризуют кампанию по восстановлению «социалистической законности», чем материалы суда над Гапоновым и «гапоновцами». Этому есть два объяснения. Во-первых, В.Ф. Калюжный расценивался следствием как креатура «врагов народа» Д.Д. Гречухина и А.И. Успенского, которые, в свою очередь, дали о нем показания как об участнике заговора в НКВД, что несколько «смазывало» в данном случае главную специфику бериевской чистки. Кроме того, Калюжный сделал в годы Большого террора серьезную карьеру, став не только одним из ведущих функционеров НКВД УССР, но и потенциальным кандидатом во вторые секретари Одесского обкома КП(б)У, а также делегатом XI съезда КП(б)У, что фактически детерминировало его арест и осуждение. Во-вторых, это были процессы над «одиночками», где в качестве обвинительных материалов главным образом фигурировали внутренние чекистские документы, а не показания свидетелей.

Оказавшись под следствием, а потом и под судом, одесские чекисты-«перегибщики» применяли три универсальных для этой чистки органов госбезопасности защитных стратегии. Первая сводилась к отрицанию личной ответственности за какие-либо нарушения «социалистической законности». Вся ответственность перекладывалась чекистами на вышестоящее начальство: от начальника отделения вплоть до наркома внутренних дел СССР, друг на друга, а также (крайне редко) – на местные партийные органы. Эта стратегия была особенно очевидной: ознакомившись с выдвинутыми против них обвинениями, чекисты ощутили себя в неком Зазеркалье, где им теперь предстояло персонально ответить за выполнение официальных приказов, в том числе напрямую исходивших из Москвы и Киева. Так, Калюжный обвинялся в том, что «устанавливал контрольные цифры на аресты граждан». Абрамович, пытаясь дискредитировать свое бывшее начальство, в своем заявлении военному прокурору войск НКВД П.В. Лехову от 17 марта 1941 г. также писал о лимитах как о местной преступной инициативе: «Спустя еще некоторое время я увидел в практике работы Одесского УНКВД новый маневр. Он заключался в том, что руководство начало устанавливать для райотделений НКВД "лимиты" на аресты. Делалось это таким образом, что садили на оперработника "на прямой провод", давали ему цифры для каждого района и вот работник, разговаривая с нач. райотделением, передавал ему приказание о подготовке к такому то числу такую то цифру людей. Эти лимиты доходили до неслыханных размеров. Были случаи, что предлагалось арестовывать за ночь 50–70 и более человек»[113]. Таким образом, лимиты репрессий, бывшие становой жилой операции по приказу № 00447, организованной и руководившейся Москвой, неожиданно стали преступной инициативой отдельных чекистских начальников. Это также свидетельствует о той обстановке секретности, в которой осуществлялись массовые операции.

Перекладывая вину на вышестоящее начальство, все обвиняемые рисовали в целом правдивую картину того жесткого давления, которое оказывалось практически на всех уровнях аппарата госбезопасности в период осуществления массовых операций. Здесь своеобразный «бонус» перед судом был у самых молодых и неопытных сотрудников. Гнесин, который в марте 1938 г. в возрасте 21 года решением Одесского обкома комсомола был мобилизован в органы, описывал в своем обращении Хрущеву, как проходила его «социализация» в УНКВД: он не видел ничего, кроме ругани и избиений, а «старшие товарищи», начальник отдела Калюжный и начальник отделения Майский, «окруженные ореолом славы», «[…] личным примером учили нас, молодых работников, как нужно работать с арестованными, заставляя ругать их, кричать и бить. Они зачастую по несколько раз в сутки звонили, вызывали следователей в кабинет, в том числе и меня, ругая за плохую якобы работу с арестованными. Критерием чему было то, что голос следователя не был слышен по коридору»[114].

Гнесину внушали, что он «делает большое партийное дело»; налицо был также пример сотрудников, изгнанных из «органов» за мягкотелость и либеральное отношение к «врагу». Согласно показаниям сотрудника 2-го отделения 2-го отдела УНКВД по Одесской области П.А. Пышного от 10 марта 1939 г., от применения чрезвычайных методов следствия отказывались сотрудники управления, члены ВКП(б) В.Ф. Сальников и Хмельницкий, а также комсомолец Корниенко. Хмельницкого и Корниенко исключили из партии и комсомола и уволили[115].

Абрамович, которого перевели в конце 1937 г. на работу в областное управление НКВД из районного аппарата, вспоминал первый урок, полученный им от бывшего начальника СПО УНКВД М.М. Герзона: «Когда он увидел, что арестованный не стоит, а сидит, то, уйдя из кабинета, спустя несколько минут он вызвал меня к себе. Требуя от меня объяснений о причинах "либерального отношения" к врагу, т. е. к арестованному […] буквально криком мне заявил: "Вы еще молодой работник и не знаете, как партия велит громить врагов народа. В лице каждого арестованного вы должны видеть врага и не церемониться с ним. Ему нужно создать самые какие только могут быть худшие условия, после чего увидишь, с кем имеешь дело. А если вы будете представляться наивным человеком и будете ко мне приходить с зачатками либерализма по отношению врагов, то можете очень быстро очутиться на скамье подсудимых. Идите и делайте то, что вам приказывают"»[116]. Эстафету от Герзона перенял Калюжный, который подбирался в носках к дверям кабинетов следователей, и горе было тому следователю, из кабинета которого не доносились крики[117].

Урок обхождения с арестованными Абрамович получил также из первых рук от самого наркома Успенского, который в ходе своего посещения УНКВД вошел в кабинет Абрамовича вместе с Гречухиным и Калюжным и якобы сказал следующее: «Вы не следователь. Работать не умеете. Раз арестованный не хочет сознаваться, и писать показания чернилами, то нужно его заставить, чтобы он писал их кровью». Машковский в своих показаниях от 26 апреля 1940 г. рассказал вероятно об этом же посещении Одессы Успенским: «Были случаи, когда в Одессу приезжал Успенский и ходил по кабинетам следователей и спрашивал: "Вы знаете, зачем вы призваны в органы? Для того, чтобы громить врагов", затем спрашивал: "Хочешь вести борьбу с врагами?", отвечаю "хочу", "вот перед тобой враг (показывает на подследственного), веди с ним борьбу"»[118].

О роли партии в репрессиях чекисты предпочитали не говорить, чтобы не ставить себя под удар, однако время от времени они «проговаривались», демонстрируя, что прекрасно знают, кто санкционировал и контролировал массовые репрессии. Н.И. Буркин, еще один высокопоставленный сотрудник УНКВД по Одесской области[119], уволенный из органов в 1939 г., на допросе от 10 июня 1939 г. признал, что «учет по политпартиям арестовывался без наличия соответствующих материалов, а на основе сфабрикованных справок на арест». Вину за это он традиционно возлагал на «успенца» Калюжного и самого Успенского, который летом 1938 г. отдал приказ арестовать весь «учет» по антисоветским политическим партиям, заявив: «До каких пор будут ходить по советской земле эти эсеры, меньшевики и т. д.». При этом деятельность Успенского получила поддержку на самом верху, о чем неоднократно говорил своим подчиненным Калюжный: «Успенский отчитывался на заседании Политбюро ЦК ВКП(б) о своей работе, которая полностью одобрена и сам тов. Сталин благодарил Успенского»[120].

Гапонов, оказавшийся, судя по тону письма, в начале 1940 г. на грани эмоционального срыва[121], выразился на эту тему гораздо более резко и недвусмысленно: «Разве не обком в лице его секретаря Телешова держал город в страхе и ужасе, разве не он оклеветал Черницу, Шпака и Бергера, а кто давал санкцию на арест коммунистов, в частности и по КПК, и по "Черноморской коммуне", [кто] как не он»[122]. Однако упоминание партии ограничилось только этими редкими случаями – она, как и жена Цезаря, была вне подозрений и вне критики.

Вторая стратегия заключалась в отрицании или минимизации совершенных преступлений, оспаривании подавляющего большинства выдвинутых против них обвинений, в первую очередь – в применении физического насилия и фальсификации документов следствия. Частью этой стратегии являлись попытки дискредитировать свидетелей из числа освобожденных подследственных, а также стремление выставить себя в качестве борцов с «липачами» и «фальсификаторами» в собственных чекистских рядах.

Так, Гнесин признавал, что применял «длительные допросы арестованных [по] 15–20 часов», но сам все это время «сидел [с ними] лично», а также сознавался «в оскорблениях, ругани арестованных», но не больше. Избивал арестованного он якобы только один раз, и то в группе, получив санкцию заместителя начальника 2-го отдела УГБ Н.И. Буркина. С.И. Гапонов в своем за-

явлении от 14 декабря 1940 г. военному прокурору войск НКВД
П.В. Лехову также признавался в двух избиениях, произведенных
исключительно с санкции вышестоящего начальства: «В январе
1939 г., получив соответствующую санкцию [начальства], я действительно нанес две пощечины Сенкевичу, но вовсе не для принуждения к подписанию показаний, а в связи с тем, что [Сенкевич]
по издевательски то подтверждал, то опровергал свои собственные показания, жонглируя признаниями и отрицаниями»[123]. Кроме этого, с санкции и «по настоянию» нового начальника УНКВД
Старовойта им был избит подследственный Чумак, причем Старовойт также принимал участие в его избиении.

Абрамович якобы написал письмо Сталину о безобразиях,
творящихся в управлении, ничего не говоря начальству, боялся,
«чтобы письмо не перехватили через Политконтроль». Дело доходило до того, – заявлял Абрамович – что мы с женой решали,
как и у кого останутся наши дети». После 17 ноября 1938 г. он
гордился тем, что «наверное единственный» не побоялся отправить письмо Сталину, «и когда было созвано по письму ЦК опер-
совещание 2-го отдела, то я первый, уже не боясь никого и ничего,
выступил и рассказал о проделках Калюжного, об извращениях, о
лимитах, и т. п.». Кроме того, Абрамович якобы «первый освободил более 50-ти человек, не мною арестованных, и ни в чем не
повинных людей [...] Я начал разбираться по настоящему со
своими делами, наметил большинство к освобождению, но это
пришлось сделать уже другим товарищам, ибо меня, не знаю почему, вдруг перевели на работу на ДВ»[124].

Но пальма первенства в восстановлении соцзаконности безусловно принадлежала Гапонову. В феврале 1940 г. он уверял следствие, что сразу же после постановления от 17 ноября 1938 г.
проинформировав секретаря Одесского обкома КП(б)У и Политбюро ЦК КП(б)У о положении дел и «творившихся безобразиях»,
на второй день после ареста Киселева «отменил решение двух-
трех троек, возвратив дела на доследование»[125]. Кроме этого, Гапонов «лично и немедленно занялся разбором группового следственного дела по 3-му отделу на красных партизан в [количестве]
100 человек и доказал необоснованность их содержания под
стражей. Организовал работу с агентурой и тщательный разбор
всех следственных дел. Ведал розысками Успенского, занимался
хозяйственными делами [...] и ежедневно представительствовал
во всех областных и городских партийных организациях. Заместителя у меня не было [...] Несмотря на это, я все же сумел разо-

блачить вредную практику работы Тягина, Макиевского, Айзмана, Рыбакова и Раева и успел некоторых их них отдать под суд»[126].

Но, несмотря на такую якобы активную деятельность по освобождению невинно арестованных людей, которую чекисты развили в 1939 г., они не сомневались в правомочности и необходимости массовых операций в целом. В этом смысле характерно следующее заявление Тягина от 10 мая 1939 г.: «Создание фиктивных организаций имело место по церковникам и 3-му отделению под названием "Молодая генерация", о чем мне говорил Буркин и Мельниченко, а также и другие сотрудники об этом поговаривали [...] Я уже отвечал выше, что выписка справок, не соответствующих действительности, является преступлением, но лица, которые были по ним арестованы, антисоветски себя проявляли»[127]. Тот же Тягин во время одного из допросов сформулировал расхожее заявление, которое повсеместно в разных вариациях повторялось осужденными чекистами от Дальнего Востока до Украины – о разнице в проведении массовых операций в 1937 г. и в 1938 г.[128] В устах Тягина это утверждение применительно к одесским условиям выглядело следующим образом: «Аресты по всем антисоветским политпартиям нужно разграничить на два периода: первый с декабря 1937 г. по апрель 1938 г., и второй с апреля 1938 г. Первые аресты проводились на основе крепких агентурных материалов, и в процессе следствия были вскрыты следующие контрреволюционные организации: эсеровская, сионистская, анархистская, дашнакская, меньшевистская, бундовская. Аресты во время второй операции проводились на основе формулярного учета, причем на некоторых лиц не было данных об участии в подпольных организациях, но в справках на арест об этом писалось»[129]. Таким образом, цель оправдывала средства, и чекисты-«перегибщики» охотно признавали незначительные нарушения закона, которые служили благой цели борьбы с врагами народа. Все остальные выдвинутые в отношении них обвинения чекисты, особенно непосредственно на суде, отвергали.

Третья стратегия защиты представляла собой стремление продемонстрировать следствию и суду, что они были, есть и продолжают, несмотря ни на что, оставаться верными сталинцами и «социально-близкими» советской власти людьми. Здесь главное место занимало апеллирование к своим чекистским заслугам перед партией и советской властью и указания на верную службу, несмотря на тяжесть специфической чекистской работы и грозившую им лично опасность в деле борьбы с врагами революции.

Эти заявления делались, как правило, на высокой эмоциональной ноте. Так, Гапонов писал: «Моего любимого сына, которого я воспитывал в духе преданности и любви к нашей Родине и великой партии Ленина-Сталина, не оставляйте, думаю, что советская власть сумеет его довоспитать не хуже меня. Только никогда не говорите ему, что его отец начал и закончил свою жизнь в тюрьме»[130]. Абрамович в трагизме описания гибели от руки своей собственной власти превзошел Гапонова. «Я прошу сталинской правды, – писал он 22 апреля 1941 г. – Прощай, моя любимая Родина! Прощай, мой воспитатель комсомол. Прощай, моя дорогая партия, принявшая меня в свои ряды два года тому назад. На смерть с открытыми глазами идет невинный коммунист – 32-летний рабочий литейщик. Да здравствует коммунизм! Да здравствует Великий Сталин! Я прошу помнить, что я заслуживаю наказания, но не расстрела»[131].

Калюжный в последнем слове давал понять судьям, что он всегда был сторонником убеждения, а не принуждения и грубой силы, даже в отношении явных врагов советской власти. Будучи участником подавления «кулацких» восстаний в период коллективизации, которые «[…] набирали такую силу и остроту, что нужно было применять оружие, что и было сделано во многих районах. Я же, несмотря на то, что имел в своем распоряжении отряд всадников, сумел организовать работу так, что восстание было ликвидировано без применения этой силы, т. е. без кровопролитья. Аналогичное восстание также было мной ликвидировано в 1931 г. в другом районе»[132]. Тягин в своем последнем слове на суде сделал все, чтобы подчеркнуть свою беззаветную преданность системе: «В период борьбы с бандитизмом у меня был пробит череп, отчего я страдал эпилепсией. Я больной туберкулезом во 2-й стадии. 15 лет я работал безупречно и вот на 16 год работы в органах НКВД я стал преступником. Преступником я не был. Я проявил только политическую близорукость, такую же близорукость проявляли все работники отдела. По распоряжению нач. 2-го отдела Калюжного я выписывал справки, корыстной цели в этом не преследовал, выдвижения по службе не добивался, а наоборот, в силу своего здоровья просил, чтобы меня не выдвигали. Прошу дать мне возможность возвратиться к своей семье и честно продолжать работу»[133].

Массовые операции НКВД 1937–1938 гг. осуществлялись в стиле сталинских массовых кампаний, которым были свойственны следующие характерные черты: формирование определенного дискурса, интенсификация событий в рамках какого-либо общественно-политического или экономического сегмента, соревновательный характер происходящего, где планы устанавливались только для того, чтобы их перевыполнить (как и было в случае с «лимитами»), кампании имели всегда своих героев и антигероев, а также конечные сроки. Феномен всех без исключения кампаний заключался в эффекте «перегиба»: сталинская власть сознательно поощряла «перегибщиков», добиваясь с одной стороны, выполнения с их помощью поставленных задач, будь то «выбивание» хлеба, проведение раскулачивания, ликвидация церквей или уничтожение «бывших», во-вторых, с помощью «перегиба» тестировала рамки и границы возможного. Вслед за этим следовало наказание «перегибщиков» (как правило, относительно мягкое) при разыгрывании карты «эксцессов на местах» и «восстановления законности» центральной властью.

Защитные стратегии сотрудников НКВД под судом и следствием свидетельствуют, что чекисты, оказавшиеся в числе «перегибщиков», в любом случае рассчитывали на то, что «своя» власть никогда не накажет их строго за чрезмерную жестокость к «врагам народа». Так в результате в целом и произошло. Однако жесткие меры по дисциплинированию сотрудников органов госбезопасности были необходимыми, так как среди них оказалось слишком много сторонников «чрезвычайщины», не желавших отказываться от того нового места, которое чекисты заняли в системе советской иерархии власти в результате Большого террора.

Палач и жертва Большого террора

Сергей Иванович Гапонов – это некий «химически чистый» тип чекиста 1930-х гг. Его биография призвана помочь создать коллективный портрет чекистов, которые успешно осуществили Большой террор. Этот портрет, в свою очередь, также должен внести свой вклад в дискуссию о том, как в условиях современных диктатур формируются «совершенно обычные люди» – ordinary men[134] – которые являются не только послушным, но и добровольным активным инструментом в руках государства для осуществления массовых карательных акций. Биография Гапонова также призвана помочь выяснить, какую роль играла советская специфика в этом генезисе современных карателей.

Гапонов происходил из семьи сотрудников ВЧК, подростком был вовлечен в агентурную сеть ОГПУ, а затем, переведенный на «гласную работу», прошел путь от рядовых должностей эпохи «великого перелома» к руководящим постам периода Большого террора. Дальнейшие перипетии его судьбы также могут найти соответствие в биографиях целого ряда видных работников НКВД, которым не удалось избежать тюрьмы, но посчастливилось выжить.

Сергей Гапонов родился 9 августа 1908 г. в г. Енакиево Бахмутского уезда Екатеринославской губернии. Детство Гапонова трудно назвать благополучным. Он рос в семье профессиональных революционеров, для которых ответственное воспитание потомства не являлось приоритетом. Его родители были подпольщиками с огромным партийным стажем: отец Иван Григорьевич являлся большевиком с 1903 г. (в 1930-е – работник мельничного треста), мать Лидия Вениаминовна – с 1905 г. (позднее заведовала гостиничным трестом). Характерно, что в 1930-х гг. давно расставшиеся родители Гапонова занимали примерно одинаковое служебное положение хозяйственных руководителей среднего звена[135].

В 1930-е годы о революционной деятельности Гапонова-старшего выяснились совершенно неожиданные подробности. В мае–июле 1904 г. он находился под стражей в Новониколаевской тюрьме по обвинению в принадлежности к Донской организации РСДРП. В разгар революции, 5 ноября 1906 г., он вновь был привлечен к дознанию за принадлежность к таганрогским эсдекам, но отделался лишь коротким заключением. Затем Гапонов-старший приобщился к криминальной деятельности: 7 марта 1911 г. Временный военный суд в Новочеркасске признал его виновным «в разбойном нападении на жилой дом в местности, объявленной на военном положении» и приговорил «в каторжные работы без срока». Архивная справка гласила, что 12 декабря 1908 г. мещане М. Василенко и Д.К. Яковенко, крестьяне К. Зайцев, М. Дейнека и И. Гапонов в районе с. Зуевки Таганрогского округа «совершили вооруженное нападение на квартиру служащих на руднике Титова, Пивоваровой и Семенченко, но не найдя у них денег, ворвались в квартиру кассира рудника мещанина Марко, у которого под угрозой лишить его жизни, ограбили 649 руб.». Пойманные сразу после ограбления, спустя два года они были преданы военному суду и 7 марта 1911 г. осуждены к повешению, за исключением Яковенко и Гапонова, получивших бессрочную каторгу. По конфирмации Войскового наказного атамана Зайцев и Дейнека также оказались помилованы и отправились на бессрочную каторгу. Показательно, что в 1930-е гг. Яковенко и Руденко утверждали, что дело о разбое было фальсифицировано полицией, причем эти заявления партийными контрольными инстанциями были приняты на веру[136].

Лидия Гапонова также была активной революционеркой. В марте 1909 г. агентура Юго-Восточного районного охранного отделения донесла о готовящемся нападении на Таганрогскую тюрьму с целью освобождения арестантов. Секретный сотрудник «Смирнов» сообщал, что динамитные фитильные бомбы для разрушения тюремной стены готовят в виде кирпичей, а привоз их в Таганрог взяла на себя Лидия Гапонова, жена «грабителя», содержавшегося в тюрьме. Лидия получила 25 апреля четыре снаряда и на следующий день была задержана у тюрьмы. В ее кошелке под продуктами нашли четыре кирпича, которые затем в присутствии судебного следователя «были взорваны экспертом и оказались страшной силы». Вместе с Гапоновой было арестовано еще 9 человек[137]. В октябре 1909 г. Гапонова была осуждена на четыре года тюрьмы, где находилась с младенцем Сергеем[138]. Амнистированная в 1913 г., Лидия была направлена с сыном в ссылку в Верхнеудинск, где жила до 1916 г., после чего смогла выехать в Ростов. В 1917 г. И.Г. Гапонов нашел семью, но Лидия еще в Сибири повторно вышла замуж, родила сына Вениамина, поэтому соединения семьи не произошло. Далее Гапонов-старший был комиссаром полка и в 1919 г. воевал против атамана А. Григорьева, а в 1920–1923 гг. заведовал отделом губЧК-ГПУ по борьбе с бандитизмом. Лидия в 1920–1924 гг. служила в Красной армии, в начале 1920 г. вышла замуж за Г.Р. Слиозберга, каптенармуса военного госпиталя, затем подвизавшегося в Екатеринославской губЧК уполномоченным экономического отдела, и развелась с ним в 1930 г[139].

В годы, когда молодой чекист продвигался вверх по служебной лестнице и участвовал во все более крупных делах, его родители оказались под пристальным вниманием «органов». Иван Гапонов, работавший заведующим мельницей, в 1932 г. был отдан под суд за служебные преступления и исключен из партии, причем дело его поступило на рассмотрение в полпредство ОГПУ по Северо-Кавказскому краю. Но 5 сентября 1933 г. дело на И.Г. Гапонова по ст. 117 УК полпредством было прекращено за недоказанностью, а по ст. 109 он был 16 февраля 1933 г. осужден к пяти годам лагерей условно. Тем не менее, Гапонов-старший остался на учете чекистов Северного Кавказа, и в феврале 1934 г. Таганрогский горотдел НКВД сообщил, что он «проходит […] по серьезному агентурному делу к.р. антипартийного характера». Только в марте 1937 г. ему удалось добиться восстановления в партии, но с перерывом стажа, и на 1940 г. Гапонов работал парторгом в системе промышленной кооперации Таганрога[140].

Сходные неприятности были и у матери нашего героя, Л.В. Гапоновой-Питул, которой в чистку 1929 г. сняли 12 лет партстажа и утвердили его только с 1917 г. Лишь в 1932 г. ЦКК ВКП(б) восстановила ей стаж в партии с 1905 г. Чекисты, в свою очередь, завели на Гапонову досье в связи с ее троцкистскими знакомствами, и даже в 1939 г. она все еще продолжала состоять на формулярном учете в Днепропетровске за близкую связь с бывшей меньшевичкой Ф. Рогинской, которая вращалась в кругу «активных троцкистов». На деле Рогинская, привезшая 300 руб. для арестованного родственника – троцкиста Литовского, просто останавливалась у Гапоновой. Включенной в систему чекистских досье она оказалась из-за мстительности днепропетровских чекистов. Гапонов в 1937 г., объясняясь, писал начальству в Киев, что его мать, руководя гостиничным трестом, «категорически отказалась давать бесплатные номера сотрудникам НКВД и работникам партийных аппаратов и по отношению тех людей, которые своевременно не платили деньги […] выселяла их из номеров. Также ею было отказано в даче номера [начальнику СПО окротдела] Соколову и Начальнику Днепропетровского Оперода – Цалеву, которые выставили ряд мотивов […] о том, что она не справилась со своей работой и ее необходимо снять». В 1941 г. Гапонова руководила школой медсестер в Одессе[141].

Начиная с 1920 г., Сергей Гапонов жил в Таганроге с отцом, где тот работал в ЧК начальником отделения (мать же являлась военкомом госпиталя в Нахичевани и Ростове-на-Дону, а затем начальником личного стола и отделения военной цензуры Екатеринославской губЧК). Не объясняя причин случившегося, лишь упоминая «голодовку» начала 1920-х гг., Гапонов позднее отмечал, что в этот период он «оторвался от родителей, некоторое время был беспризорным», и только в 1923 г. поселился у матери в Днепропетровске. В это время чекистскую карьеру продолжал его старший брат (почему-то носивший фамилию Никитин), работавший начальником ИНФО Проскуровского окротдела ГПУ УССР, а затем работавший директором Харьковского химзавода[142]. Жизненную дорогу Сергей выбрал обычную и первое время желал получить хорошую рабочую специальность, а затем – высшее образование. После окончания неполной средней школы в 1924 г. Гапонов учился на токаря в фабрично-заводском училище Днепропетровска, а с 1926 г. как токарь по металлу поступил на завод «Спартак» и одновременно стал учиться на рабфаке металлургического института. Тогда же он окончил вечернюю партийную школу 2-й ступени, что означало проснувшийся интерес не только к пролетарской карьере, а также внимание власти к активному молодому рабочему. В следующем году Гапонов перешел в слесари вагонного цеха Сталинской железной дороги, а в 1928–1929 гг. был токарем по металлу Днепропетровского завода «Сатурн»[143].

Примерно в 16 лет, то есть в 1924 г., учащийся ФЗУ Гапонов был завербован чекистами, но о характере первых поручений сведений нет, поскольку личное и рабочее дела на сексота Гапонова недоступны; скорее всего они были давно уничтожены в связи с истечением срока хранения. Сам Гапонов отсчитывал свой чекистский стаж с 1927 г. Но чекисты отмечали, что начало секретной работы Гапонова относится к периоду его обучения в ФЗУ «Юный металлист», где существовала молодежная троцкистская группировка. Один из ее членов, Я.И. Цейтлин, предложил Сергею примкнуть к этой группе, чтобы на очередном собрании комсомола голосовать против резолюции ЦК ВКП(б). Окончательного согласия Гапонов ему не дал, тут же сообщив о разговоре секретарю комсомольского комитета ФЗУ Азархину. Комсорг вместе с Гапоновым немедленно отправился в окружную партколлегию, где юноше, с ведома секретаря окружкома Б.А. Семенова, предложили «в порядке комсомольской дисциплины» согласится с предложением Цейтлина и влиться в его группу, чтобы «доносить партколлегии о деятельности таковой». Однако впоследствии переданные Сергеем сведения стали известны некоторым руководителям окружкома комсомола, а через них узнали и троцкисты. Поэтому комсомольца стали подозревать в том, что он рассказал о деятельности троцкистской группы своей матери, которая затем донесла об этих фактах в партколлегию[144].

После этого эпизода Гапонов «категорически отказался сообщать что-либо Партколлегии, заявив, чтобы его связали с ГПУ и лишь только в этом случае он будет продолжать работать». В тот же день уполномоченный секретного отделения Днепропетровского окротдела ГПУ Друян прибыл в контрольную комиссию и связался с Гапоновым, получил у него подробные материалы о троцкистах, оформил его как агента и дал «задание продолжать сближение с троцкистами с тем, чтобы за короткий период времени стать близким человеком к троцкистскому комсомольскому центру в Днепропетровске». В итоге Гапонов «стал близким человеком к центру, присутствовал на совещаниях центра и ему давался ряд ответственных поручений». Юный агент вскрыл «несколько десятков троцкистов, которые проводили конкретную троцкистскую работу в г. Днепропетровске, Харькове и Москве»[145]. Согласно справки начальника секретного отдела Днепропетровского окротдела ОГПУ В.С. Гражуля, Гапонов в начале 1928 г. начал обрабатываться троцкистами для работы и с первых дней стал освещать их деятельность для окружкома партии, а с апреля 1928 г. работал непосредственно на связи у работников окружного отдела и являлся ценным сексотом.

Чекисты отмечали, что по их заданию Сергей Гапонов был исключен из комсомола и кандидатов партии, а также впоследствии арестован, совместно с другими комсомольцами, при окончательном разгроме троцкистов в Днепропетровске. Вероятно, молодежная оппозиционная группа была так нашпигована агентурой, что чекисты посчитали ненужным репрессировать ее участников, ограничившись кратковременным арестом основной части. Поначалу 5 января 1929 г. было заведено групповое дело на Г.О. Берлянда, С.И. Гапонова, Е.С. Кесса, Г.И. Козянского, Г.Д. Кренцеля, Л.М. Меламеда, М.И. Спивака, А.Е. Трауша, Я.И. Цейтлина, Г.М. Шайковского, И.Н. Шендеровича, Т.С. Ясинского «за активную а/с работу к подрыву и ослаблению мощи соввласти» по ст. 54-10 УК УССР, каравшей за антисоветскую агитацию. Но Секретный отдел ГПУ УССР примерно через месяц его прекратил[146].

Арест Гапонова и исключение «были связаны с его зашифровкой как нашего сотрудника […], чего мы и добились». За период негласного сотрудничества с ОГПУ Гапонов был связан с оперативниками Друяном, Экгаузом, Д.Н. Медведевым (будущим деятелем партизанского движения в Белоруссии и писателем), М.Г. Чердаком (в Харькове) «и поддерживал, некоторый период времени, непосредственную связь с работниками ОГПУ». После разгрома троцкистского подполья юного сексота, являвшегося уже не рядовым информатором, а внедренным в организацию спецосведомителем, с которым работали не только резиденты, но и гласные работники ОГПУ, почти сразу же взяли на официальную работу в Днепропетровский окротдел ГПУ УССР и помогли восстановиться в партии.

Подобное начало чекистской карьеры и мнимые аресты для конспирации собственной агентурной деятельности были типичны для целого ряда видных работников ОГПУ-НКВД. Будущий полковник госбезопасности В.М. Казакевич, работавший в 1935–1937 гг. в Одесском УНКВД, а в 1938 г. – в Особом отделе ГУГБ НКВД СССР и принимавший участие в допросах многих крупных военачальников (в т. ч. и маршала А.И. Егорова), начал свою чекистскую деятельность в 1927 г. 19-летним сексотом. Будучи студентом Харьковского института народного хозяйства, он получил задание «освещать» троцкистов в своем вузе. Чтобы обезопасить ценного осведомителя, ГПУ Украины в 1928 г. наряду с другими троцкистами арестовало и Казакевича, чтобы уже через две недели освободить его. В заявлении в МГБ СССР от 5 ноября 1948 г. Казакевич писал, что «достаточно поднять агентурные дела на моих сокурсников-троцкистов и будет ясно, что они сели в тюрьму именно по моим материалам, как агента»[147].

Первая официальная оценка работы агента Гапонова – короткая и недатированная справка начальника секретного отдела Днепропетровского окротдела ОГПУ В.С. Гражуля, которая гласила, что Гапонов очень ценный сексот: «Не глуп. Не болтает, может сохранять секреты. Исполнителен. Главным недостатком является отсутствие общей грамотности. При хорошем руководстве и систематическом повышении своих общеполитических знаний – будет хорошим чекистом»[148]. Дальнейшая жизнь Гапонова полностью подтвердила это предвидение опытного оперативника, вскоре отправленного с Украины на нелегальную работу в Голландии, Франции и Германии.

С мая 1929 г. началась гласная чекистская работа 20-летнего Гапонова в качестве сверхштатного архивариуса Днепропетровского окротдела ОГПУ, с августа его стали привлекать к оперативным мероприятиям, а с 1 января 1930 г. он был назначен практикантом и сверхштатным помощником уполномоченного ИНФО окротдела, получив на связь первых агентов. Руководил ИНФО М.И. Говлич, который осенью 1930 г. составил следующую положительную аттестацию на регистратора ИНФО Днепропетровского оперсектора (с 14 сентября 1930 г.), отметив даже «излишнее увлечение работой» молодого сотрудника: «Тов. Гапонов […] привлечен был на техническую работу по разработке архивов. Однако как проявивший оперативные способности был вскоре использован как практикант по С[екретному] о[тделу], а затем в средних месяцах 29 г. был взят в ИНФО, где работает и по сие время. Если в начале т. Гапонову трудно было освоиться с информработой, разработками, составлением сводок и инструктажем сети, то в результате работы над ним за указанный промежуток времени, он работу начал усваивать и на сегодняшний день вполне справляется с работой Пом. Уполномочен. ИНФО, обслуживая воинские объекты, военизированную охрану и пожарные команды, ОСОАВИАХИМ, переменный состав, Окрвоенкомат и комсостав запаса. Обслуживание этих объектов проводит удовлетворительно. Имеет хорошее осведомление, правильно им руководит в основном, выпускает хорошие сводки по содержанию и своим объектам. Достоин вполне должности и сверхштатного п[омощника] уполномоченного ИНФО. Член КСМ, общее развитие удовлетворительное, не склочен, дисциплинирован, выдержан. Ошибки свои признает, но болезненно их переживает. Из недостатков следует отметить порой излишнее увлечение работой и нечеткое изложение своих мыслей на бумаге»[149].

Подобное «практическое» выращивание чекистов-оперативников из проявивших себя агентов и технических работников было типичным для среды ВЧК-НКВД. Гапонов не проходил каких-либо курсов, а учился чекистской работе на примере старших товарищей, которые брали его на явки с агентами, объясняли азы агентурной и следственной работы. Однако знание законов для чекистов было необязательным, и большинство из них отличалось правовой безграмотностью.

На рубеже 1931–1932 гг. Говлич уже смог привести целый перечень реальных чекистских дел своего подопечного: «Опыта еще мало, но работоспособен, не считаясь со временем. В оперсекторе обслуживал воинские объекты – ВОХР, комсостав запаса и переменников». Из достижений Гапонова отмечалось выявление среди комсостава запаса группы белогвардейских офицеров «с повстанческими тенденциями», а также сбор первичного материала на сына бывшего помещика Вышинского, «который в разговоре с нашей агентурой высказывал необходимость убийства т. Сталина […] писал целый ряд к. р. стихотворений, которые распространял среди своих знакомых». Гапонов активно разрабатывал бывшего городского голову Осипова и бывшего офицера Журавлева, оказавшихся «активными фигурантами» огромного провокационного дела «Весна» на бывших офицеров царской и белых армий, которое стало главным достижением чекистов Украины в 1931 г. Свои материалы Гапонов передал в Особый отдел, «где дальнейшая оперативная проработка их и следствие целиком и полностью подтвердили добытые материалы». Говлич отмечал, что Гапонов соответствует должности помощника уполномоченного СПО, «подает надежды на хорошего оперативного работника в будущем», но «нуждается в систематическом повседневном руководстве»[150]. Отметим, что с 1932 г. Гапонов состоял в членах КП(б)У. Цена голода, беспризорничества и напряженной работы была высокой – уже в конце 1931 г. медкомиссия обнаружила у чекиста, помимо общего нервного расстройства (классической болезни чекистов), еще и серьезное сердечное заболевание – эндокардит[151]. В то же время документы не упоминают о каких-либо следах привязанности Гапонова к другой распространенной чекистской «болезни» – систематическому пьянству.

Согласно характеристике от середины января 1933 г., Гапонов «обслуживал» бывших деятелей Украинской Коммунистической партии (УКП) и городское учительство, усвоил основы агентурно-оперативной работы и проявлял добросовестное отношение к своим обязанностям. Это означало, что оперативник имел ряд «первичных агентурных зацепок по бывшим укапистам и частично по городскому учительству, возникших в результате работы с агентурой и представляющих определенную ценность». В актив Гапонову также записали успех серьезного политического дела. Командированный в Ореховский район, после жесточайших указаний Сталина и руководства УССР, сломить сопротивление непосильным хлебозаготовкам со стороны низовой партийно-советской номенклатуры, Гапонов вскрыл «организованный саботаж» со стороны секретаря райкома Головина, председателя райисполкома Паламарчука и членов бюро райкома КП(б)У, итогом чего стало проведенное Гапоновым следствие, закончившееся лагерными сроками для обвиняемых и расстрелом одного из них. Чекист в свою очередь был награжден именным оружием[152].

Аттестация в октябре 1933 г. зафиксировала Гапонова в должности уполномоченного 2-го отделения СПО Днепропетровского облотдела ОГПУ. Инициативу он проявлял слабо, а политически все еще был «развит средне», хотя, помимо агентурно-следственной работы по «националистам», «обслуживал» также органы печати и зрелищные учреждения. Борясь с «националистами», Гапонов участвовал в деле «Осколки» в Новомосковском районе Днепропетровской области. В 1933 г. Гапонов принимал участие в агентурной разработке и следствии по делу «Украинцы», а также вел следствие по делу «Украинской военной организации». Начальство одобрительно отмечало проявленную чекистом настойчивости в приобретении агентуры: например, Гапонов завербовал «ценного агента» по УКП «Берданка». К отрицательным качествам Гапонова относили «некоторую вялость и недостаточную серьезность в оценке материалов, подлежащих разработке». Также отмечалось, что, в согласии с повсеместными и традиционными указаниями, круг знакомых Гапонова «в основном чекистский», что позволяло начальству контролировать работника. В августе 1934 г. Гапонов благополучно пережил жесткую партийную чистку. Говлич отметил его склонность к оперативной работе, охарактеризовав как «неплохого чекиста и коммуниста»[153].

Однако в конце 1934 г., в соответствии с приказами Ягоды и Балицкого о перестройке агентурной работы, в управлениях НКВД были проведены проверки, которые показали совершенно неудовлетворительный формализм в работе с осведомлением в большинстве чекистских подразделений. Всего в УНКВД по Днепропетровской области на конец ноября 1934 г. имелось: 231 агент, 153 резидента, 407 спецосведомителей и 1787 осведомителей. Во 2-м отделении СПО имелось шесть сотрудников, половину которых составляли опытные оперативники: начальник отделения Д.Г. Лифарь, имевший на личной связи 11 агентов, оперуполномоченный Стрельцов (руководил работой в 22 районах области по всем объектам отделения, был связан с четырьмя агентами) и оперуполномоченный Чаплин, обслуживавший научные круги и имевший на личной связи 26 агентов. Остальные сотрудники были в ранге уполномоченных: Гапонов работал по политическим партиям в Днепропетровске, имея на связи резидента и 12 агентов; Коган обслуживал студенчество, курируя резидентов по вузам, двух агентов и 12 спецосведомителей; Талисман обслуживал 23 района по объектам отделения, имея в областном центре 5 агентов.

В конце 1934 г. отделение не имело следственных дел и вело всего лишь четыре агентурные разработки, из которых одна («Коричневые»), на учителя немецкого языка Ульриха, была закреплена за Чаплиным, который за полгода не обеспечил никакого «агентурного освещения». Остальные три курировал один Гапонов. Самым важным считалось дело «Хищники» на Бортника, Каргальского, Архангельского и Лозинского, но Бортник совершенно не прорабатывался, а к остальным фигурантам не было «надежного агентурного подхода»[154]. Разработка «Неисправимые» затрагивала украинского националиста Кусака и еще двух человек, но, будучи заведенной в мае 1934 г., тут же оказалась законсервированной, ибо с агентом «Грищенко», который, как и

Кусак, жил в Кривом Роге, связь не поддерживалась. Слабо работала агентура по разработке «Разведчики», затрагивавшей «укапистов» с. Диевка Днепропетровского района, поэтому к фигурантам не было «прямого подхода» и их «глубокой разработки». По основным объектам деятельности 2-го отделения: националистам из научной среды, профессуре, аспирантам, вузам и учителям агентурных дел не было, за исключением сомнительных связей учителя Ульриха с немецким консульством. Отделение также не приняло мер для вскрытия укапистского подполья[155].

Из проверенных в отделении личных и рабочих дел 21 агента следовало, что семеро из них в последние месяцы принимались редко и материалов не давали вообще, а в целом «сеть засорена полурасшифрованными агентами». Старый агент и бывший активный петлюровец «Ильин», давший «в прошлом ряд крупных дел», не раз использовался в качестве внутрикамерного агента, оказался частично расшифрован, за последние месяцы ничего не давал. Бывший помощник командира полка петлюровской армии «Руденко», студент литературного факультета университета, также никакой информации не давал. Из имевшихся в вузах 89 осведомителей не использовалась почти половина. Были и объективные трудности: у отделения имелась единственная конспиративная квартира, на которой принималось 17 агентов, а остальных сексотов оперативники принимали у себя на дому.

3-е отделение СПО работало гораздо активнее и на 13 оперативников имело 51 разработку по эсерам и прочей «сельской контрреволюции», из которых только 10 расценивались как заслуживающие внимания. В 1-м отделении работало 11 сотрудников, вяло занимавшихся антипартийными группами и совсем не следивших за бывшими коммунистами, а единственное следственное дело было прекращено как созданное агентом-провокатором. Четвертое отделение имело троих оперативников, работая по религиозным организациям и объектам связи. На 1 декабря 1934 г. в СПО УГБ УНКВД по Днепропетровской области основная часть (102 чел.) из квалифицированной агентуры – агентов и спецосведомителей – имела стаж негласной работы до года. Стаж до четырех лет имелся у 25 агентов, до шести – у 17, а восемь и более лет стажа имели 38 сексотов. Таким образом, в конце 1934 г. инспекция НКВД УССР зафиксировала слабые результаты агентурной работы всего СПО УНКВД, включая и 2-е отделение. Такая ситуация была типична для аппаратов УНКВД[156], а также прочих чекистских структур в большинстве регионов. На

привычные замечания верхов о слабости агентурно-осведоми-
тельной работы следовали дежурные заверения о ее пересмотре и
подъеме, подкреплявшиеся ведомственными поощрениями. И «пе-
рестроившийся» Гапонов уже в начале 1935 г. был поощрен за
успехи в агентурной работе по дальнейшим разработкам.

С середины 1930-х годов из характеристик Гапонова исчезли
указания на недостатки. Материалы аттестации за апрель 1935 г.
свидетельствуют, что Гапонов (кстати, плохо знавший украинский язык) по-прежнему работал по «линии» украинской контрреволюции – политпартиям, галичанам (военнослужащим Чер-
вонной Украинской Галицкой армии, ранее воевавшей на стороне
Украинской народной республики и Деникина) и эту «работу
знал хорошо», а остальные отрасли оперработы «в основном [...]
неплохо». Также Гапонов удовлетворительно усвоил основные
приказы и инструкции НКВД и в соответствии с ними перестраи-
вал свою работу по вербовке агентуры: «Обрабатывать объекты
на вербовку, а также и вербовать агентуру – умеет. Любит работу
с агентурой, умеет ею руководить и воспитывать. По материалам
его агентуры возникло ряд разработок». Гапонов лично провел
агентурные и следственные разработки: «Притон», «Хищники»
(по террору) и др. В разработке у Гапонова имелись два дела:
«Разведчики» (боротьбистско-укапистское подполье) и «Топо-
графы» – по украинской контрреволюции. Как инициативный и
волевой сотрудник, Гапонов подлежал выдвижению на должность оперуполномоченного[157].

Таким образом, первые шесть лет своей гласной чекистской
карьеры Гапонов провел в Днепропетровском окружном отделе и
оперсекторе, а затем в областном отделе ОГПУ-НКВД, где прошел
путь от архивариуса и практиканта до уполномоченного секретно-политического отдела – головного отдела в системе политического сыска. Гапонов специализировался на агентурной разработке
лиц, которых власть относила к «украинским националистам». До
поры до времени его карьера развивалась обычным темпом. Гапонов, как все старательные чекисты, постоянно получал поощрения. В 1933 г. его премировали двухмесячным окладом «за
предотвращение теракта и вскрытие саботажа в хлебозаготов-
ках». В 1934 и 1935 гг. за «хорошую постановку работы и вскрытие контрреволюционного подполья» (хотя на деле результаты
2-го отделения были провальными) он дважды награждался деньгами от имени НКВД УССР. Кроме этого, Гапонов также имел
благодарность за вскрытие боротьбистской организации «с обнару-

жением динамита и баллонов с ядовитыми газами», а за активную работу с агентурой, обеспечившую «подъем агентурно-оперативной работы», 9 января 1935 г. Гапонов получил благодарность и двухмесячную зарплату[158].

В его аттестации на присвоение звания лейтенанта госбезопасности, подписанной наркомом В.А. Балицким, его замом З.Б. Кацнельсоном и начальниками отделов НКВД УССР (скрепленной подписью Ягоды от 30 декабря 1935 г.), как оперуполномоченного 3-го отделения СПО Днепропетровского УНКВД, кратко указаны основные достижения: в 1924–1928 гг. работал как агент «Огонек» по троцкистам и помог вскрыть ряд групп в Днепропетровске, Харькове и Москве, с 1929 г. работал по ликвидации разработки «Осколки» – повстанческой организации бывших УКПистов. В 1933 г. участвовал в агентурной разработке и следствии по делу «Украинцы», вел следствие по делам «УВО», «Весна» и «ОУН». Как хороший работник и грамотный чекист, знающий агентурно-оперативную работу, он был признан достойным присвоения спецзвания лейтенанта ГБ и намечен для выдвижения в Киев, в аппарат СПО. И в апреле 1935 г. Гапонова перевели в столицу на должность уполномоченного 2-го отделения СПО УГБ НКВД УССР, а 1 декабря 1935 г. назначили оперуполномоченным 3-го отделения СПО.

Эта должность в республиканском аппарате подразумевала участие в политических делах более солидного масштаба. Характеризовался Гапонов в этот период положительно, но довольно сдержанно. Так, в справке об оперативной деятельности чекиста за первое полугодие 1936 г. руководство СПО в лице начальника 3-го отделения С.А. Пустовойтова и начальника СПО П.М. Рахлиса (расстрелянного в январе 1938 г.) отмечало, что «объектом обслуживания» Гапонова была «украинская контрреволюция», которую он «освещал» с помощью четырех осведомителей. Руководил он этой самой массовой разновидностью негласных помощников «удовлетворительно», в связи с чем некоторые осведомители «после известной работы над ними» могли быть переведены «в ближайшем будущем в агенты». Помимо рядовых осведомителей, Гапонов был связан с взятыми на централизованный учет (т. е. зарегистрированными как реальные, а не «мертвые души», спешно навербованные для отчетности) агентами «Жаботинским» (по Донбассу), «Кооператором» и «Лотосом» (по Черниговской области). Чекист вел агентурное дело «Подготовка» по разработке «украинского эсеровского подполья», по которой проходил член ЦК УПСР Недилько, вернувшийся из ссылки и, как уверяли чекисты, якобы ведший работу по воссозданию эсеровской организации. Новых вербовок у Гапонова не было, что означало не очень активную агентурную работу. Зато в этот период Гапонов успешно провел следственное дело арестованного по «немецкой фашистской организации» Митрофанова, добившись от него признаний в контрреволюционной работе. Также Гапонов периодически участвовал в обысках и арестах[159].

Характеризуя работу Гапонова за второе полугодие 1936 г., его начальники отмечали, что оперуполномоченный Гапонов новых вербовок не имеет, «хотя неоднократно вызывал намеченных объектов к вербовке». Трудности с вербовками не мешали карьере тех чекистов, которые активно занимались следственной работой, а Гапонов, судя по всему, был эффективным следователем. На связи он имел трех агентов, двое из которых работали удовлетворительно: «Толев» дал «серьезную группу», связанную с польским консульством, и Гапонов вел ее разработку, второй агент освещал «троцкистско-националистическую группу» в областном земельном управлении. Третий же агент не давал никаких реальных зацепок. Связанный с периферийной агентурой по трем областям (Чернигов, Днепропетровск, Донбасс), Гапонов часто выезжал в командировки, однако результативность «его работы с периферией невелика и сводится к регистрации недочетов работы в областях». В справке отмечалось, что следственную работу по делу Бенеське чекист закончил вполне удовлетворительно, «несмотря на то, что подбор [обвинительного] материала представлял затруднения». Сносными были сочтены и результаты работы по делу «контрреволюционной группы», ликвидированной в Чернигове. Зато по двум другим делам Гапонов отработал с прохладцей: «По делу группы Томко-Галаревич, Волошин работал без необходимой настойчивости и неудовлетворительно провел это дело. Также не проявлено настойчивости в деле Мандзюка и Лещенко». Справка констатировала и типичное для оперативных работников занятие «черновой» чекистской работой: «В операциях и обысках участие принимает»[160].

После ареста Балицкого и начала чистки среди чекистов УССР Гапонов подал новому наркому И.М. Леплевскому в июле 1937 г. 12-страничный рапорт[161], содержащий интересные подробности работы чекиста и конфликтных взаимоотношений в аппарате отдела. Начальник СПО УГБ НКВД УССР Б.В. Козельский направил Гапонова к своему помощнику С.М. Долинскому, который прикрепил его к 3-му отделению СПО, возглавлявшемуся Н.Д. Грушевским, и поручил наблюдать за «центральными разработками» по украинской контрреволюции: «Я делал через Оперод установки проходящих лиц, делал запросы, подшивал бумаги и напоминал Долинскому, что необходимо осветить тот или иной вопрос, т. к. агентура была у него на связи или у других начальников [отделений]». Только две недели спустя Гапонов добился перехода к агентурно-следственной работе и получил группу арестованных заодно с заданием «перебрать находящиеся в архиве отделения и лежащие свыше двух лет без движения около 200 личных дел осведомления и агентуры, с которыми была потеряна связь». В аппарате СПО, по мнению чекиста, царило вредительство, «полнейшее незнание своих учетов, хаоса в делах, потери связи с агентурой» и, как результат, отсутствие репрессий в отношении многих врагов: «Вся работа строилась на шумихе и заявлениях, что мы […] хорошо боремся с врагом». Гапонов жаловался, что ему поручали самых безнадежных арестантов, которые по два-три месяца не давали показаний, и которых, как говорил начальник отделения, нужно было во что бы то ни стало «пропихнуть хотя бы через Особое Совещание» на предмет бессудного осуждения на небольшой лагерный срок[162].

В рапорте Гапонов усилено разоблачал свое начальство, приводя вполне правдоподобные факты его подлаживания к точке зрения Балицкого, не заинтересованного в том, чтобы его подчиненные вскрывали контрреволюционные организации, якобы уже действовавшие долгое время: «В следственной работе Грушевский в завуалированной форме давал мне установки, говорящие за то, что показания надо фиксировать так, как это требует руководство вне зависимости от того, знает ли об этом обвиняемый или нет. Открыто давалась установка о том, чтобы не фиксировать в показаниях, что контрреволюционная организация или группа, по которой арестован тот или иной обвиняемый, возникла несколько лет тому назад, а записывать ее возникновение в 1935–36 гг., так как Москва, и в частности тов. Ежов ругается за то, что несвоевременно вскрыли к-р подполье. К тому же, как заявляли Долинский и Грушевский, "фиксировать возникновение к-р организации в 25–26 г. нам на данном этапе это политически невыгодно"»[163].

Гапонов утверждал, что Грушевский занимается «липогонством» и «малопартиен», а его отец проходил по агентурной разработке в одном из районов. В ответ Гапонова обвинили в «провинциализме и духе противоречия», быстро отстранили от следствия и загрузили служебной перепиской. Оказавшись без агентуры и арестованных, Гапонов сам начал прорабатывать кандидатуры на вербовку. Но когда он нашел украинского националиста Кисланя, чекисту «сказали, что его завербует другой, но через полгода его [еще] не завербовали». Только Гапонов добился разрешения на вербовку Кисланя, как его арестовало Киевское УНКВД и через два дня он дал развернутые показания о принадлежности к «правобережной боротьбистской организации». В начале 1936 г. Гапонов «ставил вопрос об аресте б[ывшего] боротьбиста Павла Хоменко, Косьяненко и др., но отвечали, что рано и их надо разрабатывать». Когда чекист стал просить перевода куда-нибудь в область, Долинский сказал, что это невыгодно самому Гапонову, т. к. его мать проходит по разработке троцкистов «и надо этот вопрос сначала урегулировать». Таким образом, Гапонов столкнулся с политическим недоверием – самым опасным, что могло встать на пути чекистской карьеры. Зам. начальника СПО П.М. Рахлис тем временем наводил справки по обвинениям Гапонова в троцкизме в конце 1920-х годов, но не говорил об этом с Гапоновым, зато весь аппарат СПО об этих подозрениях знал. В ответ Гапонов в 1936 г. «дал ряд рапортов на сотрудников НКВД [...], кои имели отношение к троцкистам», но жаловался, что ничего по этим сигналам сделано не было[164].

Интересным в рапорте Гапонова является эпизод с реакцией чекистов на доносы известного провокатора Николаенко, которая с 1935 г. засыпала аппарат СПО доносами «о контрреволюционных действиях националистов и троцкистов, засевших в партийных и советских аппаратах гор. Киева»[165]. Когда Николаенко сообщила о том, что в аппарате Киевского обкома КП(б)У засели троцкисты, то Рахлис на ее сообщениях наложил резолюцию: «Николаенко сумасшедшая, больше ее не принимайте». Когда в Киев приехал Л.М. Каганович и узнал про активность Николаенко, то заместитель Балицкого З.Б. Кацнельсон и П.М. Рахлис тут же заговорили о том, что сексотка «многим помогла НКВД», хотя ее материалы куда-то исчезли[166].

Донося на своих сослуживцев, Гапонов заявлял Леплевскому: «Возможно значительная часть людей, которых я сейчас перечисляю являются честными проверенными и преданными коммунистической партии людьми, но по моему концентрация людей, скомпрометировавших себя в прошлом является неслучайным. Брук – бывший троцкист, Рахлис – бывший троцкист, Аглицкий –

бывший эсер, Грозный – бывший сионист, большой приятель Брука, работая в политотделе, сбежал из такового и был принят на работу Козельским, Пустовойтов – бывший украинский эсер. Отец Грушевского проходит […] как связанный с украинскими националистами. У Гречихина брат осужден, Предатко растратил гос. средства в комсомоле и т. п.»[167]. Вероятно, рапорт Гапонова был учтен новым наркомом Леплевским при той чистке, которую он учинил своим подчиненным. Бывший начальник СПО УГБ НКВД УССР Рахлис был арестован уже в начале августа 1937 г. и расстрелян. Помощник начальника СПО С.С. Брук был арестован и расстрелян буквально на несколько дней позже Рахлиса. Расстреляли и Грушевского с Пустовойтовым. Начальник отделения Я.Л. Грозный-Левчинский был изгнан из НКВД УССР при Успенском, потом уволен, но в июле 1941 г. восстановился в НКВД и с ноября 1942 г. прибыл в Новосибирскую область на должность начальника УРО Сиблага[168].

В условиях, когда каждый сомнительный знакомый мог потянуть на дно, наш герой легко шел на предательство, причем не дожидаясь грозного 1937 г. Например, в ответ на просьбу своего старого знакомого Кесса заверить отзыв о партработе последнего в 1927 г., Гапонов осенью 1936 г. донес, что Кесс, работник Бамлага НКВД, в 1929 г. состоял на службе в Днепропетровском окротделе ОГПУ, причем до поступления на гласную работу был агентом по троцкистам и известен как «активный троцкист». Гапонов написал начальству, что «всегда был уверен в том, что он раньше стал троцкистом», а отчим-юрист Кесса, по некоторым данным, был арестован по делу «Весна». Гапонов просил помощника начальника СПО НКВД УССР С.М. Долинского проверить «троцкистскую работу» Кесса и сообщить об этом в Бамлаг[169].

Но подлинное ускорение карьере молодого, однако уже опытного чекиста придал 1937 г., когда оперативные работники в условиях чистки кадров и опоры на тех, кто будет активно раскручивать маховик репрессий, стали массово выдвигаться на руководящую работу. Гапонов 25 мая 1937 г. был назначен врид помощника начальника 3-го отделения СПО УНКВД в Виннице. Уже за двухмесячное пребывание в Виннице он показал себя эффективным и растущим работником, у которого лично сознались более 10 арестованных. По мнению начальства, Гапонов подлежал выдвижению на должность начальника отделения СПО, что и было выполнено[170]. С 1 октября 1937 г. он был с повышением переведен в выделенную из Винницкой Каменец-Подольскую область.

В подписанной начальником СПО УНКВД по Каменец-Подольской области С.А. Гинесиным и начальником УНКВД Н.Т. Приходько справке об оперативной деятельности заместителя начальника СПО УНКВД младшего лейтенанта ГБ Гапонова указано, что за июль–декабрь 1937 г. он, благодаря агентуре, вскрыл две организации и пять повстанческих групп. Работая с агентом «Месяц» (по украинской контрреволюции), «получил от него мат-лы о наличии контрреволюционной организации в системе органов Наробраза (дело "Просвещенцы")», которая была ликвидирована, а в 14 районах чекисты вскрыли ее повстанческие ячейки и одну террористическую группу. Гапонов завербовал четырех агентов: «Прометея» (по украинской контрреволюции), от которого получены «существенные материалы»; «Мединова» (по украинской контрреволюции), «который при вербовке сознался, что в Каменец-Подольске был связан с националистическим элементом»; «Ивановского» (по правым), от коего получил материалы о принадлежности ряда ответственных партийных и советских работников к организации правых; «Михайлова» – по троцкистам, который «при вербовке сознался в своей двурушнической работе в партии и связях с троцкистами». Таким образом, двое из агентов стали сотрудничать с чекистами под угрозой ареста за принадлежность к «заговорам». Успехи Гапонова исчислялись уже десятками арестованных и осужденных людей.

За вторую половину 1937 г. и начало 1938 г. Гапонов отработал начальником отделения и заместителем начальника СПО УНКВД по Каменец-Подольской области, курируя работу двух отделений СПО. Он успел вскрыть и ликвидировать организацию УКП – 75 человек, которые все без исключения были осуждены к расстрелу. По этому же делу им была выявлена связь с польской разведкой, ее агентура и диверсионно-террористические группы. По агентурному делу «Приятели» оказалось осуждено 14 «повстанцев» во главе с прибывшим из Польши «разведчиком» Орловским; по агентурному делу «Подрывники» была разоблачена диверсионная организация в Ярмолинском районе во главе с «агентом польразведки Чернецким» (10 человек); по делу «Диверсанты» – «шпионско-диверсионно-террористическая организация в Теофипольском районе» (10 человек) плюс ряд других дел. При ведении дела по УКП Гапонов добился признаний от 39 человек о наличии центра организации, связи с польской и германской разведками, а также связи с центром украинской эмиграции многочисленной «низовки» повстанческого диверсионно-террористического подполья в Винницкой, Каменец-Подольской, Киевской, Днепропетровской и других областях. Также чекист принимал участие в ликвидации украинского эсеровского подполья в Каменец-Подольской области – репрессировано 56 человек и выявлено два эмиссара-эмигранта Украинской ПСР. Далее начальство отмечало: «Руководя следствием по ряду дел о к-р организациях и группах также имел сознание значительного количества арестованных». Гапонов завел две агентурные разработки («Просвещенцы» и «Обнаглевшие») по украинской контрреволюции, а также 12 дел-формуляров (досье) «по этой же линии». По делу «Просвещенцы» – «повстанческой националистической организации», действовавшей в блоке с правыми и троцкистами и создавшей «диверсионно-террористические группы» – все 17 арестованных были осуждены. Оценка работы Гапонова была такова: «Чекистки квалифицирован всесторонне, обладает административными способностями, энергичен, взаимоотношения с аппаратом нормальные, дисциплинирован. Занимаемой должности соответствует»[171].

Еще Гапонов участвовал в «кулацкой операции», ликвидации ячейки «ПОВ» (39 человек) и ряда повстанческих и шпионских группировок. Чекист лично допросил 58 человек, от большинства получил показания о «повстанческой низовке», руководстве «организацией» и связи с иностранными разведками. Гапонов руководил 10 агентами, от которых получил ряд ценных материалов, послуживших основанием к ликвидации нескольких организаций и групп. Лично же завербовал пять агентов: «Иванова» – по правым, «Мединова» – по украинским националистам, «Залужного» – по националистам; «Хованского» – по боротьбистам и «Федосеева» – по троцкистам[172]. «Черновой» работы он тоже не избегал и в качестве ответственного дежурного по УНКВД ночью 23 декабря 1937 г. присутствовал при расстреле комендантом Левкиным на городском кладбище 11 осужденных, в т. ч. четырех женщин[173].

В конце марта 1938 г. чекиста вернули в Киев, и он стал заместителем начальника 1-го (ведущего) отделения СПО НКВД УССР, а с 4 апреля являлся врид начальника 6-го отделения СПО, т. е. фигурой, заметной в масштабах наркомата, благодаря чему 13 июля 1938 г. получил должность начальника СПО УНКВД в одной из важнейших областей Украины – Одесской. Здесь его ждал пик карьеры: назначение 15 ноября 1938 г. – в обстановке повальной смены начальников областных управлений после скандального бегства наркома Успенского – исполняющим обязанности начальника Одесского УНКВД. В августе 1938 г. Гапонов заработал высшее ведомственное отличие, получив знак почетного работника НКВД[174]. Методы работы Гапонова вполне устраивали Успенского. Как показывал бывший начальник УНКВД по Киевской области А.Р. Долгушев, примерно в октябре 1938 г. Одесское УНКВД представило Успенскому отчет об агентурной работе, составленный Гапоновым как начальником СПО, и охарактеризованный Долгушевым абсолютно липовым, призванным «отвести глаза»[175].

От прежних начальников УНКВД Федорова и Киселева Гапонов получил мрачное наследство – не только массу незаконченных следственных дел, но и жуткий пыточный застенок, именовавшийся ЦАД («Центральный арестный дом»). Практически в каждом управлении НКВД по стране имелись особые изолированные комнаты или группы помещений, где специально подобранные следователи с изощренной жестокостью более или менее тайно избивали и пытали упорных заключенных, вынуждая сознаваться в «заговорах». В Одессе ЦАД организовали в 1937 г. по инициативе контрразведывательного отдела в здании уголовного розыска, где, по словам сотрудника КРО М.И. Максимова-Гольдмана, каждый милиционер контролировал «две-три камеры, в каждую из них ставился один арестованный, который стоял до тех пор (даже 10–15 дней) пока не изъявлял согласия давать показания»[176]. Более откровенно о методах ЦАДа, работавшего под началом начальника 5-го отделения КРО Ф.С. Орловского-Гороховского, говорилось в обвинительных материалах по делу В.Ф. Калюжного: постоянный штат милиционеров этого учреждения занимался «только нанесением физических воздействий арестованным»[177]. Пока точно неизвестно, когда прекратилась работа ЦАДа, но ясно, что при Гапонове массовые аресты и пыточное следствие процветали, в т. ч. в первые месяцы 1939 г., когда Гапонов и его окружение не только продолжали широкие репрессии, но и мстили тем, кто пытался хоть как-то их ограничить.

Пребывание Гапонова на пике карьеры оказалось непродолжительным, несмотря на хорошую партийную характеристику от 2 декабря 1938 г.: «Является примерным, идеологически выдержанным партийцем, чутко реагирует на запросы сотрудников, воспитывая молодые чекистские кадры в партийно-чекистском духе […] Хороший производственник. Агентурную и следственную работу знает хорошо»[178].

С 15 января 1939 г. должность начальника УНКВД стал занимать бывший секретарь райкома партии, 32-летний А.И. Старовойт[179]. Гапонов остался при нем заместителем, а 7 марта 1939 г. был возвращен на должность начальника СПО. Таким образом, ему пришлось активно заниматься процессами прекращения наиболее уязвимых с точки зрения доказательной базы следственных дел на коммунистов. При этом Гапонов всемерно старался не допустить реабилитации арестованных, применяя к ним привычные меры психологического шантажа и пытки. Серьезным вызовом для Гапонова оказалось дело КПК, поскольку он не смог парализовать попытки уцелевших арестованных по этому делу добиться реабилитации.

Несмотря на значительный оперативный опыт, этот чекист, имевший крупные «шероховатости» в биографии по части связей с репрессивными лицами, выдвиженец «изменника органов» Успенского и активный фабрикатор дел на номенклатуру, был быстро признан ненужным элементом в НКВД и уволен. В 1930-е гг. ближайшие родственники Гапонова, включая жену, оказались неблагонадежными. Именно это обстоятельство подчеркивалось кадровиками при решении вопроса об увольнении заслуженного чекиста, а не его роль в терроре. Женатый на своей ровеснице Лидии Владимировне Дубновой, комсомолке с 1926 г., Гапонов оказался сильно скомпрометирован фактом ареста ее брата Ильи Вульфовича Дубнова, заместителя секретаря Днепропетровского горкома комсомола, который в 1937 г., по словам Гапонова, говорил, как он «выявил и передал НКВД врагов партии»[180].

Семейный груз тяжелейшего по тем временам компромата оказался неподъемным для карьеры чекиста, хотя в «процессе следствия организационных связей» между Гапоновым и Дубновым установлено не было»[181]. Поводом к увольнению Гапонова послужила история с освобождением работника Одесского обкома КП(б)У Бугаенко, которого Гапонов представил своим агентом, а также необоснованные аресты партийных контролеров[182].

Можно считать, что Гапонову крупно повезло – его не признали участником «ежовского заговора», он не был сильно скомпрометирован показаниями арестованных видных коллег и все годы пребывания под прицелом прокурорских и чекистских расследований оставался в ранге «перегибщика», дополнительно скомпрометированным родственниками и служебными ошибками. Приказом замнаркома НКВД УССР А.З. Кобулова от 19 апреля 1939 г. Гапонов был уволен и переведен в систему областной связи.

Но постепенно следствие по делу его предшественника в областном СПО В.Ф. Калюжного накопило много претензий к Гапонову, что, вероятно, повлияло на жесткость партийных властей при разборе его дела. Как человек, отказавшийся признать вину в истреблении «честных коммунистов», на заседании бюро Сталинского райкома КП(б)У в Одессе от 24 июля 1940 г. он был исключен из партии за нарушения законности и неискренность при обсуждении его «ошибок». От Гапонова ждали подробного рассказа о своих провалах и соблюдения заведенного ритуала покаяния (резкая оценка ошибок, указание на прочих виновных, благодарность старшим товарищам за указания на недостатки), но экс-чекист по сути отказался «разоружиться» перед партией. В ответ работник обкома партии Лайок заявил, что абсолютно не следует лишать политического доверия всех чекистов[183], но конкретно Гапонов должен понести кару: «Неверно будет, если поступит заявление на того или иного чекиста, [его] сразу бить. В органы НКВД на работу попало много кадров, которые не могли разобраться в обстановке, а потом они начали выправлять недостатки, и мы [их] на работе в органах НКВД оставляем. Гапонов мог на партийном собрании выступить и честно обо всем рассказать, но он не хотел этого сделать. Вместо этого хотел обмануть [членов] Обкома партии»[184].

В своем заключительном слове Гапонов пытался представить себя жертвой обстоятельств и честно ошибавшимся коммунистом и чекистом, который почти не нарушал законность, а напротив, массово прекращал необоснованные дела. Он не рискнул сослаться на санкции ЦК ВКП(б) бить арестованных, но твердо защищал внутрикамерных агентов-«наседок» и принципы агентурной работы: «Все о чем товарищи говорили точно. Обстановка была такова, но нужно разобраться в чем виноват я. В наследство я получил 900 дел и врагов и честных людей. Я виноват в том, что не так быстро разобрался в этих делах […] После указания партии о неправильности применения физических мер воздействия, они все таки применялись, но нужно учесть обстановку, нужно учесть, что я принял от Калюжного […] О "Цаде" я ничего не знал, там делались кошмарные вещи, но я не могу за это отвечать потому, что его при мне уже не было. […] Меня обвиняют в фальсификации дел, антипартийных методах работы. Я слепо верил своему аппарату и опомнился слишком поздно. Я прошу учесть, что я освободил много честных людей, осудил Тягина. […] Я не чуждый для партии человек, карайте меня за плохую работу [...]. На хозяйственной работе себя оправдываю. Я не из социально чуждых людей. [...] Я имею личную благодарность от Политбюро ЦК ВКП(б). Я заслуженный чекист, участник гражданской войны, но не преступник»[185].

Попытки Гапонова вернуть партбилет не увенчались успехом, и Одесский горком в декабре 1940 г. утвердил его исключение из КП(б)У. Не сумевший вернуться в партию Гапонов, наверняка знавший об осуждении Калюжного, сразу уехал к отцу в Таганрог, но был там 16 января 1941 г. арестован по ст. 193-17 УК и более года провел под стражей. В начале июля 1941 г. ВТ войск НКВД Киевского округа провел подготовительное заседание по делу, но после начала войны процесс отложили, а Гапонова в итоге эвакуировали в Томскую тюрьму[186]. Там он допрашивался эвакуированным из НКВД УССР начальником следственной группы А.М. Лесным и, вероятно, смог использовать в свою пользу прибытие на должность начальника УНКВД по Новосибирской области Л.А. Малинина, бывшего руководителя Одесского УНКВД, который привез с собой целый ряд одесских чекистов, включая знакомого Гапонову замначальника СПО С.И. Дрибинского. По просьбе Гапонова бывшие украинские чекисты, оказавшиеся в Новосибирске, дали ему положительные характеристики. Обращает на себя внимание, что Гапонов, сидя в Томской тюрьме, знал, где находятся его бывшие коллеги, например, отбывавший наказание в 1-м Новосибирском отделении УИТЛК В.Ф. Калюжный[187].

По инициативе УНКВД по Новосибирской области Гапонова освободили 14 марта 1942 г. Сразу по освобождении он стал хлопотать о восстановлении на агентурно-оперативной работе в НКВД. В своем письме Л.А. Малинину от 17 марта 1942 г. Гапонов уверял, что обвинение в освобождении бывшего сотрудника Одесского обкома ВКП(б) Богаенко в обмен на работу сексотом было выдвинуто бывшим наркомом и врагом Успенским. Также Гапонов писал, что в своей работе он допустил «искривления», и просил направить его на фронт. Уже 19 марта 1942 г. на заявлении появилась резолюция Малинина: «Необходимо собрать все материалы и решить вопрос о реабилитации». В тот же день Гапонов был зачислен в систему УИТЛК УНКВД по Новосибирской области, где занимался организацией розыска беглых заключенных. В апреле 1942 г. Гапонов, пользуясь прибытием в Новосибирск многочисленных чекистов, эвакуированных из УССР, отправил в Отдел кадров НКВД СССР копии показаний и характеристик о себе. Семеро его коллег-земляков заверяли московское начальство, что Гапонов – авторитетный чекист и был арестован по клевете о «якобы искривлении методов следственной работы»[188].

Здесь стоит сказать, что к остальным подельникам Гапонов после освобождения оставался равнодушен, о чем с обидой 4 января 1943 г. писал ему Я.И. Берензон из томской ИТК: «Здорово Сергей Иванович! Вижу, что ты молчишь то решил написать сам. […] Ты вышел и плювать на то, что Корзун, Абрамович и др. сидят в тюрьме зная, что низачто и ты палец о палец не ударил чтобы помочь, вто время, что у тебя есть эта возможность […] под рукой прокурор погран войск, кроме того можеш войти к Малинину, да вообще чего тебя учить сам знаеш, недаром же был начальником обл. упр. НКВД. Ну не будем ругаться и думаю, что ты что либо предпримеш. Слышал, что тебя восстановили в партию, с чем и поздровляю. Ну пока всего, привет жене и матери, помни, что все хлопцы сидят 2 года в тюрьме. Крепко жму руку Яша»[189].

Гапонов мечтал вернуться к оперативной работе, надеясь попасть во фронтовой особый отдел и быстро продвинуться по службе. Сохранился рапорт Гапонова от 18 сентября 1942 г. на имя И.А. Серова с просьбой восстановления на оперработе и направления в особый отдел на фронт. Чекист писал, что пострадал в результате личных трений с бывшим начальником УНКВД по Одесской области Старовойтом и ссылался на знавших его работников центрального аппарата НКВД М. Завгороднего, Киреева и др. Но призывы к Москве оказались тщетны. Заместитель начальника отдела кадров НКВД СССР М.Г. Свинелупов 27 октября 1942 г. написал начальнику отдела кадров Особого отдела НКВД СибВО Л.Н. Данилову, сообщив о направлении ему на рассмотрение рапорта Гапонова с просьбой о восстановлении на оперативной работе. Свинелупов, не имея понятия о бывшем начальнике областного УНКВД, просил переговорить с Гапоновым и выяснить причины его перевода на неоперативную работу, а также возможность использования в органах военной контрразведки. Однако в Отделе кадров союзного НКВД Гапонова оценили как неподходящий элемент, и в рукописной записке анонимная сотрудница предложила отказать ему в переводе на оперработу: брат жены осужден как активист троцкистской террористической организации; сам Гапонов незаконно освободил арестованного Бугаенко и допустил искривления в 1938 г. в следствии; работает в ГУЛАГе и беспартийный[190].

Материалы последней спецпроверки, проведенной украинскими кадровиками и ставшие основой для нелицеприятных заключений в Москве, содержали серьезные обвинения в адрес Гапонова: освободил из тюрьмы «троцкиста» Бугаенко, устроив его в облпотребсоюз, и тот «под видом секретного сотрудника систематически посещал квартиру» Гапонова, получив в эти посещения 700 руб. из секретных сумм. При этом вербовка Бугаенко как агента не была оформлена, личного агентурного дела на него нет, «и вообще последний по своему физическому состоянию как секретный сотрудник не пригоден», поскольку «обладал весьма слабым слухом». К тому же Бугаенко оказался родственником бывшего сотрудника Днепропетровского УНКВД Лифаря и знакомым Гапонова. Отметим, что фальшивая агентура, вознаграждение которой присваивали себе оперативники и их начальство, была распространенной практикой: в 1938 г. таких липовых агентов заводил себе начальник 6-го отдела УГБ НКВД УССР В.С. Грабарь[191]. Обвинялся Гапонов и в провокационной работе с агентурой: в бытность помначальника 2-го отдела НКВД УССР и будучи на явке агента «Сумина», он получил от него материалы о подозрительном поведении ряда инспекторов Киевского автомотоклуба, после чего Гапонов в присутствии агента набросал схему расстановки лиц, названных «Суминым», в несуществующую антисоветскую организацию и дал понять агенту необходимость написать доклад соответственно схеме, что тот и сделал. На основании этого единственного вдохновленного Гапоновым документа было арестовано пять человек, из которых одного расстреляли[192].

Между тем военная прокуратура в Новосибирске не собиралась мириться с прекращением дела на Гапонова и 17 декабря 1942 г. отменила оправдательный приговор, постановив взять чекиста под стражу. Правда, военный трибунал войск НКВД Западно-Сибирского округа в Томске 25 января 1943 г. не смог начать рассмотрение дела Гапонова, Кордуна, Абрамовича, Берензона, Машковского и Гнесина, поскольку с осени 1942 г. Гапонов был убран с гласной работы, использовался управлением НКВД как специальный конспиративный агент и находился «в продолжительной и серьезной оперативной командировке». Берензон был переведен из Томска в ИТК № 6 и тоже не был доставлен на заседание. Дело было приостановлено, однако прокуроры быстро добились присутствия Гапонова на суде. Обвинение подчеркивало применение чекистами «средневековых» и «инквизиторских» пыток[193]. Но Гапонов и его подельники использовали прежнюю тактику отрицания основных свидетельских показаний о нарушении ими законности, упирая на свою преданность НКВД и советской власти, и она оказалась достаточно действенной. Обычно судьи отправляли осужденных чекистов на фронт – так произошло и на этот раз. Получив 26 апреля 1943 г. длительные сроки заключения, подсудимые были тут же амнистированы и направлены в действующую армию. Причем Гапонов отправился туда последним, поскольку считался ценным агентом, и руководство УНКГБ по НСО в конце 1943 г. просило наркомат разрешить оставить его в своем распоряжении.

Оказавшись в Красной армии в должности интенданта 2-го ранга (подполковника), Гапонов благополучно дожил до победы. В последующем он спокойно вернулся в Киев, где многим запомнился как беспощадный инквизитор периода 1935–1938 гг., и встретил старость на хозяйственной работе. В 1950-х гг. Гапонов работал в тресте «Киевгорсвет», будучи заслуженным коммунистом и участником войны. Сын Гапонова пошел по стопам отца и много лет проработал в системе МВД: известно, что Киевская высшая школа МВД в марте 1974 г. запросила в УКГБ по Одесской области личное дело С.И. Гапонова в связи с тем, что его 42-летний сын Юрий, как сотрудник школы, подлежал дополнительной спецпроверке[194]. Последний раз дело Гапонова государственные структуры затребовали в момент краха СССР – в январе 1992 г. военная прокуратура СибВО (Новосибирск) в порядке надзора проверила дело Гапонова и его подчиненных от 1943 г., и сделала вывод о том, что все эти чекисты были осуждены правильно[195].

В течение всей своей чекистской карьеры – негласной, гласной, затем снова негласной – С.И. Гапонов демонстрировал поведение, свойственное сотрудникам советских органов государственной безопасности. Основной служебной обязанностью Гапонова было изучение людей с целью их сортировки на «своих» и «чужих» (с последующей вербовкой лиц из обоих лагерей в агентурную сеть), а также физическое уничтожение или изоляция «бывших», «антисоветских» и «контрреволюционных элементов». Понимание своей роли как бойца «передового вооруженного отряда партии», находящегося на фронте борьбы с классовым врагом, и в то же время как уязвимого винтика огромной карательной машины, обусловило характерные профессиональные деформации характера Гапонова. К ним в первую очередь относились отсутствие сомнений в непогрешимости «органов»; жестокость и уверенность в том, что арестованный не может иметь никаких прав, даже после освобождения и реабилитации; крайний карьеризм и изворотливость, готовность идти по трупам.

Фигура Гапонова типична для поколения сотрудников государственной безопасности, руками которых сталинская власть осуществила Большой террор. Его социализация пришлась на годы Гражданской войны, взросление и возмужание прошли уже в системе советской тайной полиции, которая сформировала его по своему образу и подобию. В результате он стал не только послушным исполнителем преступных приказов сверху, но и активно вносил свой собственный вклад в массовые репрессии. В его судьбе профессионального специалиста в области провокации и сыска как в зеркале отразились судьбы значительной части чекистских руководителей образца Большого террора – быстрый служебный рост, невзирая на компрометирующие анкетные данные, резкое падение с карьерной высоты в качестве «отработанного материала», примерное осуждение за «перегибы» в отношении нескольких десятков коммунистов, а не тысяч «настоящих врагов», сравнительно быстрое освобождение и благополучное существование во «второй» жизни, где уже не было смертельных качелей беспощадного чекистского мира.

Реабилитированные чекисты

Снисходительный подход к уголовным преступлениям, совершенным «своими» в борьбе с «врагами народа», был характерен для советской власти. Так, в начале 1920-х гг. в отношении так называемых красных бандитов – сотрудников милиции, ЧК-ГПУ, красных партизан, членов сельских коммунистических ячеек – практиковавших бессудные расправы и массовые убийства своих политических противников, применялись формально строжайшие наказания вплоть до вынесения смертного приговора, но в итоге уголовные дела почти всегда заканчивалось помилованием и скорым досрочным освобождением[196].

Чекисты традиционно считались образцами политической лояльности, поэтому наказания в отношении членов этой кастовой группы советского государственного аппарата всегда были наименее жестокими. Фигура чекиста, осужденного за тяжкие преступления и затем не только досрочно освобожденного, но и возвращенного в органы госбезопасности, стала привычной уже с начала 1930-х гг., когда на службу в систему ГУЛАГ в массовом порядке стали направлять проштрафившихся сотрудников[197].

Великая Отечественная война предоставила осужденным чекистам, избежавшим расстрела в 1939–1941 гг., значительно более широкие возможности для реабилитации, чем лагерная система. Интенсивное формирование особых отделов НКВД при воинских частях требовало тысяч новых сотрудников. С точки зрения И.В. Сталина и Л.П. Берии, опытные чекисты, «перестаравшиеся» в годы террора, должны были быть возвращены в систему госбезопасности для ее пополнения и укрепления. Массовая амнистия, осуществленная в отношении бывших работников госбезопасности преимущественно в 1941–1942 гг., стала своеобразным ответом на беспрецедентную чистку «органов» конца 1930-х гг. В этом случае, как никогда ранее, ярко проявилось превалирование политической целесообразности над юридическими нормами, предусматривавшими суровое наказание за совершение особо тяжких преступлений.

Уже в первые дни после начала войны Военная коллегия Верховного Суда СССР во главе с В.В. Ульрихом стала заменять реальное наказание чекистам, даже из «сталинских списков» и подлежавшим осуждению по первой категории, отправкой на фронт. Очевидно, что работники Военной коллегии получили соответствующее распоряжение с самого верха. Осужденных работников НКВД освобождали специальными решениями высшего руководства – указами Президиума Верховного совета СССР, принятыми по инициативе Л.П. Берии[198]. Освобождения происходили, судя по всему, в два основных потока: в конце 1941 г. и в конце 1942 г. Известно, что в декабре 1941 г. Берия обратился к Сталину с просьбой в связи с нехваткой кадров на фронтах освободить из заключения 1610 сотрудников, отбывавших наказание главным образом за нарушения законности[199]. Осенью 1942 г. из лагерей и тюрем выпустили еще одну большую группу бывших работников НКВД, отдельные освобождения предпринимались до 1945 г. включительно. Таким образом, можно предположить, что всего в годы войны было амнистировано не менее двух тысяч чекистов. После освобождения их, как правило, направляли как в разведывательно-диверсионные группы и особые отделы, так и в штрафные роты.

Тяжесть совершенных преступлений фактически не играла серьезной роли в принятии решения об освобождении. Так, в октябре 1941 г. указом Президиума Верховного Совета СССР был амнистирован один из самых безжалостных чекистов Большого террора, бывший начальник УНКВД по Житомирской области и начальник НКВД по Крымской АССР Л.Т. Якушев (Бабкин). Он был в 1939 г. осужден на 20 лет лагерей, в том числе за то, что непосредственно руководил расстрелом 553 человек, осужденных тройкой и казненных – с целью замести следы – уже после запрета приводить в исполнение приговоры троек[200]. После освобождения и отправки на фронт Якушев участвовал в 1942–1944 гг. в действиях разведгрупп партизанских отрядов в Смоленской и Витебской областях, дослужился до полковника, был восстановлен в ВКП(б) и награжден орденом Ленина, а с 1945 г. подвизался на ответственной хозяйственной работе[201].

Судьбы амнистированных чекистов складывались по-разному. Значительная часть из них попала в строевые части и не занималась чекистской работой. Как правило, эти чекисты направлялась в штрафные роты, и, если им посчастливилось выжить, получив ранения, то они добились снятия судимости, но не права вернуться в «органы»[202]. Но сотни амнистированных сотрудников НКВД смогли попасть во фронтовые особые отделы и возобновить чекистскую карьеру. Эта коллизия существенно повлияла на деятельность особых отделов, поскольку на службу в них в большом количестве пришли люди, стремившиеся окончательно реабилитироваться в глазах власти, применяя привычный опыт фальсификации крупномасштабных дел и получения от обвиняемых требуемых показаний. В результате во фронтовой обстановке они с размахом проявляли именно те качества, которые сделали их «героями» Большого террора, а приобретенный ими опыт участия в массовых операциях НКВД позволял им успешно продвигаться в органах военной контрразведки. В свою очередь, руководство НКВД-НКГБ по-прежнему требовало от чекистов раскрытия «контрреволюционных заговорщицких организаций» и беспощадности к «врагам народа». В ответ на эти установки на фронте широко применялись классические методы сталинских спецслужб: провокации, использование внутрикамерной агентуры, в т. ч. из лиц, приговоренных к расстрелу, обман, шантаж, запугивание, а также избиения и пытки[203].

Участие чекистов в Великой Отечественной войне – до сих пор мало изученная и спорная тема в истории советской политической полиции. Роль НКВД-НКГБ и «Смерша» в годы войны усиленно поднимается на щит и мифологизируется как самими работниками госбезопасности, так и ведомственными историками. Действительная картина событий была далека от ведомственной героизации. Составители сборника документов «Лубянка. Сталин и НКВД–НКГБ–ГУКР "Смерш"» отмечали, что деятельность некоторых амнистированных чекистов сопровождалась «использованием тех же методов [что и ранее], грубейшими нарушениями законности, гибелью невинных людей»[204]. Для солдат и офицеров Красной армии не было секретом, что у работников особых отделов и «смершевцев» имелись свои планы для отчета перед начальством по количеству разоблаченных врагов. Известно, что за годы войны только органы НКГБ раскрыли около пяти тысяч «антисоветских контрреволюционных организаций»[205].

Но нельзя также отрицать того, что часть амнистированных чекистов внесла свою лепту как в советские успехи на фронтах, так и в диверсионно-разведывательную деятельность НКВД–НКГБ. До сих пор также нет точных сведений о том, какая часть амнистированных сотрудников НКВД погибла на фронте или была ранена, искупив кровью хотя бы часть своих тяжких преступлений.

Судьбы Гапонова и «гапоновцев» во многом типичны для амнистированных сотрудников НКВД. Как уже писалось выше, после начала войны Гапонова этапировали в Сибирь, в Томскую тюрьму, его следственное дело было «временно утеряно». За Гапонова вступился заместитель начальника УНКВД по Новосибирской области, капитан госбезопасности С.И. Плесцов (один из видных активистов Большого террора), в результате чего 20 февраля 1942 г. следователь Следчасти НКВД УССР Салацкий принял решение Гапонова из-под стражи освободить[206] и 15 марта 1942 г. Гапонов отбыл в распоряжение отдела кадров УНКВД НСО. Все остальные его «подельники» до марта 1943 г. находились в тюрьме № 3 Томска, а потом были этапированы на суд в Новосибирск, в тюрьму № 1.

С 19 марта 1942 г. Гапонов был принят на работу инструктором Управления ИТЛК УНКВД по Новосибирской области, а 13 июля 1942 г. получил повышение и по 18 сентября 1942 г. работал старшим инструктором отделения службы и режима штаба ВОХР УИТЛК с окладом 800 руб., невысоким по чекистским меркам, но втрое большим, чем средняя зарплата советских служащих. В аттестации, датируемой июлем 1942 г., заместитель начальника УИТЛК УНКВД по Новосибирской области по охране Ф.П. Фалеев отметил, что служащий с апреля 1942 г. старшим инструктором отдела службы и режима Гапонов (переведенный из Одесского облотдела наркомсвязи), беспартийный и несудимый, отличается большим кругозором, пользуется уважением сослуживцев, скромен, с работой справляется и должности соответствует[207]. Уже 6 октября 1942 г. Гапонов сделал очередной важный шаг в своей реабилитации, став кандидатом в члены ВКП(б). К февралю 1943 г. он официально числился начальником части розыска Штаба ВОХР УИТЛК УНКВД НСО.

Таким образом, уже весной 1942 г. Гапонов вернулся к чекистской работе и затем, на повторном суде, хвалился, что в период работы начальником отделения розыска «под моим руководством поймано до 500 бежавших заключенных, врагов народа»[208]. В январе 1943 г. должно было состояться судебное разбирательство Военного трибунала войск НКВД Западно-Сибирского округа, но суд сорвался, поскольку Гапонов, согласно справке, предоставленной в военный трибунал начальником УНКВД по Новосибирской области, находился «в продолжительной и серьезной оперативной командировке и доставлен в суд быть не может»[209]. Работа Гапонова была высоко оценена руководством УНКВД по Новосибирской области, и в преддверии суда, 28 февраля 1943 г., начальник ЭКО УНКВД подполковник И.Б. Почкай обратился с письмом на имя председателя Военного трибунала войск НКВД Западно-Сибирского военного округа Кулика, в котором писал: «Последние два месяца Гапонов С.И. выполнял особое задание по линии НКВД, в выполнении которого показал себя преданным и самоотверженным работником, достойного самого высокого положительного отзыва»[210].

Своим приговором от 21–26 апреля 1943 г. ВТ войск НКВД Западно-Сибирского округа приговорил Гапонова, Кордуна, Абрамовича и Берензона к 10 годам, Гнесина и Машковского – к семи годам лишения свободы, при этом было принято решение удовлетворить ходатайство Гапонова, Берензона, Гнесина и Машковского, освободить их из-под стражи и направить всех четверых в действующую армию. Аналогичное решение 1 июня 1943 г. было также принято в отношении Кордуна и Абрамовича.

Освобожденные одесские чекисты были направлены в действующую армию[211] но не Гапонов. Руководство УНКГБ по Новосибирской области по-прежнему было заинтересовано в его услугах и продолжало использовать уже не в розыске беглецов из ГУЛАГа, а «в качестве агента для разработки антисоветски настроенных лиц», включая некоего Тимченко. На какое-то время новосибирские чекисты смогли даже саботировать решение вы-

шестоящего московского начальства, куда менее высоко оценив-
шего работу Гапонова и приказавшего 21 января 1944 г., «учитывая совершенные Гапоновым преступления», направить его
«в распоряжение новосибирского облвоенкомата для отправки на
фронт»[212]. На пересыльный пункт облвоенкомата Гапонова откомандировали лишь спустя два месяца, 25 марта 1944 г.: «задерж-
ка в направлении была вызвана – согласно справке за подписью
начальника УНКГБ Малинина – ввиду оперативной необходимости»[213]. Судя по последней информации о Гапонове из его архивно-следственного дела, освобожденный чекист так и не удосу-
жился принять участия в военных действиях: 23 мая 1944 г.
интендант 2-го ранга Гапонов выбыл в распоряжение коменданта
города Рославль[214].

   Вернулся на чекистскую стезю, хотя и не так успешно,
В.А. Машковский. После освобождения он принимал участие в
военных действиях на Западном и 3-м Белорусском фронтах, был
дважды контужен. Но уже с весны 1944 г. стал работать секретарем фронтового приемно-пересылочного лагеря военнопленных
№ 24 НКВД, где, по свидетельству начальника лагеря майора Ан-
германа, не только исполнял свои прямые обязанности, но и являлся дознавателем. Согласно представлению к медали «За боевые заслуги» от 26 апреля 1945 г., Машковским были «вскрыты
преступления, совершенные военнослужащими лагеря, и преступники предстали перед судом Военного трибунала. Своей
добросовестной работой тов. Машковский содействовал укреплению воинской дисциплины среди личного состава лагеря»[215].

   Такой же награды в августе 1946 г. удостоился А.Е. Гнесин.
С августа 1943 г. до сентября 1945 г. он служил снайпером
1-й стрелковой роты 386-го стрелкового полка 60-й стрелковой
дивизии внутренних войск НКВД. Согласно данным наградного
листа, на фронт он прибыл в мае 1943 г. в составе 219-го гвардей-
ского стрелкового полка 71-й гвардейской стрелковой дивизии,
принимал участие в боях на 3-м Украинском фронте, был легко
ранен в плечо 5 мая 1943 г., в июне, после излечения, участвовал
в бою при наступлении на железнодорожный узел Харьков –
Полтава, 9 августа 1943 г. контужен, после излечения 25 августа
1943 г. был направлен на службу в 386-й стрелковый полк внутренних войск НКВД, где зарекомендовал себя «дисциплинированным, аккуратным бойцом, исполнительным и требовательным
к себе». В наградном листе также присутствует короткая пометка
«с 12.45 г. – на службе в НКВД»[216].

Менее счастливой была военная судьба Е.И. Абрамовича. На фронте он находился с 13 июня 1943 г. по 22 сентября 1945 г., служил рядовым 6-й роты 3-го батальона 940-го стрелкового полка 262-й стрелковой дивизии 43-й армии 1-го Прибалтийского фронта. В ночном бою 18 сентября 1943 г. за деревню Фомино на Витебском направлении Абрамович получил тяжелое ранение. Согласно наградного листа, в этом бою он, несмотря на ранение в голову, установил связь между командным пунктом батальона и командирами рот, обеспечив тем самым успех батальона в наступлении на село. До ранения вынес с поля боя двух раненых – младшего лейтенанта и сержанта. После демобилизации Абрамович был признан инвалидом Отечественной войны 2-й группы. Показательно, что наградное представление на Абрамовича подписал 15 августа 1946 г. военком Кагановического района г. Одессы капитан Храмов. В итоге бывший чекист 6 ноября 1947 г. был награжден орденом «Красной Звезды»[217].

О дальнейшей судьбе Кордуна и Берензона авторам ничего не известно. Однако из десятков амнистированных и отправленных на фронт украинских чекистов погибла сравнительно небольшая часть. Это начальник 9-го отдела УНКВД по Днепропетровской области Д.Я. Клибанов (в 1940 г. осужден на 7 лет, амнистирован в сентябре 1942 г., погиб в 1943 г.); начальник 3-го отделения СПО УНКВД по Харьковской области В.Р. Липко (арестован в 1939 г., осужден на 10 лет, амнистирован в сентябре 1942 г., погиб в 1943 г.); врид особоуполномоченного УНКВД по Житомирской области лейтенант ГБ В.Я. Вольский (осужден на 8 лет в 1939 г., амнистирован в декабре 1942 г., пропал без вести в 1944 г.)[218]. Те же чекисты, которые воевали не в рядовых званиях, а также смогли устроиться «по специальности», имели очень хорошие шансы уцелеть.

Восстановление нарушенного равновесия

В историографии существует несколько расхожих интерпретаций бериевской чистки 1939–1941 гг., которые, с нашей точки зрения, все имеют право на существование, поскольку каждая из них адекватно объясняет тот или иной фрагмент происходившего. Первое, наиболее распространенное объяснение, сводится к феномену «клановой чистки»: также, как в конце 1936 г. Ежов инициировал чистку «ставленников» Ягоды, в результате которой по обвинению в контрреволюционных преступлениях за 1937–1938 гг. были арестованы 1862 оперативных сотрудника госбезопасности[219], так и в 1939–1941 гг. Берия вычищал из органов НКВД бывших «ежовцев». Под «ежовцами» в первую очередь подразумевается разветвленный клан чекистов Северного Кавказа, сформировавшийся сначала вокруг видного руководителя ВЧК-ОГПУ Е.Г. Евдокимова и являвшийся опорой Н.И. Ежова в период его нахождения на посту наркома внутренних дел СССР.

Согласно еще одному популярному объяснению, в ходе бериевской чистки произошло наказание действительных «перегибщиков», заправил террора, в некоторых из которых обстановка массовых операций выявила или подстегнула садистские наклонности. Речь идет о «передовиках» репрессий, людях, «творчески» подошедших к следствию, истязавших арестованных и фабриковавших дела, фальсифицировавших документы и доказательства, садистах, извращенцах и мародерах, чьи преступления очевидным образом компрометировали власть. По указанию Сталина в начале 1939 г. в Новосибирске был даже проведен открытый процесс над второстепенными чекистами Кузбасса, сфабриковавшими на несовершеннолетних скандальное дело о заговоре[220]. Н.В. Петров так писал о чекистах «бериевского призыва», осужденных уже после смерти Сталина: «Суд для многих из них стал неприятным сюрпризом. Они верили в свою безнаказанность и, например, как Рюмин, самонадеянно полагали, что история органов начинается с них и опыт предыдущих поколений чекистов – ничто. Им совсем не хотелось думать, что они могут разделить опыт своих предшественников, расстрелянных за излишнее рвение и бездумное выполнение преступных приказов»[221]. Петров дает здесь довольно шаблонное объяснение кампании по осуждению чекистов, в т. ч. применимое к чекистам, осуществившим Большой террор. Фактически речь идет все о тех же пресловутых «перегибах», к которым приводило «рвение» и «бездумное выполнение приказов». Несмотря на свою лапидарность, эта интерпретация также имеет право на существование. Особенно адекватно она объясняет мотивацию трибунальских судей и обоснование вынесенных приговоров. Со стороны же руководства НКВД было важно убрать сотрудников, замешанных в мародерстве, неподходящем социальном и национальном происхождении, скомпрометированных связями с нелояльными лицами, запустившими оперативную работу и т. д.

Еще одним объяснением, достаточно близким к интерпретации кампании бериевской чистки как акции по наказанию «перегибщиков», является утверждение о внезапной, совершенно неожиданной для самих чекистов «криминализации» их действий. Арестованные сотрудники госбезопасности чувствовали себя преданными: они лишь выполняли приказы руководства, приказы, которые, как им неоднократно заявляли, исходили с самого верха советской политической пирамиды, и вдруг власть поменяла правила игры. «Плавающая» криминализация как принцип была отличительной чертой советского режима, особенно резко проявившись в период Большого террора. Сначала тройки и двойки стали осуждать людей к смертной казни или длительным срокам заключения за проступки, действия или поведение, которые раньше не подлежали уголовному наказанию или карались сравнительно мягко. А в кампанию чистки 1939–1941 гг. криминализация распространилась на самих чекистов, причем их наказывали не только за эксцессы, но и за вполне «нормальные», с их точки зрения, рутинные следственные действия.

Наша гипотеза опирается на один из главных результатов исследований Марка Юнге, который гласит, что в годы Большого террора центр отказался от значительной части своих полномочий в пользу периферии, как того требовала специфика проведения массовых операций. Но это положение нуждается в развитии: «трансфер» карательной компетенции затронул не только внесудебные инстанции – тройки и двойки, не только руководство управлений и отделов, но и весь чекистский аппарат, до самого низа, вплоть до рядовых сотрудников госбезопасности, а также приравненных к оперативникам милиционеров и фельдъегерей, активно помогавших в следствии. У исполнителей в ходе Большого террора явно произошло «головокружение от успехов». Если же перефразировать известное высказывание еще одного вождя, то в 1937–1938 гг. многие сотрудники НКВД на собственном опыте убедились, что только «хороший чекист» может быть «хорошим коммунистом», вне критики и подозрений.

Н.И. Ежов уже в середине 1937 г. похвалялся своим влиянием, а также значимостью начальников управлений НКВД: «Я нарком внутренних дел, я секретарь ЦК, я председатель партконтроля, вот попробуй кто-либо на меня пожаловаться, куда пойдешь, в НКВД – у меня тут свои люди, пойдешь в ЦК, там мне сразу же доложат, а в партконтроле я же председателем, как же без меня какое-либо дело решать, вот видишь, как получается, куда ни

кинь, все Ежов. [...] Вот создам ЧК, все будут дрожать перед ней
[...] Пусть знают, что такое ежовская разведка. [...] Внутренние
дела и иностранные у меня сейчас в руках [...] начальники
[НКВД] на местах сейчас имеют огромную власть, во многих
местах они сейчас первые люди»[222]. НКВД на местах стал организацией, которая фактически терроризировала местные комитеты партии на персональном уровне и являлась главной кадровой
инстанцией с точки зрения чистки и пополнения партийно-
советской, профсоюзно-комсомольской, военной и хозяйственной номенклатур. В ноябре 1938 г. центр вернул себе свои карательные и кадровые полномочия, но исполнителям на местах необходимо было наглядно продемонстрировать, насколько вновь
сузились рамки их свободы действий, в первую очередь – в отношении членов ВКП(б) и партийных организаций.

Вопрос о взаимоотношениях партийных комитетов и органов
НКВД – один из самых спорных в исследованиях массовых операций. Очевидно, не стоит говорить о том, что чекисты вышли
из-под контроля высшего руководства партии – все операции жестко контролировались центром, это можно считать сегодня доказанным фактом. Тем не менее, несомненно, что с учетом упоминавшегося выше «трансфера» карательных полномочий,
свобода рук у чекистов была большой (вплоть до произвольного
увеличения расстрельных лимитов, как в НКВД Туркменской
ССР[223]), и террор на местах все-таки развил свою собственную
динамику, особенно учитывая требования НКВД СССР и лично
Ежова, направленные на фабрикацию дел крупных антисоветских
организаций. В этом случае из подследственных выбивались показания о «сообщниках», в результате чего следовала цепная реакция арестов. Особенно это было распространено в отношении
дел партийно-советских элит[224]. Никита Петров писал, рассуждая
о карьере Берии: «Большинство региональных партийных секретарей таким рвением не отличались. Они скорее старались держаться
от НКВД на расстоянии. Конечно, и они были проводниками репрессий, были членами троек НКВД, подписывали протоколы,
согласно которым тысячи и тысячи отправлялись на смерть»[225].
Добавим – партийные комитеты также занимались идеологиче-
ским и пропагандистским обеспечением Большого террора, так
что вывод Петрова о дистанцировании партийной элиты от него
не выглядит имеющим общее значение. И Украина, и Белоруссия,
и Грузия с Азербайджаном, и Сибирь (Новосибирская область,
Алтайский край, Иркутская область) имели партийных лидеров

в лице Н.С. Хрущева, П.К. Пономаренко, Л.П. Берии, М.Д. Багирова, И.И. Алексеева, Л.Н. Гусева, А.С. Щербакова, которые активно организовывали репрессии, а потом занимались наказанием чекистов-«перегибщиков». И активные партийные проводники террора, и дистанцировавшиеся от его крайностей деятельно после ноября 1938 г. подключались к судебным разбирательствам и требовали осуждения назначенных козлами отпущения «перегибщиков».

Истоки судов над козлами отпущения следует искать не только в постановлении ЦК ВКП(б) и СНК СССР от 17 ноября 1938 г., но и в другом, не менее известном документе, который появился на свет в начале 1938 г. Речь идет о постановлении январского (1938) Пленума ЦК ВКП(б) «Об ошибках парторганизаций при исключении коммунистов из партии, о формально-бюрократическом отношении к апелляциям исключенных из рядов ВКП(б) и о мерах по устранению этих недостатков». Правда, НКВД упоминался в этом документе только лишь четырежды, причем косвенно и сугубо положительно[226], так что сигнал к более аккуратному проведению кампании по избиению партийно-советской элиты прозвучал достаточно двусмысленно. Как отмечает М. Юнге, сомнения, зародившиеся у сотрудников НКВД «после […] январского пленума ЦК ВКП(б), по поводу того, как вести себя в ходе продолжающихся массовых репрессий […] были задушены в зародыше на партийных собраниях с помощью вынесенных порицаний, выговоров и дисциплинарных взысканий»[227]. Хотя на этих собраниях, как пишет М. Юнге, чекистов «также ориентировали отказаться от огульных арестов, целью которых являлось исключительно выполнение лимитов, и призывали соблюдать революционную законность»[228], продолжение террора фактически исключало возможность запуганных им местных партийных инстанций серьезно влиять на избиение своих кадров. Январское постановление вызвало ряд репрессий в отношении перестаравшихся крупных чекистов, но настоящий террор против выдвиженцев Ежова начался осенью 1938 г. и был призван сменить всю чекистскую элиту, обвиненную прежде всего в «ежовском заговоре» против Сталина.

Нарушенное равновесие между партией и органами госбезопасности отнюдь не новая тема для историографии, об этом неоднократно, в разной тональности, писали историки спецслужб. Одесские материалы убедительно свидетельствуют, что нарушение баланса происходило не только вверху, в результате институционального «сращивания» партии и органов в результате назначения руководящих сотрудников НКВД на высокие посты в партии и государственном аппарате[229]. Одним из главных результатов Большого террора стал дисбаланс «внизу», когда сотрудники низшего и среднего звена государственной безопасности, в массовом порядке фабрикуя дела на членов коммунистической партии, в первую очередь на партийных работников низшего и среднего звена, стали воспринимать себя «святее папы римского», еще большими коммунистами, чем ответственные партийные функционеры.

О том, что высшее партийное руководство усмотрело серьезную опасность в возникшем дисбалансе, также свидетельствует постановление СНК и ЦК ВКП(б) «О порядке согласования арестов» от 1 декабря 1938 г., а также приказ НКВД СССР «О запрещении вербовки некоторых категорий работников партийных, советских, хозяйственных, профессиональных и общественных организаций», утвержденный Политбюро ЦК ВКП(б) 26 декабря 1938 г.[230] Оба документа были призваны надежно оградить членов ВКП(б) от возможных поползновений со стороны органов госбезопасности. Однако массовые вербовки номенклатуры были продолжены. Проверка наркомата внутренних дел Казахской ССР в начале 1940-х гг. показала следующее: «По делу "Националисты" и др. в Казахстане проводилась вредная практика, когда вопреки закону и указаниям НКВД СССР проводилась вербовка партийных и советских работников и [их] агентурная разработка. Так, были завербованы бывший секретарь Кустанайского обкома партии Берниязов, зам. наркомфина Казахстана Бадин и разрабатывался зам. зав. отделом агитации и пропаганды Западно-Казахстанского обкома партии Байгалиев»[231]. Что касается фабрикации политических дел в отношении видных лидеров партии и государства, то они, хотя и не приобретали масштабов чистки 1937–1938 гг., в немалом количестве известны и для последних предвоенных лет, и для военного, и послевоенного периодов, и чекистские интриги сыграли в их возникновении выдающуюся роль[232]. До самого конца сталинской эпохи партийные комитеты и государственные структуры являлись объектом оперативной работы органов НКГБ-МГБ, подвергаясь слежке, вербовкам, провокациям и выборочным репрессиям.

История бериевской чистки является наглядным подтверждением того, что главной жертвой Большого террора было рядовое население СССР. В условиях нормализации ситуации и дисциплинирования НКВД власть не ставила своей задачей восстановить справедливость в отношении обыкновенных граждан. Даже осуждение сотрудников НКВД, не говоря уже об изгнании из органов госбезопасности, осталось внутриведомственным процессом и не приводило к пересмотру и отмене приговоров в отношении подавляющего большинства тех дел, которые провели чекисты. Кампания по «восстановлению» социалистической законности» коснулась основной массы жертв лишь самым краем. Советский народ стал в лучшем случае только косвенным благоприобретателем сталинско-бериевской кампании по наведению порядка в НКВД.

ПРИЛОЖЕНИЕ
Биографии сотрудников УНКВД по Одесской области, осужденных за нарушения «социалистической законности» в 1939–1943 гг.

Абрамович Ефим Иоаннович (1908–?). Уроженец г. Первомайска Одесской обл., из рабочих. Член РКП(б) с 1940 г. До 1932 г. литейщик-формовщик Одесского завода с.-х. машин им. Октябрьской революции, комсорг завода. В органах ОГПУ-НКВД с 1932 г. по комсомольской мобилизации. В 1932–1937 гг. работал в районных органах ОГПУ-НКВД Одесской обл. (с. Грушки, Гайворон, Знаменка, Саврань, Зельцы). Неоднократно награждался оружием и ценными подарками за активную борьбу с контрреволюционными элементами на селе, в частности, за участие в ликвидации бандгруппировок, «кулацких волынок», высылках «кулаков». С конца 1937 г. на службе в СПО УНКВД по Одесской обл. На 1939 г. – врио нач. 1-го отделения 4-го отдела УНКВД по Одесской обл., сержант ГБ, с 13 марта 1939 г. откомандирован в г. Свободный ДВК. До начала 1940 г. работал начальником отделения 3-го отдела Амурского ИТЛ УНКВД по ДВК. С мая 1940 г. – нач. 2-го отделения УГБ УНКВД по Еврейской автономной обл., уволен из НКВД 5 декабря 1940 г. Арестован 5 февраля 1941 г. Приговором от 21–26 апреля 1943 г. ВТ войск НКВД Западно-Сибирского округа осужден к 10 годам заключения, но 1 июня

1943 г. амнистирован с отправкой на фронт. Участник и инвалид Великой Отечественной войны.

Берензон Яков Израилевич (1910–?). Уроженец Одессы, образование восемь классов, из рабочих. Член ВЛКСМ с 1927 г., член ВКП(б) с 1934 г. В 1931 г. окончил учительские курсы, несколько месяцев работал учителем начальной школы. На службе в органах НКВД с 1934 г. С 1934 по 1936 г. – фельдъегерь, на оперативной работе – с ноября 1936 г., с сентября 1937 г. – пом. оперуполномоченного, оперуполномоченный 4 го отдела УНКВД по Одесской обл. В 1938 г. – врид. помощника нач. 1-го отделения 4-го отдела, затем – нач. воднотранспортного отдела УНКВД по Одесской обл. Уволен из НКВД 2 июля 1939 г. «за невозможностью использования». В 1939–1941 гг. на службе в РККА, политрук 15-го автотранспортного батальона, дислоцировавшегося в г. Станиславе (Ивано-Франковск). Принимал участие в «освободительном походе» 1939 г. и в Финской войне. Арестован 3 марта 1941 г. Приговором от 21–26 апреля 1943 г. ВТ войск НКВД Западно-Сибирского округа осужден к 10 годам заключения с заменой отправкой на фронт.

Гапонов Сергей Иванович (1908 – после 1956). Уроженец г. Енакиево Донецкой обл. Чл. ВКП(б) в 1932–1940 гг. и с 1942 г. Русский, из рабочих, образование среднее. В начале 1920-х гг. беспризорник, затем учащийся ФЗУ и рабочий в Днепропетровске. С 1924 г. – сексот ОГПУ. С 1929 г. на гласной работе в Днепропетровском окротделе-оперсекторе ГПУ УССР. С 1932 г. – оперуполномоченный Днепропетровского облотдела ГПУ–НКВД. С 1935 г. в аппарате СПО УГБ НКВД УССР, лейтенант ГБ. С 1937 г. – нач. отделения СПО, пом. нач. СПО в УНКВД по Винницкой и Каменец-Подольской обл. С 1938 г. в 1-м отделении СПО УГБ НКВД УССР. С 14 июня 1938 г. – нач. 4-го отдела УНКВД по Одесской обл. С начала сентября (официально с 15 ноября) 1938 г. работал и. о. нач. УНКВД по Одесской обл. С января 1939 г. – зам. нач. УНКВД по Одесской области, начальник 2-го (бывшего 4-го отдела) отдела УГБ УНКВД по Одесской области. Уволен из НКВД 19 апреля 1939 г. Начальник телефонной станции в Одессе, арестован 16 января 1941 г. за нарушения законности. Эвакуирован в Западную Сибирь. Освобожден 14 марта 1942 г. решением УНКВД по Новосибирской обл. Арестован в феврале 1943 г. и 26 апреля 1943 г. осужден ВТ ВНКВД ЗСО на 10 лет ИТЛ с заменой на отправку в действующую армию. Вместо этого был освобожден и использовался в качестве спецагента УНКГБ по Новосибирской обл. В августе 1944 г. направлен на фронт, но, по всей видимости, непосредственного участия в боевых действиях не принимал. В 1950-х гг. на хозяйственной работе в Киеве. За годы службы в органах госбезопасности дважды награждался боевым оружием, а также знаком «Почетный работник ВЧК-ГПУ».

Гнесин Абрам Ефимович (1917–?). Уроженец Одессы. Из служащих, еврей, образование неполное среднее. Член ВЛКСМ с 1931 г., кандидат в члены ВКП(б) с 1939 г. С 1937 г. – зав. приемной Одесского обкома РКСМУ, в январе–феврале 1938 г. учился в МКШ НКВД. В НКВД служил в 1938–1940 гг. С апреля 1938 по октябрь 1939 г. – оперуполномоченный 1-го отделения 4-го отдела УНКВД по Одесской обл., сержант ГБ. В 1939–1940 гг. – нач. 5-го отделения Особого отдела Одесской армейской группы / Одесского военного округа. После увольнения из НКВД 1 сентября 1940 г. работал зав. типографией Одесского военного округа. Арестован 25 января 1941 г. Приговором от 21–26 апреля 1943 г. ВТ войск НКВД Западно-Сибирского округа осужден к 7 годам заключения с заменой отправкой на фронт. Участник Великой Отечественной войны.

Калюжный Владимир Филиппович (1905–?). Уроженец Одессы, украинец, из рабочих, образование среднее. Член ВКП(б) с марта 1926 г. С 1929 г. служил в ОГПУ, сверхштатный участковый уполномоченный ИНФО Первомайского окротдела-райотдела ГПУ УССР, в 1930 г. – пом. уполномоченного и уполномоченный Особого отдела дивизии. В 1931–1935 гг. – уполномоченный и нач. Троицкого и Домановского РО ОГПУ–НКВД, в декабре 1935 – апреле 1937 г. – оперуполномоченный, помощник нач. отделения СПО УНКВД по Одесской обл., с апреля по август 1937 г. – нач. 4-го отделения СПО УНКВД по Одесской обл., лейтенант ГБ (1936). С августа 1937 г. – зам. и врид начальника СПО УНКВД по Одесской обл., с мая 1938 г. – начальник СПО УНКВД по Одесской обл. Секретарь парткома УНКВД по Одесской области с сентября 1937 г. по 9 июля 1938 г., делегат XI съезда КП(б)У. С июля 1938 г. – и. о. зам. нач. СПО УГБ НКВД УССР и и. о. нач. 9-го отдела 1-го управления УГБ НКВД УССР. В феврале 1939 г. уволен из НКВД. Арестован 19 апреля 1939 г., осужден 26 декабря 1940 г. к ВМН. Амнистирован с заменой расстрела 10-летним заключением. Был награжден знаком «Почетный работник ВЧК-ГПУ».

Кордун Давид Борисович (1908–?). Уроженец Одессы. Из семьи кустарей, еврей, образование начальное. Член ВКП(б) с 1930 г. В 1930–1932 гг. служил в РККА, рядовой 33-го кавалерийского полка. На службе в Одесском облотделе ГПУ с 1932 г., в сентябре–мае 1932 г. – сотрудник Вознесенского РО НКВД (награжден серебряным портсигаром от президиума Вознесенского РИК). С мая по октябрь 1933 г. – пом. оперуполномоченного Одесского облотдела ГПУ, в октябре 1933 – марте 1934 гг. – слушатель курсов заместителей начальников политотделов МТС по работе ОГПУ при ГПУ УССР. В марте 1934 г. – июле 1935 г. – уполномоченный Каховского РО НКВД, после этого до октября 1938 г. служил на разных должностях в УНКВД по Одесской обл. В 1937 г. – сотрудник 4-го отделения 4-го отдела УНКВД по Одесской обл. На 1938 г. работал врио нач. 1-го отделения 4-го отдела УНКВД по Одесской обл., сержант ГБ. Летом 1939 г. откомандирован в распоряжение ГУЛАГа НКВД СССР в г. Молотовск Архангельской обл. Арестован 28 января 1941 г. Приговором от 21–26 апреля 1943 г. ВТ войск НКВД Западно-Сибирского округа осужден к 10 годам заключения; 1 июня 1943 г. амнистирован с отправкой на фронт.

Машковский Владимир Антонович (1911–?). Уроженец с. Елизаветовка Житомирской обл. Член ВЛКСМ с 1930 г., член ВКП(б) с 1939 г. Из крестьян, украинец, образование неполное среднее. В 1933–1936 гг. служил в РККА. С 1936 г. курсант Одесской юридической школы, в 1937 г. мобилизован в НКВД, с 27 ноября 1937 г. работал практикантом 4-го отдела, пом. оперуполномоченного и врид нач. 3-го и 6-го отделений 4-го отдела УНКВД по Одесской обл. С конца 1938 г. – нач. 6-го отделения 2-го отдела УНКВД по Одесской обл. Летом 1939 г. уволен из НКВД за невозможностью использования. На апрель 1940 г. – народный следователь Гроссуловской райпрокуратуры Одесской обл. Приговором от 21–26 апреля 1943 г. ВТ войск НКВД Западно-Сибирского округа осужден к 7 годам заключения с заменой наказания отправкой на фронт. Участник Великой Отечественной войны.

Тягин Николай Михайлович (1905–?). Из крестьян-середняков Вологодской губернии, русский, образование семь классов. Кандидат в члены ВКП(б) с 1937 г. В 1922 г. находился под следствием за неосторожное убийство. В органах ГПУ-НКВД с 1923 г. В 1923–1930 гг. – помощник уполномоченного ИНФО и КРО в Вологде, Полтаве, Ромнах и Луганске, в 1930–1932 гг. – уполномоченный КРО-ОО в Луганске, Горловке и Мелитополе. С 1932 г. служил в Одессе: в 1932–1934 гг. – инспектором отдела кадров УНКВД, в 1935–1936 гг. – оперуполномоченным СПО, в 1936–

1937 гг. – помощником начальника отделения 4-го отдела, в 1937–1938 гг. – врид начальника, начальником 2-го отделения 4-го отдела. Арестован 19 апреля 1939 г. Осужден Военным трибуналом войск НКВД Одесского военного округа 24–25 августа 1939 г. по ст. 206-17 «а» УК к 7 годам ИТЛ без поражения в правах.

ПРИМЕЧАНИЯ

[1] Если не считать таковой службу П.С. Сафонова в качестве рядового пограничного отряда ОГПУ в 1929–1932 гг. См. *Петров Н.В., Скоркин К.В.* Кто руководил НКВД, 1934–1941: Справочник. – М., 1999. С. 375.

[2] *Petrow Nikita.* Die Kaderpolitik des NKWD 1936–1939 // Stalinscher Terror 1934–1941. Eine Forschungsbilanz. Hrsg. von W. Hedeler. – Berlin, 2002. S. 31.

[3] Там же. Эта цифра может выступать адекватным ориентиром для исследователей, но она нуждается в дальнейшем уточнении. Во-первых, аресты чекистов продолжались в 1940–1941 гг., во-вторых, ряд чекистов, арестованных в 1938–1941 гг., на момент ареста уже не являлся сотрудником органов госбезопасности, как это было в случае с большинством из одесских «перегибщиков». Приведенную здесь статистику о бериевской чистке впервые ввел в научный оборот со ссылкой на материалы ГАРФ (Ф. 9401) Н.В. Петров в 2002 г. Потом эти данные были также приведены О.В. Хлевнюком (2004) и В.Н. Хаустовым в соавторстве с Л. Самуэльсоном (2009).

[4] Для осознания масштабов бериевской чистки следует сравнить ее с чисткой «ягодинцев», осуществленной Н.И. Ежовым: с октября 1936 г. по середину августа 1938 г. было арестовано 2273 сотрудника ГУГБ НКВД СССР, в т. ч. 1862 – за «контрреволюционные преступления и 411 – за уголовные. См. *Петров Н.В., Скоркин К.В.* Кто руководил НКВД, 1934–1941: Справочник. – М., 1999. С. 501; *Petrow N.* Die Kaderpolitik des NKWD 1936–1939. S. 29.

[5] Подробнее см.: *Савин А.И.* Этнизация сталинизма? «Национальные» и «кулацкая» операции НКВД: сравнительный аспект // Россия. XXI век, 2012. № 3. С. 40–61.

[6] Данные переписей 1926 г. и 1939 г. приведены на сайте http://demo scope.ru/.

[7] *Гончаренко Ю., Эзау Л.* Одесские промышленные предприятия в период обороны города (22 июня – 16 октября 1941 г.) // http://www.history. odessa.ua/publication4/stat07.htm

[8] См. например: *Козырева М.Э.* Немецкие районы Юга Украины 20–30-х гг. XX в. как национальные административно-территориальные единицы // Немцы России и СССР 1901–1941: Материалы международной научной конференции. – М.: Готика, 2000. С. 298–305. Необходимо также учитывать наличие в Одессе консульств Германии, Японии, Турции и Италии, что традиционно детерминировало интенсивные репрессии в отношении советских граждан – посетителей и «контактеров» консульств.

[9] «Через трупы врага на благо народа». Кулацкая операция в Украинской ССР 1937–1941 гг. В 2-х томах. / Сост. М. Юнге, С.А. Кокин, Б. Бонвеч и др. Т. 1. – М.: РОССПЭН, 2010. С. 418.

[10] Там же.

[11] Там же. С. 419.

[12] Одесса // Малая советская энциклопедия. Т. 6. – М., 1930. С. 27.

[13] См. «Через трупы врага на благо народа». Том 1. С. 74.

[14] Там же. С. 86.

[15] См. «Оперативный приказ народного комиссара внутренних дел СССР Н.И. Ежова № 00447 «Об операции по репрессированию бывших кулаков, уголовников и других антисоветских элементов» от 30 июля 1937 г. // Трагедия советской деревни. Коллективизация и раскулачивание. Документы и материалы. В 5 томах. Т. 5. Кн. 1. – М., 2004. С. 330–336.

[16] «Через трупы врага на благо народа». Т. 1. С. 213–214.

[17] Там же. С. 221.

[18] Там же. С. 234.

[19] Там же. С. 245.

[20] В целом по УССР соотношение жертв из городской и сельской местности было равно 1:2 (27714:55408). См.: Там же. С. 319.

[21] «Через трупы врага на благо народа». Т. 1. С. 326.

[22] Там же. Т. 2. С. 75. Всего Украине был выделен лимит по первой категории в размере 6000 чел. См.: Лубянка. Сталин и ГУГБ НКВД. 1937–1938. Архив Сталина. Документы высших органов партийной и государственной власти. – М.: МФД, 2004. С. 467–468.

[23] «Через трупы врага на благо народа». Т. 2. С. 79.

[24] Там же. С. 84.

[25] Лубянка. Сталин и ГУГБ НКВД. 1937–1938. С. 489; «Через трупы врага на благо народа». Т. 2. С. 87. По состоянию на 5 августа 1938 г., шесть человек из четырехтысячного лимита были осуждены по второй категории. См.: Там же. С. 135.

[26] «Через трупы врага на благо народа». Т. 2. С. 134.

[27] Там же. С. 143.

[28] Там же. С. 385.

[29] Черушев Н. Удар по своим: Красная Армия: 1938–1941 гг. – М.: Вече, 2003. С. 403–404.

[30] «Через трупы врага на благо народа». Т. 2. С 148.

[31] *Сидак В.С., Козенюк В.А.* Революцию назначить… Экспорт революции в операциях советских спецслужб. – Киев, 2004. С. 97.

[32] *Ковтун Г.К., Войналович В.А., Данилюк Ю.З.* «Масові незаконні репресіі 20-х – початку 50-х років на Полтавщині // Реабілітовані історією. – Киев, Полтава: Рідний край, 1992. С. 27.

[33] РГАНИ. Ф. 6. Оп. 2. Д. 535. Л. 34.

[34] *Золотарьов В.А.* Олександр Успеньский: особа, час, оточення. – Харків, 2004. С. 165–166.

[35] *Золотарьов В., Бажан О.* Комбриг Микола Федоров: одеський трамплін в кар'єрі // Юго-Запад. Одессика. Историко-краеведческий науч. альманах. Вып. 4. – Одесса: Оптимум, 2007. С. 202–219.

[36] *Золотарьов В.А.* Олександр Успеньский. С. 67; *Тумшис М.А., Золотарёв В.А.* Евреи в НКВД СССР. 1936–1938 гг. Опыт биографического справочника. – Самара, 2012. С. 297.

[37] *Тумшис М.А., Золотарёв В.А.* Евреи в НКВД СССР. С. 356–357, 352, 138, 456, 400; *Золотарьов В.А.* Олександр Успеньский. С. 66, 176, 292.

[38] *Золотарьов В.А.* ЧК–ДПУ–НКВС на Харківщині: люди та долі (1919–1941). – Харків, 2003. С. 299.

[39] Показания А.Н. Троицкого от 31 января – 1 февраля 1939 г. // ОГА СБУ. Д. 43626. Т. 1. Л. 227.

[40] ОГА СБУ. АСД № 38237 на А.Р. Долгушева. Т. 1. Л. 84–87.

[41] См. ниже раздел статьи, посвященный непосредственно С.И. Гапонову.

[42] «Через трупы врага на благо народа». Т. 2. С. 41–42.

[43] В первую очередь речь идет о таких функциональных пытках, как «выстойки» и «высидки», являвшихся разновидностью «конвейера» и призванных вынудить подследственных дать требуемые чекистами сведения и признания.

[44] Во 2-м томе сборника документов «Через трупы врага на благо народа», со ссылкой на ГА РФ, записка А.З. Кобулова датируется концом декабря 1938 г. (С. 462). В ксерокопии из ОГА СБУ (Ф. 16. Оп. 31. Д. 49. Л. 299) дата попала в корешок дела, но явно читается цифра 8. Судя по тексту записки, речь идет о 18 декабря 1938 г.

[45] Там же.

[46] Лубянка. Сталин и ГУГБ НКВД. 1937–1938. С. 612–615.

[47] ОГА СБУ. Ф. 16. Оп. 31. Д. 49. Л. 93–96. С.И. Гапонов в своем заявлении от 14 декабря 1940 г. военному прокурору войск НКВД П.В. Лехову писал, что «по приезде в Одессу пришлось столкнуться с огромным количеством дел»: за Секретно-политическим отделом УНКВД числилось 970 подследственных, за областным управлением в целом – 3500 подследственных. По утверждению Гапонова, за время моей восьмимесячной работы было освобождено «свыше двухсот лиц неправильно и без основания содержавшихся под стражей. Арестовано же было не более 25 человек». Очевидно, что когда Гапонов писал о «восьми месяцах», он имел в виду сентябрь 1938 – начало апреля 1939 г., поскольку в это время он занимал должности врио зам. начальника и врио начальника УНКВД по Одесской области. До этого, с 14 июля 1938 г., он являлся начальником СПО УНКВД. См.: Архив УСБУ по Одесской обл. АСД на С.И. Гапонова и др. № 03424 в 5 тт. Т. 2. Л. 244–247; Т. 3. Л. 12.

[48] Так, например, были осуждены сотрудники 3-го (Контрразведывательного отдела) И.Е. Рыбаков, Б.И. Раев, Я.В. Зислин во главе с начальником отдела А.Г. Шнайдером, с 1939 г. был под следствием начальник отделения КРО Ф.С. Орловский-Гороховский. К сожалению, их архивно-следственные дела оказались для авторов недоступными.

[49] Личное дело № 2041 УСБУ по Одесской области на В.А. Машковского. Ч. 3. Л. 1, 11–12.

[50] Там же. Л. 19–21.

[51] Там же. Л. 22.

[52] Архив УСБУ по Одесской обл. АСД № 38299 на Н.М. Тягина. Л. 356–358. Представление Д.Д. Гречухина к награждению Н.М. Тягина знаком «Почетный работник ВЧК-ГПУ». Май 1938 г.

[53] Архив УСБУ по Одесской обл. АСД № 38299 на Н.М. Тягина. Л. 356–358.

[54] О «деле КПК» см. ниже.

[55] *Шаповал Ю., Золотарёв В.* Евреи в руководстве органов ГПУ-НКВД УССР в 1920–1930-х гг. // Из архивов ВУЧК–ГПУ–НКВД–КГБ. 2010. № 1. С. 53–93 (на укр. яз.).

[56] Архив УСБУ по Одесской обл. АСД № 38580 на В.Ф. Калюжного в 3-х тт. Т. 1. Л. 287–288.

[57] Там же. Л. 314–331.

[58] Там же.

[59] Там же.

[60] Там же. Л. 230–232.

[61] Там же. Л. 43–48.

[62] Там же. Т. 2. Л. 38–45.

[63] Архив УСБУ по Одесской обл. АСД на С.И. Гапонова и др. № 03424 в 5 тт. Т. 2. Л. 138.

[64] Архив УСБУ по Одесской обл. АСД № 38580 на В.Ф. Калюжного в 3-х тт. Т. 3. Л. 1–2.

[65] Сведения А.Н. Жукова (Москва). Зеликов Израиль Абрамович, 1906 г.р., член ВКП(б) с 1926 г., по состоянию на июнь 1942 г. – сотрудник Челяб-металлургстроя НКВД.

[66] Архив УСБУ по Одесской обл. АСД № 38580 на В.Ф. Калюжного в 3-х тт. Т. 3. Л 149–157. Показания С.Я. Шпака от 9 апреля 1940 г.

[67] Архив УСБУ по Одесской обл. АСД № 38580 на В.Ф. Калюжного в 3-х тт. Т. 3. Л. 244 об.

[68] Там же.

[69] Архив УСБУ по Одесской обл. АСД № 03424 на С.И. Гапонова и др. в 5 тт. Т. 1. Л. 47–51. Заявление С.Я. Шпака в военную прокуратуру от 17 ноября 1939 г.

[70] Был исключен из партии 21 июня 1938 г., арестован 2 июля 1938 г., освобожден спустя год, 4 июля 1939 г.

[71] Арестован 8 августа 1938 г., освобожден в июле 1939 г.

[72] Содержался под стражей 6 июля 1938 г. по 4 ноября 1939 г.

[73] Был арестован в здании Одесского обкома КП(б)У 15 июня 1938 г.

[74] Был арестован 16 июля 1938 г., освобожден из-под стражи 14 января 1939 г.

[75] Был арестован 10 июня 1938 г.

[76] Архив УСБУ по Одесской обл. АСД на С.И. Гапонова и др. № 03424 в 5 тт. Т. 1. Л. 15–16.

[77] Там же. Т. 2. Л. 30.

[78] Архив УСБУ по Одесской обл. АСД № 38580 на В.Ф. Калюжного в 3-х тт. Т. 3. Л. 18–22.

[79] Архив УСБУ по Одесской обл. АСД на С.И. Гапонова и др. № 03424 в 5 тт. Т. 1. Л. 20, без даты.

[80] Там же. Л. 39–42. Показания Теплицкого помощнику Военного прокурора 434-й Военной прокуратуры, полковому комиссару Новикову от 31 января 1939 г.

[81] Там же. Л. 86. Заявление от 22 декабря 1939 г.

[82] Там же. Л. 96–106. Показания И.Ф. Сенкевича от 22 ноября 1939 г.

[83] Там же. Л. 113. Показания от 27 апреля 1940 г.

[84] Там же. Т. 1. Л. 123–123 об.

[85] Там же. Л. 232.

[86] Там же. Л. 148. Показания начальника Ворошиловского РО НКВД г. Одессы П.С. Конончука от 20 декабря 1939 г.

[87] Там же. Т. 4. Л. 1–10.

[88] Там же. Т. 1. Л. 15–16.

[89] Там же. Т. 1. Л. 47–51. Заявление С.Я. Шпака в военную прокуратуру от 17 ноября 1939 г.

[90] Там же. Л. 115.

[91] Там же. Л. 123–123 об.

[92] Там же. Л. 137–138. Показания начальника Ворошиловского РО НКВД г. Одессы П.С. Конончука от 20 декабря 1939 г.

[93] Западносибирские чекисты заявляли арестованным, в т. ч. прокурорам: «Органам НКВД доверяют, и они не нуждаются в контроле прокуратуры. Нам дана партийно-чекистская диктатура, что хотим, то и делаем с врагами […] Прокуроры и суд в наших руках, что мы им скажем, то и будет. А те прокуроры, которые за вас, они все сидят, их у нас в тюрьме целый колхоз». *Тепляков А.Г.* Машина террора: ОГПУ–НКВД Сибири в 1929–1941 гг. – М., 2008. С. 467; *Гришаев В.Ф.* Дважды убитые (К истории сталинских репрессий в Бийске). – Барнаул, 1999. С. 261.

[94] Архив УСБУ по Одесской обл. АСД на С.И. Гапонова и др. № 03424 в 5 тт. Т. 1. Л. 39–42.

[95] С.Я. Шпак был освобожден согласно постановлению врид военного прокурора 434-й Военной прокуратуры военного юриста 1-го ранга Лапкина от 14 сентября 1939 г. При этом в постановлении ничего не упоминалось о «незаконных методах» следствия. См. Архив УСБУ по Одесской обл. АСД на С.И. Гапонова и др. № 03424 в 5 тт. Т. 1. Л. 62.

[96] Архив УСБУ по Одесской обл. АСД на С.И. Гапонова и др. № 03424 в 5 тт. Т. 1. Л. 52–53. Рапорт помощника прокурора Я.Т. Новикова военному прокурору 434-й Военной прокуратуры от 3 января 1939 г.

[97] Там же. Л. 54.

[98] Там же. Л. 55.

[99] ОГА СБУ. Ф. 16. Оп. 31. Д. 49. Л. 101–102.

[100] Архив УСБУ по Одесской обл. АСД на С.И. Гапонова и др. № 03424 в 5 тт. Т. 1. Л. 148. Показания начальника Ворошиловского РО НКВД г. Одессы П.С. Конончука от 20 декабря 1939 г.

[101] Архив УСБУ по Одесской обл. АСД № 38580 на В.Ф. Калюжного в 3-х тт. Т. 3. Л. 31.

[102] Архив УСБУ по Одесской обл. АСД на С.И. Гапонова и др. № 03424 в 5 тт. Т. 3. Л. 250. Однако Лапкин оказался принципиальным прокурором, и уже в январе 1939 г. Гапонов вынужден был давать ему краткое письменное объяснение по одному из дел.

[103] Архив УСБУ по Одесской обл. АСД № 38580 на В.Ф. Калюжного в 3-х тт. Т. 3. Л. 276–277, 285.

[104] 27 сентября 1939 г. Военный трибунал войск НКВД Киевского военного округа рассмотрел кассационную жалобу Тягина и указал суду «на мягкость меры наказания по данному делу». Однако приговор не был отменен из-за «нецелесообразности» вторичного рассмотрения дела. Архив УСБУ по Одесской обл. АСД № 38299 на Н.М. Тягина. Л. 373.

[105] В письме на имя Н.С. Хрущева Гнесин называет другую дату увольнения из органов – 3 сентября 1940 г. См. Архив УСБУ по Одесской обл. Личное дело № 34 на А.Е. Гнесина. Л. 35–38 об.

[106] Архив УСБУ по Одесской обл. Личное дело № 34 на А.Е. Гнесина. Л. 35–38 об.

[107] Архив УСБУ по Одесской обл. АСД на С.И. Гапонова и др. № 03424 в 5 тт. Т. 3. Л. 22–23.

[108] Там же. Л. 24–28.

[109] Если верить письму жены Берензона от 23 февраля 1943 г., после своего увольнения из НКВД Берензон успел поучаствовать не только в «освободительном походе» 1939 г., но и в советско-финской войне, якобы заслужив орден Красной Звезды. См.: Архив УСБУ по Одесской обл. АСД на С.И. Гапонова и др. № 03424 в 5 тт. Т. 5. Л. 56–56 об.

[110] Архив УСБУ по Одесской обл. АСД на С.И. Гапонова и др. № 03424 в 5 тт. Т. 1. Л. 1. Авторам не известно, были ли осуждены М.М. Цирульницкий, Х.К. Зарайский и М.М. Мазур.

[111] Там же. Л. 228.

[112] Там же. Т. 5. Л. 21.

[113] Там же. Т. 3. Л. 99–101.

[114] Архив УСБУ по Одесской обл. Личное дело № 34 на А.Е. Гнесина. Л. 35–38.

[115] Архив УСБУ по Одесской обл. АСД № 38580 на В.Ф. Калюжного в 3-х тт. Т. 1. Л. 208–223.

[116] Архив УСБУ по Одесской обл. АСД на С.И. Гапонова и др. № 03424 в 5 тт. Т. 3. Л. 99–101.

[117] В частности, 10 марта 1939 г. Абрамович показал: «Предлагалось с арестованными в нормальной обстановке не разговаривать, а кричать с таким расчетом, чтобы эти крики доносились до двери начальника отдела. В частности, мне часто звонил Калюжный и спрашивал, почему у вас тихо. Аналогичное положение имело место с Майским, который также звонил по телефону тов. Фадееву, спрашивая «у вас почему-то тихо в кабинете»». Архив УСБУ по Одесской обл. АСД № 38580 на В.Ф. Калюжного в 3-х тт. Т. 2. Л. 278.

[118] Архив УСБУ по Одесской обл. АСД № 38580 на В.Ф. Калюжного в 3-х тт. Т. 3. Л. 18–22.

[119] В 1938 г. – начальник отделения, зам. начальника 2-го (СПО) отдела УНКВД по Одесской области.

[120] Архив УСБУ по Одесской обл. АСД № 38580 на В.Ф. Калюжного в 3-х тт. Т. 1. Л. 239–245.

[121] В своих собственноручных пространных показаниях от 4 февраля 1940 г. он даже написал о возможности своего самоубийства: «Есть ли

смысл продолжать жить в ожидании, когда твои же близкие и родные расстреляют тебя. По моему – нет». Архив УСБУ по Одесской обл. АСД на
С.И. Гапонова и др. № 03424 в 5 тт. Т. 4. Л. 1–10.

[122] Архив УСБУ по Одесской обл. АСД на С.И. Гапонова и др. № 03424
в 5 тт. Т. 4. Л. 1–10.

[123] Там же. Т. 2. Л. 244–247.

[124] Там же. Т. 3. Л. 99–101.

[125] Там же. Т. 4. Л. 1–10. В другом месте Гапонов сообщал, что после
ареста Киселева были отменены решения трех заседаний троек, в результате
чего от расстрела была спасена часть из 100 человек, приговоренных тройкой к расстрелу. См.: Там же. Л. 335–349. Показания Гапонова от 18 апреля
1941 г.

[126] Там же. Л. 1–10.

[127] Архив УСБУ по Одесской обл. АСД № 38580 на В.Ф. Калюжного
в 3-х тт. Т. 1. Л. 179–188.

[128] Подробнее см.: *Савин А.И., Тепляков А.Г.* Показания деятелей массовых операций // Массовые репрессии в Алтайском крае 1937–1938. Приказ
№ 00447 / Сост. Г.Д. Жданова, В.Н. Разгон, М. Юнге, Р. Биннер. – М.:
РОССПЭН, 2010. С. 429–526.

[129] Архив УСБУ по Одесской обл. АСД № 38580 на В.Ф. Калюжного
в 3 тт. Т. 1. Л. 334–341. Показания от 14 сентября 1939 г.

[130] Архив УСБУ по Одесской обл. АСД на С.И. Гапонова и др. № 03424
в 5 тт. Т. 4. Л. 10. Показания от 4 февраля 1940 г.

[131] Там же. Л. 370.

[132] Архив УСБУ по Одесской обл. АСД № 38580 на В.Ф. Калюжного
в 3 тт. Т. 3. Л. 261 об.

[133] Архив УСБУ по Одесской обл. АСД № 38299 на Н.М. Тягина. Л. 355.

[134] Термин ввел в научный оборот американский историк Кристофер
Броунинг. См.: *Browning Christopher Robert.* Ordinary Men. Reserve Police
Battalion 101 and the Final Solution in Poland. – New York: Harper Collins, 1993.

[135] УСБУ по Одесской обл. Личное дело С.И. Гапонова № 3535. Т. 2. Л. 1,
4, 67 об.

[136] Там же. Л. 364, 384, 271, 281, 340.

[137] Там же. Л. 283–284об.

[138] Там же. Л. 285–285 об.

[139] Там же. Л. 127, 26, 182 об.

[140] Там же. Т. 2. Л. 279, 54.

[141] Там же. Л. 236, 32, 53, 363, 362; АСД на С.И. Гапонова и др. № 03424
в 5 тт. Т. 5. Л. 143.

[142] Личное дело С.И. Гапонова. Т. 2. Л. 113, 129 об.; АСД на С.И. Гапонова и др. № 03424 в 5 тт. Т. 5. Л. 9, 10.

[143] Личное дело С.И. Гапонова. Т. 2. Л. 8 об., 67 об.

[144] Личное дело С.И. Гапонова. Т. 2. Л. 89, 93, 92.

[145] Там же. Л. 94.

[146] Там же. Л. 251, 261.

[147] *Черушев Н.С.* Удар по своим. Красная Армия: 1938–1941. – М.: Вече,
2003. С. 422–423.

[148] Личное дело С.И. Гапонова. Т. 2. Л. 101.

[149] Там же. Л. 102, 100.

[150] Там же. Л. 99.

[151] Там же. Л. 157.

[152] Там же. Л. 105, 106, 133.

[153] Там же. Л. 98, 103.

[154] ОГА СБУ. Ф. 13. Оп. 1. Д. 178. Л. 65–66.

[155] Там же. Л. 66.

[156] Там же. Л. 67, 72.

[157] Личное дело С.И. Гапонова. Т. 2. Л. 95, 96.

[158] Там же. Л. 53, 72, 133.

[159] Там же. Л. 56.

[160] Там же. Л. 55.

[161] Там же. Л. 345–356.

[162] Там же. Л. 346, 347.

[163] Там же. Л. 347, 348.

[164] Там же. Л. 349–353.

[165] Николаенко за несколько лет написала тысячи доносов на «троцкистов» и пр. В своем докладе на февральско-мартовском пленуме ЦК ВКП(б) 1937 г. Сталин уделил доносчице отдельное внимание.

[166] Личное дело С.И. Гапонова. Т. 2. Л. 354–355.

[167] Там же. Л. 356.

[168] *Тумшис М.А., Золотарёв В.А.* Евреи в НКВД СССР. С. 154; *Золотарьов В.А.* Секретно-політичний відділ ДПУ УССР: справи та люди. – Харьків: Фоліо, 2007. С. 294.

[169] Личное дело С.И. Гапонова. Т. 2. Л. 361.

[170] Там же. Л. 46.

[171] Там же. Т. 2. Л. 25–26.

[172] Там же. Л. 5–7.

[173] ОГА СБУ. Ф. 468. Оп. 5. Д. 4. Л. 72.

[174] Личное дело С.И. Гапонова. Т. 2. Л. 53.

[175] ОГА СБУ. АСД. № 38237 на А.Р. Долгушева. Т. 1. Л. 87.

[176] Одесский мартиролог: Т. 3. Одесса, ОЕФА, 2005. С. 681.

[177] Архив УСБУ по Одесской обл. АСД № 38580 на В.Ф. Калюжного в 3 тт. Т. 3. Л. 264.

[178] Личное дело С.И. Гапонова. Т. 2. Л. 36.

[179] *Петров Н.В., Скоркин К.В.* Кто руководил НКВД, 1934–1941. С. 393–394.

[180] Личное дело С.И. Гапонова. Т. 2. Л. 224.

[181] Там же. Л. 2.

[182] Архив УСБУ по Одесской обл. АСД на С.И. Гапонова и др. № 03424 в 5 тт. Т. 1. Л. 1, 20.

[183] Аналогичного мнения, вслед за Сталиным, придерживалось партийное руководство ряда областей РСФСР, а также и БССР.

[184] Архив УСБУ по Одесской обл. АСД на С.И. Гапонова и др. № 03424 в 5 тт. Т. 2. Л. 162.

[185] Там же. Т. 3. Л. 24–27.

[186] Личное дело С.И. Гапонова. Т. 2. Л. 159; Т. 3. Л. 201–210.

[187] Архив УСБУ по Одесской обл. АСД на С.И. Гапонова и др. № 03424 в 5 тт. Т. 5 (конверт).

[188] Личное дело С.И. Гапонова. Т. 2. Л. 325, 331–338.

[189] Там же (конверт).

[190] Там же. Л. 295, 294, 303.

[191] ОГА СБУ. АСД № 43626 по обвинению В.С. Грабаря. Т. 2. Л. 412.

[192] Личное дело Гапонова. Т. 2. Л. 316, 317.

[193] Архив УСБУ по Одесской обл. АСД на С.И. Гапонова и др. № 03424 в 5 тт. Т. 4. Л. 572, 578, 585–586 об.

[194] Личное дело Гапонова. Т. 2 (конверт).

[195] Там же. Т. 2. Л. 595–601.

[196] См. *Шишкин В.И.* Красный бандитизм в советской Сибири // Советская история: проблемы и уроки. Новосибирск, 1992. С. 3–79; *Тепляков А.Г.* «Непроницаемые недра»: ВЧК-ОГПУ в Сибири. 1918–1929 гг. – М., 2007. С. 155–167.

[197] *Тепляков А.Г.* Машина террора. С. 97, 499.

[198] Уже в начале войны часть отбывавших сроки чекистов освобождали в соответствии с указом Президиума ВС СССР от 12 июля 1941 г. о досрочном освобождении. Так, О.С. Флейшман, работавший в 1937–1938 гг. начальником Сквирского РО УНКВД по Киевской области, арестованный в феврале 1940 г. и осужденный за нарушения законности на 8 лет заключения, в августе 1941 г. оказался освобожден и направлен в РККА. См.: РГАНИ. Ф. 6. Оп. 2. Д. 864. Л. 9.

[199] Лубянка. Сталин и НКВД–НКГБ–ГУКР «Смерш». 1939 – март 1946. Архив Сталина. Документы высших органов партийной и государственной власти. – М.: МФД, Материк, 2006. С. 563.

[200] *Шаповал Ю.I.* Україна в добу «великого терору»: етапи, особливості, наслідки // З архівів ВУЧК–ГПУ–НКВД–КГБ. 2007. № 1. С. 99.

[201] РГАНИ. Ф. 6. Оп. 2. Д. 456. Л. 15; *Золотарьов В.* А.ЧК–ДПУ–НКВС на Харківщині: люди та долі (1919–1941). – Харків, 2003. С. 247–248; *Петров Н.В., Скоркин К.В.* Кто руководил НКВД. С. 462–463.

[202] Не были возвращены на работу в органы госбезопасности такие видные бывшие чекисты, как начальник Тамбовского УНКВД М.И. Малыгин, заместитель наркома внутренних дел Молдавии в 1937–1938 гг. Л.И. Ривлин, начальник Особого отдела ГУГБ НКВД Северо-Кавказского военного округа А.А. Соколов, заместитель начальника КРО УНКВД по Ленинградской области В.Г. Болотин. См.: РГАНИ. Ф. 6. Оп. 2. Д. 862. Л. 204; Д. 1106. Л. 16.

[203] *Тепляков А.Г.* Амнистированные чекисты 1930-х гг. в период Великой Отечественной войны // Клио. 2012. № 7 (67). С. 75–76.

[204] Лубянка. Сталин и НКВД–НКГБ–ГУКР «Смерш». С. 563, 382.

[205] Там же. С. 575.

[206] Архив УСБУ по Одесской обл. АСД на С.И. Гапонова и др. № 03424 в 5 тт. Т. 5. Л. 29.

[207] Там же. Л. 35, 61.

[208] Там же. Л. 110–155.

[209] Там же. Л. 36.

[210] Там же. Л. 66.

[211] В архивно-следственном деле Гапонова есть данные, что Гнесин, Машковский и Берензон отбыли на фронт с маршевой ротой 27 мая 1943 г., Кордун – 10 сентября 1944 г.

[212] Архив УСБУ по Одесской обл. АСД на С.И. Гапонова и др. № 03424 в 5 тт. Т. 5. Л. 215.

[213] Там же. Л. 244.

[214] Там же. Л. 246.

[215] Материалы сайта «Подвиг народа».

[216] Там же.

[217] Там же.

[218] Сведения А.Н. Жукова (Москва).

[219] Еще 411 сотрудников ГБ были арестованы в 1937–1938 гг. по обвинению в совершении уголовных преступлений. *Petrow Nikita.* Die Kaderpolitik des NKWD 1936–1939. S. 29.

[220] *Тепляков А.Г.* «Детское дело» в Кузбассе: к вопросу о подоплеке открытого процесса 1939 г. над чекистами – «нарушителями законности» // Судебные политические процессы в СССР и коммунистических странах Европы: сборник материалов франко-российского семинара (Париж, 29–30 ноября 2010 г.). – Новосибирск, 2011. С. 141–154.

[221] *Петров Н.В.* Палачи. Они выполняли заказы Сталина. – М.: Новая газета, 2011. С. 10.

[222] Показания С.Ф. Реденса от 14 мая 1939 г. // ЦА ФСБ РФ. АСД на С.Ф. Реденса № Р-975047. В 2-х тт. Т. 1. Л. 205–240.

[223] *Hlevnjuk O.* Les mecanismes de la «Grande Terreur» des annees 1937–1938 au Turkmenistan // Cahiers du Monde Russe. T. 39. № 1–2. 1998. P. 197–208.

[224] Например, бывший помначальника КРО УНКВД по Новосибирской области И.И. Коннов откровенно признавался, что Новосибирский обком партии рассматривался чекистами не как руководящий политический орган, а скорее как объект деятельности, заполненный кандидатами на арест. *Тепляков А.Г.* Машина террора. С. 468 (также С. 454–459).

[225] *Петров Н.В.* Палачи. Они выполняли заказы Сталина. С. 19.

[226] Описывая разгром партийной организации Куйбышевской области, организованный и проведенный П.П. Постышевым, постановление, в частности, констатировало: «Во многих районах Куйбышевской области исключено из партии большое количество коммунистов с мотивировкой, что они являются врагами народа. Между тем, органы НКВД не находят никаких оснований для ареста этих исключенных из партии». См.: КПСС в резолюциях и решениях съездов, конференций и пленумов ЦК. Т. 5. 1931–1941. – М., 1971. С. 306.

[227] Через трупы врага на благо народа. Т. 2. С. 13.

[228] Там же.

[229] Ежовские выдвиженцы стали членами СНК СССР: нарком связи М.Д. Берман, заместитель НКПС Л.Н. Бельский, полпреды и заместители НКИД С.Н. Миронов и В.Г. Деканозов, а также секретарями обкомов ВКП(б) – К.Н. Валухин, Г.Г. Телешев и др.

[230] См.: Лубянка. Сталин и ГУГБ НКВД. 1937–1938. С. 624–625, 631–632.

[231] *Богданов Ю.Н.* Строго секретно. 30 лет в ОГПУ-НКВД-МВД. – М., 2002. С. 412.

[232] *Смирнов Н.Г.* Рапава, Багиров и другие. Антисталинские процессы 1950-х гг. – М., 2014; *Тепляков А.Г.* Шовинизм и национализм в органах ВЧК–МГБ–МВД СССР (1918–1953 гг.) // Советские нации и национальная политика в 1920–1950-е годы: Материалы VI международной научной конференции. Киев, 10–12 октября 2013 г. – М., 2014. С. 649–657.

НИКОЛАЕВ

Тиха украинская ночь[1].

А.Ф. Поясов – бывш. зам. нач. УНКВД Николаевской области

В течение десяти лет я работал по существу на низовой оперативной работе, работал изо дня в день, [из] ночи в ночь, не пользуясь годами отпуском в натуре [...] и никогда не терял революционные перспективы. [...] ибо я всегда исходил из чистых побуждений – партийных и государственных интересов. Личных интересов у меня не было, нет и не может быть![2];

Я не преступник и преступной деятельностью не занимался; наоборот, я всю свою сознательную жизнь боролся с преступниками и врагами, отстаивая позиции партии и соввласти [...][3];

[...] за что меня избрали депутатом Верховного Совета и наградили высшей наградой – орденом Ленина [...][4]; за самоотверженное выполнение правительственных заданий[5];

Я – жертва, и партия не нуждается в такой жертве, а поэтому и я прошу меня оправдать[6].

П.В. Карамышев – бывш. нач. УНКВД по Николаевской области

Я считаю, что раз это исходит от нач[альника] РО НКВД – значит явление законное[7].

М.И. Короленко – участковый инспектор РКМ Долинского района Кировоградской области

Кроме того я не допускал мысли, чтобы нач[альник] РО НКВД в своей работе делал беззакония[8].

М.И. Короленко

Марк Юнге

«Козлы отпущения» защищаются.
Процессы над нарушителями «социалистической законности» в Николаевской области, 1939–1941 гг.

Секретные агенты по кличкам «Герд», «Добровольский» и «Иванов» в один голос информировали руководство 2-го (Секретно-политического) отдела УНКВД по Николаевской области в апреле – мае 1939 г. об опасном заговоре среди бывших подследственных, недавно вышедших на свободу. Задача Секретно-политического отдела как раз заключалась в борьбе с политическими противниками советской власти, включая троцкистов, правых уклонистов, «церковников» и сектантов, а также националистов. В изложении агентов заговор выглядел настолько опасным, что начальник УНКВД по Николаевской области И.Т. Юрченко лично сообщил о нем республиканскому руководству НКВД.

В заговоре, помимо всех прочих, якобы принимали участие лица, занимавшие руководящие посты на имевшем важное оборонное значение Николаевском судостроительном заводе-гиганте № 200, где ежедневно были заняты около 9 000 рабочих и служащих[9]. Эти лица за полгода до описываемых событий были арестованы чекистами как члены троцкистской группы по обвинению в попытке организации саботажа и диверсии на заводе в целях уничтожения верфи в огне пожара.

Однако карающая рука государства поразительным образом обрушилась летом 1939 г. не на мнимых «крайне опасных троцкистских заговорщиков», а на трех руководящих сотрудников Секретно-политического отдела УНКВД, на связи у которых находились упомянутые выше агенты. Чекисты были арестованы и осуждены трибуналом войск НКВД Киевского особого военного округа за «нарушение социалистической законности» и «злоупотребление служебным положением» 23 марта 1941 г. соответственно к расстрелу и 10 и 8 годам лишения свободы. Вместе с ними свой приговор также получил бывший начальник УНКВД по Николаевской области П.В. Карамышев, осужденный к расстрелу.

Ядро обвинительного заключения против сотрудников НКВД состояло в том, что они вынудили агентов фальсифицировать сведения о тайной группе заговорщиков с целью выставить свои действия во время массовых операций НКВД в выгодном свете и тем самым спасти свои шеи. Эти действия, согласно обвинению, сводились к «незаконным мерам воздействия», то есть к применению пыток в отношении подследственных, а также фабрикации дел, улик и фальсификации материалов следствия.

Как же так случилось, что были арестованы и осуждены не члены мнимой «контрреволюционной троцкистской саботажнической организации», обвинявшиеся в подготовке крупной диверсии на оборонном судостроительном предприятии, а сотрудники НКВД, которые всего несколько месяцев назад были всесильными? Соответствовало ли действительности обвинение в грубом нарушении чекистами «социалистической законности» в ходе допросов подследственных? Шла ли в случае с осужденными сотрудниками УНКВД по Николаевской области речь о тех должностных лицах, которые, согласно «полуофициальному»[10] постановлению ЦИК и СНК СССР от 17 ноября 1938 г., своими «ошибочными» действиями дискредитировали в целом правильную и необходимую кампанию по борьбе с внутренними врагами, которая велась в течение полутора лет?[11] Или сотрудников НКВД стоит в первую очередь рассматривать как «козлов отпущения», которые должны были освободить партию и государство от ответственности за массовый террор, осуществлявшийся в масштабах всего Советского Союза и немногим ранее остановленный приказом Москвы? Или главной целью репрессий в отношении чекистов была нейтрализация клана попавшего в опалу бывшего наркома внутренних дел СССР Н.И. Ежова, чтобы обеспечить успешность клана его преемника, Л.П. Берии?

Источники и методика

Исходным пунктом настоящего исследования являются материалы следствия и двух судебных процессов против трех сотрудников Секретно-политического отдела УНКВД по Николаевской области, арестованных за неправомерные действия в отношении подследственных. В конечном итоге они были осуждены вместе со своим начальником, П.В. Карамышевым, возглавлявшим УНКВД по Николаевской области. Поскольку он проходил главным об-

виняемым, все следственное дело носит его имя[12]. «Дело Карамышева» состоит из тринадцати томов, каждый том содержит до
500 листов, общий объем дела составляет около 6 000 листов.
В том числе «дело Карамышева» включает в себя постановления
о начале следствия, допросы свидетелей, протоколы очных ставок, допросы обвиняемых и их жертв, материалы о деятельности
агентуры, материалы расследования обвинения в фальсификации
документов следствия и весь комплекс материалов двух судебных процессов над чекистами.

В качестве дополнительного источника использовались материалы личного дела П.В. Карамышева. Это дело дает возможность
рассмотреть отдельно взятого сотрудника НКВД как индивиду-
альность в контексте государственно-бюрократической (карательной) машинерии НКВД, сделав это в большей степени, чем в
отношении трех других его «подельников», личные дела которых
до сих пор не найдены[13].

Также были задействованы материалы, не имевшие прямого
отношения к судебным процессам, но отображающие экономиче-
скую и политическую ситуацию в Николаевской области. Для
этого использовались не только архивы советской политической
полиции, но и фонды государственного архива Николаевской области, а также документы бывшего областного партийного архива[14]. В этих архивах также хранятся следственные дела жертв
массовых операций Большого террора.

Все исследование вращается вокруг специфической перелом-
ной ситуации, сложившейся незадолго до и сразу после окончания Большого террора, то есть с лета 1938 г. до лета 1939 г. Этот
промежуток времени находится в центре нашего внимания, поскольку именно в это время герои статьи, четверо сотрудников
НКВД, сначала во имя и по заданию коммунистической партии и
советского правительства выступали атакующей стороной, но потом во все большей степени, прежде всего персонально, оказались в положении обороняющейся стороны, и, в конечном итоге,
сами попали на скамью подсудимых. Также наше внимание будет
сконцентрировано на освещении механизмов следствия и судебных процессов против обвиняемых чекистов. В первую очередь
необходимо выяснить, какую роль должно было сыграть их осуждение и какие интересы преследовала военная прокуратура, а
также имело ли место вмешательство сверху, как со стороны республиканских структур, так и со стороны Москвы.

В хронологической последовательности должно быть конкретно исследовано, при каких обстоятельствах в Николаеве произошел арест, а затем неожиданное освобождение членов «заговорщицкой троцкистской группы» и каким образом внезапно на месте «троцкистов» в качестве обвиняемых оказались чекисты. В рамках этой задачи нам также предстоит нарисовать личные портреты четырех обвиняемых. Необходимо выяснить, имелись ли в связи с пожаром на николаевском судостроительном заводе объективные причины, которые могли послужить поводом для ареста «троцкистских саботажников», или сотрудники НКВД от начала до конца сфабриковали дело из карьерных соображений? Идет ли в случае с осужденными чекистами речь об «обыкновенных людях», ordinary men, которые с чистой совестью и без тени сомнения делали свою работу во имя партии и государства, и только под воздействием давления сверху превратились в палачей? Или случившееся с ними более адекватно описывает термин «ситуативное насилие»? Переадресовывали ли они часть своей вины, обвинений в свой адрес государству и партии? Испытали ли они моменты прозрения или даже раскаяния? Были ли они преступниками-одиночками или их преступления относились к числу массовых? Являлись ли они деформированными личностями, которые вопреки всем инструкциям, приказам и законам с садистским удовольствием мучили подследственных, или обвинения в пытках, издевательствах и фабрикации дел были беспредметными и служили только цели диффамации деятельности тайной полиции?

Мой главный тезис гласит, что кампания по осуждению сотрудников НКВД являлась средством для того, чтобы переместить фокус лояльности рядовых сотрудников органов государственной безопасности с политической лояльности на лояльность исключительно в отношении сталинского государства. Показательная акция наказания «козлов отпущения» должна была помочь завершить процесс приспособления индивидуума к государственной структуре.

Пожар

Пожар на огромном судостроительном заводе, расположенном на окраине г. Николаева, на берегу реки Южный Буг, в защищенном выходе в Черное море, начался 2 августа 1938 г. около 19 часов, причем центр возгорания находился на территории сердца верфи – ее производственного цеха. У быстрого распространения пожара имелись свои причины, поскольку на «территории объекта, насколько хватает глаз, были разбросаны стружки, баллоны с кислородом, различные отбросы и проч.». Пожарная охрана не смогла справиться с огнем, и заводу грозило полное уничтожение[15]. В результате два человека погибли, тридцать получили ранения, материальный ущерб от пожара составил 2,6 млн рублей[16].

Последние очаги пожара еще догорали, когда руководство УНКВД по Николаевской области прибыло на место происшествия. Начальник областного управления П.В. Карамышев позднее не без гордости сообщал о том, что «ценой огромных усилий нам удалось ликвидировать пожар и спасти завод при помощи местных коммунистов и вызванных нами войсковых соединений [и] частей»[17].

Расположившись в кабинете директора верфи, чекисты незамедлительно приступили к допросам и поиску виновных. Поздним вечером Карамышев уже принимал участие в экстренном заседании оргбюро ЦК КП(б)У по Николаевской области, где он намеревался заручиться поддержкой партийного руководства для осуществления мер по линии УНКВД. Оценка, данная пожару на заседании оргбюро, гласила: «Бюро Обкома считает, что […] пожар есть диверсионный акт врагов, проведенный в результате потери классовой бдительности и преступной расхлябанности заводоуправления и заводского партийного комитета»[18].

Карамышев, будучи изначально непоколебимо убежденным в том, что речь шла не об обыкновенном пожаре по небрежности, а об акте саботажа, и сохранив эту уверенность до конца, приказал собрать все компрометирующие материалы на персонал завода, имевшиеся в УНКВД, и провести аресты подозрительных лиц[19]. После того как чекистам стало ясно, кому предстоит выступить в роли главных подозреваемых, руководство управления отправило в Москву телеграмму, ставя в известность о случившемся вышестоящее начальство[20].

Расследование дела было поручено Секретно-политическому отделу, т. е. 4-му отделу УНКВД по Николаевской области, который в конце 1938 г. был переименован во 2-й отдел[21], поскольку к этому времени «под крышей» отдела также находилось отделение, обслуживавшее предприятия оборонной промышленности, во главе с его начальником П.С. Волошиным[22].

Из числа арестованных работников завода в конечном итоге к суду были привлечены 11 человек. По инициативе начальника Секретно-политического отдела УНКВД Я.Л. Трушкина, восемь главных подозреваемых в поджоге верфи были переданы в руки военного трибунала, еще троих второстепенных обвиняемых следователи отправили на суд Особой («национальной») тройки[23].

В то время как судебный процесс против главных обвиняемых в рамках разбирательства военного трибунала все откладывался, «национальная» тройка 26 октября 1938 г., то есть спустя два месяца после инцидента, осудила всех трех обвиняемых к смертной казни. Приговор был приведен в исполнение немедленно[24].

Через несколько дней после пожара управление НКВД по Николаевской области вновь развернуло кипучую деятельность. Сначала К.И. Ефремов[25], который так же, как и Волошин, был в свое время начальником «оборонного» отделения Секретно-политического отдела УНКВД по Николаевской области, объехал с инспекцией для проверки мер противопожарной безопасности два самых больших судостроительных предприятия Николаева – завод № 200 им. 61 коммунара[26] и завод № 198 им. Андре Марти[27]. Инспекция обнаружила катастрофически неудовлетворительный уровень пожарной безопасности. На территории завода № 200 рядом с путями железной дороги находились нефтяные цистерны, которые в любой момент могли загореться от искр паровозов, курсировавших мимо. На территории завода № 198 повсюду было складировано дерево. Тем не менее Ефремов смог отрапортовать: «Лишь благодаря вмешательству УНКВД все это было устранено». О результатах своей проверки Ефремов также докладывал на заседании Николаевского обкома КП(б)У[28].

После Ефремова к расследованию лично подключился начальник УНКВД П.В. Карамышев. Он тщательно и подробно ознакомился с материалами дела и после этого проинформировал областной комитет КП(б)У. Последний, в свою очередь, на основании доклада Карамышева принял постановление «Об очистке фабрики», разрешив дополнительные аресты, которые и были проведены сотрудниками НКВД[29]. 1 сентября 1938 г. Карамышев представил на заседании обкома КП(б)У обширную программу, направленную на предотвращение пожаров на обоих судостроительных заводах. В свою очередь, в постановлении бюро обкома КП(б)У однозначно утверждалось, что происки врагов привели к тому, что на предприятиях не соблюдались и не соблюдаются элементарные правила пожарной безопасности. Директор завода

И.Г. Миляшкин[30] получил строгий выговор по партийной линии и поручение в срок до 15 октября 1938 г. представить отчет о принятых мерах[31].

Следует отметить, что органы госбезопасности и до пожара не выпускали судостроительные заводы из поля своего зрения. По словам Ефремова, Карамышев лично неоднократно посещал верфи, и ему удалось с помощью арестованных инженеров (которые не назывались здесь поименно) «наметить меры» для улучшения организации рабочего процесса[32]. Сам Карамышев заявлял о целом «букете» проблем. Так, судостроительный завод им. Марти из года в год не выполнял план, и на заводе «систематически» случались пожары и несчастные случаи. Этот завод, по данным Карамышева, настолько пришел в упадок, что там постоянно находилась группа сотрудников НКВД. И если бы не аппарат НКВД, поддержанный обкомом КП(б)У, то пожары окончательно уничтожили бы доки предприятия[33]. В другом месте Карамышев нарисовал плачевную картину состояния уже обоих судостроительных заводов: «Сотрудники УНКВД целыми группами сидели на заводах и устраняли все имеющиеся недочеты. Если бы не сотрудники УНКВД, то бесконечные аварии и пожары угрожали бы уничтожению заводов»[34].

Аресты, сопровождавшие деятельность НКВД по контролю над ситуацией на заводах, Карамышев в конечном итоге расценивал как большой успех: «В результате наших мероприятий, проведенных по линии судебной тройки, мы создали и добились того, что оборонные заводы стали не только выполнять, но и перевыполнять государственные задания и планы по товарной продукции»[35]. Еще один ключ к успеху начальник УНКВД видел в оперативных чекистских мероприятиях. В частности, Карамышев писал: «В результате наших оперативных мероприятий, смены вражеского руководства [...] а также и более энергичного вмешательства парторганов, заводы стали быстро выходить из прорывов»[36].

Таким образом, НКВД был теперь не только политической полицией, главной целью которой были идейные противники режима, а также учреждением, отвечавшим за устранение социальных проблем карательными методами. Функция надзора органов госбезопасности за экономикой в годы Большого террора была серьезно усилена. На органы были возложены задачи осуществления контроля за ключевыми отраслями экономики вплоть до решения организационных проблем. Главной задачей органов в экономической сфере являлись стабилизация работы важнейших промышленных предприятий и – о чем здесь будет упомянуто только вскользь – обеспечение функционирования колхозной системы.

Троцкистская саботажническая организация

Ядро троцкистской саботажнической организации, которая по версии НКВД несла ответственность за пожар на судостроительном заводе № 200, составляли инженеры и техники. На первом месте среди них находились Л.П. Фомин[37], с 1933 г. занимавший должность начальника корпусного цеха завода, А.Е. Гаврилов[38], заместитель начальника цеха, выгоревшего в результате пожара, и Л.М. Гладков[39], помощник начальника цеха и начальник деревообрабатывающей мастерской[40]. К руководящему ядру организации были также причислены С.С. Меламуд[41] – заместитель начальника корпусного цеха, Г.П. Афанасьев[42] – начальник участка корпусного цеха, Д.А. Бондарь[43] – начальник еще одного участка корпусного цеха, А.И. Базилевич[44] – мастер электросварки завода, Т.И. Чикалов[45] – старший мастер корпусного цеха и В.И. Носов[46] – сортировщик корпусного цеха завода № 200[47].

Лицами, в меньшей степени замешанными в саботаже, чекисты считали заведующего техническим нормированием корпусного цеха А.А. Барсукова, мастера цеха Н.В. Чернохатова и начальника штаба ПВО завода № 200 С.В. Мацковского[48].

Первоначально чекисты также включили в группу саботажников директора судостроительного завода Н.В. Щербину[49], инженера Г.В. Бабенко[50] и преподавателя кораблестроительного института М.Ф. Чулкова[51].

Расследование дела в отношении Фомина, Щербины, Базилевича и Гаврилова было поручено Секретно-политическому отделу УНКВД во главе с Трушкиным. Допрашивали подследственных Трушкин и его подчиненные Г.С. Зельцман[52], М.В. Гарбузов и К.А. Воронин[53]. Следствие в отношении Бабенко вели сотрудники «оборонного» отделения этого отдела УНКВД[54].

В сценарии саботажа, «реконструированного» общими силами ряда подразделений областного управления НКВД, ключевая позиция отводилась Фомину. Сотрудники Секретно-политического отдела добились от него признательных показаний в том, что он и другие лица планировали акт саботажа. Лично сам Фомин не смог принять участия в поджоге только лишь потому, что он был арестован почти за две недели до пожара, а именно 20 июля 1938 г. Однако на допросе, состоявшемся непосредственно сразу же после пожара, Фомин показал: «Практическую работу по подготовке диверсионного акта проводил начальник участника Афанасьев»[55].

Обвинение против Фомина подкреплялось информацией о его подозрительном прошлом. В частности, Карамышев сообщал: «Еще до ареста Фомин был разоблачен заводской парторганизацией в том, что он поддерживает постоянную связь с кадровым троцкистом [Ф.Я.] Плетневым[56] – бывш[им] директором завода № 200, проживавшем в Сталинграде»[57]. Уликой выступала переписка между Фоминым и Плетневым, конфискованная при аресте[58]. Кроме того, чекисты утверждали, что Фомин использовал служебную командировку в Ленинград для того, чтобы по пути встретиться с Плетневым в Сталинграде, а после этого «по взаимному сговору» со своим непосредственным начальником, главным инженером Бабенко, «сфабриковал» документы, в которых Плетнев описывался как хороший руководитель судостроительного завода, хотя во время его директорства верфь не выходила «из хронического прорыва» и выполняла план только на 40–50 %.

В это же время, согласно Карамышеву, в НКВД поступили дополнительные материалы о Фомине, которые уличали *его* в прямой (и многолетней) саботажнической деятельности[59]. Так, две специально образованные комиссии, первую из которых возглавляли инженеры М.Н. Гордиенко[60] и Ф.С. Степаненко, а вторую – Гордиенко (в ее состав вошли начальник планово-производственного отдела Е.Г. Магилевский и мастер разметной корпорации цеха № 1 завода № 200 Г.И. Цекановский), установили наличие «конкретных данных» о том, что «Фомин еще в 1933 г., вопреки протестам рабочих Шорина и др., сознательно игнорируя механические условия и требования, предложил строить подводную лодку "Малютка" из явно недоброкачественных материалов. Мастер [А. М.] Шорин[61] был отстранен от работы, а вместо него Фомин выделил троцкиста Васильева, допускавшего сплошной брак в работе; вместе с врагом Щербиной Фомин организовал вредительскую работу на судах 1075 и 1076, предназначавшихся для ДВК[62]; в 1936 г. Фомин и Бабенко организовывают аварийный спуск корабля № 208. В 1938 г. Фомин и Бабенко во вражеских целях сооружают диктовую изгородь вокруг важнейшего объекта (опытные отсеки), сознательно загромождая этот объект легко воспламеняющимися материалами» и т. д.[63]

Карамышев отсюда сделал вывод, что троцкистская саботаж-ническая группа сознательно создавала условия для пожаров, взрывов и несчастных случаев за счет того, что «они явно саботировали противопожарные мероприятия, игнорировали технические требования безопасности, захламляя завод ненужными и легко воспламеняющимися материалами»[64]. Для того чтобы очистить территорию завода, потребовались несколько рабочих поездов и месяцы работы.

Однако даже «обстоятельные и конкретные мероприятия по общей и противопожарной охране заводов», выработанные ранее под контролем УНКВД на основании проведенных обследований и поддержанные, в свою очередь, авторитетом ЦК КП(б)У, обязавшего директора судостроительного завода незамедлительно претворить их в жизнь, не смогли предотвратить большой пожар 2 августа 1938 г., поскольку саботаж, по словам Карамышева, пустил глубокие корни[65].

Прямая увязка «головки» троцкистской саботажнической организации с пожаром была, таким образом, только «делом техники». А.П. Федотов[66], сотрудник ЭКО УНКВД[67] по Николаевской области, позднее сообщал со знанием дела: «Как только его [Фомина] доставили в НКВД, он расплакался и сразу дал показание об участии его в к-р организации»[68].

Согласно Карамышеву, Фомин сознался в том, что «он много наделал вреда Советской власти»[69]. Уже спустя 10 дней после его ареста, то есть за три дня до пожара на заводе, благодаря объемным показаниям Фомина чекисты смогли документально подтвердить существование крупной троцкистской группы, которая под его руководством вела саботажническую подрывную деятельность.

Непосредственно сразу же вслед за пожаром сотрудники НКВД в ходе многочисленных допросов получили от Фомина показания, в том числе отчасти собственноручные, в которых он не только подтверждал свою руководящую роль в прошлых актах саботажа, но и признал свою вину за пожар. Это случилось 28 августа 1938 г. в присутствии военного прокурора и заместителя прокурора по спецделам Карпенко; во время очной ставки с Барсуковым и Афанасьевым – 24 августа 1938 г.; с Меламудом – 8 декабря 1938 г., а также 1 и 14 декабря 1938 г., в «расширение» его прежних показаний, причем в декабре 1938 г. Фомин «снова клялся в том, что он дал следствию откровенные, правдивые и исчерпывающие показания о своей вредительской деятельности»[70]. 8 декабря 1938 г. Фомин в том числе подтвердил результаты проверки обеих «экспертных» комиссий[71]. Но и этого было недостаточно. Ведущую роль Фомина в диверсиях подчеркивали в своих показаниях, а также во время очных ставок многочисленные свидетели, в том числе Муратов, бывший секретарь Николаевского горкома КП(б)У, арестованный 12 или 13 мая 1938 г., и М.Ф. Волков, бывший секретарь Оргбюро ЦК КП(б)У по Николаевской области, осужденный 23 сентября 1938 г. к ВМН[72].

«Правая рука» Фомина, Афанасьев, был незамедлительно арестован вечером 2 августа 1938 г., причем его арестовал непосредственно на рабочем месте заместитель начальника Секретно-политического отдела УНКВД М.В. Гарбузов[73]. Во время пожара Афанасьев работал на заводе в свою смену[74]. Он признал свое участие в организации пожара, позднее его показания были подтверждены Чикаловым, который признался в том, что осуществил поджог вместе с Афанасьевым[75].

Общая картина, согласно которой в Николаеве орудовала крупная троцкистская саботажническая организация, все время дополнялась и уточнялась за счет информации о главных «соратниках» Фомина. Так, инженер Гладков, который так же, как и Фомин, был арестован еще до пожара, а именно 28 июля 1938 г., был все в том же 1938 г. исключен из партии – по данным Карамышева – «за правотроцкистскую деятельность и резкие выпады против вождя партии Сталина», причем этому имелось множество подтверждений со стороны коммунистов и беспартийных[76]. Гладков также поддерживал прямой контакт с троцкистом В.К. Клигерманом, бывшим секретарем Сталинского райкома КП(Б)У г. Одессы[77].

Инженер Гаврилов, арестованный николаевскими чекистами 27 июля 1938 г., был исключен из рядов ВКП(б) еще в 1937 г. «за покровительство и связь с троцкистами», а также «за потерю классовой бдительности и связь с врагами»[78]. По данным Гарбузова, в 1-м отделении 4-го отдела также имелся «обработанный материал на вербовку Гаврилова» в целях разработки троцкистской организации, а также «выписка из показаний осужденного [«троцкиста» и бывшего директора судостроительного завода им. Андре Марти] С.А. Степанова[79] об участии Гаврилова в троцкистской организации и материалы партийной проверки о связях Гаврилова с репрессированными троцкистами». Еще один чекист, начальник 1-го отделения 2-го отдела УНКВД по Николаевской области К.А. Воронин, заявил, что Гаврилов «на протяжении ряда лет был связан с кадровыми троцкистами: Клигерманом, Гаевым, Сухановским и др.»[80]. Помимо этого, согласно Карамышеву, у сотрудников НКВД имелись показания, изобличавшие Гаврилова в «открытых фашистских высказываниях в камере»[81]. Арест инженера Гаврилова, который до этого под руководством Фомина и Афанасьева работал заведующим группой бюро технических усовершенствований, был, в том числе, произведен в результате показаний, данных против него «троцкистом» Д.Т. Стародубцевым[82]. Позднее Воронин заявлял: «Гаврилов сразу же после ареста или на следующий день дал мне обширные показания о принадлежности к правотроцкистской организации»[83]. Карамышев добавил к этому «букету» еще и обвинение в «антисоветской агитации», которую Гаврилов якобы вел «даже на улице, открыто на углах»[84]. По показаниям чекистов, Гаврилов, Гладков и Фомин находились под наблюдением «органов» в течение последних шести-семи лет[85].

В отношении остальных членов «троцкистской саботажнической организации» НКВД располагал гораздо меньшим количеством компрометирующих материалов. Однако в глазах чекистов их было достаточно для ареста и осуждения. Меламуд, арестованный 5 октября 1938 г. на основании показаний Фомина, был, по данным Карамышева, «старым кадровым сионистом», членом сионистской националистической организации, занимавшимся вербовкой в троцкистскую группу. Он знал, как себя вести на допросах, а также якобы знал поименно многих членов этой группы. Чтобы уличить Меламуда в саботажнической деятельности, были вновь сформированы две экспертные комиссии: одна под руководством инженера М.Г. Никифорова, другая – под руководством инженера Гордиенко, который уже выступал экспертом по делу Фомина. Дополнительно также были проведены допросы по меньшей мере четырех свидетелей[86].

Техник Бондарь, арестованный 3 августа 1938 г., работал перед пожаром в утреннюю смену[87]. В ходе нескольких очных ставок с Чикаловым, состоявшихся в присутствии помощника военного прокурора Курова (Чикалов был допрошен в первые часы после пожара 2 августа и арестован 7 августа 1938 г.), Бондарь показал, что он и Чикалов являются членами «антисоветской организации», при этом Чикалов принимал личное участие в поджоге[88]. Согласно Чикалову, Бондарь дословно заявил во время одной из очных ставок следующее: «Мы совершили поджог и должны встать на колени перед соввластью»[89].

Но самым опасным, по версии руководства УНКВД по Николаевской области, было то, что троцкистская саботажническая организация действовала не в одиночку, а была частью разветвленного правотроцкистского заговора, охватившего всю Николаевскую область и имевшего связи с троцкистами в других областях Советского Союза. Так, уже в 1937 г. во время одного из выездных заседаний Военной коллегии Верховного суда СССР имена Фомина, Гаврилова и Меламуда упоминались в показаниях обвиняемых. Также в ходе открытого судебного процесса против Степанова, бывшего директора завода № 200, неоднократно «всплывало» имя Гаврилова[90].

Карамышеву не составляло труда показать, в какой сомнительной компании вращались лица, на которых была возложена ответственность за пожар на верфи. На упомянутых выше процессах их имена назывались на одном дыхании вместе с именем второго секретаря Николаевского обкома КП(б)У Д.Х. Деревянченко, протеже С.В. Косиора[91]. Бывшего анархиста Деревянченко как «политического двурушника» заклеймили еще в апреле 1938 г. на Николаевской областной партийной конференции 2-й секретарь ЦК КП(б)У М.А. Бурмистенко и заместитель редактора газеты «Южная правда», «лучший политлектор» Буранов. Кроме того, Деревянченко обвинялся в том, что он «обманным путем получил от государства 2 миллиона рублей, его сестра за диверсионный акт была осуждена к ВМН»[92].

Таким образом, УНКВД по Николаевской области «разоблачило» обвиняемых в поджоге на судостроительном заводе как часть широкой сети троцкистских заговорщиков, «щупальца» которой простирались далеко за пределы области, вплоть до верхушки партии и государства. Кроме этого, «троцкисты» якобы поддерживали связи с правыми уклонистами и даже с сионистскими националистическими кругами. В результате пожар на судостроительном заводе представлял собой только лишь один, хотя и кульминационный, акт из целой череды актов саботажа, сознательно и активно осуществлявшихся членами организации в прошлом и настоящем. «Головка» троцкистского подполья обладала настолько широкими связями, что была в состоянии добиться осуществления своих преступных намерений даже из тюрьмы, с помощью многочисленных приспешников.

В такой ситуации НКВД было тяжело бороться с врагом. Это наглядно был призван продемонстрировать пожар, который чекисты не сумели своевременно предотвратить. Тем не менее, благодаря своим неустанным усилиям, областное управление НКВД добилось определенного успеха, сумев воспрепятствовать самому худшему и, с помощью своих специфических методов, в том числе массовых арестов, навсегда покончить с вредительской вражеской сетью.

Свои разоблачения НКВД подкреплял агентурными материалами, показаниями свидетелей, протоколами очных ставок, признаниями, иногда даже собственноручно записанными подследственными, показаниями свидетелей, извлеченными из материалов уже состоявшихся судебных процессов, экспертными справками как собственных сотрудников, так и «внешних» экспертов, в которых анализировалась ситуация на заводах, а также материалами партийных разбирательств и исключения из партии подозреваемых по обвинениям в причинении ущерба как партии, так и обществу, коррупции, а также политической и моральной неблагонадежности. Прямые улики присутствовали в делах только в исключительных случаях. Чекистам, очевидно, было неизвестно такое понятие, как «презумпция невиновности». Бал правило другое правило, согласно которому НКВД не арестовывало невинных людей.

Вмешательство сверху

УНКВД по Николаевской области функционировало не в безвоздушном пространстве, свои энергичные усилия по борьбе с саботажнической троцкистской организацией чекисты обосновывали, в том числе, ссылкой на приказы и директивы, поступавшие сверху, в первую очередь из Москвы. Помимо этого, г. Николаев с инспекционными поездками посещали высокопоставленные сотрудники госбезопасности из Москвы и Киева, которые специально интересовались состоянием судостроительных заводов и давали соответствующие указания.

Так, 17 июня 1938 г. Карамышев получил шифротелеграмму от заместителя народного комиссара внутренних дел СССР М.П. Фриновского, в которой утверждалось, что «несмотря [на] ликвидацию основных вражеских гнезд (правотроцкистских, шпионско-диверсионных и других контрреволюционных формирований) [в] ряде важнейших оборонных заводов, играющих решающую роль [в] техническом вооружении РККА, эти заводы истекшие пять месяцев 1938 года систематически срывают правительственные задания»[93].

Наряду с целым рядом других предприятий оборонного значения по производству авиационных моторов, артиллерии и порохов в телеграмме в качестве негативного примера также непосредственно упоминался судостроительный завод № 198 им. Андре Марти, «брат» николаевского завода № 200. Завод только на 58 % выполнил свои плановые задания по передаче судов военно-морскому флоту и т. п.[94] По недвусмысленной оценке Фриновского, «такая преступно-безобразная работа оборонных заводов по оснащению РККА далее нетерпима».

Общее объяснение, которое Фриновский давал такому плачевному состоянию дел, сводилось к высокому проценту «засоренности, начиная [с] сомнительного, кончая явно антисоветским элементом, представляющим питательную среду для всяких вражеских формирований». Что же касается чекистских аппаратов, то Фриновский с негодованием указывал:

– на отсутствие «серьезной планомерной борьбы с последствиями вредительства», которое было осуществлено уже ликвидированными троцкистскими группами;

– на неудовлетворительную организацию борьбы с остатками недобитых «вражеских формирований», в первую очередь – с «диверсионной низовкой»;

– на отсутствие «мер борьбы [по] полной очистке» предприятий от вражеских элементов;

– и, в заключение, на нехватку «оперативно-предупредительных мероприятий, направленных [на] оказание практической помощи заводам [по] выполнению производственного плана»[95].

После этого, опираясь на свою нелицеприятную критику, заместитель народного комиссара внутренних дел СССР потребовал устранить все эти недостатки до конца июля 1938 г., то есть в течение шести недель, докладывая ему каждые 15 дней о проделанной работе.

Телеграмма Фриновского сразу же возымела последствия. На первой странице документа, предназначавшегося непосредственно УНКВД по Николаевской области, сохранились рукописные пометки Карамышева: «тов. Поясов! [1] Затребовать санкцию на арест выявленных участников организации. [2] Об остальных мероприятиях по заводу переговорить со мной. 21.VI.[1938]»[96].

Во время следствия и судебного процесса бывшие сотрудники УНКВД по Николаевской области, а именно начальник управления Карамышев, начальник Секретно-политического отдела Трушкин и его заместитель Гарбузов в оправдание арестов, произведенных ими в июле 1938 г. среди сотрудников судостроительных заводов области, ссылались именно на эту телеграмму Фриновского, а Трушкин – конкретно на третий пункт требований Фриновского[97]. Этот пункт звучал следующим образом: «По всем следственным и агентурным делам немедленно, еще раз, пересмотрите всех разоблаченных, но не репрессированных врагов, чтобы провести их аресты [в] ближайшие дни»[98].

Именно реализация этого требования и привела к аресту Фомина. Трушкин заявлял на следствии: «На основе этой телеграммы Фриновского по предложению Карамышева была составлена справка на Фомина»[99].

После этого Карамышев согласовал арест Фомина с первым секретарем Николаевского обкома КП(б)У П.И. Старыгиным[100] и первым заместителем народного комиссара оборонной промышленности СССР И.Ф. Тевосяном[101], будущим народным комиссаром судостроительной промышленности СССР, который, возможно, в рамках мероприятий, намеченных телеграммой Фриновского, находился с инспекционной поездкой в Николаеве. Гарбузов в свою очередь заявлял на следствии о том, что визит Тевосяна привел к многочисленным арестам среди инженеров. Свидетельство Гарбузова о прямом вмешательстве Тевосяна в «дело инженеров» подтвердил также Трушкин. Подпись заместителя наркома присутствует на справках в отношении ряда сотрудников судостроительного завода, подшитых в дело. Они были арестованы еще до большого пожара[102].

16 июля 1938 г., спустя месяц после телеграммы Фриновского, Николаев посетил народный комиссар внутренних дел Украинской ССР Успенский. Он принял участие в совещании, на котором присутствовал весь оперативный состав аппарата УНКВД и горрайотделений. Совещание было подготовлено бригадой под руководством начальника 3-го отдела НКВД УССР в кооперации с местным УНКВД. Эта бригада была специально послана в Николаев за три дня до приезда Успенского. В своем рапорте о проведении совещания Успенский указал, что чекистами была установлена подрывная работа японской, английской и немецкой разведок в порту и на вервях, причем на заводе № 200 она якобы велась в контакте с директором завода Щербиной. Последний был незамедлительно арестован. По версии чекистов, Щербина также входил в состав правотроцкистской организации, среди

членов которой Успенский назвал имя Стародубцева – будущего главного свидетеля по делу о пожаре на верфи. Особое беспокойство Успенского вызывало то, что завод не был защищен от атак вражеских подводных лодок[103]. Можно предположить, что Фриновский упомянул Николаев в своей телеграмме от 17 июня 1938 г. не без содействия Успенского, который в свою очередь теперь оказывал давление на Карамышева, чтобы тот решил проблему как можно более оперативно[104].

Интерес вышестоящих органов к ситуации на судостроительных заводах Николаева был еще больше подогрет в результате пожара, случившего двумя неделями позднее, тем более что требования Фриновского явно запоздали, а визиты Успенского и Тевосяна не принесли желаемых результатов. В результате республиканский аппарат НКВД принял непосредственное участие во «вскрытии» роли саботажнической группы троцкистов в поджоге верфи. В Николаев незамедлительно самолетом из Киева была отправлена бригада 7-го отдела НКВД Украинской ССР, отвечавшего за состояние дел на предприятиях оборонной промышленности. Бригаду возглавил лично начальник 7-го отдела[105] А.М. Злобинский[106]. Вместе с ним в Николаев отправились чекисты, хорошо зарекомендовавшие себя в деле «оперативного обслуживания» предприятий советской индустрии, карьеры которых и в будущем были связаны с этой сферой чекистской деятельности[107]. Речь идет об А.Г. Назаренко, начальнике 1-го специального (учетно-регистрационного) отдела НКВД УССР (с сентября 1938 г. – начальник 7-го отдела (оборонной промышленности) НКВД УССР), З.А. Новаке[108], занимавшем с апреля 1938 г. должность оперуполномоченного 10-го отделения 3-го (контрразведывательного) отдела НКВД УССР[109], оперуполномоченных 3-го отдела НКВД УССР П.К. Пугаче[110] и А.Е. Руднóм[111].

В расследование пожара непосредственно вмешалась даже Москва, настаивавшая в первую очередь на ускорении темпов расследования. Согласно показаниям Трушкина, по линии прокуратуры из центра была получена телеграмма, в которой содержалась соответствующая директива[112].

Совершенно очевидно, что УНКВД по Николаевской области еще до пожара на судостроительном заводе находилось под значительным давлением сверху, в результате чекисты стремились устранить ряд своих собственных упущений в деле ликвидации троцкистской саботажнической группы, что якобы должно было привести к существенному росту производительности производства на верфях. Они оперативно выполнили все требования вышестоящего начальства, но не смогли предотвратить пожара на заводе № 200, что в свою очередь привело к очередному расширению круга арестов.

Освобождение

Однако позднее случилось нечто совершенно необычайное. В начале апреля 1939 г. арестованные члены троцкистской саботажнической организации, которые, по версии руководства УНКВД по Николаевской области и его республиканского начальства, были виновны в поджоге судостроительного завода № 200, были выпущены на свободу. Основанием для освобождения послужил приговор Военного трибунала Киевского особого военного округа, вынесенный в начале апреля 1939 г.[113] Из этого приговора улетучились все обвинения в участии в троцкистской заговорщицкой организации, а также в саботаже и поджоге. Все обвиняемые, а также сорок свидетелей, приглашенных на суд, единодушно дистанцировались от своих прежних показаний. Подсудимые, все ранее не судимые, заявили, что они дали признательные показания под моральным и физическим воздействием со стороны следователей[114]. Председатель экспертной инженерной комиссии Гордиенко, чье заключение в значительной степени уличало обвиняемых в саботаже, показал в 1956 г., что в 1939 г., выступая в качестве свидетеля, он заявил на суде, что сотрудники НКВД заставили его подписать подготовленный ими документ[115]. Кроме того, очередная экспертная комиссия, образованная в 1939 г., пришла к выводу, «что пожар мог произойти не только как результат диверсионного акта, а мог возникнуть совершенно случайно»[116]. С большей степенью вероятности пожар возник, как на это неоднократно указывалось в ходе процесса, от искры в ходе сварочных работ, и не был своевременно потушен по причине отсутствия на месте пожарной команды. Это в свою очередь привело к возбуждению следствия в отношении руководящего персонала пожарной команды в лице Зайцева, Андреева и Лепкина[117].

Большая часть освобожденных даже получила назад свои рабочие места. «Главарь саботажников» Фомин, освобожденный 8 апреля 1939 г., снова стал начальником корпусного цеха завода. Афанасьев, который по версии следствия должен был реализовывать преступные замыслы Фомина, вместо своей прежней должности – начальник участка цеха – стал техником-строителем. Однако из-за увечий, причиненных ему в ходе следствия, он скончался уже в начале 1940-х годов[118]. Должностью техника должен был также довольствоваться бывший начальник участка цеха Бондарь. Они оба были отпущены в один день с Фоминым. Спустя два дня, 10 апреля 1939 г., последовало освобождение Гаврилова, который получил должность в областном земельном управлении[119]. 9 апреля 1939 г. на свободу вышел Гладков, который снова стал работать помощником начальника цеха. Чикалов после освобождения возобновил свою трудовую деятельность мастера[120]. М.Ф. Чулков, один из немногих «заговорщиков» не из числа заводчан, получил обратно свою должность преподавателя Николаевского судостроительного института. Базилевич, Меламуд и Носов также были оправданы[121].

На свободу вышел даже бывший второй секретарь Николаевского обкома КП(б)У Деревянченко, разоблаченный как троцкист и крупный взяточник[122]. Тогда же был освобожден Д.Ф. Кобцев[123], с мая по июль 1938 г. работавший вторым секретарем Николаевского горкома КП(б)У и арестованный 24 июля 1938 г. по обвинению в троцкизме и взяточничестве. После освобождения он занял пост старшего конструктора завода имени Марти № 198[124]. Оба они не входили, в отличие от Чулкова, Гаврилова или Гладкова, в число непосредственных участников саботажнической организации, однако органы вменяли им в вину участие в разветвленном троцкистском заговоре, охватившем всю Николаевскую область.

Бывшие арестованные получили денежные компенсации – вероятно, в размере потерянного ими рабочего заработка, бесплатные путевки в санаторий, а также были восстановлены в партии[125]. Сотрудник УНКВД Воронин должен был выплатить Кобцеву девятьсот рублей, конфискованные во время ареста и не учтенные должным образом. Дополнительно Кобцев получил от финотдела УНКВД тысячу рублей, которые были у него изъяты официально[126].

Однако для тех участников троцкистской саботажнической организации, осужденных Особой («национальной») тройкой, которая рассматривалась сотрудниками НКВД как внесудебная инстанция для осуждения так называемой «низовки», рядового состава контрреволюционных организаций[127], помощь пришла слишком поздно. Как уже упоминалось, Барсуков, Чернохатов и Мацковский были приговорены тройкой к ВМН в сентябре 1938 г. и расстреляны 4 ноября 1938 г. в 12 часов ночи[128]. Только гораздо позднее, в 1941 г., Военный трибунал войск НКВД Киевского особого военного округа отменил смертный приговор тройки по этому делу, что, по меньшей мере, давало возможность родственникам казненных ходатайствовать о выплате компенсации[129]. Их реабилитация последовала только после смерти Сталина, в 1957 г.[130]

Заговор против НКВД

Участники «троцкистской организации» тем не менее не были удовлетворены своим освобождением и остальными благодеяниями советского государства и коммунистической партии. Спустя две недели после того, как «заговорщиков» выпустили на свободу, агент по кличке «Герд» сообщил руководству Секретно-политического отдела УНКВД, тем временем переименованного во 2-й отдел, следующее: «Собранные мною факты говорят с несомненной точностью о том, что к-р разговоры, слухи рождаются в среде бывших арестованных, а сейчас освобожденных. […] [Среди них стали] усиленно распространяться антисоветские разговоры, различные измышления»[131].

Чтобы описать взрывоопасность ситуации, «Герд» привел сведения о наиболее активных членах «троцкистской организации» на заводе № 200 из числа освобожденных. По словам источника «Герда» – учителя школы № 20 Т. Бондаренко, группа бывших арестованных, а именно Чулков, Гаврилов, Гладков, Кобцев и другие, «систематически после освобождения собираются друг у друга», чтобы произвести «обмен мнениями» и выработать «общую ориентацию».

От Бондаренко «Герд» также знал, насколько негативно Чулков оценивает политическую ситуацию в стране. Он якобы утверждал, что «в стране безусловно орудует к[онтр]р[еволюционная] сила», которая проникла вплоть до «верхушечной части партии», о чем свидетельствовал расстрел А.И. Рыкова[132] и других. Чулков также сравнивал царские и советские тюрьмы и утверждал, что советские тюрьмы хуже, чем места заключения самых мрачных времен царской деспотии. В качестве примера он заявлял, что заключенные при царе всегда имели в камерах достаточно света, «сейчас эти же окна заколотили специальными щитами», которые не пропускают солнечный свет. Кроме того,

Чулков якобы выражал сожаление о том, как это выяснил «Герд» в специально устроенном разговоре с его соседкой по квартире Фесенко-Макеевой, другом семьи Чулкова, «что там в центральных организациях кто-то обратил внимание на то, что в стране открыто проводится контрреволюция, если бы не это, то несомненно произошел бы политический переворот и арестованные все вошли бы в историю русской революции, как поборники ее».

О Гладкове агент «Герд» сообщал, с опорой на студентку Слеповатую, подругу жены Гладкова, что тот распространяет слухи, что в тюрьме Николаева «ежедневно пачками расстреливали» осужденных.

Брат Гаврилова, который работал в педагогическом институте, в разговоре с «Гердом» поведал следующее о воззрениях своего брата: в центре царит «полная растерянность», там не знают, что делать с девятью миллионами заключенных. С одной стороны, нецелесообразно оставлять их в тюрьмах и концлагерях, поскольку «на местах растут дети, многочисленные родственники, а около них массы сочувствующих им». С другой стороны, их нельзя отпустить на свободу разом, поскольку тогда «на местах произойдет концентрация людей с неизгладимой враждой к руководству».

Донесение «Герда» заканчивалось сообщением, согласно которому Гладков во всеуслышание рассказывал о том, что их группа, когда она находилась под арестом, знала о ходе следствия все, однако им лишь с большим трудом удалось с помощью перестукивания убедить человека (который их предал), а именно Д.Т. Стародубцева, отказаться от своих показаний[133].

Спустя 10 дней агент «Герд» в сообщении от 3 мая 1939 г. дополнил свою информацию о заключенном Стародубцеве, на этот раз на основании разговора, состоявшегося на улице между А.К. Стародубцевой, женой этого «репрессированного троцкиста», и директором школы № 14 П. Балдуком. Согласно донесению «Герда», Балдук заверил Стародубцеву в скором освобождении ее мужа, поскольку «суд[134] теперь превратили в игрушку, которой пытаются сгладить то, что наделали». В ходе разговора Балдук в красках расписал эту благоприятную для репрессированных ситуацию: «Работников НКВД половину уже перестреляли не только в Молдавии, а и в других городах».

Однако «Герд» не остановился только на описании той поддержки, которую жена арестованного троцкиста получила от высокопоставленного советского чиновника, но и сообщил о том, какую катастрофическую картину общего настроения населения нарисовал Балдук и как он распространял свои «вымыслы». На первомайской демонстрации, которую они посетили совместно, Балдук обратил внимание «Герда» на «якобы» огромное число людей, которые в этом году стояли в стороне и не принимали участие в демонстрациях. По словам Балдука, это был «результат пьяной кампании Ежова. Это жены, дети, родственники и просто люди, сочувствующие той массе арестованных, что сидят в тюрьмах, или тех, кто погиб в ссылке». Конца этому давлению на население не было видно, и под прессом, заявлял Балдук, оказались не только взрослые, но и дети. В частности, Балдук говорил: «То, что дети [так плохо] ведут себя в школах, на улицах, объясняется также озлоблением, которое также охватило и детей».

Еще один отпущенный на свободу арестованный, некто Свирса, бывший руководитель отделения украинского общества «Просвита»[135], встреченный на улице «Гердом» и Балдуком, в ходе разговора своими риторическими вопросами дискредитировал московское руководство: «А как ты думаешь, кто в этом виноват, нельзя же думать, что это творчество на местах. Сидя в тюрьме, я убедился, что это имело место по всему Советскому Союзу, причем везде и всюду применялись одни и те же методы. Кроме того, нельзя допускать, что это делалось без ведома центра, так как каждый день в центральные организации отправляются тысячи заявлений, и никто не получает ответа на заявления, никакого внимания не обращают. Значит, отвечать им нечего, против своих же мероприятий идти неудобно».

В своем донесении «Герд» зафиксировал также утверждения Свирсы, касающиеся политики выборочных освобождений. Заявления Свирсы сопровождались фундаментальной критикой всей карательной системы Советского Союза. Согласно ему, «НКВД имеет директиву сглаживать положение, в первую очередь за счет освобождения членов партии. В тюрьме сидит еще очень много беспартийных, которых всячески будут выдерживать, чтобы массовое освобождение не обратило на себя внимания широких масс». Кроме того, репрессированные были «осуждены судом, который не предусмотрен никакими законами в мире, законами, которые окончательно подорвали нашу конституцию в глазах других государств». Венчало аргументацию Свирсы заявление о том, что «успех фашистского движения и надо объяснить тем, что рабочие организации увидели у нас большие противоречия между законами Советского государства и действительностью».

«Истинное лицо» Свирсы и враждебность его точки зрения «Герд» разоблачает, приводя слова Свирсы о процедуре его восстановления в партии. Свирса открыто признал, что в результате ареста был «выбит из той политический направленности, которой он обладал до ареста».

Компрометация Свирсы служила для агента НКВД средством для того, чтобы дополнительно скомпрометировать свой главный источник информации – Балдука, представив в мрачном свете его «сомнительное» прошлое: в бытность свою учителем в деревне Варваровка он был связан с троцкистом И. Скрыпниковым, поскольку они были женаты на сестрах, и делил со Скрыпниковым одну квартиру. Кроме этого, Балдук поддерживал контакт с также осужденным греческим гражданином Матисто, который работал в Николаеве в клубе интернационалистов. Криминал состоял в том, что Балдук принимал у себя дома Матисто вместе с членами команд иностранных судов. Не в последнюю очередь также упоминались многочисленные контакты Балдука с женами арестованных[136].

12 мая 1939 г., спустя девять дней после последнего донесения, 2-й отдел УНКВД получил свежую информацию от «Герда». На этот раз агенту удалось собрать сведения не только в результате уличных встреч, но и побывать непосредственно в гостях у отпущенных на свободу членов «троцкистской саботажнической организации». У Чулкова он встретил Гаврилова и Гладкова с женами, а также неизвестную ему юную персону. В то время как женщины накрывали на стол, мужчины играли в шашки. Вдруг, как описывал «Герд» в донесении, присутствующие открыто заподозрили в нем провокатора и стали его всячески чернить. Они припомнили его знакомство со Стародубцевым, которое не имело для «Герда» печальных последствий, в отличие от членов «троцкистской организации». Само собой разумеется, агенту, по его собственным словам, удалось сохранить свою тайну, так как он сумел убедить их всех в своей невиновности. Среди прочего «Герд» заявил, что он сам не поверил своему счастью, когда его не арестовали, что он даже взвешивал возможность, из страха перед арестом бежать в Сибирь.

Очевидно, истинная цель «Герда», которую он преследовал, рассказывая эту историю, заключалась в том, чтобы показать, что также и в сознании членов «саботажнической группы» Стародубцев фигурировал в качестве слабого звена, болтуна, члена действительно существовавшей в прошлом троцкистской организации, используя которого, НКВД сумело разоблачить многих «троцкистов».

После того как «Герд» сумел немного развеять подозрения в свой адрес, он поинтересовался у «товарищей»: «…как вы себя чувствуете и что слышно, как надо понимать всю эту историю, говорят, что те, которые сидят в тюрьме, гораздо больше осведомлены, чем те, которые на воле». Гладков дал свой ответ с иронической усмешкой на лице: «Мы [там были] не одни, мы составляем какую-то миллионную часть, значит, чувствовать себя плохо нет оснований».

Из факта очень хорошей информированности членов группы не только в заключении, но и на свободе «Герд» сделал вывод, что они уже в курсе того, что в Николаеве будет заседать военный трибунал, и теперь они спекулируют на тему того, не будет ли вскоре освобожден и Стародубцев[137].

Для «Герда» было особенно важно в этом контексте продемонстрировать и подчеркнуть групповое сознание присутствовавших, а именно то, что все эти люди воспринимали себя именно как группу и были крайне горды взаимным доверием. Наглядное выражение этого «Герд» увидел в тосте, произнесенном Гладковым: «Пусть рабы и подхалимы пьют "за кого", а мы будем пить за нашу дружбу».

Гладков, если судить по донесению «Герда», в отличие от своего «сообщника» Гаврилова, был занят не столько внутренним самоощущением группы, сколько анализом общего настроя широких масс, при этом, как писал «Герд», облачал свои суждения в форму нелицеприятной критики карательной политики советского государства. Гладков, согласно «Герду», выражал мнение, что власть своими средневековыми методами пыталась сначала устранить недовольных. Теперь она перешла к тому, чтобы привлечь их на свою сторону, предлагая пострадавшим деньги и курорты. Однако это ни к чему не привело. Власть всеми своими мерами добилась лишь того, «что на заводе тысячи рабочих инженеров, техников устроили нам такую встречу, как будто мы возвратились после совершения большого героического подвига. Значит, вы теперь можете себе представить, как народ воспринял это дело и какое создалось настроение у широких масс»[138].

Спустя семь дней, 19 мая 1939 г., «Герд» в своем очередном донесении еще раз уделил внимание крайней самоуверенности группы, которая нашла свое отражение в слухах, распространяемых ее членами, о появлении в Николаеве судей военного трибунала. Гладков был уверен в том, что трибунал прибыл лишь для того, чтобы освободить всех поголовно. В качестве примера Гладков приводил следствие по своему делу: «Когда некоторые свидетели начали заминаться, стали давать намеки на виновность, то председатель трибунала обратился к таким свидетелям и сказал, что "Вы пытаетесь натянуть обвинение, раз люди не виноваты, так и говорите"». Согласно Гладкову, «председатель трибунала этим прямо сказал или дал понять, что в обвинениях трибунал не нуждается». В результате среди свидетелей больше не нашлось никого, кто выступил бы против обвиняемого. В его случае все десять свидетелей дали «блестящие» показания в его пользу[139].

В тот же самый день Секретно-политический отдел УНКВД получил еще одно донесение, на этот раз – от агента по кличке «Добровольский». Объектом наблюдения агента также была группа, сформировавшаяся вокруг отпущенных на свободу членов «троцкистской саботажнической организации», виновной в пожаре на заводе. Главной темой донесения являлось прибытие в Николаев уполномоченного, получившего задание первого секретаря ЦК КП(б)У Хрущева проверить работу областного УНКВД. Уполномоченный заслушивал показания бывших арестованных о том, как с ними обращались в НКВД во время их пребывания под стражей.

«Добровольский» сообщил, что Гаврилов, Деревянченко, Фомин и другие занимаются распространением слухов, а именно в связи с их письмами Хрущеву и прокурору СССР А.Я. Вышинскому, в которых они описывали, что с ними случилось в заключении. Фомин, в частности, заявлял о том, что «показания у него и у других вымогали методам пыток и что он доходил до того, что подписывал чистый лист бумаги». По словам некоего М.Ф. Головастикова, которого разговорил «Добровольский», Фомин якобы дословно заявлял: «Я был истинным коммунистом и боролся за счастье народа, а что они со мною сделали. Я никогда не мог себе представить, что у нас в СССР может быть, что я увидел и узнал. […] Я перенесенные муки не забуду […] и мы, т.е. Гаврилов, Деревянченко и Фомин, – им этого не простим». От описания Фомина, по сочувственной характеристике Головастикова, «веяло средневековьем». Фомин, однако, также подчеркивал, что теперь у чекистов возникли серьезные проблемы: «За это им […] влетит и влетит здорово».

Эти «слухи, пущенные в народ», согласно «Добровольскому», вели к тому, что теперь в разговорах населения появились «мы и они», т. е. народ и НКВД, которые «как будто находятся в двух противоположных лагерях». Что же касается пресловутого стремления заговорщиков группироваться, то «Добровольский» утверждал: инициатором и руководителем всех «кампаний» Фомина, Гаврилова и Деревянченко, по данным Фомина, является Деревянченко[140].

Спустя еще три дня, 21 мая 1939 г., вновь было получено донесение от «Герда». На этот раз он проинформировал сотрудников УНКВД о том, что Чулков был неприятно удивлен тем, почему трибунал все еще не разобрал дело Стародубцева, и что он полагал, это было бы крайне важно для окончательного прекращения дела в отношении своей собственной группы, поскольку, по словам Чулкова, «по характеру своему эти дела одинаковы». По словам «Герда», оценка Чулковым актуальной ситуации сводилась к следующему: «Сейчас начали опять поджигать: массовое освобождение прекратилось»[141]. Вину за это Чулков также возлагал на жену Стародубцева, эту «дуру», которая хотела передать весточку своему мужу через одного из охранников, но была на этом поймана, арестована и осуждена. Теперь единственным путем для нее было все отрицать – и то, что она передавала своему мужу сообщение, и то, что во время очной ставки сигнализировала ему, ничего больше не выдавать чекистам.

На следующий день, 22 мая 1939 г., «Герд» на основании собранных им сведений, вслед за «Добровольским», сообщил о прибытии особоуполномоченного НКВД. В своем донесении он, опираясь на слова жены Чулкова, описал большое возбуждение, охватившее группу. В частности, «саботажникам» было известно, «что в Областное управление НКВД приехал из Наркомата Внутренних Дел какой-то очень ответственный работник, фамилия Твердохлеб (кажется так) […] Сидит он в НКВД и принимает заявления от бывших под арестом». Как считала жена Чулкова, присылка уполномоченного могла быть ловким шагом со стороны НКВД «для успокоения умов». Свою идею она развивала следующим образом: «Так или иначе, но, по мнению "наших", надо сейчас приложить все усилия к тому, чтобы распространить возможно шире среди бывших арестованных, чтобы они буквально засыпали этого представителя заявлениями, чтобы они не стеснялись формой и содержанием изложения, пусть пишут, били, мучили, издевались». Далее жена Чулкова якобы призывала: даже если уполномоченный приехал pro forma, чтобы подшить в дело два – три показания и этим ограничиться, необходимо организовать все так, чтобы он получил «вагон и маленькую тележку» драматических заявлений, вне зависимости от того, хочет он этого или нет. «Герд» сообщал, что даже ему она поручила оповестить всех «обиженных».

Чтобы еще раз доказать высокую степень организованности группы, «Герд» в заключение заявлял, что план «саботажников» также сводится к тому, чтобы непрерывно звонить уполномоченному, а именно по телефонному номеру 1-26, принадлежавшему комендатуре УНКВД[142].

Донесения «Герда» и «Добровольского» в своей совокупности рисуют антисоветскую троцкистскую группу, имеющую высокую степень организованности и прочные внутренние связи, располагающую внутренней, сугубо доверительной информацией, которую группа получает от «источников» из партийных и государственных органов, а также из органов НКВД. Члены этой группы всячески пытаются выдать себя за жертвы с помощью слухов, преувеличений и лжи. Их непосредственной преступной целью является УНКВД по Николаевской области, но они также пытаются очернить и дискредитировать всю судебную и карательную систему Советского Союза, включая руководство страны. НКВД у них является нарушителем законов, палачом и фальсификатором. Осуждение всей советской судебной и карательной системы производится путем проведения параллелей с темным средневековьем, деспотией царизма и фашизма. В свою очередь население в интерпретации «заговорщиков» испытывает симпатии в отношении бывших заключенных, при этом в значительной мере чувствует себя угнетенным, униженным и оскорбленным. Москва представляется, с одной стороны, главным организатором и соучастником репрессий, а с другой – лишившейся ориентиров и крайне нерешительной в сложившейся ситуации.

Все донесения агентов об освобожденных арестованных были 3 августа 1939 г. сведены СПО УНКВД в единое агентурное дело под кодовым названием «Ретивые», на деле была сделана пометка «Троцкисты»[143].

НКВД: стратегии оправдания

После того как в мае 1939 г. руководству УНКВД по Николаевской области из сообщений агентов стало ясно, что среди отпущенных на свободу арестованных сформировалась опасная группа заговорщиков, деятельность которой была направлена в особенности против чекистов, начальник УНКВД по Николаевской области И.Т. Юрченко, временно назначенный на этот пост после снятия Карамышева в январе 1939 г., направил в начале июня 1939 г. соответствующий рапорт своему непосредственному начальнику, заместителю народного комиссара внутренних дел УССР А.З. Кобулову[144]. Непосредственным автором сообщения стал Трушкин, причем до этого он передал донесения агентов особоуполномоченному НКВД УССР Твердохлебенко, проводившему расследование деятельности чекистов по поручению Хрущева[145].

Рапорт Юрченко состоял из компиляции цитат из уже известных нам донесений агентов «Герда» и «Добровольского», комментариев и оценок. Новой была только информация еще одного агента, некоего «Иванова». Однако руководство УНКВД озвучило в своем документе отнюдь не все темы, присутствовавшие в донесениях агентуры.

Действующими персонами, о которых шла речь в рапорте Юрченко, снова были члены троцкистской саботажнической организации, якобы виновные в пожаре на судостроительном заводе № 200, включая их ближайшее окружение. Главное внимание адресовалось Гаврилову, Гладкову, Чулкову и Кобцеву, а также Деревянченко.

Особое внимание чекисты уделили «группированию» подозреваемых, при этом подбор и интерпретация цитат еще более явственно, чем в донесениях агентуры, подчеркивали то, что группа в первую очередь преследовала цель дискредитации сотрудников государственной безопасности УНКВД по Николаевской области. Члены группы, согласно рапорту Юрченко, «систематически собирались друг у друга», «где устанавливают общую ориентацию своего поведения в Обкоме КП(б)У, в заявлениях вышестоящим партийным органам и в НКВД СССР и УССР о том, что всем нужно писать, что их били и издевались над ними».

Вслед за этим в рапорте целенаправленно указывалось, что действующая в настоящее время группа была в прошлом частью большой троцкистской саботажнической организации и по-прежнему поддерживает контакты с «троцкистским окружением». Чекисты обосновывали это, во-первых, сообщая об отчаянных усилиях членов группы заставить замолчать главного свидетеля обвинения Стародубцева, выдавшего всех их. Во-вторых, с помощью донесений агента «Иванова» они указывали на сохранившиеся контакты группы с троцкистами или с их посредниками. Так, цитировалось сообщение «Иванова» о встрече Гаврилова с отцом «кадрового троцкиста» Бородаева, находившегося в ссылке. Встреча состоялась после освобождения Гаврилова, который выражал свою заинтересованность в судьбе сосланного троцкиста.

Далее в рапорте сообщалось об антисоветской агитации членов группы, направленной не только против НКВД, но и советской карательной системы в целом. Особо в вину им вменялось ее отождествление с карательной практикой царизма и фашизма.

В заключение в рапорте приводилась оценка, которую члены группы давали политике центра, направленной на освобождение репрессированных. В их интерпретации она представала сумбурной и тупиковой: с одной стороны, «невыгодно» было держать в заключении девять миллионов зеков, поскольку их ждут дети и родственники, а окружающие им сочувствуют; с другой стороны, все это могло привести к концентрации лиц, настроенных неисправимо враждебно по отношению к советскому руководству. Показательно, что в рапорте были опущены места из донесений агентов, в которых речь шла о высказываниях «троцкистов» на тему соучастия Москвы в репрессиях[146]. В последних строках Юрченко сообщал, что отдал распоряжение о проведении дальнейших «глубоких разработок» группы, что и было выполнено, как следует из второго рапорта Юрченко от 22 июля 1939 г.

В этом рапорте руководство УНКВД сообщало о предпринятых усилиях, направленных на то, чтобы с помощью тайной прослушки проверить донесения агента «Герда». В квартире агента, технически оборудованной соответствующим образом, 16 июля 1939 г. в 22 часа была организована встреча с А.К. Стародубцевой, женой главного свидетеля обвинения Д.Т. Стародубцева, который в рапорте снова упоминался не иначе как «участник троцкистского подполья». Юрченко лично, в присутствии Гарбузова, заместителя начальника 2-го отдела УНКВД по Николаевской области, прослушивал разговор, состоявшийся между Стародубцевой и «Гердом».

Однако прежде чем перейти в рапорте к описанию этого разговора, Юрченко подробно рассказывает об аресте А.К. Стародубцевой, последовавшем в мае 1939 г. Тогда она попыталась передать своему мужу через охранника Островского письмо, в котором советовала отказаться от данных ранее показаний и заявить о том, что он подвергался физическому воздействию со стороны следователей, что и вынудило его дать признательные показания о своей принадлежности и принадлежности других лиц к троцкистскому подполью. Управление НКВД в свою очередь с помощью агента «Герда» узнало место и время передачи письма и денег и смогло произвести арест женщины. В итоге Стародубцева, как следует из рапорта, была осуждена военным трибуналом к двум годам лишения свободы условно, однако после своего освобождения тут же вступила в контакт с бывшими подследственными Кобцевым, Гавриловым, Гладковым и Чулковым. Как бы между прочим Юрченко проинформировал Кобулова также о том, что агент «Герд» уже продолжительное время наблюдает за троцкистом Стародубцевым, который еще до своего ареста в июне 1938 г. в присутствии своей жены и «Герда» открыто вел «антисоветские беседы и даже [разговоры] организационного порядка о троцкистском подполье».

Согласно Юрченко, Стародубцева, войдя в конспиративную квартиру и убедившись в том, что в ней никого нет, заявила: «Значит, здесь и контрреволюцией заниматься можно». Потом она рассказала, что во время встречи с Кобцевым, Гавриловым, Гладковым и Чулковым, состоявшейся сразу же после ее освобождения, выяснилось, что все они, в особенности Кобцев, «мечут гром и молнии по адресу руководителей партии и власти», «со скрежетом зубов высказывают ненависть и злобу против партийного руководства». Гаврилов в свою очередь якобы сказал Стародубцевой: «Успенского расстреляли, Ежов находится в психиатрической больнице». О высокой степени организованности группы свидетельствовало описание, которое Стародубцева дала стратегии «троцкистов»: «Они нанимают подставных лиц, посылают в центр, собирают сведения и, собираясь, всех и вся дискредитируют, чернят и строят разные козни». Кобцев якобы дословно сказал: «Мы действовали, действуем и будем действовать».

Массивное давление, которое группа заговорщиков оказывала на Стародубцеву, выразилось в бесконечных упреках в адрес ее мужа, который предал их всех. Нельзя простить, заявляли они, что он все «разболтал». Гаврилов якобы даже объявил, что если Стародубцева отпустят, то ему придется «выехать из Николаева» в наказание за «его трусость и мягкотелость, которую он проявил на следствии, и в результате того, [что] рассказал все полностью о своей и их антисоветской деятельности». Стародубцев «их разоблачил и рассказал следствию всю действительность, что было с ними». В результате «заговорщикам» потребовалось много усилий, чтобы его «образумить» и «принудить» отказаться от всех своих показаний.

В этой щекотливой ситуации, если верить рапорту Юрченко, «Герд» специфическим образом выставил свою собеседницу «в лучшем свете». На вопрос Стародубцевой, почему он также не был арестован, хотя с ним вели свои контрреволюционные разговоры ее муж, Гаврилов, Гладков и Чулков, «Герд» дал сначала «соответствующие пояснения». В ответ же Стародубцева совершенно неожиданно подтвердила, что все те разговоры, на основании которых еще до пожара на заводе были выявлены вожаки троцкистской группы, действительно были «контрреволюционными» по содержанию.

После описания операции по прослушке Юрченко в конце своего рапорта информировал Кобулова о том, что в ближайшее время Николаевский обком КП(б)У должен был утвердить уже последовавшее восстановление в партии Кобцева, Гаврилова, Гладкова, Чулкова и Деревянченко, однако не преминул при этом упомянуть, что Гаврилов и Деревянченко ведут себя антисоветски и были уволены со своей работы на «оборонном заводе». Это упоминание можно трактовать как подсказку для Кобулова вмешаться в дело на уровне ЦК КП(б)У[147].

Что же касается собственно операции по прослушке, то, с точки зрения Юрченко, можно было выделить два ее главных результата. Во-первых, целиком и полностью получила подтверждение оценка «Герда», согласно которой существовала хорошо организованная группа заговорщиков, настроенных резко враждебно по отношению к партии и государству и стремившихся, в первую очередь, дискредитировать органы НКВД. Во-вторых, и это был новый аспект, выяснилось, что группа оказывала сильное давление на жену главного свидетеля обвинения Стародубцеву, подтвердив тем самым свои троцкистские взгляды в прошлом и настоящем, и это давление стало причиной, по которой Стародубцева внезапно якобы солидаризировалась с НКВД.

Рапорты Юрченко, а также организованная им операция по прослушке послужили краеугольным камнем хорошо скоординированной акции по защите сотрудников УНКВД по Николаевской области от грозящего им обвинения в нарушении социалистической законности. О такой возможности они подозревали, самое позднее, с начала января 1939 г., когда Карамышев, еще занимавший тогда свой пост начальника УНКВД, на специальном собрании сотрудников зачитал совместное постановление СНК СССР и ЦК ВКП(б) от 17 ноября 1938 г. и дал соответствующие пояснения. Непосредственно вслед за этим, 15 января 1939 г., последовала позорная отставка Карамышева. Он потерял все свои политические посты: членство в Николаевском областном комитете КП(б)У и мандат депутата Верховного Совета УССР. Весной 1939 г. Карамышева настиг еще один удар: очередная экспертная комиссия, как уже упоминалось выше, пришла к заключению, что пожар на судостроительном заводе № 200 мог быть также делом случая[148]. Новое руководство УНКВД по Николаевской области стало действовать в защиту корпоративных интересов, а значит, и Карамышева, только в апреле 1939 г., в ходе кампании по освобождению подследственных и параллельно с начавшимися допросами Карамышева[149]. Организовав слежку за «троцкистами», руководство Николаевского УНКВД отнюдь не нарушало новой инструкции Берии № 00262, которая, в том числе, требовала «всех освобожденных […] взять на оперативный учет НКВД»[150].

Возникает ощущение, что чекисты, которым предстояло оказаться на скамье подсудимых, составляли ядро аппарата Николаевского управления НКВД и в своей попытке обезопасить себя и добиться оправдания могли рассчитывать на мощную поддержку коллег, особенно со стороны руководства управления.

Арест сотрудников государственной безопасности

Несмотря на все усилия нового начальника УНКВД, обелить своих подчиненных, в начале августа 1939 г., т. е. спустя немногим более недели после рапорта Юрченко от 22 июля 1939 г., последовал арест начальника СПО УНКВД Трушкина и его бывшего начальника Карамышева[151]. При этом арест Карамышева не был лишен определенной драматичности и элементов инсценировки. Карамышев позднее так описывал его в своем письме на имя особоуполномоченного НКВД Украинской ССР, проводившего следствие: «Меня схватили на глазах у публики, в том числе моих избирателей, тащили из одного конца вокзала в другой с криком "Давай оружие". Так расправляются с избранниками народа на глазах у самих избирателей. Что это такое? И с чем это сообразно? Странно и непостижимо! […] Меня арестовали без предъявления санкции Верховного Совета УССР»[152].

В постановлениях прокуратуры г. Николаева на арест Трушкина и Карамышева значилось, что они виновны в служебных преступлениях по статье 206, пункт 17 «а» УК УССР, то есть им вменялись менее тяжкие проступки[153]. Конкретные обвинения в адрес Трушкина гласили, что он проводил «[...] необоснованные аресты, утверждал справки, не соответствовавшие действительности, на партийных работников и специалистов заводов, допускал грубейшие извращения в следствии, протоколы составлялись в отсутствии обвиняемых, после чего корректировал их, поощрял и культивировал провокационные методы следствия. В 1939 году, после решения ЦК и СНК, Трушкин умышленно задерживал освобождение ряда арестованных, оказавшихся оговоренными, в то же время без всякого основания освободил свыше 40 человек арестованных, на коих имеются соответствующие серьезные компрометирующие материалы. По показаниям арестованных [Л.М.] Тейтеля и [А.М.] Шепетина[154], Трушкин характеризуется, как антисоветская личность, поддерживающая к-р троцкистские взгляды»[155].

Санкция на арест Карамышева основывалась на следующих обвинениях: «Будучи нач. Николаевского УНКВД, производил аресты по фальсифицированным справкам, фальсифицировал следственные документы, применял по отношении к арестованным физические меры воздействия, прокрывал факты убийства арестованных во время следствия, поддерживал связь с лицами, подозрительными по антисоветской деятельности»[156]. Кроме того, указывалось, что Карамышев игнорировал донесения агентов о враждебно настроенных лицах, в том числе одна из них, врач по специальности, переночевала с ним[157].

Спустя полгода, в начале марта 1940 г., за служебные преступления были арестованы еще два бывших подчиненных Трушкина – М.В. Гарбузов, начальник отделения и заместитель начальника СПО, и К.А. Воронин, также начальник отделения этого отдела УНКВД. Главное обвинение против них гласило: «применение физических мер воздействия». Именно этим эвфемизмом описывались пытки и издевательства над арестованными[158].

Главными свидетелями, на показаниях которых строилось обвинение, были люди, арестованные по подозрению в поджоге судостроительного завода № 200 и к тому времени вышедшие на свободу. В своих обращениях к местному и центральному партийному руководству, к партийным и государственным функционерам они жаловались на то, что в ходе следствия сотрудники органов госбезопасности добивались от них признаний в антисоветской деятельности, искусственно объединили их в троцкистскую группу и систематически отказывали им в контактах с прокуратурой и другими органами надзора; на то, что их обманывали, избивали, оплевывали, мучили и угрожали арестом близких. Бывшие арестованные в один голос сообщали о многочасовых, зачастую длившихся сутками «выстойках», чудовищно опухавших от этого ногах, лишении воды, еды и сна, избиениях различными предметами, глухоте и прочих тяжелых травмах, многосуточных наказаниях карцером и содержании в переполненных сверх всякой меры камерах. Уже во время следствия многие из них отказались от своих данных ранее показаний и сделали заявления работникам прокуратуры о том, как плохо с ними обращались[159].

Однако самый настоящий поток жалоб вызвал приезд в Николаев в мае 1939 г. специальной комиссии во главе с особоуполномоченным НКВД УССР А.М. Твердохлебенко, поскольку именно эта комиссия стала уделять большое внимание жалобам пострадавших[160]. Особоуполномоченный относился непосредственно к аппарату НКВД Украинской ССР и был наделен полномочиями, вести расследование как в отношении арестованных сотрудников НКВД, так и подозреваемых в нарушении соцзаконности[161]. Конкретно комиссия Твердохлебенко, как и ее предшественница, работавшая в Николаеве в сентябре 1938 г., имела задание ознакомиться с ситуацией, сложившейся в областном управлении НКВД[162]. Комиссия собирала показания жертв массовых репрессий, допрашивала трех сотрудников СПО УНКВД во главе с их бывшим начальником Карамышевым, против которых уже были выдвинуты обвинения, а также большое число сотрудников управления всех уровней[163]. В результате комиссия пришла к выводу, что ответственность за должностные преступления несут Карамышев, Трушкин, Гарбузов и Воронин[164].

В 1939–1940 гг., в ходе дальнейших следственных действий, по-прежнему осуществлявшихся сотрудниками республиканского аппарата госбезопасности, а именно 2-го отдела НКВД УССР, в результате дополнительных допросов как жертв, так и сотрудников Николаевского УНКВД были получены подтверждения того, что персонал управления практиковал пытки и фальсифицировал документы следственных дел[165].

Сотрудники НКВД валили вину друг на друга. Так, Гарбузов показал, что видел, как Трушкин избивал подследственного[166]. Согласно его показаниям, рукоприкладством занимался также целый ряд его сослуживцев, но ни в коем случае не он лично[167]. Лишь Воронин признался, что избивал подследственного Прикера, однако это якобы была лишь защитная реакция на нападки арестованного на его коллег, которых тот обзывал «фашистами».

Прикер, по показаниям Воронина и Гарбузова, в ходе допроса внезапно напал на Гарбузова и, дико ругаясь, схватил следователя НКВД за волосы, укусил его и ударил. Гарбузов, который также считал, что случившееся давало чекистам право избить подследственного, тем не менее утверждал, что сначала он в присутствии Волошина проинформировал об инциденте бывшего начальника Секретно-политического отдела УНКВД Толкачева и получил от него санкцию, после чего сотрудники отдела Воронин, Басов и Козачук «применили [к Прикеру] физические меры воздействия»[168].

Еще один подчиненный Гарбузова, Федотов, в свою очередь неоднократно давал показания о фальсификации протоколов допроса и внесении в них записей Гарбузовым и Трушкиным в отсутствие подследственных[169]. Вслед за этим Гарбузов признался в том, что по своему усмотрению исправлял и дополнял протоколы допросов, но только в стилистическом отношении или на основании информации из других достоверных источников, таких как решения партии. Однако, заявлял Гарбузов, он никогда не настаивал на том, чтобы следователи его отделения требовали от подследственных подписать эти видоизмененные протоколы[170]. Помощник начальника еще одного отделения 2-го отдела, П.Д. Козачук, подробно описал, каким образом Трушкин вносил изменения в протоколы допросов[171].

Главное обвинение в адрес Карамышева гласило, что он не только «поощрял и культивировал незаконные методы допросов», но и мирился с ненормальностями в работе тройки УНКВД, а также сам способствовал этому. В результате отдельные дела на тройке представляли не сотрудники госбезопасности, составлявшие короткие обвинительные заключения для протоколов тройки (так называемые докладчики), а те чекисты, которые не были знакомы с делами, например начальники соответствующих отделов, в которых работали «докладчики»[172]. Помимо этого, некоторые протоколы тройки оформлялись в отсутствие областного прокурора и первого секретаря Николаевского обкома ВКП(б), постоянных членов тройки. Как правило, протоколы подписывались членами тройки спустя два-три дня после заседания, и по меньшей мере трижды из протоколов были удалены фамилии осужденных, хотя на тот момент протоколы уже были подписаны[173].

Также в вину Карамышеву вменялось, в соответствии с показаниями Зельцмана, опытного следователя НКВД, его заявление на оперативном совещании сотрудников, согласно которому теперь чекисты имели право проводить аресты без санкции прокуратуры. Кроме этого, Зельцман упомянул об антисемитских нападках Карамышева на сотрудника НКВД Бромберга, который выделялся своим «либеральным» отношением к подследственным. Карамышев якобы угрожал «вырвать это бедное еврейское сердце»[174].

Что же касается пожара на судостроительном заводе № 200, то постепенно комиссия установила, что многие компрометирующие данные в отношении мнимых участников саботажнической группы либо полностью, либо частично не согласовывались между собой, и следствие закрывало глаза на эти противоречия. Так, в материалах следствия неоднократно указывалось на то, что инженер А.Е. Гаврилов, бывший заместитель начальника выгоревшего цеха верфи, был в 1937 г. исключен из ВКП(б) за троцкистские взгляды и контакты с троцкистами, но следователи предпочли «забыть» о том, что в том же 1937 г. Гаврилов был восстановлен в партии[175]. Кроме того, арест Гаврилова последовал не в связи с тяжелой ситуацией на заводе, а как наказание за его отказ стать негласным осведомителем НКВД. Чтобы сломить сопротивление Гаврилова, целую неделю, вплоть до ареста 27 июля 1938 г., его каждый день вызывали в управление НКВД на допрос, который длился с десяти часов вечера до пяти часов утра, после чего Гаврилов отправлялся на работу[176]. Только после ареста инженера сотрудники НКВД стали собирать на него компрометирующие материалы, фальсифицировали протоколы его допросов и нашли свидетеля, давшего показания о том, как он завербовал Гаврилова в состав троцкистской группы. Как было установлено позднее, «27 июля 1938 года на его арест была составлена сотрудниками УНКВД Федотовым, Гарбузовым и Трушкиным фиктивная справка, в которой было указано, что Гаврилов изобличается в принадлежности к к-р организации, показаниями арестованного Стародубцева, однако таких показаний в следственном деле и вообще в делах Николаевского облуправления НКВД – не имеется»[177].

В конце концов сотрудники НКВД Танфилов, Федоровский, Воронин, Гарбузов и Трушкин вынудили Гаврилова в ходе длительных допросов (так называемого «конвейера») и в результате «применения провокационных и незаконных методов следствия» подписать фальсифицированные протоколы допросов[178]. Гаврилов позднее в своих свидетельских показаниях от 8 сентября 1939 г. нарисовал образ чекистов, которые чувствовали себя всесильными. По его словам, однажды во время допроса Гарбузов заявил: «Мы сами суд и сами следствие, на нашей стороне все, –

общественность, суд. Вам никто не поверит, что мы захотим, то с вас и сделаем. Помните, вы в ежовых рукавицах, Николай Иванович [Ежов] нам все разрешил. Мы вас порасстреливаем, как бешеных собак, если вы не будете писать того, что мы от вас требуем»[179].

Несмотря на то, что постановление СНК СССР и ЦК ВКП(б) от 17 ноября 1938 г. официально положило конец массовым операциям, сотрудники НКВД продолжали использовать пытки и издевательства, хотя и делали это не так часто и не в таких объемах. Бывшие подследственные, по сравнению с Большим террором, реже давали об этом показания. В новой ситуации сотрудники НКВД должны были проявить все свое профессиональное мастерство и применить все уловки, чтобы выиграть в беспримерной «войне нервов» и «дисциплинировать» подследственных, в массовом порядке отказывавшихся от своих показаний. Однако на этот раз на кону стояла уже собственная жизнь чекистов. Поэтому те показания арестованных, в которых они дистанцировались от данных ранее показаний и самооговоров, следователи не фиксировали[180].

Дело бывшего второго секретаря Николаевского горкома КП(б)У Д.Ф. Кобцева было одним из тех дел, в рамках которого подследственного продолжали избивать после 17 ноября 1938 г. Однако в данном случае главное место все же занимали так называемые «белые пытки» (меры психического и физического воздействия, не оставлявшие явных следов), призванные заставить Кобцева подтвердить данные им ранее показания. На допросах 2 декабря 1938 г. и 16 февраля 1939 г. сотрудники СПО УНКВД по Николаевской области поставили Кобцева на «выстойку», то есть заставили стоять на ногах в течение многих часов, возможно дней, в результате чего ноги у Кобцева опухли настолько, что он не мог носить обувь, а также у него шла носом кровь. «Выстойка» сопровождалась руганью и оскорблениями. Кобцеву было отказано во врачебной помощи, хотя он жаловался на сердечные боли и очевидно находился на грани нервного срыва, поскольку разрыдался, когда просил вызвать к нему врача, тем более что следователи угрожали ему провести 20 очных ставок с другими свидетелями. И все же Кобцеву предоставили возможность обратиться с письмом на имя прокурора СССР А.Я. Вышинского. В этом обращении он вновь отказывался от своих показаний о принадлежности к троцкистской организации, которые он вынужден был подтвердить на двух последних допросах. Кроме этого, Кобцев просил Вышинского защитить его от «зверских избиений» со стороны следователей. Жалоба на имя Вышинского не принесла Кобцеву облегчения, напротив, во время допроса, состоявшегося 18 или 19 февраля 1939 г. в кабинете Воронина, он был жестко избит Гарбузовым в присутствии хозяина кабинета. Избиение вызвало у него несколько сердечных приступов[181].

Подследственный М.П. Дудин, бывший начальник производственного цеха судостроительного завода им. Марти, будучи допрошен в Киеве в марте 1939 г., показал, что его также передопрашивали Трушкин и Гарбузов, поскольку он отказался от своих предыдущих показаний. Изготовленный в результате протокол допроса был, согласно правилам, зачитан Дудину, но следователи не дали ему очки, чтобы он мог проверить корректность записи. Вслед за этим в результате очередного допроса, на этот раз проведенного прокуратурой Николаевской области, выяснилось, что следователи не зачитали Дудину имевшие решающее значение места, в которых тот якобы вновь подтверждал свои старые показания[182].

Прямые улики совершения Трушкиным служебных преступлений следствие получило в результате обыска, проведенного в квартире чекиста в день его ареста. Сразу же после того, как Трушкин в конце июля – начале августа 1939 г. получил из Киева приказ об увольнении, он брал домой совершенно секретные материалы, чтобы подготовить мотивированные жалобы на имя народного комиссара внутренних дел Украины и его заместителя, а также, чтобы во всеоружии лично поехать с жалобами в Киев и Москву. Во время обыска были найдены копии донесений агентов, которые вели слежку за выпущенными на свободу «троцкистами» с завода № 200, материалы, содержавшие статистические данные о людях, арестованных Трушкиным с момента начала его работы в Николаеве в июне 1938 г., а также сведения об осведомителях и агентах, которые были у Трушкина «на связи» до и после 17 ноября 1938 г., и поступивших от них донесениях. Среди этих документов были также обнаружены копия телеграммы М.П. Фриновского от 17 июня 1938 г., в которой заместитель наркома требовал провести аресты на промышленных предприятиях, в том числе и на судостроительном заводе № 200, а также статистические данные, призванные доказать, что только после назначения Трушкина в июне 1938 г. николаевские чекисты 4-го отдела стали работать с полной отдачей, дав резкий рост числа законченных дел. Внимание следствия также привлекли две справки:

первая была написана самим Трушкиным, но отправлена за подписью Юрченко в начале июня 1939 г. Кобулову, Берии и в ЦК КП(б)У. Речь в ней шла о донесениях агентов по вопросу о деятельности освобожденных из под стражи «поджигателей». Во второй содержалась информация об акции по прослушке, организованной в июле 1939 г. в квартире агента «Герда»[183].

Главный козырь, оказавшийся в руках сотрудников Следственного отдела НКВД Украинской ССР, направленных из Киева с поручением расследовать преступления, совершенные в УНКВД по Николаевской области, также относился ко времени уже после завершения Большого террора. Речь идет о показаниях все того же агента «Герда», изобличавших Трушкина и его подчиненных – Воронина и Гарбузова[184]. Будучи заместителем директора Николаевского педагогического института[185], «Герд» в качестве агента вел профильное наблюдение за педагогами. Однако, как выяснилось в октябре 1939 г. в ходе следствия, сотрудники 2-го отдела УНКВД стали «активно» использовать этого агента главным образом для разработки выпущенных на свободу инженеров судостроительного завода № 200[186]. По словам «Герда», Трушкин в первую очередь «настойчиво предлагал мне активно освещать Чулкова, Гаврилова, Кобцева и других». В частности, Трушкин заявлял: «Это группа врагов, и их нужно глубоко разработать»[187]. Теперь же «Герд» открыто признался в том, что не располагал конкретными фактами, его информация была случайного происхождения, собрана им из третьих рук, поскольку группа, которую ему поручили «разрабатывать», знала, что в случае с «Гердом» речь идет о тайном информаторе НКВД. Заявление, которое агент сделал в ходе своего допроса 25 октября 1939 г., было для чекистов убийственным: «[…] я признаю, что сведения […] сильно преувеличены, обобщены […]. Эти данные я под нажимом Трушкина и Гарбузова […] натягивал, вносил в сводки свои предположения, и в результате создавалось впечатление, что эта группа лиц связана общностью антисоветских взглядов. […] Материалы […] неправдоподобны. Единственное, что соответствует действительности […] это их некоторая озлобленность против тех работников НКВД, которые вели следствие по их делу, и излишняя болтливость в методах допроса и т. п. Гаврилов, Чулков и другие особенно ругали работников НКВД Трушкина, Гарбузова, Воронина за те методы, которые они применяли к ним при допросах»[188].

На вопрос следователя Н.А. Казина, заместителя начальника 2-го отдела УГБ НКВД Украинской ССР[189], что же подвигло «Герда» к «извращению» фактов, агент сообщил о давлении, оказанном на него в июне 1939 г. со стороны Трушкина и заместителя начальника УНКВД по Николаевской области А.Ф. Поясова[190]. Они не только остро критиковали «Герда» за его донесения, которые не содержали конкретных данных об антисоветских настроениях и подрывной деятельности членов троцкистской группы, но и шантажировали агента: «Трушкин мне заявил, что я капитулянт, что я не желаю продолжать активную разработку группы врагов. [...] Отсутствие конкретных материалов [...] он будет расценивать как нежелание с моей стороны бороться с врагами, и сообщил мне о наличии на меня компрометирующих материалов в НКВД. Эти материалы [...] будут использованы для расправы со мной, в том случае, если я не продолжу и не вскрою антисоветскую деятельность этой группы лиц. Трушкин мне прямо заявил, дословно, следующее: "Учтите это, а то мы с вами крепко посчитаемся"»[191].

Тот факт, что на «Герда» оказывало давление все руководство Николаевского УНКВД, подтвердился в ходе дальнейших допросов Трушкина. Так, новый начальник УНКВД Юрченко дал в июне 1939 г. указание подкрепить опросами на местах содержавшиеся в личном деле агента сведения о том, что тот в качестве председателя сельского совета во время Гражданской войны после 1918 г. издевался над крестьянами, занимался самосудами и поддерживал связь с белогвардейцами. Однако проведенные чекистами опросы не дали нужного результата[192]. Кроме того, Юрченко приглашал к себе «Герда» на беседу, посвященную этому эпизоду в биографии агента. Беседа проходила в присутствии Трушкина и Федоровского. «Герд», в свою очередь, попытался выбраться из расставленной ловушки, заявив, что источником компрометирующей информации служат кулаки, с которыми он боролся в годы Гражданской войны[193].

Высокопоставленный следователь УГБ НКВД Украинской ССР Хазин, чьи полномочия подтверждались документом за подписью заместителя народного комиссара внутренних дел Украинской ССР Н.Д. Горлинского[194], на основании этих показаний агента «Герда» в своем заключении по агентурному делу «Ретивые» от 5 декабря 1939 г. пришел к выводу, согласно которому Трушкин, Гарбузов и Воронин намеренно использовали четырех агентов для разработки мнимой троцкистской группы, чтобы «во что бы то ни стало [доказать наличие] вражеской деятельности» в «целях прикрытия своей преступной деятельности в органах НКВД». Что же касается агента «Герда», то Хазин предлагал арестовать его и провести «самое тщательное расследование» в отношении имевшихся на агента компрометирующих материалов, что и было сделано[195].

Однако Гарбузов и Воронин, которые на тот момент времени еще оставались на свободе, ни в коем случае не собирались сдаваться, действую целиком и полностью в духе Трушкина. Спустя два дня после того, как Хазин подписал свое разгромное заключение по делу «Ретивые», Гарбузов написал рапорт на имя наркома внутренних дел СССР Берии и заместителя наркома внутренних дел Украины Горлинского, в котором полностью обелял свои действия. В свою очередь начальник УНКВД по Николаевской области Юрченко отдал распоряжение о повторном допросе «Герда», в котором приняли участие как заместитель Юрченко Л.Т. Готовцев[196], так и оперуполномоченный УНКВД по Николаевской области Никитин. Проведенный допрос принес сенсационный результат: «Герд» отказался от своих показаний от 25 октября 1939 г., на которых главным образом основывался Хазин, составляя документ, компрометировавший николаевских чекистов. При этом «Герд», как позднее подчеркивал Гарбузов, «категорический» отрицал, что на него оказывалось давление посредством «провокационных и преступных методов»[197].

«Герд» повторил эти показания в ходе еще одного допроса, который на этот раз провел в марте 1940 г. помощник начальника Следственного отдела УГБ НКВД Украинской ССР М.Л. Хайтин. Показательно, что именно Хайтин во время допроса фактически помог «Герду» выбрать правильную стратегию, благодаря которой тот смог представить метаморфозы своих показаний в выгодном свете. Теперь «Герд» заявил Хайтину, что все собранные им сведения в отношении троцкистской группы соответствовали действительности, он лишь немного «сгущал краски», учитывая то особое внимание, которое сотрудники УНКВД Трушкин, Гарбузов и Воронин уделяли этому делу. В результате преувеличение фактов трансформировалось в «некоторую предвзятость» в отношении троцкистов, которую «Герд» испытывал из-за их критических высказываний в адрес сотрудников НКВД Трушкина, Гарбузова и Воронина. Даже «раскопки» в прошлом «Герда» в его бытность председателем сельского совета в годы Гражданской войны, которые еще в ходе допроса в октябре 1939 г. агент характеризовал как попытку оказания на него серьезного давления со стороны сотрудников НКВД, теперь были сведены к банальной перепроверке, после чего следователь и допрашиваемый быстро перешли к главной теме – слежке за освобожденными подследственными. На вопрос, почему на допросе в октябре 1939 г. он прибег к таким преувеличениям, «Герд» заявил, что его фактически заставил это сделать следователь Хазин, который утверждал, «что мне должно быть известно, что враги, пробравшиеся в органы НКВД, пытались избить честных людей». Кроме этого, свою роль якобы сыграли ходившие по Николаеву слухи о том, что Трушкин, Карамышев и другие сотрудники НКВД оказались врагами народа[198].

То, что эта версия показаний «Герда» на самом деле гораздо больше соответствовала правде, чем его первые показания, следует из заявлений агента на втором судебном процессе над Карамышевым, Трушкиным, Гарбузовым и Ворониным в марте 1941 г. Здесь давление со стороны Юрченко и Трушкина уже не выглядит таким безобидным – «Герд» рассказал, что он прождал своего допроса до глубокой ночи в коридоре и думал о том, что будет неминуемо арестован. Однако агент не согласился с тем, что слова Юрченко («Мы с Вами крепко рассчитаемся, если материалы о Вас подтвердятся») были «запугиванием», а также отрицал, что свои донесения он писал под давлением со стороны сотрудников НКВД. Напротив, «Герд» вновь подчеркнул, что для него выражение недовольства со стороны бывших арестованных в адрес беспорочных чекистов было не чем иным, как «антисоветскими разговорами», после чего извиняющимся тоном добавил: «Ибо так меня воспитывали 20 лет»[199].

Таким образом, арест сотрудников НКВД проводился главным образом на основании свидетельских показаний как их коллег-чекистов, так и освобожденных подследственных. Документальные доказательства вины чекистов были редкими и затрагивали главным образом нарушение приказов и не всегда корректное – с процедурной точки зрения – осуждение репрессированных тройкой. И все же секретные материалы, найденные во время обыска квартиры Трушкина, были серьезной уликой, изобличавшей чекиста в грубом нарушении служебных обязанностей.

Серьезную роль в изобличении Трушкина, Гарбузова и Воронина также сыграл агент «Герд». Однако проблема здесь заключалась в том, что «Герд» впадал из крайности в крайность. Сначала он выступал в качестве главного свидетеля обвинения, потом неожиданно вновь солидаризовался с курировавшими его чекистами, заявляя, что он так же, как и они, перестал понимать, почему поведение лиц, за которыми он вел наблюдение, больше не рассматривается как «троцкистское» и «враждебное». В конечном итоге возникает впечатление, что в общем и целом «Герд» все время, за исключением небольшого перерыва, придерживался той же линии, что и Трушкин, Гарбузов и Воронин, и пытался, наряду с руководством УНКВД по Николаевской области, оказать им поддержку. То, что эта поддержка не всегда отвечала ожиданиям арестованных чекистов, было уже другим делом.

Первый процесс

Стоит отметить, что показания агента «Герда», которые он дал в середине марта 1940 г. и которые главным образом изобличали Трушкина и Гарбузова, не нашли своего отражения в обвинительном заключении в отношении Карамышева, Трушкина, Гарбузова и Воронина от 11 мая 1940 г. Напротив, авторы обвинительного заключения предпочли использовать «старые» показания «Герда», данные им в октябре 1939 г., которые содержали гораздо больше компрометирующих сведений о чекистах. Также и все другие пункты обвинения, уже упоминавшиеся ранее в постановлении об аресте, подкреплялись теперь, как казалось, в достаточной мере массой свидетельских показаний коллег арестованных сотрудников НКВД, их жертв, а также материалами многочисленных очных ставок и некоторыми другими обличительными материалами[200].

Месяц спустя Военная коллегия Верховного суда СССР в Москве санкционировала предъявление обвинения и поручила организацию и проведение судебного процесса «Военному Трибуналу войск НКВД Украинского Округа»[201].

Однако непосредственно судебный процесс состоялся только спустя полгода и продлился целую неделю, с 27 декабря 1940 г. по 4 января 1941 г. Местом проведения суда стало здание областного управления НКВД в Николаеве. Процесс проходил при закрытых дверях, под председательством военюриста 1-го ранга Гурьева. Членами суда были народные заседатели Чепикова и Лыскова, секретарем – техник-интендант 1-го ранга Миляков. Прокурор и защита к процессу допущены не были. Обвинение гласило: должностные преступления, статья 206, пункт 17 «б» УК

УССР, то есть тяжелые проступки, за которые предусматривалась смертная казнь.

Трибунал пригласил 44 свидетеля, из них шестеро не смогли явиться на суд. В случае со свидетелями речь шла исключительно о (бывших) сотрудниках УНКВД по Николаевской области, а также об освобожденных арестованных, ставших жертвами методов работы НКВД. Однако среди последних был проведен предварительный тщательный отбор – в качестве свидетелей были приглашены только те, кто работал на предприятиях и судостроительных заводах Николаева как до своего ареста, так и, большей частью, после освобождения. Что же касается свидетелей из числа колхозников, чьи дела также являлись темой как следствия, так и судебного разбирательства, то их не пригласили. В ответ на ходатайство Карамышева суд также вызвал для дачи показаний еще пятерых свидетелей, которые все без исключения были сотрудниками НКВД[202]. Недопуск защитников обернулся во вред обвиняемым чекистам. Они должны были сами защищать себя, и их ознакомили, хотя и достаточно поздно, со всеми собранными против них материалами.

В случае с обвиняемыми речь шла о молодых людях, которые, за исключением Трушкина, относительно недавно стали сотрудниками НКВД и вступили в партию. Несмотря на это, они быстро добились карьерных успехов. Так, к началу судебного процесса Петру Васильевичу Карамышеву было 35 лет. Он родился в 1905 г., был уроженцем г. Екатеринбурга, русским, имел незаконченное среднее образование. В 33 года Карамышев стал капитаном госбезопасности и начальником УНКВД по Николаевской области (с апреля 1938 по декабрь 1938 г.), хотя на тот момент он отработал в органах только десять лет, начиная с 1928 г. В 1928 г. он также вступил в ВКП(б), членству в партии предшествовали шесть лет пребывания в комсомоле[203]. В РККА Карамышев не служил. Имел на иждивении дочь.

Яков Лукьянович Трушкин родился в 1904 г. в городе Керчь Крымской АССР и был только на год старше Карамышева, но уже в 15 лет стал членом РКП(б), а в 17 лет, т. е. с 1921 г., работал на разных должностях в органах ВЧК–ОГПУ–НКВД. Однако его карьерный взлет начался только в годы Большого террора. С 1 июня 1938 г. по 30 июля 1939 г. Трушкин временно исполнял должность начальника 4-го (потом 2-го) отдела УНКВД по Николаевской области, ему было присвоено специальное звание «старший лейтенант госбезопасности». По национальности русский,

Трушкин ранее не был судим и дисциплинарных взысканий не имел, был женат, имел на иждивении жену и двух детей.

Михаил Васильевич Гарбузов, уроженец станции Дерюгино Курской губернии, русский, родился в 1909 г. На момент суда ему исполнился 31 год, он был самым молодым из обвиняемых. До службы в органах госбезопасности Гарбузов три с половиной года проработал на производстве, в РККА не служил. Членом ВКП(б) он стал в 1931 г., с 1932 г. по 1940 г. работал в органах ОГПУ–НКВД. Уже в возрасте 29 лет, с 15 августа 1938 г. по 10 марта 1940 г., он занимал пост заместителя начальника СПО УНКВД по Николаевской области, ему было присвоено специальное звание «сержанта госбезопасности». За время работы в «органах» имел одно дисциплинарное взыскание – 10 суток ареста, но даже его не отбывал, впоследствии это взыскание с него сняли. Был женат, имел на иждивении ребенка.

Константину Афанасьевичу Воронину на момент суда исполнилось 34 года. Он родился в 1906 г. в г. Одессе, по национальности украинец. До поступления в органы госбезопасности на протяжении шести лет работал на производстве мотористом. С 1928 г. по апрель 1929 г. служил в войсках ОГПУ, откуда был переведен в органы ОГПУ–НКВД, в которых служил до 1 марта 1940 г. С октября 1937 г. по 15 августа 1938 г. Воронин занимал должность начальника одного из отделений Секретно-политического отдела УНКВД по Николаевской области. Имел звание «сержант госбезопасности». Ранее не был судим.

Таким образом, кроме Карамышева, выросшего в крестьянской семье, остальные подсудимые были пролетарского происхождения и имели низшее образование. Никто из них не был ранее судим, напротив, они неоднократно поощрялись за свою работу. Так, Трушкин имел несколько поощрений и благодарностей, Гарбузов был награжден знаком «Почетного работника ВЧК-ГПУ» в 1938 г., Воронина «несколько раз премировали за хорошую работу в органах НКВД», а Карамышев даже был награжден орденом Ленина в 1937 г.[204]

Обвиняемые применяли стратегию защиты, которая имела несколько аспектов. Прежде всего, Карамышев ни на секунду не допускал сомнений в необходимости и правильности той деятельности, которую под его руководством осуществляло областное управление НКВД. Он неустанно подчеркивал большие достижения управления и трудности, которые чекисты преодолели в устранении огромных экономических и организационных проблем, особенно на судостроительных заводах, при этом действуя в обстановке постоянной внутренней и внешней угрозы. «Здесь активно работала английская, немецкая, японская и польская разведка, особенно польская. [...] Было очень трудно ориентироваться. В 1938 г. [...] здесь же на крупных заводах, особенно, кораблестроения, были засорены классово-чуждым элементом. Здесь же была родина Троцкого. [...] Мы имели большой размах по уничтожению врагов, но все равно их разведка так работала, что не успели еще поставить на з[аво]де "Марти" агрегат, как уже стало об этом известно в иностранной прессе», – заявлял суду Карамышев[205].

Все обвиняемые в один голос подчеркивали, что в отношении тех лиц, которых они арестовывали и допрашивали, у них имелось достаточное количество как изобличающих агентурных материалов, так и показаний свидетелей, которые они расценивали как равноценные вещественным доказательствам[206]. Кроме того, они снова и снова приводили примеры, наглядно свидетельствовавшие, что их действия осуществлялись в непосредственном контакте и даже при прямом активном участии партийных органов и прокуратуры, особенно в тех случаях, когда речь шла о лицах с высоким политическим и административным статусом[207].

В качестве неопровержимого доказательства фактического участия бывших подследственных в антисоветской контрреволюционной троцкистской группе, что, в свою очередь, задним числом полностью оправдывало их арест летом 1938 г., все четверо чекистов называли материалы агентурного дела «Ретивые», заведенного в августе 1939 г. Неоднократно они также подчеркивали то обстоятельство, что это агентурное дело было заведено и разрабатывалось при активной поддержке действующего начальника УНКВД по Николаевской области Юрченко.

Что же касается свидетелей обвинения из числа работников судостроительных заводов, в первую очередь тех, которые были арестованы по делу о пожаре, то подсудимые чекисты характеризовали их как сомнительных свидетелей, в особенности потому, что те имели подозрительное прошлое, часть из них была исключена в свое время из партии, и теперь они были озлоблены своим арестом и заключением под стражу. Для Карамышева освобожденные не были настоящими коммунистами, поскольку они слишком быстро дали признательные показания, да еще и неопытному следователю: «Но ведь мы дело имели с коммунистами в большинстве, и я все же удивлен, почему они с первых дней некоторые давали показание о признании еще такому следователю, как Федотову, молодому, неопытному работнику. Я все же хочу отметить, что ряд лиц по освобождении все же не были восстановлены в партии, и это вполне правильно»[208].

Компрометирующие показания большинства своих бывших коллег обвиняемые сотрудники НКВД расценивали как желание свести с ними «личные счеты», поскольку как Карамышев, так и Трушкин якобы неоднократно наказывали этих сотрудников за то, что они своими противоправными действиями нарушали закон. Согласно Карамышеву, эти свидетели не заслуживали доверия и действовали исключительно «в интересах карьеры и личной выгоды»[209].

Из всех подсудимых чекистов именно Карамышев в первую очередь отличался умением продемонстрировать – как в ходе предварительного следствия, так и на суде – свою безупречную преданность партии и государству. Карамышев последовательно оспаривал все выдвинутые в его отношении обвинения и подчеркивал, что он, напротив, как в прошлом, так и настоящем делал все, чтобы воспрепятствовать нарушениям социалистической законности. Так, его первым действием на посту начальника УНКВД по Николаевской области стала ликвидация в апреле 1938 г. «специальной комнаты для избиения арестованных», которую завел его предшественник на посту начальника управления И.Б. Фишер[210].

Непосредственно на самом процессе Карамышев попытался использовать в своих интересах выводы двух комиссий, которые по заданию НКВД Украинской ССР в конце сентября 1938 г. и в январе 1939 г. под руководством Н.Д. Горлинского проверяли деятельность УНКВД по Николаевской области, в том числе – областной тройки при УНКВД. При этом в январе 1939 г. Горлинский действовал уже в ранге заместителя народного комиссара внутренних дел УССР. Согласно заявлению Карамышева, комиссия Горлинского охарактеризовала его как начальника управления НКВД «одного из лучших областных городов Украины» и не имела к нему «никаких претензий»[211]. Секретно-политический отдел под руководством Трушкина также получил исключительно хорошие оценки[212]. Все ошибки в работе управления, отмеченные комиссиями, – и в этом Карамышева подержал также Трушкин – были чекистами учтены и устранены. В первую очередь речь шла, согласно Трушкину, об улучшении агентурной работы, как того требовало постановление СНК СССР и ЦК ВКП(б) от 17 ноября 1938 г.[213]

По собственным показаниям Карамышева, после инспекции в сентябре 1938 г., а также потом, после 17 ноября 1938 г., он работал не покладая рук, проведя целый ряд дисциплинарных расследований в отношении сотрудников управления, выделявшихся «ненормальностями» в работе или склонными к нарушению социалистической законности. В случае с некоторыми чекистами это позднее даже привело к аресту и осуждению на длительные сроки лагерного заключения. В качестве наиболее яркого примера Карамышев неоднократно приводил свои действия в отношении бывшего начальника Владимировского РО НКВД З.Д. Лившица. Кроме Лившица он упоминал также других начальников районных отделов НКВД, а именно Гавриленко и Дарова, которых он также отдал под суд[214]. Поименно Карамышев также называл И.Г. Белова[215], которого он за произвольные аресты сажал под арест на 20 дней[216], а также Н.Д. Лавриненко[217], А.И. Мишустина[218], Мартыненко[219], Л.И. Винницкого[220] и Ю.М. Побережного[221]. В отношении этих сотрудников НКВД Карамышевым применялись дисциплинарные взыскания, перевод на другие должности и, в качестве исключения, увольнение из органов[222]. «Если имели отдельные случаи со стороны сотрудников, незаконные методы следствия, то я на таких сотрудников налагал дисциплинарные взыскания, поручал коменданту обходить комнаты и обязал вести наблюдение Гончарова[223] – пом[ощника] нач[альника] Управления», – заявлял на суде Карамышев[224].

Эта аргументация Карамышева основывалась на стратегии, выработанной им еще во время следствия. Она сводилась к тому, чтобы представить все расследование в его отношении и отношении его сотрудников тенденциозным, в то же время выставив самих чекистов в лучшем свете. Карамышев неоднократно заявлял о деляческом, «беспринципном и провокационном подходе к делу» и к подбору свидетелей. Вот несколько образчиков критических заявлений Карамышева: «[…] данные о работе судебной тройки, изложенные в акте комиссии, который составлялся следователем Бурдан, скрывают сущность дела и фальсифицируют положение вещей»[225] или «Директива НКВД СССР № 00606 комментируется следствием произвольно и на основании тенденциозно подобранных данных»[226].

В этом Карамышев получал активную поддержку от Трушкина. Тот неоднократно жаловался как в ходе предварительного следствия, так и непосредственного на суде на оказываемое на него давление, фальсификацию показаний свидетелей и даже на избиения[227]. Трушкин не воспринимал большое число освобождений бывших арестованных как знак того, что сотрудники его отдела ошибались, для него волна освобождений была лишь признаком того, что власть бросилась из одной крайности в другую. Карамышев в свою очередь высказывал недовольство по поводу того, что следствие и суд не упоминали его высокие политические должности и награды, а также замалчивали «самоотверженное выполнение важнейших правительственных заданий». Все это было, считал Карамышев, чем угодно, «но только не партийно-объективным подходом»[228].

Полностью в духе постановления СНК СССР и ЦК ВКП(б) от 17 ноября 1938 г. Карамышев объяснял самому себе и трибуналу нечестное ведение предварительного следствия и сформулированные следователями преувеличенные обвинения проникновением в органы НКВД «врагов народа», которые все еще занимаются своим черным делом. На Украине такими «врагами народа» были протеже Успенского, в том числе и следователи, которые вели предварительное следствие по его делу. Указание на связь с бывшим наркомом внутренних дел УССР Успенским было тяжелым обвинением, поскольку «враг народа Успенский», чтобы избежать грозившего ему ареста, скрылся и перешел на нелегальное положение («Труп мой [...] ищите в Днепре»), был с большим трудом пойман, осужден и расстрелян[229]. В частности, Карамышев заявлял: «Все эти Твердохлебовы, Калужские – это ставленники Успенского, которые перебили добрую половину чекистских кадров, то же они сделали и со мной, неправильно информируя руководство»[230].

Проводя разделение на добрых и злых чекистов, Карамышев открыл для себя и для других обвиняемых возможность, во-первых, отнести себя к «светлой» стороне, во-вторых, объяснить таким образом все ошибки и эксцессы в деятельности органов госбезопасности. Так, в отношении себя лично Карамышев, Трушкин, Гарбузов и Воронин признавали только наличие в работе «отдельных недостатков», но ни в коем случае не совершение преступлений[231]. Если же ошибки и эксцессы все же имели у них место, то в этом, согласно Карамышеву, были опять-таки виноваты пробравшиеся в органы «враги», деятельность которых сделала эти ошибки неизбежными: «[...] нужно учесть тот период времени – в органах НКВД оказалось большое количество врагов, которые вместо правильного руководства пошли по вражеской линии, и, как результат этого, имелось много ошибок не только у нас, но и в других местах»[232]. Далее он риторически вопрошал: «Что я мог сделать в этих реальных условиях? Известно, что субъективная воля отдельных работников здесь оказывалась бессильной. – И тем не менее я делал все для того, чтобы исключить возможность этих ошибок, а допущенные ошибки – исправить»[233].

Чтобы реабилитировать себя как можно больше, Карамышев оспаривал на этом основании каждый пункт со стороны обвинения. В ответ на обвинение в том, что он создал в управлении общий климат, способствовавший применению физического воздействия, то бишь пыток, сначала ссылался на разрешение со стороны московского руководства применять меры физического воздействия в отношении отдельных «враждебных элементов»[234]. Кроме этого, он утверждал, что в лучшем случае лишь пять раз давал своим подчиненным санкцию на применение этих мер, и каждый раз у него были для этого весомые основания, например, когда Деревянченко набросился на следователя[235]. Что же касается тех случаев применения «незаконных методов следствия», когда его санкция отсутствовала, то Карамышев объяснял этот недосмотр своей перегруженностью в работе, а также тем, что ему не сообщали об избиениях ни его заместитель, ни другие его подчиненные. Дословно Карамышев показал следующее: «[…] мои частые отсутствия были использованы в отделах, а возможно, Поясов больше знал о незаконных методах следствия, но он мне не говорил. Если еще присовокупить мои депутатские обязанности и обязанности как члена обкома, то я часто отсутствовал»[236]. Обвинение в неправомерных арестах бывший начальник УНКВД по Николаевской области также отклонял, ссылаясь в важнейших случаях на прямые приказы Москвы или Киева[237].

Карамышев также напрочь отрицал нарушение предписаний директивы № 00606 «Об образовании Особых Троек для рассмотрения дел на арестованных в порядке приказов НКВД СССР № 00485 и других» за подписью Н.И. Ежова от 17 сентября 1938 г., согласно которой были учреждены так называемые «национальные» тройки (в источниках также часто именуются судебными тройками)[238]. Но у следствия имелись документальные подтверждения того, что Карамышев действовал вопреки предписаниям директивы № 00606 и дополнявшего ее циркуляра № 189, согласно которым осуждению «национальными» тройками подлежали только лица, арестованные до 1 августа 1938 г. Кроме того, «национальная» тройка была карательной инстанцией, предусмотренной исключительно для внесудебного осуждения представителей национальных диаспор, ставших объектом национальных операций НКВД, однако в Николаевской области ее использовали также для осуждения значительного числа русских, украинцев, евреев и представителей других национальностей. Не соблюдалось также ограничение, в соответствии с которым этим тройкам запрещалось осуждать специалистов высокой квалификации.

Карамышев утверждал в свою защиту, что все эти нарушения имели место в исключительных случаях, причем зачастую с санкции Киева или Москвы. Так, например, Успенский, по его словам, дал разрешение на то, чтобы контингент жертв тройки мог до 30 % состоять из представителей «непрофильных» национальностей[239]. Когда в таких случаях тройкой осуждались русские, украинцы и евреи, то речь шла о нарушителях границы и / или о лицах, проходивших по групповым делам. Эти группы якобы ни в коем случае нельзя было разделять, «исходя из госуд[арственных] интересов»[240]. В итоге Карамышев подчеркивал: «Я считал и считаю, что судебная тройка действовала вполне правильно и в интересах государственной безопасности»[241].

И для Карамышева, и для Трушкина было очень важно дистанцироваться от «врага народа» Успенского. В их показаниях Успенский фигурирует исключительно как сторонник крутых мер, в то время как сами Карамышев и Трушкин пытались «выхолостить» его приказы, и поэтому все время чувствовали себя как под дамокловым мечом. При этом Карамышев не упускал возможности выставить своего бывшего заместителя А.Ф. Поясова как доверенного человека Успенского: «От Успенского же была установка на арест 1000 человек, которую я не выполнил. Он меня ненавидел и на совещания вызывал Поясова, а не меня. […] Вопрос о наказании по тройке перед нами был поставлен крепко, т.к. там, в директиве, указывалось, что тройка может выносить решение только ВМН или 10 лет л[ишения]/свободы и лишь в некоторых случаях – 8 лет л[ишения]/свободы, но мы кое в чем брали на себя ответственность. За это мне Успенский звонил и по телефону сказал: "Вы бросьте либеральничать, готовьте сухари к посадке"»[242].

В общем и целом, по заявлению Карамышева, УНКВД по Николаевской области «обработало» под его руководством в 5–6 раз меньше дел, чем в других областях Украины, что свидетельствовало о том, что «мы подходили более осторожно к арестам и только по имеющимся материалам»[243].

Еще один, все время всплывавший пункт обвинения гласил, что Карамышев плохо обращался с подчиненными, а также забросил партийную работу. В ответ на это он приводил следующий аргумент: «[...] Несмотря на то, что у меня был фонд наградных 12 000 рубл., я расходовал в месяц 18 000 рубл. Это говорит за то, что я чутко прислушивался к нуждам сотрудников и никогда не слышал упрека сотрудников»[244]. Со стороны партийных организаций к нему также никогда не было претензий, поскольку даже «в самый разгар операции я предложил выделить специальный день для политзанятий»[245].

Основная мысль, которую Карамышев неоднократно высказывал в свою защиту в разных вариациях и в разных обстоятельствах, сводилась к следующему: «В течение десяти лет я работал по существу на низовой оперативной работе, работал изо дня в день, [из] ночи в ночь, не пользуясь годами отпуском в натуре [...] и никогда не терял революционные перспективы. [...] ибо я всегда исходил из чистых побуждений – партийных и государственных интересов. Личных интересов у меня не было, нет и не может быть!»;[246] «Я не преступник и преступной деятельностью не занимался; наоборот, я всю свою сознательную жизнь боролся с преступниками и врагами, отстаивая позиции партии и соввласти [...]»;[247] «[...] за что меня избрали депутатом Верховного Совета и наградили высшей наградой – орденом Ленина [...]»;[248] «за самоотверженное выполнение правительственных заданий»;[249] «Я – жертва, и партия не нуждается в такой жертве, а поэтому и я прошу меня оправдать»[250].

Остальные обвиняемые, выстраивая линию своей защиты, могли отчасти расставлять другие акценты. Это зависело в первую очередь от специфики тех задач, которые они решали в свое время в качестве следователей. Как правило, по роду своих занятий они были гораздо ближе, чем Карамышев, как к следственным делам, так и к самим подследственным. Поэтому наряду с главным обвинением в применении «мер физического воздействия» им также вменялась в вину фальсификация следственных дел. Речь шла о датировке документов задним числом, внесении изменений и дополнений в протоколы допросов в отсутствие подследственного, преувеличениях, уничтожении улик и других формальных нарушениях. В качестве главного объяснения «отдельных» ошибок, которые они признавали, чекисты называли, наряду с давлением из Киева и Москвы и занятостью по линии партии, о чем неоднократно заявлял Карамышев, также свою экстремальную загруженность работой[251]. Кроме этого, они пытались преуменьшить тяжесть совершенных ими «ошибок». Так, Воронин, единственный из обвиняемых, кто не столь последовательно отрицал все предъявленные ему обвинения, признавал, что «мы» в отдельных случаях, особенно тогда, когда загорелась верфь, действительно применяли «выстойки», но обвиняемых ни в коем случае не заставляли стоять на ногах пять суток подряд, речь шла «всего лишь» о двух – трех днях. При этом к «выстойке» чекисты прибегали лишь потому, что Николаевский обком КП(б)У и ЦК КП(б)У требовали от них быстрых результатов следствия[252]. То, что в результате «выстойки» у подследственных чудовищно опухали ноги, Воронин якобы не замечал. Гарбузов также утверждал, что длительные «выстойки» подследственных были узаконены «с приездом в командировку в Николаев работников НКВД УССР» и после этого применялись повсеместно. Заключительная часть этого вынужденного признания тем не менее выдает, что сам Гарбузов прибегал к «выстойкам» не только под давлением сверху: «[…] я считал тогда, что это мероприятие вполне законно»[253]. Трушкина, Гарбузова и Воронина с Карамышевым объединяло также то, что они ни в коем случае не соглашались с интерпретацией своих ошибок как «нарушений социалистической законности», наотрез отрицая, что их действия заслуживают наказания. Воронин показал: «Рукоприкладством к арестованным я не занимался, и нюхать палку я никому из арестованных не давал»[254].

В своем последнем слове на суде Воронин заявил: «Я хочу сказать чистосердечно, что никогда ни одного [арестованного] не ударил. Я работал честно, добросовестно и то, что мне партия доверяла […] все выполнял. […] был честным большевиком […] прошу суд дать мне возможность быть полезным для нашего общества»[255].

Трушкин также настаивал на том, чтобы его считали настоящим советским человеком, который «честно и преданно» выполнял возложенные на него обязанности. Когда же он узнал о применении незаконных методов следствия, то он принял самые «решительные меры к устранению таких безобразий» и потребовал на оперативном совещании, чтобы следователи «ни в коем случае к арестованным не применяли физические меры воздействия». В заключение он, как и Карамышев, объявил себя жертвой, которую суд безусловно должен освободить[256].

В своем последнем слове Гарбузов упирал на следующее: «Дни и ночи сидел, допрашивая арестованных, каждый факт анализировал, и благодаря моей упорной работе я добился хороших результатов. [...] Незаконных арестов с моей стороны не было. Фальсификацией следственных дел я не занимался»[257].

Подсудимые чекисты с успехом сыграли навязанную им роль собственных адвокатов. Как профессиональные защитники, они хорошо разбирались в деле вплоть до мельчайших деталей и требовали, чтобы обвинение основывалось на неопровержимых уликах и непротиворечивых показаниях свидетелей. Что же касается выдвинутых обвинений в политической и личной неблагонадежности, то они их отметали, заявляя о своих высоких моральных качествах и успехах, которых добились на чекистском поприще.

Предварительное следствие и суд над чекистами оставляют в целом впечатление корректного формально-юридического действия. Время содержания подследственных под стражей было соблюдено, пытки не применялись, и только в редких случаях речь шла о психологическом давлении. Подсудимые получили в свое распоряжение все необходимые документы, и за небольшим исключением суд удовлетворил все их просьбы о вызове свидетелей и предоставлении дополнительных материалов.

Оправдательный приговор

Стратегия Карамышева оказалась успешной. Военный трибунал войск НКВД 4 января 1941 г. оправдал его. Кроме того, освобожден был также Гарбузов. Двухлетний срок лагерного заключения был заменен ему на трехлетний условный срок, при этом суд отметил, что Гарбузов не представляет опасности для общества. Его «подельник» Воронин был приговорен к трем годам лишения свободы. Гарбузов и Воронин были осуждены согласно статье 206-17 УК УССР (должностные преступления), пункт «а», хотя изначально им вменялись преступления, которые наказывались согласно пункту «б» этой же статьи. Тяжелее всех был наказан Трушкин, но и он смог отделаться сравнительно легко. Согласно пункту «б» статьи 206-17 он был приговорен к ВМН – расстрелу, но, учитывая его непрерывную, начиная с 19 лет, службу в органах государственной безопасности и Красной Армии, а также то, что преступления были совершены им не из корыстных интересов, трибунал помиловал Трушкина и заменил ему смертный приговор на восемь лет лишения свободы[258].

Трибунал считал доказанным, что Трушкин проводил аресты рабочих и служащих, не имея достаточных на то оснований, а также путем грубого нарушения порядка судопроизводства и конституционных прав подследственных, то есть посредством грубости, оскорблений, «выстоек», угроз и беспрерывных допросов, искусственно создал на судостроительном заводе № 200 «троцкистскую группу». Далее в приговоре указывалось, что подчиненные Трушкина в его присутствии избивали арестованных, и в одном из случаев он лично приложил руку к избиениям. Важное место в приговоре занимали обвинения в самовольном исправлении протоколов допросов, давлении на заключенных с целью получения требуемых показаний, в поощрении заведомой клеветы со стороны свидетелей, превышении сроков содержания подследственных под стражей, в неправомерном освобождении обвиняемых. Суд смог документально доказать в отношении Трушкина фальсификацию дат арестов, а также хранение на квартире совершенно секретных документов.

Такие же преступления вменялись Воронину и Гарбузову, однако признавалась меньшая степень их виновности. Кроме того, многие из обвинений в отношении Гарбузова трибунал не смог подкрепить документальными доказательствами. Свою положительную роль сыграло и то, что Гарбузов в свое время выступил с инициативой освобождения арестованных, о чем он неоднократно заявлял в ходе следствия. История с агентурным делом «Ретивые» не повлияла на вынесенный приговор, поскольку Никольский, он же агент «Герд», отказался от своих показаний.

Освобождение Карамышева было обусловлено тем, что трибунал фактически согласился с его защитой по каждому пункту. Дисциплинарные взыскания, наложенные Карамышевым на ряд сотрудников, расценивались в обосновании приговора как решающий вклад в сохранение социалистической законности. Неправомочные аресты были отнесены на счет Успенского, а не Карамышева. Трибунал также продемонстрировал большое понимание ситуации в случае с запрещенным использованием «национальной» тройки как карательной инстанции для осуждения украинцев, русских и евреев. Судьи заимствовали один к одному аргументацию Карамышева, согласно которой тот имел на это полное право, поскольку эти люди были якобы изобличены в шпионаже, саботаже и терроре, то есть в преступлениях, тесно связанных с заграницей. Трибунал в своей солидарности с подсудимыми пошел еще на шаг дальше, позволив себе критику директивы № 00606 и дополнительного циркуляра № 189. В частности, в приговоре трибунала говорилось: «Утверждение акта, запрещающее рассматривать дела лиц этих национальностей, упуская из виду контрреволюционную деятельность этих лиц, расслабляет борьбу органов с к-р элементами»[259]. Суд также принял на веру интерпретацию Карамышева, согласно которой он не осуждал специалистов высокой квалификации через «национальную» тройку.

Суд со снисходительностью отнесся и ко всему, что могло расцениваться как служебное преступление, поскольку речь якобы шла об отдельных инцидентах, вызванных оперативной необходимостью. Это в первую очередь касалось неправомерных осуждений тройкой лиц, арестованных после 1 августа 1938 г., а также исправлений протоколов заседаний тройки задним числом[260].

Главным козлом отпущения трибунал выставил Трушкина в двойной роли преступника и организатора нарушений социалистической законности. Зато все остальное руководство УНКВД по Николаевской области суд щадил всеми возможными способами, при этом дальше всего в этом направлении судьи зашли в отношении Карамышева.

Второй процесс. «Приговорить к ВМН – расстрелу»

Оправдательный приговор в отношении Карамышева был, по его словам, «сочувственно встречен основной массой чекистского коллектива». Самого Карамышева он был призван вернуть «к жизни того коллектива», с которым тот был «органически связан и активно боролся на передовых участках классовой борьбы, отстаивая позиции партии и советской власти»[261].

Тем большим был шок, когда спустя пять дней после освобождения, 9 января 1941 г., последовал очередной арест Карамышева. В своем письме секретарю ЦК КП(б) Украины и председателю Верховного Совета УССР М.А. Бурмистенко он писал: «Это выше моих сил», – по-прежнему веря «в торжество большевистской правды»[262].

Чего Карамышев не мог знать, так это того, что председательствующий Военного трибунала войск НКВД Киевского особого военного округа Гурьев уже 4 января 1941 г., в день вынесения оправдательного приговора, официально изложил свое «особое мнение». В этом документе Гурьев, хотя и не критиковал оправдательный приговор Карамышева, тем не менее охарактеризовал приговор, вынесенный в отношении Трушкина и Воронина как чересчур «мягкий»[263]. «Особое мнение» Гурьева, а также соответствующий протест, который вслед за этим с большой вероятностью был направлен в адрес народного комиссара юстиции СССР, очевидно, стали главной причиной повторного ареста Карамышева и Гарбузова.

Формальное решение о возобновлении судебной процедуры в ходе апелляционного производства было принято только спустя два месяца после завершения первого процесса, 4 марта 1941 г. Это решение принималось на высшем московском уровне – Военной коллегией Верховного Суда СССР. Важнейшей новацией по сравнению с первым судебным процессом было то, что оба народных заседателя, которые несли ответственность за неприемлемый приговор, были целенаправленно заменены двумя сотрудниками НКВД, Свирским и Воедило. Был заменен и председательствующий – вместо Гурьева трибунал возглавил военный юрист Фельдман. Это, наряду с немедленным повторным арестом Карамышева, было еще одним признаком того, что приговор от 4 января 1941 г. вызвал резкое недовольство Москвы. «Особое мнение» Гурьева не спасло ситуацию[264].

Второй судебный процесс был организован быстро. Он состоялся с 18 по 23 марта 1941 г., местом его проведения снова стало здание областного управления НКВД в Николаеве[265]. Второй процесс в целом не отличался от первого. Наряду с уже известными свидетелями было привлечено лишь несколько новых, таких как бывший заместитель начальника УНКВД по Николаевской области А.Ф. Поясов. Однако ни новые свидетели, ни повторно выступавшие «старые» свидетели не придали суду новое качество. Как и ранее, свидетели не только резко критиковали и обвиняли подсудимых чекистов, но и безмерно их восхваляли. Однако, как известно, дьявол кроется в мелочах. Только при повторном рассмотрении становится заметным усиление тенденции, уже свойственной первому процессу, но не получившей развития из-за «неправильного» состава трибунала. Согласно этой тенденции, суд стремился уличить обвиняемых чекистов в самоуправстве и склонности к эксцессам. В результате все больше внимания стало уделяться сознательному пренебрежению чекистами своими обязанностями по надзору за следствием, фактам безответственного обхождения с подследственными и их показаниями, а также с уликами.

Свидетель и бывший сотрудник из отдела Трушкина, Ю.С. Лейзеровский, еще раз повторил свои показания о том, что Трушкин
последовательно критиковал его за стремление проявлять умеренность в «разоблачении врагов», однако на этот раз Лейзеровский дословно воспроизвел заявление Трушкина: «Ты не чекист,
ничего не понимаешь, я заберу от тебя дело»[266].

Бывший подследственный, начальник участка корпусного цеха
судостроительного завода № 200 Афанасьев, показал в этот
раз, что Трушкин прекрасно знал о том, что его подчиненные –
Г.С. Зельцман и Зайкин – избивали его[267].

Далее Трушкин и Гарбузов описывались свидетелями как те,
кто запрещали подследственным жаловаться и жестоко наказывали, если жалобы имели место. Так, Трушкин даже не остановился перед тем, чтобы избить арестованного, пытавшегося покончить жизнь самоубийством. Согласно показаниям нового
свидетеля, Б.М. Куклинского[268], короткое время работавшего сотрудником Секретно-политического отдела УНКВД, Трушкин
повел себя полностью неправильно после неудачной попытки самоубийства, предпринятой бывшим директором завода № 200
Щербиной. В частности, Трушкин разорвал прощальную записку,
в которой говорилось: «Ухожу из жизни с чистой совестью. Врагом никогда не был и не буду. Да здравствует Сталин и социа-
лизм» […]». Далее Куклинский показал: «[Трушкин] ее разорвал
и с ругательством "мерзавец", "провокатор" бросил ее Щербине в
лицо. […] Щербина рассказал, что после попытки к самоубийству
его взяли к Трушкину и там избили так, что сейчас сидеть ему
больно»[269].

Кроме того Трушкин, как выяснилось, 16 ноября 1938 г., то
есть за день до принятия постановления СНК СССР и ЦК ВКП(б)
от 17 ноября 1938 г., когда земля уже начинала гореть под ногами
у чекистов, получил от арестованного М.П. Дудина, начальника
производственного цеха завода им. Марти, показания, компрометирующие секретаря Николаевского обкома КП(б)У П.И. Старыгина. Текст показаний был сформулирован Трушкиным заранее,
сделал он это в качестве подстраховки или для того, чтобы иметь
возможность шантажировать партийного функционера[270].

Воронин на втором процессе выступал уже не столько преимущественно в роли жестокого следователя, сколько теперь под
сомнение ставилась его верность системе. М.Ф. Гладков, один из
арестованных по делу о пожаре на судостроительном заводе, рассказал о том, как в ходе допроса он сослался на свои права,

гарантированные советской конституцией, в ответ на что Воронин заявил ему дословно следующее: «««Она [Сталинская конституция] меня не касается», – и при этом выразился нецензурно по адресу Конституции»[271]. Когда инженер Бондарь сказал, что отзовет на суде выбитые из него показания и расскажет правду, Воронин якобы ответил: «Я – тебе следователь, и мы же будем судить тебя»[272].

Целый ряд показаний свидетелей развенчивал Гарбузова, который ранее утверждал, что поднимал руку на арестованных только в самых исключительных случаях, а в остальном всегда выступал на страже социалистической законности. Теперь свидетели утверждали, что Гарбузов систематически избивал подследственных.

Неоднократные заявления Карамышева о том, что он, будучи начальником УНКВД, ничего не знал об избиениях, в противном случае он бы наказал виновных, были опровергнуты еще одними показаниями Бондаря. В частности, Бондарь сообщил, что как-то раз, сразу же после избиения, его привели на допрос к Карамышеву. «Карамышеву об избиении меня я не говорил, но мое состояние он прекрасно видел и так», – заявил Бондарь[273].

Оперуполномоченный УНКВД по Николаевской области в 1938 г. Т.Т. Черкес, приглашенный в качестве нового свидетеля, заявил, что Карамышев на оперативных совещаниях настраивал аппарат, по возможности, избегать контроля со стороны партии и прокуратуры в ходе массовых операций и не «щепетильничать» в отдельных случаях. В частности, он призывал «поменьше ходить в парткомитеты и в прокуратуру. Нам нужно посадить 2000 чел. […] Не страшно, если ошибаемся при арестах в одном человеке […]»[274]. Аналогичные показания дал еще один новый свидетель, также бывший сотрудник Трушкина, А.П. Федотов[275]. Он дополнительно показал: «Однажды на оперативном совещании один работник высказался, что нужно бы советоваться с секретарем горкома. […] Карамышев заявил: "Что Вы все секретари да секретари: Вы больше, чем секретарь горкома, и сами должны решать вопросы"»[276].

Д.Ф. Кобцев, бывший 2-й секретарь Николаевского горкома КП(б)У, дополнительно уличил Карамышева в том, что его грубость была хорошо известна партии: «Карамышев был груб в обращении, на заседаниях обкома ругался матом, в связи с чем [ему] даже делались замечания»[277].

Карамышев был единственным из четырех обвиняемых, отметившим новые черты в процессе, которые поначалу не бросались в глаза, но которые не стоило недооценивать, исходя из нового состава судей, и вербально на них отреагировал. Он не изменил свою линию защиты, лишь с еще большим упорством отклонял все обвинения. Куда как более подробно, чем на первом процессе, он описывал свои усилия по наведению порядка при принятии дел в качестве начальника областного управления. Сначала он рассказал о том, что по его приказу были освобождены 600–700 человек из 2000, арестованных еще его предшественником Фишером. Потом подчеркнул свои усилия, направленные на упорядочение работы тройки, а также указал на свой запрет использовать негласных сотрудников в качестве «штатных» свидетелей, что было до этого расхожей практикой. В бытность его начальником УНКВД по Николаевской области, указал Карамышев, было в целом арестовано в 10 раз меньше людей (на первом процессе он приводил другую цифру – в пять раз), чем по другим областям Украины. В заключение Карамышев указал на инициированную им чистку чекистского аппарата и мобилизацию новых сотрудников, на 30–40 % рекрутированных из числа партийных кадров[278].

После этого Карамышев перешел к следующему пункту защиты: все осуществленные им мероприятия напрямую вытекали из приказов московского центра. Как и на первом процессе, он в первую очередь указал на разрешение со стороны ЦК ВКП(б) применять меры «физического воздействия»: «Так как физические методы были санкционированы ЦК партии и применяются по сей день»[279]. Но на этот раз Карамышев гораздо подробнее остановился на ведущей роли Москвы в репрессиях. В результате тактика, применявшаяся им на первом процессе – щадить Москву, возлагая ответственность за неправомерные действия хороших чекистов на врагов, пробравшихся в руководство государства и партии, – теперь утратила свое значение. «В тот период директивами центра нам предоставлялось право ареста по оперативным спискам без санкции прокурора. Перебежчики же и харбинцы подлежали аресту даже без наличия на них материалов, и для рассмотрения дел обвинительные заключения были не обязательны. […] Это порядок был установлен не Карамышевым, а авторитетными вышестоящими органами. Да и судебные инстанции в той обстановке рассматривали дела в таком же примитивном порядке, и ведь одна очень авторитетная судебная инстанция рассматривала в день 30 дел», – заявлял Карамышев[280]. Оценивая работу тройки, Карамышев высказался еще более недвусмысленно: «По этому пункту обвинения [о работе тройке] прокуратура ссылается на закон, но я считаю, что здесь говорить о законах неуместно, так как сами тройки не были предусмотрены законом»[281].

Однако Карамышев последовательно даже не допускал малейшего сомнения в том, что репрессии и форма их проведения были правильными. Его беспокоило только то, что теперь обвинение из всего этого рыло для него могилу. «Дела на этих лиц рассмотрены правильно, как по существу, так и по форме, и политике партии действия тройки не противоречат», – утверждал Карамышев[282].

Наряду со своим новым подходом – критиковать те или иные детали в деятельности московского руководства, но в целом хвалить его – Карамышев также прибегал к своей старой стратегии, опробованной еще на первом процессе. Вину за «эксцессы» он перекладывал на украинские республиканские структуры. Так, Карамышев сначала признал, что под его руководством в управлении имели место «безобразия» в процессе следствия, но вслед за этим сразу же всю вину за это полностью переложил на Киев: «[…] безобразия продолжали еще иметь место, что объясняется тем, что в отдельные периоды я фактически был отстранен от руководства, которое переходило к бригадам, приезжавшим из Киева»[283]. В результате у него оставался только один выход – каким-нибудь образом исправить ошибки, совершенные киевскими «гастролерами». Жаловаться же Киеву на то, что бригада из НКВД УССР под руководством Злобинского избивала подследственных, утверждал Карамышев, было бесполезно[284].

Трушкин, в отличие от Карамышева, практически уже не защищался. Очевидно, он понял, что пробил его последний час. Он не только отказался от последнего слова, но и предпринял во время суда попытку бежать и был задержан в вестибюле здания УНКВД[285].

Приговор, вынесенный Карамышеву на втором суде, уже не был оправдательным. Теперь его приговорили к расстрелу. Такая же судьба постигла Трушкина. Наказание Воронина было серьезно увеличено – десять лет лагерей вместо трех, а получивший ранее условный срок Гарбузов был теперь приговорен к восьми годам лагерей. Акта о приведении приговора в исполнение в отношении Карамышева и Трушкина в деле не имеется.

Мотивировочная часть приговора этого процесса оперировала главным образом старыми, лишь слегка дополненными материалами, которые уже использовались для обоснования первого приговора, но в этот раз материалы интерпретировал «правильный» состав новых судей[286]. Теперь трибунал счел доказанным, что Карамышев был прекрасно осведомлен обо всех нарушениях «социалистической законности», им же были санкционированы противоправные действия Трушкина, Воронина и Гарбузова в отношении арестованных, а также фальсификация материалов следствия. Суд больше «не видел» никаких аргументов в пользу Карамышева. Внезапно выяснилось, что он действовал вопреки приказам и директивам, то есть давал распоряжения о том, чтобы специалистов – лиц, имевших профессиональную квалификацию – судила «национальная тройка», при этом были репрессированы люди, арестованные уже после 1 августа 1938 г.

В отношении Воронина и Гарбузова, по сравнению с первым судом, из приговора полностью исчезла формулировка о том, что что-то было «не доказано» следствием. Все выдвинутые против них обвинения теперь считались полностью доказанными с помощью свидетельских показаний и документальных материалов.

Что касается Трушкина, то теперь мотивировка приговора была гораздо лапидарней, и в ней больше не упоминалась его многолетняя служба в органах государственной безопасности[287].

Смена состава военного трибунала и небольшое изменение в подборе состава свидетелей привели к тому, что двое подсудимых чекистов получили «расстрельный» приговор, а еще двое были приговорены к более длительным срокам заключения. Ядро обвинения в должностных преступлениях образовывали халатное отношение к служебным обязанностям, манкирование агентурной работой, внесение исправлений в протоколы допросов и другие материалы следствия, их неполнота и избирательный подбор, нарушение директив и приказов, самовольные действия и применение «мер физического воздействия».

Диктатура воспитания

Процессы по делам чекистов, в том числе сотрудников УНКВД по Николаевской области, имели много общего с Большим террором. Как и операции НКВД 1937–1938 гг., аресты и суды над «нарушителями социалистической законности» были главной составляющей массовой карательной кампании, осуществлявшейся повсеместно во всесоюзном масштабе. Тем не менее суды над чекистами состоялись далеко не во всех республиках и областях Советского Союза. Так, в 1939–1941 гг. не было ни одного суда над сотрудниками НКВД в Грузии. Здесь в результате вмешательства нового народного комиссара внутренних дел СССР Л.П. Берии все ограничилось лишь расследованием «перегибов». Зато на Украине процессы по делам чекистов были организованы во всех областях, а также в Молдавской АССР. Суды состоялись также в «новых» областях Украины, выделенных в 1939–1941 гг. из состава «старых», как это было в случае с Кировоградской областью, выделенной в январе 1939 г. из Николаевской области[288].

Кампанию по восстановлению «социалистической законности» с массовыми репрессиями Большого террора также роднило тайное проведение судебных процессов, несмотря на то, что суды над чекистами можно признать «полуоткрытыми», поскольку в них принимали участие многочисленные свидетели из числа бывших подследственных и коллег-чекистов. Одинаковым было и «принуждение» судей к осуждению подсудимых, специально отсортированных в духе кампании. Нам не известно ни одного случая, чтобы кто-либо из отданных под суд чекистов был в конечном итоге оправдан. Характерные совпадения имеются также на уровне деталей. Как и в случае с массовыми операциями 1937–1938 гг., у обвиняемых чекистов не было официальных защитников, хотя они и могли защищать сами себя, в отличие от жертв внесудебных карательных инстанций Большого террора. При этом подсудимые чекисты лично присутствовали на заседаниях суда, что, в свою очередь, роднило эти суды с Московскими показательными процессами.

Теперь о различиях. Главным отличием от Большого террора было содержательное наполнение кампании. Чекистов осуждали за служебные преступления. Это главное обвинение, выдвинутое в их адрес со стороны советского государства, заменило, начиная примерно с осени 1938 г., обвинения политического свойства – как правило, в троцкизме, которые практически всегда использовались в случае осуждения чекистов и других представителей партийно-государственных элит. Соответственно «политические» статьи УК отступили на задний план. Если сформулировать более абстрактно, то теперь на первом месте у элит должна была находиться не политическая «правоверность», а лояльность по отношению к советскому государству. Ритуальное обвинение в троцкизме (или правом уклоне), доведенное в 1936–1938 гг. до абсурда и лишенное смысла, было теперь заменено (и, очевидно, не только в случае с чекистами) более рациональной карательной практикой, главным ориентиром для которой выступали интересы советской государственности. Тем самым были усилены тенденции, уже наблюдавшиеся в ходе Большого террора в рамках массовых репрессий, когда обвинения политического свойства и соответствующие статьи УК зачастую использовались скорее в качестве вспомогательного средства, с помощью которого следствие стремилось гарантировать осуждение[289].

Это изменение карательной политики таило в себе существенные преимущества как для следователей УНКВД по Николаевской области и республиканского аппарата НКВД, так и для юристов из состава войск НКВД Киевского особого военного округа, задействованных в кампании по наказанию «перегибщиков». Теперь им не нужно было прилагать усилия для того, чтобы доказать участие чекистов в мифической троцкистской организации, чтобы лишь потом, попутно и как бы между делом, наказать их за должностные преступления. Теперь они могли сразу же начинать с уличения подследственных в пытках, фальсификации материалов следствия, коррупции и нарушении приказов. Это было тем легче сделать после Большого террора, чем больше перед этим власть терпела и даже поощряла должностные преступления – теперь же государственное и партийное руководство вдруг стало требовать за них наказания как за недопустимые эксцессы. То, что предварительно следствие и сами рассмотренные судебные процессы в Николаеве оставляют впечатление относительно «чистых» формально-юридических процедур, объясняется именно отпадением фиктивных «политических» пунктов обвинения, а также предварительным отбором в качестве «козлов отпущения» наиболее запятнавших себя сотрудников госбезопасности.

Менее позитивной оценки заслуживает то, что следственные комиссии, а потом и сами следователи рекрутировались из личного состава того же самого учреждения, которое они должны были подвергнуть проверке. В случае с ними речь не шла о профессиональных юристах. Возможно, за этим обстоятельством скрывалось стремление более удобно манипулировать кампанией по восстановлению «социалистической законности» для достижения целей, намеченных в интересах государства.

Однако непосредственное тесное участие сотрудников НКВД в чистке собственных рядов не было призвано защитить НКВД от «нападок». Напротив, это можно трактовать как важную программную часть кампании по восстановлению «социалистической законности». Очевидно, на фоне возвращения московскому центру карательной компетенции, делегированной ранее периферии, следствие и судебные процессы в Николаеве играли важную дидактическо-воспитательную роль.

Таким образом, концепция широкомасштабной бериевской чистки сводилась к следующему: НКВД должен был «сам себя высечь» под руководством и надзором политического центра в Москве и военной прокуратуры. Сначала были образованы внутренние следственные комиссии НКВД, задачей которых было «вскрыть» общие проявления нарушений социалистической законности аппаратом и показательно выявить из общей массы чекистов главных «козлищ», в том числе занимавших высокие должностные посты. Речь здесь, без всякого сомнения, шла о предварительной селекции и показательности наказания, которое должно было оказать на «органы» воздействие требуемого диапазона. Об этом свидетельствует то, что другие высокопоставленные сотрудники НКВД, в отношении которых имелись материалы, изобличавшие их в пытках, издевательствах и т. п., не были арестованы и судимы. Их лишь понизили в должности, перевели на новое место работы или уволили, как это было в случае с бывшим заместителем начальника УНКВД по Николаевской области А.Ф. Поясовым или бывшим начальником УНКВД по Николаевской области И.Б. Фишером, уволенным еще в марте 1938 г. Параллельно тема должностных преступлений в обязательном порядке обсуждалась на собраниях сотрудников управлений НКВД, проходивших в каждой области с участием представителей партии и прокуратуры.

После этого на местах были проведены «полуоткрытые» судебные процессы с участием большого количества свидетелей из числа партийно-советских и функциональных элит, аппарата НКВД и малочисленных свидетелей – представителей простого населения. Местом проведения процессов сознательно выбиралось здание (или клуб) областного управления или даже районных отделений НКВД. Их целью была критика прежнего стиля работы на конкретных примерах, а также выработка будущих методов деятельности органов госбезопасности. Помимо этого, предполагалось, что выступавшие на процессах свидетели из числа элит и простого населения, а также бывшие жертвы массовых операций НКВД, полностью очищенные от прежних обвинений, послужат для общества неформальным источником информации о том, что сотрудники НКВД, виновные в массовых репрессиях прошлых лет и обманувшие партию и государство, теперь выявляются и наказываются партией и государством. Триумфальный прием, устроенный освобожденным инженерам и техникам на судостроительном заводе в Николаеве их коллегами, косвенно подтверждает успех этого концепта в рамках всего Советского Союза. Помимо судебных процессов, многие сотрудники НКВД получили выговоры и взыскания, были переведены на другие должности и даже уволены из органов по обвинениям в должностных проступках, связанных с нарушением «социалистической законности»[290].

Дидактическая функция кампании по восстановлению соцзаконности была ограничена рамками, установленными Москвой. Она не повлекла за собой массового освобождения *уже осужденных* жертв «кулацкой» и «национальных» операций НКВД, равно как и *уже осужденных* представителей советских элит. Речь может идти лишь об отдельных освобождениях[291]. Главное счастье выпало на долю тех *арестованных*, по делам которых еще не было завершено следствие или вынесенный приговор еще не был приведен в исполнение. По причине своего неофициального характера кампания по восстановлению «социалистической законности» никоим образом не нашла своего отражения в прессе.

Нельзя также говорить, основываясь на материалах судебных процессов в Николаеве, что целью кампании было уничтожение «ежовского» клана или «клана Успенского», хотя следствие уделяло особое внимание отношениям обвиняемых чекистов с Успенским.

Дидактический концепт кампании по восстановлению «социалистической законности» имел для партии и государства сталинской формации лишь одни преимущества. Осуждение чекистов и освобождение части арестованных стали краеугольным камнем в деле нормализации ситуации, но при этом власть не сделала обществу каких-либо серьезных уступок. Напротив, путь радикального переустройства экономики и социума, выбранный раз и навсегда, был сохранен без каких-либо корректив. То, что стратегия охлаждения горячих голов и понижения градуса репрессий прекрасно функционировала, показывает то обстоятельство, что даже самые юные и рьяные карьеристы и благоприобретатели сталинской системы, такие как первый секретарь Николаевского обкома ВКП(б) П.И. Старыгин и его преемник С.И. Бутырин, очень быстро осознали, что охота на «врагов народа» (т. е. тех, кто был замечен в нелояльности) ведется теперь не в массовом порядке, а избирательно, что им необходимо сократить «анти-вражескую» риторику и, что особенно важно, значительно ограничить публичное бичевание конкретных людей[292].

В вину режиму следует поставить затянувшуюся промежуточную фазу кампании после 17 ноября 1938 г., в течение которой производилась селекция «козлов отпущения» и статистов, что значительно продлило страдания арестованных жертв Большого террора. Сотрудники госбезопасности продолжили их мучить и после 17 ноября 1938 г., на этот раз для того, чтобы защитить самих себя от обвинений в должностных преступлениях.

О том, в какой степени границы между палачами и жертвами были расплывчатыми, свидетельствует реакция на пытки некоторых «настоящих» жертв массовых операций. Так, бывший 2-й секретарь Николаевского горкома КП(б)У Д.Ф. Кобцев, которого самого истязали во время следствия, полагал, что применение к нему мер физического воздействия было незаконным, в то же время он считал, что их можно и следует применять по отношению «к бандитам и им подобным»[293].

«Верные сталинцы» в годину перемен

Наиболее «горячая» фаза кампании по восстановлению социалистической законности пришлась в Николаеве соответственно на осень 1938 г. и весну 1939 г. Комиссии, различные особоуполномоченные и оперативные уполномоченные НКВД зондировали почву для того, чтобы «отфильтровать» из числа сотрудников госбезопасности конкретных обвиняемых. В УНКВД по Николаевской области это было нелегкой задачей, поскольку взятые на прицел чекисты получили полную поддержку руководства управления, которое использовало для этого все свои ресурсы, в том числе агентуру. В свою очередь, потенциальных «козлов отпущения» было не разлить водой, они всемерно поддерживали друг друга и всеми средствами сопротивлялись грозившему им аресту и осуждению.

В ходе этой самой настоящей борьбы выяснилось даже то, что чекисты думали, но не могли напрямую высказать в свою защиту: в донесениях агентов, которыми они «дирижировали», в качестве «вражеских» заявлений освобожденных подследственных на самом деле фигурировала собственная критика чекистов в адрес действий руководства страны. Московский центр представлялся в этих сообщениях наивным и нерешительным, а также звучали косвенные предупреждения об опасных последствиях кампании по наказанию нарушителей «социалистической законности». Здесь речь подспудно заходила даже о том, что государство и партия сами готовили почву для массовых репрессий. Однако не стоит понимать такого рода пассажи как критику самой системы, чекисты лишь намекали власти на возможность мягкого и корректного обхождения с теми, кто, не жалея сил, претворял в жизнь директивы государства. Власть не отреагировала на эти предупреждения и призывы, как и не обратила внимания на попытку дискредитации бывших жертв, которая была предпринята чекистами с помощью агентурных сообщений. Поскольку сотрудники НКВД формулировали свое обращение к власти в привычном, но устаревшем стиле борьбы с «троцкизмом», оно так и не было услышано.

И все же поначалу обвиняемые чекисты имели все причины, чтобы не отчаиваться. Чувство солидарности, которое испытывало к ним местное николаевское начальство, простиралось настолько далеко, что осенью 1940 г. с помощью местных судей и лояльного судьи военного трибунала они даже были оправданы или получили сравнительно мягкие наказания. Казалось, что чекистская обязанность защищать советское государство, в крайнем случае даже пренебрегая законом, смогла, полностью в духе понимания чекистами собственной роли в Большом терроре, нейтрализовать обвинение в тяжких должностных преступлениях. В результате только вмешательство со стороны Москвы, указавшей на важность задач кампании и ее воспитательной цели, привело к вынесению жестких приговоров в отношении всех четырех обвиняемых. При этом новое следствие пользовалось «старыми» материалами, но теперь Москва сознательно ограничила свободу суда в их интерпретации. Приговоры, прозвучавшие в этот раз в адрес Карамышева и его подельников, выглядели особенно суровыми на фоне аналогичных процессов, например в Одессе. Можно предположить, что новый судья, возглавивший трибунал, равно как и его заседатели, были уверены в пристальном внимании со стороны Москвы и в опережающем рвении чувствовали себя обязанными, вынести особенно суровые приговоры. Если рассматривать ситуацию под этим углом зрения, то становится очевидным, что первоначально вынесенный Карамышеву оправдательный приговор, который являлся результатом специфического стечения обстоятельств, и, соответственно, сравнительно мягкие приговоры, вынесенные его подельникам, имели в конечном итоге фатальные последствия для обвиняемых чекистов. То же самое можно утверждать в отношении организованных и активных тактик самозащиты, к которым прибегли обвиняемые и которые обратили на себя внимание. Все это теперь было жестко наказано.

На фоне оправдательных приговоров, вынесенных на первом суде, есть все основания говорить о сильном корпоративном духе чекистов, но не стоит придавать ему особой действенной силы. Напротив, самый главный заступник обвиняемых, начальник УНКВД по Николаевской области Юрченко, мобилизованный на работу в «органы» из партийных рядов, из-за своего заступничества, а также в целом дилетантских методов работы, впал в немилость[294]. Его взлет по карьерной лестнице от сотрудника партийной газеты и первого секретаря Базарского райкома КП(б)У (Житомирская область) до начальника УНКВД по Николаевской области завершился крахом – в сентябре 1940 г. Юрченко был снят с поста начальника УНКВД и в октябре 1940 г. уволен из органов. С февраля 1941 г. по июнь 1941 г. – работал директором мельницы, а потом его выручила война: с октября 1941 г. Юрченко уже служил в системе армейских Особых отделов.

Все это можно также трактовать следующим образом: московский центр провел кампанию по восстановлению «социалистической законности» и связанный с ней поворот в карательной политике с позиции сильного, в интересах консолидации и укрепления системы, не страшась внутренней конкуренции. В пользу этого предположения говорят относительно большие масштабы акции по освобождению «врагов народа» – людей, которые до 17 ноября 1938 г. расценивались как в высшей степени опасные элементы.

Для осужденных чекистов падение с вершин служебной лестницы было психологически очень тяжелым. Все они без исключения были верными сталинистами, которые, по их собственному мнению, сделали все возможное для достижения целей режима. Их же собственная цель в ходе судебных процессов сводилась к тому, чтобы доказать свою политическую и моральную лояльность по отношению к власти, – что они и делали, в отличие от нацистов на Нюрнбергском трибунале, громко и с большим пылом. Они не могли и не хотели ставить под сомнение сталинский режим.

Исходя из этой перспективы, чекисты с полным правом могли настаивать на том, что они стали жертвой внезапного изменения политики государства, которое успешно использовало их в качестве «козлов отпущения», наказав за свои собственные «грехи». В своем восприятии, которое в целом отвечало действительности, чекисты всегда делали то, что от них требовалось, и даже если при этом допустили «пару ошибок», то полагали, что ошибки легко поддаются исправлению и не заслуживают наказания. В таких условиях не было необходимости демонстрировать раскаяние за совершенные преступления. Поэтому тема преступного приказа как основания их действий (Befehlsnotstand), в отличие от нацистских преступников, играла в защитной стратегии подсудимых сотрудников органов НКВД лишь второстепенную роль. Не возникает впечатления, что они нарушали закон исключительно под давлением начальства, в слепом послушании, руководствуясь конформизмом, или стадным чувством, или из страха, и что при этом они переступили через сомнения или моральные убеждения. Чекистов мало интересовала законность приказов и директив, поскольку эти преступные приказы скорее были им близки и понятны[295], и о моральных сомнениях здесь также не было речи. Эти приказы для них были узаконены авторитетом высших партийно-советских органов, или, если говорить словами Ханны Арендт, воля политического руководства имела решающее значение для определения правомерности или противозаконности действия[296].

Но с юридической точки зрения невозможно освободить чекистов от ответственности за совершенные преступления. За редким исключением ни во время, ни после Большого террора они не задумались о преступной стороне своих деяний, как не задумывались они о том, что их кумиры в Киеве и Москве также действовали незаконно и преступно[297].

Авангард или «обычные люди»?[298]

Падение чекистов, что подтверждает и николаевский случай, было особенно глубоким также потому, что НКВД в годы Большого террора стал играть, по меньшей мере в этой украинской области, роль ключевого учреждения. В результате политическая полиция все с большим рвением брала на себя, наряду с социальными задачами, задачи по поддержанию функционирования наиболее важных отраслей народного хозяйства. В Николаеве УНКВД во главе с Карамышевым усиленно контролировало судостроительные заводы и своими специфическими методами боролось с дезорганизацией производства, коррупцией и халтурой, которые, без сомнения, получили здесь широкое распространение[299]. При этом Карамышев действовал не по принуждению и не только под давлением из Киева и Москвы, но главным образом по собственной инициативе и с большим рвением. Он был тем, кто плечом к плечу со Старыгиным, новым первым секретарем Николаевского обкома КП(б)У, молодым и идеологически подкованным, обвинял на VI партийной городской и на партийной областной конференциях, состоявшихся в мае 1938 г., различные партийные организации области, в первую очередь заводские. Ссылаясь на Сталина, Карамышев потребовал настоящей большевистской бдительности и непримиримости к врагу. При этом он отчитал обком КП(б)У и государственные структуры – публично и даже с упоминанием конкретных имен – за провалы в области экономики (промышленность и торговля) и народного образования. Резкой критике подвергся второй секретарь Николаевского обкома КП(б)У Д.Х. Деревянченко, который, как считал Карамышев, уделил недостаточное внимание кампании по критике и самокритике в оргбюро ЦК КП(б)У по Николаевской области. Карамышев публично скомпрометировал начальника корпусного цеха завода № 200 Л.П. Фомина, заступившегося за бывшего директора завода Ф.Я. Плетнева[300]. После этого на первой областной партийной конференции Николаевской области, состоявшейся 24–29 мая 1938 г., Карамышев был избран членом обкома КП(б)У и его оргбюро. В газетах его имя упоминалось сразу же вслед за именами трех секретарей обкома партии[301]. В конечном итоге 25 июня 1938 г. Карамышев был избран депутатом Верховного Совета УССР и за заслуги перед партией и государством награжден орденом Ленина[302].

Однако Карамышев этим не ограничился. Весной 1938 г. он фактически возглавил в Николаевской области кампанию по укреплению судостроительной отрасли, начатую по указанию Москвы. Старт этой кампании в Николаеве дала статья под названием «Навести большевистский порядок на водном транспорте», опубликованная в газете «Южная Правда» в конце марта 1938 г.[303] В течение месяца, с конца мая и по конец июня 1938 г., в местной прессе были напечатаны пять больших статей Карамышева, каждая из которых занимала около трети газетной полосы. На работе и в публичных выступлениях на партийных конференциях и страницах газет Карамышев преподносил себя как самого настоящего «ястреба», каждый раз заклинавшего всех угрозой «деятельности иностранных фашистских разведок и их троцкистско-бухаринской, буржуазно-националистической и прочей агентуры», инструментом которой служили бесчисленные саботажники[304].

Его многочисленные выступления на страницах газеты «Южная правда» получили недвусмысленную поддержку на высоком «московском» уровне. Карамышев заявлял: «Отдел печати ЦК партии одобрительно отзывался о моем участии в печати, и даже предложил написанное мною издать отдельной брошюрой»[305].

Его статьи сопровождались резолюциями и призывами собраний рабочих соответствующих заводов, которые перед лицом грозящей опасности обещали трудиться еще лучше и еще больше[306]. Эти обещания не в последнюю очередь были результатом выступлений Карамышева на массовых собраниях трудовых коллективов[307].

Областная партийная организация также внесла свой весомый вклад в кампанию по укреплению судостроительной промышленности, публично заявив на областной партийной конференции о чрезвычайных недостатках в работе обоих судостроительных заводов, № 200 и № 198, в первую очередь – о «вражеском саботаже» на заводе № 200, который привел к взрыву котлов, в результате чего имелись погибшие и раненые, а также стал причиной производственного брака и падения трудовой морали[308]. Месяц спустя, 22 июня 1938 г., бюро Николаевского обкома КП(б) приняло постановление, заклеймившее плачевное техническое, организационное, идеологическое и политическое состояние завода и руководства завода № 200. В заключительной части постановления говорилось о том, что «завод стал на антигосударственный путь невыполнения задания правительства и партии в вопросе создания мощного военного флота для страны»[309]. В начале июля 1938 г. «Южная правда» опубликовала речь Председателя Президиума Верховного Совета СССР М.И. Калинина «За большой советский морской флот», которую тот произнес 19 июня 1938 г. перед рабочими, инженерно-техническими работниками и служащими ленинградского завода им. Орджоникидзе. В своей речи Калинин потребовал строить морские суда как можно скорее, как можно дешевле и с максимальным качеством. Советская страна, заявил Калинин, находится в состоянии острой конкуренции с капиталистическими странами, и в этой борьбе необходимо победить. Определенным контрапунктом к выступлениям Карамышева прозвучало заявление Калинина о том, что «все недостатки хотят взвалить на вредителей». Напротив, Калинин потребовал решительной самокритики[310].

На этом фоне Карамышев представал уже не как подчиненный, действия которого определялись вышестоящей инстанцией, а как активнейший участник кампании по строительству военно-морского флота, важность которой в отношении Николаева была дополнительно засвидетельствована в середине июля 1938 г. визитом наркома внутренних дел Украины Успенского, телеграммой заместителя наркома внутренних дел СССР Фриновского и визитом первого заместителя наркома оборонной промышленности СССР Тевосяна. Пожар, случившийся на судостроительном заводе в начале августа 1938 г., стал для Карамышева настоящим ударом, который он и его аппарат попытались компенсировать привычными «чекистскими» методами с большим рвением.

В ходе судебных процессов над чекистами также выяснилось, что вопреки внешнеполитическим моментам, превалировавшим в идеологической кампании, развернутой вокруг военно-морского флота, Карамышева интересовали почти исключительно местные проблемы, и он, в тесном симбиозе и сотрудничестве с партийным руководством области[311], при мощной поддержке республиканского руководства госбезопасности и партии, а также прокуратуры боролся с «внутренними врагами» и активно использовал для этого предоставленную ему свободу действий. Уверенной рукой он всегда интерпретировал в нужную для себя сторону расплывчато сформулированные приказы Москвы. Практически исключается, что Карамышев мог позволить себе, как он утверждал задним числом, какие-либо «либеральные» отклонения от жесткой линии, диктовавшейся из Киева наркомом Успенским. Конечно же, следует проверить показания Карамышева, согласно которым он арестовал в 5–6, а то и в 10 раз меньше людей, чем в других областях, но и здесь существуют серьезные сомнения[312].

Осужденные сотрудники Секретно-политического отдела УНКВД во главе с Трушкиным действовали с не меньшим энтузиазмом, чем Карамышев, но уже на уровне непосредственного выявления и уничтожения «врагов». Едва ли возможно охарактеризовать этих чекистов, включая Карамышева, как ordinary men. Хотя они были малообразованными выходцами из социальных низов, фактически именно эти люди являлись выдающимся элементом советского общества и именно так они воспринимали сами себя. Они превосходно уживались с системой, продуктом которой они были и внутри которой они сделали головокружительную карьеру. Эта система в период Большого террора вновь предложила сторонникам крайних мер и карьеристам из числа чекистов большое поле для деятельности. Осужденные сотрудники госбезопасности УНКВД по Николаевской области ничего не имели против пыток и фальсификации документов в интересах «облегчения» и «ускорения» своей работы, но не были садистами, действовавшими в своих личных интересах. Их преступления нельзя также документально обосновать чрезвычайно высоким градусом идеологизации. Скорее, они действовали в условиях чрезвычайно перегретой атмосфере беспощадной насильственной стабилизации потрясений, вызванных сталинской перестройкой экономики и общества.

По причине колоссального прироста мощи и возложенных на них общественно-политических и экономических задач, органы государственной безопасности неминуемо должны были рано или поздно оказаться между молотом и наковальней. Требования, обращенные к промышленным предприятиям г. Николаева, были перегружены необоснованными ожиданиями, в то время как технические и организационные возможности были крайне ограниченными, а кадры специалистов – редкими. На производстве не хватало материалов, отсутствовали требуемые специалисты, имевшееся сырье было плохого качества, организация трудового процесса носила хаотический характер[313]. Решение проблемы по версии местного управления НКВД – стабилизировать ситуацию с помощью арестов и запугивания, приписывая рабочим и инженерам активный и сознательный саботаж, принесло лишь весьма скромный успех, хотя чекисты таким образом и смогли застраховаться от возможных обвинений в халатности. Пожар на судостроительном заводе № 200 летом 1938 г. был не только огромным фиаско николаевских чекистов, а в первую очередь являлся символом плачевного провала государственной политики, направленной на то, чтобы решать насущные проблемы общества и экономики с помощью органов госбезопасности и милиции.

От защиты сталинской клики – к защите государства[314]

Чекисты и сотрудники милиции привлекались к уголовной ответственности в 1939–1941 гг. отнюдь не по политическим обвинениям в троцкизме. Напротив, их систематически подвергали дисциплинарным наказаниям, переводили на другую работу, увольняли и судили по обвинениям в совершении должностных преступлений, а именно в «нарушении социалистической законности», что являлось знаменательным выражением смены парадигмы мотивов репрессий. После «успешного» поголовного политического и физического уничтожения всяческой организованной оппозиции и любого духа критики изменилась сама цель существования советской политической полиции и, отчасти, милиции. Из инструмента политической борьбы сталинистов, этой наиболее сильной фракции коммунистической партии, направленного против троцкистов, бухаринцев, зиновьевцев и прочих нелояльных групп и лиц, они превратились в инструмент защиты государства. Это принципиальное изменение отобразилось даже в названии политической полиции, которая в 1941 г. стала именоваться Народным комиссариатом *государственной* безопасности.

Проблема данной интерпретации заключается, образно говоря, в том, что лошадь запрягается здесь позади телеги. Ведь до сих пор нельзя считать установленным, что мотивы осуждения сотрудников госбезопасности и милиции в провинции были такими же, как мотивы осуждения руководителей региональных и республиканских органов НКВД, приговоры в отношении которых выносила в Москве Военная коллегия Верховного Суда СССР. По той же самой причине, а именно вследствие ограничения доступа к архивным источникам, нам до сих пор мало что известно о содержании и мотивах осуждения руководящих кадров центрального (союзного) аппарата НКВД. Однако даже те малочисленные отрывочные документы, опубликованные на сегодняшний день, в которых освещается ход судебных процессов такого рода, по меньшей мере свидетельствуют о том, что и здесь чекисты обвинялись теперь «только» как участники «заговора в НКВД», а не «троцкистского заговора в НКВД». Подкрепляли приговор обвинения в совершении служебных преступлений. К сожалению, правящие российские элиты фактически наложили вето на изучение этой темы[315].

Контекст описанной выше трансформации карательной политики задавался процессом последовательного огосударствления всех общественно-политических и культурных отношений в СССР в 1930-е годы. Ссылка на тезис Ленина об «отмирании государства», в котором пролетариат, «организованный как господствующий класс», нуждается только в течение короткой переходной фазы к коммунизму, рассматривалась в 1930-е годы уже чуть ли не как «антисоветчина»[316]. Место ленинского тезиса заняла сталинская догма, пусть и одетая в марксистские одежды: «Высшее развитие государственной власти в целях подготовки условий для отмирания государственной власти» в будущем коммунистическом обществе[317].

Если рассматривать этот апофеоз государственной власти с учетом конкретной исторической ситуации, то его следует понимать, следуя высказываниям Сталина образца 1930 г., сначала как инструмент борьбы с «правыми уклонистами». После победы над «правыми» интерпретация государственности все больше расширялась, в итоге «максимальное усиление государственной власти» стало рассматриваться как средство ликвидации «остатков умирающих классов» с одной стороны и организации «обороны против капиталистического окружения» – с другой[318].

Такая мотивация создания государства является традиционной, если следовать тезису Чарльза Тилли, согласно которому возникновение государств в истории связано преимущественно с войнами. Война вынуждала властителей создавать средства принуждения для ведения боевых действий и отправления власти в интересах обеспечения собственного господства и подавления внутреннего сопротивления. Кроме того, государственные институты позволяют эксплуатировать завоеванные территории и управлять ими[319]. Применительно к ситуации в Советском Союзе конца 1920-х – 1930-х годов, заявления о внешней угрозе были широко распространены во внутрисоветском дискурсе самое позднее начиная с 1927 г., однако более важным фактором являлась гражданская война, развязанная большевистским руководством, взявшим в конце 1929 г. курс на принудительную коллективизацию и массовое раскулачивание. Здесь речь действительно шла о завоевании чужих территорий, их эксплуатации и управлении ими. Совершать все это только во имя большевизма и партийной диктатуры означало неминуемое поражение. А то, что господство большевиков оказалось под серьезной угрозой, недвусмысленно свидетельствует знаменитая сталинская статья «Головокружение от успехов»[320]. Таким образом, если Сталин летом 1930 г. открыл для себя государство как «систему господства с монополией на законное насилие» (Макс Вебер)[321], то причины этого заключались в «революции сверху», события которой были схожи с гражданской войной[322].

Монополия на политическую власть все прочнее укоренялась в государственной сфере в 1930-е годы за счет усиливавшегося симбиоза партии и государства. Следствием этого стало то, что советское государство, буквально «насквозь пронизанное» структурами большевистской партии, управляло теперь экономикой, обществом и армией только посредством государственных институтов. Все общественные организации, располагавшие вплоть до конца 1920-х гг. определенной автономией, были либо распущены, либо преобразованы в придаток государства. Прежний контроль, который осуществляли над ними коммунистические фракции, больше не отвечал новым требованиям[323]. В политической сфере не только чистки и репрессии, но и значительные меры, направленные на усиление бюрократических рычагов государственных органов во второй половине 1930-х гг., привели к существенному ослаблению системы патронажа и клиентелы, которую можно рассматривать как альтернативную модель или даже как антимодель по отношению к государству[324]. По завершению Большого террора судебная и карательная системы были также окончательно переориентированы на удовлетворение государственных потребностей[325]. В качестве символа этой переориентации можно рассматривать включение в один из так называемых «сталинских» расстрельных списков заместителя наркома юстиции СССР Евгения Пашуканиса, человека, «теоретически обосновавшего правовой нигилизм большевиков»[326]. В свою очередь армия служила делу защиты социалистического государства от капиталистического окружения.

Это общее «огосударствление» сопровождалось унификацией идеологии. Наглядным воплощением унифицированной идеологии в области искусства стала государственная эстетика социалистического реализма, в области партийной и государственной деятельности – «Краткий курс истории ВКП(б)»[327], в области исторической науки – «Краткий курс истории СССР»[328]. Кроме того, государственные интересы теперь последовательно обслуживал концепт советского патриотизма[329].

Теоретически это (повторное) «открытие государства» можно описать, опираясь на труды немецкого правоведа Карла Шмитта, опубликованные в 1932 г. (к тому времени они несли в себе только зачатки фашистской идеологии). Будучи сторонником авторитарной государственности, Шмитт восхвалял государство как «модель политического единства» или, что больше подходит к советскому государству, как «носителя монополии на принятие политических решений»[330]. Политическая монополия, которая в Советском Союзе стала вотчиной государства, теперь всеми силами этого государства защищалась от общества и от индивидуумов, разобщенных в силу своих эгоистических интересов.

Так, Эрик ван Ри указывает, что Сталин, в отличие от Ленина, отводил государству важную роль в деле достижения идеологических и политических целей в противовес обществу и, тем самым, находился в русле западноевропейской революционной доктрины. Централизм, который в этом контексте рассматривался как неотъемлемый элемент системы, а также рост мощи государства, обосновывались Сталиным, а также советской исторической наукой не в последнюю очередь ссылками на достижения Ивана Грозного и Петра Великого[331].

Дэвид Бранденбергер в своем анализе «Краткого курса истории ВКП(б)» также диагностирует сосредоточение «главного фокуса на централизованном государстве» («heavy focus on the central state»). В частности, Бранденбергер обнаружил, что Сталин внес следующую правку в первый вариант текста «Краткого курса», подготовленного в апреле 1938 г. Е.М. Ярославским и П.Н. Поспеловым:

«1. Сталин преуменьшил значение культа личности, переключив акцент на роль Ленина, центрального партийного и центрального государственного аппарата в качестве главной движущей силы истории. То есть сделал историческое описание менее личностно- и более институционально ориентированным.

2. уменьшил внимание к региональным и республиканским партийным организациям и де-факто централизующему фактору истории;

3. уменьшил внимание к интернационализму, международным делам, иностранным заговорам и Коминтерну;

4. уменьшил внимание к национальному вопросу, буржуазному национализму и "дружбе народов"».

Что же касается нивелирования опасности троцкизма, то здесь интересной является следующая сталинская правка:

«5. переписал историю оппозиции в СССР, как большевистской, так и небольшевистской. Ярославский и Поспелов описывали борьбу с оппозицией в клаустрофобских, истерических выражениях: оппозиция-де была хорошо организованной, вездесущей угрозой с давно и прочно налаженными связями с силами мирового капитализма за рубежом. И поэтому борьба с оппозицией требует непрерывной и постоянной бдительности. Сталин же урезал, минимизировал оппозицию практически со всех концов: она стала не столь грозной, не столь хорошо организованной и не столь влиятельной; ее исторические корни оказались менее глубокими, а связи с внешними врагами и организациями внутри страны менее внушительными. Более того, сталинские ревизии предполагали, что борьба с оппозицией прошла свой пик уже в текущем (1938) году, и хотя бдительность еще требовалось сохранять, уровень угрозы отныне должен был уменьшаться. Иными словами, хребет оппозиции был более или менее сломлен».

Что же касается значения фактора военной опасности в период до Мюнхенского соглашения, то весьма примечательным является то, что внешняя угроза не заняла место, оставшееся вакантным после уничтожения оппозиции. Напротив, по данным Бранденбергера, Сталин вычеркнул соответствующий пассаж в тексте Ярославского и Поспелова, в котором утверждалось, что капиталистические страны готовят войну против СССР. В результате в «Кратком курсе» осталось только утверждение о том, что война между капиталистическими странами уже началась[332].

Усиленное внимание феномену огосударствления СССР в 1930-е гг. уделяет немецкий историк Бенно Эннкер. Он пишет о специфическом процессе основания сталинского государства на новых началах не только применительно к конституции 1936 г., но и к формированию нового «советского народа», который в конечном итоге испытал это огосударствление на себе[333]. «Точнее говоря, речь здесь без сомнения должна идти о процессе основания имперского государства», – полагает Эннкер[334].

Эрик ван Ри интерпретирует сталинское отношение к государству похожим образом, хотя и без упоминания имперского аспекта: «В его [Сталина] понимании, размер советского государства отделял его политику от политической машинерии предшественников, а не сводил их вместе. Главным образом его впечатлял тот факт, что большевистское государство было больше, чем государственная машина царской империи»[335].

Тем не менее следовало бы обсудить, действительно ли важнейшее отличие «политической машины» сталинского государства по сравнению с царской Россией, а также с Германией обуславливалось его размерами, т. е. монструозностью. Скорее главное отличие сталинского государства следует искать в его гомогенности. Это значит, что на пути возникновения государственных институтов, которые были бы в состоянии действовать по собственному усмотрению – друг с другом, друг против друга или против правящей партии, – неуклонно воздвигались барьеры, чем подчеркивался инструментальный характер сталинского государства[336].

В отличие от авторитарно настроенных элит Германии до и после 1933–1945 гг., здесь не было речи о предпочтении государства в качестве единственного гаранта стабильности во времена трансформирующейся или нестабильной политической системы. Главной категорией применительно к СССР являлось не государство, а политический строй, который был усилен и укреплен посредством государственных институтов. Серьезное ускорение процесса огосударствления, начиная с осени 1938 г., вероятно было связано, как и завершение Большого террора в ноябре 1938 г., с тем, что вожди Советского Союза после Мюнхенского соглашения наконец-то осознали, что будущая война уже стоит у ворот. Это, в свою очередь, требовало форсированного развития государства, легитимированного системой правил и стандартов, само собой разумеется, под строгим надзором политического руководства[337].

Сталинистская модернизация

Опора на теорию огосударствления СССР, процесс которого ускорился начиная с осени 1938 г., позволяет демонтировать тезис о кланах, главенствующий сегодня в историографии «бериевской чистки». В соответствии с ним, главной целью кампании наказания «нарушителей социалистической законности» из рядов тайной полиции и милиции была ликвидация наиболее мощных кланов, доминировавших в этих структурах, и замена их другими или новыми группами[338]. Однако по меньшей мере в отношении Николаевской области этот тезис не работает. Здесь ничто не свидетельствует в пользу того, что целью кампании было уничтожение «ежовского» клана или «клана Успенского», хотя следствие уделяло особое внимание отношениям обвиняемых чекистов с Успенским.

В качестве альтернативной напрашивается новая объясняющая модель, которую можно применить к Советскому Союзу в целом, а именно: кампания наказания «нарушителей социалистической законности» была призвана торпедировать клановую систему (систему патронажа и клиентелы) *в целом*[339]. Эта система должна была быть сначала подорвана, а затем надолго устранена за счет того, что лояльность всех сотрудников карательных органов теперь адресовалась исключительно государству. Тем самым также подрывалась возможность обособления или автономизации государственного аппарата в результате формирования государственных институтов, действующих *по собственному усмотрению*[340].

Таким образом, кампания наказания «нарушителей социалистической законности» была по своей сути большим, чем просто дисциплинирование и воспитание чекистов или возвращение НКВД в рамки полномочий до 1937 г.[341] Еще одна интерпретация сводит эту кампанию к реваншу, который партия с подачи Сталина взяла у НКВД. Она, безусловно имеет под собой основания, но объясняет только часть случившегося[342].

И, не в последнюю очередь, конечно было бы неправильно и слишком просто объяснять изменение мотивов кампании «чистки чистильщиков» (от обвинений в троцкизме к обвинениям в «нарушении социалистической законности») только тем, что Сталин объявил троцкистско-бухаринскую оппозицию разгромленной – как на страницах «Краткого курса», так и на XVIII съезде ВКП(б) в марте 1939 г. Такой методологический подход был бы сильно персонализированным, а потому дефектным. Действительно, непредсказуемость и своенравие вождя кажутся определяющими для сталинской системы. Это напоминает дефиницию термина «деспотия» Карла Виттфогеля[343], который характеризовал «деспотию» как форму правления, где решающую роль играют произвол и причуды настроения повелителя. Но я в свою очередь придерживаюсь принципиального убеждения, что сложные государственные образования и формы правления новейшего времени не могут описываться с использованием таким понятий, как «деспотия» или «произвол», включая применение аналогичных терминов к сталинской (репрессивной) системе[344].

Сталинский «вождистский режим» пережил свою модернизацию в ходе огосударствления, на пути в светлое будущее в духе Просвещения. Принцип «верности вождю», символом которого вплоть до завершения Большого террора была борьба с троцкизмом, теперь был переформулирован и усилен за счет фиксации на государстве. Не в последнюю очередь это произошло в интересах усиленной подготовки к предстоящей войне. Что же касается доминирующей роли коммунистической партии, то она была безусловно восстановлена в ходе кампании чистки НКВД, однако теперь для чекистов и сотрудников милиции партия предстала в трансформированной форме, в корсете централизованного государства вождистского типа. При этом сталинской власти также удалось затормозить «развитие спирали террора, который вел к самоуничтожению» и остановить «кумулятивную радикализацию»[345].

Перевод с немецкого Андрея Савина.

ПРИМЕЧАНИЯ

[1] По показаниям бывшего заместителя начальника 4-го отдела УНКВД по Николаевской области М.В. Гарбузова, эту строку из «Полтавы» А.С. Пушкина процитировал на собрании партбюро в 1938 г. заместитель начальника областного управления А.Ф. Поясов. Тем самым он подчеркивал всесилие и бесконтрольность действий органов государственной безопасности. См.: Протокол закрытого судебного заседания Военного трибунала войск НКВД Киевского военного округа по обвинению П.В. Карамышева, Я.Л. Трушкина, М.В. Гарбузова и К.А. Воронина. 27.12.1940–04.01.1941 // ОГА СБУ. Киев. Ф. 5. Д. 67990. Т. 13. Л. 233.

[2] Заявление П.В. Карамышева Л.П. Берии. 18.08.1939 // ОГА СБУ. Киев. Ф. 5. Д. 67990. Т. 1. Л. 98–99 об.

[3] Заявление П.В. Карамышева председателю трибунала войск НКВД Киевского Особого военного округа Я.М. Васютинскому. 13.07.1940 // Там же. Т. 13. Л. 46–49 об.

[4] Протокол закрытого судебного заседания Военного трибунала. 27.12.1940–04.01.1941 // Там же. Т. 13. Л. 264.

[5] Заявление П.В. Карамышева Л.П. Берии. 18.08.1939 // Там же. Т. 1. Л. 98–99 об.

[6] Протокол закрытого судебного заседания Военного трибунала. 27.12.1940–04.01.1941 // Там же. Т. 13. Л. 264.

[7] Протокол допроса участкового инспектора РКМ Долинского района Кировоградской области М.И. Короленко. 26.03.1939 // ОГА СБУ. Киев. Ф. 5. Д. 38809. Т. 1. Л. 95–99, здесь 97.

[8] Протокол Военного трибунала касательно П.Я. Коробцова и Е.Ф. Демчука. 16.11.1939 // ОГА СБУ. Киев. Ф. 5. Д. 38809. Т. 1. Л. 219.

[9] Справка временно исполняющего обязанности начальника 7-го отдела УГБ УНКВД по Николаевской области Давиденко о количестве рабочих на оборонных заводах № 198 и № 200 // «Через трупы врага на благо народа». «Кулацкая операция» в Украинской ССР: 1937–1941 гг. / Сост. М. Юнге, Б. Бонвеч, И.Е. Смирнова, Р. Биннер Р., Г.А. Бордюгов, С.А. Кокин, О.А. Довбня. Т. 2. – М., 2010. С. 585–586.

[10] «Полуофициальный» означает здесь, что это постановление никогда не публиковалось, но, тем не менее, широко обсуждалось в партии, государственном аппарате и сотрудниками НКВД на специальных собраниях.

[11] См.: Постановление СНК СССР и ЦК ВКП(б) «Об арестах, прокурорском надзоре и ведении следствия». 17 ноября 1938 г. // Лубянка. Сталин

и Главное управление госбезопасности НКВД. 1937–1938 / Сост. В.Н. Хаустов, В.П. Наумов, Н.С. Плотникова. – М., 2004. С. 607–611.

[12] Следственное дело П.В. Карамышева 1939–1941 // ОГА СБУ. Киев. Ф. 5. Д. 67990.

[13] Личное дело П.В. Карамышева // ОГА СБУ. Киев. Ф. 12. Д. 31017.

[14] Государственный архив Николаевской области Украины (ГА НикО Украины).

[15] Протокол допроса обвиняемого П.В. Карамышева. 19.10.1939 // ОГА СБУ. Киев. Ф. 5. Д. 67990. Т. 1. Л. 165.

[16] Акт экспертной комиссии инженеров фабрики № 200 г. Николаева. 28.08.1938 // ГА НикО Украины. Ф. 5859. Оп. 2. Д. 5747. Л. 330–331. Для сравнения: В 1937 г. зарплата оперсостава возросла примерно вдвое, так что месячная зарплата рядовых оперативников достигла 500–800 руб.

[17] Протокол допроса обвиняемого П.В. Карамышева. 19.10.1939 // ОГА СБУ. Киев. Ф. 5. Д. 67990. Т. 1. Л. 165.

[18] Протокол № 31 заседания оргбюро ЦК КП(б)У по Николаевской области «О пожаре на заводе № 200». 02.08.1938 // Государственный архив Николаевской области (ГА НикО) Украины. Ф. 7. Оп. 1. Д. 20. Л. 130–131.

[19] Протокол закрытого судебного заседания ВТ. 27.12.1940–04.01.1941 // ОГА СБУ. Киев. Ф. 5. Д. 67990. Т. 13. Л. 112, 121, 129, 229.

[20] Протокол закрытого судебного заседания ВТ. 18–23.03.1941 // Там же. Т. 13. Л. 424.

[21] В большинстве используемых документов, которые датируются преимущественно 1939 г. и позже, речь идет не о 4-м, а о 2-м отделе УНКВД. Это объясняется тем, что в конце 1938 г. произошла реорганизация структуры органов НКВД, в ходе которой 4-й отдел (СПО) был переименован во 2-й отдел.

[22] По данным П.С. Волошина, 4-й отдел находился на то время в состоянии реорганизации. Из его состава должно было быть выделено отделение, ответственное за «обслуживание» оборонных предприятий, которое подлежало преобразованию в самостоятельный отдел. Но этого еще не случилось на момент пожара на судостроительном заводе. Лишь в конце 1939 г. произошло выделение самостоятельного 7-го отдела, курировавшего судостроение. См.: Протокол закрытого судебного заседания ВТ. 27.12.1940–01.01.1941 // Там же. Т. 13. Л. 111–236.

[23] Там же. Л. 226; Протокол закрытого судебного заседания ВТ. 18–23.03.1941 // Там же. Т. 13. Л. 424. Об осуждении этих трех человек «национальной» тройкой см.: Приговор Военного трибунала войск НКВД Киевского округа касательно П.В. Карамышева, Я.Л. Трушкина, М.В. Гарбузова, К.А. Воронина. 18–23 марта 1941 г. // ОГА СБУ. Киев. Ф. 5. Д. 67990. Т. 13. Л. 484–488, здесь л. 486.

[24] Там же (приговор).

[25] Константин Иванович Ефремов в 1940 г. работал помощником директора завода им. Марти по кадрам. См.: Протокол закрытого судебного заседания ВТ. 27.12.1940–01.01.1941 // Там же. Т. 13. Л. 111–226.

[26] Одно из старейших судостроительных предприятий Российской империи. На этом заводе был построен «Броненосец Потемкин». В 1920 г. пред-

приятие было реорганизовано под названием «Тремсуд» («Трест морского судостроения») путем слияния трех заводов: «Руссуд», «Ремсуд», «Тэмвод». В 1931 г. завод был переименован в память о шестидесяти одном рабочем судостроительного завода «Руссуд», расстрелянном деникинцами в ночь на 20 ноября 1919 г.

[27] André Marty (1886–1956), французский коммунистический деятель, член Национального собрания 1924–1955 (с перерывами), секретарь Коминтерна 1935–1943, политический комиссар Коминтерна, руководивший интернациональными бригадами в Испании в 1936–1938 гг.

[28] Протокол закрытого судебного заседания ВТ. 27.12.1940–01.01.1941 // ОГА СБУ. Киев. Ф. 5. Д. 67990. Т. 13. Л. 111–226 об.

[29] Там же. Л. 174.

[30] Миляшкин Иван Георгиевич (1904–1979), с марта 1934 г. по декабрь 1936 г. работал инженером-строителем на судостроительном заводе № 194 им. Марти в Ленинграде, где был строителем и ответственным сдатчиком головной подводной лодки серии V-бис. В 1937 г. назначен инженером-строителем, а потом главным инженером. В 1939 г. стал директором Николаевского судостроительного завода № 200, с августа 1939 г. директор Ленинградского судостроительного завода им. А.А. Жданова.

[31] Постановление бюро обкома КП(б)У Николаевской области «О докладе тов. Карамышева – об общей и противопожарной охране оборонных заводов». 01.09.1938 // ГА НикО Украины. Ф. 7. Оп. 1. Д. 22. Л. 54–55.

[32] Протокол закрытого судебного заседания ВТ. 27.12.1940–01.01.1941 // ОГА СБУ. Киев. Ф. 5. Д. 67990. Т. 13. Л. 174.

[33] Там же. Л. 227.

[34] Там же.

[35] Там же. Л. 263.

[36] Протокол допроса обвиняемого П.В. Карамышева. 19.10.1939 // Там же. Т. 1. Л. 165.

[37] Фомин Леонид Павлович (1906 г. р.), член ВКП(б) с 1931 г., исключен из партии в связи с данным делом. Из крестьян – маломощных середняков, производственный стаж с 1925 г. На заводе № 200 начал работать с 1929 г., а до этого работал на заводе № 198. На заводе № 200 прошел путь от судового разметчика до начальника корпусного цеха. В 1933–1936 г. служил в Военно-морском флоте. Служащий, высшее образование. В 1940 г. работал начальником корпусного цеха завода № 200, в этой должности находился с 1933 г. См.: Протокол закрытого судебного заседания ВТ. 27.12.1940–01.01.1941 // Там же. Т. 13. Л. 111–236; Протокол судебного заседания Военного трибунала Киевского особого военного округа по обвинению Л.П. Фомина. Л.М. Гладкова, С.С. Меламуда, Г.П. Афанасьева. Д.А. Бондаря, Н.И. Базилевича, Т.И. Чикалова и В.И. Носова. 04–08.04.1939 // ОГА СБУ. Николаев. Ф. 6. Д. 1192-с. Т. 9. Л. 41–57.

[38] Гаврилов Александр Епифанович (1906 г. р.), член ВКП(б) с 1925 г., до ареста работал заместителем начальника отдела завода № 200, в 1940 г. работал в областном земельном управлении Николаевской области. См.: Протокол закрытого судебного заседания ВТ. 27.12.1940–01.01.1941 // ОГА СБУ. Киев. Ф. 5. Д. 67990. Т. 13. Л. 111–236.

[39] Гладков Леонид Михайлович (1901 г. р.), член ВКП(б) с 1923 г., исключен из партии в связи с данным делом. Из крестьян-середняков, служащий, по профессии токарь по металлу, образование высшее. В 1935 г. окончил кораблестроительный институт. На заводе № 200 работал с 1915-го по 1932 г. В 1932–1937 гг. учился в институте и с 1937 г. по день ареста снова работал на заводе № 200. В 1940 г. работал помощником начальника цеха завода № 200. См.: Протокол закрытого судебного заседания ВТ. 27.12.1940–01.01.1941 // ОГА СБУ. Киев. Ф. 5. Д. 67990. Т. 13. Л. 111–236; Протокол судебного заседания Военного трибунала. 04–08.04.1939 // ОГА СБУ. Николаев. Ф. 6. Д. 1192-с. Т. 9. Л. 41–57.

[40] Протокол закрытого судебного заседания ВТ. 27.12.1940–01.01.1941 // ОГА СБУ. Киев. Ф. 5. Д. 67990. Т. 13. Л. 129, 112.

[41] Меламуд Самуил Соломович (1904 г. р.), из служащих, служащий, с высшим образованием, беспартийный. На заводе № 200 работал с 1929 г. См.: Протокол судебного заседания Военного трибунала. 04–08.04.1939 // ОГА СБУ. Николаев. Ф. 6. Д. 1192-с. Т. 9. Л. 41–57.

[42] Афанасьев Григорий Петрович (1910 г. р.), из рабочих, служащий, со среднетехническим образованием, член ВКП(б) с 1938 г., исключен из ВКП(б) в связи с данным делом. Производственный стаж с 1924 г., в 1941 г. работал на заводе № 200 в качестве техника-строителя. См.: Протокол закрытого судебного заседания ВТ. 27.12.1940–04.01.1941 // ОГА СБУ. Киев. Ф. 5. Д. 67990. Т. 13. Л. 111–226 об. Протокол судебного заседания Военного трибунала. 04–08.04.1939 // ОГА СБУ. Николаев. Ф. 6. Д. 1192-с. Т. 9. Л. 41–57.

[43] Бондарь Дмитрий Антонович (1910 г. р.), по происхождению из крестьян-бедняков, среднее образование, беспартийный. С 1931 г. постоянно работал на заводе № 200. В 1941 г. работал техником, до ареста был начальником цеха. См.: Протокол закрытого судебного заседания ВТ. 27.12.1940–04.01.1941 // ОГА СБУ. Киев. Ф. 5. Д. 67990. Т. 13. Л. 111–226 об.; Протокол судебного заседания Военного трибунала. 04–08.04.1939 // ОГА СБУ. Николаев. Ф. 6. Д. 1192-с. Т. 9. Л. 41–57.

[44] Базилевич Николай Иванович (1909 г. р.) из крестьян-бедняков, рабочий, беспартийный, с низшим образованием. См.: Протокол судебного заседания Военного трибунала. 04–08.04.1939 // ОГА СБУ. Николаев. Ф. 6. Д. 1192-с. Т. 9. Л. 41–57.

[45] Чикалов Тимофей Иванович (1888 г. р.), из крестьян бедняков, рабочий, с низшем образованием, член РКП(б) с 1922 г., исключен из партии в связи с данным делом, производственный стаж с 1903 г., в 1941 г. работал старшим мастером завода № 200. См.: Протокол закрытого судебного заседания ВТ. 27.12.1940–04.01.1941 // ОГА СБУ. Киев. Ф. 5. Д. 67990. Т. 13. Л. 111–226 об.; Протокол судебного заседания Военного трибунала. 04–08.04.1939 // ОГА СБУ. Николаев. Ф. 6. Д. 1192-с. Т. 9. Л. 41–57.

[46] Носов Василий Иванович (1894 г. р.), из крестьян-бедняков, рабочий, беспартийный, с низшим образованием, На заводе № 200 работал с 1928 г. См.: Протокол судебного заседания Военного трибунала. 04–08.04.1939 // ОГА СБУ. Николаев. Ф. 6. Д. 1192-с. Т. 9. Л. 41–57.

[47] Протокол допроса обвиняемого Я.Л. Трушкина. 19.08.1939 // ОГА СБУ. Киев. Ф. 5. Д. 67990. Т. 2. Л. 30–32; Протокол допроса обвиняемого Я.Л. Трушкина. 05.10.1939 // Там же. Т. 3. Л. 274–287.

[48] Обвинительное заключение старшего следователя следственной части УГБ НКВД УССР Бурдана по делу П.В. Карамышева, Я.Л. Трушкина, М.В. Гарбузова и К.А. Воронина. 11.05.1940 // Там же. Т. 11. Л. 347–358; Протокол допроса обвиняемого Я.Л. Трушкина. 25 сентября 1939 г. // Там же. Т. 2. Л. 42–47; Протокол допроса обвиняемого П.В. Карамышева. 03.10.1939 // Там же. Т. 1. Л. 131–134.

[49] Щербина Николай Васильевич (1890 г. р.). До ареста работал директором завода № 200. Протокол судебного заседания Военного трибунала. 04–08.04.1939 // ОГА СБУ. Николаев. Ф. 6. Д. 1192-с. Т. 9. Л. 41–57.

[50] Бабенко Георгий Васильевич (1904 г. р.), из рабочих, инженер-судостроитель, беспартийный. См.: Продолжение допроса обвиняемого Я.Л. Трушкина. 17.08.1939 // ОГА СБУ. Киев. Ф. 5. Д. 67990. Т. 2. Л. 23–26; Протокол допроса обвиняемого П.В. Карамышева. 19.10. 939 // Там же. Т. 1. Л. 165; Протокол судебного заседания Военного трибунала. 04–08.04.1939 // ОГА СБУ. Николаев. Ф. 6. Д. 1192-с. Т. 9. Л. 41–57.

[51] Постановление старшего следователя следственной части УГБ НКВД УССР Бурдана об избрании меры пресечения для М.В. Гарбузова. 03.03.1940 // ОГА СБУ. Киев. Ф. 5. Д. 67990. Т. 1. Л. 79–81. Чулков Матвей Федорович (1904 г. р.), из семьи рабочего, член ВКП(б) с 1930 г., имел партийный выговор, снятый во время чистки. В 1940 г. старший мастер на судостроительном заводе. См.: Протокол закрытого судебного заседания ВТ. 27.12.1940–04.01.1941 // Там же. Т. 13. Л. 111–226 об.

[52] Зельцман Григорий Семенович (1911 г. р.), член ВКП(б) с 1940 г., в 1941 г. работал управделами завода им. Сталина, до этого – в УНКВД Николаевской области в должности старшего следователя.

[53] Продолжение допроса обвиняемого Я.Л. Трушкина. 17 августа 1939 г. // Там же. Т. 2. Л. 23–26.

[54] Протокол допроса обвиняемого П.В. Карамышева. 19.10.1939 // Там же. Т. 1. Л. 165.

[55] Протокол допроса обвиняемого Я.Л. Трушкина. 19.08.1939 // Там же. Т. 2. Л. 30–32.

[56] Плетнев Федор Яковлевич (1889 г. р.) уроженец Москвы. Арестован УНКВД по Сталинградской области. Осужден Военной коллегией Верховного Суда СССР 13 августа 1938 г. к пятнадцати годам лагерей по статьям 58-7, 17-58-8 и 58-11 УК РСФСР. См.: Нач. учетно-архивного отдела УКГБ Трапезников помощнику военного прокурора ДВО Калько (г. Николаев). 14.09.1956 // ГА НикО Украины. Ф. 5859. Оп. 2. Д. 5747. Л. 294.

[57] Протокол допроса обвиняемого П.В. Карамышева. 19.10.1939 // ОГА СБУ. Киев. Ф. 5. Д. 67990. Т. 1. Л. 159.

[58] Там же.

[59] Там же. Л. 160.

[60] Гордиенко Михаил Николаевич (1906 г. р.), член ВКП(б), высшее образование. С марта месяца 1938 г. по январь 1941 г. работал на заводе им. 61 коммунара в должности ст. инженера. См.: Протокол судебного заседания Военного трибунала. 04–08.04.1939 // ОГА СБУ. Николаев. Ф. 6. Д. 1192-с. Т. 9. Л. 41–57.

[61] Шорин Алексей Михайлович (1900 г. р.) член ВКП(б), партийный, организатор цеха судостроительного завода № 200. Протокол судебного засе-

дания Военного трибунала. 04–08.04.1939 // ОГА СБУ. Николаев. Ф. 6. Д. 1192-с. Т. 9. Л. 41–57.

[62] Дальневосточный край, т. е. для Тихоокеанского флота.

[63] Акт экспертной комиссии инженеров фабрики № 200 г. Николаева. 28.08.1938 // ГА НикО Украины. Ф. 5859. Оп. 2. Д. 5747. Л. 330–331; Протокол допроса свидетеля М.Н. Гордиенко. 29. 11. 1956 // ГА НикО Украины. Ф. 5859. Оп. 2. Д. 5747. Л. 323–324 об.; Протокол допроса обвиняемого П.В. Карамышева. 19.10.1939 // ОГА СБУ. Киев. Ф. 5. Д. 67990. Т. 1. Л. 159.

[64] Там же. Л. 164.

[65] Там же. Л. 164.

[66] Федотов Александр Павлович (1913 г. р.), член ВКП(б), с марта 1938 г. работал в подчинении у Трушкина, в 1941 г. был заместителем начальника отделения ЭКО УНКВД Николаевской области.

[67] Де факто ЭКО в украинских УНКВД были восстановлены в начале 1939 г.

[68] Протокол закрытого судебного заседания ВТ. 27.12.1940–04.01.1941 // Там же. Т. 13. Л. 111–226 об.

[69] Там же.

[70] Протокол допроса обвиняемого П.В. Карамышева. 19.10.1939 // Там же. Т. 1. Л. 161–162.

[71] Там же. Л. 163.

[72] Протокол допроса свидетеля П.С. Волошина. 23.01 1940 // Там же. Т. 6. Л. 100–107; Протокол закрытого судебного заседания ВТ. 27.12.1940–04.01.1941 // Там же. Т. 13. Л. 111–226 об.

[73] Протокол допроса обвиняемого Я.Л. Трушкина. 19.08.1939 // ОГА СБУ. Киев. Ф. 5. Д. 67990. Т. 2. Л. 30–32.

[74] Протокол закрытого судебного заседания ВТ. 27.12.1940–04.01.1941 // Там же. Т. 13. Л. 111–226 об.

[75] Протокол закрытого судебного заседания ВТ. 18–23.03.1941 // Там же. Т. 13. Л. 405–458.

[76] Заявление П.В. Карамышева председателю Военного трибунала войск НКВД Киевского военного округа Васютинскому. 13.07.1940 // Там же. Т. 13. Л. 46–49 об.; Протокол допроса свидетеля М.В. Гарбузова. 21.01.1940 // Там же. Т. 3. Л. 155–164.

[77] Протокол закрытого судебного заседания ВТ. 27.12.1940–04.01.1941 // Там же. Т. 13. Л. 111–226 об. Клигерман был осужден по обвинению в троцкизме.

[78] Протокол закрытого судебного заседания ВТ. 27.12.1940–04.01.1941 // Там же. Т. 13. Л. 111–226 об.; Продолжение допроса обвиняемого Я.Л. Трушкина. 17.08.1939 // Там же. Т. 2. Л. 23–26; Протокол закрытого судебного заседания Военного трибунала войск НКВД Киевского округа по обвинению П.В. Карамышева, Я.Л. Трушкина, М.В. Гарбузова, К.А. Воронина. 18–23.03.1941 // Там же. Т. 13. Л. 405–458.

[79] Степанов Сергей Александрович (1894 г. р.), член ВКП(б) с 1913 г., 1920–1921 гг. – председатель губсовнархоза в г. Николаеве, 1921–1925 гг. директор судостроительного завода в г. Николаеве, 1925–1926 г. заместитель управляющего треста (Южмаштрест), 1927–1929 гг. директор заводов им. Петровского и им. Ленина в г. Днепропетровске, 1929–1931 гг. учился

в Промакадемии, в 1931–1934 г. управляющий Центростали. В мае 1930 г. получил партвзыскание («Поставить на вид за пассивное обывательское отношении к распространению контрреволюционных сплетен и слухов, дискредитирующих партию»), постановлением ЦКК ВКП(б) и Коллегии ЦК РКИ СССР от 09.04.1933 «О работе по устранению недочетов в работе Центростали» был объявлен строгий выговор. Арестован к концу 1937 г. См.: Обзорная справка по личному делу директора судостроительного завода № 198 Степанова Сергея Александровича // ОГА СБУ. Киев. Ф. 12. Д. 321. Л. 127–127 об.

[80] Протокол допроса свидетеля М.В. Гарбузова. 21.01.1940 // ОГА СБУ. Киев. Ф. 5. Д. 67990. Т. 3. Л. 155–164; Протокол допроса свидетеля К.А. Воронина. 20.01.1939 // Там же. Т. 3. Л. 244–253.

[81] Протокол закрытого судебного заседания ВТ. 18–23.03.1941 // Там же. Т. 13. Л. 405–458.

[82] Протокол допроса свидетеля М.В. Гарбузова. 21.01.1940 // Там же. Т. 3. Л. 155–164.

[83] Протокол закрытого судебного заседания ВТ. 18–23.03.1941 // Там же. Т. 13. Л. 405–458.

[84] Там же.

[85] Протокол закрытого судебного заседания ВТ. 27.12.1940–04.01.1941 // Там же. Т. 13. Л. 232; Протокол допроса обвиняемого П.В. Карамышева. 19.10.1939 // Там же. Т. 1. Л. 166.

[86] Протокол закрытого судебного заседания ВТ. 27.12.1940–04.01.1941 // Там же. Т. 13. Л. 111–226 об.; Протокол допроса обвиняемого П.В. Карамышева. 19.10.1939 // Там же. Т. 1. Л. 166.

[87] Протокол закрытого судебного заседания ВТ. 27.12.1940–04.01.1941 // Там же. Т. 13. Л. 111–226 об.

[88] Всего Бондарь назвал пятерых членов антисоветской организации. При этом Трушкин указывал на тесную связь между Бондарем и Афанасьевым. См.: Протокол закрытого судебного заседания ВТ. 27.12.1940–04.01.1941 // Там же. Т. 13. Л. 111–226 об.; Протокол закрытого судебного заседания ВТ. 18–23.03.1941 // Там же. Т. 13. Л. 405–458.

[89] Протокол закрытого судебного заседания ВТ. 18–23.03.1941 // Там же. Т. 13. Л. 405–458.

[90] Там же.

[91] Косиор Станислав Викентьевич (1889–1939), член Политбюро ЦК ВКП(б) с 1930 г. С 1928 г. генеральный секретарь, с 1934 г. – первый секретарь ЦК КП(б)У. Лично курировал сельское хозяйство республики. 3 мая 1938 г. арестован по обвинению в принадлежности к Польской войсковой организации. 26 февраля 1939 г. осужден к ВМН Военной коллегией Верховного суда СССР. Расстрелян.

[92] Протокол закрытого судебного заседания ВТ. 18–23.03.1941 // Там же. Т. 13. Л. 405–458.

[93] Телеграма заступника наркома НКВС СССР М. Фріновського начальнику УНКВС Миколаївської області П. Карамишеву про ліквідацію «шпигунсько-диверсійних та контрреволюційних формувань» на оборонних заводах. 17.07.1938 // Реабілітовані історією. Миколаївська область. Книга четверта. – Київ–Миколаїв, 2008. С. 261–263, здесь 261.

94 Там же.

95 Там же. С. 262.

96 Телеграмма заместителя народного комиссара внутренних дел СССР М.П. Фриновского начальнику УНКВД Николаевской области П.В. Карамышеву. 17.06.1938 // ОГА СБУ. Киев. Ф. 9. Д. 672. Л. 187–194. Автор благодарит Андрея Савина за указание на рукописные замечания Карамышева на оригинале документа.

97 Протокол закрытого судебного заседания ВТ. 18–23.03.1941 // ОГА СБУ. Киев. Ф. 5. Д. 67990. Т. 13. Л. 405–458; Протокол допроса обвиняемого Я.Л. Трушкина 05.10.1939 // Там же. Т. 3. Л. 274–287; Протокол допроса свидетеля М.В. Гарбузова. 10.09.1939 // Там же. Т. 3. Л. 133–141.

98 Телеграма заступника наркома НКВС СРСР М. Фріновського начальнику УНКВС Миколаївської області П. Карамишеву про ліквідацію «шпигунсько-диверсійних та контрреволюційних формувань» на оборонних заводах. 17.07.1938 // Реабілітовані історією. Миколаївська область. Книга четверта. – Київ–Миколаїв, 2008. С. 263.

99 Протокол допроса обвиняемого Я.Л. Трушкина. 05.10.1939 // ОГА СБУ. Киев. Ф. 5. Д. 67990. Т. 3. Л. 274–287.

100 Старыгин Павел Иванович (1897–?), член РКП(б) с 1921 г. В мае 1938 г. – феврале 1939 г. первый секретарь Николаевского обкома КП(б)У. С 18 июня 1938 г. по 13 мая 1940 г. член ЦК КП(б)У. В 1939–1949 гг. – народный комиссар/министр мясной и молочной промышленности Украинской ССР.

101 Тевосян Иван Федорович (1902–1958), советский государственный деятель. В августе 1937 г. был образован наркомат оборонной промышленности СССР, в ведение которого было также передано судостроение. Тевосян был назначен начальником 2-го главного управления и стал первым заместителем наркома оборонной промышленности СССР. Назначение совпало с началом реализации постановления советского правительства о создании надводного флота. В январе 1939 г., после создания народного комиссариата судостроительной промышленности СССР, Тевосян возглавил этот наркомат (1939–1940). Позднее – нарком черной металлургии СССР (1940–1946), заместитель председателя Совмина СССР (1949–1953).

102 Протокол допроса обвиняемого Я.Л. Трушкина. 05.10.1939 // Там же. Т. 3. Л. 274–287; Дополнительные показания М.В. Гарбузова. 12.09.1939 // Там же. Т. 3. Л. 147–149.

103 Рапорт Народного комиссара внутренних дел УССР А.И. Успенского об оперативном совещании от 16 июля 1938 г. со всем составом аппарата УНКВД и горрайотделений Николаевской области. 16 июля 1938 // ОГА СБУ. Киев. Ф. 16. Д. 300. Л. 42–49.

104 «16 июля 1938 г. в г. Николаеве было созвано областное оперативное совещание, на котором присутствовал Успенский». См.: рапорт бывшего начальника Херсонского горотдела НКВД П.И. Каткова на имя особоуполномоченного НКВД УССР А.М. Твердохлебенко. [1939 г.] // ОГА СБУ. Киев. Ф. 5. Д. 67990. Т. 8. Л. 105. За указание на документ автор благодарит В. Золотарёва.

105 В приказах НКВД УССР по личному составу за 1938 г. 7-й отдел (отдел оборонной промышленности) впервые упоминается как подразделение

в первых числах августа 1938 г. как 7-й отдел 1-го Управления НКВД УССР. Однако, исходя из показаний бывшего начальника 6-го отдела 1-го Управления НКВД УССР Василия Романовича Грабаря, возглавлявшийся им отдел (а следовательно, и 7-й) был сформирован в конце июня 1938 г. За сведения автор благодарит В. Золотарёва.

[106] Злобинский Александр Михайлович (1902–?). Член ВКП(б) с 1931 г. С 1937 г. начальник 3-го отделения 3-го (КРО) отдела УГБ УНКВД по Винницкой области, затем по Каменец-Подольской области, с марта 1938 г. заместитель начальника 3-го отдела УГБ УНКВД по Каменец-Подольской области. В апреле – августе 1938 г. начальник 6-го отделения 3-го отдела УГБ НКВД УССР, затем и. о. начальника 7-го отдела (отдела оборонной промышленности) 1-го Управления НКВД УССР. С сентября 1938 г. на различных должностях в системе ГУШОСДОРа НКВД СССР. В августе 1941 г. направлен в действующую армию, в дальнейшем на работе в ГУШОСДОРе НКВД-МВД. В октябре 1949–1951 гг. заместитель начальника ИТЛ и строительства № 8 ГУШОСДОРа МВД (Запорожская область). С 1951 г. пенсионер. Автор благодарит за предоставленные сведения В. Золотарёва.

[107] Протокол допроса обвиняемого П.В. Карамышева. 03.10.1939 // Там же. Т. 1. Л. 131–134; Протокол допроса обвиняемого Я.Л. Трушкина. 05.10.1939 // Там же. Т. 3. Л. 274–287; См. также ответ П.С. Волошина на вопрос судей Военного трибунала. Протокол закрытого судебного заседания ВТ. 27.12. 940–04.01.1941 // Там же. Т. 13. Л. 111–226 об.

[108] Новак Зиновий Абрамович (28.08.1908–?) Родился в Екатеринославле в семье кузнеца (отец умер в 1919 г.). Еврей. Образование низшее. В 1935–1938 гг. работал в УНКВД Днепропетровской области (до 20.04.1938 – оперуполномоченный 3-го (контрразведывательного) отделения УГБ Запорожского ГО НКВД. С 20.04.1938 –оперуполномоченный 10-го отделения 3-го отдела УГБ НКВД УССР. С 03.10.1938 по 11.11.1938 член следственной группы при Особом отделе НКВД Киевского военного округа. На 23.01.1939 – начальник отделения 7-го отдела 1-го Управления НКВД УССР. На 20.01.1940 – начальник отделения Экономического управления НКВД УССР. Младший лейтенант госбезопасности (23.03.1936). Член ВКП(б) с 1930 г.

[109] С 03.10.1938 по 11.11.1938 – член следственной группы при Особом отделе НКВД Киевского военного округа. На 23.01.1939 г. начальник отделения 7-го отдела 1-го Управления НКВД УССР.

[110] Пугач Петр Кузьмич, сотрудник 3-го отдела УГБ НКВД УССР (до 02.09.1937 – оперуполномоченный, с 02.09.1937 – помощник начальника 9-го отделения, до 01.11.1938 – и. о. начальника отдела. 27.12.1938 назначен и. о. начальника отделения 8-го (промышленного) отдела НКВД УССР. Звания: младший лейтенант госбезопасности, лейтенант ГБ. Награжден знаком почетного работника ВЧК-ГПУ (XV) (14.08.1938).

[111] Протокол допроса обвиняемого Я.Л. Трушкина. 05.10.1939 // Там же. Т. 3. Л. 274–287; Заявление бывшего оперуполномоченного УНКВД по Николаевской области Т.Т. Черкеса об искривлении соцзаконости особоуполномоченному НКВД УССР А.М. Твердохлебенко [без даты, не позже мая 1939 г.] // Там же. Т. 12. Л. 109–121, здесь л. 116.

[112] Протокол закрытого судебного заседания ВТ. 18–23.03.1941 // Там же. Т. 13. Л. 405–458.

[113] Приговор военного трибунала № 434 Киевского Особого военного округа в отношении Л.П. Фомина, Л.М. Гладкова, С.С. Меламуда, Г.П. Афанасьева, Д.А. Бондаря, Н.И. Базилевича, Т.И. Чикалова и В.И. Носова. 04.04.1939–08.04.1939 // ГА НикО Украины. Ф. 5859. Оп. 2. Д. 5747. Л. 274–276; Обзорная справка помощника военного прокурора ОдВО Калько по делу Л.П. Фомина. Л.М. Гладкова, С.С. Меламуда, Г.П. Афанасьева, Д.А. Бондарь, Н.И. Базилевича, Т.И. Чикалова, В.И. Носова. 02.08.1956. // Там же. Л. 272–273.

[114] Протокол судебного заседания Военного трибунала. 04.04.1939–08.04.1939 // ОГА СБУ. Николаев. Ф. 6. Д. 1192-с. Т. 9. Л. 41–57.

[115] Протокол допроса свидетеля М.Н. Гордиенко. 29.11.1956 // ГА НикО Украины. Ф. 5859. Оп. 2. Д. 5747. Л. 323–224 об. Однако остается неясным, действительно ли Гордиенко выступал на заседании трибунала в качестве свидетеля. Согласно протокола служебного заседания трибунала, он находился на тот момент в служебной командировке. Зато свои показания дал тогда председатель новой экспертной комиссии Никифоров. Протокол судебного заседания Военного трибунала. 04.04.1939–08.04.1939 // ОГА СБУ. Николаев. Ф. 6. Д. 1192-с. Т. 9. Л. 41–57.

[116] Протокол судебного заседания Военного трибунала войск НКВД Киевского Особого военного округа, в закрытом судебном заседании. 18.03.1941–23.03.1941 // ОГА СБУ. Киев. Ф. 5. Д. 67990. Т. 13. Л. 451.

[117] Протокол судебного заседания Военного трибунала. 04.04.1939–08.04.1939 // ОГА СБУ. Николаев. Ф. 6. Д. 1192-с. Том. 9. Л. 41–57.

[118] Витяг з протоколу допиту свідка О.Є. Гаврилова. 24.05.1956 // Реабілітовані історією. Миколаївська область. Книга перша. – Київ–Миколаїв, 2005. С. 269–270. На втором судебном процессе против Карамышева, Трушкина, Гарбузова и Воронина он, однако, выступал еще как свидетель. Протокол судебного заседания Военного трибунала войск НКВД Киевского округа в закрытом судебном заседании. 18–23.03.1941 // ОГА СБУ. Киев. Ф. 5. Д. 67990. Т. 13. Л. 405–424.

[119] Там же.

[120] Протокол закрытого судебного заседания ВТ. 27.12.1940–04.01.1941 // Там же. Т. 13. Л. 111–226 об.; Протокол закрытого судебного заседания ВТ. 18–23.03.1941 // Там же. Т. 13. Л. 405–458.

[121] Получили ли эти люди после суда свои прежние должности, остается неизвестным. См.: Обвинительное заключение старшего следователя следственной части УГБ НКВД УССР Бурдана по делу П.В. Карамышева, Я.Л. Трушкина, М.В. Гарбузова и К.А. Воронина. 11 мая 1940 г. // Там же. Т. 11. Л. 347–358.

[122] Протокол огляду архівно-слідчої справи колишніх співробітників УНКВС Миколаївської області. 07.02.1956 // Реабілітовані історією. Миколаївська область. Книга перша. – Київ–Миколаїв, 2005. С. 264–269, здесь 266. На областной партийной конференции, проходившей в Николаеве 29 мая 1938 г., Деревянченко, как следует из публикации в прессе, был заклеймен «как оторвавшийся от масс бюрократ, [который] глушил и мариновал тревожные сигналы о ныне разоблаченных врагах и тем самым, вольно или невольно,

покрывал лютого врага народа Волкова и ему подобных негодяев и помешал партийной организации своевременно вскрыть подлинное лицо замаскировавшихся шпионов и вредителей» См.: «Полностью выполнить решения областной партийной конференции партии» // Южная правда. 30.05.1938. № 116. С. 1.

[123] Кобцев Даниил Филиппович (1899 г. р.), член ВКП(б) с 1930 г.

[124] Кобцев был освобожден 2 апреля 1939 г. См.: Протокол закрытого судебного заседания ВТ. 27.12.1940–04.01.1941 // Там же. Т. 13. Л. 111–226 об.

[125] Сводка агента «Герд» 2-му отделу УНКВД Николаевской области. 12.05.1939 // ОГА СБУ. Киев. Ф. 5. Д. 67990. Т. 9. Л. 132–133; Докладная записка начальника УНКВД по Николаевской области И.Т. Юрченко заместителю наркома внутренних дел УССР А.З. Кобулову о группировании бывших арестованных, освобожденных из под стражи в г. Николаеве. 22 июля 1939 г. // Там же. Т. 9. Л. 147–152.

[126] Протокол закрытого судебного заседания ВТ. 27.12.1940–04.01.1941 // Там же. Т. 13. Л. 201.

[127] «Поясов: Карамышев был настроен передать дело о поджоге в Военный трибунал, но Трушкин предлагал передать туда только организаторов поджога, а второстепенных участников пропустить по тройке. Барсуков, Чернохатов, Мацковский [были осуждены по] 1-й кат[егории] тройкой, а первостепенные участники Военным трибуналом оправданы». См.: Протокол закрытого судебного заседания ВТ. 18–23.03.1941 // ОГА СБУ. Киев. Ф. 5. Д. 67990. Т. 13. Л. 429.

[128] Выписка из акта расстрела С.В. Мацковского за подписью коменданта УНКВД по Николаевской области Крюковского. Без даты // ГА НикО Украины. Ф. 5859. Оп. 2. Д. 5747. Л. 354; Выписка из акта расстрела А.А. Барсукова за подписью коменданта УНКВД по Николаевской области Крюковского. Без даты // Там же. Л. 356; Выписка из акта расстрела М.В. Чернохатова за подписью коменданта УНКВД по Николаевской области Крюковского. Без даты // Там же. Л. 358.

[129] Приговор Военного трибунала войск НКВД Киевского округа по отношению П.В. Карамышева, Я.Л. Трушкина, К.А. Воронина и М.В. Гарбузова. 23.03.1941 // ОГА СБУ. Киев. Ф. 5. Д. 67990. Т. 13. Л. 485–486 об.

[130] Барсуков Олексій Олександрович, 1892 г.р. // Реабілітовані історією. Миколаївська область. Книга перша. – Київ–Миколаїв, 2005. С. 458.

[131] Сводка агента «Герд» 2-му отделу УНКВД Николаевской области. 23.04.1939 // Там же. Т. 9. Л. 135–136.

[132] А.И. Рыков был вместе с Н.И. Бухариным осужден к ВМН как глава т. н. «правого уклона» на третьем Московском показательном процесс в марте 1938 г.

[133] Все вышеприведенные здесь цитаты, авторство которых не было оговорено отдельно, принадлежат агенту «Герду». См.: Сводка агента «Герд» 2-му отделу УНКВД Николаевской области. 12.05.1939 // ОГА СБУ. Киев. Ф. 5. Д. 67990. Т. 9. Л. 132–133.

[134] Речь идет о военном трибунале, в обязанности которого входила систематическая проверка дел подследственных. Трибунал также мог принять решение об их освобождении.

[135] Общественная организация, образованная на Украине в 1886 г. Ставила своей целью просвещение широких народных масс в интересах формирования украинской нации.

[136] Все вышеприведенные здесь цитаты, авторство которых не было оговорено отдельно, принадлежат агенту «Герду». См.: Сводка агента «Герд» 2-му отделу УНКВД Николаевской области. 03.05.1939 // Там же. Т. 9. Л. 137–138.

[137] Стародубцева действительно освободили из-под стражи, но, когда это точно случилось, установить не удалось.

[138] Все вышеприведенные здесь цитаты, авторство которых не было оговорено отдельно, принадлежат агенту «Герду». См.: Сводка агента «Герд» 2-му отделу УНКВД Николаевской области. 12.05.1939 // Там же. Т. 9. Л. 132–133.

[139] Все вышеприведенные здесь цитаты, авторство которых не было оговорено отдельно, принадлежат агенту «Герду». См.: Сводка агента «Герд» 2-му отделу УНКВД Николаевской области. 19.05.1939 // Там же. Т. 9. Л. 139.

[140] Все вышеприведенные здесь цитаты, авторство которых не было оговорено отдельно, принадлежат агенту «Добровольскому». См.: Сводка агента «Добровольский» 2-му отделу УНКВД Николаевской области. 20 мая 1939 г. // Там же. Т. 9. Л. 134.

[141] Сводка агента «Герд» 2-му отделу УНКВД Николаевской области. 21.05.1939 // Там же. Т. 9. Л. 140.

[142] Все вышеприведенные здесь цитаты, авторство которых не было оговорено отдельно, принадлежат агенту «Герду». См.: Сводка агента «Герд» 2-му отделу УНКВД Николаевской области. 22.05.1939 // Там же. Т. 9. Л. 131.

[143] Заключение зам. нач. 2-го отдела УГБ НКВД УССР Н.А. Казина по агентурному делу «Ретивые». 05.12.1939 // Там же. Т. 9. Л. 164–171.

[144] А.З. Кобулов был первым заместителем народного комиссара внутренних дел УССР с 07.12.1938 по 02.09.1939. См.: *Петров Н.В., СкоркинК.В.* Кто руководил НКВД, 1934–1941: Справочник. – М., 1999. С. 236. В то время наркома НКВД не было, и Кобулов де-факто был врид. наркома.

[145] Протокол допроса обвиняемого Я.Л. Трушкина. 27–28.10.1939 // ОГА СБУ. Киев. Ф. 5. Д. 67990. Т. 3. Л. 23–33.

[146] Все вышеприведенные здесь цитаты, авторство которых не было оговорено отдельно, основываются на: Докладная записка нач. УНКВД по Николаевской области И.Т. Юрченко зам. наркома внутренних дел УССР А.З. Кобулову о группировании бывших арестованных, освобожденных из под стражи в г. Николаеве. 02.06.1939 // Там же. Т. 9. Л. 142–146.

[147] Докладная записка нач. УНКВД по Николаевской области И.Т. Юрченко зам. наркома внутренних дел УССР А.З. Кобулову о группировании бывших арестованных, освобожденных из под стражи в гор. Николаеве. 22.07.1939 // Там же. Т. 9. Л. 147–152.

[148] Протокол судебного заседания Военного трибунала войск НКВД Киевского округа в закрытом судебном заседании. 18–23.03.1941 // ОГА СБУ. Киев. Ф. 5. Д. 67990. Т. 13. Л. 451.

[149] Допросы Карамышева начались в апреле 1939 г. См. Заявление
П.В. Карамышева Л.П. Берии. 27.11.1939 // Там же. Т. 1. Л. 186–186 об.

[150] Протокол закрытого судебного заседания ВТ. 27.12.1940–04.01.1941 //
Там же. Т. 13. Л. 232.

[151] Ордер на арест Трушкина был датирован задним числом, дата изме-
нена с 7 на 5 августа 1939 г. См.: Ордер на арест Я.Л. Трушкина. 5.08.1939 //
Там же. Т. 1. Л. 34. Однако фактически он был арестован 3 августа 1939 г.
См.: Анкета арестованного Я.Л. Трушкина. 11.08.1939 // Там же. Т. 1. Л. 36.
Ордер на арест П.В. Карамышева датирован 07.08.1939 // Там же. Т. 1. Л. 7.
На самом деле Карамышев был взят под стражу уже 4 августа 1939 г. См.:
Анкета арестованного П.В. Карамышева. 15.08.1939 // Там же. Т. 1. Л. 8–8 об.

[152] Заявление арестованного П.В. Карамышева в следственную часть
НКВД УССР. 18.01.1940 // Там же. Т. 1. Л. 219–220 об.

[153] Постановление Военного прокурора пограничных и внутренних войск
Киевского округа Морозова о санкционировании ареста П.В. Карамышева.
02.08.1939 // Там же. Т. 1. Л. 6. Первая санкция для оформления ордера на
арест Трушкина была дана 1 августа 1939 г. В ней еще упоминается § 206,
пункт 17 «б» УК УССР. См.: Постановление на Я.Л. Трушкина. 01.08.1939 //
Там же. Л. 31. Второе постановление на арест было датировано 2 августа
1939 г. См.: Постановление на Я.Л. Трушкина. 02.08.1939 // Там же. Л. 29.
Арест Карамышева санкционировал военный прокурор Морозов, а арест
Трушкина – заместитель народного комиссара внутренних дел УССР А.З. Кобулов.

[154] Речь идет о сослуживцах Трушкина по СПО УГБ УНКВД Черниговской области Тейтеле Лазаре Моисеевиче (1902–1938) и Шепетине Аврааме
Мордковиче (1896–1939).

[155] Постановление на Я.Л. Трушкина. 02.08.1939 // Там же. Т. 1. Л. 29.

[156] Протокол допроса П.В. Карамышева. 15.08.1939 // Там же. Т. 1. Л. 91–94.

[157] Постановление следователя следственной части УГБ НКВД УССР
Грунина и зам. нач. следственной части УГБ НКВД УССР Калужского на
арест нач. УНКВД П.В. Карамышева. 02.08.1939 // Там же. Т. 1. Л. 2–3.

[158] Гарбузов и Воронин были арестованы 7 мая 1940 г. Их увольнение из
органов НКВД последовало 10 марта и соответственно 1 марта 1940 г. См.:
Протокол закрытого судебного заседания ВТ. 27.12.1940–04.01.1941 // Там
же. Т. 13. Л. 111 об–113.

[159] Протокол допроса обвиняемого М.П. Дудина. 26.12.1938 // Там же.
Т. 8. Л. 37–39; Протокол допроса обвиняемого М.П. Дудина. 06.02.1939 //
Там же. Т. 8. Л. 40–42; Протокол допроса обвиняемого М.И. Муратова.
26.12.1939 // Там же. Т. 8. Л. 53–56.

[160] Твердохлебенко Алексей Михайлович (1905–?). Родился в Одессе.
Украинец. Из служащих. Член ВКП(б) с 1945 г. В НКВД с 1937 г. или с
1938 г. С августа 1938 г. зам. нач. отделения 8-го (промышленного) отдела
1-го Управления (госбезопасности) НКВД УССР. С 29. 08. 1938 по 1939 г.
и. о. особоуполномоченного НКВД УССР. В 1940 г. начальник 1-го отдела
ЭКУ НКВД УССР. В 1941 – замначальника СПО НКВД Северной Осетии.
В 1942–1943 гг. начальник ЭКО НКВД Северной Осетии. Последние сведения о работе в органах госбезопасности датируются 1949 г. Неоднократно
награждался. Автор благодарит за предоставленные сведения В. Золотарёва.

[161] Твердохлебенко на момент кампании «по восстановлению социалистической законности» был новичком в органах НКВД. До 1938 г. он работал заместителем заведующего шахтой «София» треста «Макеевуголь». В марте 1938 г. Сталинским обкомом КП(б)У был послан в распоряжение ЦК КП(б)У, откуда был направлен на работу в органы НКВД. См.: Автобиография Твердохлебенко Алексея Михайловича. 21.10.1938 // ОГА СБУ. Киев. Ф. 12. Д. 166. Т. 2. Л. 5–8.

[162] Сводка агента «Герд» 2-му отделу УНКВД Николаевской области. 22.05.1939 // ОГА СБУ. Киев. Ф. 5. Д. 67990. Т. 9. Л. 131.

[163] Протокол закрытого судебного заседания ВТ. 27.12.1940–04.01.1941 // Там же. Т. 13. Л. 197.

[164] Там же. Л. 234.

[165] 13 сентября 1939 г. бывший начальник участка корпусного цеха судостроительного завода № 200 Г.П. Афанасьев заявил о том, что его систематически избивал Гарбузов, причем избиения начались еще в кабинете директора завода в ходе предварительного расследования пожара сотрудниками НКВД. См.: Протокол допроса свидетеля М.В. Гарбузова. 03.03.1940 // Там же. Т. 3. Л. 194–201. Преподаватель Николаевского судостроительного института М.Ф. Чулков непосредственно сразу же после своего освобождения написал заявление на имя государственного прокурора Карпенко. См.: Протокол закрытого судебного заседания ВТ. 27.12.1940–04.01.1941 // Там же. Т. 13. Л. 220.

[166] Протокол допроса свидетеля М.В. Гарбузова. 03.03.1940 // Там же. Т. 3. Л. 212–223.

[167] Там же.

[168] Протокол допроса свидетеля К.А. Воронина. 05.03.1939 // Там же. Т. 3. Л. 270–278; Протокол допроса свидетеля М.В. Гарбузова. 03.03.1940 // Там же. Т. 3. Л. 212–223.

[169] Протокол допроса свидетеля М.В. Гарбузова. 03.03.1940 // Там же. Т. 3. Л. 212–223.

[170] Там же.

[171] Протокол очной ставки между обвиняемым Я.Л. Трушкиным и свидетелем, бывшим обвиняемым, который содержался под стражей в УНКВД по Николаевской области, П.Д. Козачуком. 17.02.1940 // Там же. Т. 7. Л. 108–124.

[172] Заявление П.В. Карамышева председателю трибунала войск НКВД Киевского военного округа Васютинскому. 13.07.1940 // Там же. Т. 13. Л. 46–49 об.; Протокол допроса свидетеля К.А. Воронина. 20.01.1939 // Там же. Т. 3. Л. 244–253.

[173] Протокол допроса свидетеля М.В. Гарбузова. 03.03.1940 // Там же. Т. 3. Л. 212–223; Протокол допроса свидетеля П.В. Карамышева. 11.02.1940 // Там же. Т. 1. Л. 277–281; Протокол допроса свидетеля П.В. Карамышева. 13.02.1940 // Там же. Т. 1. Л. 288–295.

[174] Протокол допроса свидетеля Г.С. Зельцмана. 02.09.1939 // Там же. Т. 3. Л. 139–149.

[175] Протокол закрытого судебного заседания ВТ. 27.12.1940–04.01.1941 // Там же. Т. 13. Л. 111–226 об.; Продолжение допроса обвиняемого Я.Л. Труш-

кина. 17 августа 1939 // Там же. Т. 2. Л. 23–26; Протокол закрытого судебного заседания ВТ. 18–23.03.1941 // Там же. Т. 13. Л. 405–458.

[176] Гаврилов сообщил об этом в ходе его допроса от 8 сентября 1939 г., и Гарбузов позднее подтвердил на допросе эти показания. См.: Протокол допроса свидетеля М.В. Гарбузова. 03.03.1940 // Там же. Т. 3. Л. 181–186; Протокол допроса свидетеля К.А. Воронина. 20.01.1939 // Там же. Т. 3. Л. 244–253.

[177] Заключение зам. нач. 2-го отдела УГБ НКВД УССР Н.А. Казина по агентурному делу «Ретивые». 05.12.1939 // Там же. Т. 9. Л. 164–171.

[178] Указания пом. Военного прокурора войск НКВД Киевского округа Дворенко по делу бывшего нач. УНКВД по Николаевской области П.В. Карамышева и нач. 2-го отдела того же управления Я.Л. Трушкина. 23.12.1939 // Там же. Т. 1. Л. 69–77; Заключение зам. нач. 2-го отдела УГБ НКВД УССР Н.А. Казина по агентурному делу «Ретивые». 05.12.1939 // Там же. Т. 9. Л. 164–171.

[179] Протокол допроса свидетеля М.В. Гарбузова. 03.03.1940 // Там же. Т. 3. Л. 181–186.

[180] Фомин и Гладков выступили с аналогичными показаниями, в которых описали эту чекистскую практику. См.: Протокол судебного заседания Военного трибунала. 04–08.04.1939 // ОГА СБУ. Николаев. Ф. 6. Д. 1192-с. Т. 9. Л. 41–57.

[181] Протокол очной ставки между обвиняемым Я.Л. Трушкиным и свидетелем, бывшим обвиняемым, который содержался под стражей в УНКВД по Николаевской области, Д.Ф. Кобцевым. 05.02.1940 // ОГА СБУ. Киев. Ф. 5. Д. 67990. Т. 7. Л. 21–31.

[182] Гаврилов сообщил об этом в ходе его допроса от 8 сентября 1939 г. и Гарбузов позднее подтвердил на допросе эти показания. См.: Протокол допроса свидетеля М.В. Гарбузова. 03.03.1940 // Там же. Т. 3. Л. 181–186.

[183] Протокол допроса обвиняемого Я.Л. Трушкина. 14.02.1940 // Там же. Т. 3. Л. 80–85.

[184] Протокол допроса Ф.Ф. Николаевского. 25.10.1939 // Там же. Т. 9. Л. 153–163.

[185] Там же. Николаевский Ф. Ф. (1881–?), уроженец с. Б. Кириевка, Винницкой области, украинец, беспартийный, из рабочих, под судом и следствием не был.

[186] В ходе неоднократных допросов «Герда» и Трушкина выяснилось, что Трушкин с самого начала, а не только с июня 1939 г. определял содержание инструкций, которые давались агентам. См.: Протокол допроса обвиняемого Я.Л. Трушкина. 26.10.1939 // Там же. Т. 3. Л. 1–6; Протокол допроса обвиняемого Я.Л. Трушкина. 27–28.10.1939 // Там же. Т. 3. Л. 23–33; Протокол допроса Ф.Ф. Николаевского. 19.03.1940 // Там же. Т. 11. Л. 256–257 об.

[187] Протокол допроса Ф.Ф. Николаевского. 25.10.1939 // Там же. Т. 9. Л. 153–163. Позднее «Герд» показал на допросе, что таким же образом его инструктировал Поясов в присутствии Трушкина.

[188] Там же.

[189] Позднее заместитель начальника и начальник следственной части НКВД УССР.

[190] Поясов Аким Филиппович (1891–?), бывший заместитель начальника УНКВД по Николаевской области. Прибыл в Николаеве в мае 1938 г. В 1941 г. работал директором бондарного завода в Ярославской области. См.: Протокол закрытого судебного заседания ВТ. 18–23.03.1941 // Там же. Т. 13. Л. 424, 430.

[191] Там же.

[192] Протокол допроса обвиняемого Я.Л. Трушкина. 26.10.1939 // Там же. Т. 3. Л. 1–6; Заключение зам. нач. 2-го отдела УГБ НКВД УССР Н.А. Казина по агентурному делу «Ретивые». 05.12.1939 // Там же. Т. 9. Л. 164–171.

[193] Протокол допроса обвиняемого Я.Л. Трушкина. 8–9.12.1939 // Там же. Т. 3. Л. 44–56

[194] Горлинский (Дрищев) Николай Дмитриевич (1907–1965), сотрудник органов государственной безопасности, генерал-лейтенант (1945). На службе в органах ВЧК–НКВД с 1920 г., в возрасте 13 лет стал делопроизводителем органов ЧК. С 1930 г. на оперативной работе, с 1932 г. курсант Центральной школы ОГПУ в Москве. С февраля 1937 г. начальник отделения в УНКВД Харьковской и Черниговской областей, в 1938 г. оперуполномоченный 4-го отдела ГУГБ НКВД СССР, капитан ГБ. С декабря 1938 г. заместитель наркома внутренних дел Украинской ССР, с февраля 1941 г. заместитель начальника, начальник 3-го управления НКГБ СССР. В годы войны также занимал должности начальника УНКГБ по Краснодарскому краю, участвовал в организации чрезвычайной охраны Тегеранской конференции. С сентября 1945 по май 1947 гг. уполномоченный НКВД–НКГБ по Эстонской ССР, с мая 1947 г. по февраль 1949 г. возглавлял УМГБ по Краснодарскому краю. В феврале – апреле 1949 г. министр госбезопасности Литовской ССР. С апреля 1949 г. по август 1951 г. возглавлял УМГБ по Ленинградской области. Руководил арестами фигурантов «Ленинградского дела». 29 августа 1951 г. снят с должности «за нарушения социалистической законности». Находился в распоряжении Управления кадров МГБ СССР до 25 октября 1951 г., после чего был переведен в систему ГУЛАГ заместителем начальника Волжского УИТЛ. В марте 1953 г. назначен начальником 5-го (экономического) управления МВД СССР. В июне 1954 г. уволен из органов госбезопасности и лишен воинского звания, в 1956 г. исключен из партии. С конца 1954 г. до 1957 гг. работал заместителем начальника Строительно-монтажного управления Министерства среднего машиностроения СССР, в 1957 г. вышел на пенсию. В конце 1964 г. восстановлен в воинском звании. Умер в 1965 г. от инфаркта.

[195] Заключение зам. нач. 2-го отдела УГБ НКВД УССР Н.А. Казина по агентурному делу «Ретивые». 05.12.1939 // Там же. Т. 9. Л. 164–171. Агент «Герд» был освобожден позднее. См.: Постановление Бурдана. 03.03.1940 // Там же. Т. 1. Л. 79–81.

[196] Готовцев Леонид Трофимович (1903–?), член ВКП(б) с 1931 г., в органах в НКВД с 1921 г., в 1939–1940 гг. заместитель начальника УНКВД по Николаевской области.

[197] Протокол допроса свидетеля М.В. Гарбузова. 03.03.1940 // Там же. Т. 3. Л. 181–186.

[198] Протокол допроса Ф.Ф. Николаевского. 19.03.1940 // Там же. Т. 11. Л. 256–257 об.

[199] В частности, Николаевский заявил по этому поводу: «В Наркомате мне разъяснили, что эти проявления не являются антисоветскими, так как, пробыв в заключении, эти лица имели некоторые основание к таким настроениям». См.: Протокол закрытого судебного ВТ. 18–23.03.1941 // Там же. Т. 13. Л. 445 об. 446.

[200] Обвинительное заключение было составлено сотрудниками аппарата госбезопасности НКВД УССР, а именно следственного отдела. Утвердили заключение начальник следственного отдела Н.А. Казин и заместитель народного комиссара НКВД УССР Н.Д. Горлинский. См.: Обвинительное заключение. 11.05.1940 // Там же. Т. 11. Л. 347–358.

[201] В документе содержится ошибка. «Украинского военного округа» не существовало, речь идет о Киевском военном округе. Протокол подготовительного заседания Военной коллегии Верховного суда СССР по делу П.В. Карамышева, Я.Л. Трушкина, М.В. Гарбузова и К.А. Воронина. 21.06.1940 // Там же. Т. 13. Л. 2. Лишь незадолго перед этим был официально установлен порядок, согласно которому сотрудники НКВД подлежали суду военного трибунала. См.: Указ президиума Верховного Совета СССР «Об изменении подсудности военных трибуналов». 13.12.1940 // Организация суда и прокуратуры СССР / Сост. Н.А. Баженова. – М., 1988. С. 69.

[202] Протокол закрытого судебного заседания ВТ. 27.12.1940–04.01.1941 // ОГА СБУ. Киев. Ф. 5. Д. 67990. Т. 13. Л. 111–111 об.

[203] Петр Карамышев. Наши кандидаты в депутаты Верховного Совета УССР // Южная правда. 30.05.1938. № 116. Автор благодарит Марию Панову и Ирину Бухареву за поиск и просмотр газеты «Южная правда».

[204] Протокол закрытого судебного заседания ВТ. 27.12.1940–04.01.1941 // ОГА СБУ. Киев. Ф. 5. Д. 67990. Т. 13. Л. 112–113 об.

[205] Там же. Л. 262

[206] На суде Карамышев заявил: «Ни я, ни кто[-либо] из числа членов тройки, не усомнились в правдивости доказательств-признаний». Там же. Л. 233.

[207] Там же. Л. 114–115 об., 232, 242.

[208] Там же. Л. 232.

[209] Там же.

[210] Протокол допроса П.В. Карамышева. 15.08.1939 // Там же. Т. 1. Л. 91–94.

[211] Комиссия под руководством Горлинского работала в Николаеве 17 и 21 сентября 1938 г., а потом начиная с января 1939 г. в течение нескольких месяцев. См.: Протокол закрытого судебного заседания ВТ. 27.12.1940–04.01.1941 // Там же. Т. 13. Л. 115, 173, 232. Насколько можно судить на основании имеющейся информации, Н.Д. Горлинский в сентябре 1938 г. еще служил оперуполномоченным 4-го отдела ГУГБ НКВД СССР. Если это верно, то можно предположить, что в сентябре 1938 г. он возглавлял комиссию, отправленную непосредственно по приказу Москвы, тогда как январская 1939 г. комиссия была уже сформирована по приказу и из числа сотрудников республиканского аппарата НКВД Украины, поскольку в декабре 1938 г. Горлинский был назначен заместителем народного комиссара внутренних дел Украины.

[212] Там же. С. 245

[213] Там же. С. 113–115, 232.

[214] Сведения о том, что эти лица были отданы под суд, см.: Приговор Военного трибунала войск НКВД Киевского округа касательно П.В. Карамышева, Я.Л. Трушкина, М.В. Гарбузова, К.А. Воронина. 04.01.1941 // Там же. Т. 13. Л. 305–310.

[215] Белов Иван Григорьевич (1897 г. р.), член ВКП(б) с 1925 г., в органах ВЧК–ОГПУ–НКВД работал с 1919 г., в 1938 г. был начальником Ново-Троицкого РО НКВД, в 1940 г. – занимал должность начальника Голо-Пристанского РО УНКВД Николаевской области.

[216] Протокол закрытого судебного заседания ВТ. 27.12.1940–04.01.1941 // ОГА СБУ. Киев. Ф. 5. Д. 67990. Т. 13. Л. 111–226 об.

[217] Лавриненко был уволен за «ненормальности» в ходе следствия.

[218] Мишустин также был уволен из НКВД за «ненормальности» в ходе следствия, но Карамышев заявил об этом только на втором судебном процессе. См.: Протокол закрытого судебного заседания ВТ. 18–23.03.1941 // Там же. Т. 13. Л. 405–458.

[219] Секретарь Еланецкого РО НКВД. Рассматривался вопрос о предании Мартыненко суду, поскольку тот скрывал факты «извращения» социалистической законности.

[220] Винницкий Лазарь Ильич (1915 г. р.), в 1940 г. старший оперуполномоченный УНКВД по Дрогобычской области Украинской ССР. В 1938 г. Винницкий работал сначала в 3-м отделе УНКВД по Николаевской области, а потом был переведен во 2-е отделение в подчинение Трушкина.

[221] Аналогичный ряд сотрудников упоминается в другом месте. См.: Там же. Л. 113. Из-за недостатка информации нам не удалось установить, кто из этих сотрудников (за исключением Мишустина и Лавриненко) был уволен из органов госбезопасности. В отношении Лавриненко и Побережного проводилось лишь дисциплинарное разбирательство. Побережный продолжал работать в УНКВД по Николаевской области начальником 4-го отделения 4-го отдела после реорганизации НКВД в конце 1938 г. См.: Заявление бывшего оперуполномоченного 4-го отдела УГБ УНКВД по Николаевской области Т.Т. Черкеса об искривлении соцзаконости особоуполномоченному НКВД УССР А.М. Твердохлебенко. 16.05.1939 // Там же. Т. 12. Л. 80–85. Очевидно, дисциплинарное разбирательство не нанесло вреда карьере Побережного. В 1940 г. он возглавлял следственный отдел УНКВД по Дрогобычской области, которая была образована в декабре 1939 г.

[222] Протокол закрытого судебного заседания ВТ. 27.12.1940–04.01.1941 // Там же. Т. 13. Л. 112–113 об., 232.

[223] Гончаров Григорий Львович, в 1940 г. работал помощником начальника управления Госбанка по инкассации, а до этого – начальником Скадовского РО НКВД и помощником начальника УНКВД Николаевской области.

[224] Там же. Л. 232.

[225] Протокол закрытого судебного заседания ВТ. 27.12.1940–04.01.1941 // ОГА СБУ. Киев. Ф. 5. Д. 67990. Т. 13. Л. 233.

[226] Там же. Л. 263.

[227] Там же. Л. 254; Заявление Карамышева председателю трибунала Я.М. Васютинскому. 13.07.1940 // Там же. Т. 13. Л. 46–49 об.; Заявление Я.Л. Труш-

кина председателю Трибунала войск НКВД УССР Я.М. Васютинскому. 03.07.1940 // Там же. Т. 13. Л. 14–19 об.

[228] Заявление П.В. Карамышева председателю трибунала войск НКВД Киевского военного округа Я.М. Васютинскому. 13.07.1940 // Там же. Т. 13. Л. 46–49 об.

[229] *Золотарьов В.* Олександр Успенський. Особа, час, оточення. – Харків, 2004; Посмертное письмо А.И. Успенского. Без даты // ОГА СБУ. Киев. Ф. 13. Оп. 1. Д. 409. Л. 3.

[230] Протокол закрытого судебного заседания ВТ. 27.12.1940–04.01.1941 // ОГА СБУ. Киев. Ф. 5. Д. 67990. Т. 13. Л. 233.

[231] Там же. Л. 245 (Трушкин), 261 (Воронин), 262 (Карамышев), 265 (Гарбузов).

[232] Там же. Л. 262 (Карамышев).

[233] См. Заявление П.В. Карамышева Л.П. Берии. 27.11.1939 // Там же. Т. 1. Л. 186–186 об.

[234] Документ, санкционировавший применение пыток, до сих пор не найден. Упоминание о нем приводится только в телеграмме И.В. Сталина от 10 января 1939 г., в которой разъяснялось, что ЦК ВКП(б) санкционировал в 1937 г. применение мер «физического воздействия» в исключительных случаях. Более подробно об этой телеграмме см.: «Через трупы врага на благо народа». «Кулацкая операция» в Украинской ССР: 1937–1941 гг. Т. 2 / Сост. М. Юнге, Б. Бонвеч, И.Е. Смирнова, Р. Биннер Р., Г.А. Бордюгов, С.А. Кокин, О.А. Довбня. – М., 2010. С. 418–420.

[235] Протокол закрытого судебного заседания ВТ. 27.12.1940–04.01.1941 // ОГА СБУ. Киев. Ф. 5. Д. 67990. Т. 13. Л. 232.

[236] Там же. Л. 262.

[237] Одно из характерных заявлений Карамышева гласило: «Дело Трубия было нам прислано из Москвы для рассмотрения». См.: Там же. Л. 232. По заявлению следователя НКВД, сделанном на суде, дело Гущина также расследовалось в Николаеве по требованию руководства НКВД УССР.

[238] См.: Приказ № 00606 Народного комиссара внутренних дел СССР «Об образовании Особых Троек для рассмотрения дел на арестованных в порядке приказов НКВД СССР № 00485 и др[угих]» 17.09.1938 // Большевистский порядок в Грузии. Т. 2: Документы о Большом терроре в Грузии / Сост. М. Юнге, О. Тушурашвили, Б. Бонвеч. – М., 2015.

[239] Протокол допроса свидетеля П.В. Карамышева. 11.02.1940 // Там же. Т. 1. Л. 277–281.

[240] Протокол допроса обвиняемого П.В. Карамышева. 01.10.1939 // ОГА СБУ. Киев. Ф. 5. Д. 67990. Т. 1. Л. 100–104; Протокол допроса обвиняемого П.В. Карамышева. 04.10.1939 // Там же. Т. 1. Л. 142–145; Протокол закрытого судебного заседания ВТ. 27.12.1940–04.01.1941 // ОГА СБУ. Киев. Ф. 5. Д. 67990. Т. 13. Л. 263.

[241] Протокол закрытого судебного заседания ВТ. 27.12.1940–04.01.1941 // Там же. Т. 13. Л. 263.

[242] Там же. Л. 231. Фигурально речь идет об аресте, осуждении и отправке в лагерь.

[243] Там же. Л. 232.

[244] Протокол закрытого судебного заседания ВТ. 27.12.1940–04.01.1941 // Там же. Т. 13. Л. 264.

[245] Там же. Л. 113.

[246] Заявление П.В. Карамышева Л.П. Берии. 18.08.1939 // Там же. Т. 1. Л. 98–99 об.

[247] Заявление П.В. Карамышева председателю трибунала войск НКВД Киевского военного округа Я.М. Васютинскому. 13.07.1940 // Там же. Т. 13. Л. 46–49 об.

[248] Протокол закрытого судебного заседания ВТ. 27.12.1940–04.01.1941 // Там же. Т. 13. Л. 264.

[249] Заявление П.В. Карамышева Л.П. Берии. 18.08.1939 // Там же. Т. 1. Л. 98–99 об.

[250] Протокол закрытого судебного заседания ВТ. 27.12.1940–04.01.1941 // Там же. Т. 13. Л. 264.

[251] О давлении, которое на них оказывалось, см. показания чекистов: Там же. Л. 242 (Воронин), 245 (Трушкин). О перегруженности работой см.: Там же. Л. 239 (Гарбузов).

[252] Там же. Л. 242 (Воронин).

[253] Там же. Л. 239.

[254] Там же. Л. 241.

[255] Там же. Л. 261, 262.

[256] Там же. Л. 266.

[257] Там же.

[258] Приговор Военного трибунала войск НКВД Киевского округа касательно П.В. Карамышева, Я.Л. Трушкина, М.В. Гарбузова и К.А. Воронина.04.01.1941 // Там же. Т. 13. Л. 305–310.

[259] Там же.

[260] Там же.

[261] Заявление П.В. Карамышева секретарю ЦК КП(б)У и председателю Верховного Совета УССР М.А. Бурмистенко. 15.01.1941 // Там же. Т. 13. Л. 510.

[262] Там же.

[263] Особое мнение председательствующего Военного трибунала войск НКВД Киевского округа Гурьева по делу Я. Трушкина и других. [05.01.1941] // Там же. Т. 13. Л. 304а (конверт).

[264] Определение Военной коллегии Верховного суда Союза ССР относительно рассмотрения кассационного протеста на приговор Военного трибунала войск НКВД Киевского округа касательно П.В. Карамышева, Я.Л. Трушкина, М.В. Гарбузова, К.А. Воронина. 04.03.1941 // Там же. Т. 13. Л. 369–369 об.

[265] Протокол судебного заседания Военного трибунала войск НКВД Киевского округа в закрытом судебном заседании. 18–23.03.1941 // ОГА СБУ. Киев. Ф. 5. Д. 67990. Т. 13. Л. 405–458.

[266] Там же. Л. 410–424. Лейзеровский Юзеф Семенович (1906 г. р.), член ВКП(б) с 1932 г., в НКВД с 1931 г., в 1941 г. работал начальником отделения ЭКО УНКВД Николаевской области.

[267] Там же. Л. 410–424.

[268] Куклинский Борис Моисеевич (1910 г. р.). В июле 1938 г. временно работал в 4-м отделе УНКВД по Николаевской области.

[269] Там же. Л. 436.

[270] Там же. Л. 410–424. Дудин Михаил Петрович (1894 г. р.), член ВКП(б) с 1921 г., заместитель начальника цеха завода им. Марти до и после ареста.

[271] Там же. Л. 410–424.

[272] Там же.

[273] Там же.

[274] Там же. Федотов также почти дословно цитировал это высказывание Карамышева. Там же. Л. 442.

[275] Федотов Александр Павлович (1913 г. р.), с марта 1938 г. работал в подчинении у Трушкина.

[276] Там же. Л. 442.

[277] Там же. Л. 405–458.

[278] Там же. Л. 448.

[279] Там же.

[280] Там же. Л. 447.

[281] Там же. Л. 449.

[282] Там же. Л. 449 об.

[283] Там же. Л. 448.

[284] Там же.

[285] Там же.

[286] Приговор Военного трибунала войск НКВД Киевского округа касательно П.В. Карамышева, Я.Л. Трушкина, М.В. Гарбузова, К.А. Воронина. 23.03.1941 // ОГА СБУ. Киев. Ф. 5. Д. 67990. Т. 13. Л. 484–488.

[287] Там же.

[288] В распоряжении коллектива авторов имеются материалы судебных процессов над сотрудниками НКВД, состоявшихся в Винницкой, Днепропетровской, Донецкой, Житомирской, Каменец-Подольской, Киевской, Кировоградской, Харьковской, Луганской, Николаевской, Одесской, Полтавской, Хмельницкой и Черниговской областях, а также в Молдавской АССР.

[289] Карательные и партийные органы продолжали успешно использовать обвинения в троцкизме и далее, но не столь систематически, как в 1930-е годы.

[290] Точные сведения о том, кто был уволен из органов НКВД, а кто отделался порицанием за «нарушение социалистической законности», могут быть получены только в результате систематического просмотра материалов суда и следствия.

[291] За время между 17 ноября 1938 г. и 10 февраля 1939 г. на Украине было освобождено только 2,8% лиц, репрессированных в рамках операции НКВД по приказу № 00447 и Особыми совещаниями (3441 × 100/121 994 = 2,8%). В Николаеве доля освобожденных была еще ниже – 1,1% (216 × 100/18 930). При этом даже передача дела на рассмотрение суда или Особого совещания существенно повышала шансы на освобождение (по Украине к 10 февраля 1939 г. были доследованы дела на 10 130 человек, из них прокуратуре на предмет освобождения были переданы дела на 3441 человека, по Николаеву были доследованы дела на 853 человека, из них освобождено 216). Протокол оперативного совещания при НКВД УССР. 02.03.1939 // ОГА СБУ. Киев. Ф. 16. Д. 324. Л. 65; «Через трупы врага на благо народа». «Кулацкая операция» в Украинской ССР 1937–1941 гг. Т. 2 / Сост.

М. Юнге, Б. Бонвеч, И.Е. Смирнова, Р. Биннер, Г.А. Бордюгов, С.А. Кокин, О.А. Довбня. – М., 2010. С. 483–487.

[292] Старыгин находился в мае 1938 г. на «переднем фронте» борьбы с «врагами народа всех мастей», вплоть до своего собственного окружения. Но уже в феврале 1939 г., спустя немногим меньше года, он держался нейтрально и сменил место работы, перебравшись в Киев, в республиканский народный комиссариат пищевой промышленности. Бутырин, занявший пост первого секретаря Николаевского обкома КП(б)У, ограничивался в 1939 г. общей риторикой в адрес «врагов народа» и призывами к большевистской бдительности. Такая «умеренность» была свойственна подавляющему большинству его выступлений, в том числе по поводу дел в «оборонной» судостроительной промышленности. См., например: Протокол и стенографический отчет первой областной партийной конференции КП(б) У Николаевской области. 24–29.05.1938 // ГА НикО Украины. Ф. 7. Оп. 1. Д. 3. Л. 1–271. Л. 1–19 (Старыгин); Протокол и стенограмма второй конференции КП(б)У Николаевской области. 26.02–01.03.1939 // ГА НикО Украины. Ф. 7. Оп. 1. Д. 35. Л. 1–186. Здесь см.: Л. 2–6 (Бутырин), 88–92 (Самарин, директор завода имени Марти), 127–135 (М. Г. Пивень, о морском флоте), 163–185 (Филиппов и Максимов о чистке партии в индивидуальном порядке).

[293] Протокол закрытого судебного заседания ВТ. 27.12.1940–04.01.1941 // ОГА СБУ. Киев. Ф. 5. Д. 67990. Т. 13. Л. 264.

[294] Протокол оперативного совещания начальствующего состава УНКВД Николаевской области. 05.04.1940 // ОГА СБУ. Киев. Ф. 16. Д. 421. Л. 108–119.

[295] Дискуссия о виновности индивидуума, см: Viola L. The Question of the Perpetrator in Soviet History // Slavic Review. 72. 2013. № 1. P. 4.

[296] *Arendt H.* Elemente und Ursprünge totaler Herrschaft. Antisemitismus. Imperialismus. Totalitarismus. – München, 2003. S. 844.

[297] Были те, кто все понимал. Бывший начальник УНКВД по Челябинской области Ф.Г. Лапшин, арестованный в 1939 г., в своих показаниях выделил особую главу «Как я стал преступником», в которой, в частности, писал: «Были моменты, когда во мне просыпались чувства совести, стыда и раскаяния. Являлось желание рассказать об этом откровенно и прекратить творимые преступления. Но боязнь ответственности останавливала, и я опять уходил в себя. Машина продолжала работать по-прежнему». *Вепрев О.В., Лютов В.В.* Государственная безопасность: три века на Южном Урале. – Челябинск, 2002. С. 311–312 (автор благодарит Алексея Теплякова за указание на эту работу).

[298] Здесь применяется калька термина ordinary men, которым в историографии национал-социализма описывают феномен рядовых исполнителей, являющихся в руках государства не только послушным, но и добровольным активным инструментом для осуществления массовых карательных акций.

[299] См. по этому поводу в особенности негативные высказывания свидетелей о методах и организации работы обвиняемых инженеров и специалистов, прозвучавшие на судебном процессе 4–8 апреля 1939 г. Протокол судебного заседания Военного трибунала. 04–08.04.1939 // ОГА СБУ. Николаев. Ф. 6. Д. 1192-с. Т. 9. Л. 41–57.

[300] *Карамышев П.В.* Выше революционную бдительность // Южная правда. 23.05.1938. № 110. См также: Выступления П.И. Старыгина и П.В. Кара-

мышева на вечернем заседании Первой областной партийной конференции Николаевского обкома КП(б)У 24.05.1938 // Государственный архив Николаевской области. Ф. 7. Оп. 1. Д. 3. Л. 1–7, 167–170.

[301] Первая Николаевская партийная конференция закончила свою работу // Южная правда. 30.05.1938. № 116. С. 1.

[302] Сегодня все на выборы Верховного Совета Украины // Южная правда. 25.06.1938. № 139. С. 8.

[303] «Навести большевистский порядок на водном транспорте» // Южная правда. 30.03.1938. № 67. С. 1.

[304] Именно такое впечатление Карамышев производил на своих подчиненных: «Карамышев прибыл на работу в Николаевское УНКВД в марте м-це 1938 года. В мае м-це 1938 года, выступая на областной конференции КП(б)У, он в своем выступлении нарисовал довольно мрачную картину, сводящуюся к тому, что всюду и везде кишат враги шпионы». См.: Протокол допроса свидетеля М.В. Гарбузова. 10.09.1939 // ОГА СБУ. Киев. Ф. 5. Д. 67990. Т. 3. Л. 133–141; Карамышев П.В. О методах и приемах подрывной работы фашистских разведок и их троцкистско-бухаринской и буржуазно-националистической агентуры // Южная правда. 23.05.1938. № 110; 24.05.1938. № 111; 04.06.1938. № 120; 09.06.1938. № 124; 30.06.1938. № 144; 04.07.1938. № 146; 10.07.1938. № 151. Статьи публиковались под одним и тем же названием как продолжение первой.

[305] Протокол закрытого судебного заседания ВТ. 18.03.1941–23.03.1941 // ОГА СБУ. Киев. Ф. 5. Д. 67990. Т. 13. Л. 430 об.

[306] «До конца разгромить вражескую агентуру». Обзор писем и откликов трудящихся на статьи П.В. Карамышева «О методах и приемах подрывной работы фашистских разведок и их троцкистско-бухаринской и буржуазно-националистической агентуры» // Южная правда. 15.07.1938. № 155. С. 3.

[307] Протокол закрытого судебного заседания ВТ. 18–23.03.1941 // ОГА СБУ. Киев. Ф. 5. Д. 67990. Т. 13. Л. 430 об.

[308] Отчетный доклад о деятельности оргбюро ЦК КП(б) У по Николаевской области на I областной партийной конференции. 24.05.1938 // ГА НикО Украины. Ф. 7. Оп. 1. Д. 4. Л. 87–89; Отчетный доклад о деятельности оргбюро ЦК КП(б) У по Николаевской области на I областной партийной конференции. 25.05.1938 // Там же. Д. 5. Л. 110.

[309] Постановление бюро обкома КП(б) У Николаевской области «О ходе выполнения производственной программы по заводу № 200». 22.06.1938 // Там же. Д. 18. Л. 128–131.

[310] Калинин М.И. За большой советский морской флот. Из речи на собрании рабочих, инженеров и технических работников и служащих завода им. Орджоникидзе в Ленинграде от 19 июня 1938 г. // Южная правда. 08.07.1938. № 148. С. 2.

[311] Пиком такого сотрудничества являлось непосредственное участие первого секретаря Николаевского обкома КП(б)У П.И. Старыгина в допросах членов ВКП(б). См.: Протокол допроса обвиняемого Я.Л. Трушкина. 16.08.1939 // ОГА СБУ. Киев. Ф. 5. Д. 67990. Т. 2. Л. 1–9. Кроме того, секретарь обкома регулярно принимал участие в оперативных совещаниях со-

трудников УНКВД. См.: Протокол закрытого судебного заседания ВТ. 18–23.03.1941 // Там же. Т. 13. Л. 430 об.

[312] Цифры репрессированных по Николаевской области за январь – ноябрь 1939 г. далеко не полные и до сего времени не подвергались проверке на достоверность. Ср. текст приказа № 00447: Сводная таблица о приказе № 00447 в УССР // «Через трупы врага на благо народа». Т. 2. – М., 2010. С. 384–385.

[313] См. по этому поводу: Протокол судебного заседания Военного трибунала. 04–08.04.1939 // ОГА СБУ. Николаев. Ф. 6. Д. 1192-с. Т. 9. Л. 41–57. Автор благодарит Сергея Макарчука за документ.

[314] Этот раздел концептуально и содержательно стал результатом интенсивной дискуссии, развернувшейся весной–летом 2016 г. между автором и Бенно Эннкером.

[315] Доступ к документальным материалам об уголовном осуждении высокопоставленных кадров тайной полиции и милиции, возглавлявших областные, краевые и республиканские органы, а также сотрудников центрального аппарата НКВД недавно был ограничен еще на 30 лет. В качестве главного аргумента послужило заявление о том, что речь идет о лицах, которым было отказано в реабилитации. См.: http://www.gazeta.ru/social/2016/01/19/8030279.shtml?utm_source=change_org&utm_medium=petition (дата обращения 22.04.2016). Однако этот запрет не имеет под собой правовых оснований. Таким образом элита защищает себя, препятствуя профессиональному изучению прошлого.

[316] *Ленин В.И.* Государство и революция // Ленин В.И. Полное собрание сочинений. 5-е изд. Том 33. – М., 1960.

[317] *Сталин И.* XVI съезд ВКП(б) 26 июня – 13 июля 1930 г. Политический отчет ЦК XVI съезду ВКП(б). 27 июня 1930 г. // *Сталин И.* Полное собрание сочинения. Т. 12. – М., 1951.

[318] *Сталин И.* Итоги первой пятилетки: доклад 7 января 1933 г. // СталинИ. Полное собрание сочинения. Т. 13. – М., 1951.

[319] *Tilly Ch.* Coercion, Capital, and European States AD 990–1992. – Cambridge, Mass, 1991. С. 20–26.

[320] *Сталин И.В.* Головокружение от успехов. К вопросам колхозного движения // *Сталин И.* Полное собрание сочинения. Т. 12. – М., 1951.

[321] «[...] Отношение господства людей над людьми, опирающееся на средства легитимного (читай – рассматривающегося как легитимное) насилия». См. цитату и ее толкование: *Weber M.* Wirtschaft und Gesellschaft. Grundriß der verstehenden Soziologie. Besorgt von Johannes Winckelmann. – Studienausgabe, Tübingen 1980. S. 821–825.

[322] Предшествующий абзац написан в русле размышлений Бенно Эннкера, предметом которых является процесс огосударствления сталинского режима.

[323] См. например: *Юнге М.* Революционеры на пенсии. Всесоюзное общество бывших политкаторжан и ссыльнопоселенцев, 1921–1935. – М., 2015.

[324] В литературе, предметом анализа которой служит система патронажа и клиентелы, ее значение как правило переоценивается. См.: *Gill G.* The Ori-

gins of the Stalinist Political System. – Cambridge, New York, 1990; *Easter G.M.* Reconstructing the State. Personal Networks and Elite Identity in Soviet Russia. – Cambridge, 2000.

[325] *Solomon P.* Soviet Criminal Justice under Stalin. – Cambridge, 1996; *Solomon P.* The Bureaucratization of Criminal Justice under Stalin // Reforming Justice in Russia, 1864–1994. Power, Culture, and the Limits of the Legal Order / Ed. P. Solomon. – Armonk, 1997. P. 228–255. Олег Хлевнюк, напротив, констатирует бесконечное шараханье власти между всесоюзными кампаниями террора и демонстративным ограничением полномочий органов политической полиции за счет (декларативного) приоритета правовых процедур. См.: *Khlevniuk O.* The Politburo, Penal Policy and «Legal Reforms» in the 1930s // *Solomon P.* Soviet Criminal Justice under Stalin. – Cambridge, 1996. C. 190–206.

[326] *Zarusky*. Politische Justiz. C. 73. Пашуканис упоминается в списке от 31 августа 1937 г. Сталинские списки доступны онлайн: http://stalin.memo.ru/spiski/pg02309.htm

[327] История ВКП(б). Краткий курс. Учебник по истории Всесоюзной коммунистической партии (большевиков). – М., 1938.

[328] Краткий курс истории СССР. Учебник для 3-го и 4-го классов / под ред. А.В. Шестакова. – М., 1937.

[329] *Brandenberger D.* Propaganda State in Crisis. Soviet Ideology, Indoctrination and Terror under Stalin, 1927–1941. – Yale, 2012.

[330] *Schmitt C.* Der Begriff des Politischen. Text von 1932 mit einem Vorwort und drei Corollarien. Dritte Ausgabe der Auflage von 1963. – Berlin, 1991. S. 10.

[331] *Ree E. van*. Stalin and the state // *Ree E. van*. The Political Thought of Joseph Stalin. A Study in Twentieth-Century Revolutionary Patriotism. – London, 2002. P. 136–154.

[332] Все цитаты, касающиеся изменений, внесенных Сталиным в первоначальную редакцию «Краткого курса», имеют своим источником комментарии Дэвида Бранденбергера к данной главе (октябрь 2016 г.). См. также его публикации по данной теме: *Brandenberger D.* Ideological Zig-Zag: Official Explanations for the Great Terror, 1936–1938 // The Anatomy of the Terror. Political Violence under Stalin / Ed. by J. Harris. – Oxford, 2013. P. 143–157; *Brandenberger D.* The Fate of Interwar Soviet Internationalism. A Case Study of the Editing of Stalin's 1938 Short Course on the History of the ACP(b) // Revolutionary Russia, 2016 (http://dx.doi.org/10.1080/09546545.2016.1168996. 15.11.2016); *Brandenberger D., Zelenov M.V.* Stalin's Answer to the National Question. A Case Study on the Editing of the 1938 Short Course // Slavic Review. 2014. № 4 (73). P. 859–880; *Brandenberger D.* Propaganda State in Crisis. Soviet Ideology, Indoctrination and Terror under Stalin, 1927–1941. – Yale, 2012.

[333] *Эннкер Б.* Советский народ, сталинский режим и конституция 1936 года в политической истории Советского Союза: исследовательские подходы и предварительные выводы // Soviet History Discussion Papers. 2014. № 3 (http://www.perspectivia.net/ publikationen/shdp/ennker_narod, дата обращения к эл. ресурсу: 18.07.2016); *Ennker B.* Ohne Ideologie, ohne Staat, ohne Alternative (http://dx.doi.org/10.1080/09546545.2016.1168996._18.07.2016); *Brandenberger D., Zelenov M.V.* Stalin's Answer to the National Question. A Case Study

on the Editing of the 1938 Short Course // Slavic Review. 2014. № 4 (73). P. 859–880; *Brandenberger D.* Propaganda State in Crisis. Soviet Ideology, Indoctrination and Terror under Stalin, 1927–1941. – Yale, 2012.

[334] Цитата из письма Б. Эннкера автору от 17.01.2016.

[335] *Ree E. van.* The Political Thought. P. 139–140.

[336] К вопросу о преимущественно инструментальном характере права см. также: *Rittersporn G.* Extra-judical Repression and the Courts. Their Relationship in the 1930s // Solomon P. Soviet Criminal Justice under Stalin. – Cambridge, 1996. P. 207–227, здесь P. 221.

[337] Мюнхенское соглашение знаменовало собой конец Первой Чехословацкой республики и скрывало в себе опасность совместного военного «поворота на восток» Германии и Польши при попустительстве западных держав. Я придерживаюсь точки зрения, согласно которой до лета 1938 г. военная опасность не воспринималась в СССР серьезно. Напротив, сталинская власть использовала заявления об опасности войны как пропагандистский инструмент для проведения и оправдания внутриполитических мер в отношении общества и экономики. См.: *Junge M.* The War Threat and the Beginning and Ending of the Great Terror // *Junge M.* Stalin's Mass Repression and the Cold War Paradigm. – New York: Kindle E-book, 2016.

[338] *Наумов Л.* Сталин и НКВД. – М., 2007. С. 335, 344–345; *Тумшис М.* ВЧК. Война кланов. – М., 2004; *Blauvelt T.K.* March of the Chekists. Beria's Secret Police Patronage Network and Soviet Crypto-Politics // Communist and Post-Communist Studies. – 2011. № 44. P. 73–88; здесь P. 80–82; *Wehner M.* Wer waren Stalins Vollstrecker? Ein russisches Handbuch legt den Grund für eine Täterforschung des Stalinismus // FAZ. 2000. 30. März. Ниже приводятся сведения об исследованиях, посвященных борьбе с «еврейским кланом», якобы имевшемся в НКВД. Все они отличаются однозначным антисемитским подтекстом. См: *Šamsutdinov R.* Kišlok fošeasi. Žamoališggiriš, surgun [Трагедия кишлака. Коллективизация, раскулачивание, ссылка в среднеазиатских республиках]. – Taškent, 2003 (http://www.centrasia.ru/newsA.php4?= 108206736, дата обращения 20.05.2016); *Білокінь С.* Соціальний портрет чекістів // Персонал. 2003. № 8. С. 39–46; *Білокінь С.* Двадцять років єврейської державності в Україні, 1918–1938 // Персонал. 2004. № 1. С. 18–20; № 2. С. 18–27.

[339] Размышления принципиального свойства в этом ключе по поводу советского государства см.: *Ennker B.* Ohne Ideologie, ohne Staat. S. 110; *Gerstenberger H.* Die subjektlose Gewalt. Theorie der Entstehung bürgerlicher Staatsgewalt. – Münster, 1990. S. 487–490.

[340] См.: *Mann M.* The Autonomous Power of the State. Its Origins, Mechanisms and Results // State in History / Ed. J.A. Hall. – Oxford, 1986. P. 109–136.

[341] Новые архивные материалы вынуждают меня критически относиться к моему «старому» тезису о возвращении НКВД в рамки прежней компетенции образца до 1937 г.

[342] «Многие [члены ВКП(б)] сами стали жертвами террора, который захватывал не только старые кадры, но и выдвиженцев. Но даже те молодые работники, которым посчастливилось уцелеть, вплотную столкнувшись с реальностями террора, не могли не понимать, что их судьба в случае

прежнего курса висит на волоске. Сталин в полной мере использовал этот потенциал реванша партийного аппарата над органами НКВД». *Хлевнюк О.* Хозяин. Сталин и утверждение сталинской диктатуры. – М., 2010. С. 351.

[343] *Wittfogel K.A.* Oriental Despotism. A comparitive study of total power, – New Haven, 1957.

[344] Что же касается употребления сильно персонализированного термина «сталинизм», то мы пока не находим ему альтернативы, однако трактуем его прежде всего как системную характеристику.

[345] *Ennker B.* Der Führer im Europa des 20. Jahrhunderts – eine Synthese // Der Führer im Europa des 20. Jahrhunderts / Сост. B. Ennker, H. Hein-Kircher. – Marburg, 2010. P. 347–378.

ВИННИЦА И КАМЕНЕЦ-ПОДОЛЬСКИЙ

На этом совещании КОРАБЛЕВ информировал, что в Виннице вскрыта польская контрреволюционная организация, что арестованные уже «раскололись» и что мы также должны в течении двух – трех дней вскрыть такую организацию у себя. [....] Было два – три случая, когда арестовывали днем, прямо на работе и группами по 20–30 человек. Вели с работы в ОДТО под конвоем милиционеров. В процессе следствия к арестованным применялись меры физического воздействия.

Н.И. Смирнов – оперуполномоченный ОДТО ст. Жмеринка

Показания в Жмеринской группе брались путем групповых допросов, с применением к арестованным физического воздействия. Такие допросы назывались тогда «концертами.

А.А. Татарчук – нач. Липовецкого РО НКВД

Накануне 1-го мая по 2-му отделу было арестовано около 200 человек по районам, расположенным вблизи Винницы. За 2–3 дня все эти арестованные в отделении ДАНИЛЕЙКО дали показания, и после праздников были осуждены по Тройке. Практиковались [допросы] в одной комнате сразу по 10 и более арестованных. Я не ходил по комнатам следователей, но, даже сидя у себя в кабинете, слышал крики избиваемых.

М.И. Перепеляк – врио зам. нач. УНКВД по Винницкой области по кадрам

Во время допросов меня избивали, я четверо суток стоял на обоих ногах и пять суток на одной ноге. Меня заставляли смотреть все время вверх, для чего подбородок подпирали линейкой, с упором ее другим концом в живот, били по ногам и заставляли танцевать украинский гопак.

Б.Г. Эпельбаум – рабочий, мастер цеха мебельной мастерской, в 1938 г. исключен из ВКП(б) в связи с арестом1

Валерий Васильев, Роман Подкур

Организаторы и исполнители Большого террора. Судьбы сотрудников Винницкого и Каменец-Подольского областных УНКВД

С самого начала жители Винницы знали о массовых расстрелах и тайных захоронениях людей, осуществлявшихся сотрудниками областного управления НКВД в центре города в 1937–1938 гг. Ужасные слухи тайно передавались горожанами и жителями сел. Память о преступлении жила десятилетиями, тщательно скрываемая в условиях коммунистического режима. Такая же ситуация была в Каменец-Подольской (с 1954 г. – Хмельницкой) области[2]. Здесь тайные массовые захоронения расстрелянных людей производились на участке около консервного завода в Каменце-Подольском, а также рядом с Проскуровским (Хмельницким) горотделением НКВД. История распорядилась таким образом, что в условиях советско-германской войны 1941–1945 гг. правда о преступлениях советской власти предыдущих лет внезапно оказалась публично обсуждаемой мировым сообществом.

Исторический контекст расследования и изучения расстрелов

С началом нацистской оккупации Винницы возмущенные люди начали обращаться к оккупационной администрации и органам самоуправления с просьбами выяснить ситуацию с тайными захоронениями НКВД в 1937–1938 гг. Но до мая 1943 г. оккупанты не разрешали расследовать события пятилетней давности. Только после поражения в Сталинградской битве нацисты широко развернули идеологическую пропаганду, обвиняя коммунистический режим в массовых убийствах украинцев. Они стремились дискредитировать советскую власть в глазах местного населения, пытаясь мобилизовать его для отпора наступавшим частям Красной Армии. Однако гитлеровцы сами были виновны в массовых расстрелах населения и проведении политики геноцида на территории Украины, Белоруссии, России.

В апреле 1943 г. международная комиссия экспертов обследовала места массовых захоронений расстрелянных НКВД СССР польских военнопленных в Катынском лесу под Смоленском. В мае 1943 г. были начаты раскопки в Виннице. Начальник главного управления имперской безопасности Третьего рейха Эрнст Кальтенбруннер сразу разрешил создать и отправить в Винницу группу криминалистов. С 24 мая по 3 октября 1943 г. в городе работали три немецкие и одна международная комиссии (в нее входили судебные медики и анатомы из Бельгии, Болгарии, Финляндии, Франции, Италии, Хорватии, Голландии, Румынии, Швеции, Словакии, Венгрии) по обследованию мест массовых захоронений. Всего было раскопано 95 могил, в которых обнаружили 9439 трупов[3]. Жители города и области с ужасом узнавали останки родных, убитых НКВД. Около разрытых могил на деревьях была натянута проволока, на которой развешивались личные вещи убитых. Нередко рядом с останками находили некоторые документы НКВД (копии приговоров, повесток и т. д.). Очевидцы утверждали, что фотографии и документы выставляли в центре города: в окнах гостиниц, в здании бывшего УНКВД, где потом разместились представители немецких карательных органов и следственная комиссия, а также в редакции газеты «Вінницькі вісті»[4].

Газеты в Украине и во многих странах Европы освещали это событие, оценивая его как «страшную картину большевистской бесчеловечности»[5]. Иная оценка пришла из Москвы. 12 августа 1943 г. газеты «Правда» и «Известия» опубликовали сообщение Совинформбюро: «Берлинские провокаторы ныне объявляют о якобы "случайных" находках массовых могил, пытаясь приписать свои чудовищные злодеяния советским властям. Гитлеровцы разыгрывают в Виннице над трупами своих жертв гнусную и наглую комедию. Убийцы, чьи руки обагрены невинной кровью, откапывают трупы людей, которых они уничтожили, устраивают балаганные инсценировки на их могилах. Такой мерзости и такого лицемерия мир еще не видел».

В это время в Виннице проходило перезахоронение обнаруженных останков. Почти все поднятые из массовых могил были по христианскому обряду перезахоронены в семи больших братских могилах. На собранные средства был сооружен временный обелиск с надписью «Тут похоронены жертвы сталинизма».

Когда в марте 1944 г. в Винницу вошли советские войска, на обелиске написали «Тут похоронены жертвы фашизма». Свидетелей раскопок, выступавших в газетах в период оккупации или даже просто рассказывавших о них соседям, репрессировали[6]. На Нюрнбергском процессе советские представители сделали все, чтобы не допустить распространения информации о винницких событиях.

Во времена холодной войны публикации о винницкой трагедии периодически появлялись в украинской эмигрантской прессе. Диаспора сохраняла память о трагедии, говоря о преступлении против украинской нации, геноциде или «забытом Холокосте». Иногда информация о чудовищных преступлениях коммунистического режима в Виннице актуализировалась в связи с политическими событиями. Так, в сентябре 1959 г. один из комитетов американского Конгресса провел слушания по вопросу винницких событий 1943 г. Они неслучайно были организованы сразу после визита в страну Н. Хрущева. Материалы этих слушаний издали в США, причем каждая страница сопровождалась колонтитулом «Преступления Хрущева». В УССР первые газетные статьи о массовых убийствах 1937–1938 гг. в Виннице опубликовали в 1988 г. Трагедия была названа «винницкими Куропатами» (в этом урочище на окраине Минска в Белоруссии в 1988 г. были обнаружены массовые захоронения людей, уничтоженных НКВД в период Большого террора).

За несколько лет до публикаций, в начале 1980-х гг., в Виннице местные чиновники решили соорудить здание ритуальных услуг над упоминавшимися семью братскими могилами. Во время строительства экскаваторами выкопали большое количество человеческих черепов и костей и вывезли их самосвалами. Сейчас здание ритуальных услуг арендует Украинская автокефальная православная церковь. Около здания сооружен памятный знак жертвам большевистского террора. Установлены памятники в центральном парке культуры и отдыха, а также в близлежащем сквере, на месте бывшего еврейского кладбища. Именно в этом месте в 1943 г. производились раскопки. Рядом находится большой концертный зал «Радуга».

В г. Хмельницком на могилах расстрелянных людей в 1966 г. построили центральный городской универмаг. Ныне два памятника жертвам политических репрессий установлены в областном центре и один в Каменце-Подольском, на участке рядом с консервным заводом. На протяжении всех лет независимости Украины журналисты, преподаватели институтов, общественные активисты требуют от органов исполнительной власти и местного самоуправления решить вопрос о сооружении достойного мемориала жертвам сталинского террора в центральном парке Винницы.

Необходимо отметить, что в рамках государственной программы «Реабілітовані історією» опубликованы пять книг по Винницкой и пять книг по Хмельницкой области. Исследователи на основании обнаруженных документов проанализировали механизмы осуществления Большого террора[7]. Эти исследования общедоступны в Интернете[8]. В. Васильев, А. Давидюк, В. Золотарёв, А. Лошицкий, А. Малыгин, Л. Мисинкевич, В. Пристайко, Р. Подкур, Ю. Шаповал и другие историки, архивисты исследовали различные аспекты деятельности органов госбезопасности при проведении массовых репрессивных операций[9].

Наверное, нет ни одного представителя власти в Винницкой и Хмельницкой областях, которые не знали бы о трагедии 1937–1938 гг. Из их уст звучат обещания решить вопросы (особенно во время предвыборных кампаний) о сооружении мемориалов жертвам коммунистического террора, но, кроме памятных знаков, установленных общественностью, ничего не делается на протяжении десятилетий. Проблемы массовых убийств в годы Большого террора, увековечивания памяти жертв, розыска и обнародования фамилий убийц до сих пор имеют не только научное, но и политическое значение. С нашей точки зрения, усилия ученых и общественности по выяснению всех обстоятельств ужасающей трагедии, преступности правившего режима, а также формирование официальных оценок и публичного мнения на основе нравственных принципов очень важны: они являются составной частью процесса декоммунизации в Украине. Необходимо понимать, что декоммунизация подразумевает продолжение десталинизации, десоветизации и, в определенной мере, деколонизации страны.

В последнее время ученым представилась возможность изучить широкий комплекс архивных документов, хранящихся в Отраслевом государственном архиве Службы безопасности Украины. Исследователям стали доступны переписка, докладные записки и т. п. наркомов НКВД УССР в НКВД СССР, начальников УНКВД в НКВД УССР, архивно-следственные дела жертв политических репрессий. Эти виды документов четко показали роль высшего политического руководства в организации «социальной чистки» советского общества, участие сотрудников органов госбезопасности в массовых репрессивных операциях, стали известны количественные и качественные характеристики результатов этих акций массового физического уничтожения людей. Историки осуществили первичный анализ этих документов как исторического источника: степень возможного использования информационного потенциала, соотношение их достоверности и фальсификаций и т. д.[10]

Однако долгое время исследователям были не доступны личные дела сотрудников органов госбезопасности. Это некоторым образом способствовало созданию мифа о значительном объеме информации, которая якобы в них хранится. Изучение некоторого количества дел показало стандартность их наполнения. Каждое из них включало ряд обязательных документов. Прежде всего, это анкета специального назначения, насчитывающая около 100 разных вопросов. Помимо традиционных биографических данных требовалось предоставить сведения о местонахождении до и после «октябрьской революции», «во время гражданской войны», о принадлежности к оппозиционным партиям, движениям, наличии компрометирующих материалов на близких родственников. Таким же образом необходимо было осветить жизненный и трудовой путь родителей, жены или мужа, братьев и сестер. Все изложенные в анкете сведения подробно проверялись кадровыми отделами органов ВУЧК–ГПУ–НКВД. Причем начиная с 1930-х гг. эти проверки приобретали все более жесткие формы.

К числу обязательных документов в личном деле относится послужной список, отражавший кадровые перемещения должностного лица в системе спецслужб. Также указывался внутренний нормативный акт (приказ, распоряжение), согласно которому шло перемещение по служебной лестнице. В послужном списке приведены материалы о поощрении кадровых работников органов государственной безопасности (награждение почетной грамотой или именным оружием, «отметить в приказе», материальное поощрение, вручение ценного подарка и т. д.).

Дело работника НКВД в значительной степени комплектовалось за счет различных характеристик и аттестаций, которые проводились в ходе проверок, перемещении с должности на должность, награждении правительственными и ведомственными наградами.

Анализируя материалы аттестации сотрудников ВУЧК–ГПУ–НКВД, можно заметить следующую характерную черту: если в 1920-х – начале 1930-х гг. они отражали конкретные личные и служебные качества аттестуемого, то во второй половине 1930-х гг. – вследствие усилившейся формализированности – эти документы уже не позволяли в полном объеме представить деятельность работника НКВД. Некоторые негативные выводы аттестационных комиссий прошлых лет не влияли на занятие ответственных должностей в «ягодовский», «ежовский» или «бериевский» периоды руководства НКВД. Это косвенно свидетельствует о формировании и функционировании определенных группировок / кланов, которые действовали в системе «патрон-клиентских» отношений в органах госбезопасности.

Личные дела обладают несомненной ценностью для выяснения имен конкретных исполнителей, режиссеров и постановщиков печально известных политических и идеологических кампаний 1920–1930-х гг.

Малоизвестным источником, который был использован в нашем исследовании, стали материалы расследования служебной деятельности и преступлений сотрудников органов государственной безопасности. Расследования проводились сотрудниками особой инспекции отдела кадров и должны были установить реальную вину работника в совершенном преступлении, определить его тяжесть и предложить меру наказания – возбуждение уголовного дела или наказание по служебной линии (выговор, несколько суток ареста, понижение в должности, звании и т. д.).

В деле обязательно находилась жалоба (рапорт), на основании которой проводилось служебное расследование. Его проведение санкционировалось высшим руководством НКВД СРСР или УССР. Сотрудники особой инспекции допрашивали заинтересованных лиц, собирали объяснительные записки, рапорты чекистов, причастных к событиям. Часто сотрудников даже не вызывали для личных объяснений, ограничивались направлением списка вопросов на место службы. При необходимости направлялись просьбы уточнить некоторые моменты, указанные в рапорте или объяснительной записке.

После сбора всей информации выводы по материалам служебного расследования предоставлялись руководству НКВД УССР – КГБ при СМ УССР для утверждения. Завизированный экземпляр направлялся в НКВД СССР – КГБ при СМ СССР. Одна из копий подшивалась в личное дело сотрудника. Сами материалы расследования не были составной частью личного дела сотрудника, но иногда они в нем сохранялись.

«На Украине гуляют в подполье целые антисоветские украинские националистические дивизии»

Ныне хорошо известно о начале и механизмах массовых репрессивных операций в 1937 г. В ходе их осуществления к началу 1938 г. на Украине арестовали 159 573 человека[11]. Но руководство СССР было недовольно масштабами репрессий в регионах. По мнению наркома внутренних дел СССР Н. Ежова, недостаточно активно проявил себя в разоблачении «врагов народа» нарком внутренних дел УССР И. Леплевский. Для нового витка репрессий нужны были новые люди. Замену Леплевскому Ежов видел в лице 35-летнего начальника УНКВД по Оренбургской области А. Успенского, отличавшегося большим усердием в проведении репрессий.

В ноябре 1937 г. Ежов прислал Успенскому шифровку: «Если Вы думаете, что будете сидеть в Оренбурге лет пять, то ошибаетесь. Наверное, придется в ближайшее время выдвинуть Вас на более ответственную работу». Позднее на допросах Успенский рассказал: «В январе 1938 г. я приехал на сессию Верховного Совета СССР в Москву. Неожиданно меня вызвал Ежов. Я пришел к нему в служебный кабинет. Ежов был совсем пьяный. На столе у него стояла бутылка коньяка. Ежов сказал мне: "Ну, поедешь на Украину"». Потом Успенскому объяснили, что Леплевский утратил доверие ЦК ВКП(б) из-за «грубых, неумелых действий»[12]. 25 января 1938 г. Леплевского назначили начальником транспортного отдела ГУГБ НКВД СССР, 26 апреля арестовали, 28 июля расстреляли[13].

В 1937 г. персональный состав Политбюро ЦК КП(б)У и СНК УССР практически полностью был репрессирован. По рекомендации/решению Политбюро ЦК ВКП(б) 27 января 1938 г. в Киеве на пленуме ЦК КП(б)У первым секретарем избрали Н. Хрущева[14]. Вместе с ним в Украину приехал А. Успенский, который уже 27 января 1938 г. приступил к выполнению обязанностей наркома внутренних дел УССР[15]. Почти одновременно, 31 января 1938 г., Политбюро ЦК ВКП(б) приняло предложение Ежова «об утверждении дополнительного количества подлежащих репрессии бывших кулаков, уголовников и активного антисоветского элемента». По Украине намечалось дополнительно расстрелять 6000 человек. Продлевалась работа внесудебных троек. Операция должна была закончиться к 15 марта 1938 г. Одновременно НКВД

СССР получил разрешение продолжить до 15 апреля 1938 г. «операцию по разгрому шпионско-диверсионных контингентов из поляков, латышей, немцев, эстонцев, финнов, греков, иранцев, харбинцев, китайцев, румын, как иностранных подданных, так и советских граждан, согласно существующих приказов НКВД СССР»[16].

В середине февраля 1938 г. в Киев приехал Ежов, чтобы дать новый толчок массовым репрессиям в республике. На оперативном совещании он заявил, что в Украине необходимо расстрелять 30 тыс. человек. Инициатива согласовывалась со Сталиным. 17 февраля 1938 г. Политбюро ЦК ВКП(б) приняло решение об увеличении «лимита» репрессируемого по Украине «кулацкого и прочего антисоветского элемента» на 30 тыс. человек, а также рассмотрении дел на внесудебных «тройках»[17]. Ежов предложил начальникам областных УНКВД Украины составить заявки на дополнительные «лимиты» репрессируемых. Присутствовавший на совещании начальник Полтавского УНКВД А. Волков впоследствии вспоминал, что Ежов «характеризовал всю прежнюю работу, как штукарство[18], удар по одиночкам, и отмечал почти полное отсутствие работы по вскрытию организованного антисоветского подполья. Особенно он указывал на очень слабую работу по вскрытию украинского антисоветского националистического подполья, польского, немецкого, говорил о том, что на Украине сохраняются петлюровские, махновские, офицерские и другие антисоветские кадры»[19].

По свидетельствам отдельных чекистов, на одном из совещаний в присутствии Н. Ежова выступал Н. Хрущев. Нарком внутренних дел СССР говорил о том, что чекистский аппарат на Украине чрезвычайно засорен социально чуждым торгашеским элементом, он не «освежался». Поэтому ставился вопрос о подготовке новых кадров[20]. По показаниям А. Успенского, после совещания Ежов попросил принести из отдела кадров личные дела сотрудников. Затем вызывал чекистов и смотрел дело. А они были «чистыми», то есть без компрометирующих материалов. «Николай Иванович говорит: "Что-то не в порядке у вас с отделом кадров, посмотрите, кто там сидит!" Взяли, посмотрели этого Северина и его заместителя Григорьева. Оказалось, они перед тем, как нести дело Николаю Ивановичу, вырывали все материалы, которые компрометировали сотрудника. Потом посмотрели, кто такой Северин [...]. Северин был немецким шпионом. Его завербовал немецкий специалист в Донбассе», – вспоминал Успенский. В тот же день, 15 февраля, М. Северина арестовали[21].

26 февраля и 3 марта 1938 г. Н. Ежов издал приказы о смещении всех начальников областных УНКВД в Украине. На должности назначались новые люди. Одним из них – начальником Винницкого областного УНКВД стал Иван Михайлович Кораблев[22]. Он родился в 1899 г. в семье бедного русского крестьянина в с. Мисино Псковской губернии. В 1911 г. закончил сельскую школу, до 1915 г. работал кучером у помещика. В 16 лет переехал в Петроград, работал на лесном складе, потом подручным токаря на заводе «Новый Леснер», давильщиком на патронном заводе. В январе 1918 г. выехал в с. Понизовское Тюменской губернии. Сумел избежать мобилизации в колчаковскую армию, а в октябре 1919 г. пошел в Красную Армию.

В ноябре 1920 г. началась служба И. Кораблева в органах госбезопасности. Он служил в Приволжском военном округе, а после окончания в 1927 г. Высшей пограничной школы ОГПУ СССР – в Полномочном представительстве ОГПУ по Средне-Волжскому краю. После убийства С. Кирова в ходе укрепления чекистского аппарата и массовых политических чисток его перевели в управление НКВД Ленинградской области. В 1937 г. был помощником начальника 3-го (контрразведывательного) отдела УГБ УНКВД Ленинградской области. О том, как он служил, свидетельствует рапорт И. Кораблева Н. Ежову от 16 мая 1937 г. В нем И. Кораблев с горечью отмечает, что ряд работников Ленинградского управления НКВД получили повышение в званиях. Но автор оказался «обойденным», хотя с 1935 г. «раскрыл» множество групповых дел о шпионско-вредительских организациях в городе. Кораблев заявлял, что заслуживает продвижения по службе[23]. Конечно, такой амбициозный «специалист» привлек внимание Ежова.

3 марта 1938 г. официально огласили приказ о назначении Кораблева в Винницу[24]. В Москве его принял Ежов. Внимание наркома СССР к новому винницкому начальнику было неслучайным. 5 марта 1938 г. Политбюро ЦК ВКП(б) рассмотрело «Вопросы НКВД по Украинской ССР». В западных областях республики установили запретную пограничную зону. В ней оказалось около трети районов Винницкой области. Политбюро ЦК ВКП(б) предусматривало выселить за пределы зоны семьи репрессируемых за шпионаж, диверсию, террор, повстанчество, бандитизм, вредительство, нелегальный переход границы и контрабандистскую деятельность; семьи лиц, в разное время бежавших за кордон; «весь политически неблагонадежный и уголовный элемент»[25].

На встрече с Н. Ежовым И. Кораблев попросил отменить приказ о его назначении. Нарком спросил: «Почему?» Кораблев ответил, что боится – не справится с работой. Ежов успокоил: «Не может быть никаких разговоров, поезжай и разворачивай работу. Там, на Украине, гуляют в подполье целые антисоветские украинские националистические дивизии, которые созданы Любченко, Балицким, нужно ехать и громить эти отряды». В Киеве Кораблева инструктировал А. Успенский, заявивший, что «все немцы и поляки, проживающие на территории УССР, являются шпионами и диверсантами», и «75–80 % украинцев являются буржуазными националистами»[26].

Заместителем Кораблева 7 сентября 1938 г. Успенский назначил Антона Яковлевича Пришивцына[27]. Он был украинцем, родился в 1905 г. в Мариуполе, окончил высшее начальное железнодорожное училище. В 1927 г. стал практикантом, помощником оперуполномоченного информационного отделения СОО Луганского окружного отдела ГПУ УССР. В этом же году вступил в партию. Вполне вероятно, что положительно зарекомендовал себя в работе, потому что его вскоре назначили оперуполномоченным, а затем райуполномоченным Ровенецкого райотделения ГПУ. Интересно, что в характеристике начинающего чекиста указывалась такая отрицательная черта: чрезмерное желание «быстро стать начальством» и «скорей постигнуть сущность оперативной работы». В 1933–1935 гг. А. Пришивцын был начальником секретно-политического отделения Краматорского горотделения ГПУ, в 1935–1937 гг. – помощником начальника отделения 4-го отдела (секретно-политического) УГБ УНКВД Донецкой области, 1937–1938 гг. – начальником отделения 4-го отдела. В 1937 г. принимал участие в раскрытии «диверсионно-повстанческих» групп среди спецпереселенцев (немцев из западных областей УССР), которые якобы возглавляли агенты немецкого консульства. В июне 1937 г. возглавлял следственную группу в Мариуполе по раскрытию «фашистских групп» в южных районах Донбасса. Здесь к расстрелу было осуждено 300 человек (судя по справкам, направленным в Москву)[28]. Впоследствии А. Успенский указывал, что он знал А. Пришивцына мало, но в Винницкой области у него не было «своих людей». При этом наркому сообщали, что Пришивцын «стряпал очень много фальсифицированных дел», а начальник УНКВД Сталинской области П. Чистов характеризовал этого сотрудника «как мастера на все руки»[29]. Поэтому его послали помогать Кораблеву, назначив 5 июня 1938 г. врид начальника 4-го отдела УГБ УНКВД по Винницкой области[30], а в сентябре 1938 г. врид заместителя начальника Винницкого областного УНКВД[31].

Еще одним сотрудником УНКВД в Виннице стал Александр Михайлович Запутряев, которого Кораблев знал по службе в Ленинграде. Там в 1935 г. этого чекиста подозревали в связях с троцкистами, за что были арестованы два его знакомых. Запутряев подал об этом рапорт, но был исключен из партии и восстановлен только Киевским горкомом КП(б)У после перевода в Украину[32]. Политически скомпрометированный Запутряев готов был выполнять любые задания Кораблева. В мае 1938 г. Запутряев был назначен заместителем начальника 3-го отдела УГБ УНКВД по Винницкой области, а с 3 июля по 22 октября 1938 г. занимал должность начальника этого же отдела[33].

В мае 1938 г. помощником Кораблева по УНКВД стал Николай Степанович Бутенко, имевший значительный опыт разоблачения «контрреволюционных кулаков» в 1930 г. в Большом Токмакском районе (с 1932 г. Днепропетровская область). Самолюбивый и амбициозный, Н. Бутенко не сработался с коллегами и в 1931 г. его перевели в Любарский район Винницкой области. В 1934–1938 гг. он служил начальником Тепликского райотдела Винницкого УНКВД. В 1937 г. показал большое усердие в разоблачении «врагов народа» и особенно в «раскрытии» групповых дел. Такой помощник был незаменимым человеком для Кораблева, желавшего «оправдать доверие» и отличиться перед начальством.

В марте 1938 г. начальником УНКВД Каменец-Подольской области стал более известный в «чекистских кругах» Иван Андреевич Жабрев. Он родился в 1898 г. в семье русского рабочего в г. Устюжна Вологодской губернии. Окончил высшее начальное училище в 1916 г. и стал работать телеграфистом. В 1918 г. работал начальником отделения Череповецкого губернского отдела почты и телеграфа, был членом коллегии губернского продотряда, с 1920 г. – уполномоченным политбюро ЧК Устюжанского уезда. Закончил вечернюю совпартшколу. В 1918 г. стал членом РКП(б). В первой половине 1920-х гг. работал в органах госбезопасности Новониколаевской губернии, был осужден за поощрение вымогательства взяток с домовладельцев своим агентом-любовницей[34]. Со второй половины 1920-х гг. Жабрев попал в поле зрения полномочного представителя ОГПУ СССР по Сибири Л. Заковского. Когда в 1926 г. начальника Бийского окружного отдела ОГПУ К. Вольфрама сняли с должности за пьянство и финансовые махинации, на его место назначили Жабрева. Во время первой волны сплошной коллективизации и раскулачивания, в марте 1930 г., в Уч-Пристанском районе Бийского округа во главе восставших крестьян встал уполномоченный райотдела ОГПУ Ф.Г. Добытин. Он захватил райцентр и развернул отряд в 400 повстанцев. В вооруженном подавлении восстания принимал участие Жабрев, который наряду с другими чекистами был награжден грамотой Сибирского крайисполкома и ценным подарком[35]. Тогда же Жабрева наградили золотыми часами с надписью «И.А. Жабреву за успешную ликвидацию кулачества от Бийского ОКР[ужного] И[сполнительного] К[омитет]а». После этого Заковский давал Жабреву самые лестные характеристики, а вскоре его наградили значком почетного чекиста. Все это время он «разоблачал» контрреволюционные организации в Барнауле, что специально отмечалось в аттестации 1931 г. В 1933 г. его снова наградили – охотничьим ружьем и 600 рублями за операцию по перегону скота в СССР из Западной Монголии. В июне 1933 г. Жабрева назначили начальником секретно-политического отдела Западно-Сибирского краевого УНКВД. Он продолжал «вскрывать» контрреволюционные и шпионские организации, особенно на селе, которое отчаянно сопротивлялось хлебозаготовкам. В конце 1935 г. начальник УНКВД по Западно-Сибирскому краю В. Каруцкий в аттестации специально отметил, что личная агентура Жабрева использовала провокации для создания дел о контрреволюционерах[36]. В ноябре 1937 – феврале 1938 гг. Жабрев был заместителем наркома внутренних дел Белоруссии, а 26 февраля 1938 г. его перевели в пограничную Каменец-Подольскую область.

В марте 1938 г. заместителем Жабрева стал Роман Васильевич Крутов, который начал служить в органах безопасности в 1929 г. и за 10 лет сделал стремительную карьеру. Видимо, он сумел понравиться Успенскому, поскольку в августе 1938 г. его назначили исполняющим обязанности начальника отдела кадров НКВД УССР[37].

В том же марте 1938 г. еще одним соратником Жабрева был Владимир Евгеньевич Лелонг, родившийся в 1903 г. в семье рабочего в г. Славяносербское на Донбасе. Он считал себя русским, с 1920-го по 1928 г. работал телеграфистом в Дебальцево и Кадиевке, а в 1929–1932 гг. – формовщиком на Енакиевском металлургическом заводе. Здесь он вступил в партию, стал сотрудником отдела кадров, затем редактором заводской многотиражки. В 1934–1937 гг. избирался парторгом цеха на металлургическом заводе[38]. Сохранились документы, которые свидетельствуют, что в это время он сотрудничает с органами НКВД, выдумывая клеветнические показания от имени коммунистов, например члена партии Тучина. Когда тот отказался подписывать, Лелонг заявил: «Это враг, подписывать не бойся, его все равно расстреляют, а тебя никто вызывать не будет»[39]. Партрог не стеснялся использовать свое положение в целях обогащения. Не пользовавшегося авторитетом руководителя в 1937 г. не избрали на этот пост, но направили работать инструктором парткома завода. В начале 1938 г. по мобилизации ЦК КП(б)У Лелонга послали в органы НКВД и назначили сначала помощником начальника отделения 3-го отдела Каменец-Подольского УНКВД (приказ НКВД УССР № 114 от 1 апреля 1938 г.), начальником отделения 3-го отдела. С мая 1938 г. он стал секретарем парткома УНКВД, а затем начальником отдела кадров[40]. Опытный Жабрев понимал возможности дополнительного контроля сотрудников по линии парткома управления.

Все эти люди в 1938 г. продолжали осуществлять массовые репрессивные операции в двух пограничных областях Украины. Кораблев позже свидетельствовал: «Все ориентировки НКВД в 1937 и 1938 гг. указывали на обширные формирования шпионских резидентур польской и германской разведок, и поэтому считалось практически, что для того, чтобы арестовать поляка, немца, для ареста лиц этой категории требуется меньше материалов, чем для ареста других национальностей, т.е. определенный национальный подход в этом вопросе, безусловно, был, и его прививали руководящие директивы НКВД СССР и НКВД УССР»[41]. Получая такие установки от чекистского руководства, Кораблев поставил «на конвейер» аресты и расстрелы. Он потребовал от сотрудников немедленно усилить разоблачение «украинское националистическое подполье» и ликвидировать другие «шпионско-диверсионные резидентуры»[42].

В марте 1938 г. для проведения арестов были созданы чекистские следственные группы в Гайсине, Жмеринке, Могилев-Подольском, Тульчине. В остальных районах ответственность за репрессии возложили на райотделы. С 22 марта количество признаний арестованных начало расти, а областная «тройка» (И. Кораблев, секретарь обкома И. Спивак, областной прокурор Я. Тернивский) перешла на ежедневную работу. 7 апреля Кораблев доложил А. Успенскому, что в области арестовано 2500 человек, но по полякам, румынам и другим национальным категориям репрессии только разворачивались. Через 20 дней Кораблев попросил об увеличении лимита репрессируемых на 300–500 человек. На это ему предоставили лимит в 400 человек по первой категории (расстрел)[43].

В апреле – мае 1938 г. одной из главных стала операция по Польской военной организации (ПОВ). В районы послали оперативные группы чекистов, которые на основании данных райотделов НКВД или выдуманных чекистами составили оперативные листы на лиц, подлежавших аресту. Например, Кораблев во время приезда в Жмеринский райотдел НКВД потребовал список поляков, проживающих в районе. На этом списке сделал отметки «арестовать» всех поляков среднего возраста. Кроме этого, отдал распоряжение затребовать от спецчастей предприятий и учреждений списки на поляков, немцев и латышей. Третий отдел УНКВД по этим спискам произвел аресты. Чекисты сразу применяли методы физического и психического воздействия, чтобы получить признания во «вражеской» деятельности. Руководство их настраивало: «С врагами шутить не будем. Если два-три сдохнут, страшного ничего не будет, отвечать никто из вас не будет, отвечу я своей головой и своим партийным билетом»[44].

Обычной практикой стали групповые допросы, применялись нечеловеческие пытки и издевательства над людьми. Опергруппой, которая работала в Жмеринском районе, за апрель–май 1938 г. было арестовано больше 100 человек, на которых не было никаких компрометирующих материалов[45]. Подобная практика использовалась в облуправлении НКВД. Каждый вечер Кораблеву докладывали о количестве протоколов «сознавшихся». Затем он вез материалы на «тройку», где утверждались расстрельные приговоры. Они немедленно приводились в исполнение в здании гаража областного УНКВД, где звуки расстрелов и крики жертв глушились шумом работавших моторов автомашин. На них грузились трупы, которые прятали через 300–400 метров в парке или за 2 км на кладбище по улице Лесной.

Предоставленный лимит репрессируемых по Винницкой области выполнили 11 мая 1938 г. И. Кораблев отправил докладную записку А. Успенскому, в которой подвел итоги. С 26 марта по 10 мая 1938 г. по разным «линиям» репрессировали 3448 человек. На 11 мая 1938 г., после выполнения основного и дополнительного лимитов, в областном управлении оставалось 1103 подследственных арестованных. Кораблев сообщил Успенскому, что на учете осталось около 2000 человек – «рядовых петлюровцев и бывших политических бандитов»[46]. Массовые репрессивные операции продолжались.

26 мая 1938 г. Политбюро ЦК ВКП(б) продлило до 1 августа 1938 г. порядок рассмотрения дел по национальным операциям (15 сентября 1938 г. новым решением Политбюро ЦК ВКП(б) рассмотрение «альбомных» дел было передано из центрального аппарата НКВД СССР областным «особым тройкам»)[47]. Найденные и проанализированные протоколы позволили установить: в Винницкой области «тройкой» и «высшей двойкой» в 1937–1938 гг. было осуждено 19 851 чел., из них расстреляно 16 806 чел.[48]; в Каменец-Подольской области во внесудебном порядке осуждено 14 848 чел., из них расстреляно 13 275 чел.[49]

Документы сохранили свидетельства о деятельности И. Жабрева, который сразу после приезда в Каменец-Подольский провел оперативное совещание, на котором сказал, что линия по разгрому вражеского подполья под руководством бывшего начальника Н. Приходько была неправильной. На областной «тройке» рассматривались дела на одиночек, но не вскрывались подпольные организации. Жабрев заявил: «Если в селе проживает 3–4 кулака, то, безусловно, они должны быть между собой связаны и представлять в зародыше контрреволюционное формирование». Поэтому потребовал «вскрывать» широкое разветвленное контрреволюционное подполье по польской, украинской и другим линиям. Он объяснял неправильную линию работы Приходько наличием в аппарате областного управления врагов, которые не желали выявлять контрреволюционные формирования. Поэтому в скрытой форме требовал добывать показания на сотрудников госбезопасности. Кроме этого, новый начальник предложил добиться «вскрытия» по украинской линии целых корпусов, дивизий, по ПОВ – командного состава корпусов и дивизий, а по правотроцкистской – районных штабов в каждом районе области.

Отметим, что установки Жабрева повторяли указания А. Успенского, который в апреле 1938 г. приехал в Каменец-Подольский и на оперативном совещании подчеркнул необходимость разгрома поляков и украинских буржуазных националистов. Перед личным составом нарком даже истерически выкрикнул «поляков мы должны уничтожить»[50].

С самого начала работы Жабрев запретил принимать на областную тройку дела арестованных «одиночек», требуя раскрытия организаций по 100 и больше участников. «За развал работы и нежелание раскрывать подполье» были арестованы начальники

Проскуровского горотдела НКВД З.И. Браун и Шепетовского горотдела Я.Б. Гришко. Затем последовали аресты других сотрудников госбезопасности и милиции. По показаниям, которые давали в 1939 г. их оставшиеся на свободе коллеги, «работники УГБ были терроризированы, боялись друг друга, боялись даже обмениваться некоторым опытом работы, указывать на недостатки»[51].

На оперативных совещаниях И. Жабрев и Р. Крутов заявляли, что хорошим работником будет считаться тот, кто за сутки получит не меньше 10–15 показаний арестованных о контрреволюционной деятельности. После таких установок сотрудники стали массово фальсифицировать следственные дела. По личным указаниям Жабрева и Крутова применялись меры физического воздействия к арестованным. В практику допросов вошли массовые пытки[52].

В апреле 1938 г. сотрудники управления начали открывать следственные дела по «украинским националистам», выполнив лимиты. В июле 1938 г. дела закончили, отправив в центральный аппарат НКВД УССР 400 справок, из которых вернули 300. Что дальше делать с арестованными, никто не знал, а тюрьмы были переполнены. На 1 августа 1938 г. в УНКВД оставалось 2000 «украинских националистов». В начале августа НКВД УССР дал указание: если «верхушка подполья» была связана с иностранными разведывательными органами, заканчивать дела, как «по справкам на альбом»[53]. Речь шла о том, что «на альбомы могут быть закончены групповые следственные дела при условии, если хотя бы один обвиняемый дал показания по шпионской деятельности». Работу приказали закончить до 10 августа. Жабрев провел совещание, потребовав добиться признания в шпионаже.

После оперативного совещания значительная часть работников УГБ была направлена в следственные группы в Проскуров и Шепетовку. Р. Крутова назначили руководителем следственных групп Проскурова и Шепетовки. В каждую группу входили 15–20 чекистов. Для быстроты и массовости репрессий Крутову предоставили широкие права, «санкции брались не у областного прокурора, а у районных, которые, не вникая в суть дела, штамповали готовые постановления на арест»[54]. Санкции на арест давали по справкам, иногда составленным из двух-трех слов, только с фамилией без имени и отчества человека, подлежащего аресту[55]. А военный прокурор 4-го кавалерийского корпуса Зуев, помощник военного прокурора КОВО Копылов и другие лично избивали арестованных[56]. Следователи Доманицкий и Оболенский убили людей во время допросов. По распоряжению А. Успенского они были арестованы и отсидели в административном порядке 20 суток в тюрьме Киева[57]. На этом их наказание закончилось.

Необходимо отметить, что арестованных, и среди них бывших сотрудников управления НКВД, подвергали систематическим пыткам: избивали резиновой палкой, шомполом, деревянным молотком, колючими ветками акации. Один из следователей, В. Леонов[58], избивал арестованных непосредственно перед расстрелами, затем заставлял их смотреть на расстрелы. В конце концов, расстреливали и их самих. Неудивительно, что до 90 % людей сознавались в преступлениях, которых никогда не совершали.

Во второй половине 1938 г., по свидетельству И. Кораблева, опытные чекисты почувствовали очередное изменение политического курса. Одним из первых признаков стало назначение 22 августа 1938 г. первым заместителем Ежова первого секретаря ЦК КП(б) Грузии Л. Берии, который принимал участие в репрессировании партийно-советских работников Закавказья[59]. 8 сентября 1938 г. еще один первый заместитель Ежова – М. Фриновский был назначен наркомом Военно-Морского Флота СССР. Одновременно его освободили с должности начальника 1-го управления (госбезопасности) НКВД СССР[60].

Уже 11 сентября новому заместителю наркома Л. Берии присвоили звание комиссара госбезопасности 1-го ранга, а 29 сентября в структуре НКВД восстановили Главное управление госбезопасности под руководством Берии[61]. В приказах НКВД СССР № 00701 и № 00702 от 23 октября 1938 г. говорилось о том, что сотрудники обязаны строго соблюдать правила следственной работы[62]. 31 октября 1938 г. приказы были доведены до сведения личного состава на оперативном совещании Винницкого УНКВД.

Раньше всех надвигавшуюся угрозу почувствовал нарком УССР А. Успенский. 14 ноября 1938 г. он инсценировал самоубийство, оставив в своем служебном кабинете записку: «Труп ищите в реке»[63]. Н. Хрущев в мемуарах писал: «Когда после бегства Успенского я приехал в Москву, Сталин так объяснял мне, почему сбежал нарком: "Я с Вами говорил по телефону, а он подслушал. Хотя мы говорили по ВЧ и нам даже объясняют, что подслушать ВЧ нельзя, видимо, чекисты все же могут подслушивать, и он подслушал. Поэтому он и сбежал". Это одна версия. Вторая такова. Ее тоже выдвигали Сталин и Берия. Ежов по телефону вызвал Успенского в Москву и, видимо, намекнул ему, что тот будет арестован. Тогда уже самого Ежова подозревали, что и он враг народа [...]. Тут же начались аресты чекистов. На Украине арестовали почти всех чекистов, которые работали с Ежовым»[64].

17 ноября 1938 г. И. Сталин и В. Молотов подписали постановление СНК СССР и ЦК ВКП(б) «Об арестах, прокурорском надзоре и ведении следствия», в соответствии с которым органам НКВД и прокуратуры запрещалось проведение массовых операций по арестам и выселению, ликвидировались «тройки». Органы НКВД обязывались при производстве следствия точно соблюдать все требования уголовно-процессуальных кодексов[65]. В этот же день И. Кораблев провел в Виннице оперативное совещание по вопросам агентурно-следственной работы[66], а И. Жабрева арестовали как сообщника А. Успенского[67].

«Нас боятся враги, а народ нас любит»

22 ноября 1938 г. в присутствии секретаря Каменец-Подольского обкома КП(б)У А. Власова прошло оперативное совещание областного УНКВД. Сначала заслушали сотрудников, а затем временно исполняющий обязанности начальника управления, секретарь партбюро Александр Акимович Екимов заявил, что 19 ноября он присутствовал на заседании Политбюро ЦК КП(б)У, на котором обсуждалось постановление СНК СССР и ЦК ВКП(б) от 17 ноября. «На заседании выяснилось, – отмечал Екимов, – что бывший нарком НКВД УССР Успенский оказался крупным заговорщиком, который привез на Украину своих сообщников, ныне арестованных вместе с ним»[68]. Выступавший, очевидно, хотел придать своей персоне политический вес сообщением об участии в заседании политбюро. Но в действительности этот орган постановление не обсуждал[69].

Через несколько дней Кораблев рассказал в Виннице, что в ЦК КП(б)У состоялось совещание начальников областных управлений НКВД и их заместителей, на котором присутствовал Н. Хрущев[70].

В Каменец-Подольском сотрудники еще до оперативного совещания областного УНКВД поняли, кто виноват и кого надо критиковать. Поэтому никого не удивило, что одним из первых выступил начальник Проскуровского горотдела НКВД Борис Николаевич Самогородский, который утверждал, что нарушения произошли из-за врагов народа, в частности И. Жабрева. Бывший начальник требовал предоставлять следственные дела по шпионажу ПОВ, а чекисты вынуждены были производить аресты подозрительных лиц, на которых не было достаточных материалов. При этом широко применялись избиения арестованных и фальсификация протоколов их допросов. Оперуполномоченный особого отдела 9-й кавалерийской дивизии Стадник поддерживал критику: «Жабрев давал вражеские установки не пускать к арестованным прокуроров, чем нарушали революционную законность». Начальник отдела кадров В. Лелонг сказал о том, что Жабрев дал директиву уволить из «органов» всех евреев. Более того, он якобы говорил, что «нужно в ближайший период нашу пограничную область очистить от евреев». Квинтэссенцией оценок стал вывод начальника 9-го отдела Алексея Николаевича Горца: «Все мы, в том числе и я, являлись слепым орудием в руках этого матерого врага Жабрева»[71].

В процессе перекладывания вины на персонифицированного врага – Жабрева отчетливо обозначились социальные напряжения и конфликты, настроения и модели поведения чекистов. Во-первых, группа сотрудников обвинила коллег в личных связях с Жабревым. Например, начальник Красиловского райотдела НКВД Мотусевич заявил, что Самогородский был приближенным к Жабреву, получал от него денежные вознаграждения, но ничего об этом не сказал. Начальник погранотряда Зубрило обвинял сотрудников Волочиского райотдела НКВД в том, что они плохо борются с врагами народа, настаивал на массовом выселении из погранполосы колхозников, даже без наличия компрометирующих доказательств. Начальник 4-го отдела Парфенов указал на деятельность Екимова, который как секретарь парткома приезжал в оперативно-следственные группы и требовал предоставления не менее пяти следственных дел в день, а Крутов – 8–12 ежедневных признаний во вражеской работе. Парфенов акцентировал внимание на неправильном осуществлении политических репрессий в отношении разных национальностей: «У нас существовала практика, что если поляк, то враг, если бывший петлюровец – то враг […]. Наше государство интернациональное, и арестовывать всех поляков – это неверно». На что секретарь обкома А. Власов сделал замечание, что если государство является интернациональным, это не значит, «что не должны арестовывать врагов из разных национальностей». По нашему мнению, эти разногласия возникли вокруг крупной проблемы трансформации отдельных аспектов политических репрессий в своеобразные «этнические чистки». Об этом будет идти речь в последующих частях исследования.

Парфенов обозначил еще одну серьезную проблему органов НКВД в обществе: «Массовой операцией мы вызвали у населения в селах боязнь наших органов». В ответ прозвучали реплики: «Неправильно, это клевета на народ. Нас боятся враги, а народ нас любит». О страхе в обществе, который вызывала кровавая деятельность чекистов, написано немало. О нем знали и его использовали сами чекисты. Тем показательнее высказывания о боязни врагов и любви народа, которые не были аберрацией сознания или ментальной проблемой, а являлись сознательной политической позицией. Недаром начальник 3-го отдела А. Вадис утверждал, что повышение эффективности агентурной и следственной работы «не значит, что мы должны сейчас либеральничать с врагами – это значит, что кое-кого, если это понадобиться, будем пристрастно допрашивать». И далее он продолжил: «...Нужно продолжать громить врагов, а надо сказать, что именно в Каменец-Подольской области есть еще много врагов, с которыми нужно вести ожесточенную борьбу».

Одновременно Вадис подверг критике корпоративные отношения в органах госбезопасности, заявив, что из чекистов создавалась «определенная каста, все делалось в сугубо конспиративной форме, создавалась видимость, что работают много, работают хорошо [...]. Чинопочитание, подхалимство являлось обыденным явлением». Бесконтрольное и привилегированное положение в обществе чекистов привело к тому, что их агентуру открыто устраивали на работу директора предприятий и руководители советских учреждений. Можно представить, насколько напряженной была психологическая обстановка в таких коллективах.

«Поставить на место» чекистов должны были партийные органы. Именно эту цель преследовало постановление СНК СССР и ЦК ВКП(б) от 17 ноября 1938 г. Показательно, что на оперативном совещании начальник Смотрицкого райотдела НКВД Климентий Иванович Стыцюк обвинял И. Жабрева в том, что тот приказывал не информировать партийные органы о ситуации на местах, говорил: «Мы должны знать в первую очередь, а потом уже парткомы». Секретарь обкома А. Власов все внимание сосредоточил на этой проблеме. Во-первых, он критиковал руководящих работников управления Вадиса, Мордовца, Лелонга за то, что не говорили в обкоме и горкоме партии о вражеской работе

Жабрева: «За эти ошибки партийная организация должна будет виновных крепко ударить». Во-вторых, он политически подстраховался обязательными заявлениями о разногласиях с Жабревым: «На протяжении долгого времени работы с врагом Жабревым мне пришлось немало сталкиваться и не выполнять его линию в работе, например, выселение из г. Каменец-Подольска учителей и агрономов. Мы за очистку нашей области от враждебных элементов, за очистку правильную, а не за очистку фашистскую, которую проводили Успенский и Жабрев». В-третьих, Власов с возмущением рассказывал, что в районном центре Берездове начальник райотдела НКВД ставил задачи секретарю райкома партии и требовал отчета о выполнении. В Дунаевцах его коллега требовал от председателя райисполкома бензин и на вопрос «Зачем?» ответил: «Это не твое дело, если не дашь, арестуем». Приведя подобные примеры, Власов подчеркнул: «Надо прекратить всякое зазнайство и нетактичное поведение». В связи с этим секретарь обкома заявил, что Самогородского как близкого к Жабреву человека и плохого работника «держать не будем», а всех, кто являлся «охвостьем Жабрева», надо из органов убрать.

Таким образом, ведущая роль партийных органов по отношению к чекистским полностью восстанавливалась. Местные партработники вновь начинали осуществлять контроль над кадрами райотделов и областных управлений госбезопасности. В таких условиях секретарь парткома управления Екимов попытался переложить вину за допущенные «нарушения законности» на враждебные внешние силы: «Следователя превращали в писателя, не подходили объективно, партийно к оформлению дел, требовали больших протоколов. В ряде случаев мы не проверяли показания свидетелей». Поэтому бывшие «писатели» должны были профильтровать все следственные дела «в производстве», освободив тех, кто не виновен. Но нельзя было освобождать «легкомысленно», ведь вокруг оставались враги. Екимов настраивал сотрудников на работу в новых условиях: «Органы НКВД пользуются любовью у народа, поэтому выступавший здесь т. Парфенов не прав, говоря, что нас боятся трудящиеся. Тот, кто чувствует за собой грехи, тот боится нашего удара. К нам ежедневно поступают сотни заявлений, трудящиеся помогают нам вскрывать врагов». Таким образом, логика мышления банды преступников, которая по сигналу руководства компартии отправила на смерть десятки тысяч людей в Каменец-Подольской области, оставалась прежней: они считали себя сознательнее и патриотичнее всех в обществе, осуществляли высшую социальную миссию – поиск врагов в различных социальных и национальных группах, и за это «народ их любил». А всякие упоминания о страхе перед ними являлись клеветой на народ, который помогал «вскрывать» врагов[72].

23 ноября 1938 г. Ежов подал рапорт об отставке, который был принят (очевидно, Сталиным), а 25 ноября НКВД СССР возглавил Берия. В этот же день в Виннице состоялось оперативное совещание УНКВД, на котором было зачитано и обсуждено постановление ЦК ВКП(б) и СНК СССР от 17 ноября 1938 г. Кораблев заявил, что 19 ноября на совещании начальников и заместителей начальников НКВД в ЦК КП(б)У «отдельные начальники управлений НКВД и их заместители несколько не поняли существа постановления и говорили несуразицу». Например, николаевские руководители заявили, что две тысячи арестованных подвергались избиению. В Одесской области сотрудники госбезопасности избивали полторы тысячи заключенных. «Секретарь ЦК КП(б)У тов. Хрущев очень резко выступил по этому вопросу, заявил, что за такую неправильную линию надо виновных предавать суду», – отметил Кораблев. Пришлось и ему привести примеры необоснованных арестов, осуществленных райотделами НКВД, подвергнуть критике практику допросов «штатных свидетелей» по делам арестованных, о чем будет идти речь ниже. Показательно, что в присутствии секретаря Винницкого обкома Г. Мищенко он ни разу не упомянул о «несуразице» – массовых избиениях арестованных.

На совещании присутствовал областной прокурор Я. Тернивский, который входил в областную тройку, утверждавшую приговоры арестованным. Тернивский попытался отвести от себя всякие подозрения во враждебной деятельности, рассказав о массовых избиениях заключенных в Винницком УНКВД. Он указал, что постановление от 17 ноября призывает вести с врагами «беспощадную борьбу при более совершенных методах». Прокурор утверждал: «Пробравшиеся враги народа в органы НКВД и органы прокуратуры, как в центральных аппаратах, так и на местах создавали дела на преданных людей советской власти, отводя удар от своих враждебных бандитских контрреволюционных элементов». Такие враги в области натворили немало вреда, а «упрощенное ведение следствия приводило к грубейшим нарушениям социалистических законов. У нас были случаи необоснованных арестов […]. Были случаи избиения арестованных». В этих условиях прокуроров, стремившихся проверить сообщения об избиениях, иногда не пускали в камеры, а нарушение законов было следствием семейственности в практической работе, отсутствием большевистской принципиальности. Политически не опасное слово «семейственность» снимало подозрения в политических ошибках, а тем самым и во вражеской деятельности, которую вели внешние силы. «Нужно со всей прямотой сказать, что органы прокуратуры недостаточно осуществляли надзор за следствием, не принимали решительных мер к устранению недостатков. Выступая сегодня на этом совещании по обсуждению этого величайшего документа, я, как прокурорский работник, в указанных недочетах также виновен», – покаялся Тернивский. Таким образом, он и прокуроры области оставались как бы в стороне от преступлений, осуществленных органами НКВД, и обвинять их можно было только в беспринципности и семейственности.

Выступление Г. Мищенко показало, что он не хотел говорить о нарушениях законности, но о партийном контроле прозвучала четкая установка: «У Вас, видимо, ведомственная дисциплина стоит выше партийной дисциплины, а это очень плохо [...]. Ознакомлять секретарей РПК с агентурной работой нельзя, нужно строить работу в полном контакте, однако никто не давал права секретарям РПК лично распоряжаться работниками НКВД и давать им поручения в ущерб основной чекистской работе, и в такой же мере начальник райотдела НКВД [не может] распоряжаться кадрами райкома». И. Кораблев полностью признал ведущую роль обкома партии: «Сейчас положение с набором людей для работы в органах НКВД обстоит совершенно иначе, чем раньше. Прием, увольнения и перемещение чекистских кадров производится только по согласованию с обкомом КП(б)У»[73].

Совещание продемонстрировало нежелание сотрудников Винницкого УНКВД говорить о допущенных «нарушениях законности», а также попытку прокуратуры откреститься от участия в них. Это была естественная стратегия защиты от обвинений. Однако политическая кампания разоблачения нарушений и нарушителей набирала силу.

«Как страна социализма родит героев»

26 ноября 1938 г. был издан приказ НКВД СССР № 00762 «О порядке осуществления постановления СНК СССР и ЦК ВКП(б) от 17 ноября 1938 г.», подписанный Берией. Он определил направления деятельности органов госбезопасности в соответствии

с действовавшим законодательством и требовал под руководством партии и правительства «добиться скорейшего и решительного устранения всех недостатков и извращений в своей работе и коренного улучшения организации дальнейшей борьбы за полный разгром всех врагов народа, за очистку нашей родины от шпионско-диверсионной агентуры иностранных разведок, обеспечив тем самым дальнейшие успехи социалистического строительства»[74]. Таким образом, поиск врагов народа, в разряд которых с начала 1930-х гг. могли попасть любые группы общества, а также агентурных сетей иностранных разведок являлся одним из условий успехов деятельности компартии и государства в целом. Этот поиск жестко контролировался партией, которая оставалась «кристально честной и подлинно народной» в своих планах и деяниях. Именно поэтому она должна была строго наказать нарушителей законности.

27 ноября 1938 г. состоялось закрытое партийное собрание Каменец-Подольского УНКВД, на котором присутствовало 77 человек, в том числе секретарь обкома А. Власов. С докладом «О вскрытом фашистском заговоре в органах НКВД и мероприятиях парторганизации по ликвидации последствий вредительства» выступал А. Екимов. Он рассказал, что в апреле 1938 г. Успенский и Жабрев на оперативном совещании областных и районных работников НКВД в Каменец-Подольском требовали громить организованное подполье. После таких установок к следственной работе (фабрикации протоколов допросов и других процессуальных документов) привлекли посторонних лиц, не являвшихся оперативными сотрудниками. Арестованные под пытками давали показания на 50, а то и на 80 человек, то есть оговаривали всех, кого знали. В результате по показаниям в антисоветской деятельности проходили тысячи людей.

Выступивший за Екимовым начальник отдела кадров УНКВД (с 4 марта 1938 г.) Илья Пинхусович Юфа заявил: «В марте месяце с. г. я был на совещании в наркомате, где выступали т. т. Хрущев и Ежов. Аппарат на Украине чрезвычайно засорен социально чуждым торгашеским элементом. Тов. Ежов указывал, что аппарат чекистов не обменивался, не освежался, и ставил вопрос о подготовке новых кадров – эта линия является и сейчас правильной». Все присутствовавшие понимали, что речь идет о наказании за предыдущую «ударную работу» по разоблачению врагов. Поэтому обвинения сосредоточились на помощниках Жабрева. В частности, отмечалось, что у бывшего заместителя начальника управления, начальника 4-го отдела В. Леонова проявлялся «вредный фанатизм, во всем и всех он видит врагов». Сотрудник Беспрозванный подверг резкой критике своего начальника А. Вадиса и рассказал, что тот на третий день приезда в УНКВД созвал оперативное совещание, «на котором всех коммунистов обозвал врагами народа и пригрозил, что он нас арестует, предаст суду и т. д.». Тогдашний секретарь парткома Лелонг в ответ на замечания о неправильности такого поведения сказал, что Вадис был прислан Успенским на укрепление пограничной области и ему надо было «создать авторитет». Для «создания авторитета» Вадис не брезговал любыми методами, даже посылал подчиненных покупать ему водку в магазин. На одном из оперативных совещаний в присутствии коллег Вадис утверждал, что присутствовавший сослуживец – враг народа и что он с ним «на фронт не пойдет, так как он его предаст».

В условиях критики и обвинений руководство УНКВД каялось в грехах. Например, Иосиф Лаврентьевич Мордовец (с 20 июня 1938 г. – врид начальника 2-го отдела УГБ, а с 7 сентября 1938 г. – помощник начальника УНКВД) отвергал обвинения в антисемитизме. В ответ один из сотрудников сказал: «Стыдно было слушать, как рассказывал Мордовец, что ему начальство заявило, что нужно изгнать евреев из органов НКВД, потому что они не имеют своего государства и поэтому могут продать любое государство, в том числе и советскую власть». Тема антисемитизма в деятельности руководства НКВД не случайно продолжала активно обсуждаться в чекистской среде. Так, сотрудник управления Киперштейн говорил, что Жабрев – германский фашист, поскольку заставлял его обслуживать свою личную квартиру, как, впрочем, и бывшего начальника управления Н. Приходько. Дело было не в барском поведении руководителей чекистов в 1930 гг., о котором, кстати говоря, мы знаем не очень много. Обвинения в антисемитизме служили логическим мостиком для характеристики «вражеской фашистской деятельности» бывшего руководства, позволяли сравнивать ее с Холокостом евреев, который осуществляли нацисты. Показательно, что сотрудник управления Кац открыто заявил: «Сегодня по радио передавали митинг советской интеллигенции из Москвы по поводу зверских погромов, учиненных фашистами в Германии над еврейским населением. Выступающие не находили слов, чтобы выразить свое возмущение. А разве мы не видим подобное, что затеяла кучка врагов, пробравшихся в органы НКВД?.. Насколько я знаю, указания об увольнении из органов евреев исходили от отдела кадров НКВД УССР [...]. Этот вопрос упирается в Крутова»[75]. Впервые прозвучала информация о том, что в 1938 г. из Каменец-Подольского УНКВД было откомандировано 50 человек, из них 23 еврея.

Среди критических выступлений в адрес руководства управления НКВД обратило на себя внимание заявление помощника оперуполномоченного 4-го отдела Ивана Павловича Кордуса, которое, по нашему мнению, четко демонстрировало механизмы осуществления репрессий сталинским режимом. В стенограмме партсобрания отмечалось: «Далее т. Кордус останавливается, как страна социализма родит героев. Как наш героический народ выдвигает из своей среды знатных людей, таланты и т. д. У нас в Управлении, – продолжает Кордус, – было сплошное искривление в выдвижении кадров и наградах. Вот наградили т. Патрушева – бывшего начальника Плужнянского райотделения, ныне работающего в Волочиском РО НКВД[76]. За что, я спрашиваю? За то, что он – Патрушев – при изъятии оружия в Плужнянском районе был инициатором массового искривления революционной законности? Патрушев в селах Плужнянского района созывал в сельбуд[77] по 15 колхозников, предлагал им сдать оружие, затем оставлял милиционера и заставлял издеваться над колхозниками[78]. По этому делу арестован бывший начальник милиции Клюс, а главный виновник – Патрушев – не только на свободе, но и награждается». Таким образом, страна социализма рождала героев, которые организовывали провокации, издевались и убивали людей, а за такие преступления их поощряли и публично хвалили. Это совершенно не похоже на ситуацию с «обычными людьми» К. Браунинга из 101-го резервного полицейского батальона, уничтожавшими евреев на территории округа Люблин в Польше в период Второй мировой войны[79]. Попытка логического объяснения поведения «героев страны социализма» будет осуществлена в конце исследования, а пока отметим, что речь в данном случае идет не о простом соучастии обычных мужчин среднего возраста из крестьянских и рабочих семей в преступлениях против человечности. Обращают на себя внимание советская действительность того времени: провокации, избиения, массовые убийства героизировались в чекистской среде, превращаясь в средства карьерного роста и повышения социального статуса.

Возвращаясь к закрытому партсобранию Каменец-Подольского УНКВД, следует указать, что стратегии защиты в условиях

критики подобного «героизма» были вполне объяснимыми. Один
из чекистов, Манилевич, отмечал: «Рабская покорность в выполнении любого приказа привела к вражеским действиям [...]. Каждый товарищ ожидал выезда или ареста». Ему вторил И. Мордовец: «Я готов отвечать перед партией за свои антипартийные
поступки, но врагом я никогда не был». В. Лелонг признал «пособничество Жабреву во вражеской работе», но заявил, что не
был сознательным врагом. Еще более честным перед «товарищами по оружию и партии» представил себя А. Вадис: «Я не называл Жабрева отцом родным, но говорил с ним тогда по-рабски и
плакал. Я заявляю, что я честный человек, был таким и честным
человеком буду». Партсобрание исключило Жабрева из КП(б)У
как «изменника партии и предателя родины», Лелонга сняли с
поста секретаря парткома и вынесли строгий партийный выговор
с предупреждением за связь с Жабревым. Аналогичное наказание
постигло Мордовца[80].

«Каждый член партии должен не забывать того, что партия спросит за все»

В Виннице И. Кораблев был вынужден реагировать на приказ
НКВД СССР № 00762. 1 декабря 1938 г. он издал приказ по УНКВД
Винницкой области, в котором объявлял взыскания ряду сотрудников за избиения арестованных, фальсификацию протоколов
допросов и недопущение прокуроров к заключенным. Одного из
них, сержанта государственной безопасности Артема Павловича
Беркута, за допущенные нарушения арестовали на трое суток.
В этот момент в разные партийно-советские структуры поступали письма, жалобы, заявления от отдельных сотрудников органов
госбезопасности, уже освобожденных из-под ареста лиц, заключенных из концлагерей о методах следствия, применявшихся в
УНКВД[81]. В декабре были созданы и начали работу экспертные
группы (комиссии) в составе новых сотрудников центрального и
областного аппаратов НКВД. Начальникам групп поставили задачу – проверить работу УНКВД периода массовых репрессивных операций.

Деятельность органов госбезопасности становилась достояни-
ем все более широкого круга чиновников, не говоря о родствен-
никах, близких, друзьях пострадавших в ходе массовых операций.
Руководство областных прокуратуры и суда с целью защитить

себя, переложив всю ответственность на органы госбезопасности, организовало провокацию. Член областного суда Фельдман по поручению группы лиц из облсуда и облпрокуратуры написал заявление на имя прокурора УССР Л.И. Яченина о допросе 9 декабря одного из арестованных – А.Я. Липовецкого. На допросе присутствовали помощник облпрокурора Зазимко, облпрокурор Я. Тернивский, председатель судебной уголовной коллегии Винницкого облсуда Прохоренко и сам Фельдман. Арестованный показал, что за несколько дней до этого, будучи вызван на допрос в УНКВД, он стоял лицом к стене и слышал, что в кабинетах идут разговоры о существовании в области широкомасштабного заговора, направленного на убийство Сталина, Молотова, ряда областных руководителей. После разговора из кабинета вышел заместитель начальника 4-го отдела Лазарь Наумович Ширин. Более того, Липовецкий написал заявление, в котором утверждал, что А. Успенский и И. Кораблев планировали убийство областного прокурора Тернивского[82].

Очевидно, что республиканская прокуратура, новое руководство НКВД УССР во главе с врид наркома А. Кобуловым, обком партии следили за деятельностью руководства и сотрудников Винницкого УНКВД. 26 декабря 1938 г. состоялось закрытое партсобрание УГБ НКВД УССР по Винницкой области с повесткой дня «Об ошибках и извращениях в работе Управления НКВД». Присутствовали 60 человек, в том числе секретарь Винницкого обкома Д. Бурченко. Протокол партсобрания 30 декабря отправили А. Кобулову. Тональность выступления И. Кораблева осталась прежней: коллектив управления провел большую работу «по разгрому контрреволюционного подполья всех мастей». Но были допущены ошибки, которыми пытались воспользоваться враги. Поэтому с середины марта по конец декабря 1938 г. в областном УНКВД уволили, арестовали, откомандировали по компрометирующим материалам 284 сотрудника. В областной милиции – 231 человека. Таким образом, более 500 сотрудников пострадали в ходе массовых операций, из них 72 были арестованы[83].

Впервые Кораблев публично заявил об избиениях арестованных: «...Имеют место случаи грубейшего нарушения советского законодательства – физические методы, примененные отдельными работниками по отношению к арестованным [...]. Наше областное управление больно такими же болезнями, что и другие управления, о чем указано в постановлении ЦК ВКП(б) и СНК

СССР». Стратегия защиты Кораблева была понятной – нарушения законности в органах безопасности было типичным, поэтому осуждение их сотрудниками было достаточным условием для возвращения в поле законности. Среди этих нарушений Кораблев особо выделил методы сотрудника Калиновского райотдела НКВД Кураса в, уволенного к тому времени. Оказалось, что учителей, председателей и секретарей сельсоветов, заведующего спецчастью райисполкома Курас привлек к процессу разоблачения «врагов». Они якобы были свидетелями антисоветской деятельности арестованных к тому времени жителей района. Более того, эти люди не только писали вымышленные свидетельские показания, но и по требованию чекиста вызывали колхозников и заставляли их подписывать вымышленные показания.

Кораблев выступил резко против того, что созданная в соответствии с приказом № 00762 НКВД СССР от 26 ноября 1938 г. следственная группа за первую неделю работы освободила 52 % арестованных после рассмотрения незаконченных следственных дел. Он утверждал, что арестованные действительно виноваты, УНКВД неправильно прекратило аресты, а сотрудники думали, «как бы не нажить себе беды». Кроме того, начальник управления настаивал на дальнейшем «очищении органов от врагов народа»[84].

Кораблев высказывал мнение многих сотрудников управления. Так, начальник отделения 3-го отдела Герасим Михайлович Мартынюк с возмущением заявил: «Враг чувствует, что к нему изменено отношение, если так можно выразиться, и начинает клеветничать […]. Врага мы должны разоблачать с еще большей решительностью и стирать с лица земли». С ним был согласен Г. Данилейко: «Надо арестовывать так, чтобы у нас не было провала». Он подверг критике прокурора Васильева: «Он просто безголовый. Обращаясь к арестованному, он говорит: "Вы же знаете постановление ЦК ВКП(б) и СНК СССР?" Тут арестованный начинает ориентироваться в части своего дальнейшего поведения». Некоторые выступавшие высказывались в том же духе, демонстрируя недовольство действиями прокуроров: «Прокурор при рассмотрении дел говорит, ну, что ж, ему все равно больше года не дадут, если даже и будут судить». Один из выступавших, В. Майструк, выразился еще более четко: «Прокурор должен ограждать интересы государства от всех и всяческих посягательств врага. В этом его роль и назначение». Он попросил Д. Бурченко провести совещание прокуроров и объяснить им постановление партии. Конечно, такие совещания проводились прокуратурой УССР, на них объяснялось, что восстанавливались функции надзора прокуратуры за следствием органов НКВД, согласно законодательству. Майструк затронул еще одну важную тему – отношения органов госбезопасности с компартией. Стратегия защиты от обвинений со стороны этого сотрудника была очень изощренной: «Я считаю, если человек не может работать в УГБ, значит, он для партии не годен. Тов. Ленин говорил, что каждый коммунист должен быть чекистом. Чекистская работа – не большая мудрость». Это означало, что все уволенные до этого момента допускали ошибки или занимались вражеской работой, потому что не были настоящими коммунистами. Но если человек еще работал в НКВД, то он был настоящим коммунистом.

На совещании прозвучали обвинения в адрес близкого к Кораблеву А. Запутряева. Обиженный сержант государственной безопасности А. Беркут прямо сказал, что получил выговор, но его начальник – Запутряев – заставлял фальсифицировать протоколы, дописывая то, что никогда не говорили арестованные. Все присутствовавшие понимали, что тот не мог самостоятельно действовать подобным образом. Виноват был Кораблев. Секретарь обкома Д. Бурченко подвел итог обсуждения: «Главной причиной всех ошибок в деятельности органов НКВД является отсутствие партийности [...]. Каждый член партии должен не забывать того, что партия спросит за все». Он заявил, что органы НКВД будут поставлены под жесткий контроль партийных органов. Партийный руководитель специально подчеркнул, что в последнее время участились случаи, когда коммунистов обвиняли в клевете на честных людей, а они объясняли свои действия приказами сотрудников НКВД. Но были люди, которые действительно клеветали на всех вокруг, и «таких разоблачителей надо держать на далеком расстоянии от органов НКВД». Подобную практику необходимо было немедленно прекратить. В заключительном слове Кораблев сделал вынужденный вывод: «В тех ошибках и извращениях, которые были допущены в работе нашего управления [...] виноваты мы все»[85]. Он понимал, что в сложившихся условиях на посту начальника управления надолго не останется.

Одним из последних действий Кораблева на посту начальника УНКВД стала передача 9 января 1939 г. военному трибуналу особого совещания КОВО дела по фактам избиения сотрудниками Липовецкого райотдела НКВД Г. Злобиным и И. Колбыдюком арестованных (и к тому времени уже расстрелянных) граждан[86].

Вероятно, И. Кораблев попытался защитить себя, подставляя под судебное разбирательство подчиненных. Однако исполняющий обязанности наркома внутренних дел А. Кобулов не согласился с предложением И. Кораблева. Г. Злобин и И. Колбыдюк были наказаны в административном порядке – их посадили под арест на 20 суток[87].

Через несколько дней Кораблева сместили с должности, назначив новым начальником управления третьего секретаря Днепропетровского обкома партии Б. Шаблинского[88]. 18 января 1939 г. Кораблев написал Берии письмо, в котором заявил, что «работал честно, как подобает большевику». 28 января в письме Сталину он подчеркивал, что не понимает, за что его сняли с поста, как и практически всех начальников УНКВД. Он писал, что считает «величайшей ошибкой ту политику, которую проводит т. Берия по отношению к старым чекистским кадрам». Виноваты не они, а бывший нарком внутренних дел СССР: «Одним словом, виноват во всем т. Ежов и те сволочи, которые занимали руководящее положение на решающих участках чекистской работы, как Заковский, Успенский и подобные им, оказавшиеся врагами народа […]. Я умираю абсолютно честным человеком, честным коммунистом и чекистом»[89]. В ночь с 29 на 30 января Кораблев двумя выстрелами в упор пытался покончить жизнь самоубийством, но выжил[90]. Берии немедленно сообщили о случившемся, тот довел до ведома Сталина, а бюро Винницкого обкома партии 3 февраля осудило попытку самоубийства Кораблева как позорный антипартийный поступок. В решении, в частности, говорилось: «В процессе сдачи и активирования дел и документов УНКВД выявлено ряд серьезных недочетов, ошибок и извращений в работе УНКВД за время руководства Кораблева (незаконченных следственных дел с нарушением норм УПК 350, не разобрано актуальных заявлений трудящихся 156, запущенность в агентурной работе и т. д.)». Кораблева вывели из состава обкома партии[91], после выздоровления он уехал из Винницы.

В январе 1939 г. развернулась работа экспертных комиссий по оценке предыдущей деятельности УНКВД. Обкомы партии рассматривали личные дела коммунистов-чекистов, утверждая их кандидатуры для продолжения работы в органах госбезопасности. 14 февраля 1939 г. бюро Винницкого обкома партии начало утверждать кандидатуры сотрудников на руководящие посты в аппарате областного управления и районных отделов НКВД. Были заслушаны объяснения А. Пришивцына о нарушениях, творившихся в управлении. Протокол заседания гласил: «В связи с тем, что на бюро обкома из объяснений тов. Пришивцына Антона Яковлевича выяснилось, что его на работу в Винницкое Областное Управление НКВД было послано врагом народа Успенским и сам Пришивцын заявил, что он посылался на начальника 4-го отдела Облуправления с тем, что он будет в ближайшее время назначен заместителем начальника управления. Также заявил, что к награде орденом "Красной Звезды" он был представлен врагом народа [видимо речь идет о начальнике УНКВД Донецкой области Д. Соколинском]. В связи с этим, считать невозможным сохранение тов. Пришивцына Антона Яковлевича на работе заместителя начальника Облуправления и с работы из органов НКВД освободить»[92]. Решение послали на утверждение в ЦК ВКП(б) и ЦК КП(б)У, а также Шаблинскому. 26 апреля 1939 г. А. Кобулов написал заместителю начальника ГУГБ НКВД СССР Б. Кобулову письмо, в котором изложил выводы членов бюро Винницкого обкома и попросил дополнительно допросить Успенского о «наличии между ними организационной связи»[93]. Таким образом, Пришивцын и Кораблев оказались соучастниками вражеской деятельности Успенского.

Возвращаясь к событиям февраля, отметим, что бюро Винницкого обкома партии утвердило далеко не всех сотрудников. На многих из них имелись компрометирующие доказательства, за которые они подлежали увольнению. О нарушениях законности нигде не упоминалось. Судьба этих людей неизвестна. Но один из сотрудников – заместитель начальника 5-го отдела А. Редер, уволенный за сокрытие социального положения (отец – австрийский подданный, а сам Редер – еврей, а не русский, как он писал в автобиографиях)[94], стал главным действующим лицом последующих событий в Виннице.

В Каменец-Подольском события разворачивались по похожему сценарию. 4 февраля 1939 г. новый начальник УНКВД А. Михайлов (до этого – заведующий отделом руководящих партийных органов Каменец-Подольского обкома партии) написал А. Кобулову записку о деле В. Лелонга. Он указывал, что Лелонг подал неправильные данные о национальности (француз), о социальном происхождении (отец – владелец магазина), скрыл национальность мужа сестры (немец), мать которого тоже осуждена за шпионаж, и что отец его жены был на учете по окраске «прочие».

Михайлов называл Лелонга «шкурником», которому в 1937 г. коммунисты высказывали недоверие. Он подчеркивал, что Лелонг был близок к Жабреву, как секретарь парторганизации выполнял установки по увольнению евреев из органов НКВД. Кроме того, в адрес Н. Хрущева поступили жалобы комсомольца Корчака и других свидетелей об издевательствах Лелонга над арестованными, его требованиях клеветнических показаний на сотрудников НКВД. Список 20 сотрудников, на которых имелись компрометирующие материалы, приобщили к делу Гришко. Лелонг, будучи начальником отдела кадров, их скрыл, но это обнаружил новый начальник НКВД и подал рапорт на их увольнение. Михайлов требовал уволить Лелонга из органов НКВД и предать суду[95].

Лелонг понимал, что выдвинутые ему обвинения могут привести к аресту и максимально жесткому приговору. 10 февраля 1939 г. он написал письмо Н. Хрущеву, где жаловался на исключение из партии и заявил о готовности искупить вину на поле боя. Он писал: «В тяжелой международной обстановке, когда обнаглевший фашизм готов напасть на наши святые границы, нет выше чести для советских патриотов, для коммунистов умереть за свою родину, за великую партию большевиков, за любимого тов. Сталина». Далее он признался, что «без партии не сможет жить», и просил «дать шанс показать свою преданность, мной будет гордиться вся родина». С пафосом коммунист-чекист Лелонг заявил: «Во второй мировой социалистической революции я буду в первых рядах громить мировой фашизм, и если придется умереть, так умру героем»[96]. В тот же день он написал письмо А. Кобулову, из которого становится понятным, что он был у него на приеме, осветив свою биографию и деятельность. Он вновь писал о допущенных ошибках, но указывал, что они были у его коллег – опытных чекистов Мордовца, Леонова и других. Ссылаясь на всего 10-месячную службу в НКВД, приход туда из парторганов, где зарплата в два раза выше, просил оказать доверие и поверить ему. Лелонг утверждал, что готов выполнить любое ответственное задание и умереть в схватке с фашизмом[97]. Для подтверждения такой готовности 1 марта 1939 г. Лелонг к повторному короткому письму А. Кобулову приложил написанную от руки военную присягу[98].

«Ужасы средневековой инквизиции бледнеют перед теми способами, которыми следственные органы добивались признания у моего мужа»

В процессе сбора материалов о нарушениях социалистической законности следователи из экспертных комиссий НКВД собирали рапорты и заявления коллег периода массовых операций, письма и заявления осужденных, их родственников, которые направлялись руководителям различных партийно-советских структур. В них рассказывалось о поведении следователей, приводились аргументы о невиновности осужденных и содержались заверения в преданности советской власти, компартии и лично Сталину. Эти документы еще недостаточно введены в научный оборот вследствие недавней недоступности архивов. Они вызывают значительный интерес, так как содержат малоизвестные подробности проведения массовых операций. Например, в ходе расследования нарушений в Каменец-Подольском УНКВД к делу были приобщены письма начальника 6-го отделения УГБ С.Н. Северина. Это был человек, который на протяжении нескольких лет служил в особом отделе Каменец-Подольского погранотряда, имел значительный опыт чекистской работы на границе с Польшей. В июле 1938 г. его перевели в аппарат Каменец-Подольского УНКВД, а 14 августа 1938 г. он написал письмо в секретариат ЦК ВКП(б) о перегибах в следственной работе НКВД, в котором указал, что «принимал участие в ликвидации восстаний на Кубани, Украине, Молдавии, вел дела на контрреволюционеров и шпионов, и приводил приговоры в исполнение, но это были настоящие враги, теперь, мне кажется, наряду с разгромом настоящих врагов арестовано и репрессировано много невиновных и искусственно создаются одиночные и групповые дела».

Северин утверждал, что с августа 1937 по август 1938 гг. УНКВД по Каменец-Подольской области арестовало около 16 тыс. лиц, до 90 % которых сознались в преступлениях (шпионаж, участие в антисоветских организациях и т. п.). «В преимущественном большинстве эти лица были арестованы по объективным признакам или по непроверенным показаниям других лиц. Прокуратура настолько увлеклась, что без проверки дает санкции на арест», – подчеркивал этот чекист. Все арестованные подвергались избиениям, в том числе со стороны прокуроров. Подобные методы допросов применялись параллельно с камерными провокациями, что позволяло выдумывать разветвленные шпионские резидентуры, против которых успешно боролись местные чекисты. Северин откровенно писал: «Я считаю вредным хотя бы то, что в одной Каменец-Подольской области за год было разоблачено 10 тыс. польских шпионов. Это нереально и быть не может, сколько же агентуры имеет польская разведка в СССР? Это липа, и польской разведке искусственно создан ореол, здесь не без вражеской руки. 80 % всех дел направляются на тройку, и арестованные расстреливаются». Он отметил, что схожие методы применялись при фальсификации практически всех дел: «В УНКВД была вскрыта партизанская организация. Вскрыли ее нач. 4-го отдела Гинесин и нач. отделения Климовский, по ней расстреляли до 200 человек, и заверяю вас, что напрасно. Это дутое дело и по нему репрессирован лучший сельский актив». В письме Северин каялся: «За период работы в УНКВД я сам принимал участие в избиении арестованных, считая, что мы громим врага, но проанализировав, что это идет вразрез с установками партии и правительства, я решил Вас поставить в известность»[99].

Написать такое письмо в августе 1938 г. в секретариат ЦК ВКП(б) было очень смелым поступком. Объяснить его можно по-разному: либо Северин имел личный контакт с высокопоставленными сотрудниками НКВД СССР (например, начальника 6-го отдела 1-го управления НКВД СССР Игнатия Морозова он мог знать по совместной работе в 23-м Каменец-Подольском пограничном отряде), либо из карьеристских соображений решил заявить о нарушениях законности руководителями Каменец-Подольского УНКВД. Возможно, что он как сотрудник, служивший на границе, знал реальные масштабы агентурной сети, а также шпионажа, поэтому был реально обеспокоен размахом арестов и расстрелов людей. С этой точки зрения он проявлял себя как советский человек, коммунист и патриот. 24 декабря 1938 г. С. Северин написал письмо секретарю Каменец-Подольского обкома КП(б)У А. Власову, в котором заявил о вредительской работе Жабрева, Лелонга, Мордовцева, Леонова. Это был типичный донос, в котором описывались садистские наклонности бывших начальников, которые избивали и пытали арестованных чекистов. Указывалось, что Лелонг часами находился в кабинете Жабрева, после чего лично допрашивал сотрудников, требуя показаний в шпионской деятельности. Так, на партсобрании был арестован начальник особого отдела 9-й кавалерийской дивизии Б. Черторыйский, которого допрашивали Лелонг и Северин. Во время избиений Лелонг заявлял Черторыйскому: «Бьет тебя не аппарат

Балицкого, не я, а Николай Иванович Ежов». Кроме акцентирования внимания на садистских наклонностях начальников, Северин обращал внимание на целенаправленный антисемитизм, аресты чекистов-евреев, уничтожение партийных и советских кадров. Конечно, все эти факты должны были подтвердить не просто вражескую, а фашистскую деятельность. В ходе расследования письма Северина были приобщены к его уголовному делу, которое открыли в начале 1939 г.[100]

Еще одной группой улик при расследовании нарушений законности сотрудниками НКВД были жалобы, заявления, письма осужденных и их родственников. В Виннице в ходе расследования такие документы собирались в отношении операции против бывших сионистов и членов Бунда, а также красных партизан. Все эти люди в прошлом участвовали в революционном движении, причем красными партизанами называли участников вооруженных отрядов, боровшихся в годы революции за советскую власть. В 1938 г. против этих людей проводились массовые репрессивные операции. 13–14, а затем 26 августа их приговорила к расстрелу спецколлегия Винницкого областного суда в здании тюрьмы. В ходе суда бывшие красные партизаны виновными себя не признали, требовали вывести из судебной комнаты следователей-чекистов, а подсудимый Борисов заявил, что «присутствие этих палачей – наймитов Гитлера никого не пугает и обвиняемые будут говорить правду». После вынесения приговора осужденные, их родственники написали множество писем в различные партийно-советские органы СССР о неправомерности осуждения. 16 ноября Верховный суд СССР заменил приговор к расстрелу на 10 лет концлагерей, но люди требовали пересмотра дела.

Значительная часть заявлений отправлялась на имя прокурора СССР А. Вышинского. Так, К.П. Борисов, кроме просьбы о пересмотре дела, сообщал, что во время допроса следователи Антонов и Гуня устроили ему инсценировку расстрела. С подобной просьбой обращался Б.О. Зак, написавший, что во время обыска у жены изъяли два золотых кольца, которые просил вернуть. Ф.Я. Шварц в первом письме от 2 октября 1938 г. просила пересмотреть приговор о расстреле мужа и сообщала, что при царизме он был участником революционной борьбы. 5 ноября она отправила повторное письмо Вышинскому с просьбой о пересмотре дела. Дополнительным ее аргументом было то, что следователей по этому делу уже арестовали. 7 января 1939 г. Ф.Я. Шварц отправила письмо Сталину с заявлением, что ее мужа Е.И. Шварца арестовали, под пытками выбили признание в контрреволюционной деятельности, приговорили к расстрелу, заменив его 10 годами концлагерей. Она сообщала, что мужа избивали сотрудники УНКВД Майструк и Решетников (правильно – Решетило), а «сам суд был образцом нарушения Великой Сталинской Конституции». В письме 7 января 1939 г. семья Драк требовала освободить И.И. Драка, осужденного по делу Бунда и ставшего после избиений следователями инвалидом. В феврале 1939 г. 80-летний С.М. Драк в письме Вышинскому писал, что Кораблев 30 декабря 1938 г. стрелял в себя два раза, через несколько дней стрелялся следователь Решетилов[101], что свидетельствовало о преступности этих людей и подтверждало необходимость освобождения сына – И.И. Драка. 18 марта 1939 г. из Ерцевского лагпункта Мостовицкого лагеря в Архангельской области М.Г. Брускин направил письмо Вышинскому с просьбой пересмотра своего дела, сфабрикованного УНКВД по Винницкой области. Он писал: «За все годы моего пребывания в Коммунистической партии я не думал о личной жизни, весь мой идеал всей моей жизни были Партия Ленина-Сталина и Советская власть […]. Прошу пересмотреть мое дело, разобраться в нем, установить мою невиновность и вернуть меня из далеких лагерей к честному труду на благо своей цветущей родины, которой я отдал 20 лет своей жизни»[102].

Некоторые родственники осужденных попадали на прием к помощникам руководителей высших органов управления Верховного суда СССР, которым рассказывали о неправомочности произведенных осуждений. Например, Б.П. Кунявский написал председателю Верховного суда СССР И.Т. Голякову, что 27 января 1939 г. он был на приеме у его заместителя Солодилова и подал жалобу с просьбой пересмотреть дело жены – П.И. Тылис, обвиненной в Виннице по делу Бунда. Он просил Голякова ускорить рассмотрение его дела. В жалобе указывалось, что арестован следователь Винницкого УНКВД Фукс, который вел это дело, снята с работы председатель спецтройки Винницкого облсуда Левина, которая осудила жену, арестован председатель спецтройки Верховного суда УССР Васильковский, утвердивший приговор. Как и другие родственники осужденных по делу Бунда, он указывал, что всех оклеветал житель Винницы рабочий типографии Шварц, который дал показания о существовании в городе «Бундовской» контрреволюционной организации. Все писавшие люди заявляли об избиениях и пытках в Винницком УНКВД, в которых принимали участие практически все сотрудники и прокуроры.

Даже во время суда 13–14 августа 1938 г. подсудимых продолжал избивать конвой. Особенно усердствовал комендант УНКВД Дьяков, не дававший им воды и еды. Садист Дьяков, принимавший участие в расстрелах людей, был уволен из органов НКВД в конце 1938 г.

В письмах осужденных рассказывалось о неблаговидной роли руководителей областной прокуратуры. Так, И.Д. Левин написал Кобулову, что во время допроса его вызвали к Решетилову, у которого сидел прокурор по спецделам Другобицкий. Он спросил Левина, как тот намеревается вести себя на суде. Тот ответил, что будет говорить правду. Тогда Другобицкий заявил Решетилову: «Надо ему сегодня устроить Варфоломеевскую ночь». После этого Левина подвергли изуверским пыткам. Его жена З.Р. Левина в заявлении Голякову указывала: «Ужасы средневековой инквизиции бледнеют перед теми способами, которыми следственные органы добивались признания у моего мужа»[103]. Что же касается Б.М. Другобицкого, то его участие в декабрьской 1938 г. провокации против сотрудников Винницкого УНКВД оценили по достоинству: 29 января 1939 г. Политбюро ЦК КП(б)У утвердило его заместителем Прокурора УССР по спецделам[104].

«Об этом человеке говорит вся Винница»

В ходе расследования нарушений законности, а также проведенного Винницким обкомом партии утверждения в должности сотрудников НКВД стало известно о систематических избиениях арестованных, инсценировках расстрелов, которые проводились по ночам на старом еврейском кладбище в центральном парке культуры и отдыха. Конечно, все молчали, что именно там, на огороженном высоким забором участке в вырытые общие могилы (кагаты) сбрасывали тела расстрелянных в гараже областного УНКВД на ул. Котовского (расстояние составляло 400–500 метров). Особое внимание обкома и горкома партии привлекли свидетельства об арестах и осуждении партийно-советских работников. Выяснилось, что А. Пришивцын, А. Редер и Л. Ширин активно занимались фальсификацией следственных документов в отношении этой категории лиц, зверски избивали их, стремясь добиться признаний во вражеской и шпионской деятельности. В начале августа 1938 г. Редер предъявил арестованному третьему секретарю Винницкого горкома комсомола Н. Василенко[105] список из 40–45 партийных и комсомольских работников, потребовав, чтобы тот письменно подтвердил: эти люди – члены контрреволюционной молодежной организации. Первым в списке значился Г. Мищенко – первый секретарь Винницкого обкома КП(б)У, который был избран только в мае. Понятно, что без Кораблева и Пришивцына пойти на такие действия Редер не мог. В апреле 1939 г. его уволили из органов НКВД. Вероятно, Пришивцын предчувствовал свое увольнение, так как 16 мая 1939 г. написал рапорт А. Кобулову с просьбой предоставить отпуск и возможность пройти медицинское лечение. Показательно, что Б. Шаблинский санкции ему на отдых не давал. Пришивцын писал, что он «старый оперативный работник», «исполнял решения от 17 ноября 1938 г.», «завершил успешно старые следственные дела». Кобулов отпуск разрешил[106].

22 июня 1939 г. А. Редер был арестован, а 23 июня 1939 г. чекисты провели закрытое партсобрание парторганизации УГБ Винницкого УНКВД «Об извращениях при производстве следствия бывшего сотрудника УНКВД, члена партии Редера». Партсобрание стало одним из ключевых моментов политической кампании осуждения нарушений законности и восстановления контроля партийных органов над органами НКВД в Винницкой области. Все выступавшие осуждали нарушения, особенно методы физического воздействия к заключенным. Но совершенно отказываться от них не собирались. Показательна логика выступления Мартынюка: «Если к действительному врагу, шпиону применялись с разрешения командования физические методы воздействия – это дело совершенно другое, но когда применяли такого рода методы к людям, на которых не было достаточно материалов, брались фиктивные протоколы и прочее, о чем говорит чуть ли не весь аппарат, в частности мне говорил Яцунский и др., что Редер допускал грубейшие, можно сказать, фашистские методы в проведении следствия: заводил 20–30 чел. арестованных, одного из них бил, а остальным предлагали давать показания, – такие методы не могут быть терпимы». Среди сотрудников такие методы назывались «лаборатория». Так же называлась и комната, где проводились массовые избиения и пытки. Ключ от нее постоянно был только у Редера. Мартынюку вторил Яцунский: «Большевики в обращении с врагами никогда особенно не стесняются, видимо, стесняться не будут и не должны». А сотрудник 4-го отдела Винницкого УНКВД Г. Данилейко, лично избивавший людей, заявил: «Здесь необходимо учесть имевшуюся в то время систему

в работе органов НКВД [...]. А если это так, значит, надо карать такого, кто давал свыше такие указания, а потом переходить к стрелочнику, который переворачивал стрелку». На собрании подчеркивалось, что А. Редер и Л. Ширин «специализировались» на партийных работниках, было что-то вроде погони за ответственными членами партии с целью показать их вражеские действия. Конечно, при этом надеялись получить награды и повышение по службе. Но в конце июня 1939 г. ситуация стала принципиально иной, как об этом заявил Майструк. Освободили арестованных Редером Сапрыкина, Фукса, Межбейна, которые писали о творившемся беззаконии первому секретарю обкома партии. В горкоме партии «говорили о Редере как о звере». Достаточно откровенно о цели партсобрания сказал Костаржевский: «Дело в том, что сейчас надо вскрыть все то, что творилось под руководством Редера. Дело в фигуре, в данном случае дискредитировавшей в целом органы НКВД. Об этом человеке говорит вся Винница. Этому человеку не место в нашем коллективе». Редера осудили все присутствовавшие. 28 июля 1939 г. он повесился в камере Киевской тюрьмы[107]. Таким образом, сотрудники Винницкого УНКВД подтвердили свою преданность компартии, правильность ее курса, осудили нарушения законности и людей, дискредитировавших органы НКВД. Такие сотрудники оказались врагами. «Очистившись» от них, коллектив готов был дальше бороться с врагами, но уже более законными методами.

После расследования дела Редера материалы в отношении Пришивцына, Ширина, других винницких чекистов отправили А. Кобулову. 9 августа 1939 г. арестовали помощника начальника отделения 3 отдела УНКВД по Винницкой области И.Г. Водкина за незаконные методы следствия и фальсификацию следственных документов. 19 сентября дело было закончено, но 29 ноября военным трибуналом войск НКВД Киевского особого военного округа его направили на доследование.

2 февраля 1940 г. по этому делу арестовали А. Запутряева. Выяснилось прямое участие И. Кораблева в необоснованных арестах, незаконных методах следствия, фальсификации следственных документов. 21 декабря 1939 г. материалы на Запутряева, Кораблева, других бывших сотрудников были направлены в НКВД СССР для получения санкции на арест и привлечения виновных к ответственности. Пока в Москве решали этот вопрос, 19 апреля 1940 г. Военный трибунал войск НКВД Киевского особого военного округа оперуполномоченного И.Г. Водкина пригово-

рил к 5 годам заключения и лишению звания сержанта госбезопасности.

Разрешение на арест Кораблева было получено только 16 мая 1940 г., и на этом основании 28 мая 1940 г. его арестовали в Москве. 5 июня Кораблева привезли в Киев. Дознание длилось больше шести месяцев. Интересно, что в ходе его 19 ноября 1940 г. были взяты свидетельские показания у Я. Тернивского. «В областном отделе НКВД, – утверждал он, – фактов извращений и нарушений социалистической законности в то время мне не было известно». Такие же свидетельства дал Б. Другобицкий. 7 февраля 1941 г. нарком внутренних дел УССР И.А. Серов утвердил обвинительное заключение в отношении Кораблева и Запутряева. Указывалось, что Кораблев беспрекословно выполнял задания «впоследствии разоблаченного врага народа – Успенского в соответствии с вражеской деятельностью антисоветской заговорщицкой организации, существовавшей в органах НКВД». Кораблевым и Запутряевым производились массовые необоснованные аресты. По указанию Кораблева Шириным и Редером был введен в практику метод групповых допросов, так называемая «лаборатория». В предъявленном обвинении Кораблев полностью признал свою вину, заявив, однако, что в то время он свои действия преступными не считал. Запутряев виновным себя не признал, но признал «отдельные ошибки», допущенные им в 1938 г. 16 апреля 1941 г. нарком госбезопасности УССР П.Я. Мешик утвердил обвинительное заключение в отношении И. Кораблева, А. Запутряева, Л. Ширина[108].

Лаборатория «троечного материала»

26 апреля – 6 мая 1941 г. в здании Винницкого УНКВД состоялось заседание Военного трибунала войск НКВД Киевского военного округа по обвинению Кораблева, Запутряева, Ширина. Трибунал заслушал обвинительный приговор, а также свидетелей – бывших подследственных Б. Эпельбаума, П. Юрьева (секретарь Винницкого обкома партии) и других. Они рассказали о пытках и издевательствах со стороны сотрудников управления Майструка, Решетило, Надеждина, Запутряева, Ширина, Редера и других чекистов. Отмечалось, что на оперативных совещаниях в УНКВД начальники и отделы, которые давали наибольшее количество арестованных, назывались «ударниками». Говорили о «лаборато-

рии», где проводились групповые допросы и избиения арестованных. Указывалось, что избивал Редер и заставлял избивать арестованных друг друга ножкой от стула или резиновым шлангом. Надзиратели били арестованных в тюрьме, во время сопровождения на допросы. Особенно усердствовал уже упоминавшийся Дьяков. Перед приведением в исполнение приговора комендант Леонид Наумович Бельский, бригада сотрудников, присутствовавшие чекисты избивали арестованных. Извращенцы и садисты заставляли имитировать половые акты с расстрелянными арестованных, которых впоследствии тоже расстреливали. Пример отношения к людям показывал сам Успенский. На совещании в Винницком УНКВД в апреле 1938 г. он заявил, что если арестованные – старики или инвалиды, то их надо расстреливать. После получения статотчета Винницкого УНКВД о социальном положении репрессированных, в котором было много колхозников, рабочих, служащих, Успенский звонил Кораблеву и предлагал «посадить» сотрудников, которые его готовили. Отчет переделали, включив перечисленных выше людей в графу «бывшие люди». Бесчеловечность, презрение к людям, брутализация и распад нравственных норм в чекистской среде отражалось в популярном сленговом выражении «троечный материал». Так называли обреченных на почти неминуемый расстрел арестованных, которых уже не считали людьми.

П. Юрьев рассказал, что его ужасно бил Ширин, добиваясь признаний. Присутствовали при этом Пришивцин и Майструк, но они не били, только Майструк ругал матерными словами. На суде выступил бывший областной прокурор Тернивский, который постоянно подчеркивал свою непричастность к методам допросов, осуждения и в целом деятельности УНКВД. В частности, он заявил: «Не только мне, но и военному прокурору приходилось долго дожидаться в приемной, пока можно было попасть к Кораблеву. При этом создавалось впечатление, что от нас все облекают в тайну, не доверяют нам, так как при входе старались даже скрыть от нас лежавшие на столе бумаги». Выяснилась и неприглядная роль адвокатуры, призванной защищать подсудимых. Так, адвокат С.М. Каминецкий на судебных заседаниях отговаривал заключенных давать показания, что их били и под пытками они вынуждено оговаривали себя и других. Практически всем подзащитным он заявлял: «Правда не поможет». После освобождения из тюрьмы в конце 1938 г. – начале 1939 г. Уринцев, выступавший на суде свидетелем, рассказал, что зашел в консультацию (коллегию) адвокатов и высказал свое возмущение поведением Каминецкого: «Назвал его подлым человеком, и на это он ничего не мог мне ответить, а только опустил голову». После заслушивания свидетелей трибунал удалился на совещание, вернувшись с которого объявил о начале уголовного преследования бывших работников УНКВД: В.Ф. Майструка, Г.П. Данилейко, А.Я. Пришивцына, Н.С. Бутенко, Дьякова, Бабинко и огласил решение об их аресте.

Выступавший на суде Кораблев виновным себя не признал, Запутряев и Ширин вину признали частично. Кораблев заявил, что установки Ежова и Успенского сводились к одному: «Сажай и сажай». Он воспринимал их как установки ЦК ВКП(б): «Я был убежден, что делаю серьезное партийное дело, и никаких сомнений в этом у меня не возникало […] считаю это и сейчас, что сознательно в безобразиях по УНКВД не виновен». Бывший начальник отверг серьезность обвинения в том, что в 1938 г. в тюрьме умерло 30 человек. По его мнению, это было мало по сравнению с более чем 6 тыс. арестованных. Преступник, для которого человеческая жизнь не имела никакой ценности, твердо повторял: «Я долгое время работал в органах до Винницы, но нигде и никогда меня не обвиняли в извращении социалистической законности. Я, как и многие мне подобные, являюсь жертвой преступной деятельности бывшего вражеского руководства». Вместе с Запутряевым Кораблев обращал внимание на свое рабочее происхождение, то есть социально близкое советской власти. Это должно было подтвердить, что они не классовые враги, а «свои», преданные компартии люди, допустившие просчеты по неопытности и в обстановке, которую создало «вражеское руководство». Кроме того, Запутряев пытался создать впечатление неизлечимо больного человека: «Я больной человек, у меня функциональное расстройство нервной системы, мигрень, вызывающая обмороки, провалы памяти, поэтому я не могу вспомнить всех фактов, которые могли бы опровергнуть предъявленное мне обвинение». Ширин пытался переложить вину за допущенные нарушения на сотрудников по отделу.

В целом трибунал рассматривал массовые аресты, создание оперативных листов (в каждом – требования на аресты более 200 человек), фальсификацию следственных документов, физическое насилие и издевательства в ходе допросов и содержания арестованных исключительно как нарушения социалистической законности. В существовавшей тогда реальности иной вариант исключался. Трибунал приговорил Кораблева и Запутряева к расстрелу, дело Ширина решили продолжить. В отношении ряда сотрудников, участвовавших в «нарушениях», трибунал постановил довести до сведения руководства учреждений, где они работали, о допущенных действиях. Прокурорам СССР и УССР сообщались сведения о поведении прокуроров Тернивского и его заместителя Другобицкого[109].

Н. Бутенко фигурировал в приговоре как сотрудник, знавший об оперативных делах на 200 и более человек, но не проверявший наличие компрометирующих доказательств на людей, подлежавших аресту. Было понятно, что через него проходили фальсифицированные документы по делам: Бунда, «красных партизан», «сахарников» (репрессии работников сахарной промышленности), «молодой генерации» (комсомольские работники), «бессарабцев» (людей, перешедших на территорию СССР из Румынии)[110]. В частности, были приведены примеры дел бывших красных партизан Д. Гнатюка, К. Чабана и других[111]. Была установлена причастность Г. Данилейко «к массовым безосновательным арестам по оперативным листам, а также к избиениям, групповым допросам, другим незаконным методам следствия, что повлекло за собой смерть арестованного Павлюка, причины коей были Данилейко скрыты». Такая деятельность подтверждалась свидетелями. Суд определил, что незаконные методы следствия применял Пришивцын, а Майструк и Бутенко вместе с Кораблевым и Шириным делали отметки об аресте на оперативных листах[112]. Очевидно, что трибунал указал главных виновников нарушений, которых приговорил к высшей мере наказания. В отношении остальных открытие уголовного дела и арест вовсе не означали, что последует такое же суровое наказание.

24 июня 1941 г. Военная коллегия Верховного суда СССР рассмотрела кассационную жалобу Кораблева и Запутряева, приговоренных к расстрелу военным трибуналом войск НКВД Киевского военного округа от 6 мая 1941 г., и заменила расстрел 10 годами заключения с лишением званий[113]. 17 сентября 1941 г. старший следователь НКВД УССР М. Губенко рассмотрел дело Пришивцына, Ширина, Данилейко, Майструка, Бутенко. Он установил, что эти люди были вызваны в зал трибунала как свидетели. В деле «возникли» противоречия и недоказанные показания свидетелей. Так, на заседании трибунала П. Юрьев утверждал, что Пришивцын его вызвал на допрос и бил, а из документов, приобщенных к делу, следовало, что Пришивцын следствия по

Юрьеву не вел, а «лишь заходил в кабинет следователя и беседовал с Юрьевым по вопросу, относящемуся к его обвинению». Сам А. Пришивцын, как и другие лица, причастные к расследованию дела Юрьева, утверждали, что не применяли к нему мер физического воздействия. По показаниям Пришивцына (с сентября месяца 1939 г. – начальник инкассации и перевозки ценностей Ворошиловградской конторы госбанка, уволен из органов НКВД)[114], однажды в кабинете Ширина тот угощал Юрьева грушами; Юрьев в ответ сказал, что не будет упорствовать и даст собственноручные показания. После этого дело передали В. Майструку, который и оформил первый допрос. Это Юрьев подтвердил в судебном заседании. Следователь М. Губенко считал, что Пришивцын, будучи заместителем начальника Винницкого УНКВД, никого не избивал, массовых арестов не совершал, а занимался только окончанием уже заведенных следственных дел. Как исполнявший обязанности начальника 2-го (оперативного) отдела УНКВД Пришивцын действительно согласовал арест по 42 справкам на лиц, на которых имелись агентурные и следственные материалы. Но это нельзя было считать массовыми арестами, так как в Винницкой области насчитывалось 36 районов. К тому же окончательная санкция на арест была у начальника УНКВД и областного прокурора[115].

Еще одного фигуранта дела – Н. Бутенко, к тому времени уволенного из органов НКВД в запас директора леспромхоза в Виннице, обвиняли в безосновательных арестах граждан по оперативным листам. Однако после решения трибунала об аресте он не допрашивался по существу предъявленных обвинений (допрашивался по делу Кораблева как свидетель). Следователь отметил, что Бутенко действительно проставлял в оперативных листах отметки «арестовать», однако в документах была информация о наличии компрометирующих данных. Других нарушений не было, так как Бутенко не занимался оперативной работой. М. Губенко сделал вывод, что действия обвиняемых не повлекли тяжких последствий, показания свидетелей некорректны или сомнительны, а проверить их не представлялось возможным. Он акцентировал внимание на социально близком происхождении обвиняемых, нахождении на свободе (на подписке о невыезде), нецелесообразности содержания под стражей остальных. Учитывая совокупность факторов, следователь постановил дело прекратить, с ним согласился начальник следственной группы НКВД УССР Лесной[116].

В. Майструк продолжал служить заместителем начальника Ворошиловградского УНКВД, судьба Данилейко, уволенного в запас из органов НКВД в сентябре 1939 г., неизвестна. Ширин 17 сентября 1941 г. был освобожден за недоказанностью преступления. В 1942 г. его вернули в НКВД. С 12 августа 1943 г. он стал начальником отделения оперативно-чекистского отдела Управления по делам военнопленных и интернированных НКВД СССР. С 9 мая 1943 г. – подполковник государственной безопасности[117].

Значительное количество сотрудников Винницкого и Каменец-Подольского УНКВД, принимавших участие в массовых операциях 1937–1938 гг., на протяжении первой половины 1939 г. были уволены из органов НКВД. Этим их наказание ограничилось.

Показательно, что в Каменец-Подольской области, как и в Винницкой, осудили всего несколько человек, которые вели следственные дела арестованных партработников[118]. Хотя расследование нарушений законности установило, что по меньшей мере 15 сотрудников УНКВД применяли меры физического воздействия к арестованным. В 1940 г. был составлен список этих людей, некоторые из них боролись с «украинскими буржуазными националистами» в Западной Украине и басмачеством в Средней Азии[119]. Очевидно, их за нарушения не наказывали. Примером может служить Крутов, в 1939–1941 гг. возглавлявший УНКВД по Волынской и Ровенской областям[120].

Преступление без наказания

Кажется, что упоминавшиеся выше палачи из НКВД пережили советско-германскую войну 1941–1945 гг. И. Кораблев отбыл срок в концлагерях, после освобождения жил в Куйбышеве. В. Майструк служил в УНКВД Ворошиловграда, Сталинграда, Свердловска, с началом изгнания гитлеровцев с территории Украины – в Харьковском и Киевском УНКВД, а затем боролся с украинскими националистами в Тернопольской, Дрогобычской, Львовской, Житомирской областях в качестве начальника областных управлений. Получил звание полковника, заслуженного работника НКВД СССР, имел несколько орденов. В 1954 г. вышел на пенсию, жил в Киеве и до смерти в 1976 г. работал начальником 1-го отдела Министерства высшего и среднего специального образования УССР[121]. А. Пришивцын до марта 1957 г. проживал в Херсоне при сельскохозяйственном институте им. Цюрупы, работал там же мотористом[122]. Н. Бутенко служил в 1942 г. начальником артиллеристского снабжения 142-го отдельного саперного батальона на Южном и Сталинградском фронтах. Был демобилизован из армии по состоянию здоровья. С апреля 1943 по апрель 1950 гг. работал в органах МВД, уволен в запас по инвалидности. Проживал в Одессе, на пенсии «принимал активное участие в общественной работе», в 1955–1957 гг. был секретарем парторганизации домохозяйства областных УКГБ и УВД[123].

После смерти Сталина начался первый этап реабилитации лиц, пострадавших от необоснованных репрессий. В связи с этим вновь актуализировалось дело бывшего секретаря Винницкого обкома партии Юрьева и еще 11 человек, осужденных вместе с ним. Выше были упомянуты показания Юрьева в ходе расследования дела Кораблева в 1939–1941 гг. Необходимо отметить, что Юрьева и других людей судили 26–29 мая 1939 г. в Виннице. Он и еще три человека признали себя виновными, а остальные отказались от показаний. В то же время Юрьев заявил на суде, что следствие требовало от него показаний о вредительстве, его били: «Я в угоду следствию взял на себя все недочеты как вредительство». Все заключения следствия выносились с согласия Майструка, который к этому времени был начальником 2-го отдела УГБ УНКВД по Винницкой области[124]. Трибунал приговорил Юрьева и еще пять человек к расстрелу. Но 11 июня 1939 г. по кассационной жалобе Военная коллегия Верховного суда СССР отменила приговор, и дело отправили на доследование, а в феврале 1940 г. его прекратили. В процессе реабилитации Юрьева начали допрашивать как свидетеля. 1 апреля 1954 г. он дал показания о том, что Майструк его не бил, а били другие. Майструк только толкал его кулаком и брал за ворот рубашки. Юрьев написал о Майструке: «Это тот же Ширин и Редер, но более хитрый и ловкий. Он вместе с ними творил вражеское дело, поэтому крайне удивлен, почему ему удалось избежать ответственности суда по делу Кораблева»[125]. По показаниям еще одного свидетеля, А. Липмана, от 15 марта 1954 г., «Майструк наносил удары кулаком сзади, а Решетило спереди.. моя голова […] оказалась между их рук как мяч»[126].

При рассмотрении дела о реабилитации А. Шостко и других осужденных военный трибунал ПрикВО[127] в особом определении от 16 ноября 1956 г. отметил факты нарушения социалистической законности в предыдущие годы. В частности, указывалось, что

5 мая 1941 г. военным трибуналом войск НКВД КОВО было возбуждено уголовное дело на Майструка и других (в том числе Бутенко), но определение не было исполнено. 18 сентября 1941 г. по постановлению М. Губенко, которое утвердил заместитель начальника УНКВД по Новосибирской области С.И. Плесцов[128], следствие было прекращено за недостаточностью улик для предания суду Н. Бутенко. Однако в определении ПрикВО подчеркивалось участие Бутенко в фальсификации дел в контексте общих нарушений законности Майструком. Но Бутенко уже был пенсионером, поэтому определение направлялось руководителям МВД УССР «для ознакомления»[129]. В условиях критики культа личности Сталина отдельные военные прокуроры имели свое мнение о деятельности сотрудников НКВД в предвоенные годы. 14 марта 1957 г. помощник военного прокурора ПрикВО майор юстиции Минкин, рассмотрев архивно-следственное дело на сотрудников УНКВД по Винницкой области А. Пришивцына, Л. Ширина, Г. Данилейко, В. Майструка, Н. Бутенко, указал на необоснованность его закрытия. Он акцентировал вину подозреваемых в фабрикации дел против партийно-советского актива Винницы, указывал на то, что в процессе следствия не были проведены необходимые действия для установления вины каждого обвиняемого. Он считал, что материалы дела Кораблева полностью изобличают Пришивцына, Ширина, Данилейко, Майструка, Бутенко. К тому же в 1956 г. были реабилитированы люди, дела которых были придуманы сотрудниками УНКВД по Винницкой области. Поэтому Минкин отменил прекращение дела 1941 г. и возвратил дело в КГБ при СМ УССР на доследование по признакам статьи 54-7 (вредительство) УК УССР[130].

В ходе расследования сотрудниками КГБ 21 марта 1957 г. А. Пришивцын утверждал, что на аресты партработников в 1938 г. была санкция НКВД УССР и приказ Кораблева. Он не отрицал свое присутствие на допросах Юрьева, но утверждал, что тот лично дал показания без физического воздействия. Особо отмечал роль Майструка как наиболее развитого и грамотного сотрудника, который возглавил 4-й отдел Винницкого УНКВД после Ширина. Например, Майструк настаивал направить следственное дело бывшего секретаря Винницкого горкома партии Д. Лунько на «тройку» еще до ноября 1938 г., поэтому Пришивцын в феврале 1939 г. при отъезде из Винницы приказал оформить дело Лунько для рассмотрения военным трибуналом[131]. 27 марта 1957 г. начальник милиции Савранского райотдела мили-

ции Одесской области Ф. Решетило[132] представил объяснение по
этому делу заместителю начальника УВД Одесского облисполкома Штырову. Решетило обвиняли в незаконном физическом
давлении на бывшего заведующего сектором кадров Винницкого
облисполкома П. Бондаренко и инструктора орготдела облисполкома Д. Солоненко, якобы завербованных в правотроцкистскую
организацию. Их аресты в 1938 г. были оформлены Майструком
без достаточных оснований. Дело вел Решетило, который добился признательных показаний. Но на заседании спецколлегии Винницкого облсуда 8 сентября 1938 г. эти люди отказались от показаний. Их приговорили к расстрелу, однако пленум Верховного
суда СССР возвратил в мае 1940 г. дело на доследование. 21 марта 1941 г. оно было прекращено. Бывшие арестованные показывали, что Решетило их избивал, заставляя давать необходимые
показания. Он же подтвердил, что работал оперуполномоченным
под руководством Майструка в Виннице. Однако заявил, что ему
ничего не известно о нарушениях законности Майструком, которого считал энергичным, выдержанным и политически грамот-
ным человеком, одновременно отказавшись от всех обвинений
в избиениях арестованных[133].

23 апреля 1957 г. заместителю министра внутренних дел УССР
С. Долинному было направлено заключение Особой инспекции
КГБ при СМ УССР по проверке нарушения соцзаконности в
бывшем УНКВД по Винницкой области в 1937–1938 гг. и принятию дальнейших мер против Н. Бутенко, А. Пришивцына и Ф. Решетило[134]. В нем указывались допущенные ими нарушения законности и предлагалось доследование продолжить. В объяснении от
27 июля 1957 г. начальнику УВД Одесского облисполкома Бутенко заявил, что в 1938 г. его фамилией воспользовались коллеги – Надеждин и Ширин, когда приносили на утверждение оперативные листы. Бутенко якобы не знал, что он не должен их
подписывать, так как должен был заниматься исключительно хозяйственными вопросами и неоперативными подразделениями.
По его словам, обстановка в УНКВД была жуткая, особенно после приезда Кораблева, имевшего поддержку в НКВД УССР. Бутенко заявлял, что после процесса Кораблева его ни разу не допрашивали, и уверял, что на протяжении всей работу искупал
нарушение законности в 1938 г., а также демонстрировал готовность выполнить все задания партии и правительства[135].

14 августа 1957 г. старший оперуполномоченный инспекции
по личному составу отдела кадров УВД Одесского облисполкома

майор Самгин подписал заключение по нарушению законности бывшими сотрудниками УНКВД по Винницкой области Ф. Решетило и Н. Бутенко. Формулировки практически полностью повторяли предыдущие обвинения. Самгин указал, что за преступления Решетило и Бутенко должны быть привлечены к строгой ответственности. Но он учитывал, что Бутенко впоследствии не нарушал законность, принимал активное участие в общественной жизни; Решетило в период 1937–1938 гг. был молодым и неопытным работником, а «в настоящее время болен и представлен на увольнение». Поэтому майор юстиции предложил проинформировать Сталинский райком партии Одессы о деятельности Бутенко в 1937–1938 гг., Решетило уволить из милиции и уведомить Савранский райком о его деятельности в 1937–1938 гг. Интересно, что уже 16 августа 1957 г. его уволили по состоянию здоровья из МВД, признав инвалидность 2-й группы и право на пенсию[136]. Кроме того, предлагалось о Пришивцыне проинформировать Херсонский облисполком[137]. 4 января 1958 г. бюро Савранского райкома партии ознакомилось с материалами о Ф. Решетило, приняв решение ограничиться его освобождением с поста начальника районной милиции[138]. Бюро Сталинского райкома партии Одессы партийное взыскание Н. Бутенко не выносило[139].

Тем временем в МВД УССР было подготовлено заключение по делу Бутенко, Пришивцына и Решетило. Его подписал С. Долинный. Предлагалось для Бутенко переквалифицировать увольнение по фактам, дискредитирующим звание начальствующего состава МВД, и возбудить ходатайство об этом перед МВД СССР. В этом случае человека ждало осуждение бывших коллег и лишение части пенсии. То же следовало в отношении Решетило, за исключением лишения части пенсии. В отношении Пришивцына ограничивались уже принятыми мерами – увольнение из органов за невозможностью дальнейшего использования[140]. 19 мая 1958 г. заключение направили в МВД СССР, а 4 июля 1958 г. заместитель министра внутренних дел СССР К. Черняев не утвердил предложения республиканского МВД. Указывалось, что бывшие сотрудники НКВД много работали «на благо родины», поэтому дополнительные меры наказания к ним не применялись[141].

Таким образом, все действия руководителей партийно-советских органов во второй половине 1950-х гг. были направлены на недопущение широкой огласки преступлений, связанных с событиями Большого террора 1937–1938 гг., сокрытие информации о деятельности органов госбезопас ности, которые были одной из основных опор коммунистического режима.

Выводы

Эта статья о профессиональных убийцах. На протяжении достаточно длительного периода сотрудники советской госбезопасности отправляли в концлагеря, санкционировали и непосредственно участвовали в убийствах сотен тысяч людей. Благодаря доступу к архивным документам на Украине мы получили возможность реконструировать преступления организаторов и исполнителей убийств в контексте исторических событий. Читая документы, мы видим, образно говоря, специфический «советский мир», «советскую цивилизацию». Основные характеристики этого мира еще в конце 1980-х гг. выделил Р. Конквест в газете «Известия»: «Культ личности – это совсем не главное, что характеризует сталинский режим. Это не более чем расхожее высказывание, которое впервые употребил Хрущев. Наиболее страшное в сталинизме – не восхваление диктатора, а террор и фальсификации, которые являются сутью его политики»[142]. Документы, послужившие основанием для этого материала, действительно свидетельствуют, что террор и фальсификации были повседневностью «советского мира». И органы НКВД являлись его составной частью, а не исключением, как иногда утверждает современная российская историография. Повседневность, во всяком случае в 1930-х гг., сливалась с массовыми убийствами, и в этом смысле «нормальность» была абсолютной античеловеческой «ненормальностью». В этой повседневности, как свидетельствуют документы, было некое согласие и даже соучастие достаточно широких социальных слоев.

Какие особенности организации массовых убийств, психологии убийц мы можем увидеть в архивных документах? Прежде всего, решающее значение имела цепочка приказов: Сталин–Ежов–Успенский–Кораблев–Жабрев. Именно они определяли ход уничтожения сотен тысяч людей. Специально отметим, что Сталин довольно долго присматривался к Ежову и готовил его к проведению Большого террора. Ежов внимательно относился к отбору и распределению высокопоставленных офицеров НКВД на ключевые посты в республиканских и даже областных управлениях.

Так, Кораблев и П. Карамышев (начальник Николаевского УНКВД) были присланы в Украину Ежовым. Начальником Полтавского УНКВД Ежов назначил А. Волкова (незадолго перед этим выпущенного из-под ареста). По свидетельству Успенского, Ежов «изображал» А. Волкова как пример объективного подхода к людям, а тот, напуганный арестом, был готов выполнять любые приказы. В то же время Кораблева по предыдущей службе знал заместитель Успенского А. Яралянц, а Успенский говорил, что Волков «свой человек». Яралянц знал и Запутряева по работе в Ленинграде, оценивая его как «посредственного работника». Но Кораблев продвигал его вследствие личных связей[143]. Несомненно, что все начальники областных УНКВД были представлены Ежову в Киеве в феврале 1938 г. В той или иной степени они были преданы ЦК компартии, Сталину и Ежову, готовы были выполнять любые приказы.

Личные знакомства были важной частью корпоративной культуры и этики в органах советской госбезопасности, которые с самого начала существования являлись тайной политической полицией вождей коммунистического режима. Они предоставляли большие возможности сделать карьеру в областях, где жестокость и насилие поощрялись. Руководители компартии постоянно заявляли о том, что каждый коммунист должен быть чекистом. При этом осуществлялся тщательный отбор сотрудников для работы в органах госбезопасности, работали мандатные комиссии старых партийцев для отбора кандидатов в органы политической полиции. Главными критериями отбора были преданность компартии, ее вождям, а также готовность к исключительной исполнительности.

Сложно сказать, в какой мере марксизм и какая его версия были операционной базой деятельности этих коммунистов. Идеология российской компартии соединяла элементы классического марксизма (критика капитализма и утверждение, что пролетариат – ведущий и самый прогрессивный класс общества), российского марксизма (акцент на пролетарскую революцию, диктатуру пролетариата и союз с крестьянством), ленинизма (конспиративная партия вносит классовое сознание в пролетариат и представителей других социальных групп, захватывает власть, использует государство для строительства социализма). В то же время трактовка марксизма вождями российской компартии сопровождалась отрицанием и готовностью переступать нормы общепринятой морали. Конечно, свою роль играла политическая культура периода Первой мировой войны и гражданских войн – миллионы людей были специально обучены убивать. Массовая гибель людей представлялась неотъемлемым компонентом/элементом мира, в котором выросли чекисты. Они сформировались как личности в условиях советской пропаганды, главной составляющей которой была угроза будущей войны. Речь шла как о настоящей войне иностранных государств, так и внутренних «врагов народа» против страны. Тем самым целенаправленно формировалась альтернативная реальность, в которой обесценивались общечеловеческие нормы мирного времени.

По нашему мнению, особенную роль в психологии людей играли установки о классовой борьбе и ее обострении по мере строительства социализма, которые использовал Сталин с конца 1920-х гг. Практически все чекисты были молодыми людьми, что облегчало индоктринацию подобных идей. С точки зрения исторического опыта есть все основания считать классовую борьбу (продолжением которой является «классовая война») разновидностью расовых/этнических войн, которые намного ожесточеннее войн между государствами (конвенционных). В такой войне зверство (бесчеловечный поступок, жестокость) было выражением официальной политической линии руководства СССР и считалось нормальным поведением. Чекисты как исполнители политического курса действовали не в состоянии ярости, ненависти, фрустрации, а из расчета. Провозглашенная война как борьба между «нашим народом» и «врагом» создавала полярный мир, в котором «враг» легко исключался из человеческого сообщества, а вожди компартии превратили зверства в составную часть политики. Конечно, лишение врага человеческого образа в сознании чекистов помогало им психологически дистанцироваться от жертвы и упрощало убийство.

О таком отношении к людям говорил на заседании трибунала в 1941 г. И. Кораблев: «Я отлично сознаю, что с точки зрения сегодняшнего дня, когда установлено, что бывшее руководство НКВД СССР и НКВД УССР являлось вражеским и было заинтересовано в причинении Советской власти как можно большего вреда, – а отсюда и культивировавшиеся в среде чекистов особые взгляды, и отношение к нацменьшинствам и вообще к населению, – такие мероприятия, как аресты людей по оперативным листам без предварительной проверки материалов и без необходимой документации, являются незаконными, недопустимыми». Далее он конкретизировал, что это за особые взгляды: «По имеющимся оперативным приказам и ориентировкам того времени, можно наглядно видеть, что сотрудникам НКВД прививались взгляды явно вредные, ориентирующие их видеть чуть ли не в каждом человеке врага, в каждом поляке, немце или даже политэмигранте – шпиона, диверсанта»[144]. В этом контексте показательны упоминавшееся выше истерическое заявление А. Успенского перед винницкими чекистами о необходимости поголовного уничтожения поляков, а также высказывание Н. Ежова на совещании в Киеве об уничтожении арестованных калек и стариков.

Крайней жестокости способствовало и чувство безнаказанности чекистов, воспитывавшееся как практикой круговой поруки, так и соответствующими поручениями начальства. Недаром Успенский на совещании в Виннице убеждал, что чекисты должны сплотиться вокруг Кораблева[145]. Наряду с этим применялись методы запугивания. Жабрев и Кораблев арестовывали сотрудников, отказывавшихся проводить массовые операции. Л. Ширин на следствии вспоминал, что на одном из совещаний И. Кораблев пугал: отсутствие дел и арестованных он квалифицирует как саботаж. «Отсутствие в оперсоставе ясной ориентировки, нажим Кораблева, атмосфера требования дел приводила к тому, что аппарат слепо выполнял его указания», – утверждал этот палач[146]. Свою роль играл конформизм. Несомненно, что чекисты идентифицировали себя в первую очередь со своими товарищами и испытывали потребность не выделяться из группы. В декабре 1938 г. на партсобрании В. Майструк говорил: «Понятие о начальствующем и младшем составе имело такую форму, за которой терялось лицо коммуниста. Член партии знал, что есть начальник отдела, есть помощник, есть начальник отделения, – они решают дело, а он должен сидеть на своем участке и "переваривать" лишь то, что ему подадут». Поэтому многие сотрудники «заделались делягами, работая зачастую с точки зрения формы»[147]. Психологически такие отношения позволяли переносить ответственность за свои личные действия на начальство, что облегчало участие в убийствах.

В то же время отметим, что главные действующие лица этой статьи в предыдущие годы многократно фальсифицировали следственные дела, арестовывали мнимых врагов, разоблачали мифические контрреволюционные или шпионские организации. Приняв один раз участие в фальсификации дел, они превращались из обычных людей, офицеров, призванных стоять на страже порядка, в палачей. За это они получали повышение по службе, ордена и ведомственные награды, пользовались официальным уважением начальства. В период массовых репрессивных операций они продолжили привычную для них работу. С одной стороны, эти чекисты были «убийцами за письменными столами», отгораживающимися от своих жертв расстоянием и стенами кабинетов, и убийства для них были частью бюрократических процедур. Их работа в машине уничтожения зачастую сводилась к обычным, «рутинным действиям», составляющим крохотную часть огромного процесса. Они не видели своих жертв. С другой стороны, на протяжении службы в органах госбезопасности они сталкивались со своими жертвами лицом к лицу, а в 1937–1938 гг. избивали и пытали их, понимая, что фальсифицированные документы следствия отправляют людей на смерть. Конечно, они действовали сознательно, проявляя инициативность в исполнении приказов и применяя физическое насилие для получения компрометирующих данных. Они хотели сделать карьеру, получали повышение по службе, денежные премии, в том числе так называемые «подъемные» из неподотчетных сумм на оперативную деятельность, путевки в санатории и т. д.

Все это подтверждает уже высказывавшиеся идеи о том, что сотрудники политической полиции остро ощущали себя особенной кастой, наделенной тайными правами, и это очень многое определяло в их корпоративном поведении. На всем протяжении истории репрессивных органов их кадры вполне соответствовали главным критериям – политической лояльности и готовности выполнить любое поручение властей. Необходимая для выживания практика круговой поруки стабильно воспроизводилась во все периоды существования ОГПУ–НКВД–КГБ[148].

С точки зрения этих карателей или палачей, в «советском мире» имелись веские причин для осуждения жертв. Кораблев давал показания, что массовые аресты проводились на основании агентурных материалов, заявлений отдельных граждан, показаний обвиняемых, оперативных листов, которые составлялись в райотделах УНКВД для получения санкций на аресты. Он подписывал оперлисты, а затем ставил подпись прокурор. Арестовывались люди с социально чуждым прошлым, скомпрометировавшие себя антисоветскими высказываниями, а для арестов немцев или поляков требовалось меньше доказательств[149].

Об оперлистах рассказывал и Ширин: «В этих листах основанием для ареста была характеристика о данном лице, составленная на основе показаний других арестованных, но наряду с этим было много арестов без соблюдения основных принципов проверки, уточнения использования агентуры [...]. Социалистическая законность нарушалась ежевечерне. Кораблевым по телефону принимались сводки в устной форме или через секретаря о количестве арестованных и сознавшихся, причем наблюдалось, что ведется гонка за количественными показателями [...]. Методы физического воздействия практиковались во всем управлении и в силу этой системы работники проявляли себя [...]. На судебной тройке дела докладывались начальником межрайгруппы или начальниками отделений или отделов [...]. В тройке и в судебных решениях основную роль играл Кораблев, который, как я однажды видел, ставил у себя пометки в листе, а секретарь обкома и областной прокурор молча с ним соглашались»[150].

По свидетельству Ширина, прокуроры заходили к чекистам в комнаты во время допросов, видели, как они проводились. Он утверждал: «По существу, это являлось приданием "законной формы" незаконным методам следствия»[151]. Не следует забывать о так называемых «учетах» органов госбезопасности, которые представляли собой картотеки лиц, подозреваемых в антисоветских высказываниях, настроениях, действиях. К концу 1930-х гг. чекистские перечни враждебных «политических окрасов» – признаков врагов состояли приблизительно из 80 позиций. К тому же оперативные приказы НКВД СССР, на основании которых проводились массовые репрессивные операции, содержали расширенное толкование категорий репрессируемых.

Чекисты действовали в условиях «советского мира», в котором значительная часть общества верила в существование врагов народа, а доносы и клевета были нормой повседневности. Выше уже упоминался сотрудник Калиновского райотдела НКВД Курас, который привлек к допросам свидетелей председателей сельсоветов и учителей. Он заставлял их писать протоколы допросов свидетелей о знакомствах или совместной деятельности с арестованными, а потом отдавать для подписей колхозникам. На партсобрании Винницкого УНКВД в декабре 1938 г. сотрудник заявил: «Один из учителей рассказывал, что допрашивал по 5–6 человек в день. "Фамилии мне назвали, и я допрашивал". Спрашиваю, как же вы допрашивали? Очень просто, – отвечает. – "Я знал одно, раз арестовали – значит, враг. Дали мне вопросник, и по этому вопроснику я допрашивал"»[152]. О масштабах подобных явлений говорил Майструк: «Для нас не секрет такое явление, когда в районах в ходе массовых операций как-то сами по

себе создались, я бы сказал, целые институты штатных свидетелей, которые допрашивались по 20–30 делам в сутки. В составе
этих свидетелей, несомненно, была немалая часть петлюровцев,
кулаков, и их допрашивали только потому, что они имели что
сказать. Это, бесспорно, давало возможность этим врагам-
"свидетелям" клеветать и сводить, конечно, не личные, а классовые счеты с тем или иным арестованным»[153]. После остановки
массовых операций Винницкий обком партии вынужден был
привлекать к партийной ответственности наиболее рьяных «свидетелей и разоблачителей», а областная газета «Більшовицька
правда» публиковала многочисленные заметки с осуждением
клеветников.

Изученные документы позволяют сделать выводы о специфи-
ке процесса наказания за нарушения социалистической законности. Прежде всего, отметим, что это была политическая кампания, инициированная Сталиным и его группой в руководстве
СССР. В ходе ее восстанавливался контроль партийных комитетов разного уровня над органами госбезопасности. Советской
бюрократии подавался сигнал, что руководство страны действо-
вало правильно, но эксцессы некоторых начальников и сотрудников НКВД надо осудить и продолжать выявлять врагов. Рамки
допущенных нарушений были очерчены в указанных выше постановлениях ЦК ВКП(б) и СНК СССР, приказах НКВД СССР.
Естественно, что под давлением областных партийных комитетов
осуществлялось первоочередное расследование преступлений
против партработников. Незаконно осужденные и в единичных
случаях освобожденные партработники становились главными
свидетелями в судебных преследованиях бывших руководителей
и сотрудников областных УНКВД. Обращает на себя внимание
тот факт, что до советско-германской войны были осуждены и
понесли наказание только отдельные, можно сказать, «знаковые
фигуры» проведения массовых операций. Всех их обвиняли не
только в нарушениях законности, но и в связях с бывшим вражеским руководством органов НКВД. Образно говоря, понесла наказание цепочка Ежов–Успенский, Кораблев–Жабрев и прибли-
женные к ним лица, которые проявили особую активность при
проведении массовых операций.

Именно на бывшее руководство НКВД перекладывали вину за
преступления все осужденные, представляя себя наивными, об-
манутыми, исполнительными «советскими патриотами». В письме Сталину от 1 декабря 1940 г. Кораблев писал, что не виноват,

это была практика работы всего НКВД УССР во главе с Успен-ским. Он спрашивал: «почему должен нести такую тяжелую кару? Ведь я патриот своей родины. Советский человек»[154]. Остальные обвиняемые перекладывали вину на Кораблева, а через несколько лет заявляли о полной непричастности к избиениям и другим на-рушениям.

При этом все решительно отметали какие-либо подозрения со стороны следствия в асоциальном или психопатологическом по-ведении. В 1941 г., в последних показаниях перед вынесением приговора Ширин заявил: «Я не изверг и не садист. У меня не было и не могло быть никаких корыстных побуждений или лич-ной заинтересованности. Я всегда был и остаюсь до конца жизни, вне зависимости от показаний, верным сыном своей родины, ко-торую я – в прошлом бесправный еврей – обрел [...]. Я не был самостоятельным работником [...]. В моем преступлении нет особо отягчающих последствий [...]. Я не убивал людей и не причинял им то, что могло вызвать такие последствия»[155]. В ходе расследования нарушений законности отчетливо заметны попыт-ки увести от наказания значительную часть сотрудников, прини-мавших участие в массовых операциях. Даже наказание в виде увольнения из органов НКВД производилось в формулировками «в связи с компрометирующими материалами», но не за наруше-ния законности. На наш взгляд, стоит учитывать, что среди при-чин достаточно массовых увольнений была деморализация лич-ного состава УНКВД. Это проявлялось в дисфункциональном поведении, включая профессиональную некомпетентность, неже-лание работать, а также в отклоняющемся поведении, которое ха-рактеризуется асоциальными привычками и склонностями, ус-воением элементов криминальной субкультуры, правовым нигилизмом (пьянки, связи с проститутками, присваивание вещей арестованных). Наказанию не подвергались сотрудники, направ-ленные в Западную Украину и боровшиеся против ОУН, УПА. В ходе десталинизации и первой волны реабилитации жертв по-литических репрессий во второй половине 1950-х гг. каратели также не понесли должного наказания. Публичное осуждение их действий было невозможно, ибо грозило самим основам сущест-вования коммунистического режима, построенного на терроре и фальсификациях.

Подводя итог размышлениям, укажем, что офицеры НКВД – каратели из «советского мира» не похожи на «обычных людей» из 101-го резервного полицейского батальона, о которых писал

К. Браунинг. Но есть и общее – те и другие неоднократно осуществляли массовые убийства. Моральные запреты у этих людей отсутствовали, вернее, были «сняты» совокупностями исторических реальностей и коллективно-индивидуальными особенностями психики. Конечно, человеческая ответственность и мораль относятся к области индивидуального. Но коллективное поведение сотрудников УНКВД и военнослужащих полицейского батальона показывает, как опасна потеря ответственности и общепринятых норм морали. Ведь и сегодня существуют общества, в которых сильны расистские, националистические, имперские настроения, пренебрежение к жизни отдельного человека. Любое из них характеризуется сложной бюрократической системой и специализацией, размывающей чувство личной ответственности. Любой социальный коллектив оказывает давление на поведение входящего в него индивида, всюду есть люди, стремящиеся сделать карьеру, обогатиться или прославиться.

Укажем только на одно, очень актуальное для современной Украины обстоятельство. С исторической точки зрения массовое убийство людей в центре Киева – на Майдане Независимости, осуществленное специальными милицейскими подразделениями в начале 2014 года, – это эхо советского прошлого, результат не пройденного современной Украиной пути декоммунизации и наказания преступников. Поэтому так важны дальнейшие исследования карателей/палачей, действовавших в «советском мире».

ПРИМЕЧАНИЯ

[1] В качестве эпиграфа использованы материалы из протокола судебного заседания Военного трибунала войск НКВД Киевского особого военного округа 26 апреля – 6 мая 1941 г. по делу И. Краблева, А. Запутряева, Л. Ширина. См.: ГДА СБУ. Ф. 5. Д. 66927. Т. 9. Л. 29, 31 об., 33 об., 51.

[2] Создана 22 сентября 1937 г. из части районов Винницкой области.

[3] Вінниця: злочин без кари. Документи, свідчення, матеріали про большевицькі розстріли у Вінниці в 1937–1938 роках. – Київ, 1994. С. 95–97.

[4] Держархів Вінницької обл. Ф. Р-6023. Оп. 4. Д. 26380. Л. 21–21 об.

[5] Интересный анализ этих сообщений см.: *Himka John-Paul.* Ethnicity and the reporting of mass murder. Krakivs'ki Visti, the NKVD murders of 1941, and the Vinnytsia exhumation // https://www.academia.edu/3265280/.

[6] *Кравченко П.М.* Документи про арешти свідків розкопок 1943 року у Вінницькому парку // Політичні репресії на Поділлі в XX столітті. Матеріали міжнародної науково-практичної конференції (Вінниця, 23–24 листопада 2001 р.). – Вінниця, 2002. С. 198.

[7] Реабілітовані історією. Вінницька область. Вінниця, 2006–2012. Кн. 1. 908 с.; Кн. 2. 848 с.; Кн. 3. 784 с.; Кн. 4. 786 с.; Реабілітовані історією. Хмельницька область. – Хмельницький, 2008–2014. Кн. 1. 934 с.; Кн. 2. 1182 с.; Кн. 3. 1126 с.; Кн. 4. 1168 с.; Кн. 5. 896 с.

[8] См.: www.reabit.org.ua

[9] Червоні жорна: спогади репресованих, членів їх родин, свідків репресій / Відп. ред. С.К. Гіренко. – Вінниця, 1994. 80 с.; *Малигін А.* Червона акула: єжовщина на Вінниччині: документально-публіцистичні нариси. – Вінниця, 1995. 96 с.; *Шаповал Ю., Пристайко В., Золотарьов В.* ЧК–ГПУ–НКВД в Україні: особи, факти, документи. – К.: Абрис, 1997. 608 с.; *Лошицький О.* «Лабораторія». Нові документи і свідчення про масові репресії 1937–1938 років на Вінниччині // З архівів ВУЧК–ГПУ–НКВД–КГБ. 1998. № 1/2. С. 183–227. *Лошицький О.* «Лабораторія-2». Полтава. Документальні матеріали про масові репресії в Полтавській області у 1937–1938 рр. // З архівів ВУЧК–ГПУ–НКВД–КГБ. 2000. № 2/4. С. 129–178; Політичні репресії на Поділлі (20–30-ті рр. ХХ ст. Упор.: В. Васильєв, П. Кравченко, Р. Подкур. – Вінниця, 1999. 247 с.; *Подкур Р.Ю.* «Дитячий ГУЛАГ» в контексті політики державного терору (1937–1939 рр.) // З архівів ВУЧК–ГПУ–НКВД–КГБ. 2007. № 1 (28). С. 189–204; *Місінкевич Л.Л.* Реабілітація жертв політичних репресій в Україні (друга половина ХХ–ХХІ століття). – Хмельницький, 2009. 424 с. та ін.

[10] *Білокінь С.І.* Джерелознавчі проблеми вивчення слідчих справ НКВС // Проблеми історії України. – К.: Наукова думка, 1994. Вип. 3. С. 90–101. *Білокінь С.І.* Масовий терор як засіб державного управління СРСР. – К., 1999. 448 с.; *Петровський Е.П.* Архівно-слідчі справи як джерело вивчення історії репресій в Україні у 1937–1938 роках. (Рукопис). Дис. на здобуття наук. ступеня канд. іст. наук. Інститут української археографії та джерелознавства ім. М.С. Грушевського. – Київ, 2006. 300 с.; *Подкур Р., Ченцов В.* Документы органов государственной безопасности УССР 1920–1930-х годов: источниковедческий анализ. – Тернополь: Збруч, 2010. 372 с. и др.

[11] *Нікольський В.М.* Репресивна діяльність органів державної безпеки СРСР в Україні (кінець 1920-х – 1950-ті рр.). Історико-статистичне дослідження. – Донецьк, 2003. С. 119.

[12] *Шаповал Ю., Пристайко В., Золотарьов В.* ЧК-ГПУ-НКВД в Україні. С. 173–174.

[13] *Петров Н.В., Скоркин К.В.* Кто руководил НКВД, 1934–1941: Справочник. – М., 1999. С. 270.

[14] Політичний терор і тероризм в Україні. XIX–XX ст. Історичні нариси. – К., 2002. С. 476.

[15] *Золотарьов В.А.* Олександр Успенський: особа, час, оточення. – Харків: Фоліо, 2004. С. 49.

[16] РГАСПИ. Ф. 17. Оп. 162. Д. 22. Л. 113–114. Это решение легло в основу приказа НКВД СССР № 233, который подписал Ежов. См.: *Шаповал Ю., Пристайко В., Золотарьов В.* ЧК–ГПУ–НКВД в Україні. С. 175–176.

[17] РГАСПИ. Ф. 17. Оп. 162. Д. 22. Л. 127.

[18] Так в тексте.

[19] Данные из допроса А. Волкова 10 мая 1939 г. См.: ГДА СБУ. г. Полтава. Д. 19533. Т. 1. Л. 65.

[20] ГДА СБУ. Ф. 16. Оп. 31. Д. 94. Л. 318. Об этом рассказывал, в частности, начальник отдела кадров И. Юфа на партсобрании Каменец-Подольского УНКВД 27 ноября 1938 г. Он ошибочно указывал, что совещание состоялось в марте 1938 г., хотя Ежов приезжал в Украину в феврале 1938 г.

[21] Політичний терор і тероризм в Україні. XIX–XX ст. С. 477; *ШаповалЮ., Пристайко В., Золотарьов В.* ЧК-ГПУ-НКВД в Україні. С. 176–177. М. Северина 22 сентября 1938 г. приговорили к расстрелу. См.: *Золотарёв В., Степкин В.* ЧК-ГПУ-НКВД в Донбассе. 1919–1941. – Донецк: Апекс, 2010. С. 293–294

[22] Политбюро ЦК ВКП(б) утвердило решение о назначении Кораблева 28 февраля 1938 г. См.: РГАСПИ. Ф. 17. Оп. 3 Д. 997. Л. 7; *Петров Н.В., Скоркин К.В.* Кто руководил НКВД, 1934–1941: Справочник. – М., 1999. С. 242–243.

[23] *Тумшис М.А.* 1937. Большая чистка. НКВД против ЧК. – М.: Яуза: Эксмо, 2009. С. 454–455. Письмо Кораблева было впервые опубликовано на украинском языке: *Золотарьов В.А.* Олександр Успенський: особа, час, оточення. – Харків: Фоліо, 2004. С. 102–105.

[24] *Петров Н.В., Скоркин К.В.* Кто руководил НКВД. С. 242–243.

[25] РГАСПИ. Ф. 17. Оп. 162. Д. 22. Л. 161.

[26] *Лошицький О.* «Лабораторія». С. 215. П. Любченко – бывший «боротьбист», в 1934–1937 гг. председатель СНК УССР, 30 августа 1937 г. покончил жизнь самоубийством.

[27] ГДА СБУ. Ф. 12. Д. 31025. Л. 18 об.; Україна в добу «Великого терору»: 1936–1938 роки / Авт.-упоряд. С. Богунов, В. Золотарьов, Т. Рафальська, О. Радзивілл, Ю. Шаповал. – К.: Либідь, 2009. С. 129.

[28] ГДА СБ України. Ф. 12. Д. 31025. Л. 17. Подробно о работе Пришивцина во главе Мариупольской группы см.: *Золотарьов В.А.* Олександр Успенський: особа, час, оточення. – Харків: Фоліо, 2004. С. 107–108. Наградной лист на Пришивцина полностью опубликован: *Золотарёв В.А., Степкин В.П.* ЧК–ГПУ–НКВД в Донбассе: люди и документы. 1919–1941. – Донецк: Алекс, 2010. С. 430–431.

[29] ГДА СБ України. Ф. 12. Д. 31025. Л. 4–4 об.

[30] Україна в добу «Великого терору»: 1936–1938 роки / Авт.-упоряд. С. Богунов, В. Золотарьов, Т. Рафальська, О. Радзивілл, Ю. Шаповал. – К.: Либідь, 2009. С. 130.

[31] ГДА СБ України. Ф. 12. Д. 31025. Л. 2.

[32] ГДА СБ України. Ф. 5. Д. 66937. Т. 1. Л. 105.

[33] *Золотарьов В.А.* Олександр Успенський: особа, час, оточення. – Харків: Фоліо, 2004. С. 295.

[34] *Тепляков А.Г.* Сексотка Люба. Нравы губернских чекистов: по материалам судебного дела // Родина. 2000. № 9. С. 71–73.

[35] *Тумшис М.А.* 1937. Большая чистка. НКВД против ЧК. – М.: Яуза: Эксмо, 2009. С. 28–29.

[36] *Тепляков А.Г.* Опричники Сталина. – М.: Яуза-Эксмо, 2009. С. 65–68; ГДА СБ України, м. Хмельницький. Д. 2833. Ч. III. Л. 15–16, 18–18 об., 19.

[37] *Петров Н.В., Скоркин К.В.* Кто руководил НКВД, 1934–1941: Справочник / Общество «Мемориал», РГАСПИ, ГАРФ. – М.: Звенья, 1999. С. 253.

[38] ГДА СБ України. Ф. 12. Д. 31034. Л. 1–14.

[39] ГДА СБ України. Ф. 12. Д. 31034. Л. 45 об.

[40] ГДА СБ України. Ф. 12. Д. 31034. Л. 66–67.

[41] *Лошицький О.* «Лабораторія». С. 190.

[42] *Давидюк А.* Жертви червоного терору. – Вінниця, 2001. С. 222–249; *Лошицький О.* «Лабораторія». С. 192–193.

[43] *Лошицький О.* «Лабораторія». С. 192–193.

[44] *Малигін А.* Червона акула: єжовщина на Вінниччині: документально-публіцистичні нариси / Анатолій Малигін. Вінниця, – 1995. С. 25. Цитируется высказывание начальника следственного отдела дорожно-транспортного отдела НКВД УССР Богданова на одном из совещаний в Жмеринской опергруппе.

[45] *Лошицький О.* «Лабораторія». Нові документи і свідчення про масові репресії 1937–1938 років на Вінниччині / Олександр Лошицький // З архівів ВУЧК–ГПУ–НКВД–КГБ. 1998. № 1/2. С. 210.

[46] Політичні репресії на Поділлі (20–30-ті рр. XX ст.). – Вінниця, 1999. С. 185–188.

[47] РГАСПИ. Ф. 17. Оп. 162 Д. 23. Л. 32; Д. 24. Л. 2.

[48] *Амонс А.* Діяльність позасудових органів на Вінниччині у період масових політичних репресій 1937–1938 рр. // Реабілітовані історією. Вінницька область. Кн. 2. С. 15–19.

[49] Реабілітовані історією. Хмельницька область. Кн. 1. – Хмельницький, 2008. С. 79.

[50] ГДА СБУ. Ф. 12. Д. 205. Л. 27–28.

[51] ГДА СБУ. Ф. 12. Д. 205. Л. 28–33.

[52] ГДА СБУ. Ф. 12. Д. 205. Л. 28.

[53] Начиная с 1937 г. на арестованных по «национальным линиям» составлялись так называемые альбомы, состоявшие из справок, подготовленных следователями. Альбомы отправлялись в НКВД СССР.

[54] ГДА СБУ. Ф. 12. Д. 205. Л. 2.

[55] ГДА СБУ. Ф. 12. Д. 205. Л. 26–33.

[56] ГДА СБУ. Ф. 12. Д. 205. Л. 8–10.

[57] ГДА СБУ. Ф. 12. Д. 205. Л. 22–24.

[58] Речь идет о Валентине Ивановиче Леонове. С 25 мая 1938 г. начальник 4-го отдела УГБ УНКВД Каменец-Подольской области, с 7 сентября 1938 г. заместитель начальника УНКВД Каменец-Подольской области. См. *Золотарьов В.А.* ЧК–ДПУ–НКВС на Харківщині: люди та долі (1919–1941). – Харків: Фоліо, 2003. С. 418, *Золотарёв В.А., Степкин В.П.* ЧК–ГПУ–НКВД в Донбассе: люди и документы. 1919–1941. – Донецк: Алекс, 2010. С. 228. Одна из улиц Запорожья носит его имя.

[59] *Петров Н.В., Скоркин К.В.* Кто руководил НКВД, 1934–1941: Справочник / Общество «Мемориал», РГАСПИ, ГАРФ. – М.: Звенья, 1999. С. 106–107

[60] Лубянка: Органы ВЧК–ОГПУ–НКВД–НКГБ–МГБ–МВД–КГБ. 1917–1991. Справочник / Под ред. А.Н. Яковлева; авт.-сост. А.И. Кокурин, Н.В. Петров. – М.: МФД, 2003. С. 67.

[61] Там же.

[62] История сталинского Гулага. Конец 1920-х–начало 1950-х годов: Собрание документов в 7 томах / Т. 1. Массовые репрессии в СССР. – М.: РОССПЭН, 2004. С. 311.

[63] Успенский полгода скрывался в Москве, Архангельске, Калуге, Муроме. В апреле 1939 г. его арестовали в городе Миассе Челябинской области, а в январе 1940 г. расстреляли. См.: *Хрущев Н.С.* Время. Люди. Власть: Воспоминания. К., 1989. Т. 1. С. 172; *Петров Н.В., Скоркин К.В.* Кто руководил НКВД, 1934–1941: Справочник. – М., 1999. С. 417; *Taubman William.* Khrushchev. The Man And His Era. New York – London, 2003. P. 123; *Золотарьов В.А.* Олександр Успенський: особа, час, оточення. – Харків: Фоліо, 2004. С. 206–221.

[64] *Хрущев Н.С.* Время. Люди. Власть: Воспоминания в 4 кн. – М.: Информационно-издательская компания «Московские новости», 1999. Кн. 1. С. 173.

[65] История сталинского ГУЛАГа. Т. 1. С. 305–308.

[66] ГДА СБУ. Ф. 5. Д. 66937. Т. 9. Л. 165.

[67] *Петров Н.В., Скоркин К.В.* Кто руководил НКВД, 1934–1941: Справочник / Общество «Мемориал», РГАСПИ, ГАРФ. – М.: Звенья, 1999. С. 189.

[68] ГДА СБУ. Ф. 16. Оп. 31. Д. 94. Л. 263–264.

[69] В протоколах заседаний политбюро ЦК КП(б)У упоминания об обсуждении постановления 17 ноября отсутствуют.

[70] ГДА СБУ. Ф. 16. Оп. 31. Д. 39. Л. 51.

[71] ГДА СБУ. Ф. 16. Оп. 31. Д. 94. Л. 243.

[72] ГДА СБУ. Ф. 16. Оп. 31. Д. 94. Л. 206, 213–215, 219–221, 223, 227, 229, 231, 235, 242–243, 255–257, 259, 262–264, 267.

[73] ГДА СБУ. Ф. 16. Оп. 31. Д. 39. Л. 51–52, 55–56, 58-59, 61–62.

[74] История сталинского ГУЛАГа. Т. 1. С. 309–312.

[75] Крутова перевели из Каменец-Подольского УНКВД в отдел кадров НКВД УССР в августе или сентябре 1938 г.

[76] Речь идет о награждении 14 августа 1938 г. Николая Яковлевича Патрушева знаком «Почетный работник ВЧК-ГПУ». 13 апреля 1939 г. он был уволен по ст. 38 «б» из органов государственной безопасности.

[77] Сельсовет.

[78] Судя по сохранившимся документам, это была обычная практика сотрудников НКВД. См.: История сталинского ГУЛАГа. Т. 1. С. 313–325.

[79] *Browning Ch. R.* Ganz Normale Männer: Das Reserve-Polizeibataillon 101 Und Die «Endlösung» In Polen. – Hamburg: Rowohlt, 1993.

[80] ГДА СБУ. Ф. 16. Оп. 31. Д. 94. Л. 271, 274–276, 278–279, 282–283, 285–286, 302, 308–309, 314, 317–318, 323–324.

[81] ГДА СБУ. Ф. 5. Д. 66927. Т. 5. Л. 219.

[82] ГДА СБУ. Ф. 5. Д. 66937. Т. 5. Л. 27–28.

[83] Там же. Т. 8. Л. 179.

[84] ГДА СБУ. Ф. 16. Оп. 31. Д. 39. Л. 114.

[85] Там же. Л. 188–189, 191–192, 194, 197–198, 202.

[86] Там же. Т. 9. Л. 171.

[87] ГДА СБУ. Ф. 5. Д. 66927. Т. 9. Л. 170–171.

[88] *Петров Н.В., Скоркин К.В.* Кто руководил НКВД. 1934–1941. – М.: Звенья, 1999. С. 439.

[89] ГДА СБУ. Ф. 5. Д. 66937. Т. 25. Л. 4, 7–8, 11–13.

[90] См.: *Лошицький О.* «Лабораторія». С. 221–222.

[91] Держархів Вінницької обл. Ф. П-136. Оп. 1. Д. 367. Л. 23.

[92] Там же. Л. 87.

[93] ГДА СБУ. Ф. 12. Д. 31025. Л. 72–73.

[94] Держархів Вінницької обл. Ф. П-136. Оп. 1. Д. 367. Л. 93.

[95] ГДА СБУ. Ф. 12. Д. 31034. Л. 26.

[96] ГДА СБУ. Ф. 12. Д. 31034. Л. 22–23.

[97] ГДА СБУ. Ф. 12. Д. 31034. Л. 17–21.

[98] ГДА СБУ. Ф. 12. Д. 31034. Л. 3.

[99] ГДА СБУ. Ф. 12. Д. 205. Л. 8–10.

[100] ГДА СБУ. Ф. 12. Д. 205. Л. 6, 11–15.

[101] Сведения были неточными, но показательно, что люди о них знали.

[102] ГДА СБУ. Ф. 5. Д. 66927. Т. 24. Л. 1–3.

[103] Там же. Т. 24. Л. 3, 5–7, 14–15, 32–33, 62–63, 93–94, 157, 181, 195, 278.

[104] ЦДАГО України. Ф. 1. Оп. 6. Д. 508. Л. 105.

[105] Реабілітовані історією. Вінницька область. Т. 2. – Вінниця, 2007. С. 316–317.

[106] ГДА СБУ. Ф. 12. Д. 31025. Л. 30.

[107] ГДА СБУ. Ф. 5. Д. 66937. Т. 5. Л. 201, 203–204, 207–208, 224–225, 231, 234–235, 243–245, 252, 256.

[108] Там же. Т. 1. Л. 58; Т. 4. Л. 300–307; Т. 5. Л. 103, 105, 109, 245.

[109] Там же. Т. 9. Л. 26, 32, 34, 46, 50, 76–78, 81–82, 85, 87, 89, 91.

[110] ГДА СБУ. Ф. 12. Д. 207. Л. 28–32.

[111] Там же. Л. 29.

[112] Там же. Л. 33–34.

[113] ГДА СБУ. Ф. 5. Д. 66937. Т. 8. Л. 257.

[114] ГДА СБУ. Ф. 12. Д. 31025. Л. 16–17.

[115] ГДА СБУ. Ф. 12. Д. 207. Л. 36.

[116] Там же. Л. 35–38.

[117] *Золотарёв В.А., Степкин В.П.* ЧК–ГПУ–НКВД в Донбассе: люди и документы. 1919–1941. – Донецк: Алекс, 2010. С. 344–345.

[118] ГДА СБУ. Ф. 12. Д. 205. Л. 44.

[119] ГДА СБУ. Ф. 12. Д. 205. Л. 7.

[120] ГДА СБ України. Ф. 12. Д. 207. Л. 47–54; *Петров Н.В., Скоркин К.В.* Кто руководил НКВД. 1934–1941. – М.: Звенья, 1999. С. 252–253

[121] *Петров Н.В., Скоркин К.В.* Кто руководил НКВД, 1941–1954: Справочник / Общество «Мемориал», РГАСПИ, ГАРФ, ЦА ФСБ России. – М.: Звенья, 2010. С. 566–567

[122] ГДА СБУ. Ф. 12. Д. 207. Л. 53–54.

[123] Там же. Л. 47–54.

[124] Там же. Л. 94–95.

[125] Там же. Л. 129–130.

[126] Там же. Л. 132.

[127] Прикарпатский военный округ.

[128] Сотрудники НКВД после эвакуации находились в Новосибирске.

[129] ГДА СБУ. Ф. 12. Д. 207. Л. 2–24.

[130] Там же. Л. 40.

[131] Там же. Л. 162–164.

[132] Там же. Л. 47–54.

[133] Там же. Л. 160–161.

[134] Там же. Л. 1.

[135] Там же. Л. 156–159 об.

[136] Там же. Л. 47–54.

[137] Там же. Л. 53–54.

[138] Там же. Л. 471.

[139] Там же. Л. 472.

[140] Там же. Л. 503–504.

[141] Там же. Л. 510.

[142] *Конквест Р.* Культ личности ничто по сравнению с террором и фальсификацией // Известия. 1990. 19 мая.

[143] ГДА СБУ. Ф. 5. Д. 66927. Т. 5. Л. 9–11, 17.

[144] Там же. Т. 1. Л. 137–138.

[145] Там же. Т. 8. Л. 66.

[146] Там же. Т. 8. Л. 17.

[147] Там же. Т. 8. Л. 193.

[148] *Тепляков А.Г.* Машина террора: ОГПУ–НКВД Сибири в 1929–1941 гг. – М., 2008. С. 600.

[149] ГДА СБУ. Ф. 5. Д. 66937. Т. 1. Л. 88.

[150] Там же. Т. 8. Л. 16.

[151] Там же. Т. 8. Л. 92.

[152] Там же. Т. 8. Л. 184–188; Ф. 16. Оп. 31. Д. 39. Л. 109–110.

[153] ГДА СБУ. Ф. 5. Д. 66937. Т. 8. Л. 193. См.: *Кабацков А.Н.* Штатный свидетель: источники рекрутирования и социальная роль в репрессиях по приказу № 00447 // История сталинизма: Жизнь в терроре. Социальные аспекты репрессий: материалы международной научной конференции. Санкт-Петербург, 18–20 октября 2012 г. – М., РОССПЭН, 2013. С. 444–452.

[154] Там же. Т. 1. Л. 143–145.

[155] Там же. Т. 8. Л. 232–233.

ВОРОШИЛОВГРАД*

Перед тем, как выехать в г. Ворошиловград, бывший начальник УНКВД Коркунов и я были приняты Секретарем ЦК КП(б)У тов. Н.С. Хрущевым, который, ознакомившись с нами, дал установку: крепко ударить по вражеским гнездам, осевшим в Донбассе, и в особенности по антисоветским право-троцкистским кадрам, меньшевикам, эсерам, украинским националистам, а также и по другим разновидностям контрреволюции.

Вооруженный этой глубоко партийной установкой тов. Н.С. Хрущева, я приехал в Ворошиловград и приступил к работе.

Н.Г. Соколов – бывш. нач. 2-го отдела УГБ УНКВД по Ворошиловградской области [1]

В ночное время выезжали тт. Соколов, Воскобойников, Удовенко и среди работников 4 отдела ходили такие разговоры, что они поехали «молотить», то есть применять физические меры воздействия.

И.Д. Дольников – нач. 7-го отдела УГБ УНКВД по Ворошиловградской области [2]

Издевались надо мной, заставляя смотреть на электролампочку, Коркунов, Балычев, Сквирский, Федоренко и Васько, руководили издевательствами Коркунов и Балычев.

Н.С. Чумичев, жертва репрессий [3]

Протокол очной ставки с Капустиным Максименко подписывал в одной из комнат тюрьмы, также не помню из больницы или камеры, но Максименко на очную ставку не сам пришел, а его принесли на кровати уже, и уже, судя по этому, можно было заключить, что он ранее был избит. Тогда же, точно не помню перед очной ставкой или после очной ставки, Воскобойников мне сообщил, что Максименко сам ходить не может, так как у него произошло загноение одной или обеих ягодиц и ему была произведена операция...»

Сиренко – нач. 2-го отдела ОО НКВД 6-й армии [4]

---

* Ныне – Луганск.

Был доставлен Максименко в тюрьму ночью тюремной машиной в тяжелом состоянии – с побоями задней части тела и частично икр ног, что выяснилось после приема со слов главного врача тюрьмы Спектора и лекпома Моляра. До прибытия в тюрьму арестованного Балычев дал мне распоряжение освободить одну из камер-одиночек на спецкоридоре для содержания, выделить специально лекпома и врача и никого больше, кроме них и Максименко, не допускать.

К.А. Харченко – нач. тюрьмы[5]

[…] в июле 1938 г. меня вызвал бывший начальник УНКВД Коркунов и приказал мне организовать изъятие из тюрьмы умершего арестованного Эпштейна. Беркович прибыл в тюрьму и отвез труп на кладбище, где и похоронил. Причем Беркович сказал, что он похоронил не умершего, а убитого старого члена партии.

Я.И. Нерозин – бывш. нач. АХО УНКВД по Ворошиловградской области[6]

Ольга Довбня

Привлечение сотрудников УНКВД по Ворошиловградской области к уголовной ответственности за нарушение «социалистической законности»

Исследование связано с проблемой кадровых чисток органов НКВД после прекращения массовых операций Большого террора. Что касается разработки данной проблемы, то в центре внимания историков оказались следующие вопросы: причины кадровых чисток органов НКВД, реакция их сотрудников на прекращение массовых репрессивных акций и восстановление «социалистической законности», кадровые изменения в органах НКВД в 1939–1941 гг.[7]

В контексте кадровых чисток органов НКВД историки выделили следующие аспекты: ликвидация непосредственных исполнителей карательных акций; устранение потенциальных критиков в рядах НКВД; перекладывание вины за нарушение «социалистической законности» с партийных органов на НКВД; ослабление социального недовольства, вызванного массовыми репрессиями и произволом сотрудников НКВД; обновление личного состава подразделений НКВД[8].

Что касается реакции сотрудников НКВД на прекращение Большого террора и восстановление «социалистической законности», то, по меткому выражению украинского историка Р. Подкура, большинство попыталось «проскользнуть между Сциллой и Харибдой»[9].

Вторым типом реакции стало недовольство попытками партийных вождей переложить вину за упрощенное ведение следствия на НКВД. При этом историки акцентировали внимание на том, что сотрудники государственной безопасности становились фактически заложниками режима[10].

Таким образом, анализ историографии позволяет сделать вывод, что проблема кадровых чисток органов НКВД после окончания Большого террора и восстановления «социалистической законности» активно изучается историками, однако существуют перспективы для дальнейших исследований. В частности, введение в научный оборот новых источников позволит комплексно исследовать механизм кадровых чисток чекистской среды в период восстановления «социалистической законности». Проанализированная литература показывает, что этот вопрос не был предметом специального исследования.

Исходя из вышеизложенного, цель исследования – комплексный анализ механизма привлечения сотрудников органов НКВД к ответственности за нарушение «социалистической законности» в период Большого террора.

Географические рамки – территория Ворошиловградской (ныне Луганской) области, образованной 3 июня 1938 г. путем отделения от Донецкой области[11].

Хронологические рамки – период с 17 ноября 1938 г. по 17 августа 1941 г. Выбор первой даты связан с появлением постановления СНК СССР и ЦК ВКП(б) «Об арестах, прокурорском надзоре и ведении следствия», санкционировавшего кадровую чистку НКВД СССР. Выбор второй даты объясняется окончанием судебного процесса в отношении сотрудников Управления НКВД по Ворошиловградской области.

Основу исследования составляют разнообразные по содержанию и характеру исторические источники, в том числе и опубликованные. Автором использованы материалы трех фондов Отраслевого государственного архива Службы безопасности Украины (далее – ОГА СБУ): ф. 5 (уголовные дела на лиц, которые не были реабилитированы), ф. 8 (отдел кадров и управления кадров КГБ УССР), ф. 12 (личные дела бывших сотрудников органов государственной безопасности).

Источники можно разделить на пять групп. К первой группе отнесены документы ЦК ВКП(б) и КП(б)У и ее местных партийных комитетов. Принятые Политбюро ЦК ВКП(б) решения определяли основные принципы деятельности законодательной, исполнительной и судебной ветвей власти. При анализе протоколов партийных собраний сотрудников УНКВД по Ворошиловградской области основной акцент делался на исследовании взаимодействия органов НКВД, прокуратуры и представителей Компартии; а также реакции сотрудников НКВД на прекращение террора и восстановление «социалистической законности».

Ко второй группе отнесены законодательные акты и решения исполнительных органов власти (постановления СНК СССР, ЦИК СССР, Уголовные кодексы РСФСР и УССР), ставшие правовой базой для реализации государственного террора.

Третью группу источников составляют жалобы репрессированных. Ценность данной группы источников заключается в выявлении методов ведения упрощенного следствия сотрудниками НКВД.

К четвертой группе относятся документы организационно-распорядительного характера, рапорты, протоколы, заявления, материалы служебного расследования. Эта группа источников отражает механизм деятельности органов НКВД в период восстановления «социалистической законности».

В пятую группу источников объединены материалы следствия и судебных процессов в отношении нарушителей «социалистической законности». При анализе этой группы источников основное внимание уделялось изучению следующих моментов: мотивы привлечения к уголовной ответственности сотрудников НКВД; методы ведения следствия и судебных процессов; роль судебных органов в осуждении сотрудников НКВД; выявление отличий в наказаниях сотрудников НКВД, в частности руководителей и рядовых чекистов; вмешательство в процесс осуждения и реабилитации центральных судебных органов (Верховный суд СССР, Военная коллегия Верховного суда СССР), Генеральной прокуратуры СССР и Главной военной прокуратуры СССР; рычаги, задействованные для проведения кадровых чисток.

В контексте анализа поведения сотрудников НКВД, привлеченных к уголовной ответственности, основное внимание акцентировалось на причинах нарушения «социалистической законности» в период Большого террора и стратегии защиты.

Управление НКВД УССР по Ворошиловградской области было сформировано 11 июня 1938 г. Состав УНКВД:

– начальник:

а) до 25 июня 1938 г. должность занимал бывший начальник Макеевского горотдела УНКВД по Донецкой области старший лейтенант госбезопасности А.Д. Балычев[12];

б) с 25 июня 1938 г. до 8 января 1939 г. исполнял обязанности бывший начальник 4-го отдела УНКВД по Киевской области капитан госбезопасности Г.И. Коркунов[13]. Но приказ о назначении был объявлен по НКВД УССР только 14 июля 1938 г. – в день, когда нарком А.И. Успенский находился в Сталино[14];

– заместитель начальника: с 11 июня до 27 октября 1938 г. – капитан госбезопасности А.Д. Балычев[15];

– начальники 3-го (контрразведывательного) отдела УГБ УНКВД:

а) с 4 июня по 31 октября 1938 г. временно исполнял обязанности лейтенант госбезопасности В.В. Калганов;

б) с 15 октября 1938 г. – бывший начальник Рубежанского райотдела УГБ УНКВД по Ворошиловградской области сержант госбезопасности В.А. Врублевский[16];

– начальник 4-го (секретно-политического) отдела УГБ УНКВД: с 11 июня 1938 г. до 20 апреля 1939 г. лейтенант госбезопасности Н.Г. Соколов[17];

– начальник 6-го отдела УГБ УНКВД: с 15 октября 1938 г. в соответствии с приказом НКВД УССР № 677 назначен бывший исполняющий обязанности начальника отделения 3-го отдела УГБ УНКВД по Ворошиловградской области младший лейтенант госбезопасности К.И. Бельский;

– начальник 1-го спецотдела УНКВД: с 15 октября 1938 г. в соответствии с приказом НКВД УССР № 677 исполняющим обязанности назначен бывший инспектор 8-го (учетно-статистического) отдела УГБ УНКВД по Ворошиловградской области В.П. Попов;

– начальник 2-го спецотдела УНКВД: с 15 октября 1938 г. в соответствии с приказом НКВД УССР № 677 исполняющим обязанности назначен бывший оперуполномоченный Боково-Антрацитовского райотдела УГБ УНКВД по Ворошиловградской области сержант госбезопасности В.С. Бредихин[18].

Вновь созданное УНКВД по Ворошиловградской области во главе с Григорием Ивановичем Коркуновым развернуло активную работу по борьбе с «врагами народа». Для каждого района и даже шахты, без учета оперативных данных, были установлены так называемые «лимиты», для ускорения выполнения которых Коркунов лично ездил по местам дислокации межрайонных следственных групп и районным аппаратам НКВД, обязал районы подавать по 30–40 и более справок на аресты, а тех, кто не выполнял требование, наказывал[19]. Также от межрайонных следственных групп требовал выбивать не менее 3–4 признательных показаний ежедневно[20]. Спешка в оформлении справок привела к фальсификации следственных дел[21].

Таким образом, Коркунов принимал непосредственное участие в оперативно-следственной работе, недостатки которой, как отмечал в рапорте начальник 3-го отдела УГБ УНКВД по Ворошиловградской области Гнутов, покрывала областная тройка, которая в течение 9–27 сентября 1938 г. провела десять заседаний и приговорила к расстрелу с конфискацией имущества 1 226 человек[22].

Главой тройки 9 и 10 сентября был начальник УНКВД по Сталинской области П.В. Чистов[23], а с 13 сентября – Г.И. Коркунов. Все протоколы тройки подписаны также секретарем Ворошиловградского обкома КП(б)У П.М. Любавиным[24], прокурором области П.Ф. Нощенко и секретарем тройки В.П. Поповым[25]. Под председательством Коркунова тройка приговорила к расстрелу с конфискацией имущества 845 человек[26].

Но постановлением СНК СССР и ЦК ВКП(б) «Об арестах, прокурорском надзоре и ведении следствия» от 17 ноября 1938 г. и приказом НКВД СССР № 00762 от 26 ноября 1938 г. был отменен ряд оперативных приказов о проведении массовых репрессий и установлен порядок передачи завершенных следственных дел для судебного разбирательства[27].

Согласно постановлению СНК СССР и ЦК ВКП(б) от 17 ноября 1938 г. органам НКВД и прокуратуре запрещалось проведение массовых операций, связанных с арестами и выселением, возобновлялось действие 127 статьи Конституции СССР[28], ликвидировались внесудебные тройки. Органы НКВД и прокуратура должны были придерживаться требований Уголовно-процессуального кодекса. Кандидатуры на должности прокуроров утверждались в ЦК ВКП(б) по представлению обкомов, крайкомов, ЦК национальных компартий и прокурора СССР, в следственные части НКВД направлялись наиболее квалифицированные, проверенные члены партии. При этом все кандидатуры на должность следователей в центральном и территориальных аппаратах госбезопасности утверждались приказом наркома внутренних дел СССР. В свою очередь приказ НКВД СССР № 00762 от 26 ноября 1938 г. регламентировал процедуру направления завершенных следственных дел в суд.

Восстановление «социалистической законности» сопровождалось пересмотром дел арестованных, но не осужденных внесудебными или судебными органами, а также проверкой деятельности сотрудников НКВД.

Для выработки механизма выполнения постановления СНК СССР и ЦК ВКП(б) от 17 ноября 1938 г. и соответствующих приказов НКВД СССР нарком внутренних дел СССР Л.П. Берия предложил наркомам союзных и автономных республик, начальникам территориальных аппаратов УНКВД провести оперативные совещания.

Первое совещание оперативного состава УНКВД по Ворошиловградской области состоялось 23 ноября 1938 г. К сожалению, ознакомиться с протоколом нет возможности[29], поэтому основным источником является письмо начальника УНКВД Г.И. Коркунова секретарю ЦК КП(б)У Н.С. Хрущеву от 19 января 1939 г., в котором он утверждает, что на совещании активно звучала самокритика[30].

Следующее совещание состоялось 6 января 1939 г.[31] Обсуждался только один вопрос – работа УГБ в соответствии с постановлением ЦК ВКП(б) и СНК СССР от 17 ноября 1938 г. На совещании присутствовали первый секретарь Ворошиловградского обкома КП(б)У М.Е. Квасов, областной прокурор П.Ф. Нощенко и заместитель областного прокурора Берегулько. Совещание открыл Коркунов, призвавший «путем критики и самокритики» разоблачить недостатки. Но совещание проходило вяло, содокладчики фактически повторяли сказанное ранее, поэтому в работу вмешался секретарь партийного комитета УНКВД Гудков. В частности, он акцентировал внимание присутствующих на отсутствии критики и самокритики в докладах, требовал признать, что в оперативно-следственной работе присутствуют две крайности: фальсификация дел и растерянность сотрудников НКВД. При этом вторую крайность Гудков пояснил ошибочным поведением заместителя областного прокурора Берегулько, обвинив его в заигрывании с арестованными, а также отсутствием помощи со стороны горпарткома[32].

После вмешательства Гудкова к разоблачению недостатков в оперативно-следственной работе присоединились начальник отделения 9-го отдела УГБ УНКВД Китченко и начальник отделения 4-го отдела УГБ УНКВД Пекарев. Китченко отметил, что именно постановление СНК СССР и ЦК ВКП(б) от 17 ноября 1938 г. положило конец всем бесчинствам, обратив внимание присутствующих, что искажения в оперативно-следственной работе берут свое начало «сверху»[33]. Пекарев в свою очередь вспомнил о том, что некоторые справки составлялись механически, от следователей требовали добиваться признаний путем «почти убийства» арестованных, поэтому и сам применял «физические действия». Но при этом на реплику первого секретаря Ворошиловградского обкома КП(б)У Квасова об ошибках в работе ответил, что у него ошибок нет, а арестовывал он исключительно врагов народа[34].

Начальник Краснодонского райотдела Колобов искажения в оперативно-следственной работе связал с плохим руководством со стороны УНКВД. Начальник отделения 9-го отдела УГБ УНКВД Афанасьев покаялся в том, что допустил халатность в следственном деле Комашко, а также выступил с критикой в адрес начальника Старобельского райотдела Старкова, который не предоставил ему возможности ознакомиться с учетами агентуры и архивами[35].

К обсуждению перестройки оперативно-следственной работы присоединился областной прокурор Петр Фомич Нощенко. Он отметил, что сотрудники УНКВД продолжают работать «по старинке», доклады носят отвлеченный характер, фальсификация следствия – преступление, за что следует судить, а единственным положительным моментом в перестройке работы УНКВД является организация Коркуновым бюро жалоб[36].

На эти упреки отреагировал начальник 4-го отдела УГБ УНКВД Соколов, отметив, что отдельные работники боятся самостоятельно решать вопросы, поэтому обращаются со всевозможными мелочами, а некоторые трудности в следственной работе связаны с прокуратурой[37]. В свою очередь начальник 1-го отделения 3-го отдела УГБ УНКВД Суд во всех искривлениях в оперативно-следственной работе обвинил «врага народа» Успенского[38].

Как видим, начальника УНКВД Коркунова почти не критиковали, единственным обвинением была слабая помощь областного управления районным аппаратам. При этом звучала критика в адрес прокуратуры и городского комитета КП(б)У. Первую обвиняли в том, что не проверяет дела в процессе следствия, вяло работает, заигрывает с арестованными, а горком КП(б)У – в отсутствии должного внимания.

Отсутствие в докладах и выступлениях самокритики и критики вызвало негативную реакцию М.Е. Квасова. Он заявил, что ничего в работе УНКВД не изменилось, никакие выводы не сделаны, практику избиения арестованных необходимо искоренить путем критики и самокритики[39].

Субъективной причиной вмешательства М.Е. Квасова в работу УНКВД было желание поквитаться с Г.И. Коркуновым, имеющим компрометирующие материалы о работе Квасова на должности начальника политотдела Лозо-Александровского района Старобельского округа в период выборов в Верховный Совет УССР[40].

В дальнейшем обострение отношений привело к тому, что работники обкома КП(б)У три дня скрывали от Коркунова телеграмму И.В. Сталина от 10 января 1939 г., в которой разъяснялось, что ЦК ВКП(б) в 1937 г. позволил в исключительных случаях применение «физического воздействия»[41].

Не найдя поддержки в прокуратуре, Квасов 7 января 1939 г. вызвал к себе начальника 1-го отделения 3-го отдела УГБ УНКВД сержанта госбезопасности Ефима Матвеевича Суда, который и стал основным обвинителем Коркунова на партийном собрании работников УНКВД по Ворошиловградской области[42].

В работе следующего открытого общего собрания парторганизации УНКВД по Ворошиловградской области согласно протоколу от 17 января 1939 г. участвовали 79 человек, из них 65 – члены ВКП(б), 14 – кандидаты в члены ВКП(б). Предлагалось обсудить два вопроса: прием в члены и кандидаты в члены партии и утверждение решений партийного комитета. Но по предложению Суда в повестку дня внесли еще один: «О ставленниках врага народа Успенского»[43]. При этом третий вопрос был рассмотрен на закрытой части, где основным докладчиком и стал Суд.

Е.М. Суд заявил, что в связи с ограничением регламента не смог 6 января разоблачить недостатки в оперативно-следственной работе, поэтому только сейчас может выдвинуть обвинения в адрес Коркунова: штурмовщина в оперативно-следственной работе, массовые необоснованные аресты, зажим критики, преследование инакомыслящих[44]. Вспомнил Суд и о том, что Коркунов привлек к документированию сотрудников милиции, которых впоследствии арестовали и обвинили в искажении следствия, при этом отметив, что арестовали их правильно[45]. Не обошел вниманием и «вредительскую работу» с кадрами[46].

Громким заявлением в адрес Коркунова и его ставленников стало обвинение в арестах 50 человек из числа старых большевиков и убийстве во время допросов арестованных В.Н. Максименко и И.А. Эпштейна[47]. Интересным представляется тот факт, что Суд не сомневался в том, что Максименко – враг, но задача чекистов – разоблачать врагов, а не убивать во время следствия[48].

В конце выступления Суд не только высказал сомнение относительно социального происхождения Коркунова, но и обвинил его во вмешательстве в работу партийной организации[49], в окружении себя подхалимами (Воскобойников[50], Соколов, Гетьман, Брук, Черноусов), незаконном использовании на собственные прихоти до 30 тыс. руб. государственных средств[51].

Все вышеизложенное, по мнению Суда, ставит под сомнение дальнейшее пребывание Коркунова в партийных рядах. Следует отметить, что партийное собрание проходило в отсутствие бывшего начальника УНКВД[52]. Но заявления Суда были настолько громкими, что приняли решение пригласить на собрание первого секретаря обкома КП(б)У М.Е. Квасова и вызвать Г.И. Коркунова. Вместо Квасова на заседании присутствовали секретари горкома Тульнов и Костенко[53], а прибывший Коркунов выступил с заявлением, что хочет все объяснить, а выступление Суда считает тенденциозным и непартийным.

Начал Коркунов с того, что отверг связь с Успенским, отметив, что бывший нарком УССР вел себя грубо, о чем он хотел доложить Ежову, но не хватило храбрости. Поэтому лишний раз к Успенскому не обращался, все распоряжения наркомата получал от начальника УНКВД по Сталинской области П.В. Чистова, а в Киев ездил только по вызову[54].

Также Коркунов признал практику «штурмовщины» как враждебный метод оперативно-следственной работы, который применял в соответствии с установками «сверху», и рассказал об исправлении ошибок. В частности, в Старобельске было пересмотрено 250 дел, полученных из Сталино, принято решение об освобождении арестованных[55]. Далее он отметил, что после образования УНКВД по Ворошиловградской области перестроил всю работу: пересмотрел учетные карточки, ликвидировал списки, ввел прокурорскую санкцию, без обоснования причин никого не арестовывал[56]. При этом признал, что иногда бывал суетливым и несдержанным, объяснив такое поведение загруженностью и отсутствием опыта[57].

Вместе с тем он считал правильным увольнение восьми начальников райотделов, поскольку они не соответствовали занимаемой должности[58]. Были также отвергнуты упреки относительно вмешательства в работу парторганизации. Коркунов признал только то, что поручал Соколову вносить коррективы в протоколы, касающиеся агентурной работы и отправлявшиеся для ознакомления заместителю наркома внутренних дел УССР А.З. Кобулову[59].

Коркунов указал, что лично проверял справки на аресты членов партии, опроверг заявления об аресте 50 старых большевиков и убийстве Максименко[60]. Что касается убийства Эпштейна, то попросил этот факт проверить[61]. При этом избиение арестованных признал, отметив, что били с партийной совестью врагов народа[62].

Обвинения в растрате государственных средств также отверг, отметив, что деньги тратил по необходимости, и попросил этот факт проверить[63].

Что касается социального происхождения, то Коркунов ознакомил присутствующих со своей биографией[64].

После выступления Коркунова было принято решение завершить собрание. В связи с тем, что Суд выдвинул обвинения не только уголовного, но и политического характера, было принято решение об изложении их в письменной форме. Присутствующим напомнили, если кто-то располагает фактами преступных действий Коркунова, изложить их в письменной форме обкому или горкому КП(б)У.

В результате начальник административно-хозяйственного отдела (далее – АХО) Я.И. Нерозин в заявлении секретарю обкома КП(б)У М.Е. Квасову указал о нецелевом использовании Коркуновым 28 460 руб. 06 коп. и об убийстве арестованного Максименко, отметив, что факт убийства могут подтвердить Патратьев, Беркович, Ступницкий[65].

Заявления о преступных действиях Коркунова были рассмотрены на закрытой части заседания бюро Ворошиловградского обкома КП(б)У 19 января 1939 г. В соответствии с протоколом № 54 на заседании были приняты следующие решения: направить все материалы по делу Коркунова в ЦК КП(б)У и НКВД УССР с просьбой срочного их рассмотрения, после чего принять окончательное решение[66].

Решение Бюро было озвучено 8 февраля 1939 г. на общем собрании парторганизации УНКВД по Ворошиловградской области.

Согласно протоколу № 2, комиссией обкома было установлено следующее: Г.И. Коркунов бесконтрольно использовал средства из особого фонда и допустил отдельные ошибки в оперативно-следственной работе; заявление Я.И. Нерозина – тенденциозно, он несет полную ответственность за растраченные средства, так как знал о безобразии и не предпринял никаких мер[67]. В связи с этим бюро обкома постановило: исключить из рядов КП(б)У Е.М. Суда, объявить выговор Коркунову и Нерозину, а также рекомендовать начальнику УНКВД по Ворошиловградской области М.И. Череватенко освободить последнего с должности начальника АХО[68].

В дебатах участвовали Нерозин, Патратьев, Коркунов, Захаров, Афанасьев, Писаренко, Седых, Суд, Черноусов, Шершер, Носовский, Куница, Толмачев, Воронов, Коробчанский, Локотков, Гетьман, Федорчук, Винников, Геллер, Удовенко, Китченко, Соколов.

Нерозин, защищая себя, настаивал на том, что Коркунов не по назначению потратил средства, терроризировал подчиненных, в частности, чуть не довел его до самоубийства[69]. В защиту Нерозина выступил Патратьев, предложив вывести из состава партийного комитета Хорошилова и Соколова, объявив выговор[70].

Коркунов утверждал, что доказал ревизору то, что средства потратил по назначению[71].

Захаров заявил, что надо перестроить всю работу, а Седых не поддержал постановление бюро обкома[72].

Суд выступил в свою защиту, аргументируя тем, что не был приглашен на заседание обкома, подвергался давлению со стороны Коркунова, а также заявил об антисемитизме[73].

В свою очередь, Афанасьев рассказал о хамском поведении Коркунова; Шершер, Носовский и Куница – о варварском отношении к подчиненным, Геллер, поддержав Суда, заявил о притеснениях со стороны Соколова, Хорошилова, Коркунова; Винников в свою очередь рассказал о притеснениях со стороны Коркунова[74].

Черноусов выступил в свою защиту, заявив, что делал Суду замечания, поэтому тот и считает его ставленником Коркунова[75]. Воронов, наоборот, поддержав обвинение Суда, негативно отозвался о работе Гетьмана и Воскобойникова, обозвав последнего «марафетчиком»[76].

Локотков, Гетьман, Писаренко, Толмачев, Коробчанский поддержали постановление бюро обкома, а Соколов заявил, что у Суда старые счеты с Воскобойниковым[77]. Федорчук, Китченко и Удовенко также поддержали постановление бюро обкома, обвинив Суда в клевете, при этом признав партийную работу запущенной[78].

В конце заседания выступил первый секретарь обкома КП(б)У Квасов. Он сообщил, что основной задачей было выявление недостатков в оперативно-следственной работе УНКВД. Для этого были проведены открытые собрания, но только на бюро обкома КП(б)У открыто обсудили все проблемы. Что касается заявлений Суда, то они остались голословными, так как письменно он их не изложил[79]. Далее Квасов заявил, что нет данных о том, что Коркунов ставленник «врага народа» Успенского; безусловно, он совершил много ошибок, за что и поплатился. Заявление же Суда, по его мнению, сделано с целью дезорганизации работы, но этого не случится, бесчинствам будет положен конец, в аппарате НКВД останутся те, кто преданно и честно работает[80].

В результате было принято следующее решение: одобрить решение обкома КП(б)У об исключении Суда из членов партии как клеветника; наложить партийные взыскания на Коркунова и Нерозина, объявив выговор (первому – из-за отсутствия контроля за использованием денег из особого фонда, второму – из-за отсутствия контроля и несвоевременного разоблачения безобразного использования денежных средств); переизбрать партийный комитет, не обеспечивший соответствующую установку партийно-массовой и воспитательной работы[81].

Таким образом, восстановление «социалистической законности» сопровождалось обузданием рвения сотрудников НКВД и перестройкой оперативно-следственной работы в соответствии с постановлением СНК СССР и ЦК ВКП(б) от 17 ноября 1938 г. Сравнительный анализ стенограммы совещания оперативного состава УНКВД по Ворошиловградской области и протоколов общего собрания парторганизации УНКВД выявил следующую тенденцию: сначала критика в адрес руководства и самокритика носили общий характер, но впоследствии процесс обсуждения недостатков в оперативно-следственной работе стал более динамичен, тон острее, стали раздаваться упреки в адрес прокуратуры и местного комитета партии.

Критика, звучавшая на совещаниях оперативного состава и общем собрании парторганизации УНКВД в адрес руководителей, поддерживалась партийным руководством и играла ведущую роль на начальном этапе восстановления «социалистической законности». На втором этапе к делу подключилась прокуратура, материалы проверки которой стали основанием для арестов и осуждений прежде всего руководящего звена НКВД.

Дальнейшую судьбу бывшего начальника УНКВД по Ворошиловградской области Григория Ивановича Коркунова определили в Москве. Он был отозван в распоряжение НКВД СССР, а 5 июня 1939 г. арестован за принадлежность к «заговорщической организации А.И. Успенского»[82]. К сожалению, ознакомиться с организацией и методами следствия нет возможности, поскольку уголовное дело хранится в фондах архива ФСБ РФ. Единственное, чем мы располагаем, – это выдержка из протокола допроса арестованного Успенского от 20 мая 1939 г. и выписка из протокола очной ставки между арестованными Успенским и Коркуновым от 11 июня 1939 г.

На допросе от 20 мая 1939 г. бывший нарком внутренних дел УССР Успенский утверждал, что Г.И. Коркунов фальсифицировал дела арестованных бывших красных партизан из группы погибшего командира 14-й кавалерийской дивизии А.Я. Пархоменко, игнорировал обком КП(б)У и ЦК КП(б)У. В частности, не предоставил материалы дела второму секретарю ЦК КП(б)У М.А. Бурмистенко во время его приезда в Ворошиловград[83]. Игнорирование руководства партии привело к тому, что, по словам Успенского, первый секретарь ЦК КП(б)У Хрущев заявил о необходимости проверки деятельности Г.И. Коркунова[84].

Во время очной ставки, состоявшейся 11 июня 1939 г., Успенский подтвердил свои показания от 20 мая 1939 г.[85] Какие именно показания в свою защиту давал Коркунов, неизвестно, но имеющиеся в деле № 67462 его письма первому секретарю ЦК КП(б)У Хрущеву от 19 января 1939 г. и исполняющему обязанности наркома внутренних дел УССР А.З. Кобулову от 19 января 1939 г. отрицают показания Успенского. В частности, Коркунов писал, что тесно сотрудничал с Бурмистенко, а конфликт с Ворошиловградским обкомом КП(б)У носит субъективный характер[86].

Дело Коркунова рассматривалось на закрытом судебном заседании Военной коллегии Верховного суда СССР 24 июля 1940 г. Подсудимый был обвинен в преступлениях по статьям 58-1 «а», 58-7 и 58-11 Уголовного кодекса РСФСР[87].

В ходе досудебного дознания и судебного следствия было установлено следующее: Коркунов, находясь в должности начальника УНКВД по Ворошиловградской области в период с июля 1938 г. по январь 1939 г., производил массовые необоснованные аресты граждан и путем фальсификации следственных материалов возбуждал судебные дела по обвинению в тяжких государственных преступлениях; культивировал среди подчиненных ведение следствия с применением извращенных методов, что повлекло за собой несколько случаев со смертельным исходом; благодаря обширной фальсификации следственных дел отдельные дела расследовались неполно, и настоящие враги народа остались неразоблаченными; преступная деятельность имела тяжелые последствия, так как большое количество невинных граждан были репрессированы[88].

Военная коллегия Верховного суда СССР признала Коркунова виновным в совершении преступления по статье 58-7 Уголовного кодекса РСФСР, исключив обвинения по статьям 58-1 «а» и 58-11 Уголовного кодекса РСФСР. Руководствуясь статьями 319 и 320 Уголовно-процессуального кодекса РСФСР, Военная коллегия Верховного суда СССР постановила: Григория Ивановича Коркунова лишить специального звания капитана госбезопасности и подвергнуть высшей мере наказания – расстрелу с конфискацией имущества, лично ему принадлежащего[89]. Приговор был окончательным и обжалованию не подлежал, впоследствии Коркунов был расстрелян в Москве и не реабилитирован.

Относительно судьбы сотрудников УНКВД по Ворошиловградской области, то в Ворошиловград в марте 1940 г. прибыла комиссия по военному трибуналу Харьковского военного округа (далее – ХВО) для проверки деятельности УНКВД по Ворошиловградской области, работа которой длилась три месяца[90].

Члены комиссии выяснили, что сотрудники УНКВД, выполняя установки Успенского, под руководством бывшего начальника УНКВД по Ворошиловградской области Коркунова искусственно создали правотроцкистскую контрреволюционную организацию в Ворошиловграде[91].

В частности, Суд утверждал, что Коркунов в период пребывания в Ворошиловграде Успенского вызывал к себе бывшего заместителя начальника 4-го отдела (до 1939 г. секретно-политический отдел назывался 4-м, а затем – 2-м) И.Т. Воронова и обязал предоставить списки старых большевиков – участников гражданской войны, среди которых были орденоносцы, руководители высшего и среднего звена, депутаты Верховного Совета УССР. При этом санкционировал их арест нарком внутренних дел СССР Н.И. Ежов[92].

Заместитель военного прокурора ХВО Николаев, проверяя дела по контрреволюционной организации в Ворошиловграде, установил факты систематических пыток, произвола, фальсификации. Такое упорство военного прокурора вызвало противодействие сотрудников УНКВД по Ворошиловградской области. В частности, Воскобойников подал рапорт начальнику УНКВД Череватенко, в котором осудил действия Николаенко[93]. Череватенко, защищая подчиненных, созвал бюро парторганизации УГБ УНКВД по Ворошиловградской области. Он подверг жесткой критике действия Николаенко, заявив, что в следственной работе за 1939 г. никаких нарушений не было, что касается предыдущего периода работы, то все ошибки исправляются: «[…] т. Воскобойников из рук не выпускает постановление СНК СССР и ЦК ВКП(б) от 17 ноября 1938 г., то же самое могу сказать о тт. Соколове, Пекареве, Терещенко. Все они строят свою работу в соответствии с постановлением СНК СССР и ЦК ВКП(б)»[94].

После обсуждения рапорта Воскобойникова постановили: «1. …поведение замвоенпрокурора ХВО Николаева в период пребывания его в УНКВД заслуживает резкого осуждения, ибо его действия и поступки явились глубоко аполитичными, проникнутыми явной тенденциозностью и стремлением оклеветать не только тт. Соколова, Воскобойникова, Пекарева, Терещенко, но и УНКВД в целом;

2. Партбюро парторганизации УНКВД считает, что выдвинутые в своих постановлениях обвинения замвоенпрокурора ХВО Николаева против ряда руководящих работников УНКВД тт. Соколова, Воскобойникова, Пекарева, Терещенко являются необоснованными и клеветническими;

3. Партбюро констатирует, что тт. Соколов, Воскобойников, Пекарев, Терещенко за 1939–1940 гг. всю свою оперативно-чекистскую работу строили и организовывали в полном соответствии с решением СНК СССР и ЦК ВКП(б) от 17 ноября 1938 г.;

4. Партбюро, учитывая, что поскольку тт. Соколов, Воскобойников, Пекарев, Терещенко являются руководящим составом УНКВД, выдвинутые, хотя и необоснованные обвинения против них, могут внести элементы нездоровых настроений среди работников УНКВД, и что все это может отрицательно отразиться на оперативной работе УНКВД, поэтому считать необходимым поручить тт. Череватенко и Корнееву немедленно доложить обкому КП(б)У о неправильном поведении замвоенпрокурора ХВО Николаева и выдвинутых обвинениях против тт. Соколова, Воскобойникова, Пекарева, Терещенко с последующей информацией ЦК КП(б)У и НКВД УССР для принятия соответствующих мер»[95].

Таким образом, в период восстановления «социалистической законности» органы НКВД фактически оказались в тисках прокуратуры. Приказ Прокурора А.Я. Вышинского от 26 ноября 1938 г. определял ее полномочия, в частности, прокуратура должна была доказать, что органы НКВД систематически нарушали закон, поэтому решение партбюро УНКВД по Ворошиловградской области не смогло затормозить процесс. Материалы проверки УНКВД легли в основу возбуждения уголовного дела в отношении Алексея Дмитриевича Балычева, Николая Герасимовича Соколова, Льва Рувимовича Воскобойникова, Леонида Михайловича Павлычева и Льва Ароновича Тарасовского[96]. С санкции военного прокурора войск НКВД по Сталинской и Ворошиловградской областям военюриста 2-го ранга Шулепина они были арестованы[97].

В ходе дознания были установлены любопытные факты ведения следствия сотрудниками УНКВД. В частности, оперуполномоченный 3-го отдела УНКВД УССР по Дрогобычской области В.И. Зинин раскрыл механизм фальсификации дела «правотроцкистской контрреволюционной организации в Ворошиловграде». Так, основанием для возбуждения дела стали показания секретаря Ворошиловградского горкома КП(б)У Шаца[98]. В результате справки на арест по делу составляли в соответствии с показаниями Шаца, а с появлением новых арестованных – по их показаниям[99]. Но арестованные не всегда давали необходимые показания, поэтому протоколы допросов сначала корректировали сотрудники УНКВД Соколов, Воскобойников, Пекарев, Удовенко, Воронов, Ушаков, а затем их отдавали на подпись арестованным[100]. Если арестованные лица не подписывали протоколы, их подвергали пыткам[101]. Для этого в старом здании УНКВД существовала отдельная комната (архив)[102]. Ночью следственные действия с применением пыток происходили в тюрьме[103]. В результате от пыток, по свидетельству Зинина, умерли арестованные Эпштейн и Максименко[104].

Показания сотрудника УНКВД П.Г. Китченко дополняют картину фальсификаций. По его словам, Т.И. Терехов и С.Е. Стеценко в результате пыток оговорили 40 человек[105]. В частности, под пытками Стеценко заставили заполнить схему, предварительно составленную Пекаревым, вписав в нее фамилии лиц, указанных Коркуновым[106].

В процессе следствия по делу А.Д. Балычева, Н.Г. Соколова, Л.Р. Воскобойникова, Л.М. Павлычева, Л.А. Тарасовского были допрошены и некоторые заключенные. Именно их показания раскрыли методы ведения следствия сотрудниками УНКВД по Ворошиловградской области.

Так, И.И. Дзедзиц сообщил, что его допрашивали разные следователи, но наиболее рьяными были Беленький и Сквирский, которые не только подсказывали фамилии «вербовщиков», но и били[107]. В результате таких следственных действий Дзедзиц оклеветал 25 человек[108].

С.Е. Стеценко рассказал, что его допрашивали Пекарев, Соколов, Балычев и Коркунов, постоянно подвергая пыткам, в частности, били палками в комнате архива, в результате чего он оговорил 123 человека[109].

Т.И. Терехов дал показания против Воронова, Соколова, Коркунова, Балычева, которые избили его до потери сознания и заставили оговорить 60 человек[110]. Об избиении во время допросов заявили также С.Т. Колесников, И.Д. Литвинов, Б.И. Корчагин, Б.В. Капустин, И.И. Кирюхин, Л.М. Ходос[111].

В частности, Колесникова до потери сознания били Соколов, Воскобойников, Клименко, Тарасовский; Литвинова до крови изо рта – Соколов, Ушаков, Воскобойников; Капустина – Соколов, Воронов, Удовенко; Кирюхина – Лебедь и Воскобойников; Корчагина – Бобро, Воскобойников, Тарасовский; Ходосу отбили почку Соколов и Тимченко[112]. При этом Кирюхин заявил, что видел Колесникова и Ходоса в бане со следами побоев на ягодицах[113]. Ходос также рассказал о своем пребывании в больнице 2,5 месяца из-за избиений, специальном режиме содержания (был заключен в одиночку, не выпускали на прогулки и не давали отдыхать) и об убийстве В.Н. Максименко следователями[114].

Как показывает рассмотрение материалов о смерти Максименко, он был арестован 12 июля 1938 г., а 24 сентября 1938 г. умер в тюрьме[115]. Максименко арестовали по показаниям Семена Тарасовича Колесникова, которые он дал под пытками[116]. Максименко обвинили в руководстве повстанческим штабом. По указанию Балычева его били в тюремной комнате, обитой войлоком[117].

Согласно протоколу рассмотрения дела по обвинению Максименко В.Н. от 27 ноября 1939 г., в его следственном деле есть развернутые показания на 52 листах, протоколы очной ставки с Капустиным и Латышевым, но нет никаких документов, актов, справок, доказывающих вину[118].

При этом 60 подписей Максименко на двух протоколах допроса от 2 сентября и 26 августа 1938 г. существенно отличаются от подписей в анкете арестованного от 18 июля 1938 г.[119] Согласно акту судебно-графической экспертизы, подписи являются оригинальными, но большинство из них сделаны с нарушением координации движения[120].

21 сентября 1938 г. Максименко перевели из тюрьмы в больницу. По показаниям начальника медицинской части С.Ю. Смоляра, его вызвал в тюрьму комендант А.С. Беркович для помощи арестованному Максименко[121].

У больного была обнаружена слабость, высокая температура, тяжелые раны на ягодицах с признаками гангрены, поэтому его перевели в больницу[122]. При этом Смоляр получил от Балычева установки, что, в случае смерти Максименко, в справке записать диагноз «паралич сердца»[123].

Показания Смоляра подтвердили начальник Ворошиловградской тюрьмы Р.П. Спектор и заключенный Б.В. Капустин. Так, Спектор получил указания не переводить Максименко в тюрьму, чтобы заключенные не видели его в таком состоянии[124]. Капустин обрисовал ужасную картину очной ставки с Максименко, состоявшейся 26 августа 1938 г.: «Меня привезли в тюремную больницу, где лежал избитый и почти без сознания, накрытый простыней Максименко. Следователь Сиренко в присутствии Воскобойникова открыл простынь, под которым лежал избитый и весь в крови Максименко. При этом следователь Сиренко, указав мне на избитого Максименко, сказал – смотри, если будешь отказываться, то с тобой будет то же, что и с Максименко»[125].

В обзоре дела также есть показания бывшего начальника АХО УНКВД по Ворошиловградской области Я.И. Нерозина. В соответствии с протоколом допроса, в июле 1938 г. его вызвал Коркунов и приказал вывезти из тюрьмы умершего арестованного Эпштейна[126]. Далее он свидетельствует: «…Беркович прибыл в тюрьму и отвез труп на кладбище, где и похоронил. Причем Беркович сказал, что он похоронил не умершего, а убитого старого члена партии. Я действительно видел труп Максименко и хорошо его запомнил, так как он был весь прогнивший и в ранах»[127].

В свою очередь начальник отдела Сталинской территориальной инспекции военспецчастей и ПВО Е.П. Заволока во время допроса 16 февраля 1940 г. заявил: «Допрос в начале производил б[ывший]/замначальника УНКВД Балычев, Воскобойников. После того, как Максименко отказался давать показания, заявив при этом, что в НКВД это все фашисты, Воскобойников и другие сотрудники НКВД по несколько раз ударили его по ягодицам палкой от ножки венского стула, предварительно его заставив лечь»[128].

Дополняют все эти показания объяснения начальника секретариата УНКВД по Ворошиловградской области лейтенанта госбезопасности К.И. Бельского: «При обходе мною камер, меня крайне удивило, что, когда я видел Максименко при аресте, он был жгучий брюнет, а когда я увидел его в камере, мне бросилось в глаза то, что он стал седой»[129].

Что касается смерти арестованного И.А. Эпштейна, о которой сообщали Суд и Нерозин, то имеются только косвенные доказательства убийства, содержащиеся в протоколе осмотра архивно-уголовного дела[130].

Таким образом, все приведенные выше факты свидетельствуют, что обвинение по делу «правотроцкистской контрреволюционной организации в Ворошиловграде» были сфальсифицированы при помощи пыток.

Несмотря на тяжелые обвинения, сотрудники УНКВД по Ворошиловградской области пытались избежать наказания. Стратегию их защиты можно изучить, анализируя протоколы допросов, очных ставок, судебного заседания Военного Трибунала войск НКВД Киевского особого военного округа.

В частности, А.Д. Балычев подтверждал факт допроса Максименко вместе с заместителем начальника 4-го отдела УГБ НКВД УССР С.И. Гольдманом и Л.Р. Воскобойниковым. Но отверг все обвинения в убийстве Максименко, настаивая, что арестованный умер от болезни сердца[131]. Единственное, что признал – избиение Максименко и Эпштейна: «[...] теперь я прекрасно понимаю, что применение санкций в таких случаях, как с Максименко, было необоснованно»[132].

Воскобойников утверждал, что делом Максименко не занимался, а только его заканчивал, никакого «физического воздействия» не применял[133]. Соколов дал показания, что дело «правотроцкистской контрреволюционной организации в Ворошиловграде» возникло на основе показаний Гудкова и агентурных материалов, отбросив все обвинения в его фальсификации[134].

Следователи провели очные ставки, в том числе и между сотрудниками УНКВД по Ворошиловградской области. Во время очной ставки между Воскобойниковым и Балычевым, состоявшейся 18 марта 1941 г., последний подтвердил, что Воскобойников и Тарасовский били Максименко, но Воскобойников обвинения отверг[135].

На очной ставке между Балычевым и Тарасовским, проведенной в тот же день, был подтвержден факт избиения Максименко, при этом Тарасовский показал, что производством дела занимался Воскобойников[136].

Заключенный Корчагин во время очной ставки 21 февраля 1941 г. с Воскобойниковым указал, что последний вместе с Тарасовским били его ножкой от стула. Чекист все обвинения отверг[137].

Таким образом, стратегия защиты арестованных сотрудников УНКВД по Ворошиловградской области основана на перекладывании вины, отрицании обвинений, признании отдельных перегибов, санкционированных «сверху». Также чекисты ссылались на политическую ситуацию. Так, Л.Р. Воскобойников в автобиографии писал, что жизнь готов отдать в борьбе за торжество линии партии[138].

Предварительное следствие по делу А.Д. Балычева, Н.Г. Соколова, Л.Р. Воскобойникова, Л.М. Павлычева и Л.А. Тарасовского было закончено 24 мая 1941 г. и отправлено по подсудности.

На судебном заседании, состоявшемся 12–15 августа 1941 г., Военный Трибунал войск НКВД Киевского особого военного округа без участия обвинителя и защитника рассмотрел уголовное дело А.Д. Балычева, Н.Г. Соколова, Л.Р. Воскобойникова, Л.М. Павлычева и Л.А. Тарасовского по статье 206-17 п. «б» Уголовного кодекса УССР.

Судебное заседание началось с допроса обвиняемых. Балычев указал на недостатки предварительного следствия, отметив ограничения в предоставлении объяснений по каждому эпизоду обвинения. Как и во время предварительного следствия, не признал факт фальсификации дела «правотроцкистской контрреволюционной организации в Ворошиловграде» и опроверг участие в убийствах Эпштейна и Максименко, признав, что бил их по лицу[139]. Также Балычев отрицал обвинения бывшего сотрудника УНКВД по Ворошиловградской области И.Т. Воронова, заявив, что хотел его арестовать на 10 суток за избиение арестованных[140].

Тарасовский, отрицая убийство Максименко, признался в том, что избивал арестованного Балычев, а держали – он и Воскобойников[141].

Соколов признал факт применения пыток к «врагам народа», но отрицал фальсификацию дела «правотроцкистской контрреволюционной организации в Ворошиловграде»[142]. Также отметил, что вносил в протоколы коррективы стилистического характера, не меняя их содержания, осуждал оформление громоздких протоколов, санкционированных Москвой, подтвердил, что дело

«правотроцкистской контрреволюционной организации в Ворошиловграде» начал Успенский[143]. Вспомнил Соколов и о том, что
бывший областной прокурор Нощенко знал обо всех открытых
делах и не мешал следствию. Но причастность к убийству Эпштейна и Максименко отрицал[144].

Воскобойников акцентировал внимание на том, что работал
помощником оперуполномоченного и не мог самостоятельно вести следствие, выполняя лишь отдельные поручения, поэтому не
понимает обвинений в искажении следствия[145]. Зато Павлычев
считал, что его арест связан с конфликтом с бывшим наркомом
внутренних дел УССР И.А. Серовым[146].

Во время судебного заседания допросили свидетелей, проходивших по делу. Начальник Ворошиловградской тюрьмы Р.П. Спектор и военный врач А.Н. Покровский подтвердили свои показания относительно смерти Максименко и Эпштейна[147].

При этом Покровский отметил, что следов пыток на теле Эпштейна не увидел, но покойника запретил вскрывать Коркунов,
заставил переписать акт о смерти, угрожая уголовной ответственностью в случае разглашения факта смерти Эпштейна[148].

На вопрос о причинах смерти ответил, что она могла произойти в результате падения или нанесения побоев[149].

По факту смерти Эпштейна была допрошена врач госпиталя
А.Г. Фельгрон, подтвердившая запрет вскрытия покойника. Она
рассказала, что арестант лежал в луже воды, а вокруг бегали рас-
терянные чекисты, недовольные ее приездом, поэтому сразу уе-
хала и акт о смерти не подписывала[150]. Впоследствии к ней пришел Покровский и запретил рассказывать о том, что произошло
в тюрьме[151].

После этого были допрошены лица, репрессированные по делу «правотроцкистской контрреволюционной организации в Ворошиловграде». В частности, Д.В. Богданов подтвердил показания о варварском отношении Воскобойникова к арестованным;
Т.И. Терехов – об избиении его Соколовым вместе с Балычевым,
в результате чего он вынужден был оклеветать других граждан;
И.И. Дзедзиц обвинил Воскобойникова в фальсификации дела, а
Соколова, Балычева, Коркунова – в избиениях; И.Д. Литвинов
также обвинил Воскобойникова в фальсификации дела, а Соколова – в пытках, упомянув о смерти Максименко от избиений;
Л.М. Ходос заявил об избиении его Коркуновым, Соколовым,
Тимченко и Воскобойниковым, отметив, что тюрьма вечером
стонала от криков, поэтому ее называли «скотобойней»; Б.В. Ка-

пустин рассказал о том, что издевались над ним в так называемой «мясорубке» Соколов, Удовенко, Воронов, в результате чего он оклеветал себя и других, его приговорили к расстрелу, он ждал казни в камере смертников 84 часа и фактически сошел с ума; Б.И. Корчагин обвинил Тарасовского и Воскобойникова в избиениях[152].

Что касается подсудимых, то они отрицали факт фальсификации дела, а применение мер физического воздействия объясняли провокационным поведением репрессированных[153].

В ходе судебного заседания были также допрошены и сотрудники УНКВД. В частности, Г.И. Хорошилов рассказал об избиении Ходоса Соколовым и Удовенко, акцентировав внимание трибунала на том, что среди сотрудников УНКВД по Ворошиловградской области распространялись слухи об избиении арестованных Балычевым, Соколовым и Тарасовским[154].

В свою очередь К.И. Бельский подтвердил факт избиения Ходоса и Максименко, отметив, что не знает, кто именно их бил, а на вопрос Балычева, применял ли лично Бельский физические меры воздействия в отношении арестованных, ответил: «Арестованных я бил»[155].

Свидетель С. Прицкер сообщил присутствующим, что аресты по делу «правотроцкистской контрреволюционной организации в Ворошиловграде» происходили после совещания у Успенского, акцентировав внимание на «ненормальных взаимоотношениях» между Н.Г. Соколовым и Г.И. Коркуновым, А.Д. Балычевым и Г.И. Коркуновым[156].

Свидетель И.Т. Воронов подтвердил, что Эпштейна допрашивал Удовенко, а Максименко – Воскобойников; он не знал об избиении Эпштейна, а Максименко избивали Воскобойников вместе с Тарасовским[157]. Также Воронов признался, что избивал Терехова после того, как получил санкцию[158]. Он также рассказал о существовании установки Павлычева, чтобы в протоколах допросов «красной нитью» проходила тема войны, подтвердил случаи, когда сначала арестовывали, а потом брали санкцию у прокурора, корректировки протоколов Соколовым и моду на громоздкие протоколы[159]. Павлычев все обвинения в свой адрес отверг, в чем его поддержали Прицкер, Балычев, Соколов, Тарасовский[160].

Члены трибунала приняли решение отказать в ходатайстве обвиняемых относительно допроса дополнительных свидетелей и истребовании дополнительных документов, однако предложили заслушать последнее слово обвиняемых.

Балычев в последнем слове отметил, что если и допускал ошибки, то не следует расценивать их как намеренное нарушение социалистической законности, а при обсуждении меры наказания не лишать надежды на то, чтобы вместе с народом бороться против фашизма; попросил направить его на передовую, где он докажет свою «преданность родине»[161].

Соколов присоединился к словам Балычева и просил не оставлять его в тюрьме, а отправить на фронт, где он согласен «отдать жизнь в борьбе за родину»[162].

Воскобойников сказал, что преступником себя не считает, потому что всегда был передовым человеком, неоднократно премированным и награжденным, поэтому всегда будет отстаивать свою партийную честь; самым страшным, по его словам, было услышать об исключении из партийных рядов[163]. В конце он попросил о полной реабилитации[164].

Павлычев в последнем слове сказал, что не пытается ничего доказать, он «преданный партии Ленина – Сталина», и просил суд предоставить возможность умереть на фронте «за свою партию, за родину»[165].

Тарасовский подчеркнул, что нарушения социалистической законности допустил несознательно, поэтому просил суд отправить его на фронт искупить свою вину «в борьбе с фашизмом»[166]. На этом судебное заседание, длившееся четыре дня, было завершено.

В приговоре судебного заседании Военного трибунала войск НКВД Киевского военного округа от 15 августа 1941 г. указывалось, что предварительным и судебным следствием была полностью доказана вина А.Д. Балычева, Н.Г. Соколова, Л.Р. Воскобойникова, Л.М. Павлычева и Л.А. Тарасовского. Но, учитывая, что преступление было совершено в соответствии с установками «врагов народа» А.И. Успенского и Г.И. Коркунова, вместо полной санкции статьи 206-17 п. «б» Уголовного кодекса УССР, предусматривающей высшую меру наказания, было принято решение применить статью 46 Уголовного кодекса УССР о лишении свободы. Так, А.Д. Балычева, Н.Г. Соколова и Л.М. Павлычева приговорили к 10 годам ИТЛ, без лишения прав; Л.А. Тарасовского и Л.Р. Воскобойникова – к 8 и 6 годам соответственно, без лишения прав. Всех осужденных лишили специальных званий «капитан госбезопасности», «старший лейтенант госбезопасности» и «лейтенант госбезопасности»[167]. Срок наказания исчислять, учитывая предварительное заключение: Балычеву, Павлычеву, Воскобойникову – с 13 февраля 1941 г., Тарасовскому – с 17 февраля 1941 г., Соколову – с 26 февраля 1941 г.[168] По второму примечанию к 27 статье Уголовного кодекса УССР исполнение приговора отложили до окончания военных действий, отправив обвиняемых на фронт[169].

С Павлычева 12 января 1942 г. была снята судимость, он был отправлен на фронт, где и погиб. Постановлением Президиума Верховного Совета СССР от 31 января 1942 г. Балычева освободили со снятием судимости и направили на фронт[170]. О том, как сложилась дальнейшая судьба Соколова и Воскобойникова, известно со слов Балычева и свидетельств Л.Г. Кривцовой. Балычев заявил, что он, Соколов и Воскобойников в 1942 г. были отправлены в Киев для выполнения спецзадания в тылу врага, но Соколов был убит во время облавы в селе под Киевом, а с Воскобойниковым потеряна связь[171]. В свою очередь Кривцова в заявлении от 19 декабря 1942 г. сообщила, что Воскобойников был замучен немецкими оккупантами в тюрьме. Как сложилась дальнейшая судьба Тарасовского, неизвестно.

Таким образом, восстановление «социалистической законности» проходило в два этапа. На первом этапе (1938–1939 гг.) основной третейской инстанцией выступила компартия, ограничившая рвение сотрудников НКВД, контролировавшая перестройку оперативно-следственной работы в соответствии с постановлением СНК СССР и ЦК ВКП(б) от 17 ноября 1938 г., санкционировавшая критику руководства НКВД и направлявшая ее «снизу» до самого «верха».

На втором этапе (1939–1941 гг.) эти функции взяла на себя прокуратура, материалы проверки которой стали основанием для арестов и осуждений сотрудников НКВД.

Основой стратегии защиты обвиняемых сотрудников УНКВД стало перекладывание вины на руководящее звено сотрудников НКВД СССР и УССР, осужденных как «враги народа», отрицание всех обвинений, признание отдельных перегибов, санкционированных «сверху».

Дела обвиняемых сотрудников УНКВД рассматривались в закрытом судебном заседании Военной коллегией Верховного суда СССР и Военным трибуналом войск НКВД Киевского особого военного округа. Подсудность дела и вина зависели от занимаемой должности. Так, дело бывшего начальника УНКВД по Ворошиловградской области Коркунова рассматривалось в закрытом судебном заседании Военной коллегии Верховного суда СССР.

Его лишили специального звания «капитан госбезопасности» и подвергли высшей мере наказания – расстрелу с конфискацией имущества. Приговор обжалованию не подлежал. Однако Коркунов настаивал на своей невиновности. 3 сентября 1940 г. ему отказали в пересмотре дела, а через день расстреляли в Москве. Посмертная реабилитация его не коснулась[172].

Уголовное дело бывшего начальника 4-го отдела УГБ Н.Г. Соколова, начальника 3-го отделения 4-го отдела УГБ, а впоследствии начальника следственной части УНКВД по Ворошиловградской области Л.Р. Воскобойникова, начальника отделения 4-го отдела УГБ НКВД УССР Л.М. Павлычева, оперуполномоченного 4-го отдела УГБ НКВД УССР Л.А. Тарасовского, исполняющего обязанности начальника УПО НКВД УССР А.Д. Балычева рассматривалось на закрытом судебном заседании Военного трибунала войск НКВД Киевского особого военного округа. Однако рассмотрение дела проходило в условиях нацистской агрессии, что, вероятно, и повлияло на решение трибунала. К осужденным на длительные сроки заключения применили примечание ст. 27 Уголовного кодекса УССР, позволившее отложить наказание. Осужденных отправили на фронт «искупать вину». Преступникам из НКВД дали еще один шанс на жизнь. Павлычев, Соколов и Воскобойников погибли на фронте в 1942 г., судьба остальных пока неизвестна.

ПРИМЕЧАНИЯ

[1] Рапорт начальника 2-го отдела УГБ УНКВД по Ворошиловградской области Н.Г. Соколова // ОГА СБУ. Ф. 5. Д. 38810. Т. 3. Л. 182.

[2] Протокол допроса И.Д. Дольникова // Там же. Т. 2. Л. 103.

[3] Протокол допроса обвиняемого Н.С. Чумичева от 16 марта 1940 г. // Там же. Т. 1. Л. 255.

[4] Объяснение начальника 2-го отдела ОО НКВД 6-й армии Сиренко от 30 июля 1940 г. // Там же. Т. 2. Л. 111 об.

[5] Протокол допроса К.А. Харченко // Там же. Л. 114.

[6] Протокол допроса Я.И. Нерозина от 19 апреля 1940 г. // Там же. Л. 117.

[7] *Бажан О., Золотарьов В.* Висуванець Миколи Єжова, або Траєкторія злету та падіння капітана державної безпеки Олексія Долгушева / *Бажан О., Золотарьов В.* // Краєзнавство. 2013. № 4. С. 233–246; *Золотарьов В.* Керівний склад НКВС УРСР під час «Великого терору» (1936–1938 рр.): соціально-статистичний аналіз / *Золотарьов В.* // З архівів ВУЧК-ГПУ-НКВД-КГБ. 2009. № 2 (33). С. 86–115; *Золотарьов В.А.* Олександр Успенський: особа, час, оточення. – Харків: Фоліо, 2014. С. 158–205, 222–248; *Подкур Р.* Реакція

співробітників органів державної безпеки УРСР на припинення «Великого террору» (листопад 1938–1939 рр.) / Р. Подкур // З архівів ВУЧК–ГПУ– НКВД–КГБ. 2009. № 2 (33). С. 136–167; *Філіпчук Н., Бантишев О.* Велика чистка в НКВС, або Правда із задзеркалля / *Філіпчук Н., Бантишев О.* // Голос України. 2010. 16 жовтня; *Шевцова Н.* Кадровые изменения в НКВД Крымской АССР в 1939–1940 гг. / Н. Шевцова // Радянські органи державної безпеки в Україні (1918–1991 рр.): історія, структура, функції: Матеріали круглого столу, 19 грудня 2013 р., м. Київ / Упоряд.: О.Г. Бажан, Р.Ю. Подкур. – К.: Інститут історії України НАНУ, 2014. С. 197–204.

[8] В первую очередь в республиканском и территориальных аппаратах НКВД УССР были устранены креатуры Н.И. Ежова. См.: *Золотарьов В.* Керівний склад НКВС УРСР під час «Великого терору» (1936–1938 рр.): соціально-статистичний аналіз / *Золотарьов В.* // З архівів ВУЧК–ГПУ–НКВД–КГБ. 2009. № 2 (33). С. 111–115; *Шевцова Н.* Указ. работа. С. 197–204.

[9] *Подкур Р.* Указ. соч. С. 149.

[10] *Шевцова Н.* Указ. соч. С. 203–204.

[11] В состав Ворошиловградской области вошли четыре города (Ворошиловград (Луганск) – областной центр, Ворошиловск (Алчевск), Серго (Стаханов)) и 28 районов. В октябре 1938 г. статус города получили Сорокино (Краснодон), Лисичанск, Первомайск, Сватово, Свердловск. Большинство населения области составляли крестьяне. Так, на январь 1939 г. в области проживал 1 млн 837 тыс. чел., из числа которых 68,5 % составляли жители сел, 34,5 % – городов.

[12] Обзорная справка по архивно-следственному делу № 277386 // ОГА СБУ. Ф. 5. Д. 67462. Л. 2.

[13] Україна в добу «Великого терору»: 1936–1938 роки / Авт.-упоряд. Ю. Шаповал та ін. – К.: Либідь, 2009. С. 132. Г.И. Коркунов был назначен на должность по рекомендации наркома внутренних дел УССР А.И. Успенского. См.: Великий терор в Україні. «Куркульська операція» 1937–1938 рр.: У 2 частинах / Упоряд. Сергій Кокін, Марк Юнге. – К.: ВД «Києво-Могилянська академія», 2010. Ч. ІІ. С. 374. В соответствии с решением политбюро ЦК КП(б)У от 8 января 1939 г. Григорий Иванович Коркунов был снят с должности начальника УНКВД по Ворошиловградской области, а назначен Михаил Иванович Череватенко. См.: Центральный государственный архив гражданских объединений и организаций Украины (далее – ЦГАГОО Украины). Ф. 1. Оп. 16. Д. 32. Л. 3. Но в биографических данных Коркунова, подготовленных российскими исследователями Н.В. Петровым и К.В. Скоркиным, фигурирует дата 14 января 1939 г. Объяснить этот момент можно тем, что это дата приказа НКВД СССР об увольнении Г.И. Коркунова с должности начальника УНКВД по Ворошиловградской области. См.: *Петров Н.В., Скоркин К.В.* Кто руководил НКВД. 1934–1941. Справочник. – М.: Звенья, 1999.С. 244.

[14] *Бажан О., Золотарьов В.* Луганський прокуратор (штрихи до біографії капітана державної безпеки НКВС Григорія Коркунова / *Бажан О., Золотарьов В.* // Краєзнавство. 2015. № 3/4. С. 261.

[15] Обзорная справка по архивно-следственному делу № 277386 // ОГА СБУ. Ф. 5. Д. 67462. Л. 2.

[16] Україна в добу «Великого терору»: 1936–1938 роки / Авт.-упоряд. Ю. Шаповал та ін. С. 132.

[17] Обзорная справка по архивно-следственному делу № 277386 // ОГА СБУ. Ф. 5. Д. 67462. Л. 2.

[18] Україна в добу «Великого терору»: 1936–1938 роки / Авт.-упоряд. Ю. Шаповал та ін. С. 132–133.

[19] См.: Великий терор в Україні. «Куркульська операція» 1937–1938 рр.: У 2 частинах. – К.: ВД «Києво-Могилянська академія», 2010. Ч. II. С. 374–375.

[20] В период «Большого террора» были организованы следующие межрайонные следственные группы: Серговская, Старобельская, Краснолуцкая, Краснодонская, Ворошиловградская. См.: Рапорт заместителя начальника 3-го отдела УГБ УНКВД по Ворошиловградской области Гнутова заместителю наркома внутренних дел УССР Горлинскому о проведении массовой операции от 14 января 1939 г. // Великий терор в Україні. «Куркульська операція» 1937–1938 рр.: У 2 частинах. Ч. II. С. 375.

[21] Там же.

[22] *Никольский В.Н.* «Кулацкая операция» НКВД 1937–1938 гг. в украинском Донбассе и ее статистическая обработка // Сталинизм в советской провинции: 1937–1938 гг. Массовая операция на основе приказа № 00447 / Сост. М. Юнге, Б. Бонвеч, Р. Биннер. – М.: РОССПЭН; Германский исторический институт в Москве, 2009. С. 806.

[23] Прокурор Ворошиловградской области П.Ф. Нощенко не мог объяснить причину того, что начальник УНКВД по Донецкой области П.В. Чистов продолжал возглавлять тройку по Ворошиловградской области. См.: ОГА СБУ. Ф. 5. Д. 67462. Л. 60.

[24] Петр Митрофанович Любавин занимал должность первого секретаря Ворошиловградского обкома КП(б)У с 7 января до 12 ноября 1938 г., с 12 ноября 1938 г. до 4 августа 1941 г. – должность первого секретаря Сталинского обкома КП(б)У. Первым секретарем Ворошиловградского обкома КП(б)У стал Михаил Егорович Квасов (13 ноября 1938 г. – 21 декабря 1940 г.).

[25] *Никольский В.Н.* «Кулацкая операция» НКВД 1937–1938 гг. в украинском Донбассе и ее статистическая обработка // Сталинизм в советской провинции: 1937–1938 гг. Массовая операция на основе приказа № 00447. С. 789.

[26] Там же. С. 806. При этом Коркунов на открытом общем собрании парторганизации УНКВД по Ворошиловградской области от 17 января 1939 г. заявил о 321 арестованном. Подсчитано по: Копия протокола № 1 открытого общего собрания парторганизации УНКВД по Ворошиловградской области от 17 января 1939 г. См.: ОГА СБУ. Ф. 5. Д. 67462. Л. 10.

[27] См: Великий терор в Україні. «Куркульська операція» 1937–1938 рр.: У 2 частинах. Ч. II. С. 342–344, 349–354.

[28] В соответствии со статьей арест осуществлялся по постановлению суда или с санкции прокурора.

[29] В деле Г.И. Коркунова, которое хранится в фонде № 5 ОГА СБУ, протокол отсутствует, а Государственный архив Луганской области находится под контролем сепаратистов.

[30] См.: ОГА СБУ. Ф. 5. Д. 67462. Л. 127–126.

[31] На совещании присутствовало 96 чел., 56 чел. сотрудники областного аппарата, 40 чел. периферии.

[32] ОГА СБУ. Ф. 5. Д. 67462. Л. 51.

[33] Там же. Л. 54.

[34] Там же. Л. 56.

[35] Там же. Л. 56–58.

[36] Там же. Л. 58–60.

[37] Там же. Л. 61.

[38] Там же. Л. 62.

[39] Там же. Л. 65–66.

[40] Там же. Л. 121–122.

[41] Там же. Л. 123.

[42] Там же.

[43] Там же. Л. 1.

[44] Там же. Л. 5.

[45] Там же.

[46] Там же.

[47] Вместе с Коркуновым в убийстве Максименко участвовали, по словам Суда, Соколов и Воскобойников, а в убийстве Эпштейна – Удовенко. См.: Там же. Л. 7.

[48] Там же.

[49] Речь идет о том, что вопреки решению ЦК ВКП(б) Г.И. Коркунов созвал партийный комитет вместе с активом и отменил решение собрания. Выступая на собрании 6 января 1939 г., не был самокритичным и не давал возможности выступать другим, давил на секретаря парторганизации Гудкова. См.: Там же. Л. 8.

[50] Воскобойников составил справку «О характерном реагировании сотрудников». См.: Там же.

[51] Там же.

[52] Г.И. Коркунов 8 января 1939 г. был уволен с должности начальника УНКВД по Ворошиловградской области и направлен в распоряжение НКВД СССР, но до своего отбытия должен был передать все дела назначенному на его должность М.И. Череватенко, поэтому ездил по районам Ворошиловградской области с ревизией.

[53] Квасова трижды приглашали на собрание, но он категорически отказался, заявив, что его присутствие необязательно, и дал указание через секретаря горкома КП(б)У прекратить собрание. Однако было принято решение продолжить заседание (за – 56, против – 6, при этом непонятно, почему вместо ранее присутствующих 79 чел. на закрытой части собрания присутствовали 62 чел.). См.: Там же. Л. 97.

[54] Там же. Л. 9–13.

[55] Там же. Л. 9.

[56] Там же. Л. 9–10.

[57] Г.И. Коркунов в письме Н.С. Хрущеву отметил, что через месяц после организации области остался без помощника, начальника 3-го, 8-го отделов, заместителя и 25 сотрудников аппарата УНКВД. См.: Там же. Л. 10, 126.

[58] Там же. Л. 12

[59] Там же.

[60] Там же. Л. 11.

[61] Там же.

[62] Там же. Интересно, что заместитель начальника 3-го отдела УГБ УНКВД по Ворошиловградской области Гнутов вместо того, чтобы выступить с обвинениями в адрес Коркунова, отправил 14 января 1939 г. рапорт заместителю наркома внутренних дел УССР Горлинскому, в котором подтвердил часть фактов, озвученных Судом. При этом в рапорте ничего не говорилось об убийстве Максименко, в котором обвинил сотрудников 3-го отдела Коркунов. См.: Великий терор в Україні. «Куркульська операція» 1937–1938 рр.: У 2 частинах. Ч. II. С. 374–375.

[63] ОГА СБУ. Ф. 5. Д. 67462. Л. 13

[64] Родился Г.И. Коркунов в семье середняка в 1904 г. Старший брат, коммунист, расстрелян белыми. Отец и второй брат скрывались, но были арестованы белыми. Впоследствии отца отпустили, брата мобилизовали и отправили на фронт. До 1919 г. Г.И. Коркунов проживал в селе с семьей. В 1920–1921 гг. учился, затем работал в Свердловске. В 1923 г. поступил в Свердловский институт, где проучился два года. В 1927 г. пошел служить в армию, был принят в партию, из армии перешел на работу в ГПУ. Третий брат был кандидатом в члены ВКП(б), работал председателем сельсовета, но был снят с должности, арестован, осужден на 3 года и освобожден досрочно. См.: Там же.

[65] Подсчитано по: Заявление начальника АХО УНКВД по Ворошиловградской области Я.И. Нерозина «О преступной уголовной деятельности члена партии Г.И. Коркунова». В заявлении было указано, что рапорт с аналогичными обвинениями отправлен заместителю наркома внутренних дел УССР А.З. Кобулову. См.: Там же. Л. 94.

[66] Там же. Л. 93.

[67] На общем собрании парторганизации присутствовало 103 чел., 75 чел. члены ВКП(б), 28 чел. кандидаты в члены ВКП(б). См.: Протокол № 2 общего собрания парторганизации УНКВД по Ворошиловградской области от 8 февраля 1939 г. // Там же. Л. 14.

[68] Там же.

[69] Там же. Л. 15.

[70] Там же.

[71] Там же.

[72] Там же. Л. 17.

[73] Там же. Л. 17–19.

[74] Там же. Л. 16, 19, 21.

[75] Там же. Л. 20.

[76] Там же. Л. 22. Начальник 3-го спецотдела УНКВД по Ворошиловградской области сержант госбезопасности Иван Тихонович Воронов свои обвинения в адрес Коркунова и его ставленников также изложил в рапорте. См.: Там же. Д. 38810. Т. 6. Л. 92.

[77] Там же. Д. 67462. Л. 21, 23–26.

[78] Там же. Л. 27–28, 29–30.

[79] Непонятно, почему Е.М. Суд вместо того, чтобы в письменной форме изложить все озвученные факты и предоставить их обкому КП(б)У, отпра-

вил заместителю НКВД УССР Н.Д. Горлинскому рапорт «О преступной деятельности Г.И. Коркунова». См.: Там же. Л. 89–92.

[80] Там же. Л. 31.

[81] Там же. Л. 32.

[82] Там же. Д. 38810. Т. 6. Л. 137.

[83] Там же. Л. 99.

[84] Там же. Л. 100

[85] Там же.

[86] Там же. Д. 67462. Л. 117–136.

[87] Там же. Л. 137–138.

[88] Там же.

[89] Там же. Л. 138.

[90] Реабілітовані історією: У 27 т. Луганська обл.: У 3 кн. / Гол. редколегія: П.Т. Тронько, О.П. Реєнт, Ю.З. Данилюк та ін. Кн. 1. – Луганськ, 2004. С. 92.

[91] Там же. Д. 38810. Т. 6. Л. 99–101.

[92] Там же.

[93] Там же. Т. 7. Л. 185.

[94] Там же.

[95] Там же. Л. 207.

[96] А.Д. Балычев, 1900 г. р., уроженец Воронежа, русский, в 1938–1940 гг. занимал должность временно исполняющего обязанности заместителя начальника УГБ УНКВД по Воронежской области и исполняющего обязанности начальника Управления политотдела НКВД УССР. Н.Г. Соколов, 1905 г. р., уроженец Иваново, русский, с 11 июня 1938 г. по 20 апреля 1939 г. работал на должности начальника 4-го отдела УГБ УНКВД по Ворошиловградской области, с 20 апреля 1939 г. по 1 декабря 1940 г. на должности начальника 2-го отдела УГБ УНКВД по Ворошиловградской области; Л.Р. Воскобойников, 1910 г. рождения, уроженец Умани, еврей, со 2 июля 1938 г. по 1 мая 1939 г. на должности начальника 3-го отделения 4-го отдела УГБ УНКВД по Ворошиловградской области, позднее назначен начальником следственной части УНКВД по Ворошиловградской области. См.: Там же. Д. 67462. Л. 2. Л.М. Павлычев, 1908 г. р., уроженец Ярославля, русский, в 1936–1938 гг. помощник начальника 4-го отдела УГБ УНКВД по Горьковской области, с 1 мая по 7 ноября 1938 г. начальник отделения 4-го отдела УГБ НКВД УССР, с 7 ноября 1938 г. по 19 июня 1940 г. заместитель начальника 2-го отдела УГБ НКВД УССР. Л.А. Тарасовский, 1906 г. р., уроженец Винницкой области, еврей, в 1937–1938 гг. оперуполномоченный 4-го отдела УГБ НКВД УССР, в 1938–1939 гг. помощник начальника отделения 2-го отдела УГБ НКВД, в 1939–1940 гг. временно исполняющий обязанности начальника отделения 2-го отдела УГБ УНКВД по Станиславской области, с 1940 г. и до ареста – временно исполняющий обязанности заместителя начальника ЭКО УНКВД по Станиславской области. См.: Там же. Д. 38810. Т. 4. Л. 210–212, 234–235; Ф. 12. Д. 3186. Л. 45.

[97] Там же. Т. 1. Л. 5–6.

[98] См.: Там же. Т. 3. Л. 279. Шаца арестовали сотрудники УНКВД по Донецкой области по делу «правотроцкистской контрреволюционной органи-

зации». После образования Ворошиловградской области материалы дела были переданы сотрудникам 2-го отдела УНКВД по Ворошиловградской области.

[99] Там же.

[100] Там же. Л. 280.

[101] Там же.

[102] Там же.

[103] Там же. Л. 281.

[104] Там же.

[105] Там же. Л. 104.

[106] Там же. Л. 212–213. Об этой же схеме рассказывал Е.М. Суд. Из его показаний можно сделать вывод, что схему разработал бывший нарком внутренних дел УССР А.И. Успенский. См.: Там же. Д. 67462. Л. 107–116.

[107] Там же. Д. 38810. Т. 3. Л. 197–198.

[108] Там же.

[109] Там же. Л. 212–213.

[110] Там же. Л. 347–348.

[111] См.: Протоколы допросов // Там же. Л. 282–298, 299–317, 318–330, 376–385, 386–396, 397–413.

[112] Там же. Л. 300–304, 319, 331–334, 377–378, 390, 402–408.

[113] Там же. Л. 390.

[114] Там же.

[115] Там же. Т. 2. Л. 5–6.

[116] Там же. Л. 300–304.

[117] Там же. Л. 140–141.

[118] Там же. Л. 5–6.

[119] Там же.

[120] Там же. Л. 84.

[121] Там же. Л. 16.

[122] Там же.

[123] Там же. Л. 17.

[124] Там же. Л. 22.

[125] Там же. Л. 56.

[126] Там же. Л. 117.

[127] Там же. Л. 118.

[128] Там же. Л. 106.

[129] Там же. Л. 90.

[130] Там же. Т. 1. Л. 62–66.

[131] Там же. Л. 130.

[132] Там же. Т. 2. Л. 233.

[133] Там же. Т. 3. Л. 150–153.

[134] Там же. Т. 6. Л. 48.

[135] Там же. Т. 6. Л. 459.

[136] Там же. Л. 460–462.

[137] Там же. Л. 45–48.

[138] Там же. Д. 67462. Л. 24.

[139] Там же. Д. 38810. Т. 8. Л. 63.

[140] Там же. Л. 64.

[141] Там же.

[142] Там же. Л. 66.

[143] Там же. Л. 66–67.

[144] Там же.

[145] Там же. Л. 68.

[146] Там же.

[147] Спектор свидетельствовал относительно смерти арестованного Максименко, а Покровский – Эпштейна. См.: Там же. Т. 8. Л. 69.

[148] Там же.

[149] Там же. Л. 70.

[150] Там же.

[151] Там же.

[152] Там же. Л. 70–78.

[153] Там же.

[154] Там же. Л. 65.

[155] Там же. Л. 76.

[156] Там же. Л. 80–81.

[157] Там же. Л. 81.

[158] Там же.

[159] Там же.

[160] Там же.

[161] Там же. Л. 82–83.

[162] Там же. Л. 83.

[163] Там же.

[164] Там же.

[165] Там же.

[166] Там же.

[167] Там же. Д. 67462. Л. 21.

[168] Там же.

[169] Там же. Л. 22.

[170] Кривцова сидела в камере № 81, а Воскобойников – № 79, и через дырку в стене возле трубы он рассказал, что был предан, попал в тюрьму, где его пытали. Последний раз Кривцова с ним разговаривала 4 декабря 1942 г.

[171] Там же. Л. 24.

[172] *Бажан О., Золотарьов В.* Луганський прокуратор (штрихи до біографії капітана державної безпеки НКВС Григорія Коркунова / *Бажан О., Золотарьов В.* // Краєзнавство. 2015. № 3/4. С. 257–267.

ДОРОЖНО-ТРАНСПОРТНЫЕ ОТДЕЛЫ НКВД

В июле месяце 1937 г., т.е. еще до назначения в ДТО, на совещании в Киеве я получил, в числе других, установку от Наркома [Ежова] бить и беспощадно выкорчевывать врагов, и поэтому, будучи уже в ДТО, я в январскую операцию применял к отдельным вражеским элементам, при допросах, физические методы [...]. Бить их как врагов я имел право.

Г.И. Кочергинский – нач. ДТО Северо-Донецкой железной дороги НКВД

Перед январской операцией КОЧЕРГИНСКИЙ устроил совещание опер-состава ОДТО, где заявил, что СССР воюет с Японией, скоро начнется война с Германией и что на НКВД правительство возлагает надежду в смысле очистки страны от чуждого элемента, и что поэтому необходимо по Союзу расстрелять до 5-ти миллионов человек [...]. Вопросы извращения Ревзаконности на совещаниях не ставились, так как КОЧЕРГИНСКИЙ говорил, что он действует от имени ЕЖОВА.

Ф.Д. Бондарчук – оперуполномоченный ОДТО НКВД ст. Дебальцево

Я признаю себя виновным в фабрикации дел [...] но объясняю это жесткими сроками, данными б. нач. ДТО КОЧЕРГИНСКИМ, для проведения по делам следствия.

А.П. Розенберг – оперуполномоченный ОДТО НКВД ст. Красный Лиман

Нечеловеческое обращение и всевозможные запугивания оперативных работников создало такое положение, при котором выполнялись распоряжения под страхом. При допросах арестованных происходило повальное избиение без разбора, били кого попало, а потом некоторых арестованных, не доказав их виновность, освобождали. Избиение и матерщина вошли в систему.

П.А. Гуенок – оперуполномоченный ОДТО НКВД ст. Дебальцево[1]

Джеффри Россман

Дело Георгия Кочергинского. Роль ситуативных факторов мотивации «грубых нарушений социалистической законности»

На примере расследования деятельности начальника дорожно-транспортного отдела ГУГБ НКВД Северо-Донецкой железной дороги Г. Кочергинского изучается мотивация участия сотрудников госбезопасности в Большом терроре 1937–1938 гг. Указывается, что ситуативные факторы были важным мотивом участия сотрудников НКВД в массовой фальсификации дел, пытках подозреваемых и принуждении свидетелей.

Какие мотивы кроются за «грубыми нарушениями социалистической законности», фабрикацией дел, пытками подозреваемых, принуждением свидетелей к даче ложных показаний, совершенными сотрудниками НКВД во время массовых операций НКВД 1937–1938 гг.? Этот вопрос ставился не так часто, как можно было бы ожидать, принимая во внимание огромное количество работ о мотивации действий карателей в историографии геноцида, прежде всего Холокоста[2]. Исследователи репрессий тенденциозно фокусируются на таких высокопоставленных политических фигурах, как И.В. Сталин и Н.И. Ежов, на жертвах террора или на роли общества в разжигании процессов, которые порой оборачивались «охотой на ведьм»[3]. Хотя исследователи редко прямо заявляют об этом, создается впечатление, что существует мнение, согласно которому рядовые сотрудники НКВД выполняли приказы потому, что они были обучены это делать[4]. Следствие и суд по делу Георгия Кочергинского, который с ноября 1937 г. до августа 1938 г. служил начальником дорожно-транспортного отдела (ДТО) ГУГБ НКВД Северо-Донецкой железной дороги (СДЖД), свидетельствует, что ситуативные факторы, прежде всего страх наказания и желание добиться одобрения начальства, играли значительную роль в мотивации участия сотрудников НКВД в массовых нарушениях законности во время сталинских репрессий[5]. Идеология, разумеется, также играла роль[6]. Сам Кочергинский не сомневался в том, что весь Советский Союз и, в частности, подведомственное ему хозяйство были «наводнены» классовыми врагами. Материалы, однако, не позволяют сказать, что подчиненные Кочергинского разделяли подобные представления. В то же время, как показывает это исследование, ситуативные факторы, прежде всего боязнь стать жертвой охоты на классовых врагов, развернувшейся в НКВД, сыграли роль в мотивации действий и самого Кочергинского.

Георгий Кочергинский родился в Латвии в 1898 г.[7] Происхождения он был самого скромного: отец-еврей работал багорщиком на лесопилке в Риге, мать, то ли немка, то ли эстонка, давала уроки немецкого языка и рукоделия[8]. Родители Кочергинского либо были в разводе, либо никогда официально не регистрировали свой брак; своего отца и отчима он практически не знал. Возможно, из-за тяжести воспитания двух малолетних детей или с целью помочь своему сыну получить профессию мать Кочергинского отослала его, в возрасте восьми лет, к своему брату, Альберту Лехту, работавшему электриком на Рижской электростанции. Вскоре Лехт, который взял мальчика учеником и оплачивал его учебу в реальном училище, стал одним из двух наиболее влиятельных людей в жизни молодого человека. Кроме того, Лехт познакомил Кочергинского с другим человеком, повлиявшим на него в детстве, давним марксистом по имени Ульрих, который подготавливал молодых рабочих к учебе в реальном училище[9].

Хотя Кочергинский участвовал в кружке, который Ульрих организовал для своих учеников, и познакомился с некоторыми членами РСДРП, учение занимало его больше, чем политика. При поддержке Лехта и Ульриха Кочергинский сдал экзамены за пятый, шестой и седьмой классы реального училища и после двух лет ученичества стал электриком на электростанции в Риге[10].

Дисциплина, ум и умение преодолевать трудности пригодились Кочергинскому в 1916 г., когда он был арестован по подозрению в распространении на электростанции революционных первомайских листовок. На самом деле он не был причастен к случившемуся, однако с работы его уволили. Обеспокоенный потерей средств к существованию, Кочергинский стал готовиться к вступительным экзаменам в Рижский политехнический институт и успешно сдал их три недели спустя[11].

Поскольку рижские высшие учебные заведения были эвакуированы во время Первой мировой войны, Кочергинский переехал в Москву, где продолжил свои студенческие занятия, а также давал частные уроки и работал механиком на спичечной фабрике. В тот момент Кочергинский был на пути к хотя все еще довольно скромному, но лучшему жизненному положению. События 1917 г. драматически изменили ход его жизни. После того как старый режим пал, а политехнический институт закрылся, Кочергинский вернулся на прежнюю работу на Рижской электростанции. В сентябре, когда немцы вошли в Ригу, он вступил в партию большевиков. В начале 1918 г., простым солдатом, в составе интернационального батальона им. Карла Либкнехта покинул Ригу. Через шесть месяцев он стал политкомиссаром[12].

Сохранилось мало информации об участии Кочергинского в гражданской войне, хотя этот опыт должен был иметь формирующее значение для его личности. Кочергинский отличился и получал ответственные назначения, которые в обычное время были бы недосягаемы для молодого еврея-электрика из Латвии. Всего через три года с момента его ухода солдатом из Риги, двадцатитрехлетний Кочергинский уже был заместителем председателя революционного трибунала 3-й стрелковой дивизии Харьковского военного округа[13]. Его работа в трибунале по меньшей мере способствовала приобщению к опыту упрощенного судопроизводства по отношению к реальным и вымышленным врагам большевистского режима: иностранным агентам, крестьянским анархистам, украинским националистам, контрреволюционерам и классовым врагам.

Помимо ответственных постов в Красной Армии, еще одним свидетельством признания служебных заслуг Кочергинского стало назначение, последовавшее после демобилизации в 1921 г. Ему не пришлось самому выживать и пробиваться в жизни в стране, где царила экономическая разруха, так как его сразу взяли на службу в Крымскую ЧК[14]. Так началась его семнадцатилетняя карьера в советских органах госбезопасности.

Как и другие преуспевающие чекисты, Кочергинский занимал разные административные должности. После четырех лет работы в Крыму он два года провел в г. Владивостоке и резидентуре ОГПУ СССР в Манчжурии. В 1927 г. начался его девятилетний срок службы на Северном Кавказе, где он работал на ответственных должностях в Краснодаре, Шахтах, Ростове и Пятигорске. Это были приоритетные регионы, и в результате назначений в оперативные и специальные отделы ОГПУ Кочергинский оказался в центре важный операций против «врагов Советской власти»[15].

То, что у Кочергинского была репутация чекиста, на которого можно положиться в борьбе с классовыми врагами, подтверждают события, произошедшие после того, как в сентябре 1936 г.

И. Сталин назначил Н. Ежова главой НКВД. После нескольких месяцев службы на посту начальника Контрразведывательного отдела Курского УНКВД Кочергинский, по окончании февральско-мартовского 1937 г. пленума ЦК ВКП(б) был вызван в Москву и назначен в специальную бригаду НКВД, которую возглавил начальник 3-го (контрразведывательного) отдела ГУГБ НКВД СССР Л.Г. Миронов. Согласно лаконичной формулировке приказа НКВД СССР от 4 апреля 1937 г., перед бригадой Миронова стояла задача «выявления и разгрома шпионско-вредительских троцкистских и иных групп на железных дорогах [...] и в армии» в Сибири и на Дальнем Востоке[16].

Создание «бригады Миронова» свидетельствовало о беспокойстве руководства ВКП(б), что дальневосточные и сибирские региональные руководители не смогут искоренить классовых врагов, которые, по мнению Центра, проникли в местную номенклатуру. После прибытия в Хабаровск 23 апреля 1937 г. бригада осуществила массовые аресты, в том числе и сотрудников местных УНКВД, показывая пример и распространяя так называемые новые методы следственной работы. Вскоре они стали отличительной чертой массовых операций 1937–1938 гг.: физические и психологические пытки, фальсификации протоколов допросов для выявления и ликвидации «сети подпольных антисоветских террористических организаций» и т. д.[17]

Позже Кочергинский хвастался своим участием в бригаде Миронова и ссылался на этот опыт в оправдание своих действий. В Хабаровске он возглавлял группу следователей, выбивавших признательные показания о шпионаже из руководителей дальневосточного УНКВД[18]. Этот период его деятельности оказал на него большое влияние. Впоследствии Миронов попал под подозрение и был арестован в июне 1937 г.[19] Однако Кочергинский как-то признался одному из своих коллег, что обязан Миронову тем, что тот «многому хорошему научил его» во время совместной работы в Хабаровске[20].

В ноябре 1937 г. Кочергинский покинул Москву с новым назначением на пост начальника Дорожно-транспортного отдела ГУГБ НКВД Северо-Донецкой железной дороги. Он считал, что был выбран Н. Ежовым для того, чтобы в Артемовске сделать то, что бригада Миронова сделала в Хабаровске – превратить скомпрометировавший себя местный аппарат НКВД в эффективную карательную организацию.

Кочергинский не входил в круг близких людей Миронова, но у него были влиятельные покровители в НКВД. Эти отношения проливают свет на систему патронажа, частью которой являлся этот чекист, и свидетельствуют о значении, которое покровительство оказало на формирование его профессиональных качеств. Покровители Кочергинского в НКВД были скромного, в основном еврейского происхождения, но в 1920–1930-е гг. им удалось занять важные руководящие должности в Крыму и на Северном Кавказе. Наиболее значимым среди них был И.Я. Дагин, обеспечивавший безопасность советских руководителей в период с 1936 г. по 1938 г. в качестве начальника 1-го отдела ГУГБ НКВД СССР. Будучи заместителем начальника Крымской ЧК в 1921 г., Дагин взял Кочергинского на работу после демобилизации из Красной Армии. Они вместе работали в течение следующих тринадцати лет, в частности во время коллективизации на Северном Кавказе. Кочергинский свидетельствовал: «В лице ДАГИНА я видел всегда для себя образец чекиста-коммуниста. Под руководством ДАГИНА я начал свою чекистскую работу. На Сев[ерном] Кавказе я был продвинут к награде значком "Почетного чекиста", который и получил в 1935 году. Им же я был представлен к получению звания капитана Гос[ударственной] б[ез]/о[пасности], единственным из числа замов начальников отделов НКВД». И после перевода Дагина в Москву Кочергинский оставался с ним в тесном контакте, спрашивая его мнения и совета[21].

В число покровителей Кочергинского также входили: А.П. Радзивиловский, под начальством которого он служил в Крыму; М.Л. Гатов, с которым он служил на Северном Кавказе; Г.Ф. Горбач, с которым он тесно работал в Шахтинско-Донецком оперсекторе ОГПУ[22]. Горбач, который происходил из украинских крестьян и выделялся при Н. Ежове среди региональных руководителей НКВД особой жестокостью, был о Кочергинском высокого мнения. Поэтому накануне массовых операций добивался его назначения на должность своего заместителя в УНКВД по Западно-Сибирскому краю[23].

Кочергинский брал пример и учился бесчеловечности у Дагина, Горбача и Миронова. Кроме того, почти наверняка его действия были продиктованы страхом. Возвратившись в Москву с Дальнего Востока в октябре 1937 г., Кочергинский узнал про донос о якобы его противодействии генеральной линии партии и поддержке в 1928 г. троцкистов. После допроса по факту этих обвинений Кочергинский встретился с Дагиным, тот позвонил начальнику 6-го (транспортного) отдела ГУГБ НКВД СССР М.А. Волкову. В тот же вечер Волков отменил расследование по делу Кочергинского и подтвердил его назначение на должность начальника дорожно-транспортного отдела НКВД в Артемовске на Украине[24]. Принимая во внимание атмосферу того времени, можно утверждать: то, что Кочергинский знал об обвинении в троцкизме, несомненно послужило для него дополнительным стимулом в деле искоренения «врагов народа» на новом посту с целью доказать свою преданность партии.

Мотивацией к рвению могла стать и определенная уязвимость биографии Кочергинского: он вырос в Латвии, в Риге у него оставались близкие родственники. Массовая операция НКВД против «латвийских шпионов» началась 30 ноября 1937 г. и была продлена постановлением Политбюро ЦК ВКП(б) от 31 января 1938 г.[25] Весной 1938 г. на районной партийной конференции Кочергинский зачитал свою биографию. Когда он упомянул о своих латвийских корнях, делегаты, по его собственным словам, «насторожились», что ему было крайне неприятно видеть. Тогда же нарком внутренних дел УССР А. Успенский приказал очистить ряды НКВД от работников, имевших связь с заграницей. Эти события заставили Кочергинского задуматься о том, не сочтены ли его дни в НКВД. Летом 1938 г. он поделился этими опасениями с Дагиным, но тот заверил его, что причин для паники нет[26].

Кочергинский прибыл на службу в Артемовск 15 ноября 1937 года[27]. По состоянию на предыдущий месяц дорожно-транспортный отдел ГУГБ НКВД УССР в Артемовске и его районные отделения произвели 165 арестов в рамках проводимых массовых операций[28]. На первом же собрании с подчиненными Кочергинский подчеркнул, что результаты его не впечатлили. Похвастав, что он – старый большевик и опытный чекист, которого лично Н. Ежов послал «для укрепления аппарата ДТО Северо-Донецкой железной дороги», Кочергинский уведомил подчиненных о том, что плохие результаты их работы делают их самих «пособниками врагов народа». Потребовав получать признательные показания в течение 24 часов вместо отпущенных 3–5 дней, он также пообещал применять особые следственные методы, освоенные им в Хабаровске, где, по его утверждению, он лично арестовал и расстрелял начальника Дальневосточного УНКВД Т.Д. Дерибаса[29]. Здесь Кочергинский солгал – Дерибас был расстрелян лишь 27 июля 1938 г.

Кочергинский сдержал свое обещание. Через несколько дней после его прибытия в Артемовск прошли массовые аресты железнодорожных рабочих и служащих. Для получения признаний в совершении таких тяжких преступлений, как саботаж и шпионаж, Кочергинский применял методы бригады Миронова: систематическое избиение и серийный допрос арестованных; создание специальных камер, где те, кто отказался давать признательные показания, должны были стоять в течение нескольких дней без отдыха; фальсификацию протоколов допросов. Хотя нарушения советского уголовно-процессуального порядка случались и до приезда Кочергинского в Артемовск, теперь они стали обыденным явлением[30]. «До его прихода […] такой практики допросов не было», – свидетельствовал оперативный уполномоченный (ОУ) ДТО СДЖД В.М. Ивченко, «[…] начиная с ноября месяца 1937 года и по февраль 1938 года побои арестованных приняли широкий размах как в ДТО, так и по О[тделениям]ДТО»[31].

Кочергинский добивался внедрения нового порядка ведения следствия различными методами, прежде всего личным примером. Почти с первого дня прибытия в Артемовск он врывался в кабинеты следователей и, если признание не было получено, начинал бить арестованного. После неоднократных избиений подследственного, который отказывался признать, что был членом контрреволюционной группы, изможденный Кочергинский рявкал на злосчастного следователя: «Что ты, в гостях? – Бей!»[32]. Формально он не отдавал приказа массово избивать подозреваемых – на некоторых собраниях предусмотрительно заявлял, что «избиение» можно применять только с его собственного разрешения или разрешения его заместителя[33]. Однако Кочергинский давал понять о своих ожиданиях, например, говоря подчиненным, которые только что наблюдали его рукоприкладство: «Вот как надо допрашивать и получать показания». По свидетельству заместителя начальника ДТО СДЖД К.В. Матвеева, «[…] такой показ, разумеется, развязывал руки следователей»[34].

Кроме того, Кочергинский отдавал директивы по ускорению следствия, что стимулировало фальсификацию дел следователями. Во время руководства операцией в ОДТО на станции Дебальцево в январе 1938 г. Кочергинский объявил, что «социально чуждые элементы» могут быть арестованы и без доказательств антисоветской деятельности. Он распространил образец показаний, который, по его мнению, представлял идеальное «кулацкое признание», и настоятельно требовал, чтобы следователи использовали его в качестве эталона. Он настаивал на отборе свидетелей из числа доверенных партийцев, требовал, чтобы их показания были «резкими, т. к. все дела пойдут на тройку». Он давал ясно понять, что только осуждение и смертный приговор были приемлемы[35].

Более того, Кочергинский давал четкие указания, касавшиеся обеспечения свидетельских показаний. Свидетелям следовало говорить, что подозреваемого уже разоблачили как врага народа, и что НКВД нуждается лишь в подтверждении «пораженчества, террористических намерений и антисоветской агитации» арестованного. Колеблющихся свидетелей следовало заверять в том, что их не вызовут в суд, так как все дела будут слушаться во внесудебном порядке. Упорствующим свидетелям следовало говорить, что они являются «пособниками врагов народа», и что их отказ способствовать борьбе НКВД с «врагами народа» будет иметь пагубные последствия[36].

Для того чтобы узаконить свои приказы, Кочергинский ссылался на авторитет Москвы, а с целью создания ощущения чрезвычайности использовал военную терминологию. Неоднократно на оперативных совещаниях с подчиненными он утверждал, что нарком внутренних дел Н. Ежов заявил о том, что тайное советское участие в войнах в Испании и Китае, угроза нападения Германии и Японии требуют от советского руководства очистить страну от пяти миллионов внутренних врагов, не считая тех двух миллионов, которые, как утверждал Кочергинский, были ликвидированы в 1937 г.[37] Разоблачение «вооруженных повстанческих организаций» на Дальнем Востоке и в Казахстане, по его мнению, служило еще одним подтверждением необходимости быстрых и решительных действий[38].

Кочергинский высмеивал и угрожал тем подчиненным, которые не могли добиться результатов. Следователей, не выполнивших квоты (разнарядки) на аресты или не получивших признательные показания, Кочергинский особо выделял на заседаниях, обвинял их в пособничестве врагу и угрожал арестом и исключением из партии[39]. «Путем запугивания КОЧЕРГИНСКИЙ понуждал сотрудников УГБ выполнять его […] указания», – вспоминал оперуполномоченный ОДТО станции Дебальцево П.А. Гуенок[40]. Другой дебальцевский оперуполномоченный А.С. Ходарев свидетельствовал: «Терроризация сотрудников КОЧЕРГИНСКИМ была сделана так, что из сотрудников никто не мог ничего сказать […]. КОЧЕРГИНСКИЙ заявил: "[…] я прислан из Москвы и име[ю] особые уполномочия *(sic)*, что я хочу, то и делаю, а вы выполняйте мои приказания, и можете жалиться *(sic)* на меня Наркому"»[41].

Кочергинский использовал угрозы, чтобы заставить замолчать несогласных, в частности, в тех случаях, когда подчиненный протестовал против квот (разнарядок) на безосновательные аресты, высказывал сомнения в виновности подозреваемого или достоверности признания[42]. «Работников ДТО и ОДТО КОЧЕРГИНСКИЙ форменным образом терр[ор]из[ир]овал [...]. С первых же дней прибытия на должность начальника ДТО он поставил себя, как человека, которому никто не должен возражать и критиковать его действия», – вспоминал заместитель начальника ДТО СДЖД К.В. Матвеев[43]. Ему вторил оперуполномоченный ДТО СДЖД В.М. Ивченко: «КОЧЕРГИНСКИЙ создал обстановку зажима, и к нему в кабинет боялись работники зайти, если у кого-либо и возникало сомнение в виновности какого-либо арестованного»[44]. Любой следователь, который считал, что подозреваемого следует освободить, высмеивался как «либерал», «оппортунист», или «пособник врага»[45]. Вскоре после того, как заместитель начальника ДТО СДЖД К.В. Матвеев доложил начальнику УНКВД по Донецкой (будущей Сталинской) области Д.М. Соколинскому о массовых случаях избиений в ДТО СДЖД, Кочергинский вызвал Матвеева к себе в кабинет и заявил: «Мне непонятно твое поведение. Ты не понимаешь большевизма»[46]. Узнав, что начальник 5-го отделения ДТО СДЖД Г.И. Тимошек сомневался в правдоподобности признания подозреваемого, Кочергинский «многозначительно» сказал: «У Вас настроения нехорошие»[47].

Страх был мощным фактором мотивации. «КОЧЕРГИНСКИЙ поставил большинство работников ДТО и ОДТО в положение безоговорочного выполнения его указания, а многие боялись угроз увольнения и ареста», – вспоминал К.В. Матвеев[48]. По словам Г.И. Тимошека, которого Кочергинский раскритиковал на собрании сотрудников за то, что тот не смог получить признательных показаний, «при созданных Кочергинским условиях некоторые сотрудники прибегали к прямым преступлениям», то есть к массовой фабрикации дел[49]. Помощник оперуполномоченного ОДТО станции Дебальцево Н.М. Кузнецов, осужденный вместе с Кочергинским, признал, что он начал фальсифицировать дела после того, как услышал, как Кочергинский угрожал арестом дебальцевским оперуполномоченным А.С. Ходареву и Ф.Д. Бондарчуку, не выполнившим разнарядки арестов[50]. Другой дебальцевский оперуполномоченный убедительно описал атмосферу в ОДТО во время массовых операций в январе 1938 г.: «Находясь здесь в Дебальцево и руководя операцией, Кочергинский форменным образом нас терроризировал, всех ругал площадной бранью, своим отношением к сотрудникам наводил ужас, никто из нас не был гарантирован от ареста, самого страшного оскорбления. Передать словами, что он творил с нами на совещаниях и отдельных встречах, невозможно. Гнуснее его поведения не бывает, и самое ужасное это то, что он спекулировал именем тов. ЕЖОВА [...]. Естественно, что оперативный состав выполнял директиву КОЧЕРГИНСКОГО, не подходил критически к судьбе арестованного, виновен ли он или нет, а брали всех попавших под руку, тех на кого указывали лица, якобы их знающих как врагов»[51].

Помощник начальника ОДТО станции Дебальцево И.В. Фадеев предоставил не менее яркое описание действий Кочергинского во время дебальцевской операции: «В то время Кочергинский выглядел каким-то зверем, набрасывался на всех сотрудников и лез к каждому с кулаками, нанося всяческие незаслуженные оскорбления, угрожая всех перепустить через подвал, называя врагами народа»[52].

Начальники отделений ДТО СДЖД и получали угрозы Кочергинского в свой адрес, и реализовывали их по отношению к другим. В январе 1938 г. на собрании, где обсуждались будущие массовые операции, Кочергинский объявил, что все немцы, поляки, латыши, греки и бывшие кулаки должны быть арестованы как шпионы. Отсутствие доказательств вины этих людей не должно было быть преградой для ареста, потому что, как заверил Кочергинский, имевшиеся в Москве документы доказывали их вину. Когда начальник ОДТО станции Купянск А.В. Залозный и начальник ОДТО станции имени Кагановича[53] М.И. Синько высказались против, указав, что многие из этих людей занимают ключевые должности на железнодорожных станциях, Кочергинский в ответ рявкнул: «Вы скрываете шпионов, не ищете их, а говорите, что у вас, допустим, работает 10 немцев, 15 поляков и т.д. Если после этой операции, [...] я обнаружу, что будет работать немец или поляк на том или иным узле, то тогда на себя пеняйте – вас как нач[альников] ОДТО – посажу вместо них и буду допрашивать». По словам начальника второго отделения ДТО СДЖД М.А. Омельченко, «после этого начались массовые беззакония, незаконные аресты лиц без наличия компрометирующих материалов и без санкции прокурора»[54].

Вернувшись после совещания в ОДТО на станции имени Кагановича, Синько категорически приказал своим подчиненным: «[...] без показаний не возвращаться». Когда подчиненный Синько, оперуполномоченный М.С. Кушвид, стал настаивать на освобождении подозреваемого, в отношении которого не было никаких доказательств вины, Синько сделал ему выговор: «Вы не умеете работать, либеральничаете с врагом»[55]. Будучи свидетелями этого разговора, оперуполномоченный А.Ф. Воронин и другие сотрудники посчитали, что у них нет другого выбора, кроме как фальсифицировать протоколы допросов. «Не желая заслуживать названия "покровителя врагов" и боясь ответственности в тот момент, – объяснил Воронин, – я и вынужден был так поступать, […] хотя и знал, что это тоже преступление»[56]. Таким же образом и оперуполномоченный ОДТО станции Красный Лиман А.П. Розенберг «стал на путь фальсификации показаний свидетелей и обвиняемых» после того, как начальник этого отделения П. Матвеев неоднократно требовал «во чтобы то ни стало добыть на этих лиц компрометирующий материал»[57].

Поощрение служило таким же сильным фактором мотивации, как и страх. Кочергинский хвалил и материально награждал тех следователей, которые быстро получали признания арестованных[58]. Как свидетельствовал оперуполномоченный ДТО СДЖД В.М. Ивченко, «Кочергинский всегда ставил в пример» следователей, которые выполняли дневную квоту на признательные показания, хотя «[п]о честному это [задание было] выполнить физически невозможно»[59]. Когда помощник начальника ДТО СДЖД Н.И. Антоненко в январе 1938 г. позвонил Кочергинскому во время заседания в Дебальцево и доложил об «успехах» сотрудников ОДТО станции Красный Лиман, Кочергинский отложил в сторону телефонную трубку и заявил: «Вот видите, как надо работать, за сутки в Лимане АНТОНЕНКО расколол 28 человек». Вернувшись к телефонному разговору, Кочергинский сказал Антоненко: «Я тебя за это в жопу поцелую»[60]. После того как массовая операция в Дебальцево завершилась, на квартире начальника дебальцевского ОДТО И.П. Игнатова состоялся банкет, на котором Кочергинский наградил каждого следователя[61].

Кочергинский использовал методы социалистического соревнования, чтобы увеличить давление на подчиненных во время широкомасштабных арестов. Когда начальник ОДТО станции Красный Лиман М.И. Синько позвонил Кочергинскому, чтобы доложить, что на станции имени Кагановича было арестовано сто человек, Кочергинский (сознательно преувеличивая) заявил, что в Дебальцево было арестовано в пять раз больше. Синько тут же послал своих людей назад, чтобы провести еще сто арестов[62]. Помощник начальника ДТО СДЖД Н.И. Антоненко таким же способом оказывал давление на начальников отделений госбезопасности железнодорожных станций, говоря им, что они отстают в гонке по получению признательных показаний[63].

Хотя его подчиненные редко получали прямые указания к нарушению уголовного судопроизводства, приказы Кочергинского создавали благоприятную атмосферу для совершения массовых нарушений социалистической законности. Дела на подозреваемых номенклатурных работников, которые должны были отсылаться в Военную коллегию Верховного суда СССР, преднамеренно рассматривались областными тройками. Вероятно, Кочергинский боялся, что показания, добытые путем жестокого избиения подозреваемых, скорее всего развалятся при судебном рассмотрении в Москве[64]. Разнарядки на аресты накануне массовой операции в январе 1938 г. были установлены, исходя из размера каждого железнодорожного узла (станции) и числа служащих, а не из наличия компрометирующих материалов[65]. Во время массовых операций Кочергинский настаивал на таких формулировках в следственных делах, которые приводили к расстрельным приговорам, и распространил образец признательных показаний, на который следователи опирались в составлении протоколов допроса[66]. Кочергинский также приказал организовать специальные камеры-«отстойники». Арестованных, которые отказались признавать свою вину, заставляли стоять лицом к стене до тех пор, пока они соглашались подписать признание[67]. В Дебальцево во время массовой операции в январе 1938 г. Кочергинский сказал следователям не отпускать свидетелей, пока не дадут обличающие показания и объявил, что «лица, попавшие в вагон [т. е. арестованные лица. – *Дж. Р.*], освобождению не подлежа[т]»[68].

Подводя итог в вопросе о виновности Кочергинского в многочисленных нарушениях уголовно-процессуального законодательства СРСР во время массовых операций в январе 1938 г. и в ответ на апелляцию Кочергинского в Военную Коллегию Верховного суда СССР, председатель Военного трибунала П.Ф. Гурьев написал: «Верно то, что прямых указаний Кочергинский на фальсификацию по делам не давал, но создавал для этого все условия (в 3 дня оформить 33 дела и т. п. [,] восхваления отличившихся в быстром "оформлении" и быстрых "расколах", при существовании "отстойника" и принуждений, угрозы опер-работникам за кажущуюся медлительность)»[69]. Стараясь еще более подчеркнуть значение «фактора Кочергинского», Гурьев добавил: «В более редких случаях насилия применялись там, где не было Кочергинского – об этом можно сделать вывод из материалов судебного и предварительного расследования»[70].

Дело Кочергинского показывает, в какой степени ситуативные факторы, и прежде всего страх наказания и стремление к одобрению, мотивировали рядовых оперативных сотрудников НКВД к нарушению законности во время массовых репрессий. Это не означает, что идеология не играла важную роль. Кочергинский ничуть не сомневался, что классовые враги угрожают существованию СССР и должны быть ликвидированы перед вступлением страны в войну. Опыт упрощенного судопроизводства, который он получил, будучи членом Харьковского ревтрибунала во время гражданской войны и сотрудником ОГПУ во время коллективизации на Северном Кавказе, как и опыт разоблачения «террористических заговоров высокопоставленных лиц» во время работы в бригаде начальника контрразведывательного отдела ГУГБ НКВД СССР Л.Г. Миронова на Дальнем Востоке, подготовили Кочергинского к принятию идеи о вездесущности врага, его замаскированности и опасности. Тем не менее действия самого Кочергинского во время массовых репрессий были мотивированы ситуативными факторами, в частности знанием того, что его обвиняли в троцкизме, а также тем, что его связь с Латвией делала его уязвимым во время внутренних чисток в НКВД. Доказательства «грубых нарушений социалистической законности», выявленные во время следствия и судебного процесса над Кочергинским, ясно свидетельствуют, что ситуативные факторы играли главную роль, мотивируя рядовых сотрудников НКВД участвовать в вопиющих нарушениях уголовно-процессуального законодательства, в том числе массовой фальсификации дел, пытках подозреваемых и принуждении свидетелей. Кочергинский мотивировал своих подчиненных, безудержно хваля тех, кто перевыполнял явно невыполнимые квоты, и, что более важно, создавая атмосферу террора внутри всего управления и всех отделений ДТО НКВД Северо-Донецкой железной дороги.

Перевод с английского Елены Осокиной

ПРИМЕЧАНИЯ

[1] Источник цитат: Протокол судебного заседания, 27–30.06.1939 // ГДА СБУ. Ф. 5. Д. 67988. Т. 5. Л. 322, 322 об., 323, 323 об., 317 об; Рапорт Н.И. Ежову от ОУ-ого ОДТО НКВД ст. Дебальцево Гуенок, 3.3.1938 // Там же. Т. 4. Л. 15–16.

[2] Например, см.: *Browning C.* Ordinary Men. Reserve Police Battalion 101 and the Final Solution in Poland. – New York, 1998; *Browning C.* Nazi Policy,

Jewish Workers, German Killers. – Cambridge, 2000; *Goldhagen D.* Hitler's Willing Executioners: Ordinary Germans and the Holocaust. – New York, 1996; *Bartov O.* Hitler's Army: Soldiers, Nazis, and War in the Third Reich. – New York, 1991; *Bartov O.* The Conduct of War: Soldiers and the Barbarization of Warfare // The Journal of Modern History. 1992. № 64. Supplement. P. S32–S45; *Hilberg R.* Perpetrators Victims Bystanders: The Jewish Catastrophe, 1933–1945. – New York, 1993; *Westermann E.* Hitler's Police Batallions: Enforcing Racial War in the East. – Lawrence, 2005; *Gross J.* Neighbors: The Destruction of the Jewish Community in Jedwabne, Poland. – Princeton, 2001; *Bauman Z.* Modernity and the Holocaust. – Ithaca, 1989; *Lower W.* Hitler's Furies: German Women in the Nazi Killing Fields. – New York, 2013; *Browder G.* Perpetrator Character and Motivation: an Emerging Consensus? // Holocaust and Genocide Studies. 2003. № 3 (17). P. 480–497; *Mann M.* Were the Perpetrators of Genocide «Ordinary Men» or «Real Nazis»? Results from Fifteen Hundred Biographies // Holocaust and Genocide Studies. 2000. № 3 (14). P. 331–366; *Roseman M.* Beyond Conviction? Perpetrators, Ideas and Action in the Holocaust in Historiographical Perspective // Conflict, Catastrophe and Continuity: Essays on Modern German History / Ed. F. Biess, M. Roseman, H. Schissler. – Oxford, 2007; *Szejnmann C.* Perpetrators of the Holocaust: a Historiography // Ordinary People as Mass Murderers: Perpetrators in Comparative Perspectives / Ed. Jensen O., Szejnmann C. – New York, 2008; *Matthäus J.* Historiography and the Perpetrators of the Holocaust // The Historiography of the Holocaust / Ed. Stone D. – New York, 2006. P. 197–215.

[3] Например, см.: *Conquest R.* The Great Terror: A Reassessment. – Oxford, 1991; *Хлевнюк О.* 1937-й: Сталин, НКВД и советское общество. – М., 1992; *Хлевнюк О.* Политбюро: Механизмы политической власти в 1930-е годы. – М., 1996; Rees E. Stalin: Architect of the Terror // The Anatomy of Terror: Political Violence under Stalin / Ed. J. Harris. – Oxford, 2013. P. 49–65; *Getty J., Naumov O.* The Road to Terror: Stalin and the Self-Destruction of the Bolsheviks, 1932–1939. – New Haven, 1999; *Getty J., Naumov O.* Yezhov: The Rise of Stalin's «Iron Fist». – New Haven, 2008; *Jansen M., Petrov N.* Stalin's Loyal Executioner: People's Commissar Nikolai Ezhov, 1895–1940. – Stanford, 2002; *Werth N.* The Mechanism of a Mass Crime: The Great Terror in the Soviet Union, 1937–1938 // The Specter of Genocide: Mass Murder in Historical Perspective / Ed. R. Gellately, B. Kiernan. – Cambridge, 2003. P. 215–39; *Snyder T.* Bloodlands: Europe between Hitler and Stalin. – New York, 2010. P. 59–118; *Петров Н.* Палачи. Они выполняли заказы Сталина. – М., 2011; Stalinist Terror: New Perspectives / Ed. Getty J., Manning R. – Cambridge, 1993; *Goldman W.* Terror and Democracy in the Age of Stalin: The Social Dynamics of Repression. – Cambridge, 2007; *Goldman W.* Inventing the Enemy: Denunciation and Terror in Stalin's Russia. – Cambridge, 2011; *Davies S.* Popular Opinion in Stalin's Russia. – Cambridge, 1997. P. 124–144; *Fitzpatrick S.* Stalin's Peasants: Resistance and Survival in the Russian Village after Collectivization. – Oxford, 1994. P. 286–312; *Fitzpatrick S.* Everyday Stalinism. Ordinary Life in Extraordinary Times: Soviet Russia in the 1930s. – Oxford, 1999. P. 190–217.

[4] Есть, конечно, исключения. Смотрите, например: *Ватлин А.* Террор районного масштаба. «Массовые операции» НКВД в Кунцевском районе

Московской области, 1937–1938 гг. – М., 2004; *Тепляков А.* Персонал и повседневность Новосибирского УНКВД в 1936–1946 гг. // Минувшее. Исторический альманах. – М.–СПб., 1997. Вып. 21; *Тепляков А.* Машина террора. ОГПУ–НКВД Сибири в 1929–1941 гг. – М., 2008; *Viola L.* The Question of the Perpetrator in Soviet History // Slavic Review. 2013. № 1 (72). P. 1–23.

[5] Ситуативные факторы означают характеристики непосредственного социального контекста, влияющие на индивидуальное поведение. О роли ситуативных факторов в формировании поведения человека см. классическое исследование социально-психологической литературы по «ситуационизму»: *Milgram S.* Obedience to Authority. An Experimental View. – New York, 1974; *Haney C., Banks W.C., Zimbardo P.G.* Study of Prisoners and Guards in a Simulated Prison // Naval Research Reviews. 1973. № 30. P. 4–17; *Asch S.E.* Effects of Group Pressure on the Modification and Distortion of Judgments // Groups, Leadership and Men / Ed. H. Guetzkow. – Pittsburgh, 1951. P. 177–190. См. также: *Zimbardo P.* The Lucifer Effect. Understanding How Good People Turn Evil. – New York, 2008. P. 258–296; *James Waller.* Becoming Evil: How Ordinary People Commit Genocide and Mass Killing. 2nd ed. – Oxford, 2007. P. 236–257; *Newman L.* What Is a «Social-Psychological» Account of Perpetrator Behavior? The Person Versus the Situation in Goldhagen's Hitler's Willing Executioners // Understanding Genocide: The Social Psychology of the Holocaust / Ed. T. Blass. – New York, 2002; P. 43–67; *Blass T.* Perpetrator Behavior as Destructive Obedience: An Evaluation of Stanley Milgram's Perspective, the Most Influential Social-Psychological Approach to the Holocaust // Understanding Genocide: The Social Psychology of the Holocaust / Ed. T. Blass. – New York, 2002. P. 91–109.

[6] О роли идеологии или мировоззрения в формировании поведения человека с точки зрения социальной психологии см.: *James Waller.* Becoming Evil: How Ordinary People Commit Genocide and Mass Killing. 2nd ed. – Oxford, 2007. P. 202–229.

[7] Галузевий державний архів СБУ (далее – ГДА СБУ). Ф. 5. Д. 67988. Т. 5. Л. 316.

[8] ГДА СБУ. Ф. 5. Д. 67988. Т. 3. Л. 20, 23.

[9] ГДА СБУ. Ф. 5. Д. 67988. Т. 3. Л. 24, 40.

[10] ГДА СБУ. Ф. 5. Д. 67988. Т. 3. Л. 41, 40 об., 23.

[11] ГДА СБУ. Ф. 5. Д. 67988. Т. 3. Л. 23–24 об.

[12] ГДА СБУ. Ф. 5. Д. 67988. Т. 3. Л. 25.

[13] ГДА СБУ. Ф. 5. Д. 67988. Т. 3. Л. 25 об.

[14] Там же.

[15] ГДА СБУ. Ф. 5. Д. 67988. Т. 3. Л. 43.

[16] ГДА СБУ. Ф. 5. Д. 67988. Т. 3. Л. 43–43 об. Приказ НКВД СССР. 04.04.37. Режим доступа: http://www.memo.ru/history/NKVD/kto/biogr/gb327.htm, дата обращения: 26.02.2014 г.

[17] *Чернолуцкая Е.Н.* Приказ НКВД № 00447 «об операции по репрессированию антисоветских элементов». Дальний Восток, 1937–1938 гг. // Россия и АТР. 2005. № 3. С. 56.

[18] ГДА СБУ. Ф. 5. Д. 67988. Т. 3. Л. 246.

[19] Режим доступа: http://www.memo.ru/history/NKVD/kto/biogr/gb327.htm, дата обращения 26.02. 2014 г.

[20] ГДА СБУ. Ф. 5. Д. 67988. Т. 3. Л. 103–104.

[21] ГДА СБУ. Ф. 5. Д. 67988. Т. 3. Л. 44. Дагина арестовали через три месяца после Кочергинского. Во время ареста Дагин все еще работал начальником службы по обеспечению безопасности советского руководства. Режим доступа: http://www.memo.ru/history/NKVD/kto/biogr/gb129.htm, дата обращения 27.02. 2014 г.

[22] ГДА СБУ. Ф. 5. Д. 67988. Т. 3. Л. 43, 44. Радзивиловский был арестован менее чем через месяц после ареста Кочергинского, находясь на посту начальника 3-го отдела 3-го управления НКВД СССР. Режим доступа: http://www.memo.ru/history/NKVD/kto/biogr/gb406.htm, дата обращения 25.02.2014 г. Гатов был арестован через четыре месяца после Кочергинского на посту и. о. начальника 4-го отдела ГЭУ НКВД СССР. Режим доступа: http://www.memo.ru/ history/NKVD/kto/biogr/gb94.htm, дата обращения 27.02.2014 г.

[23] ГДА СБУ. Ф. 5. Д. 67988. Т. 3. Л. 43. Горбач был арестован через три месяца после Кочергинского, находясь на посту начальника ОО ГУГБ НКВД ОКДВА. О Горбаче см.: Чернолуцкая. Приказ НКВД № 00447. С. 58; также см.: режим доступа: http://www.memo.ru/history/NKVD/kto/biogr/gb107.htm, дата обращения 27.02. 2014 г.

[24] ГДА СБУ. Ф. 5. Д. 67988. Т. 3. Л. 2, 44–44 об.

[25] Режим доступа: http://www.memo.ru/history/y1937/hronika1936_1939/ xronika.html#y1, дата обращения 18.03.2014 г.

[26] ГДА СБУ. Ф. 5. Д. 67988. Т. 3. Л. 1, 44–45. Кочергинский потерял связь с матерью и сестрой после того, как покинул Ригу в 1918 г. Несколько лет они искали его, и только в 1934 г., получив открытку от матери, Кочергинский ответил, что с ним все в порядке, и объяснил, что он не сможет больше писать. Некоторое время спустя в том же году Кочергинский увидел сестру на Курском вокзале Москвы. Она приехала в Москву в составе делегации рабочих. Они разговаривали два часа. Кочергинский предварительно получил разрешение начальства на то, чтобы ответить на открытку матери и поехать в Москву на встречу с сестрой. Кроме этих двух случаев, у Кочергинского не было никаких других контактов с родственниками, жившими в Риге. См.: ГДА СБУ. Ф. 5. Д. 67988. Т. 3. Л. 25 об. 28.

[27] ГДА СБУ. Ф. 5. Д. 67988. Т. 5. Л. 228.

[28] ГДА СБУ. Ф. 5. Д. 67988. Т. 5. Л. 277–281.

[29] ГДА СБУ. Ф. 5. Д. 67988. Т. 3. Л. 159–160, 246–247.

[30] ГДА СБУ. Ф. 5. Д. 67988. Т. 3. Л. 82, 90, 107 об., 161, 164, 171–173; Т. 5. Л. 20 об., 215.

[31] ГДА СБУ. Ф. 5. Д. 67988. Т. 3. Л. 82.

[32] ГДА СБУ. Ф. 5. Д. 67988. Т. 3. Л. 83–84.

[33] ГДА СБУ. Ф. 5. Д. 67988. Т. 1. Л. 112–113; Т. 5. Л. 227, 321; Т. 3. Л. 161.

[34] ГДА СБУ. Ф. 5. Д. 67988. Т. 3. Л. 107 об.

[35] ГДА СБУ. Ф. 5. Д. 67988. Т. 1. Л. 151; Т. 3. Л. 80, 86, 98, 135.

[36] ГДА СБУ. Ф. 5. Д. 67988. Т. 3. Л. 50–51.

[37] ГДА СБУ. Ф. 5. Д. 67988. Т. 3. Л. 47, 103, 110, 139, 248, 286; Т. 5. Л. 144.

[38] ГДА СБУ. Ф. 5. Д. 67988. Т. 3. Л. 110 об., 286.

[39] ГДА СБУ. Ф. 5. Д. 67988. Т. 3. Л. 51, 106–107, 246–248, 159–160, 162; Т. 1. Л. 150.

[40] ГДА СБУ. Ф. 5. Д. 67988. Т. 1. Л. 304.

[41] ГДА СБУ. Ф. 5. Д. 67988. Т. 3. Л. 79.

[42] ГДА СБУ. Ф. 5. Д. 67988. Т. 3. Л. 85, 99–100, 102, 110.

[43] ГДА СБУ. Ф. 5. Д. 67988. Т. 3. Л. 106.

[44] ГДА СБУ. Ф. 5. Д. 67988. Т. 3. Л. 85.

[45] ГДА СБУ. Ф. 5. Д. 67988. Т. 3. Л. 98–100.

[46] ГДА СБУ. Ф. 5. Д. 67988. Т. 3. Л. 109.

[47] ГДА СБУ. Ф. 5. Д. 67988. Т. 3. Л. 102.

[48] ГДА СБУ. Ф. 5. Д. 67988. Т. 3. Л. 106, 107; Т. 5. Л. 215.

[49] ГДА СБУ. Ф. 5. Д. 67988. Т. 3. Л. 101.

[50] ГДА СБУ. Ф. 5. Д. 67988. Т. 1. Л. 150.

[51] ГДА СБУ. Ф. 5. Д. 67988. Т. 3. Л. 145 об. 146. Аронович также критиковал начальника ОДТО ст. Дебальцево И.П. Игнатова за безоговорочное следование приказам Кочергинского во время массовых операций и за неспособность показать положительный пример своим подчиненным. См.: ГДА СБУ. Ф. 5. Д. 67988. Т. 3. Л. 146 об.

[52] ГДА СБУ. Ф. 5. Д. 67988. Т. 3. Л. 150–151; Т. 5. Л. 43.

[53] Сейчас станция Попасная Луганской области.

[54] ГДА СБУ. Ф. 5. Д. 67988. Т. 3. Л. 165–166.

[55] ГДА СБУ. Ф. 5. Д. 67988. Т. 3. Л. 154.

[56] ГДА СБУ. Ф. 5. Д. 67988. Т. 3. Л. 154–154 об.

[57] ГДА СБУ. Ф. 5. Д. 67988. Т. 1. Л. 102. Следует подчеркнуть, что никто из рядовых следователей, фальсифицировавших дела, не делал этого вследствие прямого приказа. Скорее, они фальсифицировали дела, чтобы избежать унижения и наказания, а также, как представляется, чтобы добиться одобрения начальства. См., например: ГДА СБУ. Ф. 5. Д. 67988. Т. 1. Л. 103.

[58] ГДА СБУ. Ф. 5. Д. 67988. Т. 3. Л. 101, 171; Т. 5. Л. 324 об.

[59] ГДА СБУ. Ф. 5. Д. 67988. Т. 3. Л. 88. В разгар массовой операции в Дебальцево Кочергинский требовал, чтобы следователи получали от трех до семи признательных показаний в день. См. также: ГДА СБУ. Ф. 5. Д. 67988. Т. 3. Л. 101–102.

[60] ГДА СБУ. Ф. 5. Д. 67988. Т. 3. Л. 170.

[61] Там же. Л. 174.

[62] ГДА СБУ. Ф. 5. Д. 67988. Т. 3. Л. 153.

[63] ГДА СБУ. Ф. 5. Д. 67988. Т. 3. Л. 175–176.

[64] ГДА СБУ. Ф. 5. Д. 67988. Т. 3. Л. 90–91, 162–163.

[65] ГДА СБУ. Ф. 5. Д. 67988. Т. 5. Л. 130 об.

[66] ГДА СБУ. Ф. 5. Д. 67988. Т. 3. Л. 88–89, 97–98, 135; Т. 5. Л. 322 об.

[67] ГДА СБУ. Ф. 5. Д. 67988. Т. 3. Л. 186; Т. 5. Л. 131. Кочергинский впервые узнал, как использовать «отстойники» для получения признаний, работая в бригаде Миронова. См.: ГДА СБУ. Ф. 5. Д. 67988. Т. 5. Л. 322 об. Для наблюдения за заключенными в «отстойниках» из-за нехватки сотрудников Кочергинский мобилизовал непроверенных коммунистов и комсомольцев, что привело к распространению слухов среди населения о существовании таких камер. Это было нарушением норм секретности в НКВД.

[68] ГДА СБУ. Ф. 5. Д. 67988. Т. 5. Л. 323.

[69] ГДА СБУ. Ф. 5. Д. 67988. Т. 5. Л. 367 об.

[70] ГДА СБУ. Ф. 5. Д. 67988. Т. 5. Л. 367. Хотя и сказанное в собственных корыстных интересах, заслуживает внимания свидетельство начальника ОДТО на ст. Дебальцево И.П. Игнатова: «До приезда Кочергинского в Дебальцево сотрудники ОДТО не знали избиения арестованных». См.: ГДА СБУ. Ф. 5. Д. 67988. Т. 3. Л. 181 об.

КИШИНЕВ

Я здесь не говорю о допущенной мною ошибке в связи с выводами Комиссии [НКВД УССР], так как об этом писал в предыдущем рапорте. Эта ошибка явилась следствием с, одной стороны, нажима на меня руководящих работников, которые верили в показания о Борисове, и с другой – в результате моей непартийной позиции, желания сохранить «честь мундира». Это так, и я говорю об этом прямо.

И.Т. Широкий-Майский – нарком внутренних дел МАССР

По прибытии в Тирасполь, Павликов [начальник опергруппы] начал меня учить ставить арестованных на «стойку», избивать подследственных и таким образом, как он выражался, «раскалывать» их, т. е. получать у них нужные показания [...] В дальнейшем Павликов, как мне известно, сам оказался врагом и был репрессирован. В процессе моей последующей работы в НКВД я от руководства в лице Юфа и Мягкова получал аналогичные установки следствия, так еще мне говорили, что от арестованных надо добиваться криком, «стойками» и т. п. Вместе с тем, меня не учили как нормально вести следствие, как собирать улики, анализировать их и сопоставлять и т. п. Вообще, обстановка при Наркоме Широком была нездоровая. Массовые аресты, арестованные часто подолгу сидели без допроса, неизвестно за какими следователями числились, применялись незаконные методы следствия и т. д.

Широкий, Юфа и др. работники меня учили, что раз человек попал в НКВД, то он должен дать признание, он враг, и должен дать показание. При мне тогда ни одного человека не освободили. Вторая установка: побольше брать людей, а кончать дела не так важно. И главное, если люди взяты из одного места, то обязательно всех пропускать через протоколы опроса каждого. И, наконец, главное, чтобы в протоколах назывались не 5–6 человек, как участники организации, а 30–50 человек. Эту установку давал Юфа и Широкий.

П.Г. Чичкало – бывш. следователь НКВД МАССР

Широкий, Юфа приучали и прививали сотрудникам, в частности мне, то, что на Молдавии сама[я] контрреволюция. Работал все время в Наркомате, в массы почти никогда не шел, отстал от всей общественной политической жизни, занятий никаких не было, собраний тоже, и я жил исключительно показаниями [...]. Не верить в то, что перед тобой враг, нельзя было, потому что таких сотрудников считали как симпатизирующими врагам. Поэтому я так внушил себе, что все враги, что ночью сонный схватывался и начинал допрашивать спящих возле меня товарищей. Больше того, когда приходилось со своими товарищами сталкиваться с людьми, то не только я, но и другие молодые работники, попадающихся навстречу людей, говорили что и этот должен быть враг и завтра будем допрашивать. Дальше на оперативных совещаниях Широкий наводил панику, тогда я и другие воспринимали как действительность, что вокруг нас множество врагов, что существуют всякие параллельные центры, что нас могут всякую минуту забросать бомбами, что нужно нажимать на арестованных и требовать от них оружия, центры и проч.

П.Г. Чичкало

Игорь Кашу

«Чистка» сотрудников НКВД Молдавской АССР после Большого террора.
Дело Ивана Тарасовича Широкого-Майского

В ноябре 1938 г. И.В. Сталин приказал остановить Большой террор. Репрессии на этом не прекратились, однако теперь целью «чистки» оказались сами сотрудники НКВД. Репрессии против сотрудников НКВД имели место и до июля 1937 г., и во время Большого террора. Тем не менее на этот раз кампания по чистке центрального и регионального аппаратов НКВД, начатая в сентябре – октябре 1938 г., имела свою специфику, свои особые причины и цели. Теперь «вычищали» тех, кто по приказу сверху непосредственно проводил «зачистку» среди разных категорий населения и элит в 1937–1938 гг.

Так что же именно является специфическим для этой кампании репрессий против сотрудников центрального и регионального аппаратов НКВД? Почему одни сотрудники были приговорены к 5–8–10 годам ИТЛ, другие – к ВМН, а третьи отделались выговором, т. е. фактически не ответили за применение насилия, за использование «недопустимых методов расследования» или за «нарушение социалистической законности», как гласила официальная терминология?

Каковы были критерии принятия решений о судьбе сотрудников НКВД: кого наказать, а кого помиловать и даже поощрить? Эти и другие вопросы еще не обратили на себя должного внимания в постсоветской и западной историографии по причине ограниченного доступа к следственным делам бывших сотрудников НКВД. Данные дела являются важным источником для изучения механизмов Большого террора, а также, в немалой степени, для более глубокого понимания этапов и специфики процесса торможения машины массового террора в конце лета – начале осени 1938 года[1].

Среди жертв «чистки» в рядах НКВД Молдавской АССР (автономия в составе Украинской ССР в 1924–1940 гг.), были также высшие чины местного НКВД, такие как Иван Тарасович Широкий-Майский, нарком внутренних дел МАССР с мая по сентябрь 1938 г. Кем был Широкий-Майский до начала службы в НКВД, каким было его социальное происхождение и образование? И были ли моменты в его биографии, которые привели его в 1938 г. на скамью подсудимых? Широкий-Майский родился в 1903 г. в селе Верблюжка Александрийского округа Херсонской губернии. Его отец был середняком, этническим украинцем. Широкий окончил двухлетнюю местную сельскую школу и потом учился три года на военного фельдшера в военно-фельдшерской школе в Херсоне, которую окончил в 1918 г. Сразу после этого, в возрасте 15 лет, он вступил в местный отряд Красной Армии, в следующем году – в партизанский отряд, а затем был включен в группу по «борьбе с бандитизмом» в Верблюжке. В 1920 г. он становится членом Коммунистического Союза Молодежи и до 1922 г. является ответственным местной партийной ячейки за политико-просветительную работу. В период с конца 1922 г. до начала 1926 г. Широкий работал инструктором внешкольного образования Верблюжского районо. В 1926–1927 гг. он был председателем правления Верблюжской районной потребкооперации. Его карьера в органах госбезопасности началась в июле 1927 г. в качестве сотрудника Зиновьевского окружного отдела ГПУ Украины. В следующем году Широкий-Майский становится помощником уполномоченного, а позже уполномоченным Информационного отдела ГПУ УССР (1929–1930), старшим уполномоченным и оперуполномоченным 6-го и 3-го отделений Особого отдела ГПУ

УССР (1931–1933). С ноября 1933 г. по октябрь 1935 г. Широкий-Майский был начальником Особого отдела 30-й стрелковой дивизии, далее – начальником 5-го отделения Особого отдела Киевского военного округа и Особого отдела УГБ НКВД Украинской ССР (октябрь 1935 г. – январь 1937 г.). До прибытия в МАССР он занимал пост начальника 5-го отдела УГБ УНКВД Черниговской области, исполнял обязанности временного заместителя, а затем и заместителя начальника УНКВД Черниговской области (январь 1937 г. – май 1938 г.)[2]. Всего он отслужил в органах ГПУ–НКВД около 12 лет, и можно заметить при этом, что в отличие от других сотрудников НКВД МАССР, которые также будут арестованы и осуждены вместе с ним, он был «человеком из органов», чекистом со стажем. Согласно его официальной биографии, во время гражданской войны Широкий не участвовал в антисоветских организациях или вооруженных отрядах и не примыкал в 1920–1930-х годах к «антипартийным» оппозиционным группам. Судя по официальной версии, его биография была безупречной, и, казалось, ничего не предвещало его дальнейшей трагической судьбы.

До своего ареста он жил в Тирасполе, столице МАССР, в отеле Палас. Обыск его квартиры произвели 27 сентября 1938 г. Среди наименований изъятого и зарегистрированного протоколом обыска, выделяются две улики: первое – это «Печатное письмо председателю [комиссии] по чистке партии»; и второе – «Заключительное постановление Кировской окружной Контрольной Комиссии по делу Широкого»[3]. По всей видимости, арест Широкого произошел не без участия партийных органов. Можно предположить, что начало делу Широкого положил «сигнал», который был отправлен из Тирасполя в Киев по поводу того, что готовится очередная «чистка» высших партийных кадров МАССР. Последняя «чистка» среди местной партийной элиты пришлась на май–июнь 1937 г., когда были арестованы сотни коммунистов. Среди них – Григорий Иванович Борисов-Старый (расстрелян 11 октября 1937 г.), председатель Совнаркома МАССР (1932–1937), Владимир Захарович Тодрес-Селектор, первый секретарь Молдавского обкома КП(б) Украины в мае – августе 1937 г. (приговорен к 8 годам ИТЛ), Евстафий Павлович Воронович, председатель ЦИК МАССР (расстрелян 13 октября 1937 г.) и др.[4]

Будучи верным слугой партии и НКВД на протяжении всей своей зрелой жизни, Широкий впал в немилость вышестоящего начальства в начале сентября 1938 г. На следующий день после обыска, 28 сентября 1938 г., он был арестован по приказу, подписанному наркомом внутренних дел УССР Александром Ивановичем Успенским, то есть его непосредственным начальником и человеком, который назначил Широкого наркомом в Тирасполь за четыре месяца до ареста. Хотя точно неизвестно, кто инициировал арест, есть основания предполагать, что решение об аресте Широкого было принято совместно Киевом и Москвой. Во всяком случае, 29 сентября 1938 г. был подписан приказ НКВД СССР № 00638 об аресте наркома внутренних дел МАССР. Задержанный был доставлен в столицу Украины и помещен в спецкорпус киевской тюрьмы.

В соответствии со ст. 216-17 п. «а» и ст. 108 Уголовного Кодекса УССР Широкому-Майскому было предъявлено обвинение в том, что он «занимался вымогательством ложных показаний от задержанных»[5]. Однако история его попадания в немилость была сложнее. В ходе допросов различные недоброжелатели, свидетели и доносчики выявили другие детали его биографии. Например, Широкий был якобы осужден в 1925 г. на принудительные работы в течение 2–3 месяцев по неизвестным причинам. Мы же знаем только, что в этом году он был инструктором Верблюжского районо и, предположительно, его осуждение было связано именно с этой работой. Прежде чем Широкий стал сотрудником ГПУ УССР в 1927 г., судимость была с него снята[6].

Далее мы подробно проанализируем пять писем Широкого, которые он прислал наркому внутренних дел Украинской ССР Успенскому в течение сентября 1938 г. Эти письма представляют особый интерес, поскольку их автор выражает свою точку зрения на случившееся во время Большого террора. Следует отметить, что протоколы допросов Широкого были очень короткими, и они не дают возможности воссоздать картину того, что произошло с бывшим начальником НКВД МАССР, и какие механизмы сделали возможным события 1937–1938 гг. Примечательно, что версия одного из писем диаметрально отличается от версии, изложенной в других письмах. У этого есть объяснение. Предположительно, Широкий просто не знал, от кого ждать милости, от НКВД или от партийных органов.

«Я сделал грубую и непростительную политическую и оперативную ошибку»

Еще 5 сентября 1938 г., за три недели до обыска, Широкий, находясь на предварительном следствии в Киеве, написал письмо лично Успенскому. Это произошло сразу после проверки деятельности НКВД МАССР, произведенной Комиссией НКВД УССР в начале сентября 1938 г. Широкий начинает письмо с того, что во время своей короткой карьеры в МАССР он совершил «грубую и непростительную политическую и оперативную ошибку». Широкий сожалел, что с мая 1938 г., когда он был направлен в Молдавию на работу по «выкорчевыванию остатков право-троцкистского подполья», направил на «неправильный путь [...] свое и чекистское внимание» в деле «вскрытия руководящей верхушки». В результате того, что он был «ориентирован неверно», продолжает Широкий, имена честных коммунистов оказались оклеветанными. Речь шла о верхушке руководящего партийно-советского аппарата Молдавии, а именно о первом секретаре Молдавского обкома КП(б) Украины Владимире Николаевиче Борисове (р. 1901), о председателе Совета Народных Комиссаров МАССР Георгии Ермолаевиче Стрешном (р. 1900) и о председателе ЦИК (Верховного Совета) МАССР Тихоне Антоновиче Константинове. Широкий признался, что его ошибки были также производной его самоуверенности, зазнайства и того факта, что он не советовался с Успенским. При этом Широкий настаивал на том, что эти ошибки были следствием его желания преподнести своему киевскому начальству уже «готовое дело»[7].

Другим объяснением сложившейся ситуации, согласно Широкому, было то, что «враг попытался ввести следствие в заблуждение». Он обвинил в этом арестованных, т. е. жертв Большого террора. Речь идет об Абрамовиче, бывшем наркоме земледелия, Шендеровском, бывшим директоре Молдторга, и ряде других, таких как Богуш, Кошелев и Дербенцев. Они были ответственны, продолжал Широкий, за то, что в списки правотроцкистского подполья в МАССР были включены «ни в чем неповинные товарищи». Занимаясь поисками козлов отпущения, Широкий, тем не менее, не отвергал и свою личную ответственность. Он добавил по этому поводу, что в результате «недостаточно критического подхода» «эти показания были приняты на веру с большой легкостью». Широкий выразил уверенность в том, что эти ошибки могут быть устранены, и он, и весь чекистский аппарат МАССР извлекут «достаточный урок» на будущее[8].

В то же время Широкий сожалел, что после того, как его поставили в известность о выводах комиссии НКВД УССР, он «апеллировал в руководящие партийные органы»[9]. Это очень интересная деталь, которая наводит на мысль, что Широкий был уверен, что он действует строго в рамках партийных указаний. Более того, перемены в НКВД, о которых он узнал из выводов комиссии НКВД УССР, побывавшей в Тирасполе, застали его врасплох. Апеллируя к республиканским и союзным партийным органам[10], нарком внутренних дел МАССР, наверное, подумал также о том, что происходящее с ним было либо недоразумением, либо результатом каких-то интриг внутри НКВД или партийных органов, следствием доносов. В своих последующих письмах Успенскому Широкий высказывал уже другие соображения, которые существенно меняли его первоначальную версию случившегося.

«Свое заявление снимаю, как вынужденное угрозами побоя»

Свое второе письмо Успенскому Широкий послал в тот же день, 5 сентября 1938 г. По сравнению с первым он привел здесь больше имен сотрудников НКВД МАССР. Интригует предисловие к письму: «Наркому Внутренних Дел УССР, Комиссару Государственной Безопасности третьего ранга, тов[арищу] Успенскому. Рапорт: Вторично прошу повторной комиссии проверки работы НКВД МАССР, с моим участием. Свое заявление снимаю, как вынужденное угрозами побоя. [В] противном случае, дайте возможность снова обратиться к партийным инстанциям»[11].

Широкий прямо говорит, что он написал первое письмо под угрозами избиения. Кто были те, кто ему угрожал? Вероятно, это могли быть члены вышеупомянутой комиссии НКВД УССР или следователи из центрального аппарата НКВД УССР. Но, скорее всего, речь идет о высших партийных чинах из Киева, которые могли действовать через следователей НКВД УССР. На эту последнюю версию наводит главный аргумент первого письма, который сводится к тому, что НКВД совершил непростительную ошибку по отношению к высшим партийным органам и к ни в чем неповинным и честным членам партии.

Что касается содержания письма, то можно заметить, что Широкий избрал новую, на этот раз оборонительную тактику. Главные аргументы первоначальной версии теперь были перевернуты на 180 градусов. На этот раз Широкий не писал, что Борисов, Стрешный и Константинов невиновны; напротив, он настаивал на том, что существовали несомненные доказательства их причастности к правотроцкистской организации. Доказательствами, на которые он ссылался, служили признания разных лиц, которые были опрошены при непосредственном участии Широкого. Последний также настаивал на том, что он дал приказ своим подчиненным строго соблюдать конспирацию: НКВД МАССР получало «сигналы» о причастности Борисова, Стрешного и Константинова к руководству правотроцкистского подполья в МАССР, но Широкий якобы запретил доводить эти данные до следователей, которые занимались непосредственно этими делами. Таким образом, последние должны были выяснить у арестованных имена членов антисоветской организации, а не спрашивать их о принадлежности к этой организации того или иного конкретного человека. То есть Широкий настаивал на том, что допросы велись его подчиненными непредвзято, и следователи не навязывали арестованным конкретные имена и не давили на них до тех пор, пока те не согласились дать показания по спискам, заранее составленным НКВД [12].

Для того, чтобы эта версия выглядела более правдоподобной и в то же время в целях минимизации своей ответственности в деле «правотроцкистского подполья», Широкий привел ряд имен сотрудников НКВД, в том числе своих непосредственных подчиненных, некоторые из которых хорошо знали местную ситуацию. В этой связи он прежде всего назвал Лазаря Исааковича Ривлина, который был заместителем наркома или исполняющим обязанности наркома внутренних дел МАССР в период с января 1937 г. по май 1938 г. и являлся непосредственным предшественником Широкого. Именно Ривлин сообщил Широкому, что Борисов и Стрешный (Константинов был добавлен в список позже) не заслуживают политического доверия. Хотя разговор был сравнительно «общим», Широкий понял намек и добавил, что у него не было оснований не доверять Ривлину. «Ориентацию» в этом же духе Широкий получил и от бывшего наркома внутренних дел МАССР Николая Васильевича Лютого-Шестаковского (29.12. 1937 г. – 22.03.1938 г.), который посетил Тирасполь, вероятнее всего, в конце июня 1938 г., когда исполнял обязанности заместителя начальника Особого отдела Киевского Военного Округа. Лютый якобы дословно сказал следующее: «Зачем допустили в партийные органы Борисова, ведь он же враг»[13]. Но если Борисов был «врагом народа» и Лютый знал об этом с самого начала, возникает вопрос: почему он допустил, чтобы тот стал в январе 1938 г. первым секретарем Молдавского обкома, когда он сам, Лютый, был начальником НКВД МАССР? Это наводит на мысль, что у Лютого теперь были определенные установки сверху, иначе трудно поверить, что инициатива включить Борисова в список «врагов» исходила от него лично. Это предположение подтверждается визитом Шейнина, другого высокопоставленного чиновника, на этот раз из Москвы.

После разговора с Лютым Широкий ознакомился с материалами, непосредственно связанными с Борисовым, а также со следственными делами «по националистическому и частично по право-троцкистскому подполью». Среди прочего, Широкий отметил сводную справку на имя наркома внутренних вел УССР Леплевского под подписью Лютого, датированную январем 1938 г. Согласно этой справке, Котовская районная партийная организация МАССР выразила политическое недоверие Борисову за «связь с разоблаченными участниками контрреволюционной организации». В это время Борисов уже был секретарем Молдавского обкома. Такая же информация в отношении Борисова была передана (хотя и в устной форме) Широкому Кирюшиным, заместителем начальника 3-го отдела, а также Григорием Юфой, бывшим начальником 4-го отдела НКВД МАССР. Широкий считал, что и первый и второй направили его «на неправильный путь в оперативной оценке положения в Молдавии в этом вопросе». В этой «неправильной ориентировке» был замешан также Лев Романович Шейнин, следователь по особо важным делам при Прокуроре СССР, который посетил Тирасполь вскоре после Лютого. Шейнин отметил, что Борисов был вовлечен в защиту директора Тираспольского элеватора Потреба, когда того обвиняли во «вредительстве». Кроме того, «Шейнин это дело взял с собой с намерением снова возбудить его»[14].

В результате этих ориентировок, полученных от Лютого и Шейнина, Широкий начал присматриваться к связям Борисова по его работе. Среди них были Николай Харитонович Смориго[15], начальник отдела руководящих партийных органов Молдавского обкома КП(б) Украины; Кисель, секретарь молдавского ЛКСМ; Козуб, нарком земледелия МАССР, и другие, в основном чиновники районного уровня. На некоторых из них, по утверждению Широкого, к его приезду в МАССР уже имелись компрометирующие материалы об их принадлежности к антисоветской организации. Кроме того, Широкий отметил, что он лично убедился, что Борисову был присущ «стиль показа».

Показания против Борисова, а также Стрешного были предоставлены и Эрастом Илларионовичем Дербенцевым, до 1935 г. занимавшим пост начальника Управления рабоче-крестьянской милиции НКВД МАССР[16]. Широкий поверил этим показаниям, несмотря на то, что Дербенцев дал их в качестве задержанного, уже сознавшись «в участии в антисоветской организации на Молдавии». Кроме того, заместителем начальника 3-го отдела, Василием Ивановичем Кирюшиным, с помощью начальника того же отдела, Александра Сократовича Томина, были получены признания от Кошелева, бывшего директора Котовской МТС, где Борисов работал раньше. Показания против Борисова и Константинова дал еще один арестованный – врач Котовской районной больницы Сорочан, который был допрошен Кирюшиным и Томиным[17].

В середине июля 1938 г. новым заместителем Широкого стал Николай Павлович Малышев, а в начале августа пост начальника 4-го отдела занял Иван Федорович Мягков, переведенный из Одессы. Оба эти чекиста приняли участие в следствии по «правотроцкистскому делу». Мягков преимущественно допрашивал арестованных, принадлежавших к среднему звену номенклатуры, таких как Боржаковский, Верин, Богуш, Царанов[18], Абрамович, Александров, Стелин и Шендеровский. Широкий признавал, что он также лично допрашивал арестованных, особенно Абрамовича.

Широкий утверждал, что он не давал приказа своим подчиненным собирать компрометирующие показания на Борисова и его «соратников». Наоборот, он якобы очень четко распорядился на этот счет, «предупредив о конспирации и категорически запретив использовать эти материалы в следствии»[19]. Он признал, что только в протокол допроса Шендеровского были включены неточные данные. Первая «неточность» состояла в том, что в список участников националистического и правотроцкистского подполья был добавлен Константинов, председатель Верховного Совета МАССР. О второй «неточности» в показаниях Шендеровского Широкий умалчивает[20]. Однако утверждение Широкого, что он не давал указаний подчиненным собирать показания на Борисова и его соратников, выглядит неубедительно. Представляется немыслимым в атмосфере того времени, чтобы после того, как Широкий получил четкие приказы от Лютого и Шейнина открыть дело на первого секретаря Молдавского обкома КП(б) Украины, он бы оставил эти приказы без внимания. Слишком велик был риск для Широкого самому оказаться в числе «врагов».

Широкий писал, что «в конечном итоге получилось, в силу изложенных причин, что я неправильно сориентировал следствие на вскрытие верхушки право-троцкисткой организации из-за неверной оперативной оценки мной материалов и всех обстоятельств», связанных с этим делом. Он жаловался на «отсутствие достаточного опыта руководящей работы» и на существование «ненормальной деловой обстановки», которая сводилось к тому, что к его приезду в МАССР имелось свыше 1000 просроченных дел арестованных, из которых 700 человек еще не были допрошены. Еще одна проблема, на которую ссылается Широкий, состояла в том, что из 411 справок по приказу № 00486 ни одна не была оформлена, а НКВД МАССР испытывал недостаток кадров. Поэтому у него не было времени вникать лично во все дела арестованных. Из этого и последовала его «грубая ошибка» и оценка «с неверных позиций» работы комиссии НКВД УССР по проверке НКВД МАССР, а также апелляция ее выводов в ЦК ВКП(б) и ЦК КП(б) Украины[21].

«Прошу считать меня единственным виновником в допущенных ошибках»

6 сентября 1938 г. Широкий написал третье письмо Успенскому. Более половины текста здесь составляют данные, уже приведенные во втором письме. Однако Широкий упоминает и новые детали, связанные с делом Борисова, Стрешного и Константинова. Речь идет в основном о характере личных отношений между ним, Широким, с одной стороны, и вышеназванными руководителями МАССР, с другой. Кроме того, он пишет о времени, когда он начал сомневаться по поводу правдоподобности обвинений против руководства МАССР, и мотивах этих сомнений. Так, Широкий встретился с Борисовым и Стрешным сразу после своего первого приезда в Тирасполь в мае 1938 г., прежде чем он был официально назначен наркомом внутренних дел (то есть до 20 мая 1938 г). Константинова он встретил позже. Все трое его «встретили тепло и отзывчиво», Широкий «платил взаимностью», и в дальнейшем

эти отношения были хорошими. За несколько дней до своего официального назначения Широкий встретился с Борисовым, который предложил ему стать кандидатом в члены Молдавского обкома КП(б) Украины и кандидатом на предстоящих выборах в Верховный Совет Украинской ССР. Однако Широкий якобы отверг категорически эти предложения, считая «неверным и нескромным» пойти на такое. Позже Борисов предложил Широкому стать хотя бы кандидатом на выборах в Верховный Совет МАССР. Так как это было сделано «почти в обязательной форме», Широкий на этот раз согласился. По словам Широкого, Борисов внес большой вклад в дело укрепления кадров НКВД, обязав первых секретарей райкомов КП(б) Украины оказать помощь НКВД в пополнении аппарата, особенно отделов милиции. В результате милиция получила 25–30 партийных, советских и комсомольских работников, что было оценено Широким как «оздоровление» милицейского аппарата и положительно сказалось на работе, направленной на выявление «антисоветских элементов».

В свою очередь Председатель СНК МАССР Стрешный предложил Широкому материальную помощь в виде ежемесячной дотации 400–500 рублей из специального фонда, от которой глава НКВД категорически отказался. Это никак не повлияло на их взаимоотношения – напротив, они стали, по крайней мере со Стрешным, «близки к приятельским»[22]. Из этого следует, что оба высокопоставленных чиновника МАССР, Борисов и Стрешный, постарались наладить хорошие отношения с новым комиссаром внутренних дел МАССР, предложив ему конкретные поблажки, зная, какой властью он обладает.

Кроме этих двух важнейших аспектов письма существует еще один, который заслуживает внимания для понимания механизмов Большого террора. Дословно Широкий писал следующее: «Я здесь не говорю о допущенной мною ошибке в связи с выводами Комиссии [НКВД УССР], так как об этом писал в предыдущем рапорте. Это ошибка явилась следствием с одной стороны нажима на меня руководящих работников, которые верили в показания о Борисове, и с другой, – в результате моей непартийной позиции, желания сохранить "честь мундира". Это так, и я говорю об этом прямо»[23].

Снова возникает все тот же вопрос: кто нажимал на Широкого, чтобы он написал первое письмо, в котором взял на себя полную ответственность за фабрикацию дел против высших руководителей МАССР? По всей видимости, нажим на Широкого – с целью вынудить его признать невиновность Борисова, Стрешного и Константинова – был осуществлен партийным руководством из Киева, которое в это время стало защищать свои региональные кадры. На этот вывод наводит тот факт, что в последние месяцы Большого террора (сентябрь – ноябрь 1938 г.) наблюдалась общая тенденция восстановления авторитета партийных органов по отношению к органам НКВД[24]. Последние, как известно, с согласия Сталина и Политбюро доминировали во всех органах власти, в том числе и в партийных, по крайней мере с лета 1937 года[25]. Кроме того, выражение Широкого о «желании сохранить "честь мундира"» предполагает, по всей вероятности, стремление сохранить престиж органов госбезопасности перед лицом партийных органов, так как они нередко конкурировали и конфликтовали между собой. Позже, в последнем письме, написанном 16 декабря 1938 г., за два дня до смерти, Широкий скажет об этом прямо, указав на Хрущева[26].

В этом письме есть еще и другие интересные моменты, которые связаны с первым и вторым письмом. Несмотря на то, что, по словам Широкого, первое письмо было написано под нажимом, а главный тезис этого письма сводился к невиновности руководства МАССР и полной ответственности наркома за фабрикацию дела правотроцкистской организации, в третьем письме он снова подтвердил этот главный тезис первого письма. Трудно сказать, было ли это написано добровольно, или вновь под нажимом. В добавление Широкий писал о том, что он не испытывал личной вражды или обиды на высшее руководство МАССР. То есть он снова взял на себя полную ответственность за случившееся, в открытии дела на Борисова и других не было ничего личного, наоборот, он только исполнял свой долг. Однако на этот раз, по сравнению со вторым письмом, Широкий не перекладывал частично вину на Ривлина, Лютого и Шейнина за их роль в его «ошибочной ориентации» по делу о правотроцкистской организации. То же самое происходит и по отношению к другим сотрудникам, таким как Кирюшин, Малышев и Мягков, даже если они непосредственно вели это дело[27].

«Обращаюсь к Вам с единственной просьбой – дать мне возможность исправить допущенную ошибку на Украине перед переездом в любое место СССР»

24 сентября 1938 г. Широкий написал четвертое письмо Успенскому. Это письмо имеет одну главную тему. Широкий признавал себя виновным, но просил, чтобы ему позволили исправить ошибки. При этом он просил, чтобы для этого его оставили на время работать в НКВД Украины, поскольку он родился на Украине, вырос и работал здесь «безвыездно». После этого он был готов пойти «с чистой партийной совестью» работать в других частях Советского Союза. Широкий напоминал, что за все время его службы в органах он всегда был примерным работником, участвовал во всех «хозяйственно-политических кампаниях», до конца выполняя даваемые ему поручения. Широкий писал также о том, что он один из первых, будучи начальником 5-го (Особого) отдела Черниговского УНКВД, еще в апреле 1937 г. «начал вскрывать существование военно-фашистского заговора в РККА». Кроме своей привязанности к Украине, он подчеркивал тот факт, что «в нынешней международной обстановке» Украина является одним из «важнейших форпостов Советского Союза». В этой ситуации он чувствовал, что его «долг чести работать сейчас на Украине».

В этом письме Широкий впервые дважды упоминает имя Хрущева в контексте того, что он чувствует себя обязанным не только Успенскому в том, что тот назначил его на руководящую должность, но и первому секретарю ЦК КП(б) Украины. Вероятно, он понял, что его судьба находилась не только в руках Успенского, но и Хрущева, т. е. руководителя Украины по партийной линии[28].

Донос и компромат на Широкого

Доносительство было обычным явлением во время Большого террора В следственном деле Широкого фигурирует один донос. Он принадлежит младшему лейтенанту госбезопасности Александру Юрьевичу Розумянскому, бывшему начальнику Нежинского районного отдела УНКВД Черниговской области, т.е. бывшему подчиненному Широкого. Письмо было адресовано Ежову и написано, по всей вероятности, в конце 1937 г. или в начале 1938 г. Бывший подчиненный Широкого обвинял своего начальника в том, что тот во время гражданской войны был «активным участником антисоветской банды Григорьева». Розумянский также сообщал, что Широкий происходил из семьи крупного кулака[29]. Другая компрометирующая информация на Широкого сводилась к тому, что последний был знаком с некоторыми «врагами народа», осужденными в 1937 г.

Конкретно речь шла о М.К. Александровском, бывшем сотруднике ЧК–ОГПУ с 1921 г., начальнике Особого отдела Киевского военного округа (1933–1936) и начальнике 3-го отдела УГБ НКВД УССР. Непосредственно перед своим арестом в июле 1937 г. он исполнял обязанности заместителя начальника 4-го (разведывательного) управления генерального штаба РККА (расстрелян 15 ноября 1937 г.)[30]. Упоминались также Юлиан Игнатьевич Бржезовский[31], поляк по национальности (в личном деле в графе «национальность» указано – белорус), зам. начальника 5-го отдела УГБ НКВД УССР, арестованный 5 мая 1937 г. и расстрелянный 21 августа 1937 г., а также Петр Григорьевич Соколов (Шостак), еврей, сотрудник ЧК с 1919 г., начальник Черниговского УНКВД с января 1937 г. по день своего ареста, 24 июня 1937 г. (расстрелян 7 сентября 1937 г.)[32].

Обвинение в том, что Широкий участвовал в отряде Григорьева, не было новостью для НКВД. В 1929 г. была написана анонимка, в которой говорилось, что Широкий служил в командной должности в Григорьевском полку и в этом качестве поднимал восстание против Советской власти и расстреливал коммунистов. Постановлением Кировской окружной Контрольной Комиссии от 19 августа 1929 г. было установлено, что эти данные не подтвердились[33].

Широкий и допрос его подчиненных

Донос Розумянского против Широкого (датируется, по всей вероятности, концом 1937 г. или весной 1938 г.) не повлиял на его карьеру в НКВД. По крайне мере так было до поры до времени. Однако именно этот донос послужил поводом открытия дела на Широкого. Начало следствия в отношении Широкого может быть разделено на две стадии. Первая – начало сентября 1938 г. – ознаменовалась проверкой деятельности НКВД МАССР, произведенной специальной комиссии НКВД УССР. Вторая, решающая, продолжалась в Киеве в период с 4 сентября по 28 сентября 1938 г. В Киев были вызваны для повторного допроса не только подчиненные Широкого и сам нарком, но и основные арестованные по делу «правотроцкистской организации». Нам не известны детали проверки спецкомиссии НКВД УССР в Тирасполе, но зато имеется достаточно интересных сведений о допросах в Киеве как жертв, так и сотрудников НКВД МАССР.

Среди лиц, арестованных органами НКВД МАССР и допрошенных повторно в Киеве, были Занзел Зунделеевич Абрамович, бывший нарком коммунального хозяйства МАССР, а также, Макар Тимофеевич Шендеровский, бывший директор Молдторга, Андрей Степанович Богуш, бывший директор Книгокульторга; Степан Андреевич Кошелев, бывший служащий; Николай Лаврентьевич Демус, председатель правления Молдавского союза кооперации инвалидов, и другие. Демус, например, жаловался, что Мягков заставил его дать показания на отдельных лиц[34]: «Мягков настаивал и мне пришлось наугад называть фамилии партийных работников [...] [Мягков:] Да нет, это мелкие люди [...] ты называй повыше [...] ну самую верхушку знаешь в Тирасполе, называй самую головку, что выше уже нет [...] [Демус:] Я стал вслух перебирать фамилии Борисова, Стрешного, Константинова. Здесь Мягков меня оборвал, заявив, что с этих бы и начинал».

14 сентября 1938 г. в Киеве передопрашивали Абрамовича, Богуша, Кошелева и Шендеровского. Абрамович показал, что его допрашивали Мягков, Малышев и Широкий. Однажды Мягков попросил Абрамовича охарактеризовать Борисова, Стрешного и Константинова, но был разочарован и настаивал на версии, что они являлись лидерами правотроцкистской организации, и требовал признания против них. Абрамович отказался дать показания против трех руководителей МАССР, но следователи настаивали на том, чтобы он подписал протоколы допросов, в которые против его воли были включены такие обвинения[35]. Шендеровским также были даны показания о фальсификации протоколов допросов, в том числе в том, что касалось компрометирующих сведений о Борисове, Стрешном и Константинове. В этом случае, показал Шендеровский, Мягков действовал в соответствии с инструкциями, полученными от Широкого. Кроме того, нарком лично заставил арестованного Абрамовича дать аналогичные показания. В принуждении Шендеровского к даче показаний был также замешан Иван Александрович Лощилов, заместитель начальника 4-го (секретно-политического) отдела НКВД МАССР[36].

Другие задержанные признались в Киеве, что они согласились дать показания против руководителей МАССР, с которыми они встречались хотя бы один раз, но отказались – против тех, которых никогда в жизни не видели. Например, Кошелев под давлением следователей Кирюшина и Александра Сократовича Томина, замнаркома внутренних дел МАССР в 1938–1939 гг., согласился подписать признание о Борисове по той причине, что по крайней мере он его знал лично, но не стал делать то же самое в отношении Константинова, ссылаясь на то, что он вообще его не знает. Томин, со своей стороны, прямо сказал, что «надо помочь нам, следствию, в этом деле». По сути то же самое повторил Александр Иванович Маглеванный, заместитель секретаря партийной организации НКВД МАССР, но Кошелев не согласился и отстаивал свою позицию до конца[37]. Другой арестованный, Богуш, тоже подтвердил использование давления в ходе допросов. На этот раз теми следователями, которые его допрашивали, были Мягков и Лощилов. В какой-то момент Мягков сказал: «В интересах дела, мы должны это записать»[38].

Одним из подчиненных Широкого, которого вызвали на допрос в Киев, был Мягков, начальник 4-го отдела НКВД МАССР. 19 сентября 1938 г. он признал, что протоколы допросов, касающиеся так называемой правотроцкистской организации, были сфабрикованы, а в ходе следствия были использованы недопустимые методы. Мягков обвинил Широкого в том, что тот его «провоцировал», в то же время Мягков признавал и свою долю вины, так как «позволил ему [Широкому] сделать себя послушным орудием в его руках в деле создания этих провокационных показаний по право-троцкистскому центру в Молдавии»[39].

Смягчающим обстоятельством в свою пользу Мягков назвал то, что он был лишь недавно прислан на работу в НКВД МАССР. Точнее, это произошло 7 августа 1938 г., и он еще не успел вникнуть в ситуацию на месте. Он также показал, что сразу же по прибытии в Тирасполь Широкий сказал ему, что Борисов, Стрешный и Константинов являются «врагами» (то же самое Ривлин сказал Широкому, когда последний приехал на работу в МАССР в мае 1938 г.), и недвусмысленно намекнул на необходимость получения признаний по этому поводу. Мягков утверждал, что у него не было причин не верить Широкому, так как сказанное им было подтверждено признаниями двух человек, допрошенных ранее (Сорочана и Кошелева). Важно отметить, что, согласно Мягкову, Широкий в категорической форме приказал делать следующее: «Широкий передо мной поставил задачу так – бросить все дела и целиком заняться этим право-троцкистским центром и во что бы то ни стало вскрыть его в том составе, в котором он его составил»[40].

Кроме того, Широкий якобы заставлял подписывать протоколы допросов после того, как он изменял показания. Например, однажды он добавил, что обвиняемый был бывшим петлюровцем, и дал ему подписать протокол (так произошло с Шендеровским). Был также случай, когда один из обвиняемых (Кошелев) не хотел признаваться, но после того, как с ним провел разговор Широкий, он решил «сознаться»[41].

Не только у Мягкова можно отметить стремление возложить основную ответственность за фальсификацию протоколов допросов на одного Широкого. Заместитель Широкого Малышев сделал то же самое. В своем письме на имя Успенского, написанном в середине сентября 1938 г., Малышев отметил, что сразу же после его прибытия в Тирасполь 13 июля 1938 г. Широкий поручил ему работать по делу правотроцкистской организации, назвав Борисова, Стрешного и Константинова в качестве ее руководителей. Широкий ссылался на тот факт, что все они были связаны с Григорием Старым, бывшим председателем СНК МАССР, а также с Евстафием Вороновичем, председателем ЦИК МАССР, Николаем Голубем, бывшим вторым секретарем Молдавского обкома КП(б)У, и другими. Последние пали жертвами репрессий осенью 1937 г., во время первого этапа «чистки» среди местных элит. Малышев признался в письме Успенскому, что только в конце августа 1938 г., когда Комиссия НКВД УССР прибыла в Тирасполь, он понял, что дело на руководителей МАССР было сфабриковано. Малышев обвинял в этом Широкого, а также Мягкова и Лощилова за то, что они «слепо поверили ориентировке Широкого». В то же время Малышев стремился свести ответственность как Мягкова, так и Лощилова к минимуму на том основании, что первый работал в НКВД МАССР с начала августа 1938 г., а последний работал в НКВД всего четыре года (sic!). Из этого очевидно, что Малышев попытался защитить своих подчиненных, поскольку аргументы, высказанные им, трудно считать убедительными в обоих случаях, но особенно в случае Лощилова. Причиной может быть и то, что все они – Мягков, Лощилов и сам Малышев – являлись верными исполнителями приказов Широкого и стремились минимизировать собственную ответственность за фабрикацию следственных дел[42].

На следующий день свою версию события представил Лощилов. Он признался 20 сентября 1938 г. в том, что дело так называемой правотроцкистской организации было сфабриковано. Лощилов показал, что он изначально участвовал в допросах по этому делу, но уже на тот момент сомневался в причастности Борисова, Стрешного и Константинова, поскольку никто из допрашиваемых не упоминал эти имена. Ситуация изменилась в начале августа, когда Мягков занял пост начальника 4-го отдела. Последний, совместно с Широким, нажимал на арестованных, чтобы те дали показания против руководства МАССР. Следует заметить, что Лощилов не уточнял, о каких конкретных методах нажима шла речь[43].

Другой подчиненный Широкого, Александр Сократович Томин, будущий заместитель наркома НКВД МАССР с октября 1938 г. по ноябрь 1939 г., будучи начальником 3-го отдела НКВД МАССР летом 1938 г., сообщил на допросе интересные подробности, заявив, что Широкий использовал практику передачи арестованных из одного отдела в другой в том случае, если они не давали нужные показания. Например, арестованных, находившихся в распоряжении 3-го (контрразведывательного) отдела, передавали в 4-й (секретно-политический) отдел, как это было в случае с Демусом и Кошелевым. Как следствие, изменялись обвинения против этих лиц. Например, если первоначально Демуса обвиняли в том, что он был членом повстанческой организации из бывших партизан, то после его передачи 3-му отделу он был обвинен в том, что он якобы числился членом правотроцкистской организации. Кошелев, в свою очередь, обвинялся первоначально в том, что был членом правотроцкистской организации (4-й отдел), а затем в том, что якобы состоял в националистической подпольной организации (3-й отдел)[44].

Одно из самых ярких свидетельств того, что происходило в Тираспольской тюрьме в бытность наркомом Широкого, принадлежит арестованному Величко: «Дело в том, что сразу после ареста, сидя в тюрьме[,] я был свидетелем самых зверских избиений и пыток, применявшихся сотрудниками НКВД МАССР в отношении арестованных, не признававших себя виновными в предъявленных им обвинениях. Я видел, что рано или поздно, но арестованных заставляют признаваться и дать нужные показания. Вот почему, будучи в первый раз вызван на допрос к следователю Шпицу, я, после того, как он заявил мне, что либо я признаю себя виновным, либо меня будут избивать, – решил, что лучше

Kишинев

дать показания, но не мучиться. Я написал все, что подсказал Шпиц, и признал свое участие в несуществующей контрреволюционной фашисткой молодежной организации, а также назвал в качестве участников организации группу своих товарищей, молодых учителей, названных мне Шпицем. Так я оговорил себя и других [...]. Потом следствие перешло к следователю Волкову, который оказался еще хуже, чем Шпиц. Действуя теми же методами криков, брани и угроз, Волков заставлял меня писать все новые и новые показания, втягивая и оговаривая все новых и новых людей и выдумывая новые преступления – террор, шпионаж в пользу румынской разведки, "местный террор", потом "центральный" террор, повстанческая деятельность, склады оружия, вредительство т. п. Вся эта чушь, весь этот фантастический вымысел диктовались следователем Волковым»[45].

Это свидетельство со стороны арестованного подтверждает то, что говорил на своем допросе бывший следователь Павел Григорьевич Чичкало. Волков, со своей стороны, на своем допросе все свалил на Широкого. Он заявил, что последний кричал на него, когда у него появились сомнения в достоверности агентурных данных о численности фашистской молодежной организации. По этому поводу Широкий сказал Волкову, что не надо «разводить философию», и приказал ему «садиться на следствие и нажать дальше»[46]. Однако Широкий на допросе 15 декабря 1938 г. отрицал эту версию[47]. Как нарком, так и его подчиненные старались свалить вину друг на друга и избежать личной ответственности за случившееся.

Дело Широкого

Несмотря на наличие достаточных обличительных показаний против Широкого, полученных уже к концу сентября 1938 г., казалось, что его судьба все еще не была предрешена. В конце 1938 – начале 1939 г. в СССР из органов НКВД были изгнаны около 7 тыс. сотрудников. Из них были осуждены только около 1000 человек[48]. Теоретически, Широкий мог бы быть приговорен к 5–10 годам лишения свободы или к ВМН. До начала декабря 1938 г. не было ясно, какие к нему будут применены санкции. Но вскоре ситуация изменилась, так как дело одной из жертв НКВД МАССР оказалось в поле зрения высшего руководства СССР. На заседании Политбюро ЦК ВКП(б) от 1 декабря 1938 г. предметом обсуждения стало письмо Тимофея Садалюка – директора школы в с. Ближний Хутор Тираспольского района. Это письмо было направленно в конце ноября 1938 г. Сталину, Молотову, Ежову, Хрущеву, Коротченко и Успенскому[49]. Садалюк жаловался, что он был арестован НКВД МАССР 10 июля 1938 г., спустя два месяца после того, как получил легковой автомобиль ГАЗ-А, который ему выделило украинское руководство на основании специального решения первого секретаря КП(б) Украины Хрущева и председателя Совнаркома Украины Коротченко. Садалюк был арестован и обвинен в том, что состоял членом «молодежной фашистской организации». На самом деле, как стало известно позже, причиной ареста стало желание руководства местного НКВД заполучить его автомобиль. Садалюк, кстати, оплатил стоимость машины из собственного кармана. Больше трех месяцев его совсем не допрашивали, и только 22–23 сентября 1938 г. его вызвал на допрос следователь Чичкало. Примерно через три недели, в середине октября, его снова вызывали на допрос несколько раз, но следователем был уже Розенфельд. Тот принял решение о немедленном освобождении Садалюка. После освобождения Садалюк, наверное, не планировал жаловаться в Киев и в Москву, если бы не его автомобиль, который за три месяца наездил 17 000 км, в результате чего «мотор, кузов и резина [стали] совершенно непригодны». Садалюк попросил НКВД МАССР отремонтировать автомобиль, но напрасно. В результате Садалюк решил пожаловаться непосредственно Сталину и другим членам Политбюро, в том числе Хрущеву и Ежову[50].

Почему Политбюро рассмотрело именно его письмо? Возможно, потому, что это дело было связано с именем Хрущева[51] (и Коротченко). Согласно письму Садалюка, во время допросов следователь Чичкало намекнул ему на то, что Хрущев и Коротченко также были замешаны в молодежной фашистской организации – по той простой причине, что они распорядились выдать Садалюку автомобиль: «[…] Это не все. Садись, фашистская морда, и пиши, что Коротченко и Хрущев дали тебе машину с целью ездить по Молдавии и производить вербовку в организацию»[52].

Возможно, свою роль также сыграло социальное происхождение самого Садалюка – выходца из рабочей семьи, а также партийность его отца[53]. Садалюк писал: «Отец рабочий, старый коммунист. Работает по сей час заведующим Немировским райфо. Мне 25 лет. В комсомол вступил с пионерской организации в 1928 г. [...] Благодаря советской власти и товарищу Сталину я имею высшее образование и работаю директором школы. Партийные и советские организации г. Тирасполя считают меня одним из лучших организаторов и воспитателей школы. Об этом я написал в Киев тт. Коротченко и Хрущеву, и, что по вызову героя Советского Союза т. Водопьянова изучил автомотор, культурно и экономически вырос и желаю иметь автомашину в личном пользовании. Мою просьбу Совет Народных Комиссаров УССР удовлетворил от 7.V.1938 года»[54].

Расследование дела Садалюка началось с допросов 5 декабря 1938 г. в Киеве самого Садалюка и его следователя Чичкало Павла Григорьевича. Дело вели лично Лев Романович Шейнин, следователь по особо важным делам и начальник следственного отдела при Прокуроре СССР, а также Амаяк Захарович Кобулов, заместитель наркома внутренних дел УССР (фактически возглавлявший наркомат), а также лейтенант государственной безопасности Николай Владимирович Ломов, оперуполномоченный 2-го отдела ГУГБ НКВД СССР.

Чичкало было только 20 лет, когда он был направлен на работу в НКВД МАССР в начале марта 1938 г. До этого он был студентом 2-го курса Черниговского педагогического института, и, как следствие, у него не было соответствующего образования или опыта работы в НКВД. Однако, несмотря на это, Чичкало за короткое время стал одним из самых жестоких следователей в Тирасполе. На следствии он обвинил своих непосредственных начальников, а также Широкого, надеясь, вероятно, что эта стратегия позволит увеличить его шансы на выживание. Кроме того, Чичкало дал, пожалуй, наиболее искренние и ценные показания о том, как происходила выучка молодых следователей, а также о механизмах Большого террора в МАССР весной и летом 1938 г.: «По прибытии в Тирасполь, Павликов [начальник опергруппы] начал меня учить ставить арестованных на "стойку", избивать подследственных и таким образом, как он выражался, "раскалывать" их, т.е. получать у них нужные показания [...] В дальнейшем Павликов, как мне известно, сам оказался врагом и был репрессирован. В процессе моей последующей работы в НКВД я от руководства в лице Юфа и Мягкова получал аналогичные установки следствия, так еще мне говорили, что от арестованных надо добиваться криком, "стойками" и т. п. Вместе с тем, меня не учили как нормально вести следствие, как собирать улики, анализировать их и сопоставлять и т. п. Вообще, обстановка при Наркоме Широком была нездоровая. Массовые аресты, арестованные часто подолгу сидели без допроса, неизвестно за какими следователями числились, применялись незаконные методы следствия и т. д. Широкий, Юфа и др. работники меня учили, что раз человек попал в НКВД, то он должен дать признание, он враг, и должен дать показание. При мне тогда ни одного человека не освободили. Вторая установка: побольше брать людей, а кончать дела не так важно. И главное, если люди взяты из одного места, то обязательно всех пропускать через протоколы опроса каждого. И, наконец, главное, чтобы в протоколах назывались не 5–6 человек, как участники организации, а 30–50 человек. Эту установку давал Юфа и Широкий»[55].

Чичкало описывает также атмосферу, царившую в НКВД, а именно атмосферу всеобщей паранойи и недоверия по отношению ко всем, кто не работал в НКВД. Соответственно, все были под подозрением, что являются врагами. Сотрудникам НКВД была внушена идея, что если они не будут действовать должным образом, они сами рискуют стать жертвами организованных антисоветских элементов. Чичкало так описывал решающую роль Широкого и его непосредственных подчиненных в создании атмосферы всеобщей подозрительности: «Широкий, Юфа приучали и прививали сотрудникам, в частности мне, то, что на Молдавии сама[я] контрреволюция. Работал все время в Наркомате, в массы почти никогда не шел, отстал от всей общественной политической жизни, занятий никаких не было, собраний тоже, и я жил исключительно показаниями […] Не верить в то, что перед тобой не враг, нельзя было потому, что таких сотрудников считали как симпатизирующими врагам. Поэтому я так внушил себе, что все враги, что ночью сонный схватывался и начинал допрашивать спящих возле меня товарищей. Больше того, когда приходилось со своими товарищами сталкиваться с людьми, то не только я, но и другие молодые работники, [в адрес] попадающихся навстречу людей говорили, что и этот должен быть враг и завтра будем [его] допрашивать. Дальше на оперативных совещаниях Широкий наводил панику, тогда я и другие воспринимали как действительность, что вокруг нас множество врагов, что существуют всякие параллельные центры, что нас могут всякую минуту забросать бомбами, что нужно нажимать на арестованных и требовать от них оружия, центры и проч. […] Еще практика Широкого была такова. Когда требовалось санкция на арест из Киева, то Широкий так делал – арестует, добьется сознания, а потом уже берут санкцию, такой-то сознался в своих преступлениях, и Киев не мог не дать санкции»[56].

Чичкало, как и ранее Малышев[57], также опроверг показания Широкого о том, что тот не давал подчиненным никаких указаний по поводу получения показаний против конкретных лиц, т. е. компрометирующих показаний на Борисова, Стрешного и Константинова: «Через начальника 4 отделения Мягкова от б[ывшего] Наркома Внудел МАССР Широкого мне давалась категорическая установка получить от арестованного Борзаковского показания о наличии в МАССР областного право-троцкистского центра, в который должны были входить Борисов, секретарь обкома ВКП(б), Стрешный, Пред[седатель] СНК АМССР и др. При этом мне было известно, что на указанных мною лиц бывшим Наркомом Широким, Зам. Наркома Малышевым и нач. 4 отделения УГБ НКВД – Мягковым от арестованных Абрамовича, Верина, Кошелева и др. были получены клеветнические показания об якобы к[онтр]-р[еволюционной] право-троцкисткой деятельности»[58].

В свою очередь Семен Кальманович Розенфельд (следователь, освободивший Садалюка), помощник оперуполномоченного и секретарь 4-го отдела УГБ НКВД МАССР, будучи допрошен 6 декабря 1938 г., показал: «Чичкало молодой работник, но был у Юфы на хорошем счету, так как умел быстро получать от арестованных признание. Я слышал, что он больше брал криком и побоями. Юфа таких следователей поощрял»[59].

Среди методов, которые применялись к арестованным, не всегда значилось прямое и грубое физическое насилие. Вместо этого использовались другие методы, такие как непрерывные допросы по несколько суток подряд. Например, Чичкало упоминает допрос над Анной Николаевне Варварецкой, заместителем наркома социального обеспечения МАССР. Она была арестована и допрашивалась пять суток без перерыва. В конечном итоге она так и не призналась в предъявленных обвинениях и была освобождена[60]. Стоит отметить, что это произошло в конце ноября 1938 г., после принятия постановления СНК СССР и Политбюро ЦК ВКП(б), которое положило конец массовому террору и «чисткам» партийно-советских кадров.

Шейнин, Кобулов и Ломов допрашивали не только Чичкало, но и других следователей НКВД МАССР. В «деле 58» «по обвинению бывших сотрудников НКВД Молдавской АССР», кроме Чичкало также фигурировали и другие бывшие сотрудники из Тирасполя. Речь идет о бывшем начальнике 4-го отдела УГБ

НКВД МАССР, лейтенанте госбезопасности Григории Наумовиче Юфе; бывшем оперуполномоченном УГБ НКВД МАССР, младшем лейтенанте госбезопасности Иване Васильевиче Волкове; бывшем помощнике оперуполномоченного УГБ-НКВД МАССР, сержанте госбезопасности Исааке Ароновиче Шпице, а также о Степане Порфирьевиче Кузьменко, внештатном сотруднике НКВД МАССР. Все они были приговорены 31 декабря 1938 г. Военным трибуналом Приграничных и Внутренних войск по статье 206-217, п. «б» УК УССР к высшей мере наказания. Осужденные просили о помиловании, но Военная коллегия Верховного Суда Союза СССР отклонила кассационную жалобу «вследствие того, что обвинения, предъявленные Юфе, Волкову, Шпицу, Чичкало и Кузьменко, полностью подтверждены на судебном заседании». Все пятеро были расстреляны 11 января 1939 г.[61]

В ходе допросов пятерых бывших сотрудников НКВД МАССР выяснились дополнительные детали механизмов террора. Речь идет о том, что для искусственного создания дел были использованы фиктивные агентурные рапорты. Например, для фабрикации дела «контрреволюционной фашистской молодежной организации в МАССР», якобы ставившей своей задачей подготовку вооруженного свержения советской власти, в состав которой был впоследствии включен молодой учитель Садалюк, был использован фиктивный доклад агента «Фокус». Под этой кличкой скрывался Кузьменко, один из пяти приговоренных к ВМН. Во время процесса было вскрыто, что агент «Фокус» использовался Юфой с тех пор, когда последний, еще до перевода в Тирасполь, работал начальником Балтского РО НКВД МАССР. Юфа лично перевел Кузьменко в Тирасполь сразу после своего назначения на руководящую работу в НКВД МАССР. Кроме того, в фабрикации рапорта агента был замешан сам бывший нарком Широкий, который, по заявлению Юфы и других подчиненных, лично исправил доклад в «сторону заострения вопроса о наличии контрреволюционной троцкистской организации, фашисткой молодежной организации»[62].

Приговор по «обвинению бывших сотрудников НКВД Молдавской АССР» содержит одну очень важную деталь. В нем сказано, что «дело в отношении Широкого прекращено за смертью его до суда»[63]. Это значит, что разбирательство в отношении Юфы, Волкова, Шпиц, Чичкало и Кузьменко было составной частью дела, начатого в конце сентября 1938 г. против бывшего наркома внутренних дел МАССР Широкого. Или, точнее, Широкий должен был стать одним из главных обвиняемых на процессе над работниками НКВД МАССР[64]. Постановление Политбюро ЦК ВКП(б) от 1 декабря 1938 г. в отношении учителя и директора школы села Ближний Хутор Тираспольского района Садалюка предопределило не только судьбу «пятерки», но и самого Широкого. 1 декабря 1938 г., как отмечает О.В. Хлевнюк, Политбюро приняло решение выдать Садалюку новую легковую машину М-1[65] и обязало Берию привлечь к ответственности следователя, который вел это дело, и его «вдохновителей». Более того, «в случае же подтверждения заявления Садалюка» Политбюро ЦК потребовало «организовать открытый суд, расстрелять виновных и опубликовать в печати (центральной и местной)». Ведущую роль в принятии этого решения играли Сталин и Молотов[66]. Партия нуждалась в такого рода публичных демонстративных жестах, позволявших отмежеваться от НКВД и поддержать имидж власти. Тем не менее, несмотря на решение Политбюро от 1 декабря 1938 г. о публикации в печати информации о суде над виновниками и вдохновителями дела Садалюка, в газетах так ничего и не было опубликовано[67].

С другой стороны, наказывать сотрудников НКВД поголовно – так как практически все они были замешаны в «использовании недопустимых методов следствия» – не было для режима ни желательным, ни возможным. Это бы парализовало всю деятельность карательного ведомства, от которого во многом зависела судьба сталинского режима[68]. О том, что репрессии против бывших карателей НКВД в МАССР были выборочными и демонстративными, говорят также следующие факты. В фальсификации дел и «использовании недопустимых методов следствия» были замешаны все предыдущие начальники НКВД МАССР, не только Широкий, но и Ривлин, Лютый и другие. Ривлин, например, с самого начала Большого террора участвовал во всех репрессиях, направленных против разных социальных и национальных групп. С сентября 1937 г. по июль 1938 г. он был заместителем наркома и исполняющим обязанности наркома. Ривлин был арестован 7 октября 1938 г. и осужден Военным Трибуналом войск НКВД Киевского Военного округа 28 декабря 1939 г. по статье 206-17 УК УССР к 8 годам ИТЛ. Решением ГКО СССР от 27 июля 1942 г. он был освобожден из лагеря и отправлен на передовую в штрафной роте. Позже, в октябре 1943 г., судимость с него была снята, но Ривлину отказали в возвращении на службу в «органы»[69].

Совсем по-другому сложилась судьба Лютого (Шестаковского). Он был наркомом внутренних дел МАССР с 29 декабря 1937 г. по 11 марта 1938 г., когда террор набирал высокие обороты, а в Тирасполе была создана пыточная камера[70]. Как упоминалось выше, находясь с визитом в Тирасполе в июне 1938 г. в качестве замначальника Особого отдела ГУГБ НКВД Киевского военного округа, Лютый настойчиво «ориентировал» Широкого на то, что Борисов, первый секретарь Молдавского обкома, «есть враг»[71]. Однако Лютый не был репрессирован как Широкий или Ривлин, в то время как одним из главных обвинений против Широкого была фабрикация дела против Борисова и других руководителей МАССР. Правда, и Лютый понес наказание, но намного позже, и мы не знаем пока, было ли это связанно с его участием в Большом терроре. За месяц до войны, 20 мая 1941 г., он был уволен из НКВД, однако с началом войны увольнение было отменено, и Лютый стал начальником приемного пункта ОСНАЗ ГУЛАГА НКВД СССР. После 1945 г. он работал в разных должностях в МВД СССР и, что примечательно, в 1949 г. как замначальника отдела спецпоселений МВД СССР был командирован в Кишинев в качестве эксперта по Молдавии для участия в подготовке операции «Юг», самой большой массовой депортации с территории Молдавской ССР. В марте 1951 г. Лютый был все-таки уволен из «органов», но за полгода до этого занимал должность замначальника 9-го управления МГБ СССР[72]. По всей видимости, его увольнение из МГБ не было связанно с делом Абакумова (арестованного позже, 14 июля 1951 г.), но также не было связано с той ролью, которую он сыграл во время Большого террора. Возможно, он лишился поддержки своего покровителя в МГБ, имя которого мы еще не знаем.

Другой видный деятель НКВД Украины конца 1930-х годов (заместитель начальника Каменец-Подольского областного УНКВД в 1937–1938 гг.), который станет бессменным главным молдавским чекистом в 1940–1941 и 1944–1955 гг. – Иосиф Лаврентьевич Мордовец – тоже будет только «уволен» в середине 1950-х гг. Постановление ЦК КП Молдавии от 29 мая 1955 г. на его счет было очень скудным, в нем лишь говорилось о «нарушении советской законности в бытность министром государственной безопасности Молдавской ССР». Но и этот символический выговор был снят с Мордовца 4 сентября 1973 г. постановлением № 53 Бюро ЦК КП Молдавии[73]. Это говорит о том, что не только в сталинские времена, но и в хрущевские и брежневские годы отдельные каратели из высшего эшелона, в том числе те, кто участвовал непосредственно в самых массовых репрессиях, сохранили свои посты, звания и привилегии.

Заключение

Эта статья посвящена главным образом судьбе Широкого-Майского, наркома внутренних дел МАССР в период с мая по сентябрь 1938 г., но нас интересует не столько его судьба *per se*, сколько общие моменты, связанные с механизмами Большого террора как в СССР, так и в МАССР. Нас интересует также еще один вопрос, о котором мы упомянули во введении, а именно, что можно сказать на основе следственного дела Широкого и его подчиненных о том как проходил процесс торможения машины массового террора осенью 1938 г. Но сначала остановимся на последних днях жизни Широкого и на том, как сложилась его посмертная судьба.

В своем последнем письме, написанном 16 декабря 1938 г., за два дня до смерти, Широкий признался, что честные страницы его жизни оборвались очень рано, на 35-м году жизни, т. е. в 1938 г. На этот раз он признал себя виновным в совершении тяжких преступлений, таких как «незаконные аресты граждан», «перегибы и извращения в следствии», а также «искусственное создание следственных дел». Однако и здесь он перекладывал большую часть ответственности на Успенского, который создал, по его словам, «обстановку официального, безудержного нажима» и требовал «проводить и проводить больше и больше арестов антисоветского элемента, особенно в приграничной полосе, для его чистки в случае войны». Следует заметить, что в это время Успенский уже был в бегах, его поймают 15 ноября 1939 г. и расстреляют 27 января 1940 года[74]. Кроме этого, Широкий писал, что не знает, какой приговор объявит суд, но он «готов умереть в любую минуту за дело партии Ленина-Сталина» и, несмотря на допущенные ошибки и совершенные преступления, считает себя «честным [хотя уже] непартийным большевиком»[75].

Однако Широкий не дожил до суда, так как умер 18 декабря 1938 г. в камере Внутренней тюрьмы НКВД УССР. Официально, он «покончил жизнь самоубийством путем введения себе в горло комка марлевого бинта»[76]. Версию о самоубийстве Широкого докладывал лично Берии Амаяк Кобулов, замнаркома внутренних дел УССР 30 декабря 1938 г.[77]

Почти 20 лет спустя, 27 апреля 1956 г., брат Широкого, Григорий, обратится с письмом к прокурору СССР Руденко с просьбой о реабилитации имени «честного чекиста». Григорий был уверен, что его брат «погиб от [рук] подлых врагов нашего государства», то есть он не знал о версии самоубийства или, если даже и знал, то не поверил. Григорий также не знал о том, что его брат не дожил до суда. Примечательно, что, хотя Григорий Широкий был уверен в невиновности своего брата, он все-таки на всякий случай добавил в своем ходатайстве, что «если он [все же] был осужден, то правильно ли было решение суда»[78]. Последнее добавление, к слову, было очень кстати, так как после рассмотрения архивно-следственного дела Ивана Широкого и дополнительной проверки помощник военного прокурора Одесского военного округа подполковник юстиции Гончарук постановил 31 января 1958 г., что «данных для реабилитации не имеется», и поэтому «жалобу брата Широкого» «как неосновательную оставить без удовлетворения». Дополнительная проверка в 1956–1958 гг. лишь подтвердила, что «Широкий, будучи Наркомом Внутренних Дел МАССР, допускал грубые нарушения социалистической законности, необоснованные аресты и создавал мнимые контрреволюционные организации»[79].

Как было уже сказано, дела Широкого и других пятерых сотрудников НКВД МАССР, которые были приговорены к ВМН 31 декабря 1938 г. и расстреляны 11 января 1939 г. после отклонения кассационной жалобы о помиловании, являются важнейшим источником для исследования слабо изученных или почти неизвестных аспектов Большого террора. Так, из этих двух архивно-следственных дел, хранящихся в архиве бывшего КГБ МССР, ныне архиве Службы информации и безопасности Республики Молдовы, следует, что механизм Большого террора был запущен в Москве и – что касается МАССР – координировался из Киева. То же самое можно сказать об остановке этого механизма – Сталин предпочел это сделать с помощью отдельных «сигналов», таких как назначение Ежова по совместительству наркомом водного транспорта в апреле 1938 года[80]. Вторым значимым «сигналом» можно считать назначение 22 августа 1938 г. Берии первым заместителем наркома внутренних дел СССР. Проверка деятельности НКВД МАССР, как и других УНКВД, может рассматриваться и как начало карательной операции против клана Ежова, ведь Успенский являлся назначенцем именно Ежова. Широкий, даже если не в прямом смысле, тоже был человеком Ежова.

По всей видимости, логика Берии состояла в том, чтобы сначала сделать акцент на арестах подчиненных республиканского наркома, которые должны были дать показания на своего непосредственного руководителя, а все их «ошибки», «эксцессы» и «липовые дела» автоматически засчитывались в вину руководителю республиканского НКВД. Арест Широкого был также свидетельством того, что партийные структуры Киева и лично Хрущев начинали в это время добиваться возвращения доминирующей позиции по отношении к НКВД. Ведь главному молдавскому чекисту в первую очередь инкриминировалась фабрикация дела правотроцкистской организации, т. е. дела Борисова–Стрешного–Константинова. Только после того, как письмо Садалюка стало предметом обсуждения Политбюро ЦК ВКП(б) 1 декабря 1938 г., бывшему наркому внутренних дел МАССР было предъявлено дополнительное обвинение в фабрикации дела молодежной фашистской организации.

На основании дела о сотрудниках НКВД МАССР конца 1938 г. можно сделать еще ряд выводов. Большой террор, кроме прочего, начался с нажима и демонстративных репрессий против тех сотрудников НКВД, которые пассивно относились к выполнению приказов о развертывании массовых репрессий[81]. И, как это ни парадоксально, он закончился теми же мерами, но в этот раз уже в отношении тех, кто был слишком «увлечен» репрессиями и не мог или не знал, как остановиться, даже если сигналы к сворачиванию массового террора были ими услышаны. С одной стороны, Широкий наверняка был информирован о том, что в январе 1938 г. пленум ЦК ВКП(б) принял решение о «бережном отношении» к членам партии. С другой – он знал, что высшее партийное руководство во многих республиках и областях было «вычищено» уже несколько раз с весны-лета 1937 г., а в МАССР зачистка была проведена только один раз, и, следовательно, он был обязан продолжить работу в этом направлении. Более того, целью его назначения в МАССР в мае 1938 г. было «выкорчевывание остатков правотроцкистского подполья», то есть репрессии против советско-партийного актива. А так как бывшие руководители МАССР, которые были приговорены осенью 1937 г. как «главари» правых и троцкистских элементов, были знакомы со своими преемниками, то вывод напрашивался сам собой. То есть Борисов, Стрешный и Константинов являлись продолжателями дела разоблаченных «врагов народа», соответственно Тодреса-Селектора, Борисова-Старого и Вороновича[82].

Та же логика прослеживается и в другом следственном деле, в котором были использованы «вымогательства ложных показаний от задержанных» – деле молодежной фашистской организации. На своем последнем допросе от 15 декабря 1938 г. Широкий признал, что он сделал вывод о существовании этой организации в МАССР на основании того, что она «была вскрыта» в Одессе, Киеве и других городах.

Видно также, что в МАССР «система лимитов» работала по следующей схеме: Широкий, по показаниям Чичкало, сначала «арестует, добьется сознания, а потом уже берут санкцию, такой-то сознался в своих преступлениях, и Киев не мог не дать санкции». Однако Широкий и его подчиненные шли уже по проторенной дороге: так, Леплевский, побывав с визитом в Тирасполе в феврале 1938 г., потребовал от наркома внутренних дел МАССР Лютого, чтобы тот перевыполнил план лимитов на 3000 человек. Следует также заметить, что методы нажима и физического воздействия в МАССР были широко задействованы уже за год до назначения Широкого. Тогда насилие применялось по отношению к руководящим советским и партийным работникам, таким как Борисов-Старый, Воронович, Голуб и др. На этот счет имеются сведения из других следственных дел, а также из протоколов «Комиссии Молдавской ССР по пересмотру уголовных дел осужденных за контрреволюционные преступления», работавшей после смерти Сталина, в 1954–1955 гг. Согласно этим данным, в начале 1938 г. Леплевский присутствовал на допросах в Тирасполе и через своего личного помощника показал, как добиваться показаний[83]. То есть Широкий, с одной стороны, унаследовал систему всеобщего насилия в НКВД МАССР от предыдущих наркомов, с другой стороны, он привнес свой собственный опыт профессионального чекиста, добытый в течение 12 лет службы в органах. Поэтому он старался, с одной стороны, примерно исполнять свой долг, а с другой – принял несколько мер предосторожности. Например, он лично добился нужных показаний от некоторых заключенных, но не подписывал протоколы этих допросов, а приказывал сделать это своим подчиненным – Мягкову, Малышеву и другим.

Дела на бывших сотрудников НКВД МАССР также дают возможность почувствовать атмосферу, царившую среди сотрудников советской политической полиции во время Большого террора. Из показаний Чичкало следует, что атмосфера всеобщего подозрения и недоверия к близким или знакомым людям эффективно воздействовала на сотрудников НКВД, убеждала их в том, что они делают «правое и нужное дело». Тех, кто не выполнял приказы и не получал требуемое количество признаний, считали слабыми, зато «передовики» террора служили примером для подражания.

В заключение следует констатировать, что по-прежнему не вполне ясно, как происходила селекция «козлов отпущения» среди сотрудников НКВД. Например, почему Лютый, при котором система террора в МАССР была усовершенствована до уровня «стандартов» массовых операций, отделался мягким приговором по сравнению с Широким, которого явно приговорили бы к расстрелу, если бы он не совершил самоубийство.

ПРИМЕЧАНИЯ

[1] Эти дела открывают также другие возможности для расширения очень важных тем, таких как отношения между палачами и жертвами во время Большого террора в частности или сталинской эпохи в целом. См. по этому поводу статью Линн Виолы (Lynne Viola): The Question of the Perpetrator in Soviet History // Slavic Review. Vol. 72. № . 1. 2013. P. 1–23.

[2] Кто руководил НКВД, 1934–1941: Справочник / Сост. Н.В. Петров, К.В. Скоркин. – М.: Звенья, 1999. С. 448–449.

[3] Архив службы информации и безопасности Республики Молдова (бывший архив КГБ МССР). Название архива на румынском языке – Arhiva Serviciului de Informaţii şi Securitate al Republicii Moldova, fostul KGB al RSSM (дальше – ASISRM–KGB). Dosar 31233. F. 10 verso. Речь идет о постановлении Кировской окружной Контрольной комиссии ВКП(б) от 29.07.1929 г., согласно которому обвинения Широкого в антисоветской деятельности во время гражданской войны не подтвердились. Это говорит о том, что Широкий не только не исключал своего ареста, но также предугадал некоторые факты или доносы, которые могли бы быть использованы против него.

[4] См. *Caşu Igor.* DUŞMANUL DE CLASĂ. Represiuni politice, violenţă şi rezistenţă în R(A)SS Moldovenească, 1924–1956 [*Кашу Игорь.* Классовый враг. Политические репрессии, насилие и сопротивление в Молдавской (А)ССР, 1924–1956 гг.]. – Кишинев: CARTIER. С. 95–108.

[5] ASISRM–KGB. Dosar 31233. F. 1–3, 5.

[6] Там же. F. 10 verso.

[7] Там же. F. 11–12, 14–15.

[8] Там же. F. 16.

[9] Там же. F. 17.

[10] Об этом речь пойдет ниже, в третьем письме, адресованном Успенскому, в котором будет четко сказано о подаче апелляций в ЦК ВКП(б) и ЦК КП(б)У. Там же. F. 29–30.

[11] Там же. F. 18.

[12] Согласно показаниям подчиненных Широкого, например Мягкова, начальника 4-го отдела НКВД МАССР, дело обстояло совсем иначе. См. допрос Мягкова в Киеве, который состоялся 19 сентября 1938 г. Там же. F. 114, 116.

[13] Там же. F. 20.

[14] Там же. F. 21. Л. Шейнин родился в 1906 г. в еврейской семье и стал сотрудником прокуратуры СССР в 1923 г., когда ему было всего лишь 17 лет. Член ВКП(б) с 1929 г., с 1931 г. работал следователем по важным делам при Прокуроре СССР. Шейнин стал известен в СССР как писатель, его статьи и рассказы публикуются в «Известиях» и «Правде». Его первая книга вышла в 1938 г. под названием «Записки следователя». Позже эта книга была переиздана в Кишиневе в 1987 г. издательством «Лумина». В этой книге, однако, он не пишет о своем опыте работы в МАССР во время Большого террора 1937–1938 гг. По архивным данным, опубликованным Никитой Петровым, Шейнин был арестован в 1951 г. и освобожден только в марте 1953 г. – после того, как его допрашивал Богдан Кобулов. Последний передоверил дело Райхману и дал ему поручение перед освобождением завербовать Шейнина в агентурную сеть. См.: *Петров Н.* Палачи. Они выполняли заказы Сталина. – М.: Новая Газета, 2011. С. 120.

[15] Биографию Смориго до 1941 г. см.: Архив социально-политических организациях Республики Молдова, бывший архив Института партии при ЦК КПМ. F. 51, inv. 1. D. 32. F. 16 (дальше – AOSPRM).

[16] О различиях между советской политической полицией и милицией при Сталине см.: *Shearer David.* Policing Stalin's Socialism. Repression and Social Order in the Soviet Union, 1924–1953 (Stanford, CA: Hoover Institution, Stanford University; New Haven and London: Yale University Press, 2009).

[17] ASISRM–KGB. Dosar 31233. F. 24–25.

[18] До ареста Царанов исполнял обязанности заведующего отделом пропаганды, агитации и печати Молдавского обкома КП(б)У. Позже, с 1944-го по 1947 г., был секретарем ЦК КП(б) Молдавии. Он рассказал о своем аресте в 1938–1939 гг. только в 1989 г. См. *Стратиевский К.* Царанов Степан Васильевич. Страницы жизни. – Кишинев: Elan Poligraf, 2004. С. 74–86.

[19] ASISRM–KGB. Dosar 31233. F. 23, 25, 26.

[20] Там же. F. 28.

[21] Там же. F. 29–30.

[22] Там же. F. 58-60.

[23] Там же. F. 58.

[24] В это время наблюдается тенденция назначения на руководящие должности в НКВД партийных работников. См. например, в Украине: Лубянка. Сталин и НКВД–НКГБ–ГУКР «Смерш». 1939 – март 1946. – М.: МФД, 2006. С. 13. Зато летом 1937 г. наблюдался обратный процесс, когда люди из НКВД назначались на руководящие партийные должности.

[25] *Хлевнюк О.* Хозяин. Сталин и утверждение сталинской диктатуры. – М.: РОССПЭН, 2010. С. 349–351.

[26] ASISRM–KGB. Dosar 31233. F. 328. Впоследствии Кирюшин и Малышев были также включены в списки «врагов народа», как отметили участни-

ки Совещания оперативных работников НКВД МАССР и райотделений, проведенного при Молдавском обкоме КП(б)У 23 ноября 1938 г., а также год спустя, 15 ноября 1939 г. См. *ГДА СБУ. Ф. 16. Оп. 31. Д. 57. Л.* 419; Оп. 32. Д. 25. Д. 141, 150. Отдельные работники НКВД, например Великанов, начальник Котовского РО НКВД, жаловались также на сотрудников центрального аппарата НКВД МАССР, например Мягкова, за ориентацию «на разработку руководящих работников района». См.: *ГДА СБУ. Ф. 16.* Оп. 32. Д. 25. Л. 412. Нам не удалось пока узнать о дальнейшей судьбе Кирюшина, Малышева и Мягкова. Их дела не числятся в бывшем архиве КГБ МССР в Кишиневе. Критиковалась также деятельность Томина и Лютого. Томина 14 октября 1939 г. Молдавский областной комитет КП(б)У исключил из партии. В январе 1941 г. его осудили на 6 лет ИТЛ, но досрочно освободили указом Президиума Верховного Совета СССР от 13 августа 1942 г., без снятия судимости. См. ГДА СБУ. Ф. 16. Оп. 32. Д. 25. Л. 408, 410, 413. См. также: «Через трупы врага на благо народа». «Кулацкая операция» в Украинской ССР. 1937–1941 гг. – М.: РОССПЭН, 2010. Т. 2. С. 692. О судьбе Лютого см. ниже.

[27] ASISRM–KGB. Dosar 31233. F. 53, 60.

[28] Там же. F. 84–87.

[29] Там же. F. 88.

[30] Энциклопедия секретных служб России. – М.: ACT, 2004. С. 425.

[31] Режим доступа: http://www. knowbysight. info/BBB/12200. asp.

[32] Кто руководил НКВД. 1934–1941. С. 387–388.

[33] ASISRM–KGB. Dosar 31233. F. 191. Как было отмечено выше, копия этого постановления была найдена при обыске квартиры Широкого 27 сентября 1938 г. См.: Там же. F. 10 verso.

[34] Там же. F. 133.

[35] Там же. F. 106–107.

[36] Там же. F. 144–146.

[37] Там же. F. 153–155.

[38] Там же. F. 158–164.

[39] Там же. F. 115.

[40] Там же. F. 114, 116. См.: ГДА СБУ. Ф. 16. Оп. 32. Д. 25. Л. 140, 150.

[41] ASISRM–KGB. Dosar 31233. F. 116–121.

[42] Там же. F. 166–170.

[43] Там же. F. 94–97.

[44] Там же. F. 171–174.

[45] ASISRM–KGB. Dosar 32904. Vol. I. F. 122–123.

[46] Там же. F. 217.

[47] Там же. F. 235.

[48] *Graziosi Andrea.* Histoire de l'URSS. – Paris: Presse Universitaire de France, 2010 P. 138.

[49] В копии письма, присланного Садалюком, которое легло в основу дела на Чичкало и других работников НКВД МССР (см. ниже), не фигурирует имя Успенского. См. ASISRM–KGB. Dosar 32904. Vol. I. F. 2. Между тем Успенский 14 ноября 1938 г. бежал из Киева и скрылся. См. Кто руководил НКВД. 1934–1941. С. 417.

[50] *Хлевнюк О.* Хозяин. С. 355–357.

[51] Хрущев был далеко не единственным партийным руководителем высшего звена, который был замечен в «подозрительных» связях с арестованными. См. *Петров Н., Янсен М.* «Сталинский питомец» – Николай Ежов. – М.: РОССПЭН, 2009. С. 193. Поэтому нельзя недооценить заинтересованность Хрущева и партийных выдвиженцев в сворачивании Большого террора и желание отомстить сотрудникам НКВД, замешанным в фабрикации такого рода дел.

[52] ASISRM–KGB. Dosar 32904. Vol. I. F. 2. Зачеркнуто красным карандашом.

[53] Хлевнюк О. Хозяин. С. 355.

[54] ASISRM–KGB. Dosar 32904. Vol. I. F. 3.

[55] ASISRM–KGB. Dosar 31233. F. 218, 220; Dosar 32904. Vol. I. F. 31–32.

[56] ASISRM–KGB. Dosar 31233. F. 222.

[57] См.: ГДА СБУ. Ф. 16. Оп. 31. Д. 57. Л. 408, 418.

[58] ASISRM–KGB. Dosar 31233. F. 223.

[59] ASISRM–KGB. Dosar 32904. Vol. I. F. 101.

[60] ASISRM–KGB. Dosar 31233. F. 222; См.: Дело Варварецкой. Национальный архив Республики Молдова (Arhiva Naţională a Republicii Moldova), Fond R-3401. Inventar 1. Dosar 2701.

[61] ASISRM–KGB. Dosar 32904. Vol. III. F. 54–58 verso, 81–82, 87, 89–90.

[62] ASISRM–KGB. Dosar 31233. F. 224; ASISRM-KGB. Dosar 32904. Vol. III. F. 1–2.

[63] ASISRM–KGB. Dosar 32904. Vol. III. F. 57 verso; Кто руководил НКВД, 1934–1941. С. 449.

[64] См.: Хлевнюк О. Хозяин. С. 357, а также: Кто руководил НКВД, 1934–1941. С. 449.

[65] Автомобиль М-1 производился на Горьковском автомобильном заводе с 1936 г. по 1943 г. (известный в жаргоне как «Черный ворон») и представлял улучшенную модель советских автомобилей по сравнению с моделью ГАЗ-А, которым владел до ареста Садалюк.

[66] *Хлевнюк О.* Хозяин. С. 357.

[67] При просмотре газеты «Соціалістична Молдавія» за сентябрь 1938 г. – февраль 1939 г. не выявлено информации о судебных процессах над Широким, Юфой, Волковым, Шпицем, Чичкало, Кузьменко и другими сотрудниками НКВД МАССР.

[68] О роли международного фактора в сворачивании Большого Террора см.: *Хаустов В., Самуэльсон Л.* Сталин, НКВД и репрессии 1936–1938 гг. – М.: РОССПЭН. С. 304–309.

[69] Кто руководил НКВД. 1934–1941. С. 361–362; *Тепляков А.* Амнистированные чекисты 1930-х годов во время Великой Отечественной войны // Клио. 2012. № 7 (67). С. 70. Нам не удалось найти дело Ривлина в архиве бывшего КГБ в Кишиневе. По всей вероятности, оно хранится Отраслевом архиве Службы безопасности Украины или в Москве. В октябре 1938 г. незадолго до ареста Ривлин был переведен на должность врид помощника начальника 3-го отдела 1-го управления НКВД УССР.

[70] ASISRM–KGB. Dosar 32904. Vol. I. F. 198.

[71] ASISRM–KGB. Dosar 31233. F. 20.

[72] Кто руководил НКВД. 1934–1941. С. 279–280; Архив Министерства внутренних дел Республики Молдова (AMAIRM–MVD). F. 16, inv. 1. D. 105. F. 82–83, 89.

[73] AOSPRM. F. 51. Inv. 13. D. 335. F. 2, 4; Inv. 34. D. 56. F. 220.

[74] *Петров Н., Янсен М.* «Сталинский питомец» – Николай Ежов. С. 438.

[75] ASISRM–KGB. Dosar 31233. F. 193, 237–238.

[76] Там же. F. 323–324.

[77] Там же. F. 193.

[78] Там же. F. 204.

[79] Там же. F. 323–325.

[80] *Петров Н., Янсен М.* «Сталинский питомец» – Николай Ежов. С. 156–157.

[81] *Петров Н., Янсен М.* «Сталинский питомец» – Николай Ежов. С. 99–101; то же самое относится и к работникам юстиции, которые были репрессированы в 1936–1937 гг. См.: Соломон П. Советская юстиция при Сталине. – М.: РОССПЭН, 2008. С. 226–230.

[82] Здесь напрашивается одно уточнение. Председатель СНК МАССР Борисов-Старый, а не первый секретарь Молдавского обкома КП(б)У Тодрес-Селектор был обвинен в том, что являлся руководителем националистического и в то же время троцкистского центров в МАССР. См.: ASISRM-KGB. Dosar 09680. Vol. 1–2 (дело Борисова-Старого).

[83] *Memei Alexei.* Teroarea comunistă on RASSM (1924–1940) şi RSSM (1944–1947). – Chişină u: Editura Serebia, 2012. P. 584–585.

ТБИЛИСИ

> Я выполнял указания ЦК партии Грузии и Москвы, а также и наркома ГССР, и, как говорится, какова была музыка, таков был и танец.
>
> *С.С. Давлианидзе – бывш. зам. нач. СПО НКВД Груз. ССР*

> Я, как и все, находился под мнимым психозом борьбы с контрреволюцией. Теперь я, конечно, на все смотрю другими глазами. Все специальные пособия и литература, газеты и статьи шумели о контрреволюции и тем самым делали из нас послушных автоматов.
>
> *С.С. Давлианидзе*

> [П]олучилось для меня и для всех опер. работников страшное положение. В 1937 году руководство НКВД обязало, как нам сказали, по указанию высших органов избивать арестованных, уклонение от этого рассматривалось как вражеская к.-р. работа, а спустя много лет за выполнение этого же предписания обвиняешься также в к.-р. преступлении.
>
> *А.С. Хазан – бывш. нач. 1-го отделения СПО НКВД Груз. ССР*

Тимоти Блаувельт

«Какова была музыка, таков был и танец». Дело Серго Семеновича Давлианидзе

В новейших исследованиях по советской истории звучат призывы творчески применять выводы, содержащиеся в обширной литературе о преступлениях национал-социализма в Германии, для изучения схожих массовых преступлений сталинизма в СССР. Масштабы репрессий, совершенных обоими режимами, ставят фундаментальные вопросы об особенностях человеческой натуры и о том, как и при каких обстоятельствах люди могут быть склонны вести себя столь бесчеловечно. Как и в ранних исследованиях Холокоста и Нюрнбергских судов, основное внимание в изучении сталинского террора обращено к роли Сталина и высшего руководства страны, и имеется тенденция рассматривать руководителей среднего звена, чьими руками в действительности вершился террор, либо как «простых винтиков в сталинской машине», либо как садистов и психопатов, чья склонность к уголовщине проявилась в соответствующих условиях. Без сомнения, приказы, поступавшие сверху, играли центральную роль в репрессиях, а среди следователей советских карательных органов имелись садисты. Однако подобный подход обходит стороной более интересную проблему того, как «обычные люди» становились карателями, а также каким образом следователи карательных органов «вписываются» в сталинское общество и являются воплощением этого общества.

Обширные фонды бывшего архива КГБ Грузинской ССР[1], содержащие материалы судебных процессов над сотрудниками НКВД Грузинской ССР, которые прошли в Тбилиси в период «десталинизации», последовавшей после XX съезда партии в 1956 г., дают возможность исследовать карьеру, мотивации и взгляды чекистов с тем, чтобы «изменить перспективу исследования» с целью «создания дифференцированного образа сотрудников карательных органов СССР»[2]. Как следует из новаторских исследований Петера Лонгериха (Peter Longerich), значительное число свидетельских показаний, комментариев, апелляций и личных заявлений, хранящихся в этих фондах, позволяет исследовать взаимоотношения личности и государства, изучить влияние таких факторов, как предрасположенность и обстоятельства, идеология и рациональность, а также и то, как эти факторы взаимодействовали и взаимно усиливали друг друга[3]. По словам Линн Виолы, важно выяснить на микроуровне «экосистему насилия», тот контекст, в котором «обычные люди» становились карателями, ту роль, которую совпадение определенных обстоятельств, культуры и идеологии играет в инициировании и экспансии насилия, а также то, как личные мотивы могут определять действия людей[4]. Например, важными предпосылками могли послужить тот опыт насилия, который будущие сталинские каратели получили в период мировой войны, революций и гражданской войны, особенности их личной психологии и понимания законности, ведомственная среда и давление со стороны сослуживцев, расширение их полномочий и приказы, поступавшие от начальства, массовая психология и идеология, которые режим насаждал в обществе (или официальный дискурс), а также наличие альтернативных дискурсов или норм.

В данной статье автор обращается к этим вопросам и, перефразируя высказывание Линн Виолы, предпринимает попытку «населить макроисторическое пространство» (to populate the macro historical), исследуя материалы судебного процесса 1957 г. над Серго Семеновичем Давлианидзе, сотрудником среднего и высшего звена НКВД Грузии в период наивысшего разгула массовых репрессий, активно участвовавшего в арестах и допросах того времени. Двадцать четыре тома сопроводительных документов, материалов допросов, писем и апелляций, стенограмм судебных заседаний и свидетельских показаний репрессированных, бывших коллег и самого Давлианидзе дают возможность достичь «баланса между макро- и микроисторией»[5] и понимания того, как люди, работавшие в институтах сталинского общества, оказались способны совершать акты насилия в столь значительных масштабах против в своем большинстве невинных людей.

Обычная биография

Серго Давлианидзе, как представляется, идеально соответствует определению «типичного» сотрудника НКВД сталинского времени. В разгар массовых репрессий, с середины 1937 г. до середины 1938 г., он служил заместителем начальника 4-го отдела НКВД Грузинской ССР, а в период 1938–1948 гг. занимал руководящие должности в НКВД Грузии и в органах НКВД на железнодорожном транспорте на Северном Кавказе и в Закавказье.

Давлианидзе родился в 1904 г. в Кутаисской губернии Грузии в семье, как он утверждал, бедного крестьянина, который позднее вступил в колхоз[6]. Как и многие из его коллег, он не получил хорошего образования, окончив лишь четыре класса начальной школы, хотя в течение своей жизни в череде автобиографий Давлианидзе постарается «задним числом» улучшить свой образовательный статус, заменив «неполное начальное» на «неоконченное среднее», а иногда даже и на «неоконченное высшее»[7]. Давлианидзе знал русскую грамоту и, по-видимому, понимал грузинский, но не мог читать и писать на родном языке и, несмотря на деревенское грузинское происхождение, изъяснялся в основном на русском. По его словам, в рядах Красной Армии в гражданскую войну на Северном Кавказе он принял участие в обороне

Минеральных Вод в 1919 г., хотя, как позднее покажет следствие, это было мало вероятно, так как ему в то время было всего 15 лет. Согласно официальным материалам его личного дела, Давлианидзе стал сотрудником милиции в Тбилиси в феврале 1921 г., когда город заняла 11-я Красная Армия, и к концу того же года вступил в комсомол. В 1923–1924 гг. он служил во 2-м Грузинском стрелковом полку 1-й Грузинской стрелковой дивизии в Батуми[8]. По окончании службы в апреле 1924 г. он был назначен секретарем районного комитета комсомола в Манглиси, сельском районе Грузии, где и проработал до октября 1925 г., после чего был командирован на работу в органы ЧК. Там, в органах безопасности, Давлианидзе и провел остаток своей служебной карьеры.

Следственное дело Давлианидзе содержит его описания собственной карьеры, заключенные во множестве заявлений, апелляций и автобиографий, а также свидетельства государственных и партийных проверок и инспекций, мнения его коллег, соперников и других свидетелей. Согласно более позднему заключению Института Маркса-Энгельса-Ленина (ИМЭЛ), Давлианидзе был освобожден с должности секретаря райкома комсомола в Манглиси в июне 1925 г. за некомпетентность, «абсолютное отсутствие руководства с его стороны» и по причине многих «крупных дефектов в работе комсомольской организации». По заключению комиссии ИМЭЛ, «райком и, в первую очередь, секретарь Давлианидзе, совершенно не были знакомы с политикой и постановлениями партии и комсомола о работе в деревне»[9]. Несмотря на столь плохую оценку его деятельности (а может быть, как раз по этой причине[10]), Давлианидзе был отослан в Тбилиси на кратковременную работу секретаря экономического отдела ЦК ЛКСМ Грузии, а затем в октябре 1925 г. переведен в Грузинскую ЧК. С этого момента и до 1937 г. Давлианидзе работал в районных органах госбезопасности в разных местах Грузии (преимущественно на западе, в Чиатуре в 1928–1931 гг.) и в Экономическом отделе (ЭКО) ГПУ в Тбилиси.

Оценка работы Давлианидзе в органах госбезопасности в начальный период его служебной карьеры оставалась явно низкой. В 1926 г., будучи помощником уполномоченного уездного ЧК в Шорапани, он получил следующие характеристики: «проявлял мальчишество, авторитетом не пользовался», «выполнял только задания, другой работы не вел, инициативы не проявлял, с ограниченным кругозором, на самостоятельной работе не соответствует [должности]», но «под хорошим руководством даст положительные результаты». В течение всей его карьеры Давлианидзе продолжали критиковать за неумение работать в команде и за то, что он «часто дерется с сотрудниками»[11]. В апелляции, посланной Лаврентию Берии в 1953 г., Давлианидзе описал ряд конфликтов, в которые он оказался вовлеченным в свое время. Конфликтовал Давлианидзе с местным партийным руководством и коллегами по органам госбезопасности, которые, видимо, поддерживали соперника Берии Тите Лордкипанидзе. В их числе были конфликты в 1926 г. с секретарем комсомола в Манглиси; в 1927 г. в Шорапани с Михейлом Дидзигури, ставленником Лордкипанидзе; в 1929 г. с местным райкомом в Чиатуре; 1930 г. с Кавтеладзе, сторонником Лордкипанидзе в Чиатуре; и в 1930–1931 гг. с Дидзигури, Лордкипанидзе и первым секретарем ЦК КП(б) Грузии Самсоном Мамулией. Именно тогда, по словам Давлианидзе, Мамулия обвинил его в том, что он «смело бросает обвинения и превышает свои полномочия». Проводившая проверку комиссия ЦК КП(б) Грузии заключила, что между Давлианидзе в ГПУ и местным райкомом развернулась «беспринципная борьба», в которой Давлианидзе «совершенно недопустимым образом» собирал материалы, зачастую тенденциозные, «с помощью аппарата ГПУ, для дискредитирования руководящих работников»[12]. Из письма Давлианидзе из 1953 г. следует, что в каждом из этих конфликтов он напрямую обращался, либо лично, либо письменно, к Берии, защитой которого он пользовался, чтобы избежать негативных последствий этих скандалов[13].

В 1933–1934 гг. во время работы в Тбилиси в Экономическом отделе ГПУ Грузии Давлианидзе вновь оказался вовлеченным в конфликт с Лордкипанидзе. Одновременно это был и ведомственный конфликт между Полномочным Представительством (ПП) ОГПУ по Закавказской ССР, которое в то время возглавлял Лордкипанидзе, и ГПУ Грузии. Последнее без санкции ПП ОГПУ по Закавказской ССР арестовало нескольких «известных экспертов», якобы вовлеченных в контрреволюционный заговор[14]. По этому делу Давлианидзе был арестован и в октябре–ноябре 1934 г. заключен в тюрьму, откуда он вновь послал апелляцию Берии и его ставленнику Соломону Мильштейну, в то время заведующему Особым сектором ЦК КП(б) Грузии. После месячного тюремного заключения в ноябре 1934 г. Давлианидзе был вызван из камеры на встречу с наркомом внутренних дел Закавказской ССР. Ожидая предстать перед Лордкипанидзе, Давлианидзе был приятно удивлен, увидев сторонника Берии С.А. Гоглидзе, назна-

ченного на этот пост в ноябре 1934 г. Лордкипанидзе был снят с
должности и позже направлен в Крым, а в 1937 г. расстрелян как
«враг народа». Таким образом, Гоглидзе освободил Давлианидзе
и восстановил его в должности.

В течение двух последующих лет, в 1935–1937 гг., Давлианидзе
был вновь послан на работу в Чиатуру в качестве начальника
районного отделения НКВД. Затем в июле 1937 г. его вернули в
Тбилиси и назначили заместителем начальника 4-го отдела НКВД
Грузинской ССР. Этот отдел, известный также как Секретно-политический (СПО), который в то время возглавлял один из основных ставленников Берии Богдан Кобулов, отвечал за сбор
агентурных материалов и занимался разоблачением «враждебной
деятельности», «членов антисоветских партий и групп», «бывших
белогвардейцев, священников, и националистов, не связанных с
иностранными националистическими организациями»[15]. Так как
принадлежность к этим категориям играла роль главного повода
для обвинений против так называемых «врагов народа», именно
4-ый отдел стал главным отделом республиканского НКВД в
проведении массовых репрессий в Грузии. Кобулов лично руководил первыми тремя из семи отделений 4-го отдела, тогда как
Давлианидзе отвечал за работу остальных четырех отделений,
которые в основном занимались отдельными районами Грузии[16].
Если Кобулов отсутствовал или был занят, Давлианидзе как его
заместитель имел право подписывать документы и отдавать приказы. С декабря 1937 г. до февраля 1938 г., когда Кобулов исполнял обязанности заместителя начальника НКВД Грузии, Давлианидзе также часто замещал его в качестве начальника отдела[17].
Регулярно Давлианидзе напрямую отчитывался перед главой
НКВД Грузии Гоглидзе, также ставленником Берии, и перед самим Берией, в то время первым партийным секретарем ЦК КП(б)
Грузии.

По свидетельству бывшего коллеги Давлианидзе по НКВД,
перевод с должности начальника РО НКВД в Чиатуре на должность заместителя начальника 4-го отдела НКВД Грузии «во второй половине 1937 года в разгар репрессий был большим скач-
ком, и это назначение не могло обойтись без покровительства
НКВД, в том числе и Кобулова, и, конечно, особой активности со
стороны Давлианидзе»[18]. Повышение по службе давало и материальные привилегии. Давлианидзе и его семья получили просто-
рную квартиру в элитном доме № 5/7 по улице Саджая (ныне
Киачели), известном как «генеральский дом». В нем жили высшие

партийные и военные чины, а также верхушка НКВД[19]. Давлианидзе преуспел в новой должности и в августе 1938 г. был назначен сначала заместителем, а затем начальником 3-го (Контрразведывательного) отдела НКВД Грузии. В августе 1939 г. он возглавил Дорожно-Транспортный отдел НКВД Закавказской железной дороги. В течение двух периодов времени, в марте – августе 1941 г., а затем с мая 1944-го по ноябрь 1945 г., Давлианидзе был заместителем наркома государственной безопасности Грузии[20]. Кроме того, в 1945 г. он стал кандидатом в члены ЦК КП(б) Грузии и получил звание генерал-майора.

Массовые репрессии и война представляются апогеем карьеры Давлианидзе. В 1945 г. после того, как он «создал нездоровую склочную обстановку в аппарате НКВД Грузинской ССР», испортив отношения с главой этого ведомства А.Н. Рапавой, еще одним назначенцем Берии[21], Давлианидзе был переведен в Дзауджикау в Северную Осетию на должность начальника Транспортного отдела НКГБ Орджоникидзевской (Северо-Кавказской) железной дороги. С этого момента Давлианидзе вновь стал получать негативные характеристики. Его обвиняли в том, что «с первых же дней своей работы» он «создал нездоровую и склочную обстановку в отделе», «окружил себя лицами, подобранными не по деловым качествам, а по признакам родства или знакомства по прежней работе», что он использовал своих приближенных для «сбора сведений о настроениях и мнениях сотрудников отдела, что породило среди оперсостава недоверие и боязнь друг друга». Кроме того, «под видом служебных командировок Давлианидзе неоднократно организовывал поездки в Тбилиси его приближенных», тогда как действительная цель этих командировок «была связана с доставкой продуктов для его семьи». Давлианидзе также обвинялся в расходовании на личные цели 9 317 рублей из «оперативных средств» (позже он вернул деньги), а также в том, что он оформил занимаемую им лично квартиру как конспиративную и оплачивал ее из государственных средств. Его кичливость своим служебным положением и званием генерал-майора возмущала сотрудников, к тому же, он без необходимости, с целью лишь покрасоваться, разъезжал по городу в сопровождении специальной охраны. В течение первых одиннадцати месяцев работы Давлианидзе арестовал более трети своих сотрудников (36 %, или 51 человек), а более половины (51 %, или 72 человека) перевел на другую работу без объяснения причин. Все это стало причиной «низких результатов в агентурно-оперативной работе» в 1946 году[22]. Вскоре после перехода на работу в Дзауджикау в августе 1946 г. Давлианидзе послал партийному руководству доносы на своих коллег по работе в обкоме КП(б) Северо-Осетинской автономной республики, и много месяцев спустя, в ноябре 1947 г., к его огорчению эти жалобы были отправлены на рассмотрение обратно в Северо-Осетинский областной комитет. Это привело к безобразной конфронтации с партийными руководителями Северной Осетии на сессии обкома, что, в свою очередь, вызвало требования объявить Давлианидзе выговор и отстранить от занимаемой должности, что в итоге и было сделано приказом № 336 МГБ СССР в 1948 г.

Давлианидзе провел оставшийся период сталинского правления и последующие годы, рассылая апелляции высокопоставленным руководителям, сначала Абакумову, затем Берии, а позже Булганину и Хрущеву, с просьбами пересмотреть его дело и восстановить на работе или, по крайней мере, платить ему пенсию. Однако после его конфликта с Рапавой в 1945 г. никто в окружении Берии не хотел заступаться за Давлианидзе, и его апелляции к высшему руководству не только были оставлены без внимания, но имели отрицательные последствия. В 1951 г. была вновь отменена выплата уполовиненной генеральской пенсии (огромная сумма в 4350 руб. в месяц), которую ранее ему удалось восстановить, а в ноябре 1954 г. он был лишен звания генерал-майора за «поведение, дискредитирующее высокое звание начальствующего состава органов МГБ»[23]. После ареста Берии Давлианидзе был вызван в Москву в качестве свидетеля на суде над Берией, Гоглидзе и Кобуловым в декабре 1953 г., а также на суде по делу его бывших коллег К.С. Савицкого, Н.А. Кримяна, А.С. Хазана и Г.И. Парамонова в мае 1954 г. Несколько подсудимых и свидетелей дали обвинительные показания против самого Давлианидзе. В июле 1956 г., когда Давлианидзе работал директором продуктового магазина в Тбилиси, его арестовали. Прокуратура Закавказского военного округа возбудила против него дело по обвинению в контрреволюционной деятельности в период работы в НКВД во время массовых репрессий и после них.

Практика сталинизма

Материалы судебного дела Давлианидзе дают возможность увидеть «изнутри», на микроуровне, отношения между сотрудниками НКВД Грузинской ССР во время массовых репрессий, а также систему покровительства в действии. Кроме самого Давлианидзе, другими ключевыми фигурами в НКВД Грузии в то время – все они были следователями в 4-м отделе, которым руководил Давлианидзе – по-видимому, являлись Александр Самойлович Хазан, помощник начальника 4-го отдела Кобулова, он же начальник первого отделения 4-го отдела; Константин Сергеевич Савицкий, бывший заместителем начальника 1-го отделения; и Никита Аркадьевич Кримян, начальник 2-го отделения (для «особо важных дел») 4-го отдела. Все трое, Хазан, Савицкий и Кримян, в мае 1954 г. вместе предстали перед судом (а также Г.И. Парамонов) и были приговорены к расстрелу[24]. Все трое, как представляется, через Кобулова были связаны с более обширной группой, которой покровительствовал Берия. Бывший сотрудник НКВД В.Н. Гульст свидетельствовал в 1953 г.:

«В 1937–1938 гг. Кобулов сыграл зловещую роль. Он стал убирать с дороги своих потенциальных конкурентов. Одновременно с этим Кобулов таким же путем парализовал всех лиц, которые, по мнению его и его шефа Берии, могли помешать им в их карьеристических (sic) и авантюристических намерениях. Для этой цели Кобулов сгруппировал вокруг себя верных людей, способных на любое грязное дело: Савицкого, Кримяна, Хазана»[25].

Хазан начал свою служебную карьеру в одесском ГПУ в 1928 г. В 1933 г., после того, как Хазан потерял место преподавателя в Высшей школе ОГПУ в Москве, Гоглидзе забрал его к себе в ГПУ Грузии, несмотря на очевидную связь Хазана, в начальный период его карьеры, с известными сторонниками Троцкого. В 1935 г. руководство НКВД в Москве издало приказ об отстранении Хазана от работы в силу его «абсолютной непригодности», однако, по-видимому, Гоглидзе отказался выполнить этот приказ, вместо этого назначив Хазана начальником 1-го отделения 4-го отдела. Кроме того, в дополнение к этим обязанностям Хазан был назначен в 1937 г. помощником Кобулова. По-видимому, Хазан в это время получил поручение от Кобулова и Гоглидзе собирать компрометирующие материалы на других сотрудников НКВД. Бывший следователь НКВД Барский позже свидетельствовал, что «если ему [Хазану] кто-либо не так поклонился или задал вопрос: "как дела", он делал вывод, что [тот] интересуется следствием по делам правых и троцкистов, и сейчас же делал соответствующую заметку в наблюдательном деле сотрудника, задавшего вопрос или не так посмотревшего на Хазана»[26]. Другой бывший коллега Г.А. Мовсесов свидетельствовал: «Я и другие сотрудники НКВД видели в лице Хазана опасного человека, могущего арестовать любого сотрудника, пользуясь большой поддержкой Гоглидзе и Кобулова»[27]. Все это способствовало столь крайней «непопулярности» Хазана среди коллег, что Гоглидзе был вынужден его арестовать в феврале 1938 г. (арест был произведен Давлианидзе). Однако Кобулов защитил Хазана от уголовной ответственности и только отстранил его от оперативной работы. Во время войны в 1942 г. при поддержке Гоглидзе и Кобулова Берия забрал Хазана в центральный аппарат НКВД в Москву, но в 1945 г. по решению В. Меркулова Хазана уволили с действительной службы и оправили в резерв из-за продолжавшихся слухов о его бывшей связи с троцкистами.

Савицкий тоже в 1930-е гг. поднимался по службе в грузинском НКВД при поддержке Кобулова, и, как Хазан, был уволен с действительной службы в НКВД в 1939 г., но затем был отозван с фронта в 1942 году по приказу Кобулова и назначен заместителем начальника 4-го отделения 2 отдела 4 управления НКВД СССР в Москве. В 1943 г., когда Кобулов стал заместителем наркома внутренних дел СССР, он назначил Савицкого своим личным секретарем, а затем после войны забрал его с собой при переходе на работу в Главное управление советского имущества за границей (ГУСИМЗ). Весной 1953 г., во время борьбы за власть после смерти Сталина, Берия вернул Савицкого в Москву в Министерство внутренних дел в качестве помощника Кобулова, который стал первым заместителем министра внутренних дел СССР. Как сказано в обвинительном акте, «таким образом, все продвижения Савицкого по службе были обусловлены его близостью к Кобулову, который неизменно при всех своих перемещениях переводил с собой и Савицкого как своего особо доверенного и надежного соучастника»[28].

Кримян, по-видимому, был близким другом Савицкого (в среде, где дружба явно не поощрялась) и тоже быстро продвигался по службе в НКВД в 1930-е гг. В своих мемуарах С.О. Газарян, предшественник Давлианидзе на посту заместителя начальника 4-го отдела, написал, что «странным и непонятным образом Кримян, очень молодой работник, вскоре занял ведущее положение в следственной группе вместе с Савицким», и, несмотря на причастность ранее к хищению средств в экономическом отделе НКВД Грузинской ССР, его «почему-то не отдали под суд»[29]. Гульст говорил, что «Кримян был нечистоплотным человеком, фальсификатором. Авторитет ему был создан Кобуловым»[30]. С окончанием массовых репрессий Кримян был направлен из Грузии во Львов, после советского отторжения этой территории от Польши в 1939 г., в качестве сначала заместителя начальника и начальника следственной части УНКВД Львовской области, потом – заместителя начальника УНКВД Львовской области. В 1945 г. он возглавил органы государственной безопасности в Армении, в 1947–1950 гг. был начальником УМГБ Ульяновской области. После этого, как и Давлианидзе, был разжалован по службе и затем уволен в 1951 г.

Карьера Хазана, Савицкого и Кримяна, судя по всему, демонстрирует, как функционировала сеть ставленников Берии в среднем звене НКВД Грузии. Прямые контакты самого Берии со следователями были минимальными. Позже Хазан признается, что за всю свою карьеру он был на приеме у Берии только три раза. Как и Давлианидзе, все трое следователей, попадав в беду, обращались к Берии письменно. Берия был в курсе того, кто где был и что делал, но контакты осуществлял через посредника, имевшего более высокое звание и приближенного к нему, в данном случае через Кобулова, и в меньшей степени через Гоглидзе. Таким образом, иерархия в клане ставленников Берии определялась принципами протекционизма и ответственности. Будучи первым секретарем ЦК КП(б) Грузии, Берия был информирован о текущих делах и часто отдавал приказы, иногда напрямую, но чаще через Кобулова и Гоглидзе. Кроме того, он просматривал протоколы допросов и писал на их основе резолюции с приказами арестовать людей, упомянутых в признательных показаниях. Он часто лично приезжал в НКВД и тюрьму, порой ночью, и лично участвовал в допросах и избиениях подследственных.

Представляется, что Давлианидзе находился на периферии этой группы. В начале своей карьеры он тоже извлек пользу из покровительства Берии, был в подчинении и хороших отношениях с Кобуловым и Гоглидзе. В своих мемуарах Газанов объединил Давлианидзе в группу с Савицким и Кримяном как «будущих заправил беззаконий 1937 года»[31], считая, что они «оказались в роли первых скрипок в страшном шабаше беззакония и произвола в Тбилиси»[32]. Однако Давлианидзе не был полноправным членом этой группы как в его собственном восприятии положения, так и в восприятии других участников группы. Позже он свидетельствовал, что его не приглашали на кутежи, которые Хазан, Савицкий, Кримян и секретарь 4-го отдела Милова устраивали на квартирах друг у друга[33]. Практически сразу же после начала работы в 4-м отделе Давлианидзе послал Гоглидзе доносы на своих

новых коллег, указав на их подозрительное классовое происхождение[34]. Кроме того, Давлианидзе непосредственно участвовал
в аресте и увольнении Хазана в 1938 г.

«Тогда была такая обстановка, что сотрудники друг друга
боялись и поэтому они не делились друг с другом», – свидетельствовал бывший следователь НКВД Барский[35]. Хазан, Савицкий
и Кримян как начальники отделений формально были ниже по
рангу, чем Давлианидзе, занимавший пост заместителя начальника
отдела. Однако их отделения подчинялись напрямую Кобулову,
так что субординация была не вполне ясна, поэтому Давлианидзе
утверждал, что не несет ответственности за действия этой троицы. «Хазан, Кримян и Савицкий в 1937 году пользовались большим авторитетом, чем Давлианидзе, и, возможно, он с ними даже
боялся говорить и тем более возражать. Это мои наблюдения», –
утверждал А.Г. Галаванов, бывший подчиненный Давлианидзе[36].
Он также показал, что «Кримян, Савицкий и Хазан по своему
служебному положению должны были подчиняться Давлианидзе,
но на самом деле они находились на непонятном для всех, приви-
легированном положении и мне кажется, сам Давлианидзе их по-
баивался»[37]. Энтузиазм, энергия и жестокость этих троих приоб-
рели особую репутацию. Бабалов свидетельствовал: «Им [Хазану,
Савицкому и Кримяну] доверялось ведение следствия по наиболее крупным ответственным делам»[38]. Такого же мнения был и
Квиркадзе[39]: «В особенности большую активность в избиении
арестованных проявлял нач. 1-го отделения Хазан и следователи
Кримян и Савицкий»[40]. Барский утверждал в своих показаниях,
что «Кримян и Савицкий проявляли большое рвение к работе,
находились на службе до 5–6 часов утра. Поэтому были на виду и
пользовались привилегиями у руководства»[41]. Подобная обстановка способствовала соперничеству между следователями НКВД
Грузинской ССР в том, кто проведет больше арестов и добьется
большего числа и более обстоятельных признаний. В свою очередь
это становилось стимулом к тому, чтобы санкционировать или
проводить аресты даже при минимуме доказательств и использовать насилие, чтобы выбивать у арестованных имена новых потенциальных жертв. Как показал свидетель В.Н. Васильев, «в тот
период среди следователей развивался невероятный ажиотаж, кто
больше наберет показаний о новых людях и арестует»[42]. Подобными действиями следователи демонстрировали эффективность
своей работы и лояльность по отношению к своим начальникам,
а в обмен получали защиту и официальное признание как герои в
борьбе с контрреволюцией.

Ряд исследователей указали на то, что с точки зрения сталинских отношений между центром и периферией одной из главных целей массовых репрессий было разрушение глубоко укоренившейся в партии системы патронажа, а также удар по влиятельным местным начальникам в регионах и ведомствах[43]. Репрессии в Грузии, несомненно, преследовали ту же цель, например, ликвидацию многих членов семьи и назначенцев Серго Орджоникидзе, а также региональной патронажной сети Нестора Лакобы в Абхазской автономной республике[44]. Роль группировки, созданной Берией в партии и НКВД в Грузии в частности и в Закавказье в целом, которая проявила себя в деле Давлианидзе, служит дальнейшим подтверждением парадоксальной ситуации, когда одна местная группировка способствовал разгрому других патронажных групп[45].

Суд

Серго Давлианидзе предстал перед судом в Тбилиси в октябре 1957 г. по обвинению в контрреволюции в соответствии со статьей 58-7 и 58-8 Уголовного кодекса Грузинской ССР. На подготовку обвинительного заключения, состоявшего из двадцати четырех томов сопроводительных документов и показаний свидетелей, ушло больше года. Давлианидзе обвинялся в подрыве экономической мощи Советского государства и террористической контрреволюционной деятельности в интересах капиталистических государств, а также в пособничестве уже ранее осужденной группе Берии, Кобулова, Гоглидзе и «их сообщников». В обвинительном заключении, в частности, говорилось:

«В целях истребления честных, преданных Коммунистической партии и Советской власти кадров, заговорщики, производя массовые аресты невинных людей, избивали и пытали их. Добившись заведомо ложных показаний в совершении государственных преступлений и заставив арестованных оговорить других невинных людей, заговорщики совершили террористические расправы с честными советскими людьми под видом осуждения их за контрреволюционную деятельность [...] Для осуществления преступных замыслов против Советского государства и народа, Берия и его сообщники специально подбирали лиц из числа враждебных элементов, а также карьеристов, для которых интересы народа были чужды»[46].

В ходе расследования этого дела следствие пришло к заключению, что:

«Осуществляя вражеские замыслы Берия, Гоглидзе и Кобулова, осужденных изменников Родины, попирая и грубо нарушая законы Советского государства, Давлианидзе совершил целый ряд тяжких преступлений против Советского народа»[47].

В ходе трехнедельных слушаний лично дали показания девятнадцать свидетелей, включая некоторых бывших коллег и подчиненных Давлианидзе, а также некоторых потерпевших. Давлианидзе был предоставлен адвокат, и оба они получили разрешение оспаривать заявления обвинения и задавать вопросы свидетелям. Ряд свидетелей, включая некоторых бывших коллег Давлианидзе, против которых он выступал на суде, и кто ранее уже был осужден и приговорен к расстрелу, как, например, А.С. Хазан, Н.А. Кримян и А.Н. Рапава, дали показания заранее. Эти показания были включены в обвинительное заключение и зачитаны на суде.

Прокурор рассмотрел каждый из случаев, представленных в обвинительном заключении, и утверждал, что Давлианидзе фальсифицировал дела, производил аресты при отсутствии необходимых доказательств и с нарушением процессуальных норм, применял запрещенные меры физического воздействия для получения признаний и подписывал фальсифицированные обвинительные заключения, в результате которых 456 человек, в том числе 156 коммунистов, были осуждены, из них 222 человека были расстреляны[48]. Кримян в своих показаниях назвал Давлианидзе одной из главных фигур в массовых репрессиях в Грузии:

«В период 1936–1938 годов Давлианидзе являлся одним из самых жестоких следователей, практиковавшихся, главным образом, на районных делах. Там, где в районах было мало арестов или признаний, обычно появлялся Давлианидзе для "наведения порядка"»[49].

Бывший секретарь 4-го отдела Милова свидетельствовала, что: «Давлианидзе, будучи зам. начальника секретно-политического отдела (4-го) НКВД ГССР, сам лично вел следствие по делам, а также неоднократно ходил по кабинетам следователей, где проводились допросы арестованных, и когда Давлианидзе участвовал в допросах арестованных или допрашивал арестованных сам, то из всех этих комнат, где проводились допросы, доносились крики арестованных, к которым применялись допрашивающими репрессии»[50].

Давлианидзе был признан виновным в фабрикации дела так называемого контрреволюционного центра, якобы существовавшего среди студентов технического университета, а также в репрессиях против супругов, главным образом жен осужденных «врагов народа», в фабрикации дел в грузинских районах Гори, Нижней и Верхней Сванетии, деревне Мукино, а также в нарушениях законности в период его работы на Закавказской и Орджоникидзевской железных дорогах. Почти во всех этих случаях Давлианидзе подписывал ордера на арест и обвинительные заключения, а также составлял резолюции в поддержку действий своих подчиненных. В некоторых случаях он был обвинен в том, что лично избивал арестованных или приказывал избивать.

По словам обвинения, Давлианидзе был беспринципным карьеристом и интриганом, который всячески использовал свои связи с Берией и его ставленниками, Кобуловым, Гоглидзе и Рапавой. Бывший подчиненный Давлианидзе А.Г. Галаванов утверждал, что «Давлианидзе считали склочником и интриганом. Поэтому его недолюбливали», но «у начальства он был на хорошем счету»[51]. Другой бывший сотрудник НКВД свидетельствовал, что Давлианидзе, «видимо, страдал самомнением»[52]. Еще один бывший подчиненный Давлианидзе по НКВД показал следующее: «Давлианидзе […] был […] по характеру замкнутый, грубый, но это может быть потому, что у него такое лицо […] многие боялись Давлианидзе, так как он был груб с работниками. На всех написал кляузы в Москву и тем самым стремился выдвинуться […] обращался грубо с сотрудниками и всегда был хмурый, угрюмый и важный. Особенно тогда, когда к нему ходили в кабинет»[53].

Таким образом, Давлианидзе, по мнению обвинения, был законченным карьеристом, который, чтобы угодить своим начальникам, Берии, Кобулову и Гоглидзе, и таким образом продвинуться по службе, злоупотреблял своим положением для фальсификации следственных дел и запрещенными методами выбивал признания и доносы, в результате чего сотни невинных советских людей, включая и членов партии, были лишены свободы или расстреляны.

Генерал защищается

В своих показаниях в ходе первоначального следствия, в ответах на вопросы и выпады на суде, как и в тридцатидвухстраничном рукописном «последнем слове», которое ему разрешили зачитать при завершении суда и включили в официальный протокол, Давлианидзе, а также его сослуживцы по НКВД, обвиненные в пособничестве, как и ранее многие обвиняемые нацисты на Нюрнбергском процессе, утверждали, что были лишь «винтиком» и слепо следовали приказам.

Главным доводом Давлианидзе было то, что практически во всех делах, по которым он обвинялся, он действовал в соответствии с инструкциями Кобулова, Гоглидзе и Берии, а также то, что он ничего не знал об их контрреволюционных планах, что сам он редко прибегал к насилию и редко приказывал подчиненным применять физические методы воздействия (а в тех случаях, когда он отдавал такие приказы, он выполнял инструкции вышестоящего руководства), что он лично не фальсифицировал улики, не принимал решения по заведению дел, не проводил аресты, а также не имел возможности влиять на вынесение приговоров. По его словам, у него не было ни намерений, ни причин вредить кому-либо. Те же свидетели, которые утверждали, что он превысил свои полномочия и применял насилие, лгут вследствие личной неприязни к нему. Не он создал систему, в которую оказался вовлечен, и даже если бы он в то время понял незаконность получаемых им приказов, он все равно не смог бы изменить существовавший порядок или отказаться исполнять эти приказы:

«Никакой моей вины нет, в том, что мне пришлось работать в этих органах в период, когда они на протяжении четверти века, в разное время, поочередно возглавлялись, впоследствии разоблаченными во вражеской деятельности – Ягодой, Ежовым, Берия, Меркуловым, Абакумовым и др., которых, я признавал как руководителей и начальников, поскольку они выдвигались, назначались и утверждались руководством КПСС и Советского правительства. В их правах было по усмотрению устанавливать и вносить изменения в систему, методы и формы работы в органах. В их правах было издавать руководящие приказы, инструкции и указания, я же как сотрудник, зависящий по службе от них, обязан был выполнять таковые и подчиняться установленным ими порядкам работы в органах»[54].

Давлианидзе упорно отрицал, что до 1936 г. органы НКВД применялись насилие на допросах. Однако вскоре после назначения Давлианидзе заместителем начальника 4-го отдела, первый секретарь ЦК КП(б) Грузии Берия в конце июля – начале августа 1937 года собрал официальное совещание руководства НКВД в здании ЦК КП(б) Грузии, на которой «руководством органов было введено применение незаконных мер физического воздействия к арестованным», обвиняемым в государственных преступлениях, хотя в понимании Давлианидзе «санкции на применение этих незаконных мер к арестованным сотрудниками органов в каждом случае» должны были быть получены от партийного руководства или руководства НКВД:[55]

«Избиения арестованных начались в июле–августе 1937 года, но не в 1936 году. Я помню на совещании ЦК партии Грузии, где присутствовали также Хазан, Кримян, наркомы автономных республик и начальники РО НКВД, Берия зачитал директиву руководства Москвы о применении репрессий к арестованным за государственные преступления. На основании этого Гоглидзе и Кобулов давали письменные распоряжения об избиении арестованных»[56].

Заключительный вывод Давлианидзе на суде был основан именно на этих доводах:

«Я несу ответственность за то, что незаконно арестовывал людей, но я считал, что выполняю указания партии и правительства. Протестовать против того порядка было невозможно […] даже сами члены правительства ничего не говорили тогда об этом»[57].

Аналогичным образом свои доводы на суде суммировал и адвокат Давлианидзе:

«Необходимо учесть обстановку того времени, преступную систему ведения следствия, [а также то,] что в действиях подсудимого Давлианидзе не было цели свержения советской власти, что нет никаких данных о том, что Давлианидзе находился в сговоре с врагом народа Берия и его сообщниками и что в его действиях не усматривается контрреволюционный умысел»[58].

Утверждая, что был лишь «слепым орудием» исполнения приказов в период беззакония, Давлианидзе в апелляции суду также утверждал, что «разоблачение» Берии в 1953 г., процесс десталинизации и критика культа личности Сталина, начатые первым секретарем КПСС Никитой Сергеевичем Хрущевым на XX съезде партии в феврале 1956 г., дали ему возможность понять противоправность системы, существовавшей в органах безопасности в сталинский период:

«До разоблачения в 1953-м году провокатора Берия и его сообщников я ничего не знал [о беззаконии] и не смог бы распознать этого. Степень своей виновности, как член КПСС и бывший сотрудник органов НКВД-МГБ, я понял лишь после моего ознакомления с материалами 20-го съезда КПСС [...] Я же тогда всего этого, как исполнитель не сознавал, а если бы осознал, то никакого влияния не смог бы оказать, и ничего не смог бы изменить, кроме того мне вообще никто бы не поверил, и я подвергся бы только привлечению к уголовной и партийной ответственности за невыполнение приказов, инструкций и указаний НКВД–МГБ Гр. ССР и СССР а также решений ЦК КПСС и быв. руководства СССР»[59].

Давлианидзе утверждал, что у него не было ни юридического образования ни соответствующей подготовки до того, как он начал работать в органах: «В 1952 году я начал самостоятельно изучать юридические науки. Специального юридического образования я не имею. С этого момента я стал подкованным человеком. До этого же в органах работали люди, не имеющие юридического образования»[60].

«Сталинская субъективность» в НКВД

Вместе с оправданиями, что он всего лишь исполнял приказы сверху, ничего не знал о противозаконности этих приказов и что все равно не смог бы отказаться их исполнять или сделать что-либо еще против существовавшей системы, даже если бы он понимал незаконность действий, Давлианидзе также апеллировал к менталитету или «духу времени», царившему в то время в НКВД в частности и в советском обществе в сталинский период в целом, к тому феномену, который совсем недавно стали называть «сталинской субъективностью» (Stalinist subjectivity)[61]. Под феноменом сталинской субъективности исследователи подразумевают намерения и мотивы действий в историческом контексте сталинского общества, а также способы, с помощью которых режим инкорпорировал население посредством политики социальной идентификации и мобилизации, с одной стороны, и способы, которыми население усваивало официальный дискурс, с другой.

Учитывая чрезвычайный характер времени, как утверждал Давлианидзе, он верил в безотлагательность борьбы с «классовыми врагами» и их агентами, а также в то, что его приказы были правильны и морально оправданы:[62]

«Как меры, диктуемые духом времени и его требованиями, в связи с чрезвычайной для СССР международной и внутренней обстановкой и близостью войны капиталистических стран против

СССР, таким выступлениям [классовых врагов], как я, так и другие не имели никаких оснований не верить тогда»[63].

«Я выполнял указания ЦК партии Грузии и Москвы, а также и наркома ГССР, и, как говорится, какова была музыка, таков был и танец»[64].

Всевластие партийного руководства и начальства НКВД, постоянные и всеобъемлющие пропагандистские кампании против «врагов народа» и «вредителей» создавали ситуацию, в которой обычный (среднестатистический) человек волей неволей, но принимал для себя доминирующую официальную трактовку событий:

«Бывший нарком Ежов был вторым секретарем ЦК КПСС, и ему верили. Об аресте людей и применении к ним незаконных методов следствия имелось указание за подписью Ежова. Я, как и все, находился под мнимым психозом борьбы с контрреволюцией. Теперь я, конечно, на все смотрю другими глазами [...] Все специальные пособия и литература, газеты и статьи шумели о контрреволюции и тем самым делали из нас послушных автоматов»[65].

Всеохватывающий и непрестанный характер официального дискурса в условиях опасности, внешней и внутренней угрозы, заговора и паранойи позволяет предполагать, что слова Давлианидзе значат больше, чем просто попытку формально оправдаться. Официальный дискурс, как представляется, фундаментально определил категории его мышления и взгляд на реальность, так что для человека, подобного Давлианидзе, было бы очень трудно, если вообще возможно, в этой ситуации думать вне официального дискурса и независимо от него. И хотя он приводит в свою защиту довод о том, что в то время не понимал истинного смысла событий, но из смысла его утверждений (он продолжал называть реабилитированных «врагами народа», считал классовое происхождение объективной основой вины) следует, что его мировоззрение даже во время суда все еще оставалось глубоко сталинским.

НКВД Грузии в разгар массовых репрессий

Документы следственного дела Давлианидзе позволяют увидеть внутренний ведомственный климат, царивший в разгар массовых репрессий в органах государственной безопасности Грузии, а, вероятно, и в органах НКВД всего Советского Союза. Суд, в частности, выявил материалы, полученные от самого Давлианидзе и других свидетелей, о процессуальных нарушениях, принявших угрожающие масштабы. В числе таких нарушений были производство арестов без предварительного получения на то санкции прокурора, проведение допросов без санкции на арест и предъявления официально оформленных актов обвинения[66]. Еще одним нарушением было составление протоколов допроса постфактум. Согласно правилам, следователи должны были во время допроса вести рукописные протоколы вопросов и ответов, которые затем следователь и арестованный должны были подписать, после чего протоколы необходимо было перепечатать и официально подписать. Когда обвинители на суде поинтересовались, почему в личных делах арестованных не было рукописных оригиналов протоколов допроса, Давлианидзе и другие свидетели признались, что в то время, якобы из-за недостатка времени, следователи в течение допроса лишь делали заметки (которые после выбрасывали), а затем напрямую диктовали протокол допроса машинистке[67]. В действительности следователи часто составляли протоколы, руководствуясь своими прихотями, выбирая обвиняемых и обвинения по собственному усмотрению[68]. Затем следователи избивали арестованных, пока те не соглашались подписать заранее составленный протокол допроса. Один из бывших сотрудников НКВД показал, что так называемые заговоры с целью убийства Берии и высших чинов НКВД были популярны у начальства, поэтому следователи старались как можно чаще включать подобные «признания» в протоколы[69]. В 1953 г. Л.Ф. Цанава свидетельствовал: «Террор против Берия настолько вошел в быт, что считалось необходимым в каждом деле иметь признание арестованных, что они готовили теракт против Берия [...]. Арестованные говорили только то, что хотел Кобулов, который заранее намечал нужные ему показания, вызывал к себе своих помощников Кримяна, Хазана, Савицкого, Парамонова и др., распределял среди них, какие показания должны им дать арестованные, и начиналась работа по выколачиванию показаний. Избивали просто до тех пор, пока арестованный не давал нужных Кобулову показаний»[70].

Во многих случаях, и опять в нарушение процессуальных норм, арестованным вообще не разрешали прочитать протокол допроса, который их заставляли подписать. Кроме того, были случаи, когда арестованным, не говорившим по-русски, не предоставляли перевода протокола их допроса, им просто говорили, что это «не их дело» знать то, что там написано[71]. Еще одним похожим нарушением, которое Давлианидзе признал на суде, было неправомерное использование, по его собственной терминологии, «альбомного порядка», применявшегося в ходе «национальных» операций НКВД, при котором следователи собирали материалы в виде обобщающих справок, где перечислялись обвинения и приговоры. Эти комбинированные обобщающие списки затем отсылались вышестоящему руководству для окончательного утверждения[72]. Все эти действия и составили то, что Давлианидзе и другие сотрудники органов называли «упрощенным методом» ведения следствия, который использовался в НКВД, особенно с 1937 года[73].

Несколько раз на суде упоминалось еще одно процессуальное нарушение, а именно «расчленение дел», при котором следователи заводили новое дело на арестованных или обвиняемых по другим, в том числе и «групповым делам»[74]. По словам бывшего подчиненного Давлианидзе Асланикашвили, это облегчало следователям фальсификацию дел, позволяло увеличить число показаний, как и общее количество дел, находившихся в разработке[75].

Вина Давлианидзе

Давлианидзе упорно настаивал на том, что у него не было контрреволюционных намерений и что он лишь исполнял приказы сверху, однако некоторые свидетели на суде оспорили его утверждения о том, что он не избивал арестованных и не отдавал приказаний избивать. По их словам, Давлианидзе лично бил их во время допроса, в том числе и рукояткой пистолета[76]. Да и сам Давлианидзе признал, что применял насилие, по приказу из Москвы, в отношении трех русских инженеров, арестованных в Верхней Сванетии[77]. Его бывший сослуживец Кримян заявлял, что Давлианидзе отличался «исключительной свирепостью при избиениях арестованных»[78]. И другие бывшие сотрудники НКВД обвиняли Давлианидзе в том, что он отдавал им устные распоряжения бить арестованных[79]. По словам одного из них, Давлианидзе пенял ему, что «били [арестованного] мало, добейте его до конца»[80]. Сам Давлианидзе признался несколько раз, что писал резолюции типа «крепко допросить», но в показаниях на суде неоднократно настаивал, что с его точки зрения это означало лишь «тщательно допросить». Несколько человек из его бывших подчиненных (Галаванов и Лазарев) оспорили это, утверждая, что они понимали такие резолюции как приказ применять насилие, и все их сослуживцы понимали это таким же образом[81]. Против Давлианидзе свидетельствовали и его собственные слова на предварительном следствии, когда он объяснил, что «крепко допросить» означало избить арестованного[82]. К концу суда Давлианидзе вынужден был признать, что в ряде случаев применял физические меры воздействия[83]. На одном из допросов, который он проводил во время службы в Транспортном отделе Закавказской железной дороги, Давлианидзе заявил задержанному, что для него он, Давлианидзе, является и судом, и трибуналом, и что захочет, то с ним и сделает[84].

Более существенно, однако, то, что Давлианидзе был вынужден признать халатность и небрежность при подписании десятков ордеров на арест и обвинений без достаточных доказательств вины, сказав, что его ошибка состоит в том, что он «подписал обвинительные заключения по недослестованным делам»[85] и что он признает себя виновным «в том, что дал свое согласие на обвинительном заключении [...] не имея достаточных обвинительных материалов»[86].

В ходе суда возникли разногласия по вопросу о роли должностных лиц НКВД, которые проводили расследования и представляли дела в специальные трибуналы – «тройки», состоявшие из прокурора, представителя коммунистической партии и сотрудника НКВД и выносившие окончательные решения по приговорам. Давлианидзе и некоторые из его бывших коллег по НКВД настаивали на том, что «тройки» не советовались со следователями при вынесении приговоров и не спрашивали мнения следователей по делам арестованных[87]. Однако бывший нарком внутренних дел Грузии А.Н. Рапава, неоднократно входивший в состав троек, в своих показаниях, зачитанных на суде над Давлианидзе, утверждал: «Сначала мы спрашивали мнение у следователя, доложившего дело, а затем кто-нибудь из членов тройки предлагал меру наказания. Случалось, что я первым предлагал меру наказания»[88]. Это заявление сразу же поставило под сомнение утверждение Давлианидзе о его непричастности к вынесению приговоров по сотням утвержденных им дел. А тот факт, что он подписал так много ордеров и разрешений на арест и проведение следствия, не мог не повлиять на мнение суда, поскольку продемонстрировал, что у Давлианидзе было гораздо больше власти в принятии решений, чем он признал на суде.

В результате 31 октября 1957 г. Давлианидзе был признан виновным по всем статьям обвинения и осужден на 25 лет исправительных работ с конфискацией имущества и лишением всех государственных наград и званий. Он умер около десяти лет спустя, в августе 1967 г., находясь в заключении в Дубравном ИТЛ в Мордовской автономной республике.

Заключение

Материалы судебного дела создают нелицеприятный портрет Давлианидзе: он предстает коварным, тщеславным, корыстным, порой высокомерным, очень подозрительным и часто мстительным человеком. Давлианидзе был груб с подчиненными и скор писать доносы на своих коллег, возможно, ожидая того же от них. Однако в этом он, пожалуй, вел себя как типичный советский человек сталинского времени. Свидетели и бывшие коллеги по НКВД неоднократно характеризовали Давлианидзе как интригана, но не садиста или психопата, тогда как такие характеристики получали его соперники Хазан, Кримян и Савицкий[89]. Хотя и были случаи, когда Давлианидзе явно злоупотреблял своим положением и в начале своей карьеры превышал полномочия, однако, представляется, что его приобщение к насилию началось лишь в период массовых сталинских репрессий 1937–1938 гг. В разное время он утверждал, что воевал в гражданскую войну в 1919 г. и участвовал в подавлении антисоветского восстания в августе 1924 г., но подобные утверждения кажутся весьма сомнительными, и, даже если Давлианидзе говорит правду, не этот опыт сформировал его характер. Таким образом, в отличие от коллег по НКВД в России и в других местах Советского Союза, Давлианидзе, находясь в относительно спокойной Грузии, видимо, имел небольшой опыт (а то и вовсе никакого) приобщения к жестокости во время Первой мировой войны, революций 1917 г. и гражданской войны[90]. Таким образом, довод Линн Виолы об обусловленности «экосистемы насилия» предшествующим опытом участия в репрессиях, похоже, не применим к случаю Давлианидзе. До того как Давлианидзе летом 1937 г. был переведен со своего периферийного поста в Чиатуре в 4-й отдел НКВД Грузинской ССР, ставший центром проведения массовых репрессий в Грузии, он, очевидно, не знал о новой политике применения методов насилия на допросах для выбивания признаний и доносов, а также использовании полученной таким путем информации как единственного и достаточного основания для вынесения обвинений и проведения дальнейших арестов. Возможно, он вначале был даже удивлен, столкнувшись с такой практикой. Начав работу в 4-м отделе, Давлианидзе в первую очередь доложил народному комиссару внутренних дел НКВД Грузии Гоглидзе об использовании подобных методов его сослуживцами, Хазаном, Кримяном и Савицким[91], и только после обращения Берии к сотрудниками органов госбезопасности с разрешением использовать методы физического воздействия на допросах Давлианидзе понял «сигнал» и сам стал их применять[92].

В новой ситуации Давлианидзе, видимо, быстро освоился и стал преуспевать. Его склонность к подозрительности и доносительству попала в благоприятную среду. Дело Давлианидзе показывает, как сама ведомственная атмосфера в НКВД подталкивала к нарушениям законности. Защищенные покровительством руководства органов госбезопасности и партии, а также властью, данной им этим руководством, следователи уверовали в свою всесильность, что еще более усиливалось осознанием «непрозрачности», то есть закрытости процессуальных действий для контроля, и отсутствием подотчетности. Соперничество и взаимная подозрительность в сочетании с тем фактом, что именно такое поведение было критерием оценки их работы, поощряло следователей к использованию любых методов и уловок для достижения быстрого роста числа арестов и признаний. Следует добавить, что Давлианидзе и его современники не были знакомы с концепциями главенства закона, даже в советской интерпретации этого главенства как «социалистической законности». Как доказывал на суде сам Давлианидзе, ни он, ни его коллеги не имели юридического образования или иной подготовки, и только значительно позже он стал задумываться о смысле и значении подобных концепций[93]. Давлианидзе не уклонялся от использования методов насилия, но, в отличие от Берии и некоторых других своих коллег, он, видимо, не усердствовал в избиениях и пытках задержанных и не получал от этого особого удовольствия, предпочитая подписывать приказы и заставлять это делать своих подчиненных.

Тем не менее Давлианидзе явно процветал в подобной среде, в результате время массовых репрессий и Великой Отечественной войны стало пиком его карьеры. До этого времени, в ранний период своей службы, Давлианидзе добился в лучшем случае посредственных результатов, а после 1945 г., когда политические условия в стране стали меняться, его подозрительность и доносительство на коллег и подчиненных привели к закату его карьеры и, в конечном итоге, к увольнению. Таким образом, свойства характера, столь хорошо послужившие ему во время репрессий, позже превратились в помеху[94]. Успешная карьера в НКВД принесла Давлианидзе звание генерал-майора, множество орденов и медалей и хорошую квартиру в престижном районе Тбилиси. Давлианидзе, как и большинство его коллег в НКВД Грузии, был чужаком в грузинской столице, без хорошего образования, семейных связей, престижа и другого социального капитала. Это слишком опасное несоответствие большой власти и низкого социального престижа, вместе с отсутствием подконтрольности, по-видимому, также усилило рвение, с которым следователи НКВД допрашивали бывших высокопоставленных партийных руководителей Грузии и их жен, а также студентов и преподавателей институтов и университетов, составивших значительное число жертв[95].

Все это могло быть лишь усилено усвоением официального дискурса и, в конечном итоге, принятием людьми неустанно пропагандируемой идеологии классовой борьбы, страха и угрозы контрреволюционной вражеской деятельности и вредительства. Следователи, видимо, были глубоко уверены в истинности этих угроз, в том, что обстановка в СССР была критической, а заговоры и преступления, в которых признавались их жертвы, реальны. Хотя Давлианидзе в разные моменты суда утверждал, что позже, после разоблачений на XX съезде КПСС, пришел к пониманию незаконности методов, использовавшихся НКВД во время массовых репрессий, однако ряд его замечаний свидетельствует, что он по-прежнему считал, что многие из его жертв были виновны и заслуживали полученного наказания. Зачастую он с презрением отзывался о репрессированных, и несколько раз на суде ему напоминали о том, что арестованные, которых он все еще считал врагами, уже были официально реабилитированы[96]. Он также заявлял, как о само собой разумеющемся, что взаимная неприязнь между ним и рядом коллег коренилась в классовом конфликте, так как их родители в царское время были офицерами или чиновниками или потому, что у них были родственники заграницей[97].

В конечном итоге, из дела Давлианидзе можно вычленить комбинацию факторов, определявших мотивацию и поведение как самого Давлианидзе, так, возможно, и его сотоварищей-карателей: приспособление к ведомственной обстановке, царившей в НКВД; давление со стороны коллег; страх и амбиции в соперничестве с соратниками и противниками в погоне за результатами, которые приносили награды и признание начальства; упоение силой и властью, которое они черпали из своего положения и полномочий; вера в правильность и моральную оправданность того, что они делали. К этому следует добавить неведение о незаконности методов, которые они использовали, как и отсутствие представлений о законности как таковой, а, кроме того, невозможность даже вообразить, что однажды то же самое партийное государство, которое приказывало и поощряло противозаконные действия, привлечет их к уголовной ответственности за эти же самые действия.

Обвинения в контрреволюционной и антисоветской деятельности, выдвинутые против Давлианидзе и других карателей НКВД Грузии, скрыли главнейшую цель судебного разбирательства. Вместо того чтобы признать, что причины преступлений, совершенных в период массовых репрессий 1937–1938 гг. в частности и в период сталинского правления в целом, коренятся в авторитарной партийно-государственной системе и свойственном этой системе отсутствии верховенства закона, обвинители вынуждены были сформулировать свои обвинения как злой умысел и проступки тех, кто извратил ленинские нормы. В Грузии это подразумевало «осужденного провокатора Берию и его сообщников». Давлианидзе и другие каратели, привлеченные к ответственности, были официально обвинены в контрреволюции как пособники в заговоре Берии с целью подрыва основ советской государственности и экономики, тогда как основной упор в аргументах обвинения был сделан не на контрреволюционные намерения и участие в заговоре, а на умышленное и преднамеренное нарушение законодательных и процесуальных норм. В конечном итоге обвинители, видимо, старались подчеркнуть не столько те преступные деяния, которые совершили каратели, сколько рвение при выполнении приказов. Поскольку почти всегда каратели были исполнителями общих или конкретных приказов, поступавших сверху, в данном случае от Кобулова, Гоглидзе и Берии, обвинители на суде старались доказать, что каратели были хуже, чем правонарушители, они были плохими, пагубными людьми, а для этого необходимо было показать рвение, злобный энтузиазм и порочность, с которыми приказы приводились в исполнение.

Давлианидзе мог по праву возразить, что не знал ни о каких заговорах, что он, в отличие от некоторых других своих сослуживцев, не был напрямую связан с Берией и его ставленниками, и что его намерения никогда не были контрреволюционными.

Вполне понятно то неизбежное возмущение, которое Давлианид-зе и его товарищи-каратели испытывали от парадоксальной ситуации: их судили и наказали именно за те преступления, которые те же власти раньше поощряли. Показания Хазана, включенные в дело Давлианидзе, точно выразили этот парадокс:

«Таким образом, получилось для меня и для всех опер[ативных] работников страшное положение. В 1937 году руководство НКВД обязало, как нам сказали, по указанию высших органов избивать арестованных, уклонение от этого рассматривалось как вражеская к.-р. работа, а спустя много лет за выполнение этого же предписания обвиняешься также в к.-р. преступлении»[98].

В конечном итоге, несмотря на бурные протесты против официальных обвинений, Давлианидзе, с неохотой, признал себя виновным в тех деяниях, за которые на самом деле он преследовался негласно по закону: небрежность в ведении дел и подписание приказов, приведших к необоснованным приговорам и расстрелу сотен невиновных людей.

Перевод с английского Елены Осокиной

ПРИМЕЧАНИЯ

[1] Архив бывшего КГБ Грузии сейчас официально называется сакартвелос шинаган сакмета саминистро (шсс) аркиви (I) [I секция Архива Министерства внутренних дел Грузии], далее сакартвелос шсс аркиви (I).

[2] *Юнге Марк.* Описание проекта.

[3] *Юнге Марк.* Описание проекта, прим. 2.

[4] *Viola L.* The Question of the Perpetrator in Soviet History // Slavic Review. 72. 2013. № 1. P. 1–23.

[5] Там же. С. 22.

[6] Последнее слово // сакартвелос шсс аркиви I. Ф. 6. Д. 4643–4658. Т. 24/21. Л. 244.

[7] В одной из автобиографий Давлианидзе указал, что два года учился в Тифлисском Высшем гидротехническом училище.

[8] Письмо Литвиненко из груз.[инского] филиала ИМЛ от 25 марта 1956 // Там же. Т. 24/1. Л. 98.

[9] Там же. Л. 95.

[10] Из документов неясно, было ли новое назначение повышением по службе, или попыткой избавиться от Давлианидзе.

[11] Протокол осмотра // Там же. Т. 24/1. Л. 206-16.

[12] Письмо Литвиненко из груз. [инского] филиала ИМЛ от 25 марта 1956 // Там же. Т. 24/1. Л. 97.

[13] Заявление от 6 января 1951 г. // Там же. Т. 24/1. Л. 228–231.

[14] Там же. Л. 232. См. также: *Газарян С.О.* Это не должно повториться. Документальная повесть. – Ереван, 1988. С. 22.

[15] Контрразведывательный словарь. – М., 1972.

[16] Протокол опроса свидетеля // сакартвелос шсс аркиви I. Ф. 6. Д. 4643–4658. Т. 24/1. Л. 3–7.

[17] Обвинительное заключение // Там же. Т. 24/18. Л. 98; Протокол судебного заседания // Там же. Т. 24/21. Л. 62.

[18] Обвинительное заключение // Там же. Т. 24/18. Л. 74.

[19] Берия тоже жил в этом доме в бытность начальником органов безопасности Грузии и до того, как стал партийным руководителем республики.

[20] Выписка из листка по учету кадров // Там же. Т. 24/1. Л. 181.

[21] Заключение на генерал-майора Давлианидзе С.С. // Там же. Т. 24/1. Л. 203.

[22] Справка по материалам бывшего нач. управления охраны МГБ Орджоникидзевской жел. дор. генерал-майора Давлианидзе С.С. // Там же. Т. 24/1. Л. 201–202.

[23] Там же. Л. 204.

[24] Записка Р.А. Руденко в ЦК КПСС с приложением обвинительного заключения по делу следователей НКВД Грузинской ССР. 25 мая 1954 г. // РГАСПИ. Ф. 17. Оп. 171. Д. 474. Л. 148–196, опубликовано в: Дело Берия. Приговор обжалованию не подлежит / Сост. В.Н. Хаустов. – М., 2012. С. 461–485.

[25] Записка Р.А. Руденко в ЦК КПСС. С. 465.

[26] Там же. С. 468.

[27] Там же. С. 469.

[28] Там же. С. 466.

[29] Газарян. Это не должно повториться. С. 22.

[30] Записка Р.А. Руденко в ЦК КПСС. С. 465.

[31] Газарян. Это не должно повториться. С. 21.

[32] Там же. С. 23.

[33] Протокол судебного заседания // сакартвелос шсс аркиви I. Ф. 6. Д. 4643–4658. Т. 24/21. Л. 236.

[34] Там же. Л. 43–44

[35] Там же. Л. 62.

[36] Там же. Л. 59.

[37] Там же. Л. 21.

[38] Записка Р.А. Руденко в ЦК КПСС. С. 465.

[39] В 1937 г. сотрудник УГБ НКВД Грузинской ССР (см. Именной комментарий в книге: Дело Берия. Приговор обжалованию не подлежит / Сост. В.Н. Хаустов. – М., 2012. С. 696), дал показания следствию, которые фигурируют в обвинительном заключении против Савицкого, Кримяна, Хазана и Парамонова, в мае 1954 года, был свидетелем на их суде (Записка Р.А. Руденко в ЦК КПСС. С. 463–4644). Имя и фамилия не указаны.

[40] Записка Р.А. Руденко в ЦК КПСС. С. 464.

[41] Протокол судебного заседания // сакартвелос шсс аркиви I. Ф. 6. Д. 4643–4658. Т. 24/21. Л. 62.

[42] Записка Р.А. Руденко в ЦК КПСС. С. 464; также см.: *Сухомлинов А.* Кто Вы, Лаврентий Берия? Неизвестные страницы уголовного дела. – М.,

2003. С. 167: «Бывшие следственные работники, Кварикашвили, Кримян и Хазан, осужденные в 1955 году за подобные преступления, показали, что издавательства и пытки над арестованными проводились с ведома Гоглидзе. Шло соревнование сотрудников – кто больше разоблачит врагов народа. Это же подтвердил работник следственного аппарата Савицкий, также осужденный в 1955 году».

[43] См.: *Getty A.* Practicing Stalinism: Bolsheviks, Boyars and the Persistence of Tradition. – Yale, 2013.

[44] *Blauvelt T.* Abkhazia: Patronage and Power in the Stalin Era // Nationalities Papers. 35. 2007. № 2.

[45] *Blauvelt T.* March of the Chekists: Beria's Secret Police Patronage Network and Soviet Crypto-Politics // Communist and Post-Communist Studies. 44. 2011. № 1.

[46] Обвинительное заключение // сакартвелос шсс аркиви I. Ф. 6. Д. 4643–4658. Т. 24/18. Л. 70.

[47] Там же. Л. 71.

[48] Там же. Л. 73.

[49] Там же. Л. 71.

[50] Там же. Л. 72.

[51] Там же. Л. 72.

[52] Протокол судебного заседания // Там же. Т. 24/21. Л. 62.

[53] Там же. Л. 98.

[54] Там же. Л. 255.

[55] Там же. Л. 259–260.

[56] Там же. Л. 78.

[57] Там же. Л. 238.

[58] Там же. Л. 239.

[59] Там же. Л. 263.

[60] Там же. Л. 40.

[61] *Kotkin S.* Magnetic Mountain: Stalinism as Civilization. – Berkeley, 1996. С. 22–23; *Hellbeck J.* Speaking Out: Languages of Affirmation and Dissent // The Resistance Debate in Russian and Soviet History / Ed. David-Fox M., Holquist P., Poe M. – Bloomington, 2003. P. 103–37. Критику этого подхода см.: *Edele M.* Stalinist Society: 1928–1953. – Oxford, 2011. P. 237–238.

[62] Последнее слово // сакартвелос шсс аркиви I. Ф. 6. Д. 4643–4658. Т. 24/21. Л. 254.

[63] Там же. Л. 261.

[64] Там же. Л. 194.

[65] Там же. Л. 226–227. Сослуживец Давлианидзе, Хазан, сделал похожее заявление в более ранних показаниях, которые были использованы на суде над Давлианидзе: «В 1937 году я был воодушевлен директивами партии по борьбе с врагами народа» (протокол допроса А.С. Хазана) // сакартвелос шсс аркиви I. Ф. 6. Д. 4643–4658. Т. 24/3. Л. 32.

[66] Там же. Л. 259; Протокол судебного заседания // сакартвелос шсс аркиви I. Ф. 6. Д. 4643–4658. Т. 24/21. Л. 54.

[67] Там же. Л. 69.

[68] Там же. Л. 108; Протокол допроса свидетеля // Там же. Л. 12.

[69] Показания К.С. Савицкого см. в: Записка Р.А. Руденко в ЦК КПСС. С. 463.

[70] Показания Цанава см. в: Записка Р.А. Руденко в ЦК КПСС. С. 465.

[71] Протокол судебного заседания // сакартвелос шсс аркиви I. Ф. 6. Д. 4643–4658. Т. 24/21. Л. 38.

[72] Там же. Т. 24/21. Л. 13. См.: Большевистский порядок в Грузии. Издание в двух томах. Т. 1. Большой террор в маленькой кавказской республике / Сост. М. Юнге, Б. Бонвеч. – М., 2015. С. 26, сн. 48.

[73] Последнее слово // сакартвелос шсс аркиви I. Ф. 6. Д. 4643–4658. Т. 24/21. Л. 259; Протокол судебного заседания // сакартвелос шсс аркиви I. Ф. 6. Д. 4643–4658. Т. 24/21. Л. 64, 118.

[74] Протокол судебного заседания // сакартвелос шсс аркиви I. Ф. 6. Д. 4643–4658. Т. 24/21. Л. 40.

[75] Там же. Л. 66.

[76] Там же. Л. 73, 157.

[77] Там же. Л. 158.

[78] Обвинительное заключение // Там же. Т. 24/18. Л. 72.

[79] Протокол судебного заседания // Там же. Т. 24/21. Л. 171–172.

[80] Там же. Л. 87.

[81] Там же. Л. 64, 106.

[82] Протокол допроса А.С. Хазана // Там же. Т. 24/21. Л. 7.

[83] Протокол судебного заседания // Там же. Т. 24/21. Л. 197, 226.

[84] Там же. Л. 200.

[85] Протокол допроса А.С. Хазана // Там же. Т. 24/21. Л. 10.

[86] Протокол судебного заседания // Там же. Т. 24/21. Л. 79.

[87] Последнее слово // Там же. Т. 24/21. Л. 258; Протокол судебного заседания // сакартвелос шсс аркиви I. Ф. 6. Д. 4643–4658. Т. 24/21. Л. 160.

[88] Выписка из судебного протокола по делу Рапава, Рухадзе и других // Там же. Т. 24/21. Л. 131.

[89] Например, протокол допроса Парамонова // Там же. Т. 24/16. Л. 30.

[90] См. *Чикрадзе М.* Культурная жизнь Тбилиси в 1910–1920-х годах (на груз. яз.) // Амиран. 2000. № 3. С 85–105; и *Никольская Т.* Фантастический город. Русская культурная жизнь в Тбилиси (1917–1921). Москва, 2000.

[91] Жалобы // сакартвелос шсс аркиви I. Ф. 6. Д. 4643–4658. Т. 24/21. Л. 73.

[92] В своих показаниях Хазан сказал, что этот «сигнал» еще раньше в том же году поступил от Берии сотрудникам, работавшим в Тбилиси, вслед за февральско-мартовским пленумом партии 1937 г., и что он, Хазан, начал применять меры физического воздействия на допросах в мае того же года (протокол допроса А.С. Хазана) // сакартвелос шсс аркиви I. Ф. 6. Д. 4643–4658. Т. 24/3. Л. 30.

[93] Протокол судебного заседания // сакартвелос шсс аркиви I. Ф. 6. Д. 4643–4658. Т. 24/21. Л. 58.

[94] Дело Давлианидзе также показывает, как те же самые факторы – сочетание подозрительности, недоверия и амбиций – позволили и даже способствовали проникновению репрессий в ряды самого НКВД. В частности, это видно в деле села Мукино и в деле продовольственной секции НКВД, по ко-

торым сотрудники НКВД были репрессированы, даже несмотря на очевидное отсутствие политического соперничества между фракциями в НКВД Грузии.

[95] Например, репрессии против группы студентов, обвиненных в создании «Молодежной организации» (Обвинительное заключение // сакартвелос шсс аркиви I. Ф. 6. Д. 4643–4658. Т. 24/18. Л. 75–82), директора Медицинского института в Тбилиси К.В. Цомая (умер во время допроса) и его сотрудников (Там же. Л. 85), студентов и научных сотрудников Грузинского индустриального института (Там же. Л. 93–95), а также группы юристов (Протокол судебного заседания // сакартвелос шсс аркиви I. Ф. 6. Д. 4643–4658. Т. 24/21. Л. 121–9).

[96] Протокол судебного заседания // сакартвелос шсс аркиви I. Ф. 6. Д. 4643–4658. Т. 24/21. Л. 216. Во время суда он сказал: «Теперь свидетели пользуются моментом и говорят, все, что им вздумается. Такая болтовня компрометирует только советскую власть. Пострадавшие стремятся сгустить краски». Протокол судебного заседания // сакартвелос шсс аркиви I. Ф. 6. Д. 4643–4658. Т. 24/21. Л. 226.

[97] Протокол судебного заседания // сакартвелос шсс аркиви I. Ф. 6. Д. 4643–4658. Т. 24/21. Л. 43–44; Последнее слово // сакартвелос шсс аркиви I. Ф. 6. Д. 4643–4658. Т. 24/21. Л. 243.

[98] Протокол допроса А.С. Хазана // сакартвелос шсс аркиви I. Ф. 6. Д. 4643–4658. Т. 24/3. Л. 30.

ОБ АВТОРАХ

Блаувельт Тимоти К. (Timothy K. Blauvelt), адъюнкт-профессор (associate professor) советских и постсоветских исследований, Государственный университет Ильи, Тбилиси, Грузия; директор грузинского офиса организации Американских советов по международному образованию (ACTR/ACCELS), Тбилиси, Грузия.

Основные публикации: Abkhazia. Patronage and Power in the Stalin Era // Nationalities Papers. 2007. № 2. 35. P. 203–232; March of the Chekists: Beria's Secret Police Patronage Network and Soviet Crypto-Politics // Communist and Post-Communist Studies. 2011. № 1. 44. P. 73–88; Resistance and Accomodation in the Stalinist Periphery. A Peasant Uprising in Abkhazia // Ab Imperio. 2012. № . 3. 13. P. 78–108; The «Mingrelian Question»: Institutional Resources and the Limits of Soviet Nationality Policy // Europe-Asia Studies. 2014. № 6 (66). P. 993–1013; Georgia after Stalin: Nationalism and Soviet Power. – London, 2015 (совместно с Джереми Смитом).

Васильев Валерий (Валерій Васильєв), д. и. н., заведующий Центром историко-энциклопедических исследований Института истории Украины НАН Украины.

Основные публикации: The Great Terror in the Ukraine, 1936–38 // Stalin's Terror Revisited / Melanie Illic. – Hampshire, 2000. P. 140–162; Партійно-радянське керівництво УСРР під час Голодомору 1932–1933 рр.: Вожді. Працівники. Активісти. Збірник документів та матеріалів. – К., 2013; Політичне керівництво УРСР і СРСР: динаміка відносин центр-субцентр влади (1917–1938). – К., 2014.

Виола Линн (Lynne Viola), д. и. н., проф. кафедры истории Университета г. Торонто, Канада.

Основные публикации: Крестьянский бунт в эпоху Сталина. Коллективизация и культура крестьянского сопротивления. М., 2010; Крестьянский ГУЛАГ. – М., 2010; Трагедия советской деревни 1927–1937. В 5-ти томах // Под редакцией В.П. Данилова, Р. Маннинг и Л. Виола. – М., 1999–2006.

Довбня Ольга (Ольга Довбня), к. и. н., доцент кафедры украиноведения и гуманитарного образования, докторант Института истории Украины НАН Украины.

Основные публикации: Великий терор в Україні. «Куркульська операція» 1937–1938 рр.: У 2-х ч. / Упоряд. Сергій Кокін, Марк Юнге. – К., 2010. Ч. І.; Великий терор в Україні. «Куркульська операція» 1937–1938 рр.: У 2-х ч. / Упоряд. Сергій Кокін, Марк Юнге. – К., 2010. Ч. ІІ; «Через трупы врага на благо народа». «Кулацкая операция» в Украинской ССР: 1937–1941 гг.: В 2-х т. / Под общ. ред. О.А. Довбни, Л.С. Макаровой. М., 2010. Т. 1: 1937 г. Подготовка приказа № 00447, первый этап «кулацкой операции»; «Через трупы врага на благо народа». «Кулацкая операция» в Украинской ССР: 1937–1941 гг.: В 2-х т. / Под общ. ред. О.А. Довбни, Л.С. Макаровой. М., 2010. – Т 2: 1938–1941 гг. Второй этап репрессий. Завершение Большого террора и восстановление «социалистической законности»; Регіональний аспект реалізації масової каральної операції проти селянства у 1930 р. / О. Довбня // Наука ХХІ століття: відповіді на заклики сучасності: Зб. ст. І Міжнародної наук.-практ. конф., м. Бухарест, 17 травня 2013 р.: В 3-х ч. Ч. І. – Бухарест, 2013. С. 152–160.

Золотарёв Вадим (Вадим Золотарьов), к.т.н., доцент Харьковского национального университета радиоэлектроники, Харьков, Украина. Член редакционной коллегии харьковского тома научно-исследовательской программы «Реабилитированные историей».

Основные публикации: ЧК–ДПУ–НКВС на Харківщині: люди та долі (1919–1941). – Харків, 2003; Олександр Успенський: особа, час, оточення. – Харків, 2004; Секретно-політичний відділ ДПУ УСРР: справи та люди. – Харків, 2007.

Кашу Игорь (Igor Caşu), к. и. н., преподаватель Ясского университета (Румыния), директор Центра изучения тоталитаризма Государственного университета Молдовы.

Основные публикации: Duşmanul de clasă. Represiuni politice, violenţă şi rezistenţă în R(A)SS Moldovenească, 1924–1956 [Классовый враг. Политические репрессии, насилие и сопротивление в Молдавской (А)ССР, 1924–1956]. – Chişinău, 2014; The Fate of Stalinist Victims in Soviet Moldavia: Amnesty, Pardon and the Long Road to Rehabilitation // De-Stalinising Eastern Europe. The Rehabilitation of Stalin's Victims after 1953 / Сост. Kevin McDermott, Matthew Stibbe. – New York, 2015. P. 186–203; Discontent and Uncertainty in the Borderlands. Soviet Moldavia and the Secret Speech 1956–1957 // Europe-Asia Studies. 2014. № 4 (64). P. 613–644 (совместно с Марком Сэндлом); Political Repressions in Moldavian SSR after 1956. Towards a Typology Based on KGB files // Dystopia. Journal of Totalitarian Ideologies and Regimes. 2012. № 1–2. P. 89–127; Был ли Советский Союз империей? Взгляд из Кишинева // Неприкосновенный запас (Москва). 2011. № 4 (78). С. 123–134.

Кокин Сергей (Сергій Кокін), к. и. н., старший научный сотрудник отдела по разработке архивов ВУЧК-ГПУ-НКВД-КГБ Института истории Украины НАН Украины, первый заместитель главного редактора научно-документального журнала «З архівів ВУЧК-ГПУ-НКВД-КГБ».

Основные публикации: Радянські органи державної безпеки у 1939 – червні 1941 р. Документи ГДА СБ України. К.: Видавничий дім «Києво-Могилянська академія», 2009 (в соавторстве с В. Даниленко); Великий терор в Україні. «Куркульська операція» 1937–1938 рр. У 2-х ч. – К.: Видавничий дім «Києво-Могилянська академія», 2010 (в соавторстве с М. Юнге); Великий терор: Польська операція 1937–1938 // Польща та Україна у тридцятих – сорокових роках ХХ століття. Невідомі документи з архівів спеціальних служб. Т. 8, в 2-х част. – Варшава-Київ: IPN, 2010 (в соавторстве с Е. Беднареком, П. Кулаковским, М. Маевским, Ю. Шаповалом и др.); Партійно-радянське керівництво УСРР під час Голодомору 1932–1933 рр.: Вожді. Працівники. Активісти. Збірник документів та матеріалів. – К., 2013 (в соавторстве с В. Васильевым и Н. Вертом).

Подкур Роман (Роман Подкур), к. и. н., старший научный сотрудник отдела исторической регионалистики Института истории Украины НАН Украины, ответственный секретарь научно-издательской программы «Реабилитированные историей».

Основные публикации: За повідомленнями радянських спецслужб. – К., 2000; Документы органов государственной безопасности УССР 1920–1930-х годов: источниковедческий анализ. – Тернополь, 2010 (в соавторстве с В. Ченцовым); Реакція співробітників органів держбезпеки на припинення «великого терору» (листопад 1938–1939 рр.) // З архівів ВУЧК–ГПУ–НКВД–КГБ. 2009. № 2 (33). С. 136–167.

Россман Джеффри (Jeffrey Rossman), доцент (associate professor). Исторический факультет, университет штата Вирджиния, США.

Основная публикация: Worker Resistance under Stalin. Class and Revolution on the Shop Floor. – Cambridge, – MA, 2005.

Савин Андрей, к. и. н., старший научный сотрудник Института истории СО РАН.

Основные публикации: Этноконфессия в советском государстве. Меннониты Сибири в 1920–1930-е годы. Эмиграция и репрессии. Документы и материалы / Сост. и науч. редактор А.И. Савин. – Новосибирск, 2009; Репрессии в отношении евангельских верующих в ходе «кулацкой» операции НКВД // Сталинизм в советской провинции: 1937–1938. Массовая операция на основе приказа № 00447 / Сост. М. Юнге, Б. Бонвеч, Р. Биннер. – М., 2009. С. 303–342; Этнизация сталинизма? «Национальные» и «кулацкая» операции НКВД: сравнительный аспект // Россия. XXI, 2012. № 3. С. 40–61.

Тепляков Алексей, к. и. н., доцент кафедры философии и гуманитарных наук Новосибирского государственного университета экономики и управления.

Основные публикации: «Непроницаемые недра»: ВЧК-ОГПУ в Сибири. 1918–1929 гг. – М., 2007; Процедура: Исполнение смертных приговоров в 1920–1930-х гг. – М., 2007; Машина террора: ОГПУ-НКВД Сибири в 1929–1941 гг. – М., 2008.

Хаустов Владимир, д. и. н., профессор Московского технологического университета.

Основные публикации: Дело Берия. Приговор обжалованию не подлежит. – М., 2012; Глазами разведки. СССР и Европа. 1918–1938 гг. Сборник документов из российских архивов. – М., 2015 (в соавторстве с В. Захаровым и М. Улем); Stalin and the Lubianka. A Documentary History of the Political Police and Security Organs in the Soviet Union, 1922–1953, 2015 (в соавторстве с Дэвидом Ширером).

Юнге Марк (Marc Junge), д. ф. н., сотрудник Института истории Рурского университета г. Бохум, Германия.

Основные публикации: Вертикаль большого террора. История операции по приказу НКВД № 00447. – М., 2008 (в соавторстве с Р. Биннером и Г. Бордюговым); Революционеры на пенсии. Всесоюзное общество бывших политкаторжан и ссыльнопоселенцев в Советском Союзе. Образование, развитие, ликвидация (1921–1935). – М., 2015; Большевистский порядок в Грузии. В двух томах. Том 1: Большой террор в одной маленькой кавказской республике. Том 2: Документы и статистика. – М., 2015 (в соавторстве с Б. Бонвечем); Stalin's Mass Repression and the Cold War Paradigm. – New York: Kindle e-book, 2016.

БЛАГОДАРНОСТИ

Авторы благодарят директора Отраслевого государственного архива Службы безопасности Украины Андрея Андреевича Когута, а также Владимира Мирославовича Бирчака, Сергея Анатольевича Кокина, Игоря Михайловича Кулика и Светлану Петровну Лясковскую за оказанную помощь. Компетентные сотрудники архива СБУ – Мария Анатольевна Панова, Георгий Витальевич Смирнов и Ирина Викторовна Бухарева выявили в ходе проекта уникальные документы, а также оперативно устранили все организационные трудности. В читальном зале нас терпеливо опекала Татьяна Михайловна Евтушенко. Руководство Отраслевого государственного архива Министерства внутренних дел Украины в лице Натальи Ивановны Татусь, Натальи Николаевны Крамаренко и Владимира Витальевича Мельника помогло существенно дополнить имевшийся в нашем распоряжении комплекс документов.

Свою искреннюю признательность авторы хотели бы также выразить директору Государственного архива Николаевской области Ларисе Леонидовне Левченко и сотруднику архива Александру Валентиновичу Серединскому. В Николаеве свою поддержку нам оказал историк Сергей Сергеевич Макарчук.

Тексты американских и немецких авторов перевели на русский д.и.н. Елена Осокина (Южная Каролина) и к.и.н. Андрей Савин (Новосибирск).

Книгу редактировали Елена Рудь, Андрей Савин и Алексей Тепляков.

УКАЗАТЕЛЬ ИМЕН

ЧЕКИСТЫ НА СКАМЬЕ ПОДСУДИМЫХ
Сборник статей

Компьютерная верстка и техническое редактирование – С. П. Щербина

ISBN 598604597-1

9 785986 045979

Подписано в печать с оригинал-макета 15.02.2017
Формат 60×90/16. Усл. изд. л. 42,5
Тираж 1000 экз. Зак. № 8672.

Отпечатано в АО «Первая Образцовая типография»
Филиал «Чеховский Печатный Двор»
142300, Московская область, г. Чехов, ул. Полиграфистов, д. 1
Сайт: www.chpd.ru, E-mail: sales@chpd.ru, тел. 8(499)270-73-59